中共中央党校年鉴

2011

《中共中央党校年鉴》编辑委员会

中共中央党校出版社
The Central Party School Publishing House

ISBN 978-7-5035-5145-1

图书在版编目（CIP）数据

中共中央党校年鉴．2011/《中共中央党校年鉴》编辑委员会．—北京：中共中央党校出版社，2013.1
ISBN 978-7-5035-5145-1

Ⅰ．中… Ⅱ．中… Ⅲ．中国共产党—党校—2011—年鉴 Ⅳ．D261.41-54

中国版本图书馆CIP数据核字（2013）第175749号

中共中央党校年鉴（2011）

责任编辑 蔡锐华
版式设计 尉红民
责任校对 马　晶
责任印制 王洪霞

出版发行 中共中央党校出版社
（北京市海淀区大有庄100号）
邮　　编 100091
网　　址 www.dxcbs.net
电　　话 （010）62805800（办公室）　（010）62805824（发行部）
经　　销 新华书店
印　　刷 北京天时彩色印刷有限公司
字　　数 1184千字
版　　次 2013年1月第1版　2013年1月第1次印刷
开　　本 787毫米×1092毫米　1/16
印　　张 55.5
定　　价 298.00元

2010年2月3日，中共中央总书记、国家主席、中央军委主席胡锦涛在省部级主要领导干部深入贯彻落实科学发展观加快经济发展方式转变专题研讨班开班式上发表重要讲话

（新华社记者 马占成 摄）

2010年2月3日至7日，中共中央在中央党校举办省部级主要领导干部深入贯彻落实科学发展观加快经济发展方式转变专题研讨班

（新华社记者 马占成 摄）

2010年2月4日，中共中央政治局常委、国务院总理温家宝在省部级主要领导干部深入贯彻落实科学发展观加快经济发展方式转变专题研讨班上发表重要讲话

（新华社记者 马占成 摄）

2010年2月7日，中共中央政治局常委、中央书记处书记、国家副主席习近平在省部级主要领导干部深入贯彻落实科学发展观加快经济发展方式转变专题研讨班结业式上发表重要讲话

（新华社记者 马占成 摄）

2010年2月5日，中共中央政治局常委、国务院副总理李克强在省部级主要领导干部深入贯彻落实科学发展观加快经济发展方式转变专题研讨班上发表重要讲话

（新华社记者 马占成 摄）

2010年9月21日，中共中央政治局常委、全国政协主席贾庆林在北京出席中央组织部、中央党校、国家民族事务委员会共同举办的省部级领导干部民族工作专题研讨班结业式并发表讲话、会见研讨班学员

（新华社记者 饶爱民 摄）

2010年10月21日，中共中央政治局常委、中央书记处书记、中央党校校长习近平出席中央党校西藏民族干部培训班创办30周年座谈会并讲话

（新华社记者 饶爱民 摄）

2010年10月21日，中共中央政治局常委、中央书记处书记、中央党校校长习近平出席中央党校西藏民族干部培训班创办30周年座谈会时会见与会代表

（新华社记者 饶爱民 摄）

2010年3月1日，中共中央政治局常委、中央书记处书记、中央党校校长习近平出席中央党校2010年春季学期开学典礼并讲话

（新华社记者 庞兴雷 摄）

2010年9月1日，中共中央政治局常委、中央书记处书记、中央党校校长习近平出席中央党校2010年秋季学期开学典礼并讲话

（新华社记者 庞兴雷 摄）

2010年9月13日，省部级领导干部民族工作专题研讨班在中央党校开班，中共中央政治局委员、国务院副总理回良玉出席开班式并讲话

（新华社记者 邢广利 摄）

2010年8月25日，中共中央政治局委员、中央书记处书记、中央组织部部长李源潮出席全国市地州盟党委组织部长专题培训班开班式并讲话

（学习时报社记者 张永 摄）

2010年6月18日，中共中央书记处书记、中央纪委副书记何勇出席在中央党校举办的全国市级纪委书记培训班开班式并讲话

（学习时报社记者 张永 摄）

2010年3月3日，国家教育部部长袁贵仁在中央党校作报告

（学习时报社记者 张永 摄）

2010年7月2日，国家文化部部长蔡武在中央党校作报告

（学习时报社记者 张永 摄）

2010年9月16日，国家发展和改革委员会主任张平在中央党校作报告

（学习时报社记者 张永 摄）

2010年12月29日，中国证券监督管理委员会主席尚福林在中央党校作报告

（学习时报社记者 张永 摄）

2010年1月19日至20日，全国党校校长会议在中国华能集团公司党校召开。中央党校常务副校长李景田在会上作主报告

（学习时报社记者 张永 摄）

2010年3月23日，中央党校召开开展建设“一流学府”讨论活动动员会，对讨论活动进行动员部署，常务副校长李景田作动员讲话

（学习时报社记者 张永 摄）

2010年6月11日，中央党校召开建设“一流学府”讨论活动校委扩大会议，常务副校长李景田对讨论活动进行总结

（学习时报社记者 张永 摄）

2010年5月13日，中央党校和求是杂志社联合召开改进文风座谈会

常务副校长李景田讲话

求是杂志社社长李宝善讲话

副校长石泰峰主持座谈会

（理论网记者 程冠军 摄）

2010年3月30日，中央党校首次举办以“走进中共中央党校”为主题的面向驻华高级外交官开放日活动

（中国广播网记者 翟磊 摄）

2010年6月29日，中央对外宣传办公室举行新闻发布会，中央党校常务副校长李景田介绍中央党校党的干部培训和理论研究工作的进展等方面情况，并答记者问。校委委员、办公厅主任、新闻发言人罗宗毅出席

（国新网 郭研 摄）

2010年6月30日，30多家中外媒体的60余名记者应中央党校和中央对外宣传办公室联合邀请到中央党校参观采访。副校长陈宝生接受记者采访

（中新社记者 盛佳鹏 摄）

2010年2月2日至3日，中欧美学术论坛在钓鱼台举行，中央党校常务副校长李景田在开幕式上致辞，副校长陈宝生主持开幕式并在闭幕式上致辞。本次论坛由中央党校、意大利阿斯平研究所和美国阿斯平研究所联合主办，中粮集团有限公司、北京汽车集团有限公司、意中基金会协办

（学习时报社记者 张永 摄）

2010年7月7日，中央党校进修部召开学员党支部书记、学习委员座谈会，了解学员的学习情况，征求学员对党校教学和管理工作的意见和建议。副校长孙庆聚出席并讲话

（学习时报社记者 张永 摄）

2010年12月27日，中央党校培训部召开中青年干部培训一班、新疆民族干部培训班、西藏民族干部培训班教学总结座谈会，了解学员的学习情况，征求学员对党校教学和管理工作的意见和建议。副校长孙庆聚出席并讲话

（学习时报社记者 张永 摄）

2010年7月14日，中央党校进修部举办学员课题研究成果交流

（学习时报社记者 张永 摄）

2010年6月18日，中央党校培训部学员俱乐部学术交流协会举办“读书与从政——中国经验、中国道路、中国发展”交流报告会

（学习时报社记者 张永 摄）

2010年9月10日，中央党校召开2010年教师节庆祝表彰大会

（学习时报社记者 张永 摄）

2010年10月9日，中央党校分校成立30周年庆祝暨表彰大会在中央党校举行

（学习时报社记者 张永 摄）

2010年11月3日，在华访问的联合国秘书长潘基文一行到访中央党校，并就“全球治理与和谐世界”议题与中央党校部分学员和专家学者进行座谈

（学习时报社记者 张永 摄）

2010年11月17日，在华访问的智利总统皮涅拉一行到访中央党校，并发表演讲

（学习时报社记者 张永 摄）

《中共中央党校年鉴》编辑委员会

《中共中央党校年鉴》编辑部

主　任　冯秋婷

副主任　刘能杰（常务）　刘为群　王超英

编　辑　刘能杰　刘为群　王超英　王文创　闫景明　苏　丹

供　稿　人

李作钦	金　晶	彭公璞	王彦民	朱辉宇	张慧君
白平浩	王治华	高中华	吕　品	李媛媛	高祖贵
郝全洪	辛向前	杨　靖	刘魁明	任尊严	丛　静
栾　岚	李　红	仲　平	林晓风	王永清	赵若玉
宿　华	潘凤东	高　峰	张亚红	钟铁军	刘力维
赵金枝	杨晓清	张小虎	张大庆	韩　宝	刘　铁
高　建	孙思明	唐江平	费伟民	周秀国	罗　高
宜洪亮	冀倩茹	孟　雷	王艺涵	朱玉涛	吴永孝
潘向阳	马维廷	吴　燕	廖　欣	郭小林	谢　芳
张礼平	刘治运	张　雄	康继尧	马建光	摆世刚
张阅军	黄银萍	刘凤新	杨　丽	林　云	李永亮
周永铭	张杰君	王　兵	李　涛	吴志华	李永生
朱志国	刘　鹏	朱群岭	胡昌云	潘永明	王增良

编 辑 说 明

一、《中共中央党校年鉴》是在中共中央党校年鉴编委会领导下编纂的资料性工具书，逐年记载中央党校重大事件、重要工作、重要文献和重要信息，主要反映中央党校及分校（部）各方面工作的发展情况，适当反映全国各省区市（含副省级城市）党校的发展概况。

二、《中共中央党校年鉴》创刊于1984年，时任中共中央政治局委员、中共中央军委常委、中共中央党校校长的王震同志为本刊题名。2009年12月3日，中央党校校务委员会会议研究决定，恢复出版《中共中央党校年鉴》。目前已编纂出版1984、1985、1990、1992、1994、1995、1996、2001、2010卷（前三卷反映当年内容）。

三、《中共中央党校年鉴》实行编委会领导下的主编负责制。编委会主任由中央党校常务副校长李景田担任，副主任由其他校委成员担任，编委由中央党校各直属单位主要负责人、各分校（部）和全国各省区市（含副省级城市）党校常务副校长组成。编委会下设主编、副主编和编辑部。中央党校研究室负责《中共中央党校年鉴》的具体工作。

四、《中共中央党校年鉴（2011）》采用分类编辑法，主要栏目包括：中央领导在中央党校的重要活动和重要讲话，习近平校长重要活动和重要讲话，工作概况，全校重要工作和重大活动，教学教务，学科建设，科研工作，学员管理，研究生教育·博士后工作，对外培训，图书工作，出版工作，报刊工作，信息化建设，组织人事，离退休干部工作，机关党的工作，财务行政管理，后勤服务，对外交流与合作，中国马克思主义研究基金会，分校工作，地方党校工作，中央党校大事记。

五、本卷年鉴主要收编和反映的是从2010年1月15日（2009年秋季学期毕业典礼结束）起，到2011年1月14日（2010年秋季学期毕业典礼结束）止的相关资料和数据。

六、本卷年鉴在继承《中共中央党校年鉴（2010）》特点和优长的基础上，对整体框架、具体内容、体例风格等作了进一步的优化和创新，力求既全面、客观、准确地反映2010年的总体情况，又符合年鉴编纂的基本要求，体现中央党校特色。

七、本卷年鉴由中共中央党校年鉴编辑部编辑。中央党校各直属单位、各分校（部）和全国各省区市（含副省级城市）党校给予了大力支持，我们谨表衷心感谢。

《中共中央党校年鉴》编辑部

2012年12月

目　　录

中央领导在中央党校的重要活动和重要讲话

胡锦涛在省部级主要领导干部专题研讨班上发表重要讲话

2月3日，省部级主要领导干部深入贯彻落实科学发展观加快经济发展方式转变专题研讨班开班式在中央党校举行。中共中央总书记、国家主席、中央军委主席胡锦涛发表重要讲话。他强调，我们必须紧紧抓住机遇，承担起历史使命，把加快经济发展方式转变作为深入贯彻落实科学发展观的重要目标和战略举措，毫不动摇地加快经济发展方式转变，不断提高经济发展质量和效益，不断提高我国经济的国际竞争力和抗风险能力，使我国发展质量越来越高、发展空间越来越大、发展道路越走越宽。

胡锦涛在讲话中指出，中央举办这次省部级主要领导干部专题研讨班，目的是深入学习贯彻党的十七大和十七届三中、四中全会以及中央经济工作会议精神，以邓小平理论和“三个代表”重要思想为指导，深入贯彻落实科学发展观，全面分析国际国内经济形势，认真总结应对国际金融危机冲击的经验，深入研究后国际金融危机时期我国经济社会发展面临的理论和实践问题，完善推动科学发展、加快经济发展方式转变的思路和举措。

胡锦涛强调，面对国际金融危机的严重冲击，我们作出了三个重要判断，一是国际金融危机冲击使2009年成为新世纪以来我国经济社会发展最为困难的一年，我们必须把保持经济平稳较快发展作为经济工作的首要任务，立即果断实施有力的宏观经济政策，保持经济平稳较快发展的总体态势。二是国际金融危机没有根本改变世界经济中长期发展趋势，我们必须坚持对外开放的基本国策，推动经济全球化朝着均衡、普惠、共赢方向发展，拓展我国发展的外部空间。三是必须把保持我国经济当前平稳较快发展和为长远发展营造良好条件有机结合起来，应对国际金融危机冲击的政策措施不仅要着力保持经济平稳较快发展，而且要努力从国际国内两个方面为我国经济长远发展营造良好条件。我们立足扩大内需保增长，在扩大内需中增强经济发展协调性，加强保障和改善民生工作，通过深化改革开放增强经济社会发展活力，进一步营造我国发展的良好外部环境。在全党全国共同努力下，我们在应对国际金融危机冲击、保持经济平稳较快发展方面取得明显成效，我国经济实现总体回升向好。

胡锦涛指出，我们必须清醒地看到，我们取得的成绩是初步的，当前我国经济回升的基础还不牢固，经济运行中的新老矛盾和问题相互交织，后国际金融危机时期的国际经济环境更加复杂。我们要继续努力，巩固应对国际金融危机冲击的成果，努力保持经济平稳较快发展。

胡锦涛强调，国际金融危机使我国转变经济发展方式问题更加突显出来，国际金融危机对我国经济的冲击表面上是对经济增长速度的冲击，实质上是对经济发展方式的冲击。综合判断国际国内经济形势，转变经济发展方式已刻不容缓。我们必须见事早、行动快、积极应对，为我国加快转变经济发展方式、保持经济平稳较快发展增添推动力。

胡锦涛指出，加快经济发展方式转变是适应全球需求结构重大变化、增强我国经济抵御国际市场风险能力的必然要求，是提高可持续发展能力的必然要求，是在后国际金融危机时期国际竞争中抢占制高点、争创新优势的必然要求，是实现国民收入分配合理化、促进社会和谐稳定的必然要求，是适应实现全面建设小康社会奋斗目标新要求、满足人民群众过上更好生活新期待的必然要求。我们只有加快经济发展方式转变，才能实现我们党对全国各族人民作出的庄严承诺，更好满足广大人民群众日益增长的物质文化需要。

胡锦涛强调，加快经济发展方式转变是我国经济领域的一场深刻变革，关系改革开放和社会主义现代化建设全局。全党全国必须增强主动性、紧迫感、责任感，深化认识，统一思想，加强规划引导，突出战略重点，明确主要任务，兼顾当前和长远，处理好速度和效益、局部和整体的关系，调动各方面积极性，推动经济发展方式转变不断取得扎扎实实的成效。胡锦涛指出，转变经济发展方式，关键是要在“加快”上下功夫、见实效。他就加快经济发展方式转变重点工作提出八点意见。第一，加快推进经济结构调整，把调整经济结构作为转变经济发展方式的战略重点，按照优化需求结构、供给结构、要素投入结构的方向和基本要求，加快调整国民收入分配结构，加快调整城乡结构，加快推进城镇化，加快调整区域经济结构和国土开发空间结构，既着眼于化解过去积累的矛盾和问题，又为经济不断迈上新台阶、长期保持平稳较快发展创造条件。第二，加快推进产业结构调整，适应需求结构变化趋势，完善现代产业体系，加快推进传统产业技术改造，加快发展战略性新兴产业，加快发展服务业，促进三次产业在更高水平上协同发展，全面提升产业技术水平和国际竞争力。第三，加快推进自主创新，紧紧抓住新一轮世界科技革命带来的战略机遇，更加注重自主创新，加快提高自主创新能力，加快科技成果向现实生产力转化，加快科技体制改革，加快建设宏大的创新型科技人才队伍，谋求经济长远发展主动权、形成长期竞争优势，为加快经济发展方式转变提供强有力的科技支撑。第四，加快推进农业发展方式转变，坚持走中国特色农业现代化道路，加快构建粮食安全保障体系，加快构建现代农业产业体系，加快推进农业科技创新，加快推进农业经营体制机制创新，大幅提高农业综合生产能力，大幅降低农业生产经营成本，大幅增强农业可持续发展能力，全面提高农业现代化水平，扎实推进社会主义新农村建设。第五，加快推进生态文明建设，深入实施可持续发展战略，大力推进资源节约型、环境友好型社会建设，加快推进节能减排，加快污染防治，加快建立资源节约型技术体系和生产体系，加快实施生态工程，推动整个社会走上生产发展、生活富裕、生态良好的文明发展道路。第六，加快推进经济社会协调发展，针对社会发展和民生领域的突出问题，大力推进以改善民生为重点的社会建设，加快提高教育现代化水平，加快实施扩大就业的发展战略，加快社会保障体系建设，加快发展面向民生的公益性社会服务，更好推进经济社会协调发展。第七，加快发展文化产业，在重视发展公益性文化事业的同时，坚持经济效益与社会效益相统一，深化文化体制改革，加快公共文化服务体系建设，加快发展经营性文化产业，加快开拓文化市场。第八，加快推进对外经济发展方式转变，坚持对外开放的基本国策，坚持互利共赢的开放战略，统筹好国内发展和对外开放，加快调整出口贸易结构，加快调整进口贸易结构，加快提高利用外资质量和水平，加快实施“走出去”战略，不断提高开放型经济水平。

胡锦涛强调，加快经济发展方式转变，既是一场攻坚战，也是一场持久战，必须通过坚定不移深化改革来推动。要坚持社会主义市场经济的改革方向，提高改革决策的科学性、增强改革措施的协调性，深化经济体制、政治体制、文化体制、社会体制以及其他各方面体制改革，努力在重要领域和关键环节实现改革的新突破，着力构建充满活力、富有效率、更加开放、有利于科学发展的体制机制，形成有利于加快经济发展方式转变的制度安排，推动全国上下齐心协力加快经济发展方式转变，努力促进经济社会又好又快发展。

习近平在主持开班式时指出，胡锦涛总书记的重要讲话准确把握国际国内经济形势发展变化和我国改革发展稳定大局，系统回顾了前一个时期我国应对国际金融危机冲击、保持经济平稳较快发展的决策过程和实践历程，深刻阐述了加快经济发展方式转变的重要性和紧迫性，进一步提出了加快经济发展方式转变的工作要求。胡锦涛总书记的重要讲话对我们办好研讨班，对我们取得应对国际金融危机冲击全面胜利、保持经济平稳较快发展、不断开创改革开放和社会主义现代化建设新局面，具有十分重要的意义，我们要认真学习、深刻领会，用讲话精神指导研讨班的举办，推动深入贯彻落实科学发展观、加快经济发展方式转变的实践。

温家宝在省部级主要领导干部专题研讨班上发表重要讲话

2月4日，中共中央政治局常委、国务院总理温家宝在中央举办的省部级主要领导干部深入贯彻落实科学发展观加快经济发展方式转变专题研讨班上发表重要讲话。他强调，发展社会事业和改善民生，是深入贯彻落实科学发展观的重要任务，是全面建设小康社会的迫切要求。要把发展社会事业和改善民生作为转变发展方式、扩大国内需求的重要着力点，推动经济社会协调发展。

温家宝指出，发展科技、教育和文化事业，全面提高人的素质，是转变经济发展方式、实现可持续发展的关键。要用科技的力量推动经济发展方式转变。第一，战略性新兴产业是新兴科技和新兴产业的深度融合，代表着科技创新的方向，也代表着产业发展的方向。要科学制定发展规划，选择若干重点领域作为突破口，力争在较短时间内见到成效，使战略性新兴产业尽早成为国民经济的先导产业和支柱产业。第二，我国传统产业规模大，总体上技术水平比较低，必须运用高新技术加快改造传统产业，大幅度提高传统产业的科技含量，提高传统产业的质量效益和竞争力。第三，要大力推动自主创新，提高原始创新能力和关键核心技术创新能力。加快实施国家重大科技专项，着力突破制约经济社会发展的关键技术问题。要加强知识产权的创造、运用和保护。第四，要进一步深化科技体制改革，大胆革除一切阻碍科技生产力发展的体制机制障碍，最大限度地激发科技工作者和全社会科技创新的活力。

温家宝强调，要面向时代要求谋划教育发展。只有一流教育，才能培养一流人才，建设一流国家。一要推进教育改革。树立先进教育理念，把教书和育人很好统一起来。对办学体制、教育内容、教育方法、考试评价制度进行系统改革，大力推进素质教育。积极探索适应各类学校的办学体制。努力培养一大批有志于献身教育事业的教育家，倡导教育家办学，赋予学校办学自主权。二要努力促进教育公平。把义务教育办好，依法确保每个孩子免费接受九年义务教育，逐步解决义务教育资源配置不均衡问题。公共教育资源配置要向薄弱地区倾斜，推动地区之间、城乡之间、不同学校之间的教育均衡发展。进一步完善国家助学体系。确保每一个孩子接受教育的基本权利，无论哪个教育阶段，都不能因家庭经济困难导致孩子们辍学。三要办好职业教育，提高高等教育的质量，为经济社会发展培养大批各类人才。

温家宝指出，要用新的理念推动文化发展繁荣。文化是一个民族的精神和灵魂。国家发展、民族振兴，不仅需要强大的经济力量，更需要强大的文化力量。没有先进文化的发展，没有全民族文明素质的提高，就不可能真正实现现代化。政府要履行好发展公益性文化事业的责任，保障人民群众的基本需要和权益。进一步完善扶持公益性文化事业、发展文化产业、鼓励文化创新的政策，创造更加有利于文化繁荣发展的社会环境。

温家宝强调，就业是民生之本，是一个人安身立命的基础。保障民生的第一件大事，就是保障就业。要把促进就业放在经济社会发展的优先位置。努力为每一个有劳动能力的人创造就业机会，使每个人都各尽所能、各得其所，让所有劳动者的活力和创造力都得到充分发挥。这既是我国经济社会发展的需要，也是每个人全面发展的需要。一要通过保持经济平稳较快发展，不断扩大就业规模。解决就业问题，根本靠发展。二要把经济结构调整和扩大就业结合起来，大力发展服务业、劳动和知识密集型产业、支持中小企业和非公有制经济发展。三要充分发挥劳动者自主就业、市场调节就业和政府促进就业的合力。四要加强和改善就业公共服务。加强就业援助，帮助有就业能力和愿望的就业困难人员和零就业家庭人员实现就业。加大职业培训力度，提高劳动者整体素质，提高劳动者的就业能力。

温家宝提出，我们不仅要通过发展，做大社会财富这个“蛋糕”，也要通过合理的收入分配制度，把“蛋糕”分好，让全体人民共享改革发展的成果。要不断提高城乡居民收入，改革分配制度，逐步扭转收入差距扩大的趋势。一是加快调整国民收入分配格局，逐步提高居民收入在国民收入分配中的比重、劳动报酬在初次分配中的比重。关键是提高城乡居民收入特别是中低收入者的收入水平，建立企业职工工资正常增长机制和支付保障机制，特别要抓紧解决农民和农民工两个群体收入增长较慢的问题。二是加大税收对收入分配的调节作用。深化垄断行业收入分配制度改革。进一步规范收入分配秩序。三是对城乡低收入困难群众给予更多关爱，保障好他们的基本生活和基本权益。继续抓好扶贫工作。要把扶贫开发的重点放在贫困程度较深的集中连片贫困地区和特殊类型贫困地区。继续加大对革命老区、民族地区、边疆地区和贫困地区发展扶持力度。

温家宝强调，社会保障和医药卫生事业关系每个家庭、每个人的切身利益，是基本而重大的民生问题。要以社会保险、社会救助、社会福利为基础，以基本养老、基本医疗、最低生活保障制度为重点，以慈善事业、商业保险为补充，完善社会保障体系。加快建立全国统一的社会保障社会化服务体系，实现社会保障关系跨地区转移接续。健全社会保障管理信息系统，建立个人终身社会保障号，并尽快实现全国联网。要加大社会保障投入，稳步增加财政性社会保障支出占国家财政支出的比重。

温家宝指出，要进一步深化医药卫生体制改革，加快建立覆盖全民基本医疗卫生制度，完善基本医疗保障制度、基本医疗服务体系，实施国家基本药物制度，大力推进基本公共卫生均等化，推进公立医院改革，努力实现人人都有基本医疗保障，人人享有方便可及的基本医疗卫生服务，保障全体人民病有所医。

温家宝要求加快推进社会事业领域改革。在改革中处理好政府和市场、公平和效率、尽力而为和量力而行的关系。调动全社会力量，共同参与社会事业发展。要把维护社会事业的公益性、保障人民群众基本公共服务需求作为政府的主要职责。把应该由社会和市场发挥作用的事情真正交给社会和市场。通过发展相关产业，满足多层次、个性化的需求。要进一步放宽准入，调动全社会参与社会事业发展的积极性。由政府保障的基本公共服务，也要深化改革，提高绩效。要鼓励社会资本投资建立非营利性公益服务机构。各类社会机构和企业愿意参与基本公共服务的，只要具备资质、符合条件，就应当鼓励进入。有效动员和综合利用社会资源来加强和改善基本公共服务，提高服务质量和效率。

贾庆林出席省部级领导干部民族工作专题研讨班结业式并作重要讲话

9月21日，中央组织部、中央党校、国家民委共同举办的省部级领导干部民族工作专题研讨班在中央党校举行结业式。中共中央政治局常委、全国政协主席贾庆林出席并作重要讲话。他强调，要深入贯彻落实科学发展观，牢牢把握各民族共同团结奋斗、共同繁荣发展的主题，认真贯彻落实中央关于民族工作的决策部署，深刻理解和准确把握事关全局的重大问题，着力在重点工作和关键环节取得新突破，切实提高民族工作的科学化水平，进一步谱写民族团结进步事业新篇章。

贾庆林充分肯定研讨班取得的积极成果。他说，民族问题是我们党治国理政必须正确处理的一个重大问题，民族工作是关系党和国家事业发展大局的一项重要工作。中央历来高度重视民族工作。十六大以来，以胡锦涛同志为总书记的党中央针对民族工作面临的新情况新问题，作出一系列重大决策部署，进一步深化了对社会主义初级阶段民族问题的规律性认识，为做好新形势下民族工作提供了根本指导。特别是今年先后召开了中央第五次西藏工作座谈会、新疆工作座谈会、西部大开发工作会议，有力地促进了民族工作的发展。我们要深刻理解和把握中央关于当前民族工作形势的科学判断和民族工作的重大举措、整体思路、新论断、新要求，更加积极主动地应对各种可能出现的复杂局面，更加科学地谋划民族工作，更加扎实地推进民族工作。贾庆林强调，当前和今后一个时期，贯彻落实中央关于民族工作的各项决策部署，必须着眼民族工作的新形势新实践，立足民族地区的实际和特点，搞好科学规划，全盘统筹推进，特别是要在突出重点、抓住关键上下功夫，努力提高民族工作的水平。要毫不动摇地坚持和贯彻落实党的民族理论政策，为民族地区发展稳定提供有力的政策和制度保证；要毫不动摇地推进少数民族和民族地区又好又快发展，努力提升民族地区经济整体实力；要毫不动摇地把保障和改善民生作为民族工作的出发点和落脚点，让各族群众过上更加幸福美好的日子；要毫不动摇地推进民族团结进步事业，努力营造各民族和睦相处、和衷共济、和谐发展的良好氛围；要毫不动摇地推进少数民族干部人才队伍建设，努力造就一支政治坚定、业务精通、能力出众的高素质少数民族干部队伍和人才队伍；要毫不动摇地维护民族团结和社会稳定大局，自觉维护安定有序的大好局面。

贾庆林指出，做好民族工作，根本在加强党的领导，关键在提高各级干部的能力和水平。面对新的形势和任务，我们要以改革创新精神加强和改进党的领导，切实肩负起做好民族工作的重大责任、切实加强民族工作的能力建设、切实完善民族工作的体制机制、切实改进民族工作的方式方法，全面提高民族工作的科学化水平，为推动民族地区的繁荣发展提供坚强有力的政治和组织保证。

习近平在省部级主要领导干部专题研讨班结业式上作重要讲话

2月7日，中共中央政治局常委、中央书记处书记、国家副主席习近平在省部级主要领导干部深入贯彻落实科学发展观加快经济发展方式转变专题研讨班结业式上发表重要讲话。他强调，加快经济发展方式转变是关系我国经济发展方向的重大战略，对党的执政能力建设和先进性建设提出了新的要求。各级党组织要认真贯彻落实党的十七届四中全会精神，紧密结合加快经济发展方式转变的实践加强和改进党的建设，团结带领广大党员干部和群众切实做好改革发展稳定的各项工作。

这次省部级主要领导干部专题研讨班于2月3日至7日在中央党校举办。胡锦涛、温家宝、李克强作了重要讲话，重庆、辽宁、上海、广西、江苏、河南、陕西、商务部等8个省区市以及中央和国家机关的代表作了大会交流发言。专题研讨班学员联系本地区本部门本单位实际，围绕深入贯彻落实科学发展观、加快经济发展方式转变进行了广泛深入的讨论交流，进一步开拓了视野、深化了认识、统一了思想。

习近平在讲话中对这次专题研讨班取得的认识成果给以充分肯定，对加快经济发展方式转变需要深刻理解和准确把握的几个重大问题作了深入阐述，要求专题研讨班学员一定要认真学习胡锦涛等中央领导同志重要讲话，深刻领会精神实质，密切联系本地区本部门本单位实际，坚决把中央决策部署落到实处。特别要深刻理解和准确把握适应环境变化、有效扩大内需、积极调整结构、着力改善民生、切实深化改革的重要要求，推动经济发展方式转变取得扎扎实实的新成效。习近平强调，在国际环境发生重大变化和国内经济发展出现一系列新特征的背景下，我们必须立足全局，准确判断形势，主动适应变化，坚定不移地加快经济发展方式转变步伐，在激烈复杂的国际竞争中不断拓展我们的发展空间，进一步增强我国的综合国力和我国经济的国际竞争力，不断满足人民群众对美好生活的新期待，更好地承担起历史责任。

习近平指出，深入贯彻落实科学发展观、加快经济发展方式转变，必须加强和改进党对经济工作的领导，充分发挥党委的领导核心作用、基层党组织的战斗堡垒作用和共产党员的先锋模范作用。要以深入学习实践科学发展观活动取得的成果为新起点不断推进理论武装工作，建立健全贯彻落实科学发展观的长效机制，从思想政治上和精神动力上为加快经济发展方式转变提供有力保证；要围绕科学发展选准干部、配强班子、聚集人才、建设队伍，真正把贯彻落实科学发展观态度坚决而又有能力的干部选拔上来，从干部和人才上为加快经济发展方式转变提供有力保证；要切实加强和改进新形势下党的基层组织建设和党员队伍建设，不断增强基层党组织的覆盖面和影响力，从夯实组织基础上为加快经济发展方式转变提供有力保证；要以求真务实、狠抓落实为切入点加强党的作风建设，加强对中央关于推动科学发展重大决策部署执行情况的监督检查，从营造风清气正的发展环境上为加快经济发展方式转变提供有力保证。

习近平强调，深入贯彻落实科学发展观、加快经济发展方式转变，要求各级领导干部努力掌握和善于运用贯穿于科学发展观之中的马克思主义立场观点方法，不断提高战略思维、创新思维、辩证思维能力，增强工作的原则性、系统性、预见性、创造性，正确指导加快经济发展方式转变的各项工作。

李克强在省部级主要领导干部专题研讨班上发表重要讲话

2月5日，中共中央政治局常委、国务院副总理李克强在中央举办的省部级主要领导干部贯彻落实科学发展观加快经济发展方式转变专题研讨班上发表重要讲话。他强调，我国已进入只有调整经济结构才能促进持续发展的关键时期。要深入贯彻落实科学发展观，站在全面建设小康社会、加快推进社会主义现代化的高度，按照加快经济发展方式转变的要求，切实增强经济结构调整的紧迫感和自觉性，努力实现国民经济长期平稳较快发展。

李克强指出，推进经济结构调整是加快经济发展方式转变的重要任务。后国际金融危机时期，世界经济在大调整大变革之中出现了一些新的变化趋势，全面复苏可能是一个缓慢而复杂的过程，原有的增长模式难以为继，科技创新和产业升级孕育着新的突破，国际环境存在许多不确定不稳定因素。这对我国经济结构调整既形成巨大压力和倒逼机制，又提供了新的重大机遇。他强调，推进经济结构调整，是解决我国经济发展中不平衡、不协调、不可持续等深层次问题的根本举措，也是巩固当前经济回升向好势头的迫切需要。我们进行的经济结构调整，是有保有压、有促有控的，既有利于培育新的增长点，增加有效供给，又有利于淘汰落后产能，防止重复建设。这对于保持经济平稳较快发展、管理好通胀预期，可以起到重要的平衡和调节作用。

李克强说，扩大内需是我国经济发展的基本立足点和长期战略方针，也是调整经济结构的首要任务。要坚持内需为主，内外需结合，在开放型经济条件下牢牢把握发展的主动权，继续稳定和拓展外需，充分发挥国内需求潜力巨大的优势，着力增强内需特别是居民消费需求对经济增长的持续拉动作用。要进一步优化投资结构，积极寻求投资与消费的结合点，实现增投资、促发展与扩消费、惠民生一举多得。他指出，就业是民生之本、收入之源，社会保障是经济发展的安全网，要更加注重就业和劳动报酬在一次分配中的作用，更加注重社会保障和公共服务在二次分配中的作用，大力调整国民收入分配格局，不断提高居民消费能力。同时进一步完善消费政策，培育消费热点，改善消费环境，多策并举促进消费扩大。

李克强强调，城镇化是扩大内需最雄厚的潜力所在，也是经济结构调整的重要内容。要以推进城镇化带动区域协调发展，重点加强中小城市和小城镇建设，把培育形成中西部地区城市群与优化提升东部地区城市带结合起来，开拓经济增长和市场需求的新空间。要在城镇化进程中统筹城乡发展，加强土地节约集约利用，严格保护耕地，切实保障粮食安全，增强以工补农、以城带乡能力，做到城镇化和社会主义新农村建设相互促进、统筹发展。推进城镇化既要积极，也要稳妥，统筹考虑并不断提高城市综合承载能力，把符合条件的农业人口逐步转变为城市居民，努力走出一条中国特色城镇化道路。

李克强说，加快产业结构优化升级是提升国民经济整体素质的有效途径，是推进经济结构调整的重要方面。要顺应国内需求结构升级的新形势，敏锐捕捉国际市场变化的新趋势，及时调整产业结构和产品结构，大力发展现代农业，促进服务业特别是现代服务业加快发展。瞄准国际科技和产业前沿，壮大战略性新兴产业，力争实现跨越式发展，抢占未来发展制高点。他强调，技术创新是产业结构优化升级的核心和关键，要着力增强自主创新能力，在强化原始创新的同时，重视集成创新和引进消化吸收再创新，加强质量和标准建设，培育自主品牌，争创国际竞争新优势。

李克强指出，推进经济结构调整，必须优化调整要素投入结构。加强节能增效和生态环保，不仅可以减少资源消耗和污染排放，促进各个领域转变增长方式，而且可以带来可观的经济效益、社会效益和环境效益。要加深对我国基本国情的认识和把握，统筹人口资源环境和经济社会发展，把节能增效和生态环保作为经济结构调整的重要抓手，加快发展绿色经济、循环经济和低碳经济，进一步加强技术改造和设备更新，大力发展节能环保产业，倡导绿色消费，下大力气破解资源环境瓶颈制约的难题。他强调，人口问题在经济社会发展中始终处于基础地位，与结构调整和持续发展密切相关。要从战略上把握好人口发展问题，稳定低生育水平，统筹人口数量、素质、结构和分布，促进人口和经济社会协调发展。

李克强最后说，推进结构调整和经济发展方式转变，关键在于创新体制机制。要完善体现科学发展观的评价体系，在重视速度的同时更加重视质量效益、结构优化、节约环保、民生改善。加快形成现代市场体系，增强市场经济主体的动力和活力，充分发挥市场在资源配置中的基础性作用。他指出，财政税收是结构调整的有力杠杆和重要工具。要继续优化财政支出结构，健全中央和地方财力与事权相匹配的体制，积极稳妥地推进税制改革，深化金融等体制改革，更好地支持社会事业发展和民生改善，支持城乡区域协调发展和产业结构优化升级，为调整经济结构、促进持续发展提供有效保障。

回良玉出席省部级领导干部民族工作专题研讨班开班式并作重要讲话

9月13日，省部级领导干部民族工作专题研讨班在中央党校开班，中共中央政治局委员、国务院副总理回良玉出席开班式并讲话。他强调，民族工作是执政兴国、治国安邦必须抓好的一项重大工作，党中央、国务院对此始终高度重视。我们要深入学习领会中央关于民族工作的大政方针和决策部署，不断提高驾驭和处理民族问题的本领，巩固发展各民族的大团结，促进少数民族和民族地区加快发展，不断开创民族工作新局面。

回良玉指出，经过几十年的不懈努力，我国少数民族和民族地区的面貌发生了翻天覆地的变化，各族人民群众的生活水平有了显著的提高，民族团结进步事业取得了举世瞩目的辉煌成就。当前，我国的民族分布和民族交往格局正在发生深刻变化，少数民族和民族地区加快发展面临不少困难，民族问题在全社会的影响更加广泛，影响民族关系的因素更加复杂，提高民族工作水平的要求更加迫切。为此，必须站在全局和战略的高度，深刻认识新形势下做好民族工作的重要性和紧迫性，切实把认识和行动统一到中央关于民族工作的部署和要求上来，不断把民族工作推向前进。

回良玉对研讨班的学习提出三点要求，希望大家充分研讨，广泛交流，学有所获，学以致用。一是要认真学习有关民族问题的基本知识，了解各民族的基本情况。二是要深入领会我们党关于民族工作的大政方针，始终牢牢把握各民族共同团结奋斗、共同繁荣发展这个民族工作的主题；始终切实遵循平等、团结、互助、和谐这个处理民族关系的重要准则；始终牢固树立汉族离不开少数民族、少数民族离不开汉族、各少数民族之间也互相离不开这一重要思想；始终坚持和完善民族区域自治这项基本政治制度；始终紧紧抓住发展这个解决我国民族问题的根本途径。三是要努力掌握做好民族工作的基本方法，健全完善领导体制机制，充分发挥民族宗教界代表人士的作用，坚持依法办事，坚持因地制宜，坚持群众路线，坚持社会动员，确保中央关于民族工作的决策和部署落到实处。

回良玉强调，各地各有关部门要把握当前民族工作的重点任务，努力提高民族工作水平。一是切实抓好党和国家民族政策的贯彻落实，加大宣传普及和督促检查力度。二是切实抓好民族团结宣传教育和创建活动，增强针对性、实效性和影响力。三是切实抓好促进民族地区加快发展的各项工作，扎实推进兴边富民行动，着力加强牧业、牧区、牧民工作，突出加大对集中连片贫困民族地区的扶持力度，继续做好扶持人口较少民族发展工作。四是切实抓好城市民族工作，加强少数民族流动人口的服务管理，保障各族群众权益。

李源潮在县委书记任职培训班（第1期）开班式上作专题报告

3月1日，县委书记任职培训班（第1期）在中央党校开班。中共中央政治局委员、中央书记处书记、中央组织部部长李源潮为培训班作专题报告，要求新任县委书记认清肩负的重大政治责任，为民、务实、清廉，始终把人民群众的冷暖放在心上，让发展的成果惠及广大百姓。

党中央高度重视加强县委书记队伍建设。中央下发的《关于加强县委书记队伍建设的若干规定》，明确新任县委书记要到中央党校等国家级干部教育培训机构接受任职培训，这是对县委书记重点管理的一项重要举措。390名2008年11月后任职的县委书记参加这期培训。

李源潮指出，我国改革发展正处在关键阶段，特别是进入后国际金融危机时期，县里的工作面临许多新情况新矛盾新挑战。县委书记要聚精会神抓发展，全心全意抓民生，自觉主动抓稳定，以身作则抓班子，认真负责抓队伍，真正做到为官一任、造福一方。县委书记必须有较高的执政素质和执政能力。新任县委书记要认真查找思想、本领、作风方面存在的差距，加强学习、勤于调研、深入群众，开阔眼界、开阔思路、开阔胸襟，努力提高领导科学发展能力、改革创新能力、应对复杂局面和处置突发事件能力、做群众工作能力。要掌握和运用科学的领导方法，懂全局、察民意、善决策、抓重点、敢负责。

李源潮强调，县委书记要带头讲党性、重品行、作表率，为全县党员干部作出榜样。要自觉加强党性锻炼，坚定理想信念，树立正确的执政理念。要有道德感召力，在品行修养上有更高的标准和要求。要心里装着群众，一任接着一任干，不追求虚假指标和轰动效应，不搞不切实际、违背科学的瞎折腾和劳民伤财的“形象工程”。要践行共产党人的核心价值观，比贡献大小不比职务高低，比群众口碑不比名利多少，比心灵和谐不比物质享受，在当地发展进步史中留下自己的奉献。

习近平校长重要活动和重要讲话

习近平出席2010年春季学期开学典礼并作重要讲话

3月1日，中共中央政治局常委、中央书记处书记、中央党校校长习近平出席中央党校2010年春季学期开学典礼并作重要讲话。他强调，马克思主义立场观点方法是马克思主义科学思想体系的精髓所在。党员领导干部真学真懂真信真用中国特色社会主义理论体系，既要真学真懂真信真用这一理论体系的基本内容，又要真学真懂真信真用贯穿其中的马克思主义立场观点方法。

习近平强调，掌握和运用马克思主义立场观点方法研究和解决中国的实际问题，是我们党的传家宝。正因为我们党坚持把马克思主义基本原理同中国具体实际和时代特征相结合，自觉运用马克思主义立场观点方法研究和解决中国革命、建设、改革的实际问题，不断推进马克思主义中国化，才先后形成了毛泽东思想、邓小平理论、“三个代表”重要思想以及科学发展观等重大战略思想，指引党和国家事业不断取得伟大胜利。

习近平指出，始终站在人民大众立场上，一切为了人民、一切相信人民、一切依靠人民，诚心诚意为人民谋利益，这是中国共产党人坚持马克思主义立场的根本要求。各级领导干部要始终牢记党的根本宗旨，从思想和感情深处真正把人民群众当主人、当先生，虚心向他们求教问策，把政治智慧的增长、执政本领的增强、领导艺术的提高深深扎根于人民群众的实践沃土中，不断从人民群众中吸取营养和力量。在我国，中国共产党是执政党，一切权力属于人民、一切权力服务于人民。党员领导干部要始终站在人民大众立场上，把服务群众、造福百姓作为最大责任，把执政为民、为民用权作为正确使用权力的基本准则，真正做到立身不忘做人之本、为政不移公仆之心、用权不谋一己之私。

习近平强调，深入学习中国特色社会主义理论体系，要坚持这一理论体系中贯穿的马克思主义观点，用以观察、分析和解决改革开放和社会主义现代化建设中面临的实际问题，用以指导客观世界和主观世界的改造。各级领导干部要学习和掌握关于人类社会发展规律及其历史趋势的基本观点，始终坚定中国特色社会主义信念和共产主义理想；学习和掌握关于生产活动是人类社会存在和发展根本前提的观点，始终抓好发展这个党执政兴国的第一要务；学习和掌握关于人的全面发展的观点，在发展中始终坚持以人为本；学习和掌握关于社会主义经济政治文化社会协调发展的观点，把中国特色社会主义事业全面推向前进。

习近平强调，深入学习中国特色社会主义理论体系，要学习和掌握辩证唯物主义和历史唯物主义的世界观和方法论，注重和坚持调查研究，不断提高领导工作水平。当今时代，信息手段十分发达，利用信息工具了解和掌握情况越来越重要。但不管通信手段多么发达，有多少了解情况的其他渠道，都不能替代亲自深入实际、深入基层、深入群众进行实地的调查研究。他指出，党的十七届四中全会提出党员领导干部要提高战略思维、创新思维、辩证思维能力，这是很重要的要求。战略思维能力，就是高瞻远瞩、统揽全局，善于把握事物发展总体趋势和方向的能力。创新思维能力，就是破除迷信、超越过时的陈规，善于因时制宜、知难而进、开拓创新的能力。辩证思维能力，就是承认矛盾、分析矛盾、解决矛盾，善于抓住关键、找准重点、洞察事物发展规律的能力。各级领导干部要坚持用唯物辩证、实事求是、群众路线的思想方法和工作方法武装头脑、指导实践，不断提高这“三种能力”，增强工作的原则性、系统性、预见性、创造性。

习近平还对运用马克思主义立场观点方法指导新形势下党的建设作了阐述。

中共中央政治局委员、中央书记处书记、中央组织部部长李源潮，中共中央书记处书记、中央纪委副书记何勇，中共中央书记处书记、中央办公厅主任令计划出席开学典礼。

常务副校长李景田主持开学典礼。中央有关部门负责人、中央党校负责人以及2010年春季学期全体学员、分校学员代表和党校教职员工，共1800多人参加开学典礼。

深入学习中国特色社会主义理论体系 努力掌握马克思主义立场观点方法*

（2010 年 3 月 1 日）

习 近 平

中央党校是学习、研究和宣传马克思主义的重要阵地，是我们党对干部进行教育培训的最高学府。大家到中央党校来学习，主要是学习马克思主义理论。今天，我围绕深入学习中国特色社会主义理论体系、学习和掌握马克思主义立场观点方法，谈一些自己的体会和认识，与同志们交流。

一、学习和掌握马克思主义立场观点方法，是深入学习中国特色社会主义理论体系、提高思想理论水平的根本要求

党的十七大明确提出，要深入学习贯彻中国特色社会主义理论体系，着力用马克思主义最新成果武装全党。党的十七届四中全会再次强调这个问题，进一步提出党员领导干部要作真学真懂真信真用的表率。马克思主义立场观点方法，贯穿于马克思列宁主义、毛泽东思想和中国特色社会主义理论体系之中，是马克思主义科学思想体系的精髓所在。党员领导干部只有努力学习和掌握马克思主义立场观点方法，才能从根本上不断提高自己的思想理论水平和辨别是非能力，增强认识世界和改造世界的能力，坚定中国特色社会主义信念和共产主义理想；才能全面、正确地理解和贯彻党的基本理论、基本路线、基本纲领、基本经验和各项方针政策，坚定不移地继续解放思想、坚持改革开放、推动科学发展、促进社会和谐，为夺取全面建设小康社会新胜利而奋斗；也才能不断改进工作作风和工作方法，增强工作的原则性、系统性、预见性、创造

---

* 本文是习近平 3 月 1 日在中央党校 2010 年春季学期开学典礼上的讲话。载《学习时报》2010 年 3 月 8 日第 1 版，发表时有删节。

性，克服和避免摇摆性、片面性、盲目性，把自己的工作做得更好。因此，我们党郑重提出的党员领导干部要真学真懂真信真用中国特色社会主义理论体系的要求，既要求真学真懂真信真用这一理论体系的基本内容，又要求真学真懂真信真用贯穿其中的马克思主义立场观点方法。

掌握和运用马克思主义立场观点方法来研究和解决中国的实际问题，是以毛泽东同志为主要代表的中国共产党人留给我们的传家宝。毛泽东同志的《中国社会各阶级的分析》、《湖南农民运动考察报告》、《中国革命战争的战略问题》、《中国共产党在民族战争中的地位》、《中国革命和中国共产党》、《论联合政府》等著作，就是学习和运用马克思主义立场观点方法写出来的指导中国革命的重要著作。1938 年 10 月，他在党的六届六中全会上提出“马克思主义在中国具体化”时明确指出，我们“不但应当了解马克思、恩格斯、列宁、斯大林他们研究广泛的真实生活和革命经验所得出的关于一般规律的结论，而且应当学习他们观察问题和解决问题的立场和方法。”他 1941 年在《改造我们的学习》这篇重要文献中，针对当时党内存在的理论脱离实际、教条主义地对待马克思主义的严重问题，再次指出许多同志学习马克思列宁主义，“只会片面地引用马克思、恩格斯、列宁、斯大林的个别词句，而不会运用他们的立场、观点和方法，来具体地研究中国的现状和中国的历史，具体地分析中国革命问题和解决中国革命问题”。那一年中央还作出决定，“号召我们的同志学习应用马克思列宁主义的立场、观点和方法，认真地研究中国的历史，研究中国的经济、政治、军事和文化，对每一问题要根据详细的材料加以具体的分析，然后引出理论性的结论来。”毛泽东同志说：“这个责任是担在我们的身上。”毛泽东同志关于学习和掌握马克思主义立场观点方法的重要思想，是毛泽东思想的重要组成部分，也是我们做好领导工作的重要指针。

邓小平同志在改革开放初期总结社会主义建设经验教训时指出：我们“主要的是要用马克思主义的立场、观点、方法来分析问题，解决问题。马克思主义的活的灵魂，就是具体地分析具体情况。马列主义、毛泽东思想如果不同实际情况相结合，就没有生命力了”。江泽民同志指出：“我们学习理论，关键要学会运用马克思主义的立场、观点、方法来观察和解决问题，提高辩证思维的能力，防止形而上学和片面性。”胡锦涛同志指出：“高举毛泽东思想、邓小平理论、‘三个代表’重要思想的旗帜，不断开创中国特色社会主义事业新局面，不断开创马克思主义在中国发展的新境界，最重要的是始终坚持贯穿这个科学思想体系的活的灵魂，始终坚持马克思主义立场、观点和方法。”我们党的领导人之所以一以贯之地强调学习和掌握马克思主义立场观点方法，是因为这是对待马克思主义的基本态度问题。邓小平同志指出:“绝不能要求马克思为解决他去世之后上百年、几百年所产生的问题提供现成答案,列宁同样也不能承担为他去世以后五十年、一百年所产生的问题提供现成答案的任务。”我们学习马克思主义,就要学习和掌握马克思主义立场观点方法,既坚决抵制马克思主义“过时论”等种种否定马克思主义的错误思想,又不要被针对具体情况、具体条件的个别词句、个别结论束缚住手脚。正因为我们党采取这种科学态度,坚持把马克思主义基本原理同中国具体实际和时代特征相结合,自觉运用马克思主义立场观点方法研究和解决中国革命、建设、改革的实际问题,不断推进马克思主义中国化,才先后形成了毛泽东思想、邓小平理论、“三个代表”重要思想以及科学发展观等重大战略思想,指引中国革命、建设、改革不断取得伟大胜利。

这里我还要特别说到,学习和掌握马克思主义立场观点方法,对于我们当前深入学习实践科学发展观、巩固扩大深入学习实践科学发展观活动成果,具有十分重要的意义。科学发展观是马克思主义中国化最新成果,是马克思主义关于发展的世界观和方法论的集中体现,它的第一要义是发展,核心是以人为本,基本要求是全面协调可持续,根本方法是统筹兼顾。这里的第一要义、核心、基本要求、根本方法,反映和体现的正是马克思主义立场观点方法。用科学发展观武装党员干部头脑、指导工作,始终抓住发展这个第一要义,始终坚持以人为本这个核心,始终遵循全面协调可持续这个基本要求,始终坚持统筹兼顾这个根本方法,从实际出发贯彻落实并富有成效地解决问题,我国经济社会就会实现又好又快发展。按照党的十七大部署在全党开展的深入学习实践科学发展观活动,从 2008 年 9 月开始至今历时一年半,加上试点工作整整两年,自上而下分三批在全党开展,呈现出许多特点,各地区各部门有许多创造,积累了宝贵经验,取得了明显成效。实践证明,深入学习实践科学发展观活动是马克思主义中国化最新成果在全党的一次大普及,是贯彻落实科学发展观、积极推进中国特色社会主义伟大事业和党的建设新的伟大工程的一次成功实践,为我们有效应对国际金融危机冲击、加快经济发展方式转变、保持经济平稳较快发展发挥了重要作用。按照中央的统一部署,学习实践活动已于 2 月底基本结束,中央将召开总结大会。各地区各部门各单位也要认真总结和切实运用学习实践活动的成功经验,认真做好建立健全贯彻落实科学发展观长效机制工作,运用学习和掌握的马克思主义立场观点方法不断解决影响和制约科学发展的突出问题以及党员干部党性党风党纪方面群众反映强烈的突出问题,努力形成有利于贯彻落实科学发展观的政策导向、舆论导向、用人导向和体制机制,在新的起点上推动学习实践科学发展观不断向深度和广度发展。

二、坚持中国特色社会主义理论体系中贯穿的马克思主义立场，始终站在人民大众立场上，立党为公、执政为民，把服务群众、造福百姓作为最大责任

立场，是人们观察、认识和处理问题的立足点。这个立足点，从根本上讲是由人们的经济政治社会利益和地位决定的。从马克思、恩格斯在《共产党宣言》中明确提出共产党人始终坚持为无产阶级、为绝大多数劳动人民谋利益，到列宁强调党是无产阶级的先进部队，要为人民群众服务、代表他们的利益；从毛泽东同志关于共产党人必须全心全意为人民服务的重要思想，到邓小平同志关于必须把人民拥护不拥护、赞成不赞成、高兴不高兴、答应不答应作为衡量改革和一切事业根本标准的重要思想，到江泽民同志关于中国共产党必须始终代表最广大人民根本利益的重要思想，到胡锦涛同志关于必须把最广大人民的根本利益作为贯彻落实科学发展观的根本出发点和落脚点的重要思想，从中我们可以清楚地看到一条一脉相承又与时俱进的思想主线，这就是：始终站在人民大众立场上，一切为了人民、一切相信人民、一切依靠人民，诚心诚意为人民谋利益。这是马克思列宁主义的根本出发点和落脚点，也是毛泽东思想、邓小平理论、“三个代表”重要思想以及科学发展观等重大战略思想的根本出发点和落脚点。始终站在人民大众立场上，始终不脱离、不动摇这个立场，这是共产党人掌握马克思主义世界观的重大问题，因而也是我们广大党员干部学习贯彻中国特色社会主义理论体系要解决好的重大问题。

党员领导干部要真正站在人民大众立场上，首先要对人民群众有真挚感情。随着我国改革开放的深入，在社会利益多样化、价值观念多元化的情况下，领导干部中存在着一些不符合甚至违背马克思主义立场的突出问题。有的脱离群众，对群众的感情淡漠了，有的甚至与民争利，侵害群众利益。这些都损害了党同人民群众的血肉联系。古往今来，一些对推动社会进步有作为的政治家，在不同程度上都以关心老百姓疾苦为己任，从范仲淹的“先天下之忧而忧，后天下之乐而乐”，到郑板桥的“些小吾曹州县吏，一枝一叶总关情”；从杜甫的“安得广厦千万间，大庇天下寒士俱欢颜”，到于谦的“但愿苍生俱温饱，不辞辛苦出深林”，就说明了这一点。封建士大夫们尚且如此，我们共产党的干部更应该时刻把群众的安危冷暖挂在心上，扎实做好事关群众切身利益的每项工作。大量情况表明，在党长期执政和改革开放新的历史条件下，各级领导干部面临着进一步培养、巩固和增进同人民群众感情的问题。我们要始

终牢记党的根本宗旨，从思想和感情深处真正把人民群众当主人、当先生，把自己看作人民群众的公仆和学生，自觉贯彻党的群众路线。人民群众中有的是能者和智者，要虚心向他们求教问策，把政治智慧的增长、执政本领的增强、领导艺术的提高深深扎根于人民群众的实践沃土中，不断从人民群众中吸取营养和力量。毛泽东同志曾经说过："拜人民为师，这就灵了。"这个话包含的道理是很深刻的。人民是创造历史的动力，我们共产党人任何时候都不要忘记这个历史唯物主义最基本的道理。

党员领导干部要真正站在人民大众立场上，归根到底必须解决好为谁掌权用权的问题。在我国，中国共产党是执政党，一切权力属于人民，一切权力服务于人民。领导干部的权力是人民赋予的，只能用来为人民谋利益，决不能把它变成牟取个人或少数人私利的工具。我们常说领导干部要正确对待群众、正确对待组织、正确对待自己，其中一个深刻用意就是告诉领导干部要正确认识权力的性质，用好手中的权力，不辱使命、不负重托。权力是柄"双刃剑"。领导干部手中掌握一定权力，为我们创造和提供了为人民服务的机遇，同时也容易成为权力寻租的主攻目标。现在，社会上出现的对领导干部拉拢腐蚀的手段越来越多，形式也越来越隐蔽，目的就是要千方百计结交权力。领导干部一旦放松了警惕，经受不住各种诱惑，就可能搞权钱交易，滑向腐败和犯罪的深渊。对各级领导干部来说，权力就是责任，权力越大责任也越大，一定要真正在思想上解决入党为什么、当干部做什么、身后留什么的问题，任何时候任何情况下都要以人民利益为重、全心全意为人民谋利益，都要把执政为民、为民用权作为正确使用权力的基本要求，真正做到立身不忘做人之本、为政不移公仆之心、用权不谋一己之私。牢固树立这样的权力观，要求我们把权力用在贯彻执行党的路线方针政策和各项部署上，确保权力行使不偏向、不越轨、不出格，始终做到公正用权；要求我们必须牢固树立法律面前人人平等、制度面前没有特权、制度约束没有例外的意识，按规定的权限行使权力、不超越用权的界限，按规定的程序行使权力、不任意妄为，按规定的责任行使权力、不逃避约束，始终做到依法依规用权；要求我们必须主动接受监督、自觉接受监督、乐于接受监督，时刻警惕官僚主义滋长蔓延，坚决抵御来自各方面的诱惑，带头遵守《中国共产党党员领导干部廉洁从政若干准则》，清清白白做人，干干净净干事，始终做到立党为公、为民用权、廉洁用权。

三、坚持中国特色社会主义理论体系中贯穿的马克思主义观点，自觉运用辩证唯物主义和历史唯物主义的思想武器改造客观世界和主观世界

观点，是人们对事物的看法。马克思主义观点是马克思主义关于自然、社

会和人类思维规律的科学认识，是对自然界规律和人类社会实践经验的科学总结，体现在马克思主义哲学、政治经济学和科学社会主义这三个组成部分之中，涵盖面非常广泛。比如，关于世界观、人生观、价值观的基本观点；关于辩证唯物主义和历史唯物主义的基本观点；关于社会形态和社会基本矛盾运动规律的基本观点；关于社会主义必然代替资本主义的基本观点；关于社会主义革命和无产阶级专政的基本观点；关于无产阶级政党的基本观点；关于社会主义本质特征和社会主义建设的基本观点，等等。这些基本观点贯穿于马克思主义科学思想体系之中，内容博大、思想精深，需要坚持不懈地刻苦学习、深入钻研，需要原原本本地阅读马克思主义原著，才能领会得更加深透。最近，《马克思恩格斯文集》和《列宁专题文集》正式出版发行，这是党的思想理论建设的一件大事，对于广大党员干部深入学习马克思主义经典著作，更好地用马克思主义指导实践，坚持中国特色社会主义不动摇，必将起到十分重要的作用。当前，重点是系统学习和掌握包括邓小平理论、“三个代表”重要思想以及科学发展观等重大战略思想在内的当代中国马克思主义，也就是中国特色社会主义理论体系中的基本观点，用以观察、分析和解决我们在改革开放和社会主义现代化建设中面临的实际问题，用以指导客观世界和主观世界的改造。

学习和掌握中国特色社会主义理论体系中贯穿的马克思主义观点，就要学习和掌握马克思主义关于人类社会发展规律及其历史趋势的基本观点，始终坚定中国特色社会主义信念和共产主义理想。马克思主义把唯物主义原则应用于社会历史领域，揭示了人类社会的发展是一个自然历史过程，社会基本矛盾的运动决定了社会主义必然代替资本主义。这个科学理想，激励和鼓舞了世界上一代又一代共产党人为之奋斗、为之流血牺牲。现在，我们有些党员在矛盾面前畏缩不前，在困难面前悲观失望，在诱惑面前不能保持应有的纯洁以至腐败堕落，说到底是理想信念出了问题。实践表明，共产党员坚定理想信念，必须努力学习和掌握辩证唯物主义和历史唯物主义的强大思想武器，把理想信念建立在科学分析的理性基础之上。既要正确认识目前资本主义经济、科技发展的现实，更要正确认识资本主义社会的基本矛盾及其最终必然走向衰亡的历史趋势；既要正确认识社会主义发展过程中出现的曲折和反复，更要正确认识社会主义的发展前途是光明的；既要正确认识社会主义事业的长期性、艰巨性、复杂性，更要正确认识社会主义制度的强大生命力和巨大优越性。就是说，要从马克思主义关于人类社会发展规律的高度来认识当今世界的变化及其趋势，始终坚定自己的理想信念。要深刻认识到，中国特色社会主义理论体系这个当代中国的马克思主义，既坚持了科学社会主义的基本原则、又根据我国实际和时代特征形成了鲜明的中国特色，是引领当今中国社会不断发展进步、引领中华民族实现伟大复兴的科学理论，因而要始终不为任何风险所惧、不被任何干扰所惑，坚定不移地沿着中国特色社会主义方向勇往直前。

学习和掌握中国特色社会主义理论体系中贯穿的马克思主义观点，就要学习和掌握马克思主义关于生产活动是人类社会存在和发展根本前提的观点，始终把发展作为党执政兴国的第一要务。马克思主义坚持从社会物质生产特别是生产力和生产关系的矛盾运动来把握社会，揭示出生产力始终是推动社会前进最活跃、最革命的力量，从而确定社会主义的根本任务就是发展社会生产力。这个基本原理，要求我们在建设社会主义的整个历史进程中，都必须把集中力量发展社会生产力摆在首要位置，把经济建设作为党和国家的中心工作，聚精会神搞建设，一心一意谋发展。邓小平同志反复强调，发展是硬道理。我国正处于并将长期处于社会主义初级阶段，人民日益增长的物质文化需要同落后的社会生产之间的矛盾始终是我国社会的主要矛盾。因此，我们必须始终抓好发展这个第一要务，必须始终坚持以经济建设为中心，无论遇到什么情况都不能动摇。这一条，各级领导干部一定要牢牢把握。我们讲发展，是与人口资源环境相协调的可持续发展，是建立在优化结构、提高质量和效益基础上的又好又快发展。改革开放以来，我国社会主义现代化建设取得了举世瞩目的巨大成就。同时必须清醒地看到，我国经济社会发展也存在一些长期积累、制约全局的深层次矛盾和问题，集中表现为经济发展方式不适应的问题越来越凸显。国际金融危机对我国经济的冲击表面上是对经济增长速度的冲击，实质上是对经济发展方式的冲击。粗放型增长模式已难以为继，我国经济已经进入了只有加快经济发展方式转变和经济结构调整才能持续平稳较快发展的关键时期。正如胡锦涛同志强调指出的，综合判断国际国内形势，转变经济发展方式已刻不容缓。各级领导干部都要以宽广的视野、战略的思维，深刻认识加快经济发展方式转变的重要性和紧迫性，进一步增强责任感和使命感，自觉贯彻落实好中央关于推动科学发展的重大决策部署，坚定不移地推进经济发展方式转变。

学习和掌握中国特色社会主义理论体系中贯穿的马克思主义观点，就要学习和掌握社会主义经济政治文化社会协调发展的观点，把中国特色社会主义事业全面推向前进。实现物质财富极大丰富、人民精神境界极大提高、每个人自由而全面发展的共产主义社会，是马克思主义最崇高的社会理想。社会主义社会是以经济建设为中心，同时实现全面发展、全面进步的社会。没有经济的发展，其他方面的发展就没有物质基础；没有其他方面的发展和进步，物质文明建设就没有必要保障和更强大动力，经济发展目标也就难以实现。改革开放以来，我们党明确提出一系列“两手抓”的方针，就是为了既实现经济持续发展又实现社会全面进步，完整地体现和发挥社会主义制度的优越性。正是基于对马克思主义的深刻理解、对中国实际和时代特征的准确把握，党的十七大明确提出：中国特色社会主义道路，就是在中国共产党领导下，立足基本国情，以经济建设为中心，坚持四项基本原则，坚持改革开放，解放和发展社会生产力，巩固和完善社会主义制度，建设社会主义市场经济、社会主义民主政治、社会主义先进文化、社会主义和谐社会，建设富强民主文明和谐的社会主义现代化国家。各级领导干部要深刻理解这个科学概括，坚持以兴国为己任、以富民为目标，在集中力量抓好经济建设的同时，更加注重推进社会主义政治建设、文化建设、社会建设以及生态文明建设。

学习和掌握中国特色社会主义理论体系中贯穿的马克思主义观点，就要学习和掌握马克思主义关于人的全面发展的观点，在发展中始终坚持以人为本。马克思主义历来认为，人的自由和全面发展是共产主义的本质特征，是建设社会主义的重要任务。党的十六大以后，胡锦涛同志明确提出了以人为本的重要思想，指出我们提出以人为本的根本含义，就是坚持全心全意为人民服务，立党为公、执政为民，始终把最广大人民的根本利益作为党和国家工作的根本出发点和落脚点，坚持发展为了人民、发展依靠人民、发展成果由人民共享。我们在推进发展的过程中，既要见物又要见人，既要重视物质生产水平的提高又要重视人的素质的提高，既要注重经济指标又要注重人文和资源环境指标。这就必须树立致力于全面发展、全面进步的正确政绩观，也只有坚持这样的政绩观，才能做出经得起实践检验和人民满意的实绩。

四、坚持中国特色社会主义理论体系中贯穿的马克思主义方法，用唯物辩证、实事求是、群众路线的思想方法和工作方法武装头脑、指导实践，不断提高领导工作水平

这里所说的方法，是与马克思主义世界观相统一的方法论，它是指导我们正确认识和改造世界的根本思想方法和工作方法。恩格斯指出：“马克思的整个世界观不是教义，而是方法。它提供的不是现成的教条，而是进一步研究的出发点和供这种研究使用的方法。”列宁指出：“马克思主义者从马克思的理论中，无疑地只是借用了宝贵的方法。”毛泽东同志指出：“马克思主义的方法就是政治上军事上的望远镜和显微镜”，是指导我们认识世界、改造世界的根本方法。邓小平同志强调，学习运用马克思列宁主义理论，最重要的是掌握它的基本原则和基本方法。江泽民同志指出，学习和运用科学世界观和方法

论，多掌握一点唯物辩证法，是对各级领导干部的一条重要要求。胡锦涛同志对学习和掌握马克思主义方法作出了许多深刻阐述，强调“辩证唯物主义和历史唯物主义的世界观和方法论，是马克思主义最根本的理论特征”。马克思主义的世界观和方法论是有机统一的。学习和掌握正确的世界观和正确的方法论，始终是马克思主义政党思想建设的重大任务。

*学习和掌握马克思主义方法，必须学习和掌握唯物辩证的思想方法。*客观地而不是主观地、发展地而不是静止地、全面地而不是片面地、系统地而不是零散地、普遍联系地而不是孤立地观察事物、分析问题、解决问题，在矛盾双方对立统一的过程中把握事物发展规律，这是学习和掌握唯物辩证思想方法的基本要求。坚持唯物辩证的思想方法，对于做好领导工作十分重要。比如，出主意、用干部是领导工作的重要职责。要出好主意，基础和前提是科学认识和正确把握形势。只有学会辩证地分析和比较从局部到全局、从眼前到长远的发展形势，学会辩证地认识和比较国内外经济、政治、文化的发展趋势，学会辩证地思考和比较历史的和现实的发展经验，才能善于把本地区本部门本单位的工作放到局部与全局、眼前与长远、国内与国外、历史与现实的大形势、大趋势和历史经验之中去考虑、去研究，才能作出正确谋断和决策。选拔使用干部也是这样，既看长处又看短处，用其所长、避其所短或补其所短，让干部各得其所、各展所长。科学发展观是充分贯彻和体现马克思主义唯物辩证法的发展观。它所强调的发展，是正确处理局部与全局、数量与质量、速度与效益关系的又好又快发展，是正确处理人与人、人与社会、人与自然关系的协调发展，是正确处理城市与农村、发达地区与欠发达地区、国内发展与对外开放关系的统筹发展，是正确处理经济、政治、文化、社会以及生态等各方面关系的全面发展，是正确处理当前与长远、现在与未来关系的可持续发展。我们学习实践科学发展观，要特别注意掌握蕴含其中的辩证法，掌握得越全面、了解得越深入，对我国经济社会发展规律的把握也就会越全面，对推动科学发展的理论和实践的认识也就会越深刻、行动也就会越自觉，就越能创造出推动科学发展、促进社会和谐的业绩。

*学习和掌握马克思主义方法，必须学习和掌握实事求是的思想方法。*实事求是，集中体现了马克思主义唯物的、辩证的认识论，是我们党始终坚持的根本思想方法。解放思想是实事求是的内在要求。只有解放思想，不断研究新情况、解决新问题，把思想认识从各种不合时宜的观念、做法和体制的束缚中解放出来，才能使我们正确地把握不断发展变化着的客观实际，才能使我们的思想认识符合客观实际，这样才能真正做到实事求是。与时俱进是实事求是的必

然要求和结果。随着时间的推移和时代的前进，客观实际发生了变化，我们的思想认识必须相应地跟着变、跟着前进，这也就是实事求是。因此，坚持实事求是，一定要同解放思想、与时俱进有机统一起来，在解放思想、与时俱进中坚持真理、纠正错误，做到不唯上、不唯书、只唯实。实践表明，坚持实事求是说起来容易做起来难，难就难在客观实际是错综复杂、千变万化的，隐藏在现象背后的规律不是那么容易把握的。要真正做到实事求是，必须注重和坚持调查研究。对于各级领导干部来说，调查研究是做好一切工作的一门必备的基本功。当今时代，信息手段十分发达，利用信息工具了解和掌握情况，也是一种方式，而且是越来越重要的方式。但不管通信手段多么发达，有多少了解情况的其他渠道，都不能替代亲自深入实际、深入基层、深入群众进行实地的调查研究。坚持实事求是，一个重要的要求就是敢于讲真话、讲实话。各级领导干部要勇于开展批评和自我批评，带头讲真话，敢于道实情，有一说一，有二说二，不刻意评功摆好，不回避和掩饰问题。要善于听真话，鼓励下级和群众讲心里话，反映真实情况。要正确对待和诚恳接受同志的诤言挚语，坚持言者无罪、闻者足戒，有则改之、无则加勉，建立和谐融洽的同志关系，坚决反对党内生活庸俗化。

*学习和掌握马克思主义方法，必须学习和掌握群众路线的工作方法。*一切为了群众、一切依靠群众，从群众中来、到群众中去的群众路线，是马克思主义历史唯物主义基本原理在实际工作中的具体体现，也是我们党始终坚持的根本工作路线和根本工作方法。现在，群众路线已经被有些党员干部淡忘了。不少基层党员和群众反映，现在交通工具发达了，干部与群众的距离却远了；通信工具先进了，干部与群众的沟通却难了；干部的学历高了，做群众工作的水平却低了。这种说法，从一些侧面反映出党的群众工作和党群关系、干群关系中存在的问题。这里面既有立场问题、感情问题，也有方法问题、能力问题。各级领导机关和领导干部要从政治的高度深刻认识密切联系群众的重要性，放下架子，扑下身子，深入实际、深入基层，从群众中寻找解决问题的方案和办法，使作出的决策和决策的执行充分体现民心民意。要深入研究新形势下群众工作的规律和特点，努力提高群众工作的针对性和有效性，在改革发展过程中处理好效率与公平的关系，充分调动各方面群众的积极性主动性创造性；在利益格局调整的过程中兼顾不同群体的利益诉求，妥善协调和处理不同方面群众的利益关切；在思想观念发展变化的过程中寻找与群众交流沟通的共同语言，拉近与群众的思想感情距离，努力掌握为人民服务的科学方法，提高为人民服务的实际本领，真正把广大群众凝聚在党和政府周围，为推动科学发展、促进

社会和谐而共同奋斗。

五、切实运用马克思主义立场观点方法指导新形势下党的建设，不断提高党建工作科学化水平

掌握和运用马克思主义立场观点方法指导党的建设，是一个系统工程，需要从多方面努力。这里我强调三点。

第一，切实运用马克思主义立场观点方法不断提高战略思维、创新思维、辩证思维能力。党的十七届四中全会明确提出，领导干部要切实提高战略思维、创新思维、辩证思维能力。学习和掌握马克思主义立场观点方法，是领导干部不断提高这“三种能力”的重要途径。

战略思维能力，就是高瞻远瞩、统揽全局，善于把握事物发展总体趋势和方向的能力。马克思主义立场观点方法，揭示了整个物质世界的本质特性及人类社会发展的客观规律，阐明了现象与本质、特殊与普遍、局部与整体、当前与长远的辩证关系，为我们正确认识和妥善处理中国特色社会主义事业中诸多重大关系，树立全局眼光、提高统筹能力提供了思想武器。各级领导干部只有认真学习和掌握马克思主义立场观点方法，才能站在战略和全局的高度观察和处理问题、从政治上认识和判断形势、透过纷繁复杂的表面现象把握事物的本质和发展的内在规律，才能视野开阔、胸襟博大，紧跟时代前进步伐，才能既抓住重点又统筹兼顾，既立足当前又放眼长远，既熟悉国情又把握世情，克服和避免只见现象不见本质、只见树木不见森林以及急功近利、目光短浅等现象，不断提升战略思维能力。

创新思维能力，就是破除迷信、超越过时的陈规，善于因时制宜、知难而进、开拓创新的能力。马克思主义坚持革命的辩证法，富于批判性、革命性和创造性，具有与时俱进的理论品质。马克思主义反对把一切事物看作凝固不变的形而上学的观点，主张不但要解释世界更要改造世界。在对待自身学说的问题上，马克思主义同样坚持科学的世界观与方法论，依据实践发展和科学进步不断修正、丰富和发展自己的理论。这从根本上破除了因循守旧、思想僵化、形式主义和无所作为，因而要求人们转变思维习惯、突破思维定势，在把握事物发展客观规律的基础上实现变革和创新。各级领导干部只有认真学习和掌握马克思主义立场观点方法，才能自觉地做到解放思想、求真务实、勇于探索，不断研究新情况、解决新问题、创造新经验、开创新局面，不断提升创新思维能力。

辩证思维能力，就是承认矛盾、分析矛盾、解决矛盾，善于抓住关键、找

准重点、洞察事物发展规律的能力。马克思主义唯物辩证法揭示了物质世界普遍联系和永恒发展的特性，厘清了本质与现象、内容与形式、原因与结果、必然性与偶然性、可能性与现实性等诸多范畴，反对一切违背唯物辩证法的形而上学的东西并与之划清界限，要求人们在认识世界和改造世界的过程中充分运用辩证方法观察和处理问题。各级领导干部只有认真学习和掌握马克思主义立场观点方法，才能正确分析矛盾，在对立中把握统一、在统一中把握对立，克服极端化、片面性，不断提升辩证思维能力。

第二，切实运用马克思主义立场观点方法不断深化对马克思主义执政党建设规律的认识。我们党是按照马克思主义建党学说组织起来的，坚持运用马克思主义立场观点方法分析、研究、解决党的建设中遇到的矛盾和问题，不断深化对执政党建设规律的认识，是提高党的建设科学化水平的内在要求。在新的历史条件下，我们党面临着长期、复杂而又严峻的执政考验、改革开放考验、市场经济考验、外部环境考验，迫切要求我们不断加强对新形势下党的建设实践的探索，不断深化对执政党建设规律的认识。党的性质、宗旨、指导思想、最终目标、组织原则、优良作风，是马克思主义立场观点方法在党的建设方面的具体体现，是马克思主义建党学说的基本内容，任何时候任何情况下都必须坚持而不能动摇。同时，我们要坚持继承与创新相结合，坚持运用马克思主义立场观点方法分析情况、提出任务，科学判断并准确把握党的历史方位，正确处理推进党领导的伟大事业同推进党的建设伟大工程的关系，总结和运用世界各国执政党建设正反两方面经验，使党的建设始终体现时代性、把握规律性、富于创造性。党的十七届四中全会深入分析党的建设面临的新形势新任务，认真总结我们党作为马克思主义执政党加强自身建设的基本经验，明确提出了加强和改进党的建设的总体要求、目标任务、重要举措，进一步深化了对执政党建设规律的认识。我们要认真贯彻全会精神，突出重点、突破难点，以改革创新精神加强和改进党的思想建设、组织建设、作风建设、制度建设和反腐倡廉建设，在全面推进党的建设新的伟大工程的实践中不断深化对马克思主义执政党建设规律的认识，不断提高党的建设科学化水平。

第三，切实运用马克思主义立场观点方法研究和回答党建工作中的重大问题。当前，党的建设面临许多新情况、新问题、新矛盾、新挑战，迫切需要我们运用马克思主义立场观点方法，坚持解放思想、实事求是、与时俱进，坚持从群众中来、到群众中去的工作方法，坚持实践是检验真理的唯一标准，加强对党的建设全局性、战略性、前瞻性问题的研究，积极探索破解难题的有效办法和途径，力求在一些关键问题、难点问题上取得新突破。

选人用人关系党的事业兴衰成败，中央历来高度重视，干部群众十分关心。改革开放30多年来，我国干部人事制度改革取得重大进展和明显成效，干部选拔任用制度和机制逐步健全，已经初步建立起具有中国特色的干部人事制度体系。但是，干部人事制度方面需要改进和完善的地方仍然不少，选人用人方面的不正之风仍然严重。从组织工作满意度民意调查看，用人不公、跑官要官、拉票贿选等依然是广大干部群众反映强烈的突出问题。如何针对存在的问题，进一步深化干部人事制度改革，提高选人用人公信度，还有许多问题需要深入研究。比如，中央反复强调要坚持德才兼备、以德为先用人标准，在实际工作中如何把“德”、“才”考实考准，如何把在一线艰苦岗位上埋头苦干的人和老实人正派人选用上来，还需要制定操作性较强而且群众信服的办法。比如，民主推荐干部是党内民主建设的一个重大进步，必须坚持。但如何做到既尊重民意又充分发挥领导班子和党组织的职能作用，防止简单以票取人、拉票贿选问题，需要进一步探索和完善。比如，中央对竞争性选拔干部作出了一些刚性规定，但如何通过科学的制度和程序设计避免简单的以考取人、高分低能等问题，需要认真探索。比如，中央明确提出选拔任用干部要改进提名制度，普遍推行差额推荐、差额考核、差额酝酿，这是一项很重要的改革，如何使其制度化、规范化，同样需要认真研究。

党的基层基础工作是党的建设的重点。与新形势新任务的要求相比，党的基层基础工作仍存在一些不适应的问题。比如，近年来各类农村专业合作社、专业协会蓬勃兴起，城市非公有制经济组织、新社会组织发展迅速。如何适应这种新情况，改进和完善基层党组织的设置方式，丰富活动内容，加大在产业链和非公有制经济组织、新社会组织中建立党组织的力度，扩大基层党组织在新领域的覆盖面，需要认真研究。在第三批学习实践科学发展观活动中，非公有制经济组织、新社会组织的基层党组织建设通过学习实践活动得到强有力的推进，尤其是律师行业、会计师行业等党组织覆盖率大幅度提高，成为这次学习实践活动一个新亮点，但非公有制经济组织和新社会组织党的建设仍然是一个薄弱环节，有不少问题需要研究和探索。比如，如何确立党员队伍建设的方针，处理好党员数量与党员质量的关系，把好入口、畅通出口，保证党员队伍的素质和党的纯洁性，也是需要深入研究的重要课题。

民主集中制是我们党的根本组织制度和领导制度。当前，我们正在深入贯彻落实科学发展观、加快经济发展方式转变，这是十分复杂而宏大的工程，必须有民主集中制作保证。如何把民主基础上的集中和集中指导下的民主有机结合起来，既充分发扬民主、尊重群众创造，进一步健全决策机制，切实提高科学决策、民主决策、依法决策水平，充分调动各方面积极性，又结合本地区本部门实际认真贯彻中央关于推动科学发展的重大决策部署，自觉在思想上、政治上、行动上同党中央保持高度一致，坚决维护中央权威，保证政令畅通，这也是需要深入研究的重大问题。

类似以上这样的重要问题，党的建设工作中还有不少，都需要我们运用马克思主义立场观点方法，以改革创新精神进行理论与实践相结合的研究。把这些问题研究清楚，找到了解决问题的有效办法和途径，党的建设科学化水平就会得到新的提高。

习近平出席2010年春季学期第二批学员开学典礼并作重要讲话

5月12日，中央党校举行2010年春季学期第二批入学学员开学典礼。中共中央政治局常委、中央书记处书记、中央党校校长习近平出席典礼并作重要讲话。他强调，积极倡导、大力弘扬优良文风，是党的十七届四中全会提出的一项重要任务。领导干部要把改进文风作为一项工作要求，身体力行、勉力而为，在弘扬优良文风上不断取得新进步。

习近平指出，我们党是一个郑重的马克思主义政党，一直为培育和弘扬马克思主义文风而努力。在党中央的大力倡导下，全党抓文风建设取得很大成绩。改革开放30多年来，党的优良文风逐渐得到恢复，并在新的历史条件下有新的发展。同时要看到，改进文风不是一蹴而就、一劳永逸的，当前文风上仍然存在一些突出问题。

习近平强调，文风不正，严重影响真抓实干、影响工作成效，耗费大量时间和精力，耽误实际矛盾和问题的研究解决。不良文风蔓延开来，损害党的威信，导致干部脱离群众，使党的理论和路线方针政策在群众中失去感召力、亲和力。按照四中全会要求改进文风，是新形势下加强和改进党的作风建设一项重要任务。

习近平指出，改进文风，在三个方面下功夫、见成效很重要。一是短。力求简短精炼、直截了当，要言不烦、意尽言止，观点鲜明、重点突出。坚持内容决定形式，宜短则短，宜长则长。二是实。讲符合实际的话不讲脱离实际的话，讲管用的话不讲虚话，讲反映自己判断的话不讲照本宣科的话。三是新。在研究新情况、解决新问题上有新思路、新举措、新语言，力求思想深刻、富有新意。

习近平强调，积极倡导、大力弘扬优良文风，各级领导机关和领导干部要带头。领导干部改进文风，需要从两个方面努力。一要勤于学习。学习党的基本理论，掌握马克思主义立场观点方法，以此作为政治上的望远镜和显微镜；学习新知识，了解新事物，不断拓宽视野，提高自己的综合素质；学习古人语言中有生命力的东西，充分合理地继承和运用。理论功底扎实了，知识积累厚实了，才能厚积薄发，言之有物、深入浅出地讲话、写文章。二要增强党性修养。坚持以德修身，努力成为高尚人格的模范，做到言行一致、表里如一。这样讲出的话、写出的文章，才会有感染力、亲和力。

习近平指出，胸有成竹才能出口成章，找准症结才能对症下药，源于实践才能指导实践。领导干部改进文风，应当深入基层，在实际生活中“望闻问切”，使思想和文字体现时代要求，符合实际情况，能够解决问题。群众的思想最鲜活，群众的语言最生动。深入群众，就来到了智慧的大课堂、语言的大课堂，我们的讲话、文章就可以有的放矢，体现群众意愿，让群众愿意看、看得懂，愿意听、听得进。

习近平强调，现在以会议落实会议、以文件落实文件、以讲话落实讲话的现象依然存在，这对文风不正起了推波助澜的作用。改进文风，必须改进会风。还要努力活跃党内生活，大力倡导独立思考的风气，进一步创造鼓励讲真话、提倡讲新话的宽松环境。

中共中央政治局委员、中央书记处书记、中央组织部部长李源潮，中共中央书记处书记、中央纪委副书记何勇，中共中央书记处书记、中央办公厅主任令计划出席开学典礼。

常务副校长李景田主持开学典礼。中央有关部门负责人、中央党校负责人以及2010年春季学期第二批入学学员和在校学员，共900多人参加开学典礼。

努力克服不良文风　积极倡导优良文风*

（2010 年 5 月 12 日）

习 近 平

中央党校 2010 年春季学期第二批入学学员今天正式开学了。我代表中央党校校委，对全体新学员表示热烈欢迎。

党的十七届四中全会明确提出：“从领导机关做起，大力整治文风会风，提倡开短会、讲短话、讲管用的话，力戒空话套话。”中央党校作为学习、研究和宣传马克思主义的重要阵地，在贯彻落实四中全会精神、树立和倡导马克思主义文风方面负有重要责任。到中央党校来学习的同志，大都是党的中高级干部，有些是思想理论战线的骨干，讲话、写文章、参与文件起草，工作中都会遇到文风问题。因此，今天我就改进文风问题谈一些体会和认识。

一、为什么要大力改进文风

文风不是小事。毛泽东同志指出：“学风和文风也都是党的作风，都是党风。”党风决定着文风，文风体现出党风。人们从文风状况中可以判断党的作风，评价党的形象，进而观察党的宗旨的贯彻落实情况。

我们党是一个郑重的马克思主义政党，特别是延安整风以来，一直为培育和弘扬马克思主义文风而努力。延安整风的一个重要内容，就是整顿文风。毛泽东同志对党八股进行了淋漓尽致的批判，号召全党抛弃党八股，采取生动活泼新鲜有力的马克思主义文风。在这方面，他为我们树立了榜样。翻开《毛泽东选集》，鲜明朴实的文风扑面而来，生动活泼的语言引人入胜，深入浅出的论述让人茅塞顿开。邓小平同志历来注重务实，反对不实风气，粉碎“四人帮”以后他带头恢复党的实事求是的思想路线，针对党的优良文风在“文化

* 本文是习近平 5 月 12 日在中央党校 2010 年春季学期第二批进修班开学典礼上的讲话。载《学习时报》2010 年 5 月 17 日第 1 版。

大革命”中遭到严重破坏的现状，大力倡导并率先垂范开短会，讲短话、讲实话、讲新话。他反复强调：“我们开会，作报告，作决议，以及做任何工作，都为的是解决问题。”江泽民同志在党的作风建设上明确提出了“八个坚持、八个反对”的重要思想，一再强调要纠正不良文风。他指出，有些文章翻来覆去老是那么几句套话，也有的哗众取宠，乱造概念，词句离奇，使人看不懂，这种不良文风应加以纠正。党的十六大以来，胡锦涛同志同样重视文风建设，多次强调各级领导干部要发扬求真务实精神、大兴求真务实之风，下决心从文山会海中摆脱出来，把心思用在干事业上，把精力投到抓落实中。他在党的十七大报告中明确指出，要“改进学风和文风，精简会议和文件，反对形式主义、官僚主义，反对弄虚作假”。

在党中央的大力倡导下，全党抓文风建设取得很大成绩。改革开放30多年来，党的优良文风逐渐得到恢复，并在新的历史条件下有新的发展。文风与党风同社会风气是紧密相连的，弘扬优良文风、纠正不良文风是一项长期任务，不可能一蹴而就、一劳永逸。当前，在一些党政机关文件、一些领导干部讲话、一些理论文章中，文风上存在的问题仍然很突出，主要表现为长、空、假。

长，就是有意无意地将文章、讲话添枝加叶，短话长说，看似面面俱到，实则离题万里。群众形容说，这样的讲话有数量无质量，有长度无力度；这样的讲话汇集的书，有价格无价值，有厚度无深度。

空，就是空话、套话多。照抄照搬、移花接木，面孔大同小异，语言上下雷同，没有针对性，既不触及实际问题，也不回答群众关切，如同镜中之花，没味、没用。

假，就是夸大其词，言不由衷，虚与委蛇，文过饰非。不顾客观情况，刻意掩盖存在的问题，夸大其词，歌功颂德。堆砌辞藻，词语生涩，让人听不懂、看不懂。

党的历史经验证明，文风不正，危害极大。它严重影响真抓实干、影响执政成效，耗费大量时间和精力，耽误实际矛盾和问题的研究解决。不良文风蔓延开来，不仅损害讲话者、为文者自身形象，也降低党的威信，导致干部脱离群众，群众疏远干部，使党的理论和路线方针政策在群众中失去吸引力、感召力、亲和力。可以说，一切不良文风都是不符合党的性质、宗旨的，都是同党肩负的历史使命相背离的。大力纠正不良文风，积极倡导优良文风，已成为新形势下加强和改进党的作风建设一项重要任务。

二、应该提倡什么样的文风

提倡什么，反对什么，是改进文风的首要问题。针对上面所说的不良文风的三个字，我想另外提出三个字，就是短、实、新。

一是短。就是要力求简短精练、直截了当，要言不烦、意尽言止，观点鲜明、重点突出。能够三言两语说清楚的事绝不拖泥带水，能够用短小篇幅阐明的道理绝不绕弯子。古人说“删繁就简三秋树”，讲的就是这个意思。毛泽东同志为人民英雄纪念碑起草的碑文，只有114个字，却反映了一部中国近代史。1975年，邓小平同志负责起草周恩来总理在四届全国人大一次会议上的报告，只用了五千字。后来谈到这件事的时候，邓小平同志说：“毛主席指定我负责起草，要求不得超过五千字，我完成了任务。五千字，不是也很管用吗?”江泽民同志和胡锦涛同志也有许多短小精干、言简意赅、思想深刻的文章、讲话。鲁迅先生说过，文章写完至少看两遍，竭力将可有可无的字、句、段删去，毫不可惜。现在，不少地方和部门按照中央改进文风会风的要求，提出以“能少则少、能短则短、能精则精、能简则简”为原则，尽可能开短会、讲短话、发短文。这“三短”，就是我们应当大力倡导的风气。

当然，也不是说长文章一概不好。有内容、有见解的长文章，人们也是喜欢读的。文章长短要视具体情况而定，宜短则短，宜长则长。要坚持内容决定形式，有些非长不可、篇幅短说不明白的事情则可以长些。《庄子》上有这样几句话：“长者不为有余，短者不为不足。是故凫胫虽短，续之则忧；鹤胫虽长，断之则悲。”意思是说，野鸭子的腿虽然很短，给它接上一截它就要发愁；仙鹤的腿虽然很长，给它截去一段它就要悲伤。这个道理同样适用于写文章。就今天来说，把“野鸭子的腿加长”的文章太多了，提倡短文章、短讲话、短文件是当前改进文风的主要任务。

二是实。就是要讲符合实际的话不讲脱离实际的话，讲管用的话不讲虚话，讲有感而发的话不讲无病呻吟的话，讲反映自己判断的话不讲照本宣科的话，讲明白通俗的话不讲故作高深的话。这就要求我们的文件、讲话和文章，力求反映事物的本来面目，分析问题要客观、全面，既要指出现象，更要弄清本质；阐述对策要具体、实在，要有针对性和可操作性。要实事求是，有一说一、有二说二，是则是、非则非，不夸大成绩，不掩饰问题。要深入浅出，用朴实的语言阐述深刻的理论。要有感而发，情真意切。毛泽东同志笔下的愚公、白求恩、张思德，我们今天记忆犹新，就是因为这些人在他的心灵深处产生过激烈震荡，所以讲出的话饱含深情、富于哲理，能深深植入人民心里，引起共鸣。

这里需要说明，一些关于党和国家工作的总体性要求，事关全局，事关党和国家前进方向及政策连续性，事关党的团结和社会稳定，需要在重要文件和重要讲话中反复强调。这和形式主义的套话、穿靴戴帽是两回事。

三是新。就是力求思想深刻、富有新意，正所谓“领异标新二月花”。如果一个文件、一篇讲话毫无新意，那么制定这样的文件、作这样的讲话还有多少意义呢？可以说，能不能讲出新意，反映一个领导干部的思想水平、理论水平、经验水平以及语言表达能力。这里所说的新意，既包括在探索规律、认识真理上有新发现、前人没有讲过的话，又包括把中央精神和上级要求与本地区本部门本单位实际结合起来，在解决问题上有新理念、新思路、新举措的话；既包括角度新、材料新、语言表达新的话，又包括富有个性、特色鲜明、生动活泼的话。需要指出的是，讲出新意，并不是要去刻意求新，甚至搞文字游戏。更不能背离马克思主义立场观点方法，背离党的路线方针政策去标新立异。

三、怎样大力改进文风

文风不正是多种原因造成的。克服不良文风、提倡优良文风，真正使讲短话、讲实话、讲新话蔚然成风，需要多管齐下，标本兼治。这里强调三条。

第一，各级领导机关和领导干部要起带头作用。文风问题上下都有，但文风改不改，领导是关键。从领导干部自身说，文风不正是不是主要由这样几个因素、几种情况所导致的：一是有的干部由于知识、经验都不够，功底、能力达不到，故而难以讲出新话、管用的话来。二是有的干部思想懒惰，不愿去下深入调查研究和独立思考的苦功夫，只会在现成的文件、书本上讨生活、照抄照讲。三是有的干部认为只有照讲文件上的话、报刊上的话，才是同上级和中央在思想上政治上“保持一致”。这完全是一种误解。四是有的干部认为讲长话就是对工作重视和认真的表现，给哪个部门讲的话长就是重视那个部门。这也是一种误解。五是有的干部不负责任，别人写什么念什么，写多长念多长。明明知道用处不大，但照念不误。六是还有的干部认为讲大话、空话、套话、歌功颂德的话最保险，不会犯错误。其实这是个人患得患失的思想在作怪，本身就是错误的。

这些因素和情况，都与领导干部的素质能力有关。文如其人。作文与做人，与人的素质是紧密联系的。领导干部改进文风，需要在两个方面努力。一要学习。学习什么？学习党的基本理论，掌握马克思主义立场观点方法，以此作为政治上的望远镜和显微镜；学习新知识，了解新事物，不断拓宽视野，提高自己的综合素质；学习古人语言中有生命力的东西，充分合理地继承和运用。理论功底扎实了，知识积累厚实了，肚子里装的东西多了，才能厚积薄发，言之有物、深入浅出地讲话、写文章。二要增强党性修养。坚持以德修身，努力成为高尚人格的模范。只有自己的境界高了，没有私心杂念，才能做到言行一致、表里如一，讲出的话、写出的文章人们才愿意听、愿意看。如果言行不一、表里不一，台上台下两个形象，圈内圈外两种表现，即使讲得天花乱坠，也不会有人相信你。

各级领导干部要把改进文风作为一项工作要求，带头讲短话、讲实话、讲新话，通过自己以身作则带出好文风来。这里很重要的是自己要亲自参与重要文稿的起草。邓小平同志说过，拿笔杆是实行领导的主要方法，领导同志要学会拿笔杆。现在各级领导干部的理论素养和知识素养在不断提高，如果时间和条件允许，还是要尽可能自己动手。一些重要讲话和文章应当全程参与，出思想、谈看法、拿主意，在大的方面把好关。

*第二，把改进文风同改进干部工作作风结合起来，尤其要加强调查研究、深入了解群众呼声。*文风不实，反映出思想作风不纯、工作作风不实。没有调查就没有发言权。写文件、作报告、发表文章，都是为了解决问题。办法从哪里来？只能从调查研究中来，从群众的实践和创造中来。胸有成竹才能出口成章，找准症结才能对症下药，源于实践才能指导实践。领导干部改进文风，应当走出机关，深入基层，在实际生活中“望闻问切”，在充分占有和分析第一手材料的基础上概括出新思想、新观点、新论断、新举措，把群众的创造吸收到文件、讲话、文章中来，使我们的思想和文字体现时代要求，符合实际情况，能够解决问题。

群众是真正的英雄，是创造历史的动力。不能和群众谈心，你说的话群众听不懂，怎么会有感召力？怎么指导实践、推动工作？一些地方开展作风整顿年活动，不少干部住村蹲点后感慨地说：“在老乡家拉家常与在办公室接待群众来访不一样，睡在农家硬板床上考虑问题与坐在办公室沙发上考虑问题不一样，能够发现平时在办公室看不到、听不到的问题，学到在办公室学不到的新思想、新话语，拿出在办公室想不到的新思路、新举措。”这些体会给我们许多启示。改进文风，必须从思想和感情深处把人民群众当主人、当先生。群众的思想最鲜活、语言最生动。深入群众，你就来到了智慧的大课堂、语言的大课堂，我们的文件、讲话、文章就可以有的放矢，体现群众意愿，让群众愿意看、看得懂，愿意听、听得进。

第三，把改进文风同改进党风统一起来，特别要大力改进会风。不良文风的总根源，主要在于形式主义和官僚主义。形式主义和官僚主义的一个重要表现，就是会议太多，会风不正。现在以会议落实会议、以文件落实文件、以讲话落实讲话的现象依然存在，这对文风不正起了推波助澜的作用。要改进会风，能不开的会尽可能不开，没准备好的会坚决不开，能合并的会最好合并开，必须开的会也要能短则短，对会议的时限、数量、质量、规格等加以规范，提出明确要求。条件具备，会议可以直接开到基层，多利用现代通信和技术手段召开电视电话会议或者网络会议。改进文风会风，要努力活跃党内生活，扩大党内民主，大力倡导独立思考的风气，创造鼓励讲真话、提倡讲新话的宽松环境。

围绕文风问题就讲这些看法，与大家探讨和交流。让我们按照党的十七大和十七届四中全会关于改进文风的要求，身体力行、勉力而为，在弘扬优良文风上不断取得新进步。

最后，祝全体学员在党校期间学习进步、身体健康、生活愉快！

习近平出席2010年春季学期毕业典礼并为学员颁发毕业证书

7月16日，中央党校举行2010年春季学期毕业典礼。中共中央政治局常委、中央书记处书记、中央党校校长习近平出席毕业典礼，并为学员颁发毕业证书。

中共中央政治局委员、中央书记处书记、中央组织部部长李源潮，中央书记处书记、中央办公厅主任令计划出席毕业典礼。

本期毕业学员共747人。另有中直机关分校、中央国家机关分校、部队分部和国资委分校的3300多名学员同期毕业。

常务副校长李景田在毕业典礼上讲话。中央有关部门负责人，中央党校负责人出席毕业典礼。

习近平出席2010年秋季学期开学典礼并作重要讲话

9月1日，中共中央政治局常委、中央书记处书记、中央党校校长习近平出席中央党校2010年秋季学期开学典礼并作重要讲话。他强调，新的形势和任务对领导干部不断提出新的要求，国际国内环境深刻变化使领导干部面临的挑战和考验越来越大。各级领导干部要坚持向书本学习，向实践学习，加强党性修养和锻炼，牢固树立正确的世界观权力观事业观，坚定崇高理想，坚持立党为公、执政为民，尽心尽力干好工作。

习近平指出，中国共产党坚持辩证唯物主义和历史唯物主义的马克思主义世界观，始终坚持代表最广大人民根本利益的政治方向、政治立场、政治观点。领导干部树立正确的世界观，必须坚定共产主义理想和中国特色社会主义信念，自觉把人生追求和价值目标融入为祖国富强、民族振兴、人民幸福的奋斗之中。有了这样的理想信念，才能使自己变得精神高尚、眼界开阔、胸怀坦荡、生活充实，也才能做到淡泊名利、克己奉公、无私无畏、勇往直前，毫无保留地为国家为民族为人民贡献自己的一切力量。

习近平强调，马克思主义权力观概括起来是两句话：权为民所赋，权为民所用。领导干部不论在什么岗位，都只有为人民服务的义务，都要把人民群众利益放在行使权力的最高位置，把人民群众满意作为行使权力的根本标准，做到公道用人、公正处事。他指出，权力的行使与责任的担当紧密相联，有权必有责。看一个领导干部，很重要的是看有没有责任感，有没有担当精神。各级领导干部要珍惜使命、不负重托，在难题面前敢于开拓，在矛盾面前敢抓敢管，在风险面前敢担责任，全心全意为人民服务。领导干部工作上要大胆，用权上则要谨慎，常怀敬畏之心、戒惧之意，自觉接受纪律和法律的约束。

习近平指出，中国共产党人的事业观，就是为人民利益不懈奋斗，为中国特色社会主义事业不懈奋斗。前进的道路上不会一帆风顺，事业顺利时要满怀信心、毫不动摇地为之奋斗，遇到曲折和挫折时同样要满怀信心、毫不动摇地为之奋斗。共产党员和领导干部不论做何种工作，都是为坚持和发展中国特色社会主义干事创业，都是必须做好的光荣事业，都要真正把精力和才干集中和用在所干的每一件工作上。他强调，领导干部树立正确事业观，必须树立科学发展观。在发展观上出现盲区，往往会在事业观上陷入误区。不坚持科学发展，即使一时搞得轰轰烈烈，最终也干不出党和人民需要的事业来。领导干部对待政绩，要坚持实践观点，把求真务实作为实现政绩的基本途径；要坚持群众观点，把维护群众利益作为追求政绩的根本目的；要坚持历史观点，把科学发展作为衡量政绩的主要标准，做到立足当前、着眼长远、统筹兼顾。

习近平强调，当前正在基层党组织和广大党员中开展的创先争优活动，是推动干部树立正确世界观权力观事业观的有利契机。各级党组织要把树立正确的世界观权力观事业观作为党员领导干部创先争优的内在动力，教育引导他们带头学习提高、带头干事创业、带头服务群众、带头廉洁自律、带头弘扬正气，在改革发展稳定各项工作中充分发挥骨干作用。

中共中央政治局委员、中央书记处书记、中央组织部部长李源潮，中央书记处书记、中央纪委副书记何勇，中央书记处书记、中央办公厅主任令计划出席开学典礼。

常务副校长李景田主持开学典礼。中央有关部门负责人、中央党校负责人及 2010 年秋季学期全体在校学员、党校教职员工，共 1900 多人参加开学典礼。

领导干部要树立正确的世界观权力观事业观*

（2010年9月1日）

习近平

树立正确的世界观权力观事业观，是领导干部加强党性修养和道德修养的基本要求。党的十七届四中全会强调要从政治品质和道德品行等方面完善干部德的评价标准，其中就包括看干部是否确立正确的世界观权力观事业观。围绕领导干部树立正确的世界观权力观事业观，我谈一些认识和体会。

一、领导干部树立正确世界观权力观事业观的重要性

世界观是人们关于世界的总体的和根本的看法，决定着人生追求与价值取向，指导和支配着理想信念、思想境界、道德操守与行为准则，具有“总开关”、“总闸门”的作用。共产党人坚持辩证唯物主义和历史唯物主义的马克思主义世界观。

权力观是关于国家和社会权力的根本观点。马克思主义权力观，概括起来是两句话：权为民所赋，权为民所用。前一句话指明了权力的根本来源和基础，后一句话指明了权力的根本性质和归宿。全心全意为人民服务，是我们党的唯一宗旨，也是马克思主义权力观同资产阶级权力观的根本区别。

事业观主要是关于事业方向和事业道路的看法，决定着人们采取什么样的事业态度、遵循什么样的事业精神、追求什么样的事业目标。中国共产党人的事业观，就是为人民利益不懈奋斗，为中国特色社会主义事业不懈奋斗。

在现实生活中，我们面对两个方面的事实。一方面，像孔繁森、郑培民、牛玉儒、王瑛、沈浩等众多优秀干部，站在党和人民的立场上，焕发出积极进取、顽强拼搏的奋斗精神，为党和人民事业无私贡献了自己的一切。他们牢固

---

* 本文是习近平同志9月1日在中央党校2010年秋季学期开学典礼上的讲话。载《学习时报》2010年9月6日第1版。

树立和忠诚实践正确的世界观权力观事业观，言行一致地回答了什么是共产党员人生最高追求和最大价值这个根本问题。另一方面，确有一些党员干部在权力、金钱、美色的考验面前栽跟头、吃败仗，甚至堕落为腐败分子。之所以这样，归根到底是世界观权力观事业观出了问题。这两个方面的事实，是我们认识领导干部世界观权力观事业观重要性的活的教科书。

中国特色社会主义事业不断前进，新的形势和任务对领导干部不断提出新的要求，人民群众对我们有着更多更高的期待。长期执政、改革开放、发展社会主义市场经济、国际国内环境深刻变化，使领导干部面临的挑战和考验越来越大、越来越多。近年来出现的各种问题特别是一些严重腐败案件，警示我们必须把解决好世界观权力观事业观问题作为加强领导干部队伍思想政治建设的一项重要而紧迫的任务。

当前，干部队伍建设正处于重要时期。“50 后”、“60 后”干部中不少人已成为各级领导班子的骨干，“70 后”、“80 后”干部正在成长起来。现在在职的领导干部特别是年轻干部，大都学历层次较高，专业知识较好，思想活跃，视野开阔，富有开拓精神，给党和人民事业注入新的生机活力。同时也要看到，现在在职的领导干部相当一部分人没有直接参与新中国成立以后进行的社会主义革命和上世纪五六十年代的大规模社会主义建设，许多人没有“文化大革命”这样严重挫折的亲身经历，更年轻一些的干部也没有改革开放初期的工作经历。由于缺乏严格的党内生活锻炼和艰苦复杂环境的考验，一些干部的世界观权力观事业观还存在着这样那样的问题。主要是：政治上理想信念不坚定，是非观念模糊；思想上追求个人利益至上，违背党的宗旨和纪律；组织上拉关系、找靠山、搞小圈子，个人凌驾于组织和群众之上；工作上为了个人所谓政绩做表面文章，搞形式主义，不惜劳民伤财；作风上丢掉了艰苦奋斗的传统，图享受、摆阔气，严重脱离群众；廉洁上对自己要求不严，用人民赋予的权力谋取私利，等等。这些情况说明，党的十七届四中全会提出要重点加强领导干部尤其是年轻干部的党性修养很有针对性，抓住了当前领导干部队伍建设的要害。

二、树立正确世界观，坚定崇高理想信念

思想理论的先进性，是马克思主义政党先进性的重要体现。马克思主义是关于自然、社会和思维发展规律的科学，是关于工人阶级和人民大众解放与发展的科学，是关于社会主义、共产主义的科学。它为人类社会提供了最科学、最完整、最严谨的世界观和方法论。中国共产党人把马克思主义作为指导自己

思想的理论基础，认为只有牢固树立这样的世界观和方法论，才能始终坚持代表最广大人民根本利益的政治方向、政治立场、政治观点，增强政治敏锐性和政治鉴别力，在大是大非面前旗帜鲜明、毫不含糊；才能正确观察事物、判断形势、分析问题，从纷繁复杂的现象中看到事物的本质和主流，在诸多矛盾中抓住事物的主要矛盾和矛盾的主要方面，自觉按客观规律办事。领导干部加强党性修养和锻炼，第一位的任务就是在树立马克思主义世界观上下功夫。

树立正确的世界观，必须坚定共产主义理想和中国特色社会主义信念。理想信念，是世界观和政治信仰在奋斗目标上的具体体现。一个国家、一个民族、一个政党，任何时候任何情况下都必须树立和坚持明确的理想信念。如果没有或丧失理想信念，就会迷失奋斗目标和前进方向，就会像一盘散沙而形不成凝聚力，就会失去精神支柱而自我瓦解。我们党从成立那一天起，就在马克思主义世界观指导下把在中国实现社会主义、共产主义确立为自己的远大理想和奋斗目标，一代又一代中国共产党人确立了为之不懈奋斗的坚定信念。革命战争年代，革命先烈在生死考验面前之所以能够赴汤蹈火、视死如归，就是因为他们对崇高的理想信念坚贞不渝、矢志不移。毛主席一家为革命牺牲 6 位亲人，徐海东大将家族牺牲 70 多人，贺龙元帅的贺氏宗亲中有名有姓的烈士就有 2050 人。革命前辈们为什么能够无私无畏地英勇献身？就是为了实现崇高的革命理想，为了坚守崇高的政治信仰，为了在中国彻底推翻黑暗的旧制度，为了实现民族独立和人民解放。我多次读方志敏烈士在狱中写下的《清贫》。那里面表达了老一辈共产党人的爱和憎，回答了什么是真正的穷和富，什么是人生最大的快乐，什么是革命者的伟大信仰，人到底怎样活着才有价值，每次读都受到启示、受到教育、受到鼓舞。同样，在和平建设和改革开放时期，许许多多共产党员所以能够在平凡的岗位上做出英雄壮举，也是因为他们具有崇高的理想信念。一些领导干部蜕化变质、堕落为腐败分子，根本原因在于放松了世界观改造和思想道德修养，背弃了共产党人的理想信念。无论社会怎么发展，无论经济怎么繁荣，如果放弃了对崇高理想信念的追求，我们的国家、我们的民族就不可能巍然屹立于世界。这个真理，各级领导干部要始终铭记。

世界观决定人生态度和人生追求。新中国成立初期，毛主席到哈尔滨，提出重温党的七届二中全会精神。他说："我们必须吃苦在前，只有把人民的事情办好了，我们共产党人才可以考虑办一办自己的事。如果我们党员队伍中出现了先为自己办事的人，那就要毫不客气地把他开除出革命队伍去！"坚持人民利益高于一切，是共产党人处理利益问题的根本原则。领导干部的人生追求和价值目标，应当融入为祖国富强、民族振兴、人民幸福的奋斗之中。真正按照这样的原则对待物质利益和个人追求，才能有正确的是非观念、爱憎观念、善恶观念、美丑观念、得失观念、苦乐观念、荣辱观念，才能使自己变得精神高尚、眼界开阔、胸怀坦荡、生活充实，也才能做到淡泊名利、克己奉公、无私无畏、勇往直前，毫无保留地为国家为民族为人民贡献自己的一切力量。

三、树立正确权力观，为人民掌好权用好权

我们共产党员和领导干部要树立马克思主义权力观，必须从理论上弄清楚和掌握几条：一是我们社会主义国家的一切权力，都是我们党领导全国各族人民经过新民主主义革命和社会主义革命取得和实现的，都是属于人民的；二是我们党作为执政党是代表工人阶级和全体人民在全国执掌政权，共产党员和领导干部手中的权力都是人民赋予的；三是我们所有党员和领导干部手中的权力，只能用来为人民谋利益，而绝不允许搞任何形式的以权谋私。

60年长期执政，历史条件和党的执政环境、执政方式都发生了重大变化，现在确有一些领导干部不能正确对待和使用权力。有的认为权力是上级给的，想问题、办事情不怕群众不满意，只怕领导不注意，逢迎拍马、唯上是从；有的认为权力来源于个人努力、个人奋斗，把“有权不用、过期作废”奉为信条，滥用权力甚至以权谋私。这些思想和行为同马克思主义权力观背道而驰。如果奉行这样的权力观，不可能不出问题、不犯错误。

立党为公、执政为民是我们党的执政理念，是领导干部掌权用权的本质要求。领导干部无论官当多大、权有多重，都只有为人民服务的义务。而且官越大、权越重，为人民服务越应该作出成绩，越应该把人民群众利益放在行使权力的最高位置，把人民群众满意作为行使权力的根本标准。古人讲：“居官守职以公正为先，公则不为私所惑，正则不为邪所媚。”就是说，公正是为官之本、用权之绳。现在领导干部出问题，很多是出在用权不公上，干部群众对一些领导干部用权不公也有不少意见。我们共产党人掌权用权，最重要的是要出于公心，做到公正处事、公道用人，坚持“五湖四海”，不搞亲亲疏疏，不拉帮结派，严格按照党的用人标准和政策办事。

权力的行使与责任的担当紧密相联，有权必有责。少数领导干部事业心、责任感不强。有的只要不出事，宁可不干事，对工作敷衍应付、得过且过；有的遇到矛盾绕道走、碰到困难往后退，该抓的不抓、该管的不管、该改的不改，满足于当四平八稳的“太平官”。戏剧《七品芝麻官》中有一句台词，叫做“当官不为民做主，不如回家卖红薯”。共产党干部的境界和责任感，总不能连一个封建社会的七品官还不如。看一个领导干部，很重要的是看有没有责

任感，有没有担当精神。肯干事、干成事的干部越多，党和人民事业就越有希望。党组织把我们放在领导岗位上，给我们提供为人民服务的大舞台，这是对我们的信任，一定要珍惜使命、不负重托，在难题面前敢于开拓，在矛盾面前敢抓敢管，在风险面前敢担责任，尽心尽力干好工作。

有权力的地方必须有监督，没有监督的权力必然导致腐败。这种历史现象屡见不鲜。邓小平同志讲："共产党员谨小慎微不好，胆子太大了也不好。一怕党，二怕群众，三怕民主党派，总是好一些。谨慎总是好一些。"领导干部工作上要大胆开拓，用权上则要谨慎而行，常怀敬畏之心、戒惧之意，自觉接受纪律和法律的约束。有了监督，领导干部就可以在自律的同时再加上一把保险锁。不要以为组织监督、群众监督、舆论监督是对自己不信任，是跟自己过不去。如果排斥监督，一意孤行，出了问题，犯了错误，是谁跟谁过不去呢？还不是因为拒绝组织和群众的监督与帮助而自取其咎！在党内生活和党的工作中，领导干部要大力发扬民主，切实尊重和维护广大党员的知情权、参与权、选举权、监督权，鼓励广大党员讲真话、讲实话，坚决反对上下级和干部之间逢迎讨好、相互吹捧，坚决反对党内生活庸俗化，坚决反对搞"一言堂"、个人专断。"一把手"还要注意，不要把自己身边的人都搞成唯命是从的人。领导干部要敢于坚持原则，严肃地而不是敷衍地进行批评和自我批评，勇于坚持真理、修正错误，推动党内生活真正形成和保持是非功过分明和团结向上的风气。

四、树立正确事业观，殚精竭虑干好工作

我们党团结带领全国各族人民奋斗了近 90 年，所干的事业是不断发展变化的，从新民主主义革命到社会主义革命和社会主义建设，再到改革开放和社会主义现代化建设，都是党和人民的伟大事业。老一辈共产党员和领导干部，集中力量干了新民主主义革命和社会主义革命与社会主义建设事业，开创了改革开放和社会主义现代化事业。今天我们这一代共产党员和领导干部，就是要集中力量干好改革开放和社会主义现代化事业，在中国特色社会主义道路上实现中华民族伟大复兴。前进的道路上不会一帆风顺，事业顺利时要满怀信心、毫不动摇地为之奋斗，遇到曲折和挫折时同样要满怀信心、毫不动摇地为之奋斗。在现阶段，我们每个共产党员和领导干部不论在什么岗位上、不论做何种工作，都是为坚持和发展中国特色社会主义干事创业，都是必须做好的光荣事业。个人的追求和价值都应当体现在为党和人民事业奋斗之中，任何离开党和人民事业搞所谓"个人名利"、"个人奋斗"的行为和想法都是不可取的。

领导干部树立正确事业观，必须树立科学发展观。科学发展观是我国经济社会发展的重要指导方针。在发展观上出现盲区，往往会在事业观上陷入误区。有的领导干部天天讲科学发展，在实际工作中却往往偏离科学发展的轨道，做违背科学发展的事。领导干部都要懂得，不坚持科学发展，即使一时搞得轰轰烈烈，最终也干不出党和人民需要的事业来。对待政绩，要坚持实践观点，把求真务实作为实现政绩的基本途径；要坚持群众观点，把维护群众利益作为追求政绩的根本目的；要坚持历史观点，把科学发展作为衡量政绩的主要标准，做到立足当前、着眼长远、统筹兼顾。

领导干部现在都很忙。忙什么？绝大多数同志在忙改革发展稳定的大事、实事，忙保障和改善民生的急事、难事。也有一些同志在忙形式主义的会议、讲话，忙迎来送往的仪式，忙个人的事情。领导干部都要在干事业上下苦功夫，真正把精力和才干集中和用在所干的每一件工作上。为了干成事业，要夙兴夜寐地真干、实干、苦干、巧干。所谓真干，就是不弄虚作假、不欺上瞒下，不做表面文章、不搞形式主义，真正诚心诚意、尽力尽责、一干到底。所谓实干，就是坚持一切从实际出发，察实情、讲实话，鼓实劲、出实招，办实事、求实效，扎扎实实把各项工作不断推向前进。所谓苦干，就是发扬艰苦奋斗的优良传统，知难而进，埋头苦干，把兢兢业业、吃苦耐劳的精神贯穿于各项工作之中。所谓巧干，就是尊重客观规律，讲究工作方法，坚持改革创新，以科学精神和科学态度努力工作，力求取得事半功倍的成效。

领导干部树立正确事业观，很重要的是对人民群众要充满感情，对工作对事业要富于激情。激情是一种可贵的工作状态和工作品质，往往能最大限度地发挥创造潜能。人是要有一点精神的，要始终保持那么一股劲，那么一股革命热情。作为领导干部，我们都要按照科学发展观的要求满怀激情投入工作，把干事创业作为自己的天职，努力创造出无愧于党、无愧于国家、无愧于人民的业绩。

当前正在基层党组织和广大党员中开展的创先争优活动，是推动干部树立正确世界观权力观事业观的有利契机，也是对干部世界观权力观事业观的重要检验。共产党员特别是党员领导干部的先进和优秀，首先要体现到树立正确的世界观权力观事业观上。这就需要各级党组织把树立正确的世界观权力观事业观作为党员干部创先争优的内在动力，教育他们带头学习提高、带头干事创业、带头服务群众、带头廉洁自律、带头弘扬正气，在改革发展稳定各项工作中充分发挥骨干作用。

我们常说党校姓党。这就是说，我们共产党的党校，是党员干部党性锻炼的大熔炉，是培养和提高党员干部为人民服务才干的大学校。经过党校学习培养的党政军各级领导干部和各条战线英雄模范，真是成千上万。党校的历史是用他们的奋斗精神和光辉业绩写成的。同志们到这里来，是一种光荣，也增加了一种责任。教育引导领导干部牢固树立正确的世界观权力观事业观，是党校培训的一个基本目的。各级党校要坚持从严治校、从严施教、从严管理。党校的教学内容、教学安排、教学方式，都要有利于加强对学员进行正确的世界观权力观事业观教育。学习是树立正确世界观权力观事业观的重要基础。坚持在学习上双管齐下，既向书本学习、又向实践学习，既读有字之书、又读无字之书，坚持党性修养和锻炼，这样才能开阔眼界、增长见识、丰富智慧，才能使自己谦逊起来、成熟起来、聪明起来，也才能真正牢固树立正确的世界观权力观事业观。同志们到党校来，要沉下心来，集中精力多读书、多思考、多交流，通过学习获得多方面的收获和提升，力求在树立正确世界观权力观事业观方面取得新的进步。

习近平出席中央党校西藏民族干部培训班创办30周年座谈会并作重要讲话

10月21日，中共中央政治局常委、中央书记处书记、中央党校校长习近平出席中央党校西藏民族干部培训班创办30周年座谈会并作重要讲话。他强调，贯彻落实党的十七届五中全会精神，更好更快地推动民族地区经济发展与社会进步，必须继续大力培养和造就德才兼备的少数民族优秀干部，必须进一步做好少数民族干部培训工作。

中央党校西藏民族干部培训班是在党中央亲切关怀下，在西藏自治区党委和中央有关部门大力支持下，于1980年9月创办的。30年来，西藏班共举办了42期，培训学员1700多名。毕业学员大多数成为西藏各条战线上的领导骨干，对西藏的经济发展和社会进步、民族团结和社会稳定、反对民族分裂和维护国家统一与安全发挥了十分重要的作用。

习近平充分肯定西藏班创办以来取得的显著成绩，代表中央党校校委对西藏班创办30周年表示热烈祝贺，向西藏班全体学员表示亲切问候，向多年来为办好西藏班付出辛勤劳动的同志们表示衷心感谢。他希望中央党校继续与西藏自治区党委和中央有关部门密切配合，在30年办班基础上把西藏班继续办好、而且要越办越好。

习近平指出，党的十七届五中全会是在我国即将完成“十一五”规划、进入全面建设小康社会关键时期召开的一次重要会议。贯彻落实全会精神，加快民族地区经济社会发展，逐步缩小地区发展差距，实现区域协调发展，最终实现全国各族人民的共同富裕，是实现社会主义现代化和中华民族伟大复兴的一个重要出发点和落脚点，是建设中国特色社会主义的本质要求。建设一支能够担当重任、经得起风浪考验的高素质的各族干部与人才队伍，尤其是大力培养和造就一大批德才兼备的少数民族优秀干部，是更快更好推动民族地区经济发展与社会进步的关键性因素。各级党委和中央有关部门要进一步增强做好新形势下少数民族干部工作的责任感和紧迫感，坚持德才兼备、以德为先用人标准，一方面注重在实践中特别是地方和基层一线实践中培养、锻炼和提高少数民族干部，切实加强少数民族优秀年轻干部的培养选拔工作；另一方面要继续有计划、分层次组织安排少数民族干部到党校、行政学院、干部学院、民族干部院校进行培训，不断提高政治素质和业务能力，增强抓好发展这个第一要务、履行好维护稳定这个第一责任的本领。

习近平指出，在培养少数民族干部工作中，党校系统负有义不容辞的责任，也具有优良传统和独特优势。各级党校要进一步贯彻落实好全国干部教育培训工作会议、全国党校工作会议精神和《2010—2020 年干部教育培训改革纲要》，在提高少数民族干部培训工作科学化水平上进一步下功夫、见成效。在培训内容上，要坚持重点抓好理论教育和党性教育，帮助少数民族干部全面提高思想政治素质；同时加强知识教育、领导能力教育，帮助他们提高履行领导职责和工作职责所必需的知识素养。在培训方式上，既要坚持运用在长期实践中行之有效的传统方法，又要通过改革探索新的办法，增强培训的实践性和实效性，不断提高培训质量和效果。要强化实践培训的分量，改进和完善调研考察、现场教学等教育培训方法，组织少数民族学员到改革开放和社会主义现代化建设伟大实践中开阔思路、增长见识、锤炼党性、提高本领。

常务副校长李景田主持座谈会。西藏自治区党委书记张庆黎，中央统战部常务副部长朱维群，国家民委主任杨晶，中央组织部副部长王尔乘，中央党校副校长孙庆聚，西藏班学员代表、拉萨市委常委、城关区委书记赤列多吉在座谈会上发言。有关部门负责人、中央党校各直属单位负责人、西藏班全体在校学员，共 130 多人参加座谈会。

习近平出席2010年秋季学期第一批进修班暨专题研讨班毕业典礼并为学员颁发毕业证书

11月5日，中央党校举行2010年秋季学期第一批进修班暨专题研讨班毕业典礼。中共中央政治局常委、中央书记处书记、中央党校校长习近平出席毕业典礼，并为学员颁发毕业证书。

中共中央政治局委员、中央书记处书记、中央组织部部长李源潮，中央书记处书记、中央纪委副书记何勇出席毕业典礼。

本期毕业学员共278人。学员们反映，通过在中央党校的学习，夯实了理论基础，进一步提高了做好工作的理论、政治素养；开阔了视野，进一步深化了对一些热点难点问题的认识；培养了战略思维，进一步增强了施政本领；增强了党性，进一步锤炼了党风、学风、文风。

常务副校长李景田在毕业典礼上讲话。中央有关部门负责人、中央党校负责人出席毕业典礼。

习近平与省部级干部进修班（第48期）学员座谈

2011年1月5日，中共中央政治局常委、中央书记处书记、中央党校校长习近平同中央党校省部级干部进修班（第48期）学员座谈时强调，胡锦涛同志在党的十七届五中全会上明确提出做好新形势下群众工作这个重大课题，具有十分重要的理论意义和实践意义。领导干部要深刻认识新形势下群众工作的重要性和紧迫性，坚持马克思主义群众观点和党的群众路线，以高度的政治责任感扎实做好联系群众、宣传群众、组织群众、服务群众、团结群众的工作，不断提高群众工作水平。

这期省部级干部进修班于2010年11月中旬开学，2011年1月中旬毕业。经过近两个月的学习，学员们在理论上有新提高，在党性锻炼上有新收获。召开这个座谈会，主要是了解学员的学习收获和体会，围绕加强和改进干部教育培训工作、做好群众工作、进一步加强党的建设，听取学员的意见和建议。

座谈会上，来自不同领域的9位学员谈了自己的学习收获和体会，围绕座谈主题提出了意见和建议。听了学员们的发言后，习近平作了讲话。他指出，同志们在中央党校的学习虽然即将结束，但学习的任务永远不会结束，特别是在世界和中国发展变化很快、新情况新事物层出不穷的形势下，加强学习是一项长期任务。领导干部无论工作多忙，都要抽出适当时间坚持学习，尤其要高度重视中国特色社会主义理论体系的学习，坚持用马克思主义中国化最新成果武装头脑，切实增强战略思维、创新思维、辩证思维能力，把理论底子打扎实，这样才能从根本上提高领导水平和工作水平。

习近平指出，干部教育培训工作是全面提高干部队伍素质的重要手段。各级党校、行政学院、干部学院要认真贯彻执行《2010—2020年干部教育培训改革纲要》，按照中央关于新一轮大规模培训干部的要求和部署，大力推进教育培训改革，不断完善培训班次、丰富培训内容、创新教学方式、改进教学方法，不断提高教育培训科学化水平，在推进干部队伍建设、领导班子建设和学习型党组织建设中充分发挥作用。

习近平强调，群众工作是我们党的优良传统和政治优势。群众工作的本质是密切党群关系，核心是正确处理人民内部矛盾。做群众工作，要始终站在人民群众的立场上，真心为群众着想，全力为群众造福，办好顺民意、解民忧、惠民生的实事，维护好、实现好、发展好最广大人民的根本利益。正确的方式方法是做好群众工作的保障。要认真贯彻执行已有的行之有效的群众工作制度，大力弘扬深入群众、深入基层、深入调查研究的优良传统，拿出更多的时间和精力到基层去、到一线去、到条件较差和情况复杂的地方去，察实情、办实事、求实效，做到谋划发展思路向人民群众问计，查找发展中的问题听人民群众意见，改进发展措施向人民群众请教，落实发展任务靠人民群众努力，衡量发展成效由人民群众评判。面对新形势新任务，要善于研究和把握群众工作的特点和规律，创新工作方法，把群众工作做深做细做实，增强群众工作的亲和力和感染力，提高群众工作的针对性和实效性。

中央有关部门负责同志、中央党校省部级干部进修班（第48期）全体学员参加座谈会。

习近平出席2010年秋季学期毕业典礼并为学员颁发毕业证书

2011年1月14日，中央党校举行2010年秋季学期毕业典礼。中共中央政治局常委、中央书记处书记、中央党校校长习近平出席毕业典礼，并为学员颁发毕业证书。

中共中央政治局委员、中央书记处书记、中央组织部部长李源潮，中央书记处书记、中央纪委副书记何勇，中央书记处书记、中央办公厅主任令计划出席毕业典礼。

本期毕业学员共682人。另有中直机关分校、中央国家机关分校、部队分部和国资委分校的近3000名学员同期毕业。

常务副校长李景田在毕业典礼上讲话。中央有关部门负责人、中央党校负责人出席毕业典礼。

工作概况

工 作 概 述

2010年，中央党校按照中央要求和《中共中央党校2010年工作要点》的具体安排，深入学习贯彻党的十七大和十七届三中、四中、五中全会精神，认真贯彻《中国共产党党校工作条例》、全国党校工作会议和《2010—2020年干部教育培训改革纲要》精神，以“一流学府”建设为抓手，齐心合力，团结奋进，比较好地完成各项任务，取得新的成绩。主要有以下十个方面：

第一，深入学习贯彻党的十七届四中、五中全会精神。全校教职工和学员继续学习贯彻四中全会精神，深入开展学习型党组织建设。坚持把加强理论武装作为学习型党组织建设的首要任务，把服务党校事业发展大局作为根本目标，把发挥典型的示范引导作用作为重要抓手，把理论联系实际的马克思主义学风贯穿学习型党组织建设始终，把制度建设作为长期推进的根本保障，在学习氛围的营造、优良学风文风的形成等方面取得显著成效，为推动学习型政党建设发挥积极作用。

党的十七届五中全会召开后，中央党校立即就学习、宣传、贯彻全会精神作出安排。邀请有关部门的领导为全校师生员工作五中全会辅导报告，在各班次的教学中都增加学习贯彻全会精神的内容，还在秋季学期第二批进修班包括省部班和地厅班分别增设“学习贯彻党的十七届五中全会精神”的研究专题班。举办全国党校系统“学习贯彻党的十七届五中全会精神”座谈会，并且把座谈会与党校系统科研管理专题研讨班以及第八届党校系统科研颁奖会结合起来进行，既增强针对性，又节约成本。各直属单位通过辅导报告、座谈会、研讨会、主题实践活动等形式，采取集中学习与个人自学、精读原文与专题研讨相结合等方法，认真学习全会精神。

第二，继续抓好《党校工作条例》和全国党校工作会议精神的贯彻落实。全校各项工作继续改革创新，胡锦涛同志讲话中强调的“五种意识”进一步增强，“五个作用”进一步发挥。同时，继续加强对地方党校落实情况的督促和指导，特别是加大对西部和困难地区党校支持力度。研究起草《中央党校支援新疆自治区及兵团党校工作的方案》，并积极推动落实。进一步落实全国党校系统援助西藏党校工作会议精神，协调督促各项援助措施落到实处。针对县级党校建设情况，有关部门开展深入调研，掌握大量第一手材料。

第三，组织“一流学府”讨论，启动“一流学府”建设。年初，校委提出建设“一流学府”的设想。从3月23日到6月11日，用两个多月的时间，在全校各直属单位开展建设“一流学府”的讨论活动。按照中央开展创先争优的要求，结合中央党校实际，开展“我为建设‘一流学府’做贡献”创先争优主题实践活动。各单位研究制定推动“一流学府”建设的规划和措施，形成推动“一流学府”建设的初步思路和具体举措，并积极落实到实际工作中，既作为长远战略，又作为当前工作的抓手，全校各项工作有了新气象。

第四，完成各班次的培训轮训任务，教学质量进一步提高。举办进修班、培训班、专题研讨班、师资培训班等主体班次32个，培训学员3202名。与中组部、中纪委等单位联合举办专题培训班10个，培训学员2370名。承办“低碳经济与城市可持续发展”市委书记、市长专题研究班，24名学员赴美国乔治城大学进行学习和考察。此外，在中央和国家机关司局级干部选学试点中，开设“中国特色社会主义理论体系研究”等五个专题班和有关讲座，相关单位251名司局级干部参加学习。

在教学内容上，坚持以中国特色社会主义理论体系为中心，并在中青年干部培训一班、中青年干部培训二班、新疆县处级干部培训班开设马列经典原著导读课。在进修班新设“党性教育专题课”教学单元，增设党章、党史、反腐倡廉、古代官德等讲题，并编成《中国共产党精神读本》初稿，选取党的历史中具有强烈感染力的文献，作为党性教育的文化资源。落实习近平同志在全国党史工作会议上的要求，秋季学期在培训班增设党史专题课。

在教学方法上，鼓励创新，加强教学互动，规范体验式教学。教师对学员读书的指导进一步制度化，学员读书积极性空前提高，读书风气更为浓厚。

教学组织与管理方面，进修班教学全面推行项目制管理，培训班教学实行竞争上岗、末位调整，对中青年干部培训二班学员首次实行答辩式考核。向全校教师征集讲题，建立教学讲题库。改进教学计划的生成机制，从理论框架、问题导向双重角度优化讲题设计，并动员更多的教师特别是优秀青年教师参与教学计划制订。11月份，在深圳召开全国党校系统教学改革研讨会，专门研究加强学科建设，提高教学质量问题。制定和实施《中国马克思主义研究基金会中央党校学科建设资助奖励办法（试行）》，加大对学科建设的引导和经费支持。各教研部门都进一步加强学科建设，如哲学教研部着力打造学科品牌，重点抓“一书两坛”，并已编制完成包括哲学一级学科和6个二级学科在内的

《中央党校哲学学科发展五年规划（2011—2015年）》。科学社会主义教研部举办“社会主义理论前沿问题高层论坛”，集中全国该学科的顶级专家深入探讨学科建设和社会主义理论前沿问题，效果很好。“八部一所”教研部门都以不同方式开展学科建设。有关部门印发专门的教学提示，引导教师从讲稿撰写到课堂讲授，都避免空话、套话，加大科研的学术含量和讲课的科研含量，增强教学的针对性和实效性，引导学员进一步养成优良学风。

10月，隆重纪念西藏班办班30周年座谈会，习近平出席并作重要讲话。会后，按照习近平提出的要求，对西藏班教学作认真调研和教学改革。从上半年起，在赴新疆调研、校内讨论的基础上，对新疆班教学作了较大改革，以适应新疆发展和稳定的新情况，得到学员认可。

第五，加强科研管理，科研水平进一步提升。在建设“一流学府”讨论活动中，有关部门逐渐形成创建“一流科研”的思路。这一思路可以概括为“一个战略目标、两个战略重点、七大主要任务、三项保障措施”。一个战略目标是，适应建设“一流学府”的总要求，争取率先建成“一流科研”。两个战略重点，一是思想库建设，二是加强马克思主义基本理论问题、重大现实问题研究和学科基础理论研究。七大主要任务是，根据党和国家事业发展大局的需要，五年内组织100个左右重大、重点课题展开科研攻关；着力打造国内一流、国际知名的学术交流平台；加强调研基地建设；下大力气构筑科研人才高地，为构建“一流科研”提供人才支撑；整合科研资源，提升整体实力；进一步积极推进马克思主义学风、文风建设，繁荣校园学术氛围；进一步深化科研管理制度改革，以改革促发展。三项保障措施是，加强科研工作的组织领导，切实解决科研经费问题，加强科研管理信息化建设。

科研工作体现“一流科研”水准。有关部门在广泛调研和征求意见的基础上，起草《中央党校2011—2015年科研发展规划》，着手制定《思想库建设方案》。做好《中央党校校级项目2010年度课题指南》落实工作。制定《中央党校重大、重点课题管理办法》，确保出精品。采取委托方式，对“提高党的建设科学化水平的研究”、“民族理论与宗教理论研究”、以及“国际金融危机后中国经济面临的挑战与对策研究”等三个校级重大课题进行研究，每项资助100万元，取得阶段性成果。12月11日，在全校范围内对16个校级重点课题进行公开招标立项，每项资助50万元。如此大的资助力度，在中央党校历史上是第一次。制定《中央党校支持国家社科基金项目研究的实施意见》。加强中央党校调研基地的调整和建设工作。进一步拓宽科研经费来源渠道。加强科研成果交流，适时组织召开理论研讨会，如“纪念艾思奇同志诞辰

100周年暨推进当代中国马克思主义大众化座谈会”等。继续发挥“中央党校中国特色社会主义理论体系研究中心”在理论学习、研究和宣传中的重要作用，以中心名义在中央“四报一刊”发文32篇，居全国七大研究中心之首。

第六，大力推进以教师队伍为重点的人才队伍建设，深化干部人事制度改革。以教师队伍为重点的人才队伍建设取得明显成效。完成2010年享受政府特殊津贴人员选拔、推荐和第二批“中央党校人才强校专项基金”优秀人才资助项目的评选工作。完成教师和公务员、军队转业干部及编制内聘用人员的选录工作。更加注重教师培训工作，不断扩展、更新教师的专业知识和教学研究方法，增强理论联系实际的能力。举办新任教研室主任培训班，增强新任教研室主任的党性和责任意识。改进和完善事业单位岗位聘用工作，出台《中央党校2010年事业单位专业技术岗位聘用意见》，顺利完成第二轮专业技术岗位聘用工作，专业技术人员测评满意率达89.2%。

贯彻落实《2010—2020年干部人事制度改革规划纲要》，改革和完善干部选拔任用工作，选人用人公信度不断提高。加强局处级领导班子的配备和调整工作，对13个校直属单位领导班子进行补充调整，任免干部126名。进一步推进和完善竞争性选拔干部工作，组织2次竞争上岗工作，选拔副局级领导干部5名；通过述职比选的办法从全校选拔3名正局级组织员、3名副巡视员。首次组织开展面向社会公开招聘选拔高端战略人才工作，1人被确定为教学科研拟聘人选，1人为财务行政管理局副局长。首次在教研部（所）主任、副主任的民主推荐环节增加教学科研能力、联系群众和工作实绩测评内容。同时加强干部监督管理等工作，与机关纪委联合组织开展中央党校第一期局级领导干部任职集中廉政谈话，增强了领导干部的廉洁自律意识。

第七，加强基础设施、信息化建设、财务管理和后勤服务，进一步增强保障能力。完成数字图书馆结构施工、育园楼改造加层工程。社区老年服务楼开工建设。与中直管理局合作建设职工住宅工程竣工，新增职工住宅110余套，形成初步分配方案。校史馆工程开工建设，完成主体工程。经与中直管理局沟通，中央党校被确定为中直系统旧住宅加装电梯试点单位，完成方案设计和群众征求意见工作。编制《中央党校校园建设规划（2010—2020年）纲要》和《“十二五”校园建设规划》。

信息化建设方面，做好校内重要活动和主体班次教学的电教保障，重点抓好中央党校情景模拟教学实验室工程，并投入使用。完善校园网、远程教学网功能。制定颁布《关于进一步加强和改进全国党校系统信息化工作的若干意见》，继续做好全国农村党员干部现代远程教育中心资源库和辅助教学中心网站工作。9 月中编办批复设立中央党校信息中心，作为党校所属事业单位列编。

财务管理方面，实现“校史馆改造布展”和“育园楼改造”两个项目申请的经费拨款到位；加强财务、审计、政府采购制度建设，对全校各直属单位分管财务的行政领导、财会人员和报账人员开展培训。争取财政部对 2011 年中央党校“其他项目”拨款支持。解决离退休干部活动中心加层、图书馆三大文库建设、综合教学楼电教设备更换、育园楼配备同声传译设备、数字图书馆办公家具等重要项目的经费。增加科研经费 300 万。配合审计署完成相关工作。

后勤服务以创建“一流管理一流服务”为目标，以建立学习型后勤为载体，通过全员知识竞赛和技术比武活动，提升素质，加强管理，为教职工和学员提供满意服务。学员楼和教学场所服务员的工作被学员称为“美丽的画卷”，她们的微笑被称为“最美的微笑”；学员餐厅适应健康饮食的新理念，注重营养搭配和增加花色品种，取得 99% 的满意度；倡导“公益服务”理念，完成家属区大门南移、开通西院人行便道等工程，受到社区居民好评；供暖、车队服务都受到好评。

第八，学员管理、学位研究生工作、短期培训、分校管理和对地方党校的业务指导，取得新成绩。学员管理中进一步突出党性教育，把党性教育同理论武装结合起来，同改进文风结合起来，同多种形式的教育活动结合起来，党性锻炼内容和形式进一步丰富，效果进一步增强。修订《中央党校学员管理若干规定》。丰富学员业余文化生活，培养学员健康生活情趣，如组织学员电影鉴赏，举办文艺演出、趣味运动会、乒乓球比赛、歌唱比赛、书画摄影展等。

进一步严格学位研究生工作招生工作，提高规范化和信息化程度。改革课程设置，加强学位点建设和导师队伍建设。7 月，173 名学位研究生毕业，就业率达 98.6%，高于上一年的 94.7%。

短期培训方面，举办全国党校系统学习贯彻党的十七届五中全会精神专题师资培训班、国家质检总局司局级领导干部理论进修班等 46 个班次，培训 2918 名局处级领导干部，取得良好的社会效益。

开展庆祝分校成立 30 周年系列活动。召开全国党校系统教务处长恳谈会，举办“党校系统科研管理工作”专题研讨班，举办四期师资班，培训地方党校师资 197 名。

第九，离退休干部工作、机关党的工作、报刊出版、图书资料都有新进展。离退休干部工作方面，召开校离退休干部工作领导小组会议，调整领导小组成员，离退休人员公用经费全部列入财政预算。突出解决一些重点难点问题，加大对困难离退休人员的帮扶力度。

机关党的工作不断探索创新党组织活动方式，在组织党员培训、开展抗震救灾捐助，加强廉政建设、抓好工会和共青团工作等方面取得新的成绩，尤其在“一流学府”讨论活动、创先争优活动、学习型党组织建设等活动中，发挥重要作用。按照中央要求，全校开展创先争优活动，坚持与“一流学府”建设相结合、与各部门各单位的业务建设相结合、与岗位特点相结合、与学习型党组织建设相结合、与总结党校办学经验相结合，把创先争优贯穿于党校工作。

报刊出版方面，新成立的报刊社进一步做好体制机制的完善工作，积极宣传党的理论、路线、方针和政策，发表一大批高质量的文章和言论，产生很好的社会反响。出版社以建社30周年为契机，做好转企改制的各项工作，12月底顺利完成。编辑出版一批精品教材和学术研究力作，更好地发挥思想理论宣传阵地作用。

图书资料工作方面，召开全国党校图书馆工作暨信息资源建设会议，下发《关于进一步加强和改进党校图书馆工作的若干意见》。出台《全国党校数字图书馆资源建设规划（2011—2015年）》，积极推动全国党校图书馆数字资源共建共享工作。调整图书馆下设机构和人员编制。

第十，外事和外宣工作取得新突破。接待外国政要、知名学者、跨国公司负责人等各类代表团95个，如联合国秘书长潘基文，德国总理默克尔，意大利总统纳波利塔诺，智利总统皮涅拉，美国财长盖特纳等；协助接待外交部、中联部等部门安排的来访团组20多个，举办演讲活动20多场，举办研讨会、座谈会等学术交流活动40多场。举办中欧美论坛；安排出访团组80多个、500余人，较好地满足广大教职工对外交流活动的需要。

习近平同志3次出席中央党校组织的重要外事活动，会见德国总理默克尔等多名外国政要，在访澳期间出席中央党校与澳大利亚国立大学合作谅解备忘录的签字仪式。不仅体现党和国家领导人对党校工作的重视，有力地提升中央党校外事工作在党和国家整体外交工作中的地位。

根据中央的统一部署，中央党校加大对外开放工作力度，成功举办一系列对外宣传活动。如以“走进中共中央党校”为主题的面向驻华高级外交官的开放日活动、中外记者来校采访活动，首次举办中央党校新闻发布会、确立新闻发言人制度等。向外界展示中央党校“党校姓党”、开放包容、清正务实、创新进取的良好形象，提高了中央党校的知名度和影响力。

工作要点

（经1月20日校委会议讨论通过）

2010年中央党校工作总的要求是：全面贯彻党的十七大和十七届三中、四中全会精神，坚持以邓小平理论和“三个代表”重要思想为指导，深入贯彻落实科学发展观，认真贯彻《党校工作条例》和全国党校工作会议精神，按照建设马克思主义学习型政党的要求，把学习、研究、宣传中国特色社会主义理论体系作为党校工作的中心内容，坚持解放思想、实事求是、与时俱进、开拓创新，坚持党校姓党、从严治校，大力实施人才强校战略，努力将教学科研、管理服务和机关党建等各项工作提高到一个新的水平，为把中央党校建设成一流学府不断作出新贡献。

一、进一步学习贯彻党的十七届四中全会精神和《党校工作条例》、全国党校工作会议精神

1. 建设学习型党组织和学习型领导班子，在推动马克思主义学习型政党建设中切实发挥应有作用。围绕学习贯彻四中全会精神，抓好校委理论学习中心组和各直属单位的学习，坚持学以致用、用以促学，切实用四中全会精神统领党校教学、科研、机关党建等各项工作。（机关党委、教务部、科研部）

2. 在各直属单位开展建设什么样的“一流学府”和怎样建设“一流学府”的讨论，逐步形成关于建设“一流学府”的思路和工作方案，并体现在党校各项工作中。（校各直属单位）

3. 加强和改进干部教育培训工作，增强培训实效，更好地完成大规模培训干部、大幅度提高干部素质的任务。集中办好进修类和培训类常规班次，加大举办专题研讨班的力度。做好中央在中央党校举办的省部级主要领导干部专题研讨班和与有关部门联合举办的专题班的相关工作。（教务部、进修部、培训部、办公厅、研究室、后勤服务部、信息管理部）

4. 继续抓好《党校工作条例》和全国党校工作会议精神的贯彻落实。加强调查研究，针对全国各级党校存在的问题特别是规范办学、提高教学质量和

科研水平、加大对西部和困难地区党校支持力度等，加强指导、协调解决，推动全国党校事业科学发展。适时召开全国党校校长会议。（办公厅、研究室、教务部、科研部、进修部、培训部、研究生院、组织部、财务行政管理局、后勤服务部、信息管理部、机关党委）

5. 进一步做好学习实践科学发展观活动整改方案的落实工作，认真总结学习实践活动成功经验，完善长效机制，推动党校各项工作在科学发展观的指导下不断发展。（机关党委）

6. 坚持党校姓党原则和从严治校方针，研究提出进一步的整治措施，加强教员和干部队伍建设，加强对学员的教育和管理。（教务部、科研部、“八部一所”教研部门、组织部、机关党委、进修部、培训部）

二、继续推进教学改革，不断提高教学水平

7. 把四中全会精神作为各班次的重要培训内容，着力提高中国特色社会主义理论体系特别是科学发展观进教材、进课堂、进头脑的水平，完善中国特色社会主义理论体系的教学框架，不断提高中国特色社会主义理论体系特别是科学发展观教学的质量和学术水平。（教务部、“八部一所”教研部门）

8. 继续深化教学改革。加强需求调研，改进教学设计，增强各班次教学的针对性和实效性。狠抓教学质量的提高，加大教师备课的读书强度和调研力度，加大教学中的科研含量。采取多种措施，进一步推动学员读书。改革创新教学方法，大力推进研究式教学，积极开展案例式教学，逐步规范体验式教学，积极推进模拟式教学。强化教学管理，继续推进教学组织的项目制和招标制，坚持和完善集体备课制度、讲稿审核制度和学员学习考核制度，加强和改进教学质量评估制度。积极参与自主选学工作，增强党校教育的吸引力和竞争力。进一步办好新疆班、西藏班，更好地发挥民族班在促进边疆长治久安、增强民族团结方面的重要作用。（教务部、“八部一所”教研部门、进修部、培训部）

9. 建设充分反映马克思主义中国化最新成果的教材体系。力争年内完成《中国特色社会主义理论体系研究》和高中级领导干部党史教育内部读本的编写工作。做好《科学发展观研究》、《社会主义市场经济研究》、《社会主义和谐社会研究》、《社会主义民主政治研究》、《社会主义先进文化研究》等重点教材的编写出版工作。（教务部、“八部一所”教研部门、研究室、出版社）

10. 围绕教学需要加强学科建设。以长远的眼光谋划党校的学科建设，抓紧修改并出台《中央党校学科建设纲要》。组织实施《中国马克思主义基金会

"学科建设专项基金"资助奖励条例(暂行)》。从学科建设的高度着眼,开建"中国共产党历史文库"。(教务部、科研部、研究生院、"八部一所"教研部门、研究室、办公厅、图书馆)

三、进一步提高科研水平,充分发挥思想库作用

11. 以四中全会精神指导党校科研工作。制定中央党校科研发展规划,进一步提高科研工作的制度化、规范化、科学化水平。制定中央党校课题指南,加强科研基础建设。通过设置科研课题,抓好对四中全会《决定》提出的一系列新思想、新观点、新举措的研究,充分发挥党校的思想库作用。抓好关于提高党的建设科学化水平的研究、民族理论和宗教理论研究以及国际金融危机后中国经济面临的挑战与对策研究等三个校级重大课题的攻关,力争有所突破。同有关部门一起组织召开艾思奇同志诞辰100周年座谈会,办好中国马克思主义论坛,适时对一些重大问题或课题召开理论研讨会。(科研部、"八部一所"教研部门、办公厅、研究室)

12. 深入实施马克思主义理论研究和建设工程,完成中央党校承担的"毛泽东思想、邓小平理论和'三个代表'重要思想对党的建设特别是执政党建设理论贡献"课题研究和《科学社会主义概论》教材编写任务。(科研部、党建部、科社部)

13. 以四中全会精神指导理论宣传和出版工作。发挥"中央党校中国特色社会主义理论体系研究中心"作用,组织重大课题研究宣传。利用党校报刊和出版社的优势,围绕研究宣传中国特色社会主义理论体系等主题,在出版和发表精品力作上下功夫,切实承担起宣传阵地的职责。深化体制改革,扎实做好报刊社合并后的整合、提高工作,积极稳妥地做好出版社转企改制工作,增加社会效益和经济效益。(科研部、研究室、"八部一所"教研部门、出版社、报刊社)

14. 深化科研管理体制改革,完善科研激励和评估机制,努力探索推进教学科研一体化的具体办法。加强和规范对编外研究中心和中央党校主管的社会团体的管理。(科研部、教务部、"八部一所"教研部门)

四、进一步推进人才强校战略,构筑人才高地

15. 坚持以教研队伍建设为重点,大力推进专业人才队伍建设。公开招聘一批高端战略人才。认真落实《中央党校教研人员培训暂行规定》,以中青年骨干和学科带头人为重点,加强对现有人员的教育培养和使用提高。加强和规

范中青年教师挂职锻炼工作，提高教研人员理论联系实际的能力。（组织部、教务部、“八部一所”教研部门）

16. 以提高领导水平和执政能力为核心，着力建设高素质领导班子和干部队伍。落实德才兼备、以德为先用人标准，完善干部选拔任用机制，提高选人用人公信度，增强干部队伍活力。（组织部）

17. 以坚持从严治校和加强校风建设为重点，加强组织员队伍建设，提高组织员工作水平。（进修部、培训部、研究生院）

五、进一步加强学员管理，建设风清气正的学府

18. 认真贯彻落实全国党校系统学员管理工作座谈会精神，坚持从严治校、从严管理，坚持以人为本，实行科学管理，从实际出发，突出重点，突破难点，健全管理制度，改进管理方式，提高管理效果，全面加强对学员的管理，把党校办成风清气正的学府、党性锻炼的熔炉。修订《中共中央党校学员管理工作暂行条例》。（进修部、培训部）

19. 把党性锻炼作为学员管理的主线，贯穿于党校教育的各个环节，贯穿于学员管理工作的始终。不断丰富党性教育的内容，增强党性教育的针对性和有效性，探索适合不同班次学员特点的党性锻炼的长效机制和考核办法。（进修部、培训部）

20. 进一步加强校风建设。充分利用图书馆和读书网的平台，大力倡导学员读书风气。加强制度建设，坚决制止学员吃喝风、送礼风等不良风气，有针对性地开展示范教育、警示教育、岗位廉政教育。（进修部、培训部、教务部、“八部一所”教研部门、图书馆）

21. 修订完善并严格执行学位研究生教育的各项规章制度，做好学位研究生的培养和管理工作。加强学位点建设工作，促进学位点建设规范化、制度化。（研究生院、“八部一所”教研部门）

22. 按照归口管理、保证质量、规范有序的要求，积极做好短期培训工作。扎实做好函授学历教育收尾工作，认真做好在职研究生教育工作。（研究生院、函授学院）

六、加强管理和服务，推进基础设施和信息化建设，建设一流校园

23. 强化制度建设，提高行政管理科学化水平。学习借鉴兄弟院校的好经验好做法，突出中央党校特点，努力实现一流的管理。切实加强会议管理，进一步改进会风和文风。以计算机和网络信息安全为重点，突出抓好安全保密工

作。（办公厅、信息管理部）

24. 加强对地方党校的业务指导和工作联系，形成上下互动、资源共享的良好局面。召开全国党校系统第四次教学改革研讨会。认真贯彻落实《中共中央党校分校工作若干规定》，召开中央党校分校工作会议，做好中央党校分校成立30周年的庆祝活动表彰工作。继续举办师资研讨班，做好“西部之光”访问学者培养工作。（办公厅、教务部、科研部、“八部一所”教研部门、研究生院）

25. 加强外事工作的规范化、制度化和科学化管理，推动外事工作上新台阶。按照均衡布点的要求，深化对外项目合作，加强对外学术交流，更好地为全校教学科研和人才建设服务。适时召开全校外事工作会议。（办公厅、教务部、科研部、培训部）

26. 抓好基建工程，努力建设一流的校园。抓好数字图书馆、校史馆改造和布展等项目建设，争取拟建的学工食堂、数字化校园工程立项，力争老住宅加装电梯工作开展试点。（财务行政管理局）

27. 做好房地产管理工作。制定合建住宅指标配售方案，做好职工住宅调整工作。（财务行政管理局）

28. 修订完善财务管理制度，强化预算管理，协调有关部门开展“项目库”建设，做好成本管理、政府采购管理、收支管理和内部审计工作。（财务行政管理局）

29. 着眼于实现老有所养、老有所医、老有所教、老有所学、老有所乐、老有所为，着力解决老同志最关心、最直接、最迫切的问题，以改革创新的精神谋划推进离退休干部工作。（离退休干部局）

30. 广泛开展技能培训，加强后勤人才建设，努力打造一流的队伍，提供一流的服务。继续稳妥推进后勤服务社会化改革。做好资源节约和校园绿化美化工作。（后勤服务部、财务行政管理局）

31. 推进信息化建设。加强校园网资源建设，提高远程教学网使用水平。协助中组部等单位做好全国农村党员干部现代远程教育网络一体化建设任务。加快推进数字图书馆系统建设，突出抓好数字资源建设。适时召开全国党校系统图书馆工作会议。（信息管理部、图书馆）

七、建设学习型党组织，提高机关党的建设科学化水平

32. 按照科学理论武装、具有世界眼光、善于把握规律、富于创新精神的要求，努力建设学习型党组织。创新学习组织形式和学习方式，营造崇尚学习

的浓厚氛围，着力引导党员干部向书本学习、向实践学习、向群众学习，倡导爱读书读好书善读书。（机关党委）

33. 加强思想教育工作，加强对教职工政治素质、业务素质的培养，重视进行社会主义核心价值体系的学习教育，重视理想信念教育，引导全校党员、干部增强党员意识、宗旨意识、执政意识、大局意识和责任意识，自觉维护党员形象和党校形象。（机关党委）

34. 弘扬党的优良作风，大兴密切联系群众之风、求真务实之风、艰苦奋斗之风、批评和自我批评之风。以作风为重点建立党性分析制度，以坚强的党性保证党的作风建设。认真实施《建立健全惩治和预防腐败体系规划 2008—2012 年工作规划》。（机关党委）

35. 加强思想道德建设和精神文明建设。深入开展“健康体态，和谐心态”主体实践活动，切实关心教职工的思想、工作、学习和生活。发挥工会、共青团等群众组织的作用，积极开展形式多样的精神文明创建活动。（机关党委），

校委会议议事情况

序次	时间	讨论和议定事项
1	1月7日	一、听取校财务部关于中央党校2009年收支决算情况和2010年预算方案的汇报。 二、部署寒假前后一段时间的校内工作。
2	1月14日	一、讨论李景田同志代表校委在全校局级以上干部大会上的述职报告和在全国党校校长会议上的讲话（送审稿）。 二、讨论并原则同意教务部制定的《关于2010年春季学期教学安排的意见》。 三、讨论并原则同意教务部制定的《关于2010年春季学期“形势与任务”报告的计划安排》。 四、听取教务部关于中央党校与中纪委联合举办全国纪检监察领导干部培训班的汇报，会议原则同意该班各项工作安排的意见。 五、听取机关党委关于中央党校第七届机关党委、机关纪委组成人员候选人预备人选的报告。 六、讨论并同意组织部关于部分局级干部职务任免的意见建议。 七、讨论其他人事问题。
3	1月20日	一、讨论并原则同意办公厅草拟的《中共中央党校2010年工作要点》。 二、听取办公厅关于制定《中央党校对地方党校业务指导办法（试行）》的汇报。 三、讨论并原则同意办公厅外事办公室制定的《中央党校2010年外事出访计划》。 四、讨论有关人事问题。
4	3月18日	一、学习讨论《中国共产党党员领导干部廉洁从政若干准则》。 二、传达习近平、李源潮同志在省部级主要领导干部“深入贯彻落实科学发展观，加快经济发展方式转变”专题研讨班总结报告上的批示。

续 表

序次	时间	讨论和议定事项
4	3月18日	三、讨论并原则同意《中央党校关于开展建设“一流学府”讨论的安排意见》。 四、讨论并原则同意办公厅拟定的《关于进一步规范各班次学员开学和毕业典礼有关工作的意见》。 五、讨论并原则同意校组织部拟定的《关于在部分单位进行民主推荐局级干部工作的请示》、《关于在全校选拔2名副巡视员的实施方案》、《关于在信息管理部利用副巡视员机动指标民主推荐1名副巡视员的请示》。 六、讨论其他人事问题。 七、通报有关事项。
5	4月1日	一、讨论并原则同意教务部提出的关于开展庆祝中央党校分校成立30周年系列活动的安排。 二、讨论并原则同意信息管理部和出版社提出的关于求索音像出版社体制改革问题的意见。 三、审议并原则同意组织部制定的《首次公开招聘选拔高端战略人才实施方案》。 四、审议并原则同意校组织部制定的《中央党校2010年事业单位专业技术岗位聘用意见》。 五、讨论并原则同意组织部提出的关于图书馆下设机构和人员编制调整有关问题的意见。 六、通过中国马克思主义研究基金会“中央党校人才强校专项基金”评审委员会成员名单。 七、讨论有关人事问题。
6	4月8日	一、讨论并原则同意教务部修订的《中央党校学员管理若干规定》和《关于修改我校毕业证书内容的请示》。 二、听取关于中央党校与国家行政学院、社会主义学院开展合作相关事项的报告。 三、讨论并原则同意校财务部提出的关于中央党校津贴补贴现状及建议的报告。 四、讨论并原则同意图书馆提出的《关于召开全国党校系统图书馆工作暨信息资源建设会议有关事宜的请示》等2个请示。 五、讨论并同意组织部关于部分局级干部的考察人选与拟任职人选的建议。

续表

序次	时间	讨论和议定事项
7	4月15日	一、学习讨论中央文件（中发电〔2010〕1号）。 二、讨论并同意组织部提出6名同志任职的建议意见。
8	4月22日	一、讨论并原则同意培训部提出的关于在西藏班创办30周年之际召开纪念座谈会的意见。 二、讨论并原则同意办公厅提出的《中央党校外事演讲管理办法》。 三、讨论并原则同意校相关工作领导小组提出的2010年中央党校享受政府特殊津贴的3名人选。
9	5月12日	一、讨论并原则同意教务部提出的关于《中央党校教学组织管理实行项目制的若干规定（试行）》、《关于进一步提高培训班课堂教学质量的实施办法（试行）》。 二、讨论并原则同意组织部提出的关于财务行政管理局成立卫生处及有关处室职能和机构编制调整问题的请示。 三、讨论并原则同意组织部提出的关于函授学院行政处更名为办公室的请示。 四、讨论并原则同意组织部提出的关于部分副局级领导职位竞争上岗的实施方案。
10	5月28日	一、学习讨论习近平同志5月20日的重要批示。 二、审议通过组织部提出的关于拟聘30名同志为2010年事业单位专业技术二级岗位人员的建议名单。
11	6月7日	一、传达学习“中央和国家机关中青年干部到省区市交流任职动员会”的有关精神。 二、讨论并原则同意中央党校与澳大利亚国立大学拟签署的合作谅解备忘录。
12	6月11日	召开建设“一流学府”讨论活动校委扩大会议，围绕建设一个什么样的“一流学府”和怎样建设“一流学府”这一主题，交流认识、体会、思路和规划措施。常务副校长李景田同志在听取发言后代表校委对建设“一流学府”讨论活动作总结讲话。与会的各位副校长、教育长、校委委员和各直属单位主要负责同志畅所欲言，提出看法和建议。
13	6月17日	一、讨论并原则同意组织部提出的关于在科学社会主义教研部内部进行民主推荐部副主任人选的意见。 二、听取组织部关于选派第六批援藏干部的情况汇报。 三、讨论其他人事问题。

续 表

序次	时间	讨论和议定事项
14	7月1日	一、讨论并原则同意教务部提出的《关于2010年秋季学期教学安排的意见》。 二、听取校财务部关于审计署对中央党校的《审计报告》和《审计决定书》及中央党校整改情况的汇报。 三、听取中国马克思主义研究基金会对确定第二批“中央党校人才强校专项基金”资助项目资助人选的情况通报。 四、审议并同意组织部提出的关于部分副局级领导干部拟任职人选与考察人选的建议。
15	7月8日	一、讨论并原则同意关于中央党校向国家发改委等部门申报“十二五”期间建设项目的报告。 二、听取科研部关于北京弘毅慈善基金会与中央党校签署捐赠协议书的情况汇报。 三、听取组织部关于2009年度考核局级领导班子及领导干部民主测评情况的报告。 四、听取组织部关于确定公开招聘教学科研高端战略人才兼职试用人选的情况汇报。 五、审定校内部分副局级领导岗位拟任职人选。 六、同意组织部关于《理论前沿》停办后，撤销《理论前沿》编辑室的意见。 七、讨论并原则同意组织部提出的关于中央党校2010年评奖工作的意见、教务部制定的《关于评选2009—2010学年教学优秀奖、教学组织优秀集体奖的实施意见》和科研部制定的《关于评选2009年度科研优秀成果奖、科研组织优秀集体奖的实施意见》。
16	7月20日	一、讨论并同意校组织部关于推荐中国统一战线理论研究会第五届理事会理事候选人的报告。 二、听取并原则同意校机关纪委关于对有关党员领导干部问题的处理建议。 三、听取科研部关于延安精神研究会拟成立“弘扬延安精神基金会”的报告。
17	9月9日	一、听取教务部、科研部、组织部关于中央党校2010年评选教学、科研、管理服务等方面6个奖项评选工作的情况。 二、讨论并原则同意教务部提出的关于召开中央党校分校成立30周年庆祝暨表彰大会的安排意见。 三、讨论并原则同意组织部提出的关于举办中央党校第一期“八部一所”教研室主任培训班的意见建议。 四、听取并原则同意组织部关于部分局级干部选拔任职的意见建议。 五、讨论其他人事问题。

续表

序次	时间	讨论和议定事项
18	9月21日	一、讨论通过教务部提出的中央党校分校先进办学单位、优秀工作者和特殊贡献奖的获奖名单。 二、讨论并原则同意组织部提出的关于部分局级干部选拔和职务任免的意见。 三、讨论其他人事问题。
19	9月30日	学习讨论习近平同志9月27日在中国浦东干部学院座谈会上的重要讲话。
20	10月13日	一、讨论并原则同意《2010年度我校专业技术职务任职资格评审意见》。 二、原则同意关于设立中央党校信息中心和调整校内机构排序有关问题的意见。 三、原则同意求索音像出版社与出版社五编室设一个机构两块牌子。 四、讨论并原则同意关于落实中组部、外交部《关于推荐第三批公选高级外交官人选的通知》的意见。 五、讨论并原则同意关于在全校选拔正局级干部人选的实施方案。 六、讨论通过部分单位副局级干部的拟任职人选。 七、讨论其他人事问题。
21	10月20日	一、讨论并原则同意教务部制定的《中国马克思主义研究基金会“中央党校学科建设专项基金”资助奖励条例（试行）》及其实施细则。 二、听取科研部关于党校系统第八届科研成果评奖情况的报告。 三、听取出版社关于印刷厂停办后有关情况的汇报。 四、通过了组织部提出的关于在有关单位民主推荐正局级领导干部人选的工作方案。 五、讨论并原则同意组织部提出的关于同意研究生院应届毕业学位研究生（全日制）报考中央党校参公职位等问题的意见。
22	11月11日	一、讨论通过组织部关于在全校选拔3名正局级组织员拟任职人选的意见。 二、讨论并原则同意组织部提出的关于部分正局级领导职务考察人选的意见。
23	11月18日	一、讨论并同意办公厅提出的中欧美论坛活动方案。 二、讨论并同意中央党校与法国电力公司续签学术合作备忘录。
24	11月25日	一、讨论并原则同意科研部制定的《中央党校重大、重点科研项目管理办法（试行）》。 二、讨论并同意组织部提出的关于对有关单位局级领导干部进行选拔和职务任免的意见。 三、讨论其他人事问题。

续 表

序次	时间	讨论和议定事项
25	12 月 2 日	一、讨论并原则同意组织部关于在党建教研部增设政党制度教研室的意见。 二、讨论并同意组织部关于对部分局级领导干部职务任免的建议意见。
26	12 月 9 日	一、讨论并原则同意组织部提出的关于中央党校 2011 年引进人才计划。 二、讨论并原则同意组织部提出的关于部分单位副局级干部的选拔方案。请组织部按照工作方案抓紧实施。 三、讨论并原则同意组织部制定的《中央党校 2010 年年度考核工作安排》。 四、讨论关于其他人事问题。
27	12 月 16 日	一、学习讨论习近平同志 12 月 14 日在国家行政学院调研座谈会上的重要讲话。 二、讨论并原则同意办公厅提出的关于中央党校援助新疆维吾尔自治区委党校和新疆生产建设兵团党委党校的方案。 三、讨论组织部制定的《关于选拔教研部（所）副巡视员的意见》。
28	12 月 23 日	一、讨论并原则同意《关于 2010 年工作情况和 2011 年工作打算的汇报提纲》。 二、听取研究生院、函授学院关于落实校领导对在职研究生教育批示的情况汇报。
29	12 月 30 日	一、学习讨论习近平同志 12 月 29 日在听取中央党校工作汇报后作的重要讲话。 二、讨论并原则同意教务部制定的《中央党校 2011 年招生工作计划》及《中央党校 2011 年春季学期教学安排意见》。 三、讨论并原则同意科研部关于中央党校 2010 年度重点科研项目立项的意见。 四、讨论并原则同意办公厅拟定的《全国党校校长会议方案》。 五、研究确定中央党校部分单位副局级干部的考察人选。

全校重要工作和重大活动

学习贯彻党的十七届五中全会精神

学习传达十七届五中全会精神

10 月 19 日，中央党校召开学习传达党的十七届五中全会精神会议。常务副校长李景田、副校长陈宝生传达了党的十七届五中全会精神。在校校委成员出席会议。校各直属单位班子成员和党组织负责人、离退休干部局党委成员参加会议。

李景田在讲话中强调，党校全体党员、领导干部、教职员工要深入学习和认真贯彻党的十七届五中全会精神。他代表校委对全校学习贯彻五中全会精神提出四点要求：第一，要在学懂弄通文件上下功夫；第二，要在报纸和刊物媒体有组织地刊发有质量的学习体会和文章，准确宣传五中全会特别是“十二五”规划建议的精神；第三，要在教学当中准确体现和准确把握“十二五”规划建议的精神；第四，要围绕“十二五”规划的实施，就当前和今后经济和社会发展遇到的一些重大难点热点问题开展学术研究和调查研究，为党和国家重大决策提供有效的咨询服务。他还要求机关党委要根据中直工委安排和部署对全体党员的学习作出安排，学员部要注意组织学员学好会议公报和报纸公开发表的“十二五”规划建议。

全国党校系统理论工作者
深入研讨十七届五中全会精神

10月30日，“全国党校系统学习贯彻党的十七届五中全会精神暨第八届科研评奖颁奖会”在京召开。来自中央党校和全国省级党校、副省级党校的专家学者共200多人参加研讨会。与会的专家学者围绕党的十七届五中全会精神从政治、经济、文化、民生等各个角度进行了研讨和解读。副校长陈宝生作总结讲话。副校长孙庆聚、李书磊，教育长张伯里，校委委员贾高建、黄宪起出席会议。科研部承办此次会议。会上，中央党校对获得全国党校系统科研成果奖的集体和个人进行表彰。孙庆聚主持研讨会和表彰会。李书磊宣读中央党校的表彰决定。

大家认为，党的十七届五中全会是在我国进入全面建设小康社会的关键时期召开的一次重要会议，这次会议对于继续抓住和用好我国发展的重要战略机遇期，对于巩固和扩大应对国际金融危机冲击成果，促进经济长期平稳较快发展，对于夺取全面建设小康社会新胜利、推进中国特色社会主义伟大事业，具有十分重要的意义。有学者认为，十七届五中全会通过的《中共中央关于制定国民经济和社会发展第十二个五年规划的建议》呈现六大亮点：一是明确了我国“十二五”期间发展的总体思路、目标，特别是提出了十大任务；二是明确了坚持科学发展观的路径和要求，强调了发展既要实现经济平稳较快发展，又要促进社会稳定；三是明确了要加强社会建设，建立健全基本公共服务体系；四是明确了把保障和关注民生作为转变经济发展方式的立足点和落脚点；五是明确了把改革开放作为加快转变经济发展方式的强大动力；六是明确了党的领导是实现“十二五”时期经济社会发展目标的根本保证。

陈宝生在研讨会上作总结讲话。他说，深化对十七届五中全会精神的学习，要努力做到“四个把握”：准确把握我国目前所处的重要战略机遇期的判断；全面把握第十二个五年规划的指导思想和整体要求；深刻把握“十二五”的目标任务和重大举措；重点把握党的领导是实现“十二五”目标的根本保证，从而进一步认清我们在实现“十二五”规划中的使命。还要做好“五个坚持”：坚持把经济结构战略性调整作为主攻方向，坚持把科技进步和创新作为重要支撑，坚持把保障和改善民生作为根本出发点和落脚点，坚持把建设资源节约型、环境友好型社会作为重要着力点，坚持把改革开放作为强大动力。他要求全国党校系统的理论工作者，把“十二五”期间党和政府要解决的重要问题作为研究的重要选题，通过深入细致的研究争取多出精品力作，为党和政府的重大决策提供智力支持，充分发挥党校的思想库作用。他强调，各级党校要结合十七届五中全会的要求，认真研究、制定本校的“十二五”科研发展规划。

学习贯彻十七届五中全会精神研讨会

10月31日，经济学教研部和校青联联合举办“学习贯彻党的十七届五中全会精神研讨会”。副校长孙庆聚出席会议并讲话。科研部主任梁言顺、机关党委常务副书记宋越、教务部副主任冯鹏志、组织部副部长王洋、机关党委副书记李乃杰，全体青联委员应邀出席研讨会。经济学教研部主任赵振华，副主任韩保江、潘云良，党总支书记鲍永升，经济学教研部全体教职工，经济学专业研究生参加研讨会。王天义、施红、曹立等8位教授，分别就扩大内需、城乡统筹、科技创新等作专题发言。

人民日报、经济日报、中国经济时报、学习时报、21世纪经济报道、人民网作了报道。

学习贯彻十七届五中全会精神学员论坛

2011 年 1 月 6 日，进修部举办学习贯彻党的十七届五中全会精神学员论坛。常务副校长李景田、副校长孙庆聚，校委委员、进修部主任黄宪起出席会议，教务部主任王东京、经济学部主任赵振华、科研部副主任郝永平、科学社会主义教研部副主任刘海涛，进修部副主任郭焕永、赵凤珍，各教学组相关人员及进修部全体学员参加论坛。论坛由进修部学员联谊会主席、省部班学员、中国海洋石油总公司党组书记、总经理傅成玉主持。

论坛上，中共湖南省委常委、长沙市委书记陈润儿，共青团中央书记处第一书记陆昊，广东省经济和信息化委员会主任、党组书记杨建初，天津市共青团市委书记、党组书记刘道刚，国家开发银行广东省分行行长吴德礼，分别作专题发言。经济学教研部主任赵振华对各位学员的发言进行点评。

贯彻落实习近平重要讲话和全国党校工作会议精神

全国党校校长会议

1月19日至20日，全国党校校长会议在中国华能集团公司党校召开。副校长孙庆聚传达习近平2010年1月5日在听取中央党校2009年工作汇报时的重要讲话精神，常务副校长李景田在会上作主报告，副校长石泰峰作会议总结。副校长陈宝生、李书磊分别主持会议。教育长张伯里，校委委员徐伟新、贾高建、罗宗毅、黄宪起、赵长茂出席会议。中国华能集团公司党组书记黄永达应邀出席会议。

这次会议的主要任务是：总结交流各地党校一年来贯彻落实《中国共产党党校工作条例》和全国党校工作会议精神的经验和做法，认真贯彻党的十七届四中全会精神，按照习近平的要求，研究进一步推进党校事业新发展的举措。

与会代表认真学习习近平1月5日在听取中央党校2009年工作汇报时的重要讲话，进一步增强做好党校工作的使命感和责任感。大家认为，习近平的重要讲话，立意高远，内涵丰富，体现习近平对中央党校及全国党校系统工作的高度重视和大力支持，反映习近平对党校建设的高标准、严要求。习近平讲话对中央党校三个“抓得好”、“一满意”的评价，既是对中央党校的肯定，也是对地方党校的鼓励；提出的“四点要求”，既是针对中央党校的，也是地方党校必须做的。大家同时认为，习近平赞成创建“一流学府”的新理念，并提出“一流学府”要体现在“五个方面”，是中央对中央党校提出的概括性、长远性、战略性的新要求，是党校工作的总抓手。打造“一流学府”的品牌，关键要靠我们自己练好内功，不断改革创新，全面加强党校建设，发挥党校的特色和优势，逐步形成自己的核心竞争力。习近平强调“中央党校是一个庄严的殿堂，风清气正是一个基本标准”，要求不断加强校风、学风、文风建设，既是中央的希望和要求，也是广大人民群众的热切期盼，更是党校人应尽的职责和本分。

李景田在主报告中全面系统地总结全国党校系统2009年工作的基本情况，实事求是地指出存在的主要问题，重点鲜明地提出2010年的工作打算和具体举措。他指出，建设“一流学府”是中央对中央党校的殷切希望，是新形势新任务对中央党校提出的新要求，也是提升中央党校各项工作水平的总抓手。中央党校校委要把贯彻习近平同志的有关指示，作为今年党校工作的指导方针和长期的奋斗目标，在党校教学、科研、管理等方面坚持更高标准、更高要求，通过努力，真正达到高品质、高规格、高水平，使党校在干部教育方面更有特色、更有话语权，为党的干部教育事业作出应有的贡献。

李景田强调，“党校姓党”是党校的一个鲜明的标志性属性，永远跟党走，永远为党的事业添砖加瓦，是党校工作不变的目标定位。他要求，各级党校要进一步提高教学水平，巩固安身立命之本；进一步提高科研水平，充分发挥思想库作用；进一步加强作风建设，建设风清气正的学府；进一步推进人才强校战略，构筑人才高地；加强管理和服务，建设一流校园；加强基础设施建设和信息化建设，进一步增强保障能力。

石泰峰在总结讲话中指出，这次会议是全国党校工作会议之后又一次十分重要的会议，是新形势下进一步办好党校、新年度里做好党校工作的思想动员会、加油鼓劲会、征求意见会、总结部署会。通过学习习近平重要讲话，增强了进一步做好党校工作的使命感和责任感；通过听取李景田主题报告，明确了新年度党校工作的思路和重点；通过与会同志的共同努力，这次会议完成了各项议程，达到了预期目的；通过分组讨论和大会交流，与会同志相互受到启发和砥砺。他要求，各级党校都要把这次会议的精神传达学习好、贯彻落实好。

中组部、中宣部有关部门负责同志，各省、自治区、直辖市党委党校，铁道部党校，新疆生产建设兵团党委党校，各副省级城市党委党校、中央党校各分校（部）的常务副校长，中央党校各直属单位主要负责同志参加会议。

在2010年全国党校校长会议上的讲话

（2010年1月19日）

李景田

同志们：

这次全国党校校长会议，请各省、自治区、直辖市党委党校，铁道部党校，新疆生产建设兵团党委党校，各副省级城市党委党校、中央党校各分校（部）的常务副校长和中央党校直属单位主要负责同志参加。中组部、中宣部有关部门负责同志应邀参加我们的会议。华能集团为我们这次会议提供了诸多方便，集团党组书记黄永达同志也出席了今天上午的会议。首先，我代表近平同志、代表中央党校校委，对大家表示热烈的欢迎和衷心的感谢！

这次会议是近平同志批准召开的。会议的主要任务是：总结交流各地党校一年来贯彻落实《党校工作条例》和全国党校工作会议精神的经验和做法，认真贯彻党的十七届四中全会精神，按照近平同志的要求，研究进一步推进党校事业新发展的举措。

刚才，庆聚同志传达了近平同志听取中央党校校委工作汇报时的讲话。下面，我就围绕贯彻落实《党校工作条例》、全国党校工作会议精神和近平同志的指示，讲一讲2009年工作的基本情况和2010年的初步打算，作为这次会议的开场锣鼓。

一、2009年工作的基本情况

2009年是新中国成立60周年、建党88周年，是应对国际国内重大挑战、推动党和国家事业实现新发展的关键一年，也是党校工作十分繁忙的一年。一年来，全国党校系统按照中央的要求和各级党委的安排，深入学习党的十七大和十七届三中、四中全会精神，认真贯彻《党校工作条例》和全国党校工作会议精神，团结奋进，扎实工作，较好地完成了各项任务，开创了党校工作的新局面，为党的干部队伍建设和党的思想理论建设作出了新贡献。主要体现在以下九个方面：

第一，深入学习党的十七届四中全会精神，党校姓党的原则得到坚决贯彻。党的十七届四中全会召开以后，近平同志在中央党校先后作了《加强和改进新形势下党的建设的纲领性文献》、《关于建设马克思主义学习型政党的几点学习体会和认识》的辅导报告，直接推动了党校系统对全会精神的学习贯彻。各级党校及时组织教职工和在校学员，认真学习全会《决定》和近平同志的辅导报告，确保了在思想上、政治上、行动上与党中央保持高度一致。中央党校采取中心组学习、理论工作者座谈会等形式畅谈学习全会精神的心得和体会，并把四中全会的精神贯彻落实到教学科研等各项工作中去。注意充分发挥党校讲坛、科研、宣传阵地等多方面的优势，积极研究党建重点、回应党建热点、破解党建难点，为推进党的理论创新和理论武装、建设马克思主义学习型政党作出积极的贡献。地方各级党校在这方面也做了大量工作。许多党校召开了学习四中全会精神理论座谈会，邀请专家学者进行宣讲辅导，有的党校还专门对全会提出的新课题予以科研立项。通过学习贯彻四中全会精神，进一步强化了党校姓党的观念和意识，增强了新形势下加强和改进党的建设的坚定性和自觉性。

第二，认真开展学习实践科学发展观活动，不断巩固和深化学习实践活动成果。各级党校按照中央的统一部署和安排，认真开展了深入学习实践科学发展观活动。去年初，中央党校学习实践活动处于第三阶段。校委围绕解决影响党校科学发展的全局性重大问题和学风、校风建设中的突出问题，研究制订了整改方案；各直属单位也都结合实际，突出重点，分别研究制订了具体详细的整改方案。2 月 26 日，召开了全校党员大会，对深入学习实践科学发展观活动进行总结，近平同志出席大会，并作了重要讲话。学习实践活动的集中教育阶段完成后，我们认真做好整改方案的落实工作，按照中央要求进行“回头看”。从目前反馈的情况看，各单位整改项目多已落实，效果比较好。与此同时，我们认真总结和运用学习实践活动中取得的经验和做法，逐步建立并不断完善深入学习实践科学发展观的长效机制。地方各级党校也按照中央要求和地方党委的安排，先后开展了学习实践活动。活动中，坚持把贯彻落实《党校工作条例》和全国党校工作会议精神作为实践载体，突出党校特色，使活动开展的有声有色，富有成效，提高了党校自身科学发展和服务整个经济社会科学发展的能力。

第三，督促检查贯彻落实《党校工作条例》和全国党校工作会议精神的情况，推动党校工作上新水平。近平同志对贯彻落实《条例》和会议精神高度重视，去年9月23日亲自到黑龙江省委党校进行调研，强调各级党校要坚持党校姓党原则和从严治校方针，要从新的形势和任务要求出发，继续推进教学科研改革，加强管理，不断提高党校工作水平。中央党校校委在暑假期间分6个督促检查组，采取汇报座谈、实地考察等形式，对31个省（市、区）普遍进行了一次专题调研，掌握了全国党校系统贯彻落实工作取得的主要成绩、存在的主要问题等第一手资料，并向中央报告了有关情况。各省级党校也对下级党校及时进行了检查督导，有效地促进了《条例》和会议精神贯彻落实到基层。各级党校普遍采取召开专题会议、组织研讨班等形式，对《党校工作条例》和全国党校工作会议精神，广泛进行了学习和宣传，并认真抓了贯彻落实，提高了党校的整体工作水平，展现出新的气象。许多党校主动向中央党校上报了贯彻落实《党校工作条例》和全国党校工作会议精神的情况，被中央党校《党校工作通讯》摘要登载。

第四，组织召开全国党校系统援助西藏党校工作会议，援藏工作取得明显成效。为了贯彻落实中央关于援藏工作的政策精神，总结交流党校系统援藏工作经验，进一步做好援藏工作，经近平同志同意，8月10日至11日，在拉萨召开了全国党校系统援助西藏党校工作会议。中央党校与西藏党校签订了援助协议书，并向西藏党校捐资172万元。全国党校系统积极响应中央党校的倡议，高度重视援助工作，山东、广东、江苏、浙江和上海等地援助力度比较大，并在全国党校系统援藏工作会议上介绍了经验。据我们统计，全国各级党校为西藏自治区党校捐款总额已达2400多万元。除直接投入以外，中央党校和各地党校还提出了多项智力援藏的项目，重点加大对西藏党校教学科研工作、师资队伍建设的帮扶力度。目前正在抓紧落实各项后续工作。这次会议，有效地推动了西藏党校教育事业和干部教育事业的新发展。

第五，完成各班次的培训轮训任务，教学质量稳步提高。中央党校去年春秋两个学期共培训学员2741人，还配合中央其他有关部门举办了全国县级纪委书记培训班、全国组织部长学习贯彻党的十七届四中全会精神培训班，一共培训县纪委书记和各级组织部长2255人。在各个班次的教学中，进一步加大了中国特色社会主义理论体系特别是科学发展观进课堂、进教材、进头脑的力度。为了提高教学的针对性，加强了需求调研。按照近平同志提出的领导干部要爱读书、读好书、善读书的要求，去年还突出抓了学员读书问题。除了在教学计划上开列必读书目外，教师在讲稿上也开列了推荐书目。为加强对学员学习马克思主义原著的引导，今年秋季学期新增加“原著导读”教学单元。同时，组织多种形式的读书交流活动，有效地调动了学员们的读书热情，形成了更加浓厚的学习氛围。强调教学的科研含量与学术水平，促进教学质量的提高。各教研部（所）根据实际需要，开设了一些新的讲题，很多课程受到学员的肯定和好评。在教学方法和教学形式上也有一些新的探索。继续开展案例教学、体验式教学、模拟教学、从政经验交流和学员论坛，还为全校学员新开设了电影鉴赏课，进行了小班教学的新尝试。在教学管理上，进一步扩大了项目制试点范围并不断完善管理机制，新增了“教学提示”环节，及时发现并处理教学中出现的情况和问题。地方各级党校在深化教学改革、提高教学质量上进一步下了功夫，花了气力。有的党校以提高领导干部素质和能力为核心，着力在增强干部教育培训的针对性和实效性上下功夫。有的党校坚持按需培训，大力改进和创新教学管理，加强教学队伍建设，主体班培训质量有了较大提高。有的党校突出办学特色，提出把党校建成“党员干部的大学堂、市委工作的研究地、模式创新的示范区”。还有很多党校进一步加强了教学管理，改革了学员学习考核制度，编写了一批质量较高、有影响的教材，从而在干部教育培训事业中，较好地发挥了主渠道、主阵地作用。

第六，抓好重大理论和现实问题的研究，科研水平进一步提升。各级党校密切关注国内外形势的发展变化，紧密结合庆祝新中国成立60周年、建党88周年，加强对党的建设实践经验的总结，对党的执政能力建设和先进性建设战略性、全局性问题的研究，对重大现实性、前瞻性和对策性问题的研究。2009年，全国党校系统社科基金项目立项76项，中央党校申报并获批准国家哲学社会科学基金课题就有8项，设立校级各类课题近50项、全国党校系统重点课题3项，并在各个地方党校设立子课题200余项。目前，各类课题研究总体进展顺利，结项工作即将完成。为了加强科研成果的交流，全国党校系统围绕一些重大问题或课题适时举办了理论研讨会，召开了“全国党校系统纪念新中国成立60周年理论研讨会”，“中国马克思主义论坛2009”，中央党校纪念“五四”运动90周年座谈会、中央党校理论工作者学习贯彻党的十七届四中全会精神座谈会；中央党校还与全国总工会联合召开“坚定不移地走中国特色社会主义工会发展道路理论与实践”研讨会，与中央社会主义学院联合召开“互联网时代对政府工作带来的机遇、挑战及应对措施”理论研讨会，与地方党校联合在哈尔滨召开了“应对国际金融危机与科学发展理论研讨会”，在浙江省委党校召开了“经济社会发展与民主政治建设”国际学术会议，在上海市委党校召开了“2009年全国党校系统哲学年会暨‘哲学与当代中国社会发展——纪念新中国成立60周年’学术研讨会”，等等。地方各级党校也进一步加强了科研工作，较好地发挥了为推进党的理论创新服务、为提高党校教学质量服务、为党委和政府决策服务、为推进社会主义经济建设、政治建设、文化建设、社会建设和党的建设服务的功能。有的党校重视对经济社会发展中的重大现实和战略问题的研究，强化研究重大现实问题的意识，鼓励出人才、出精品，推出了一批具有重要应用价值和决策参考价值的成果。有的党校强化科研的基础地位，努力推动教学科研一体化，在发挥思想库作用方面进行了有益探索。有的党校用新理念谋划科研，用新思路统筹科研，用新方式组织科研，保证了科研工作全面、协调、可持续发展。

第七，大力推进干部队伍特别是教师队伍建设，深化干部人事制度和机构改革。中央党校大力落实人才强校战略，以培养中青年教研骨干和学术带头人为重点，以提高教师的素质和能力为核心，采取多种措施，加强教师队伍建设，举办了中青年教师骨干培训班，聘请了10位兼职教授，制定了《关于公开招聘选拔高端战略人才的意见》及两个办法。完善干部选拔任用机制，坚持德才兼备、以德为先用人标准，出台了局级非领导职务选拔办法，改进民主推荐和考察评价环节，进一步提高了选人用人公信度。健全干部选拔任用监督机制，制定了《副局级以上干部任职听取机关纪委意见的工作细则》，设立干部选拔任用监督专用电话和电子信箱，在各直属单位进行贯彻执行《干部选拔任用条例》情况检查工作，在部分单位开展了干部选拔任用“一报告两评议”工作。推进机构改革，成立马克思主义理论教研部，整合校刊社和学习时报社两个机构成立报刊社，正式增设离退休干部局为内设机构。地方党校在这方面也采取了一些新办法，如有的重视加强组织员素质能力建设，有的大力推行岗位聘任制，进一步增强了教职工队伍的整体素质和活力。

第八，召开全国党校系统学员管理工作座谈会，加强学员管理。按照中央和近平同志的指示，中央党校去年在学员管理中进一步突出党性教育的地位和分量，把加强学员党性锻炼同制止相互吃请、相互赠送礼品相结合，同开展读书活动、改进文风相结合，同改革开放形势教育、革命传统教育和反腐倡廉教育相结合，加强对学员的管理，狠刹学员中的“吃喝风”、“送礼风”，严格实行“三查”制度（查饭堂、查课堂和查晚自习），及时向学员通报检查结果并对执行不好的学员提出批评，学风、校风建设取得新进展。为了广泛交流近年来各地党校在做好学员管理工作方面的经验，研究探讨做好新形势下学员管理工作的思路，11 月 26 日至 27 日，在武汉召开了全国党校系统学员管理工作座谈会，中央党校有关部门和部分地方党校介绍了经验和做法。这是多年来全国党校系统首次召开的学员管理工作专题会议，会议分析了学员管理工作的状况，总结和概括了学员管理工作的新鲜经验，进一步明确了新形势下加强学员管理工作的总体思路，对提高学员管理工作水平起到了积极的推动作用。

第九，加强基础设施和信息化建设，保障能力得到进一步增强。去年是中央党校近五年来基本建设投资最大、项目最多、任务最重的一年。完成了主楼、综合教学楼、礼堂等修缮项目。在财政部统一压缩公用经费的情况下，中央党校的财政拨款比上年增加，确保了各项工作的运转。在信息化建设方面，去年初，中央党校通过远程教学网召开了 2009 年春季学期全国党校系统远程教学电视会议。完成了校园网升级改造工程，完善了远程教学网功能，协助中组部等单位继续做好全国农村党员干部现代远程教育有关工作，启动了数字图书馆建设，进一步推动了全国党校系统数字资源共建共享工作。地方各级党校也十分注重推进信息网络的应用，使党校信息化建设暨远程教学网络在干部培训工作中发挥了更大的作用。各地党校还以贯彻落实《党校工作条例》为契机，加强了党校基础设施建设，进一步深化了后勤服务社会化改革，提高了服务质量和效率。

去年，全国党校系统其他方面的工作也取得了新的进展，都有一些可圈可点之处，由于时间关系，不再具体讲了。在充分肯定 2009 年工作成绩和进步的同时，我们也要清醒地看到，我们的工作离中央的要求和新形势、新任务的需要还有不少差距和不足。比如，在用中国特色社会主义理论体系武装学员方面，在学风、校风建设方面，在管理和服务方面，等等。这些都需要我们在今后的工作中不断加以改进。

二、2010 年的工作打算

1 月 5 日，中央党校校委向近平同志汇报了去年工作情况和今年工作打算。近平同志肯定了中央党校去年的工作，对今年的工作打算，也都赞成。在汇报今年工作的总体思路时，我们明确提出了建设干部教育培训的“一流学府”的新理念。近平同志赞同这一理念，特别指出，建设“一流学府”对党校长远发展很重要，“一流学府”具有丰富的内涵和要求，包括要有一流的教学和科研，一流的人才和队伍，一流的硬件和基础设施，一流的管理和服务，还要有一流的风气和人文环境。近平同志还要求我们对“一流学府”的内涵研究概括得更准确一些，并把建设干部教育培训的“一流学府”作为一项战略考虑来谋划和推进，体现在每一年的工作中。中央党校校委认为，建设“一流学府”是中央对中央党校的殷切期望，是新形势新任务对中央党校提出的新要求，也是提升中央党校各项工作水平的总抓手。中央党校校委打算把贯彻近平同志的这一要求，作为今年工作的指导方针和长期的奋斗目标，在党校教学、科研、管理等方面坚持更高标准、更高要求，通过努力，真正达到高品质、高规格、高水平，使党校在干部教育方面更有特色、更有话语权，为党的干部教育事业作出应有的贡献。建设“一流学府”问题，目前我们还只是一个初步提法，内涵、目标、各方面的要求等等，都有待研究。近期，我们将在中央党校各直属单位开展一个建设一个什么样的“一流学府”、怎么建设“一流学府”的讨论。经过集思广益、广泛讨论，逐步形成关于建设“一流学府”的成熟思路和详细方案。希望地方党校的同志们多给我们建言献策，帮助我们研究制定好建设“一流学府”的思路和方案。围绕中央对党校工作的要求和我们各自的目标，今年是不是要着重抓好以下七个方面的工作：

（一）进一步学习贯彻十七届四中全会精神和《党校工作条例》、全国党校工作会议精神。党校姓“党”，是党校的一个鲜明的标志性属性。党校要做好自己的事情，一定要及时学习把握党和国家的最新理论、政策要求，自觉服务于党和国家的工作大局。十七届四中全会《决定》是加强和改进新形势下党的建设的纲领性文献，深入学习贯彻四中全会精神是一个时期内全党的重要政治任务。党校系统要继续以四中全会精神统领各项工作，使全体教职工和学员深刻把握加强和改进新形势下党的建设的重要性和紧迫性，党执政以来自身建设的基本经验，加强和改进党的建设的总体要求、目标任务、重大举措。要深入研究党校如何在推动建设马克思主义学习型政党方面切实发挥应有作用，深入思考现有的教学科研布局是否适应建设马克思主义学习型政党的需要，进一步明确工作思路和重点。还要深入思考如何带头建设学习型党组织和学习型领导班子。

《党校工作条例》是我们各级党校办学治学的总章程，全国党校工作会议精神是当前和今后一个时期党校工作的指南，抓好《条例》和全国党校工作会议精神的贯彻落实是一个长期任务。我们要按照近平同志的重要指示，进一步加强调查研究，及时了解和掌握贯彻落实中遇到的新情况、新问题，特别是在规范办学、提高教学质量和科研水平、加大对西部和困难地区党校支持力度等方面，加强指导、协调解决，推动全国党校事业科学发展。

（二）进一步提高教学水平，巩固安身立命之本。教学质量是党校发挥主渠道、主阵地作用的一个重要体现，是党校的安身立命之本。这是近平同志在讲话当中特别强调的。在教育培训机构不断增加的情况下，提高教学质量和水平，就显得更为迫切。现在，中央组织部把十几所高校列为干部培训的基地，这对我们各级党校教学是一个很大的挑战。所以，“主渠道”、“主阵地”要靠教学质量说话，靠实践检验。教学质量不行，不管谁封你是“主渠道”、“主阵地”，都不管用。

在提高教学质量方面，一要办好常规班次。要按照《党校工作条例》要求，集中办好进修类和培训类常规班次，有效提高领导干部的思想理论水平。根据经济社会发展的需要，加大举办专题研讨班的力度。要认真研究如何发挥自身优势、适应各级党组织的要求，办好短期培训班。同时要进一步办好新疆班、西藏班，更好地发挥这些班次在促进边疆长治久安、增强民族团结方面的重要作用。要把四中全会精神作为各种班次的重要培训内容，特别是在用中国特色社会主义理论体系武装学员头脑方面，还要下更大的功夫。

二要增强教学的针对性和实效性。各类班次都要加强需求调研，改进教学设计，创新教学方法。进一步加强和改进教学质量评估，既要重视听取学员的意见，也要重视教师之间的相互评价。要积极推进自主选学工作，这是中组部和源潮同志一再强调的。我们要认真总结自主选学经验，处理好选学与必学之间的关系，把干部个人需求与党的事业的要求、岗位的要求结合起来，进一步增强教学的针对性和党校教育的吸引力。

三要围绕教学需要抓好重点教材编写和学科建设工作。要按照建设马克思主义学习型政党的要求，以中国特色社会主义理论体系学习为中心，组织力量编写充分反映马克思主义中国化最新成果的党校教材。中央党校今年计划编两个重点教材：一个是《中国特色社会主义理论体系研究》，这在去年已经启动，争取今年完成。另一个是根据锦涛、近平等中央领导同志批示，编写一本针对党的高级干部进行党史教育的内部读本，作为对党的高级干部进行新中国历史、党在全国执政历史教育的重要教材。这个内部读本，在肯定我们党取得的辉煌成绩和执政经验的基础上，着重研究我们党在六十年来执政过程当中的经验教训。同时，整合各方面力量，以长远的眼光谋划和推进党校的学科建设，逐步形成具有党校特点和优势的学科体系。

（三）进一步提高科研水平，充分发挥思想库作用。锦涛同志在前年召开的全国党校工作会议上，特别强调党校要发挥“五个作用”，科研工作要做到“四个服务”。近平同志明确提出，要充分发挥党校科研成果在党委和政府决策中的思想库作用。这个思想库作用，也是《党校工作条例》的要求，是各级党校共同的职责。加强党校的科研工作和思想库建设，是关系党校长远发展的大事，要进一步下大力气抓好。一个时期以来，世界各国政要、智囊相继造访了中央党校，他们除了看重中央党校是培训轮训中国共产党高级干部的学府之外，也很看重中央党校作为思想库、作为智囊的作用。为了进一步提高科研水平、发挥好思想库作用，是不是在这么几个方面下功夫：

一要以四中全会精神指导科研工作。四中全会《决定》在加强和改进新形势下党的建设方面提出了一系列新思想、新观点、新举措，这应作为党校今年科研的重点，同有关部门一起阐发这些新思想、新观点，研究如何贯彻落实这些新举措，既用以丰富教学、宣传内容，又为各级党委和政府提供决策参考。

二要关注重大理论和现实问题研究。理论的关注热点要面向基层、面向实践，通过合理设置科研课题，抓好对重大理论和现实问题的前瞻性、对策性研究。今年要重点抓好三大课题的研究，一是关于提高党的建设科学化水平的研究，二是民族理论和宗教理论研究，三是国际金融危机后中国经济面临的挑战与对策的研究。向近平同志汇报的时候，近平同志对这三个课题非常肯定。

三要完善科研集体攻关机制和科研交流平台。要发挥党校的专家优势，组织精干队伍，对一些重点课题进行联合研究，争取在短时间内取得高质量的成果。根据科研进展，适时组织召开一些重大问题的理论研讨会。要进一步办好中国马克思主义论坛，使之成为马克思主义理论研究的重要载体。要加强全国党校系统科研力量的整合，进一步形成上下互动、共享科研资源的良好局面。

四要深化科研管理体制改革。要加强各级党校同党委和政府部门、高等学校、科研院所的协作，积极开发利用学员的资源，对学员的科研加强指导并提供有利条件，建立健全全方位开放的科研体制。

（四）进一步加强作风建设，建设风清气正的学府。党校是党性锻炼的熔炉，是庄严的殿堂，应该成为激浊扬清的圣地，近平同志说，这应该是一个基本标准。这一点，办党校的同志应该要心中有数、持之以恒。最近在武汉召开的学员管理工作座谈会，受到了近平同志的肯定，很多新闻媒体也给予了高度关注。我们要认真贯彻落实这次座谈会的精神，按照党要管党、从严治党的方针，坚持从严治校、从严管理，坚持以人为本，坚持以党性教育为主线，以改革创新为动力，以制度建设为载体，突出重点，突破难点，健全管理制度，改进管理方式，提高管理效果，真正把我们各级党校办成风清气正的学府。

在这方面，一要把党性锻炼作为学员管理的主线，贯穿党校教育始终。不管哪一级的领导干部，进了党校学习就是普通学员，要抓好相关制度的完善和落实，从严管理学员。要坚持把党性教育作为必修课，适当加大在教学计划中的分量，并贯彻到整个教学的各个环节。采取丰富的灵活的形式，探索适合不同班次学员特点的党性锻炼的长效机制和考核办法，增强党性教育的实效性。

二要采取切实措施，坚决制止学员吃喝风、送礼风等不良风气。不能把到党校学习看作吃吃喝喝、拉拉扯扯的机会，把社会上一些不好的现象和风气蔓延到党校这块净土中来。党校的工作人员要从我做起、带头杜绝。要拿出更多更有效的措施进一步抓实，抓一项落实一项，务求实效。

三要大力倡导学员读书风气，制定更多更有效的具体举措鼓励学员沉下心来读书。这是一项治本的措施。要使学员的精力切实转到学习上来，在校期间一定要务学习这个主业。通过努力，让我们的领导干部多一点书卷气文化气。

四要继续抓好文风、会风建设，坚决克服形式主义、官僚主义。党校在这方面已经开了好头，要继续努力、坚持下去，真正形成一种清新风气。要再多一些实际举措，再少一些空话套话。

（五）进一步推进人才强校战略，构筑人才高地。建设一支高素质的人才队伍是增强党校竞争力、建设“一流学府”的关键。没有一流的人才和队伍，就谈不上一流的学府、一流的教学科研。

在这方面，一要加强以教师为重点的人才队伍建设。周密、稳妥地进行公开招聘和引进人才工作。在引进人才的时候，既要看才，也要看德，把好政治思想观。引进到中央党校和各级党校的人才，一定要一心一意跟共产党走。人才建设的重点是加强对现有教师队伍的教育提高和培养使用。要积极创造条件，让广大教师特别是骨干教师参加社会调查、社会实践，增强他们理论联系实际、科学阐述党的理论和路线方针政策的能力。要为广大教师创造良好的学术氛围，同时要加强管理，不允许散布与党的基本理论和路线方针政策相违背的言论。同时，重视行政管理和后勤服务队伍建设，从严要求，从严管理，加快建立完善岗位练兵制度和激励约束机制，进一步提高其政治素质、业务素质。要重视对教职工进行社会主义核心价值体系的学习教育，尤其要重视理想信念教育，引导党员、干部增强党的意识、宗旨意识、执政意识、大局意识、责任意识，增强政治敏锐性和政治鉴别力。

二要完善用人机制。要进一步落实德才兼备、以德为先的用人标准，完善干部选拔任用制度，提高选人用人公信度，增强干部队伍活力。要按照民主集中制原则，进一步完善各级领导班子的决策机制。要加强调查研究，经常深入实际，经常与教职工和学员进行交流，不断提高党校各级领导班子的战斗力。

（六）加强管理和服务，建设一流校园。“一流学府”，要有一流的教学和科研，要有一流的人才和队伍，要有一流的风气和人文环境，这些都不是一天两天能够大功告成的，需要长期努力，但建设“一流校园”，造就一流的管理和一流的服务，多抓一下、抓重一点，是可以尽快见效的。在这方面，地方各级党校都可以大有作为。所谓“一流管理和服务”，第一要集大成。努力学习借鉴兄弟院校的好经验好做法，积极探索相关的改革。行政学院、新成立的三所干部学院，在管理和服务上都有好的经验，我们要认真学习。第二要有特色。能够体现党校的特点，符合党和国家对于党校事业的总体要求。第三力求精益求精。我们不可能都做成精品项目，但要尽量多一点精品项目，至少要做到没有漏洞、瑕疵和死角，要在管理的各个环节、各个方面，进一步健全和完善各项规章制度，细化标准，狠抓监督落实。

（七）加强基础设施和信息化建设，进一步增强保障能力。经过多年以来的努力，在各级党委、政府的大力支持下，全国党校系统的基础设施建设有了很大的改观，教职工和学员的学习、生活和工作条件都得到了明显的改善。但从大规模培训干部、大幅度提高干部素质的要求来看，要继续加大党校基础设施的建设力度，不断增强对教学科研的保障能力。中央党校今年要抓好一些重点工程，如数字图书馆、校史馆改造和布展等项目建设。各地党校根据需要，要积极争取当地党委、政府的支持，进一步推动校园建设。还要注意从信息化、网络化的要求出发，加强校园网络资源建设，提高远程教学网使用水平和使用效率，在教学科研管理的各个环节充分运用信息化手段。党校的基础设施建设，要注意同综合国力和当地的经济社会发展相适应，要贯彻艰苦奋斗精神和节俭办事的原则。

以上是对2009年党校系统工作的简要回顾和对2010年工作的总体设想，供大家讨论。

同志们，党校事业正在新的历史起点上阔步前进，面临着加快发展的大好机遇，也面临着许多新的课题和挑战。中央和近平同志以及各级党委对党校工作非常重视，这是我们进一步做好党校工作的根本保证。我们不能辜负党中央、近平同志和各级党委的期望，坚决按照《党校工作条例》和全国党校工作会议精神，认真贯彻近平同志的指示，继续齐心协力，积极改革创新，扎实工作、艰苦奋斗、锐意进取，为把党校建成干部教育培训的“一流学府”而努力奋斗！

校委学习讨论习近平9月27日在中国浦东干部学院座谈会上的重要讲话

9月30日，常务副校长李景田主持召开校委会议，学习讨论习近平9月27日在中国浦东干部学院座谈会上的重要讲话。

会议认为，习近平的讲话对包括中央党校在内的整个干部教育培训工作，具有重要指导意义。讲话对干部教育培训工作中的一些共性问题、对干部成长规律和党校教育规律把握得很准，具有很强的针对性；讲话既全面又辩证，对坚持什么、反对什么旗帜鲜明，要求也很明确，澄清了不少困扰我们的模糊认识，对加强和改进中央党校工作具有十分现实和长远的指导意义。

会议指出，中央党校要认真学习习近平重要讲话精神，并切实在贯彻落实上下真功夫。

第一，要进一步明确中央党校在整个干部教育培训大格局中的定位，帮助领导干部掌握理论、统一思想、加强党性锻炼，是中央党校的主要任务，也是中央党校的优势所在。我们要按照习近平的讲话要求，坚持“一个中心、四个方面”的教学布局，着力提高领导干部的思想政治素质和道德品质。

第二，要进一步明确工作的着力点，在提高领导干部马克思主义理论素养方面，要按照习近平关于“领导干部学习马克思主义理论，在现阶段主要是学习中国特色社会主义理论体系”以及“还要抓好马克思列宁主义、毛泽东思想经典著作的学习教育”的要求，在抓好中国特色社会主义理论体系与马克思主义经典著作学习的结合上下功夫。

按照习近平关于干部教育培训工作要突出理论教育和党性教育的指示精神，抓好党性教育，一是要继承和弘扬党的优良传统，二是要加强道德操守教育的要求，继续抓好党性教育，把党性教育贯穿到教学的各个环节中。

在继续抓好领导干部能力训练的基础上，在帮助学员树立世界眼光、培养战略思维上要有新举措。

在明确组织调训为干部参加培训的主要方式基础上，仍要加强培训需求调研，改进教学设计，进一步增强各班次教学的针对性和实效性。

继续培育良好的校园风气。一是要采取多种措施，进一步推动学员读书，要把学员课余时间引导到读经典著作上，通过党校的培训，使他们真正把读书学习当成一种精神追求，一种生活方式。二是要继续改进文风、会风。在这方面已采取不少措施，取得一定成效。今后，要按照十七届四中全会要求，作进一步改进。三是在加强学员管理工作的基础上，继续狠刹学员中吃请、送礼等不正之风，不断改进管理方式，提高管理效果。

第三，各直属单位要认真组织学习习近平重要讲话，要用讲话精神统领和推动各项工作，把教学科研、管理服务和机关党建等各项工作提高到一个新水平，为把中央党校建设成“一流学府”作出新贡献。

校委学习讨论习近平 12 月 14 日在国家行政学院调研座谈会上的重要讲话

12 月 16 日，常务副校长李景田主持召开校委会议，学习讨论习近平 12 月 14 日在国家行政学院调研座谈会上的重要讲话。

会议认为，习近平重要讲话虽然主要是针对国家行政学院讲的，但对中央党校的工作以及整个干部教育培训工作，都具有普遍的指导意义。

会议指出，我们要认真学习贯彻习近平重要讲话精神，一是在干部教育培训格局中，要把准定位、发挥优势、突出特色，履行好《中国共产党党校工作条例》所赋予的职责，进一步发挥好中央党校的作用；二是要虚心向其他培训院校学习，加强交流合作，取长补短，相互配合，共同做好干部教育培训工作；三是要全面贯彻习近平关于干部教育培训工作中教学科研、人才队伍建设和从严治校等方面的指示精神，不断提升中央党校的教学科研水平，进一步加强学风、校风建设；四是在即将召开的全国党校校长会议上，要结合十七届五中全会精神的学习，认真传达贯彻习近平在中国浦东干部学院和国家行政学院调研座谈会上的重要讲话精神，切实推进党校系统各项工作的科学发展。

校委学习讨论习近平12月29日在听取中央党校工作汇报后的重要讲话

12月30日，常务副校长李景田主持召开校委会议，学习讨论习近平12月29日在听取中央党校工作汇报后作的重要讲话。

会议认为，习近平重要讲话对中央党校2010年的工作给予了充分肯定，对2011年的工作提出了更高要求，对党校事业的发展指出明确方向，校委深受教育和鼓舞，增强了工作的紧迫感和使命感。

要把习近平对中央党校工作的肯定，作为今后的努力方向，更加谦虚谨慎、戒骄戒躁，进一步做好工作。同时，要清醒地认识到，与习近平的期望和要求相比，中央党校工作还有很大差距，在教学、科研、坚持党校姓党原则等方面还存在一些薄弱环节，需要下大力气认真研究解决。

会议强调，在明年和今后一个时期，中央党校要认真贯彻习近平近期对干部教育培训工作的一系列重要讲话精神，进一步认清中央党校在干部教育大格局中的定位，抓住党校的战略机遇期，充分发挥党校的优势和作用，使各项工作再上新的台阶。要认真按照习近平重要讲话要求，抓好中央党校2011年各项工作：一是继续抓好党的十七届五中全会精神的学习贯彻和研究宣传；二是继续抓好《2010—2020年干部教育培训改革纲要》和《党校工作条例》、全国党校工作会议精神的贯彻落实；三是继续抓好“一流学府”建设，进一步推动各项工作。在起草《中央党校2011年工作要点》、2011年教学安排，筹备有关专题研讨班和全国党校校长会议等当前的几项工作中，都要认真贯彻习近平重要讲话精神。

李景田到天津市委党校视察指导工作

9月13日，常务副校长李景田一行到天津市委党校视察指导工作。中共天津市委常委、市委组织部部长史莲喜陪同视察并主持座谈会。座谈会上，天津市委党校常务副校长祝宝钟汇报天津市委党校的基本情况，以及近两年来贯彻落实全国党校工作会议精神和《中国共产党党校工作条例》所做的工作。

李景田在听取工作汇报后作重要讲话。他强调，要认真学习《2010—2020年干部教育培训改革纲要》，准确把握干部教育培训改革的指导思想、基本原则和目标任务。他指出，《纲要》进一步明确了各级党委组织部门对干部教育培训的宏观管理职能。党委组织部和党校都是党委的重要部门，但党校要在本级党委组织部的宏观指导下开展工作。

李景田指出，要加强需求调研，增强教学的针对性和实效性。需要注意的是，培训需求包括事业发展的需求、岗位职责的需求，而不完全是干部个人的需求。对个人需求也要做实事求是的分析。干部个人需要加强培训的内容在需求调研中有可能发生主客观不统一的情况。譬如，有些干部缺乏马克思主义理论素养、党性修养，但在问卷中不一定能得到真实反映，没有哪一个干部愿意承认自己在德方面有缺失。同时，自主选学主要侧重于知识和能力培训，而党校的干部教育培训更侧重于加强理论武装和提高党性修养。政治理论、党性教育等作为党校的必修课，不是个人想不想来学的问题，而是必须学的问题。到党校来，就要上这些必修课。因此，要建立组织调训为主、自主选学为辅的干部参训机制。不能一搞自主选学，就把理论武装、党性修养这些基本东西、看家本领弱化，更不能丢掉。

李景田指出，搞现代化建设，特别需要提高领导干部的能力。在加强能力培训方面，对于基层干部来说，既需要具体工作技巧、具体工作办法的培训，也需要宏观分析问题能力的培养，让他们通过一个个案例的学习，总结归纳出共性的东西；对于中高级领导干部来说，更需要重视世界观、方法论、战略思维和世界眼光的培养，而主要不是培训一些具体工作技巧和工作办法。因此，对于中高级领导干部，党校要在培养其战略思维和世界眼光上下功夫。

李景田强调，各级党校要重视校风建设。党校与社会是联系在一起的，社会上的一些不正之风、党内的一些不正之风不可避免地会反映到党校来。党校虽然不是世外桃源，但党校是党性锻炼的熔炉，决不能让社会上的、党内的一些不正之风，到党校来集中表现，再传播开去。党校不能是不正之风的“扩大器”，而应该是不正之风的“净化器”，是风清气正的学府，要进一步重视和加强校风建设，不断提高党校在社会上的声誉和威望。

办公厅副主任张忠军等中央党校有关部门负责同志陪同考察。天津市委党校校委领导刘润忠、王秉贵、杨延浦、李亚东及有关部门负责人参加座谈会。

李景田到安徽、江苏省委党校调研考察指导工作

12 月 5 日和 8 日，常务副校长李景田一行先后到安徽省委党校和江苏省委党校调研，期间召开座谈会，在听取省委党校工作汇报后，李景田发表讲话。

李景田指出，党校工作正处在战略机遇期，各级党校要紧紧抓住机遇，推进党校事业发展。他指出，60 年来，各级党校为党和国家的发展做出了重要的贡献，成为中国共产党执政的一大优势，得到了党内外人士的一致认可，积累了许多宝贵经验，为我们今后办好党校奠定了良好的基础。《中国共产党党校工作条例》颁布和全国党校工作会议召开后，中央领导同志以及各级党委和政府都更加重视党校工作，加大对党校建设的投入，为党校进一步发展提供了有力保障。“十二五”期间，我国经济社会发展以科学发展为主题，以加快转变经济发展方式为主线，对党校干部培训工作和科研工作提出了新任务新要求，给党校提供了大有作为的机遇。我们要充分认识这个机遇，紧紧抓住这个机遇。

李景田强调，党校最重要的工作是办好主体班次，把理论武装和党性修养作为主课。党校的学历教育完成了它的历史使命，我们现在要把主要精力、主要注意力放在各级领导干部的在职提高上。他还强调，党的事业发展需要各级领导干部全面提高德才素质，主要是政治素质，即理论基础和党性修养。党校教育要以理论武装和党性教育为主课，这是我们各级党校发挥主渠道、主阵地作用的一个优势。这不是说能力培训、知识培训不重要，搞现代化要有能力、有知识。能力培训对于中高级领导干部来说，主要是战略思维和世界眼光的培养。案例教学是干部能力训练的一个好方法，但一定要引导我们的领导干部从具体的“技”和“巧”当中悟出“论”和“道”来。

李景田强调，党校要始终发挥好培训轮训领导干部的主渠道作用，增强教学的针对性。要想使中国特色社会主义理论体系，包括马克思主义经典著作，通过党校课堂入心入脑，必须要讲得入心入脑，要针对学员存在的问题、思想

讲。要搞需求调研，按需施教。这个“需”，首先是事业的需要，岗位的需要，组织的需要，其次才是个人的需要。对个人的“需”也要做认真的分析，有时候问卷调查并不能反映真实情况。从现实情况看，干部现在缺的是理论武装、党性修养、道德情操等，但谁都不愿承认自己在德这方面有缺失。所以，《2010—2020年干部教育培训改革纲要》中提出，干部培训要以组织调训为主，自主选修为辅。这一制度要很好地坚持下去。各种教育资源进入到干部培训这个大框架里，给各级党校提出了许多挑战，但是从全局来看，各级党校的主渠道、主阵地地位是取代不了的。现在我们要做的是搞好和其他教育机构或院校的衔接，各展所长。

李景田要求各级党校一定要抓教学改革。特别是要引入竞争机制，加强学科建设。竞争机制很重要的一条，就是要采取一些必要的奖惩方法和措施。中央党校采用末位调整的办法，激励一批年轻的教师走上讲台，取得了好的效果。他还要求各级党校带头贯彻习近平加强党校的文风、学风、校风建设的指示。学风建设最重要的是理论联系实际，不能空对空，学员的研究成果、我们的科研工作都不能空对空。

李景田指出，人才队伍建设至关重要。无论是教学还是科研，都要靠人才来支撑，一流的学府就要有一流的人才。现在要有，今后也要有。目前，各级党校在学科建设和重点项目带头人方面，还不是很强势，还有很多工作要做。造就大家，造就学科领头人，不是一朝一夕的事，做教育工作的人，要在这方面多下功夫。

李景田指出，要切实加强党校的基础设施建设，加大硬件投入。党校是培养党的各级领导干部的学府，全国党校工作会议召开以来，各级党校的基础设施建设、硬件建设有了很大投入，极大地推动了党校的新一轮发展。省委党校要利用这个大好时机，把党校办得更好，发挥更大的作用。

李景田还指出，各级组织部门是党的干部教育培训的主管部门。各级党校在干部教育培训工作中要服从和尊重组织部门的指导，加强和组织部的联系。

加强和改进干部教育培训工作研讨班

12 月 21 日至 22 日，中组部在中央党校举办加强和改进干部教育培训工作研讨班。这次研讨班的主要任务是：认真学习领会党的十七届五中全会和中央经济工作会议精神，深入贯彻《2010—2020 年干部教育培训改革纲要》和全国组织部长会议部署要求，回顾总结 2010 年工作，研究部署 2011 年工作。

常务副校长李景田、副校长李书磊出席研讨班的有关活动。中组部副部长王尔乘在开班式上讲话。

来自全国各省（区、市）和新疆生产建设兵团党委组织部分管干部教育培训工作的副部长及干部教育培训处处长，中纪委、中宣部等 11 家全国干部教育联席会议成员单位相关部门负责同志，中央党校、国家行政学院等国家级培训机构有关部门负责同志，中组部干教局局务会成员，120 余人参加研讨班。

中央党校对地方党校业务指导办法（试行）

（经2010年1月20日校委会议讨论通过）

第一条 为促进党校事业整体发展，推进中央党校对地方党校业务指导工作的科学化、规范化、制度化，根据《中国共产党党校工作条例》，制定本办法。

第二条 中央党校主要负责对省级、副省级党校进行业务指导。在校委统一领导下，中央党校办公厅负责业务指导的综合协调；中央党校各有关部门，按照各自职责，对有关方面工作进行调查研究，并向校委提出意见和建议。地方党校应积极配合中央党校的业务指导工作。

第三条 中央党校对地方党校的业务指导工作，应坚持围绕党和国家工作大局、从实际出发、尊重和研究党校教育规律、与时俱进、开拓创新、分类指导的原则。

第四条 中央党校对地方党校业务指导的内容包括教学、科研、学位研究生教育、学科建设、师资培训、图书数字资源和信息化建设、学员管理等。

第五条 中央党校对地方党校的业务指导采取以下方式：

1. 对地方党校执行《中国共产党党校工作条例》的情况进行检查；

2. 及时向地方党校传达中央有关党校工作的方针、政策；

3. 及时向地方党校通报中央党校的工作计划及相关情况；

4. 对地方党校工作开展调查研究，提出意见和建议；

5. 对地方党校的典型经验和做法，通过《党校工作通讯》以及召开经验交流会、现场会等方式进行总结、宣传和推广；

6. 定期召开全国党校校长会议，适时召开专题会议，沟通信息，总结经验，研究工作；

7. 按照《中国共产党党校工作条例》的有关规定，组织开展对地方党校教学质量及办学水平的评估工作；

8. 通过召开教学改革研讨会、指导教材编写等方式进行教学工作指导；

9. 通过下发课题指南、组织科研课题立项、开展课题合作、召开理论研讨会等方式，进行科研工作指导；

10. 举办师资培训班或者专题研讨班；

11. 地方党校工作需要的其他业务指导方式。

第六条 本办法由中央党校办公厅负责解释。

建设“一流学府”讨论

中央党校关于开展建设“一流学府”讨论活动的安排意见

中校字〔2010〕14号

为深入贯彻党的十七届四中全会精神，进一步贯彻落实《中国共产党党校工作条例》和全国党校工作会议精神，推进党校事业的科学发展，校委决定，在全校干部职工中开展一次以建设“一流学府”为主题的讨论。

一、目的要求

建设“一流学府”，是党中央对中央党校的殷切希望，是新形势新任务对中央党校提出的新要求，是深入贯彻落实《中国共产党党校工作条例》和全国党校工作会议精神的新举措，是提升党校各项工作水平的总抓手，是进一步把科学发展观的要求贯彻和体现到党校工作各个方面的重要保证。组织好讨论，对于全校干部职工在建设“一流学府”问题上提高认识，统一思想，凝聚共识，齐心协力推动和促进“一流学府”的建设具有重要意义。

讨论以邓小平理论和“三个代表”重要思想为指导，深入贯彻落实科学发展观，按照习近平同志关于把建设“一流学府”作为一项战略考虑来谋划和推进，并体现在每一年的工作中的指示精神，紧紧围绕为什么要建设“一流学府”、建设什么样的“一流学府”和怎样建设“一流学府”这个主题，解放思想，发扬民主，畅所欲言，集思广益。通过讨论，进一步增强全校干部职工面对新机遇和新挑战的政治责任感、使命感和紧迫感，进一步明确建设“一流学府”的方向、思路和措施，进一步提高全校干部职工建设“一流学府”的自觉性、主动性和创造性，推动党校各项工作上新水平，促进党校事业又好又快发展。

二、方法步骤

讨论时间安排两个月，3 月下旬开始，5 月下旬结束，分为三个阶段：

第一阶段，学习动员（3 月 23 日至 31 日）

（一）召开校直属单位领导班子成员和党组织负责人会议，由常务副校长李景田作动员报告，副校长、机关党委书记孙庆聚部署安排讨论方案。

（二）组织干部职工学习有关文件材料（学习材料篇目附后）。

（三）组织讨论。结合贯彻落实《中国共产党党校工作条例》、全国党校工作会议精神和党的十七届四中全会精神，从中央党校所处的历史地位和促进党校教育事业科学发展的高度，深刻认识开展这次讨论的目的和意义。

这一阶段，要通过动员、学习和讨论，使每个干部职工明确开展讨论的目的意义、方法步骤和具体要求，提高搞好学习讨论的积极性和自觉性。

第二阶段，开展讨论（4 月 1 日至 4 月 30 日）

（一）个人准备，写出发言提纲。

（二）组织讨论。紧密联系思想和工作实际，围绕三个方面进行讨论：

1. 什么是“一流学府”，如何理解“一流学府”的科学概念和内涵。

2. 建设什么样的“一流学府”，如何在建设“一流学府”中更好地体现和落实党校姓党原则和从严治校方针；如何进一步贯彻落实《中国共产党党校工作条例》和全国党校工作会议精神；如何在建设马克思主义学习型政党、推进学习型党组织建设中发挥党校作用；如何进一步巩固和扩大学习实践科学发展观活动的成果，推进党校教育事业科学发展。对照建设“一流学府”的要求，本单位和个人在思想认识和工作上存在哪些差距和不足。

3. 怎样建设“一流学府”，建设“一流学府”应该具有什么样的精神状态和工作作风；我们应该如何为建设“一流学府”积极作贡献。

（三）在全校范围内分别召开教学科研、教辅、组工、行政后勤、离退休老同志和学员座谈会，并认真听取地方党校及其他有关方面的意见和建议。

这一阶段，要通过深入讨论，使每一名干部职工明确，在新的挑战和考验面前，建设“一流学府”关系党校的声誉和形象，关系党校的整体办学水平和质量，关系党校教育的竞争力、吸引力和影响力，关系党校的长远建设和全面发展，进而廓清在建设“一流学府”上的模糊认识，凝聚在为什么要建设“一流学府”、怎样建设“一流学府”上的共识。

第三阶段，交流总结（5 月 4 日至 5 月 25 日）

（一）校各直属单位召开领导班子会议，围绕建设“一流学府”，要有一流的教学和科研、一流的人才和队伍、一流的硬件和基础设施、一流的管理和服务、一流的风气和人文环境等，结合本单位的工作性质、担负的工作任务和岗位要求，结合落实深入学习实践科学发展观活动整改方案，研究制定建设“一流学府”的具体规划和措施。召开全体工作人员会议进行交流和总结。

（二）召开校委扩大会议（扩大到校直属单位主要负责同志），校委委员要结合分管工作，各直属单位负责人要结合本部门的工作任务，围绕建设一个什么样的“一流学府”、怎样建设“一流学府”的主题，谈认识、体会、思路和具体规划及措施。最后形成校委会议纪要，上报习近平同志。

（三）召开校直属单位领导班子成员和党组织负责人会议，由副校长、机关党委书记孙庆聚同志作讨论活动的工作总结，请常务副校长李景田同志代表校委发表重要讲话。

这一阶段，要通过召开直属单位领导班子会议和校委扩大会议，对照建设“一流学府”的要求，在认真查找差距和不足的基础上，有针对性地制定加强和改进工作的具体措施，使广大干部职工进一步振奋精神，明确责任，增强信心，狠抓落实，真正把思想认识上的收获转化为推动党校各项工作的实际行动。

三、组织领导

（一）这次讨论在校委的统一领导下，由办公厅、机关党委组织实施，日常工作由机关党委具体负责。组织部、研究室予以协助。在分管校长的指导下各直属单位主要领导负责本单位的讨论活动，各单位党组织协助做好讨论的各项具体工作。

（二）各单位要高度重视，切实加强组织领导。要统筹兼顾，妥善处理好坚持正常工作同开展讨论的关系，做到精心设计，精心安排，精心组织，切忌泛泛而谈走过场，防止形式主义、做表面文章，确保讨论取得实实在在的成效。离退休老同志的学习讨论，由离退休干部局党委根据老同志的实际情况和特点，自行做出适当安排。

（三）加强宣传报道工作。各单位在讨论中的好做法好经验和认识体会要及时上报，活动办公室以《简报》形式编发。校刊社、信息管理部要积极配合做好宣传工作，通过各种形式，营造浓厚的讨论氛围。

（四）各单位于3月26日前将讨论的计划安排报机关党委。讨论结束后，机关党委要听取各单位的汇报。

附件：1. 学习材料篇目

2. 中央党校建设“一流学府”讨论活动办公室工作职责

中共中央党校校务委员会

2010 年 3 月 18 日

附件 1　学习材料篇目

1. 《中共中央关于加强和改进新形势下党的建设若干重大问题的决定》
2. 《中国共产党党校工作条例》
3. 胡锦涛同志在同全国党校工作会议代表座谈时的讲话
4. 习近平同志在全国党校工作会议上的讲话
5. 习近平同志关于学习贯彻落实党的十七届四中全会精神的辅导报告
6. 习近平同志 2010 年 3 月 1 日在中央党校春季学期开学典礼上的讲话
7. 《关于推进学习型党组织建设的意见》（中办发〔2009〕44 号）
8. 《中共中央党校 2010 年工作要点》
9. 李景田同志在 2010 年全国党校校长会议上的讲话
10. 李景田同志在建设“一流学府”讨论动员会议上的讲话

附件 2　中央党校建设“一流学府”讨论活动办公室工作职责

中央党校建设“一流学府”讨论活动办公室在校委领导下工作，主要职责是贯彻落实《中央党校关于开展建设“一流学府”讨论的安排意见》和校领导关于开展建设“一流学府”讨论的指示和决定，具体指导和协调各直属单位开展建设“一流学府”讨论活动。

办公室由副校长、机关党委书记孙庆聚同志任主任，校委委员、办公厅主任罗宗毅，校委委员、组织部部长赵长茂，研究室主任冯秋婷，机关党委常务副书记宋越任副主任。在建设“一流学府”讨论活动期间，由办公室主任主持，每旬召开一次工作会议，交流、沟通并研究活动中的各项工作。

办公室下设综合组、督导组、文稿组、联络组、简报组。各组工作职责是：

1. 综合组：组长罗宗毅，副组长李庆华、王金龙、李作钦

负责校委领导班子及领导干部建设“一流学府”讨论活动的有关事宜；组织全校性会议和协调全校性活动以及宣传报道的有关事宜。

工作人员主要由办公厅、报刊社和信息管理部人员组成。

2. 督导组：组长赵长茂，副组长王洋

协助校领导做好其分管单位建设“一流学府”讨论活动的指导和检查

工作。

工作人员主要由组织部人员组成。

3. 文稿组：组长冯秋婷，副组长曾业松

负责起草《动员报告》、《总结报告》和校委会议纪要等重要文件和校委主要领导同志讲话稿。

工作人员主要由研究室人员组成。

4. 联络组：组长宋越

起草《安排意见》和汇编学习材料；负责联系校各直属单位和处理办公室的日常事务。

工作人员主要由机关党委人员组成。

5. 简报组：组长李乃杰

编发讨论活动简报。

工作人员主要由机关党委人员组成。

中央党校召开开展建设“一流学府”讨论活动动员会

3月23日，中央党校召开开展建设“一流学府”讨论活动动员会，对在全校开展建设“一流学府”的讨论活动工作进行动员部署。常务副校长李景田出席会议并讲话，副校长孙庆聚，校委委员徐伟新、贾高建、罗宗毅、黄宪起、赵长茂出席会议。会议由校委委员、办公厅主任罗宗毅主持。

李景田在讲话中围绕为什么开展讨论、怎样开展讨论问题提出了明确指导意见。他强调指出，建设“一流学府”，是中央的期望，是我们的职责所在，是新形势新任务对党校办学提出的严峻挑战和更高要求，是深化和扩大学习实践科学发展观活动成果、建立和完善党校科学发展长效机制的要求，是提升中央党校各项工作水平的总抓手。

李景田指出，对建设“一流学府”的认识状况关系着“一流学府”建设的成效。校委决定在全校范围内广泛深入地开展建设“一流学府”的讨论，使广大干部职工在“一流学府”的概念、内涵、要求等基本方面形成共识，最终把全校教职工的智慧和力量都凝聚到“一流学府”建设上来。

关于怎样开展建设“一流学府”讨论，李景田强调要做到“四个结合”，即把开展讨论与深入贯彻落实《党校工作条例》和全国党校工作会议精神结合，与贯彻落实党的十七届四中全会精神、建设学习型党组织结合，与落实学习实践活动整改方案、扩大学习实践活动成果结合，与落实《中央党校2010年工作要点》、做好今年各项工作结合，把讨论中焕发出来的热情和干劲转化为推动各项工作的实际行动。为了做好这四个结合，他提出四点要求：第一，加强领导，精心设计，精心安排，精心组织；第二，充分发扬民主，解放思想，畅所欲言；第三，处理好讨论活动与日常工作的关系，做到两不误、两促进；第四，注重实效，防止形式主义、走过场。

孙庆聚对这次开展建设“一流学府”讨论活动的三个阶段九个步骤和十二个环节做了详细的阐述，并对讨论活动的实施提出四点意见。第一，要处理好学习文件和开展讨论的关系。讨论中首先要学好文件，吃透精神，掌握要领，做到以学习促进讨论。第二，要正确处理务虚与务实的关系。在讨论中既要务虚，更要务实，既要做到思想上有新认识、理论上有新收获，更要做到实践上有新成果。第三，要处理好规定动作和自选动作的关系。各单位首先要认真完成安排意见中规定的动作，在此基础上，可结合实际积极探索一些具有特色的自选动作。第四，制定措施要注意处理好立足当前与着眼长远的关系。首先要制定落实好近期应该完成的工作目标，同时也要谋划好中长期的规划和目标。

各直属单位班子成员和党组织负责人、离退休干部局党委成员参加会议。

在中央党校开展建设“一流学府”讨论活动动员大会上的讲话

（2010年3月23日）

李景田

同志们：

3月18日，校委会议研究决定，用两个月左右的时间，在全校工作人员中开展建设“一流学府”的讨论活动。今天，我们召开全校直属单位领导班子成员和党组织负责人会议，专门就这项工作进行动员部署。我代表校委先就为什么开展讨论、怎样开展讨论问题，谈点看法，作为动员。

一、先来说一说为什么要提出建设“一流学府”以及为什么要开展建设“一流学府”的讨论

是不是可以从五个方面认识这个问题。

第一，建设“一流学府”是中央的期望，是我们的职责所在。我们党历来重视对干部的教育培训，尤其注重发挥党校特别是中央党校在干部教育培训中的作用。党的十七大以来，中央颁布了《中国共产党党校工作条例》、召开了全国党校工作会议，胡锦涛总书记在全国党校工作会议上专门发表重要讲话，提出发挥党校“五个方面作用”。党的十七届四中全会提出建设马克思主义学习型政党的战略任务，又对中央党校的各项工作提出了新的要求。近些年来，中央对中央党校非常重视，历次主要领导干部专题研讨班、新进中委培训班等重要班次，都在中央党校举办。党的重要领导人长期兼任中央党校校长。

近平同志兼任中央党校校长后，对党校工作非常重视，付出了大量心血，经常来校作报告、听取汇报、作重要指示、及时指导工作等等。今年1月5日近平同志在听取校委汇报后，对建设“一流学府”的理念和提法给予充分肯定，并高度重视创建“一流学府”工作。提出“一流学府”要体现在一流的教学和科研、一流的人才和队伍、一流的硬件和基础设施、一流的管理和服务、一流的风气和人文环境“五个方面”。要求把建设“一流学府”作为一项战略考虑来谋划和推进，并体现在每一年的工作中。

所有这些，使我们感到，建设“一流学府”实际上是党中央、近平同志对中央党校的厚望和期待，我们责任重大、使命光荣、任务艰巨，义不容辞。

第二，新形势新任务对党校办学提出了严峻挑战和更高要求。党的十七大以来，为了进一步落实中央“大规模培训干部、大幅度提高干部素质”的战略任务，干部教育培训形势发生了不少明显变化，其中有两个明显变化值得我们充分重视：

一是干部教育培训的主体和格局更加多元化。在充分发挥党校、行政学院、干部学院作用的同时，中组部又推出利用高校优质资源、建立全国干部教育高校基地的新举措。去年，中组部和教育部联合下发了《关于建立和规范高校干部培训基地的意见》，确定十三所大学为首批全国干部教育培训高校基地。以后，不仅要有更多的高校参与干部培训，而且科研院所、社会培训机构等优质教育资源也要纳入干部教育培训体系。

二是启动了干部自主选学工作。在推出建立干部教育培训高校基地的同时，中组部还推出了开展干部自主选学试点工作新举措。3 月 28 日，中央和国家机关单位司局级干部自主选学试点首个专题研究班，将要在我们这里举办。去年，中组部会同中央直属机关工委、中央国家机关工委选择 15 家中央和国家机关作为司局级干部自主选学试点工作单位。年底，自主选学试点工作调研组设计了自主选学调查问卷，并对 1500 多名司局级干部自主选学内容、教学、管理等方面的意见和建议进行了归纳分析。从中可以看到，司局级干部对培训目的、培训内容、时间安排和施教机构选择的预期都比较高，分别为 94.6%、80.5%、75.9%、43.3%。对授课师资的预期，“名师资”为首选，选择比例最高，达 89.4%。按照全国干部教育培训工作会议精神，干部自主选学的比重，今后还要逐步增加。

上述情况表明，干部教育培训工作中的更大范围竞争已经是大势所趋。这对我们办学带来明显的挑战。如果我们办学的质量和水平不高，特别是教学针对性实效性不强，科研质量上不去，不能满足新形势下干部教育培训的要求，就会失去吸引力和竞争力。提出建设“一流学府”，正是为了有效应对这种挑战。

第三，建设“一流学府”是深化和扩大学习实践科学发展观活动成果、建立和完善党校科学发展长效机制的要求。去年春季，我们圆满完成深入学习实践科学发展观活动各个阶段的任务，取得了明显成效。但是，这一活动的结束，并不意味着学习实践科学发展观、推动党校科学发展工作的结束，党校的科学发展要在新起点上继续向前推进。中共中央政治局上周五召开会议，总结全党深入学习实践科学发展观活动，研究部署巩固扩大学习实践活动成果工作。会议提出，学习研究和贯彻落实科学发展观是长期战略任务。要求全党把学习实践科学发展观活动的成功经验和有效做法运用到经常性工作中去，推动学习实践科学发展观向深度和广度发展，着力解决影响和制约科学发展的深层次矛盾和问题，不断健全体现科学发展观要求的长效机制。

从以往党校发展的经验和今后可以预见的情况、形势看，我们要巩固扩大学习实践活动成果、不断推动党校科学发展，说到底是要全方位地提高党校按照干部教育培训规律办学的质量和水平，归结起来就是要建设“一流学府”，办出一流的水平。提出建设“一流学府”，既是我们深入学习实践科学发展观活动的一个重要思想成果，也是我们推动党校学习实践科学发展观向深度和广度发展的一个总体性、长远性、战略性、根本性的要求。

第四，建设“一流学府”是提升中央党校各项工作水平的总抓手。近年来，我们认真贯彻落实党的十七大和十七届四中全会精神，认真贯彻落实《党校工作条例》、全国党校工作会议精神，认真贯彻落实近平同志的一系列指示要求，党校各方面工作都有了新的发展和进步，出现了新的局面。

但我们也要清醒地看到，我们的工作离新形势新任务的需要、中央的期望、科学发展观的要求还有不少差距。为了缩小差距，今年，我们对各项工作都提出了新的更高标准。比如要进一步提高教学水平、巩固安身立命之本，要进一步提高科研水平、发挥思想库作用，要进一步加强作风建设、建设风清气正的学府，要进一步推进人才强校战略、构筑人才高地，要进一步加强管理和服务、加强基础设施和信息化建设、提高办学保障能力等。我们要通过一系列的努力，有效提升党校教学、科研、行政、后勤等各项工作水平，使教学质量更高、科研精品更多，人才队伍更强，管理服务更优，校风学风更正。提出建设“一流学府”，有助于我们从更高层次上整体推进党校工作，促进这些任务的完成。

第五，对建设“一流学府”的认识状况关系着“一流学府”建设的成效。“一流学府”建设，不是一件简单的事情。这个问题提出以后，在校内外引起较大反响。就校内来说，在普遍赞成的同时，也有一些这样那样的疑虑。对为什么要建设“一流学府”、建设一个什么样的“一流学府”、怎样建设“一流学府”等问题，可以说见仁见智，各有各的认识，各有各的看法。

这些认识问题不解决，思想不统一，就难以步调一致，就形不成合力，就会影响全校教职工投身建设“一流学府”的积极性、主动性、创造性，最终削弱建设“一流学府”的成效。因此，校委决定，在全校范围内广泛深入地开展建设“一流学府”的讨论。通过讨论，使广大干部职工在“一流学府”的概念、内涵、要求等基本方面形成共识，最终把全校教职工的智慧和力量都凝聚到“一流学府”建设上来。

二、接下来说一说怎样开展建设“一流学府”讨论

这次讨论是中央党校在重大问题上发扬民主、集思广益的思想教育活动，是深入学习实践科学发展观活动的继续和延伸，是贯彻落实《党校工作条例》和全国党校工作会议精神，贯彻落实党的十七届四中全会精神、建设学习型党组织的重要举措。为了搞好这次讨论，各单位在组织实施的过程中，要注意做到“四个结合”，即把开展讨论与深入贯彻落实《党校工作条例》和全国党校工作会议精神结合，与贯彻落实党的十七届四中全会精神、建设学习型党组织结合，与落实学习实践活动整改方案、扩大学习实践活动成果结合，与落实《中央党校2010年工作要点》、做好今年各项工作结合，把讨论中焕发出来的热情和干劲转化为推动各项工作的实际行动。下面，我强调四点：

第一，加强领导，精心设计，精心安排，精心组织。对于这次讨论活动，各单位要高度重视，切实加强组织领导。这些年来，我们先后组织开展了保持共产党员先进性教育、深入学习实践科学发展观活动，都比较认真扎实，富有成效，对中央党校各方面的建设和工作起到了积极的推动作用。上两次活动的一条共同成功经验就是领导班子高度重视，领导干部率先垂范，以身作则。校委要求全校各直属单位的行政和党组织领导班子要参照那两个活动的经验组织好这次的学习讨论。要按照校委的统一部署和要求，结合各单位的实际，制定好讨论活动的组织实施方案，并认真加以落实，务必求得实实在在的效果。

要建立和落实讨论活动的责任制。各单位要一把手挂帅，党政密切配合。领导班子成员要带头学习，带头参加讨论，带头总结交流，带头把讨论活动中取得的共识落实到实际工作当中。广大干部职工要以党校人的高度政治责任感和历史使命感，积极热情地参加到这次学习讨论活动中来。

第二，充分发扬民主，解放思想，畅所欲言。建设“一流学府”，需要长期的谋划和具体的推进。这次讨论活动，只是这项工作的开端，是一次充分利用和发挥党校广大干部职工的智慧，在新的历史条件下进一步办好党校的动员。建设什么样的“一流学府”，怎样建设“一流学府”，这里面涉及到的问

题很多。开展这次讨论，要充分发扬民主。要鼓励各抒己见、畅所欲言，广泛听取各方面的意见。要允许有不同意见。通过交流和切磋，集思广益，在一些基本问题上统一思想、形成共识、明确思路。不同意见，经过讨论达成了共识更好；一时形不成共识的，也不强求，可以留待以后的工作中继续讨论。

第三，处理好讨论活动与日常工作的关系，做到两不误、两促进。现在，新学期开始不久，教学、科研等各项工作任务繁重，有的同志担心讨论会干扰正常工作。其实，建设“一流学府”讨论，重心是要以新的精神状态、新的工作作风和新的工作举措，把中央党校的教学科研、管理服务和机关党建等各项工作提高到一个新的水平，讨论的目的就是为了更好地推进工作，因此讨论和工作是一致的。我们千万不要把两者对立起来，要在实际工作中切实把两者有机结合起来，真正做到一手抓好讨论活动的组织，一手抓好各项日常工作。

要统筹安排、合理计划，不要因为日常任务繁重，而忽视讨论活动的布置和开展。也不能为了讨论而讨论，因讨论活动而影响日常教学、科研和管理工作。党校的安身立命之本是高水平教学和高质量科研，要以讨论活动促进工作的顺利开展，以讨论的成果提升教学、科研等各项工作水平。

第四，注重实效，防止形式主义，防止走过场。要加强调查研究，及时准确把握干部职工的思想动态和工作状况，使学习讨论活动紧密联系实际，扎扎实实，稳步推进。要讲求实效，坚持时间服从质量。千万不要雨过地皮湿，不要坐而论道，更不要使讨论成为求时髦、搞形象工程、政绩工程的虚招，不解决实际问题。要实实在在地提高认识，实实在在地发现问题、解决问题。要在讨论中寻找思想上、工作上的差距，制定出切实可行的改进措施。要力争在思想上有新认识、理论上有新收获、实践上有新成果。还要注重加强制度建设，建立长效机制，使学习讨论中的成果尽快转化为规章制度和工作机制，体现到每年的工作中去。

同志们，这次讨论主要是紧密围绕为什么建设“一流学府”、建设什么样的“一流学府”和怎样建设“一流学府”这个主题来进行，目的是在“一流学府”建设的目标、内涵、要求和建设方向等方面，集思广益，提高认识，形成共识，明确思路。明确后的落实是一项长期的工作、一个长远的过程。让我们以开展建设“一流学府”讨论为契机，努力推动党校工作不断上新水平、迈新台阶。

中央党校召开建设“一流学府”讨论活动校委扩大会议

6月11日，中央党校在主楼七层会议室召开校委扩大会议。常务副校长李景田出席会议并讲话，副校长石泰峰、李书磊、教育长张伯里、校委委员徐伟新、罗宗毅、黄宪起、赵长茂出席会议。会议由副校长、机关党委书记、建设“一流学府”讨论活动办公室主任孙庆聚主持。

会上，石泰峰、孙庆聚、李书磊、张伯里、徐伟新、罗宗毅、黄宪起、赵长茂和各直属单位主要负责同志，围绕建设一个什么样的“一流学府”和怎样建设“一流学府”，谈了认识、体会、思路和具体规划及措施。

在听取大家交流发言后，李景田作总结讲话。他指出，按照校委统一部署开展的建设“一流学府”讨论活动，通过学习动员、开展讨论、交流总结三个阶段，达到了提高认识、振奋精神、理清思路、推动工作的预期目的。从平时掌握的情况和大家的发言看，这次学习讨论搞得是有成效的。概括起来，主要有五个突出的特点：一是领导重视、组织严密；二是主题鲜明、重点突出；三是集思广益、畅所欲言；四是方法灵活、形式多样；五是联系实际、求真务实。

对于这次学习讨论活动取得的成果，李景田概括为以下六个方面：一是增强了危机感、紧迫感，在进一步提高办学水平、建设“一流学府”上形成了共识。二是深化了对“一流学府”内涵、标准和实质的认识，明确了努力方向和奋斗目标。三是对照“一流学府”的要求查找深层次的问题和差距，找到了“一流学府”建设的着力点和重点。四是研究制定“一流学府”建设的规划和措施，形成了推动“一流学府”建设的初步思路和具体举措。五是加强了沟通，增进了理解。六是开阔了视野，借鉴了经验。

对于如何抓好学习讨论成果的巩固、深化、转化工作，尤其是把主要精力和功夫下在落实“一流学府”建设的各项规划和举措中，李景田提出六点要求。一是进一步强化政治意识、大局意识、责任意识，在坚持党校姓党原则和从严治校方针方面走在全国党校前列。二是继续把提高教学质量、科研水平作为重中之重。三是大力提高管理、服务水平，切实增强“一流学府”建设的支撑和保障能力。四是加快实施人才强校战略，努力建设符合党校发展需要的一流人才队伍。五是加强文风、学风、校风建设，带头建设风清气正的学府。六是建立责任制，把“一流学府”建设抓实抓细。

孙庆聚在主持会议时强调指出，各单位要认真组织好李景田同志讲话的传达、学习，各部门结合工作实际对照李景田同志的讲话精神，进一步修订完善规划措施，以这次讨论活动为契机，按照李景田同志讲话中提出的六点要求，认真抓落实，争取早见成效，多出实效。

各直属单位主要负责同志、党组织负责人、离退休干部局党委副书记和相关工作人员参加会议。

在建设“一流学府”讨论活动校委扩大会议上的总结讲话

（2010年6月11日）

李景田

同志们：

今天一整天，各位副校长、校委委员，各直属单位主要负责同志，交流了学习讨论的情况、认识、体会，以及规划和措施，有的还提出了一些中肯的建议。大家谈得都很好，可以看出这次的学习讨论很有必要、收获也比较大。听了以后，对大家的认真态度，我很受感动；对发言的真知灼见，我很受教育；对形成的共识和可喜成果，我深受鼓舞。下面，我代表校委对建设“一流学府”讨论活动，作个简要总结。

一、基本情况和主要特点

按照校委的统一部署，全校建设“一流学府”讨论活动，从3月23日召开动员会正式开始，到今天基本结束，历时两个多月。通过学习动员、开展讨论、交流总结3个阶段，达到了提高认识、振奋精神、理清思路、推动工作的预期目的。从平时掌握的情况和大家的发言来看，这次学习讨论搞得是有成效的。概括起来，主要有这样五个特点：

（一）领导重视、组织严密。校委制定了《中央党校关于开展建设“一流学府”讨论的安排意见》，专门召开会议进行动员，今天又召开校委扩大会议进行交流、总结。校委还专门成立了由庆聚同志任主任的讨论活动办公室，具体指导和协调全校的讨论活动。几位副校长和校委委员，对分管单位的讨论活动给予了具体指导，分别参加了相关部门牵头召开的座谈会，对搞好讨论活动提出了明确的要求。各直属单位“一把手”直接挂帅，党组织负责人协助，党政密切配合，精心安排和组织了各项活动。

（二）主题鲜明、重点突出。这次活动一开始，校委就明确强调，要紧紧围绕为什么要建设“一流学府”、建设什么样的“一流学府”和怎样建设“一流学府”这个主题去组织开展讨论。各单位在组织实施讨论活动的过程中，无论是学习动员、开展讨论，还是交流总结、制定讨论方案和规划措施，始终注意把握这一主题。同志们认真学习中央关于加强党校建设的一系列指示精神，深入分析研究党校肩负的任务和面临的挑战，潜心思考关系党校长远发展的战略问题，认真查找本部门和个人在思想、工作中存在的差距和不足，较好地廓清了模糊认识，确立了更高的工作标准。

（三）集思广益、畅所欲言。在动员的时候，校委就强调，开展讨论要充分发扬民主，鼓励各抒己见、畅所欲言，广泛听取各方面的意见。在今天的校委扩大会议上，各位校委成员和直属单位主要负责人，发言都比较放得开，能够畅所欲言，各种意见都敢于在这里发表。各直属单位在组织各种讨论、交流会时，都大力倡导解放思想，鼓励大家建言献策。大家反映，这次讨论活动发扬民主比较充分，广开言路、集思广益的氛围很浓。

（四）方法灵活、形式多样。为了更广泛地听取群众的意见，校委在全校召开了教学、科研、教辅、组工、行政后勤、离退休老同志和学员等7个座谈会。讨论活动办公室以发函形式征求了地方党校及其他有关方面的意见和建议。各直属单位在完成规定动作以外，结合实际开展了一些有特色的自选活动。比如：有的整理了毛泽东同志关于如何办好党校的论述，有的整理了联合国公共行政教育培训卓越标准工作组发表的最新研究报告观点摘要，供本单位同志学习参考；有的“走出去”、“请进来”，开阔思路、博采众长；有的把“一流学府”讨论与创建学习型党组织活动有机结合，开展读书交流活动，活跃学术气氛，提高人文素养。

（五）联系实际、求真务实。各单位按照校委提出的要求，注意把开展讨论与贯彻落实党的十七届四中全会精神、建设学习型党组织结合起来，与深入贯彻落实《党校工作条例》和全国党校工作会议精神结合起来，与落实学习实践科学发展观活动整改方案、扩大学习实践活动成果结合起来，与落实《中央党校2010年工作要点》、做好今年各项工作结合起来，讲求讨论活动的实效，防止走过场，搞形式主义，做表面文章。在整个讨论活动期间，各单位既抓好讨论活动的组织，又抓好各项日常工作，做到了两不误、两促进。

二、主要认识成果

从大家汇报的情况看，这次学习讨论活动，取得了初步的可喜成果。这些成果，是不是可以归纳概括为以下六个方面：

（一）增强了危机感、紧迫感，在进一步提高办学水平、建设“一流学府”上形成了共识。同志们一致认为，当前，中央对中央党校的各项工作都提出了更高要求，干部教育培训形势也发生了明显变化，多元化竞争格局正在形成，干部队伍素质结构以及学习需求发生重大变化，党校办学从来没有遇到过如此巨大的挑战。从中央党校目前的办学水平看，包括教学、科研、管理和服务等各个方面，与中央对我们的期望比、与干部教育培训新格局对我们的要求比，与学员的需求比，都有很大差距；与同类学科、同类性质的单位比，我们在很多方面也不如人家。大家感到，如果我们办学的质量和水平不能尽快提高，不能更好地满足新形势下干部教育培训的新要求，我们就很难发挥好干部教育培训的主渠道、主阵地作用。我们真的是等不起，也慢不得，必须下大力气、加快步伐、大幅度地提高办学水平，全方位地把中央党校建设成“一流学府”。

（二）深化了对“一流学府”内涵、标准和实质的认识，明确了努力方向和奋斗目标。通过学习讨论，大家一致认为，“一流学府”的内涵，包括一流的教学和科研、一流的人才和队伍、一流的硬件和基础设施、一流的管理和服务、一流的风气和人文环境等，涵盖党校办学的方方面面，核心是一流的教学和科研。大家认为，“一流”是一种标准，它要求我们在与同行比较中必须走在前列并得到社会的广泛认可。这种标准随着社会的发展而动态变化。“一流”的实质是不断追求卓越、实现自我超越。因此，建设“一流学府”既是一个目标，更是一个过程，是中央党校永不自满，奋发进取，不断创新，不断提高，不断实现中央要求、干部需求、人民群众期望的过程。各单位各部门由于工作性质和职能不同，“一流”的内涵和具体要求也有所不同。活动中，结合工作实际，各直属单位都提出了创建一流的具体要求和奋斗目标。有的单位还给自己树立了明确的学习标杆，形成了争创一流的浓厚氛围。

（三）对照“一流学府”的要求查找深层次的问题和差距，找到了“一流学府”建设的着力点和重点。客观地说，经过这么多年的建设，中央党校的各项工作都取得了较快的发展，我们已经有了一个很好的基础。但对照“一流学府”的标准，我们的工作还是有很大的差距：教学整体竞争力有待进一步增强，党校特色和优势有待进一步强化，改革力度有待进一步加大，教学针对性和实效性、教学质量和水平都有待进一步提高；科研在“四个服务”方面还有待进一步深化和拓展，思想库作用有待进一步发挥；管理和服务与广大学员和教职工包括离退休老同志的要求还有一定距离，硬件设施特别是数字信息化教学的建设还应进一步加强，管理和服务为教学科研水平提升做支撑的作用也有待进一步发挥；人才队伍与建设一流学府的要求还有较大差距，总量不足，年龄结构不合理，不少学科还缺乏高层次领军人才，在全国有影响的知名专家、学者不够多，在职人员的培训和提高需要进一步加强；党校独特的风清气正、底蕴醇厚的文化氛围还有待进一步巩固和发展，等等。以上这些方面，既是今后我们开展工作的着力点，也是加强“一流学府”建设的着重点。

（四）研究制定“一流学府”建设的规划和措施，形成了推动“一流学府”建设的初步思路和具体举措。大家普遍认为，建设“一流学府”，归根结底还是要贯彻落实科学发展观，尊重“党校教育规律和干部成长规律”，按规律办事、依《条例》办学，切实发挥好“五个作用”。在深入学习、充分讨论的基础上，各单位各部门按照中央对党校的一系列要求，结合各自工作实际，提出了建设“一流学府”的总体思路，有的还相应制定了比较周详的工作规划和具体举措，为下一步工作奠定了很好的基础。

（五）加强了沟通，增进了理解。学习讨论中，校委在全校范围内分别召开各方面的座谈会，各单位各部门都进行了广泛深入的交流。大家敞开思想来谈认识、讲体会、提建议。我自己也参加了部分座谈会。不论是在职的干部职工，离退休的老同志，还是党校的学员，大家对党校发展都十分关心，提出了很多真知灼见，也指出了不少存在的问题。有些问题好解决，有些问题可能一时还解决不了。但是经过沟通和交流，我们相互都有了进一步的了解和理解，这就已经是一个进步和收获，也为下一步全校教职工团结起来、齐心合力推进“一流学府”建设奠定了良好的基础。

（六）开阔了视野，借鉴了经验。为了深化对“一流学府”的理解，寻找自身差距，形成建设“一流学府”的思路，活动中，很多单位都放开视野、博采众长。如前所述，有的向历史学习，了解前人办党校的智慧；有的把视野投向世界，了解国际上卓越培训标准和世界一流大学的办学经验；有的开展调研学习，借鉴其他单位的好做法，为我所用。所有这些，对我们在开放和竞争中不断推进“一流学府”建设都是非常有益的。

三、认真做好学习讨论成果的巩固、深化和转化工作

首先，这次的集中学习讨论活动是成功的。无论从提高认识、统一思想，还是从推动工作实践、加强制度建设等方面看，都取得了重要的成果，为今后的“一流学府”建设奠定了良好基础。同时，我们也必须清醒地看到，学习讨论取得的成果还是初步的、阶段性的。集中的学习讨论活动虽然已经基本结

束，我们对“一流学府”问题的研究和探讨还远远没有完结。这是因为，“一流学府”建设是一个长期的复杂的动态过程，我们不可能通过两个月的学习讨论就能穷尽认识，解决所有的思想认识问题。事实也的确是如此。在为什么要建设“一流学府”、建设什么样的“一流学府”和怎样建设“一流学府”问题上，大家的认识还存在一定的差异。因此，对“一流学府”建设的讨论还不能停止。但是，我们现在已经有了一个基本统一的看法，一方面，要在这个基本统一的看法下来推进我们的工作；另一方面，对不同意见，还可以继续探讨，继续集思广益、统一思想。

比如，我参加离退休老同志座谈会，在发言中，一些同志赞成“最高学府”的提法，不太认同或不完全认同“一流学府”的概念。在中国共产党的干部教育事业中，中央党校就这一个，从它所处的位置上看，叫“最高学府”完全应该，我们也应该向着这个目标努力。如果大家都赞成“最高学府”的目标，通过努力，也使各方面的水平都提高到同类学科、同类机构的“最高”，那当然好。但从目前教学、科研、管理和服务等各方面情况看，短时期内要实现“最高”的目标，恐怕把握不大。创建“一流学府”，我们不好完全地同国民教育的高等学校比。但是某些学科和工作领域是有可比性的。比如，我们的有些学科要达到全国最高，那是有难度的。像哲学、经济学、法学、社会学、政治学、历史学等，在全国同类学科中，我们的教学、科研水平能不能在短期内达到最高？多长时间能达到最高？这个最高，不仅教学、科研水平是最高的，而且国家级的学科带头人应该在这儿，著名的大家、顶尖的专家应该在这儿。否则，你说你是最高，恐怕别人也不服气。

“最高”只能有一个，而“一流”可以有一批。一步达不到最高，先到前几位，成为一流，可能更现实、更容易做到。所以，我们是不是先不要把目标定在最高，而是争取达到一流，一流的教学、一流的科研、一流的管理和服务、一流的人才和队伍，等等。

对于在这次讨论中已经形成的一些共识，也需要进一步深化。比如，关于“一流学府”的内涵、标准，通过讨论，大家的理解比以前清晰完整了，也结合各自实际制定出了有关“一流学府”建设的规划和措施。但是，这些都是初步的，还需要根据实践中的情况，进一步深化和细化。

其次，开展集中学习讨论本身并不是目的。我们的根本目的，是通过开展学习讨论，使全校党员、干部和职工在“一流学府”建设问题上统一思想、凝聚共识，并在此基础上全面加强“一流学府”建设，推动党校各项工作上水平，促进党校事业更好更快发展。所以，如何在这次集中学习讨论的基础上，认认真真、扎扎实实地抓好学习讨论成果的巩固、深化、转化工作，尤其是把主要精力和功夫下在落实“一流学府”建设的各项规划和举措中，比学习讨论本身更为重要，任务也更为艰巨、更为繁重。为此，我在这里再强调几点。

（一）进一步强化政治意识、大局意识、责任意识，在坚持党校姓党原则和从严治校方针方面走在全党前列。我们建设“一流学府”，首先要坚持正确的政治立场和政治方向。中央党校作为党中央的重要部门和党的最高学府，全国独此一家，全国上下都很关注。中央党校全体教职工的一言一行，在某种程度上都关系着党的信誉和党的形象。党校姓党、从严治校是党中央对于我们的一贯要求，也是我们必须始终坚持的根本原则和任何时候都不可偏离的办学方针。我们提倡科研无禁区，鼓励思想上理论上学术上的探索创新，但也必须要求党校讲坛、论坛要有纪律，不能随意发表那些与党章、与中央的要求不一致的言论和观点。党校的教员和其他工作人员，无论在教学还是科研以及宣传中，无论在党校内还是党校外，发表观点和言论，都要科学严谨，严肃慎重，切忌浮躁轻率，尤其是对重大政治和理论问题发表意见和看法，一定要有利于维护党的威信，有利于维护中央的权威，有利于维护党校的尊严，有利于维护党校教师和科研人员的形象。这方面应该引起我们高度的警惕和注意，要在各直属单位领导班子中认真学习讨论近平同志 5 月 20 日的重要批示，进一步增强大局意识，提高贯彻党校姓党原则和从严治校方针的自觉性。

（二）继续把提高教学质量、科研水平作为重中之重。在这次学习讨论中，我们已经形成了一个基本共识，这就是，建设“一流学府”，必须首先做到“五个一流”。而在这“五个一流”中，最关键的是教学、科研一流。过去，我已经多次在不同场合讲过，教学质量是党校发挥主渠道、主阵地作用的重要体现，是党校的安身立命之本。在教育培训机构不断增加、党校办学面临严峻挑战和巨大压力的情况下，提高教学质量显得尤为迫切。“一流学府”建设，涉及全校各个方面的工作，但关键还是要集中精力抓好教学这个中心。科研是教学的基础，加强党校的科研工作和思想库建设，也是关系党校长远发展的大事。只有有了更多叫得响、受欢迎的课程，有了更多质量高、影响大的科研成果，我们才能站得住、立得稳，才不怕主渠道、主阵地的名分被别人抢了去。在这方面，这次讨论中提出了一些很好的意见和建议。有的同志提出党校要打造核心竞争力。我们赞成这个提法。但怎样才能做到这一点，需要深入研究，制定更加切实可行的措施，狠抓落实。

（三）大力提高管理、服务水平，切实增强“一流学府”建设的支撑和保障能力。“一流学府”建设，要有一流的教学科研，也要有与之相适应的一流的配套设施和管理服务。我曾经说过，一流的教学和科研、一流的人才和队伍、一流的风气和人文环境，都不是短期内能够大功告成的，需要长期努力。但建设“一流的校园”，打造“一流的管理和服务”，多抓一下、抓重一点，是可以尽快见效的。这次讨论中，各个管理和服务部门都提出了明确的思路和具体的举措。要尽快落实，尽早抓出实效，使中央党校的管理和服务水平在短时间内能有一个新的提高。

（四）加快实施人才强校战略，努力建设符合党校发展需要的一流人才队伍。建设“一流学府”，教学是关键，科研是基础，管理和服务是保障，人才队伍是根本。没有一流的人才队伍作支撑，所谓提高教学、科研水平，提高管理、服务质量，提高整体办学能力等，都是一句空话。培养造就“一流人才队伍”，要特别注意营造“一流的成才用人环境”。最近，胡锦涛同志在全国人才工作会议上的讲话中指出，要不拘一格、广纳群贤，破除论资排辈、求全责备观念，在实践中发现人才、培育人才、锻炼人才、使用人才、成就人才。我们多年来讲人才强校战略，就是要形成一种氛围和导向，尊重人才、爱护人才，使各类人才都能自觉积极地为党校的发展贡献聪明才智。党校人才济济，藏龙卧虎。我们要根据党校人才的特点和岗位需求，健全和完善培养锻炼、评估考察、选拔使用等一系列制度和机制，让这些人能够脱颖而出、健康成长。这次学习讨论中，一些同志提出要尽快出台一些有利于人才成长和发挥作用的好办法，有一定的启发意义。这些建议到底可不可行，具体怎么做，校委将根据情况认真研究，统筹考虑。

（五）加强文风、学风、校风建设，带头建设风清气正的学府。党校是党性锻炼的熔炉，是一个庄严的殿堂，风清气正是一个基本标准。建设“一流学府”，理所当然地需要持之以恒地抓好文风、学风、校风建设。

近平同志前不久在春季学期第二批学员开学典礼上的讲话中，提出要大力改进文风，反对长、空、假，提倡短、实、新。我们还和求是杂志社联合召开了改进文风座谈会。党校有责任有义务做更多的工作，率先弘扬优良文风、会风。

学风如何，决定着学习的效果。党校是一个讲学习、抓学习的地方，尤其要注意学风建设。要大力弘扬理论联系实际的马克思主义学风，鼓励爱读书、读好书、善读书，努力做到学以致用，带头建设学习型党组织。

校风建设是党校的根本建设，也是校委十分重视和一再强调的一项工作。我们要采取更加坚决有效的措施，切实加强对学员的教育和管理，坚决制止各种不良习气。我们还要认真贯彻《中国共产党党员领导干部廉洁从政若干准则》，用优良党风带动“一流学府”建设。

（六）建立责任制，把“一流学府”的建设抓实、抓细。讨论告一段落，下一步要继续查找差距和不足，完善建设规划和方案，全面提高教学、科研和管理服务水平。各部门都要把建设“一流学府”牢牢抓在手上，要作为长远战略，也要作为年度工作的抓手。今天在发言中，有的同志担心走过场，担心一阵风。有道理。我们不能议论一番就完事了，这件事要建立严格的责任制。校委要把这件事情抓在手上。教学水平的提高，书磊同志负责，教务部负责具体工作；科研水平的提高，泰峰同志负责，科研部要做具体工作；人才强校战略实施由我负责，组织部负责具体工作；管理服务水平的提高，由宝生同志牵头，伯里、宗毅同志协助，办公厅、财行局、后勤服务部等有关部门分别做好各自的工作；校风、学风建设，思想政治工作，老同志的工作由庆聚同志牵头，伟新、宪起同志协助，学员部抓好学员管理，机关党委抓好教职员工的思想政治工作和党的工作，离退休干部局要为老同志们服好务。

同志们，建设“一流学府”是一件抓基础、管长远的大事，有很多细致的具体的工作要做。既不能懈怠放松，也不能急于求成。校委从一开始就把建设“一流学府”作为一项长期的战略任务来抓，要求体现在每年的工作之中。我们一定要树立长远意识，战略观念，科学谋划，扎实工作，使“一流学府”建设一步一个脚印地不断向前推进！

改进文风

改进文风座谈会

5 月 13 日，中央党校和求是杂志社联合召开改进文风座谈会。常务副校长李景田出席会议并讲话，求是杂志社社长李宝善出席并讲话，求是杂志社总编辑张小林、副总编辑朱铁志，副校长李书磊、教育长张伯里和校委委员以及各直属单位的主要负责同志参加座谈会，省部级班的部分学员出席座谈会并发言。会议由副校长石泰峰主持。人民日报、光明日报、人民网、新华网等中央主要新闻媒体参加座谈会。

与会者结合实际，畅谈学习习近平重要讲话精神的体会，并围绕如何改进文风问题进行讨论。

改进文风，要有点过硬的办法*

（2010 年 5 月 13 日）

李 景 田

近平同志作了一个切中时弊、振聋发聩的讲话，引起了大家的强烈共鸣。我和大家一样，听了以后深受教育。今天上午的座谈会开得很好，很及时。以改进文风的实际行动，开了一个改进文风的座谈会。看来，大家对要不要改进文风和怎样改进文风，都有共识。受宝善同志和刚才几位同志发言的启发，我也讲几句个人的学习体会。

反对党八股、改进文风，是延安整风的重要内容。如果从毛主席发表《改造我们的学习》算起，到现在已经整整 70 年了。“人活七十古来稀”，不正的文风活跃了 70 年，按说也该寿终正寝了。这 70 年里，中国大地上发生了翻天覆地的变化，日本帝国主义的侵略被打败了，压在中国人民头上的“三座大山”被推翻了，旧中国留下的“一穷二白”的面貌发生了根本性的改变，可毛主席尖锐批评过的这个“又臭又长”的“懒婆娘裹脚”式的文风却还没有被甩掉。怎么说也说不过去。说起八股式的文风，大家都深受其害，咬牙切齿，口诛笔伐，但仍有不少人乐此不疲，简直成了顽症。人们每谈及此，都是满脸的无奈。看来，文风的改进，确是一件难事。按常规，不管什么事，只要领导带头就好办。可这个问题的关键恰恰在于讲长话、讲套话的大都是各级领导干部。“自己革自己的命”，向来不容易。因此，改进文风，光靠一般的号召和提倡，可能奏不了效，非有点治本的革命的措施不行。

第一，要全面提高领导干部的素质。这是治本之策。为什么我们有些领导干部经常讲长话、套话？近平同志在讲话中指出，是这些领导干部“学习、经验都不够，功底、能力达不到”。对某一个问题、某一件事情、某一门学问，他没吃透，让他用短短的几句通俗易懂的话，把道理说明白，他做不到，就只

---

* 本文是李景田在“改进文风座谈会”上的讲话。载《学习时报》2010 年 5 月 17 日第 1 版。

得翻来覆去，或故作高深，或套话连篇。“文如其人”，话讲得如何，是这个领导干部的素质使然。因此领导干部要把话讲好、讲短，首先要全面提高自身素质，向书本学习、向实践学习、向群众学习。肚子里有没有东西，讲出来话的质量截然不一样。但人的精力、能力是有限的。“闻道有先后，术业有专攻。”你不可能事事都精通。领导干部下去调查研究或出席各种会议，所遇到的事情不少自己不熟悉。不懂，又要讲，那就或者捉刀代笔、照本宣科，或者东拉西扯、不着边际。真的是“以其昏昏，使人昭昭”。知之为知之，不知为不知，实事求是，不要不懂装懂。如果你实事求是地向大家表明“这个事情我研究不够，所以才来调查，才来向大家学习、请教，我今天就不讲话了”，并不丢人。丢人的是，“无实事求是之心，有哗众取宠之意”。所以，增强党性，多一点实事求是的态度，也是提高素质的题中应有之义。

第二，要建立制度。制度是管长远的、管根本的。靠制度管人、管事，才管得住。究竟要建立哪些制度才能奏效，我一时还没想好。但有几件事，还是可以做的。一是减少会议。小平同志讲，开会是一种领导方法，是必须的。关键是要减少那些没有必要开的会、无病呻吟的会、形式主义的会。这样的会是不正文风泛滥的舞台。我不给你表演的机会。二是一般的会议，不要念稿子。除党代会、全委会、人代会等由领导干部代表一个集体来作讲话之外，其他会议，都要脱稿讲话。脱稿讲话，要讲好，是要有一定功力的。有时为了表示对与会者的尊重，也可以事先准备一个稿子或提纲，但一定要自己写。我今天的这个讲话，就是我自己写的。三是每次会议，限制发言时间，到点响铃，讲不完也得下台。中央党校实行这个办法，效果很好。四是要宽松讲话环境，允许讲错话。人无完人，谁都会讲错话。讲错一句话，就要挨棒子，或者“永世不得翻身”，那结果就只能是空话、套话、官话连篇。因为这样的讲话，既省事，又保险。何乐而不为？不正的文风之所以长期根治不了，且有越刮越盛之势，恐怕和历史上的某些政治运动有关。因此，我说，没有宽松的环境，就少有真知灼见的讲话。

第三，要发挥群众监督的作用。群众是真正的英雄。在没办法的时候，把群众请出来，办法往往也就有了。整治领导干部中的不正文风，非群众参与不可。建议在现在的组织部门搞的年度测评中，把文风作为一项，让群众评头论足，打打分。测评结果，向领导干部和群众反馈，并作为组织上任用干部的重要依据。估计会有效果。也有人建议，领导干部讲话，又臭又长，下面不爱听，可以“鼓倒掌”，可以走人。我觉得，这样搞，可能不行，那会场的秩序就乱了，不少会就开不成了。但总得想出一个让群众有一个对领导干部不正文风的惩治办法。我们大家都深受其苦，台上的讲话，本来不爱听，受纪律约束，或者表示对讲话者的尊重，还得端坐在那里；我们大家也都让人受过苦，我们自己的有些讲话，人家不爱听，还不好意思走。这样的事情时有发生，浪费了不少人的时间。人有自知之明，很难。关键时候，还要靠群众点拨一下。

中央党校历来是领风气之先的地方。中央党校的领导干部、教研人员，中央党校的学员，在贯彻近平同志的讲话精神，改进文风上，应该起表率作用。“删繁就简三秋树，领异标新二月花”。我们希望看到一个好的文风在全党推广开来。

以上是我学习近平同志讲话的一点体会，纯属一孔之见。不当之处，请批评指正。

大力改进文风、办好党校报刊研讨会

6月21日至24日，大力改进文风、办好党校报刊研讨会暨全国党校系统报刊研究会第五次会员代表大会在上海市委党校召开。会议由全国党校系统报刊研究会、中央党校报刊社、上海市委党校主办。

会议宗旨是，深入贯彻落实习近平关于“努力克服不良文风　积极倡导优良文风”的讲话精神，进一步提高全国党校系统报刊质量。中央党校副校长石泰峰作书面讲话，报刊社社长兼总编辑肖勤福作工作报告，上海市委党校常务副校长吕贵致欢迎辞，中央党校报刊社和全国部分省、市、自治区党校领导，全国党校系统报刊研究会常务理事、理事等200余人参加会议。

石泰峰在讲话中指出，大力改进文风和办好党校报刊是新形势下党校人的重要职责和任务。他要求全国党校报刊和党校报刊工作者要正确处理党的宣传纪律和学术自由的关系，把党校姓党原则落到实处；带头端正文风，促进文风向短、实、新的转变；要明确党校报刊解惑释疑、理论创新、服务党校教学和科研的三大任务，迎接新媒体时代的机遇与挑战，把创办一流报刊与建设一流学府结合起来，为推进马克思主义学习型政党建设作出应有的贡献。

校内部分专家学者
关于改进文风的文章简表

文章题目	作　者	发表报刊与时间
文风、党风、政风为一体	叶笃初	《人民日报》2010年5月20日
改进文风会风要从领导干部做起	赵振华	《学习时报》2010年5月24日
纠正不良文风是一项长期的任务	冯秋婷	《学习时报》2010年5月31日
改进文风必须解决思想意识问题	殷　真	《学习时报》2010年5月31日
领导干部如何带头转变文风	高新民	《学习时报》2010年6月14日
党报党刊要带头端正文风	刘奎波	《学习时报》2010年6月7日
克服不良文风重在制度建设	侯少文	《学习时报》2010年6月21日

新闻发布会暨开放日活动

中央党校党的干部培训和理论研究新闻发布会

6月29日，中共中央对外宣传办公室举行新闻发布会，常务副校长李景田向中外媒体介绍中央党校党的干部培训和党的理论研究工作的进展等方面情况，并回答记者的提问。出席发布会的还有校委委员、办公厅主任、新闻发言人罗宗毅。

李景田首先向与会人员介绍了中央党校的性质、任务等基本情况。他指出：中央党校是中国共产党培养党员领导干部和理论干部的最高学府，是党中央直属的重要部门，是培训轮训党的高中级领导干部的主渠道，也是党的哲学社会科学研究机构。长期以来，中央党校在党和国家事业中发挥着五个方面的重要作用：培训轮训党的高中级领导干部的主渠道作用、党的理论武装工作的重要阵地作用、党的理论创新的生力军和党中央决策的思想库作用、建设学习型政党的积极推动作用和促进领导干部加强党性锻炼的熔炉作用。中央非常重视中央党校的建设，党的一些重要领导人都曾经兼任过中央党校校长。毛泽东同志、刘少奇同志都曾经担任校长。中共中央总书记胡锦涛同志曾经在1993年到2002年期间兼任中央党校校长。现任校长由习近平同志兼任。

关于教学布局，李景田介绍：中央党校的教学布局是“一个中心、四个方面”，即：以学习中国特色社会主义理论体系为中心，着眼于提高党员领导干部的领导素质和执政能力；以掌握理论创新的最新成果为重点，夯实学员的理论基础；以把握时代特征和国际经济政治形势为重点，拓展学员的世界眼光；以强化大局意识和应对复杂局面为重点，培养学员的战略思维；以坚定理想信念、增强宗旨观念和改进作风为重点，加强学员的党性修养。

李景田指出，中央党校教学坚持理论联系实际的学风。理论联系实际包括两方面：一是紧密联系当前的形势和工作实际，提高分析和解决实际问题的能力，提高认识和改造客观世界的能力；二是紧密联系每个学员的思想实际，改造主观世界，自觉增强党性锻炼，不断提高党性修养。1943 年 11 月，毛泽东同志为延安中央党校的礼堂落成题词“实事求是”，从而这四个大字成为中央党校的校训。

李景田强调指出，中央党校办学的根本原则和方针是党校姓党、从严治校。党校姓党的核心是在思想上、政治上、行动上同党中央保持高度一致。对党校来说，要坚定不移地贯彻党的基本理论、基本路线、基本纲领和基本经验。对党校教师和科研人员来说，要自觉地把研究和宣传党的理论和路线方针政策作为义不容辞的责任。从严治校是对党校校风、校纪、校规的根本要求。贯彻党校姓党原则和从严治校方针，需要我们处理好两个关系：一是学术研究与理论宣传的关系；二是理论自由与政治纪律的关系。

中央党校办学始终坚持与时俱进。为适应党校工作面临的新形势、新任务、新要求，最近，中央党校校委提出建设“一流学府”，要以“一流”的质量和水平无愧于中央党校“最高学府”的地位。中央党校将更好地履行党赋予的神圣职责，为党和国家事业的发展不断作出新的贡献。

此后，李景田就记者提出的相关问题进行了回答。

李景田在新闻发布会上答记者问*

［郭卫民］女士们、先生们，大家上午好！欢迎大家出席今天的发布会。再过两天就是中国共产党建党 89 周年纪念日。近年来，按照中央要求，党中央各部门积极推进党务信息公开，增强党组织工作的透明度，并取得了明显进展。

［郭卫民］今天我们很高兴请来了中央党校常务副校长李景田先生，请他向大家介绍中央党校党的干部培训和党的理论研究工作的进展情况，并回答大家的提问。李校长大家都比较熟悉了，他在中组部担任领导的时候，曾出席过国新办的发布会。今天一起出席发布会的还有中央党校办公厅主任新闻发言人罗宗毅先生。下面我们就请李景田校长作介绍。

［李景田］女士们、先生们，大家好！以往，在不少人的印象当中，中央党校是个比较神秘的地方。我今天就向大家介绍一下中央党校的情况，揭开罩在我们中央党校身上的这层神秘的面纱。中央党校是中国共产党培养党员领导干部和理论干部的最高学府，是党中央直属的重要部门，是培训轮训党的高中级领导干部的主渠道，也是我们党的哲学社会科学研究机构。

［李景田］长期以来，中央党校在党和国家事业中发挥着五个方面的重要作用：培训轮训党的高中级领导干部的主渠道作用，党的理论武装工作的重要阵地作用，党的理论创新的生力军和党中央决策的思想库作用，建设学习型政党的积极推动作用和促进领导干部加强党性锻炼的熔炉作用。

［李景田］中央非常重视中央党校的建设，我们党的一些重要领导人都曾经兼任过中央党校校长。毛泽东同志、刘少奇同志都曾经是我们的校长。大家知道，现任的中共中央总书记胡锦涛同志曾经在 1993 年到 2002 年期间兼任中央党校校长。我们现任的校长是由习近平同志兼任。

［李景田］教学是中央党校的中心工作。中央党校的常规班次主要包括进修班、培训班、专题研讨班和师资培训班。进修班主要是轮训省部级、厅局级党员领导干部和县（市）委书记，现在的进修班以研究式教学为主，学制为 2

---

* 本文载 2010 年 6 月 29 日新华网。

个月。培训班以系统的理论学习为主，主要是培训省部级后备干部，厅局级当中的中青年党员领导干部，以及新疆和西藏自治区的少数民族党员领导干部，这个学制略微长一些，半年或者一年。专题研讨班根据内容需要，学制分别为一周、两周或三周，主要针对党的理论建设当中的一些重大问题和经济社会发展当中的一些重大问题进行专题研讨。

[李景田] 近年来，中央每年都在中央党校举办省部级主要领导干部专题研讨班。师资培训班主要是培训省委党校的教师，同时也与有关部门合作举办以哲学社会科学教学科研骨干为对象的研修班，学制一般为一个月。除了以上常规班次以外，根据形势的需要我们还接受有关部门委托举办的一些非常规班次。比如，刚刚结束的中央纪律检查委员会委托我们承办的全国市级纪委书记的培训班。

[李景田] 我们中央党校的教学布局是“一个中心、四个方面”，即：以学习中国特色社会主义理论体系为中心，着眼于提高党员领导干部的领导素质和执政能力；以掌握理论创新的最新成果为重点，夯实学员的理论基础；以把握时代特征和国际经济政治形势为重点，拓展学员的世界眼光；以强化大局意识和应对复杂局面为重点，培养学员的战略思维；以坚定理想信念、增强宗旨观念和改进作风为重点，加强学员的党性修养。

[李景田] 按照这个教学布局，我们加强学科建设，努力形成既与国内外学科发展趋势相衔接又具有鲜明党校特色的学科体系；开设了“三基本、五当代”的课程，即“马克思主义基本问题”、“毛泽东思想基本问题”、“中国特色社会主义理论体系的基本问题”以及“当代世界经济”、“当代世界科技”、“当代世界民族宗教”等课程，我们还定期邀请中央领导和中央有关部门负责同志来校做“形势、国情、政策”报告。学员在学校期间，一个最显著的任务就是将增强党性作为学习的一个重点贯穿于全过程。

[李景田] 中央党校教学坚持理论联系实际的学风。理论联系实际包括两方面，一是紧密联系当前的形势和工作实际，提高分析和解决实际问题的能力，提高认识和改造客观世界的能力。二是紧密联系每个学员的思想实际，改造主观世界，自觉增强党性锻炼，不断提高党性修养。1943 年 11 月，毛泽东同志为延安中央党校的礼堂落成题词“实事求是”，从而这四个大字成为我们中央党校的校训。

[李景田] 科研是党校工作的基础。中央党校科研工作的主要任务是研究党的基本理论，并运用党的基本理论研究回答重大理论和实践问题，为推进党的理论创新服务，为提高教学质量服务，为党委和政府的决策服务，最终为社

会主义经济建设、政治建设、文化建设、社会建设和党的建设服务。我们的研究力量主要是中央党校的教学研究岗位上的人员。此外，还有一个特殊群体，就是我们的学员。他们在党校学习期间，应用学到的理论研究工作中遇到的难点、热点问题，许多研究成果都很有见地。因此，学员是党校的重要研究力量，也是党校的科研优势。

[李景田] 我们的科研成果有的直接转化为教学内容，提高了我们在干部培训中的科研含量；有的公开发表或出版，在学术界和理论界产生一定影响；有的通过内参、研究报告等形式上报中央和国务院领导，供他们决策时参考。

[李景田] 中央党校办学的根本原则和方针是党校姓党、从严治校。党校姓党的核心是在思想上、政治上、行动上同党中央保持高度一致。对党校来说，要坚定不移地贯彻党的基本理论、基本路线、基本纲领和基本经验。对党校教师和科研人员来说，要自觉地把研究和宣传党的理论和路线方针政策作为义不容辞的责任。从严治校是对党校校风、校纪、校规的根本要求。贯彻党校姓党原则和从严治校方针，需要我们处理好两个关系。一是学术研究与理论宣传的关系。二是理论自由与政治纪律的关系。

[李景田] 中央党校办学始终坚持与时俱进。为适应党校工作面临的新形势、新任务、新要求，最近，中央党校校委提出建设“一流学府”，要以“一流”的质量和水平无愧于中央党校“最高学府”的地位。我们将更好地履行党赋予我们的神圣职责，为党和国家事业的发展不断作出新的贡献。我先介绍这些，下面我愿意回答大家提出的问题。

[郭卫民] 刚才李校长就党校的情况，包括课程设置，包括理论研究等等做了一个很好的介绍，我想大家一定很感兴趣。下面我们就开始提问，提问时还是报一下你所代表的新闻机构。

[中央电视台记者] 刚刚提到中央党校是中国共产党培养党员领导干部的最高学府，我们感兴趣的一个问题，党校的教员在讲课、发表观点，是否能够代表中央的声音？教员有没有自己发挥的空间？如果有教员发表的言论和观点与中央精神不一致，中央党校如何对待这个问题？

[李景田] 看样子你对中央党校的情况还比较了解。由于中央党校特殊的地位和性质，人们往往认为，中央党校的教员发表的观点都代表中央的主张。正因为这样，所以我们就对我们的教员提出了严格的要求，让他们讲课、公开发表的言论必须坚持党的理论和路线方针政策。

[李景田] 十个指头伸出来，都不一样长短，我们党校的教员素质不同，他们对中央的路线方针政策的理解可能深浅也有不同，因此也不能简单地说中

央党校教员在讲课或者在公开场合发表的任何观点都代表中央的声音。大家已经注意到，我刚才介绍了，中央党校还是一个哲学社会科学的研究机构，我们对党的一些重大理论问题，对现实生活当中的一些难点热点问题，都在研究探讨。研究探讨得出的观点，在没有得到中央和全党认可之前，也不能说这些观点就能代表中央的声音。

［李景田］中央党校是最讲政治纪律的一个地方，因此我们要求我们的教员讲课中、公开发表言论中，都要和中央保持一致。但并不是说中央党校的教员就没有任何发挥的空间。中央党校又是最解放思想的地方，我们要求我们的教员，要解放思想，实事求是，与时俱进，因为这是我们党的思想路线。贯彻党的思想路线也是和中央保持一致的重要体现。

［李景田］我们既强调讲坛课堂有纪律，我们也强调理论探讨无禁区。我们在学术探讨当中坚持“百花齐放、百家争鸣”的方针，坚持“不抓辫子，不戴帽子，不打棍子，不装袋子”，也就是胡耀邦当校长的时候一直强调的“四不”方针。

［李景田］刚才您提到对那些发表和中央不一致的言论的这些教员怎么处理，我可以开诚布公地告诉你，我们当然要对他进行严肃批评教育，让他遵守党的政治纪律，在讲坛上、课堂上不能发表和中央不一致的声音。但同时，我们又继续鼓励他在学术研究当中解放思想，大胆探讨。如果中央党校都思想僵化了，我觉得对我们全党贯彻党的思想路线会产生不好的影响，我相信这也不是大家希望看到的状态和现象。

［联合早报记者］有两个问题。第一，跟第一个问题有点类似，请你谈一下，刚才你提到的两个关系，就是学术研究与理论宣传，言论自由与政治纪律的关系。我们都知道，党校不是单纯的学术机构。可是你也说过要建立一个“一流学府”，在“一流学府”通常思考活跃的学术环境里，思想是比较有自由，有批判性思维的，你认为这两个关系如何帮助“一流学府”的实现？刚才我听您在回答第一个问题时谈到一个高难度的生存状态，就是在党校的工作人员，他必须有纪律也必须解放思想，是一种有纪律的解放思想，请问你怎么看这两个关系，怎么帮助党校实现“一流学府”的地位？

［联合早报记者］第二，请教罗发言人，刚才校长介绍说，党校有一个“神秘的面纱”，我看到党校印有一个很精美的册子，有点像旅游景点的介绍，请问你认为为什么现在是一个适当的时机，是什么原因促使了观念行为上的改变，让你们愿意让大家更靠近党校，您认为这样的开放有什么好处和意义？党校做了哪些方面的准备？谢谢。

［李景田］我先回答这位记者朋友提出的第一个问题，由我们党校的新闻发言人回答你的第二个问题。你提的这个问题是有纪律与解放思想的关系怎么才能处理得更好。我们大家都知道，实践是生动活泼的，因此指导我们实践的理论也应当是不断创新的。大家都知道，我们中国共产党的指导思想是马列主义、毛泽东思想和中国特色社会主义理论体系。马克思、恩格斯发表的《共产党宣言》代表了他们的重要思想和观点，但是已经发表了160多年了，世界的形势，经济和政治都发生了很大的变化，我们现在不可能让他们在160多年前就为现在生动活泼的社会实践提出的若干问题给出一个“灵丹妙药”。

［李景田］所以实践给我们提出了许多新的问题，我们的理论就需要不断创新。我们中央党校就承担着这样的理论研究任务。对于现实当中提出的重大理论和实际问题，中央党校都要研究，我们没有一个框框。但是这些研究的成果中涉及党和国家重大方针政策，在得到党中央认可或者得到党的代表大会认可之前，我们的教员是不能随意发表的。我们的教员在讲坛上，在学校的讲课中，或者在媒体上发表自己观点的时候，要用党中央的路线方针政策去影响我们的学员，影响广大民众。

［李景田］如果中央党校的教员把在理论探讨中涉及党和国家重大方针政策的一些不成型的观点，没有得到全党认可的一些观点拿出来去影响学员和广大民众，就会产生思想混乱，这就是有纪律与解放思想的关系。

［罗宗毅］非常高兴在今天李校长接受大家采访的过程当中给我一次介绍的机会。刚才李校长在介绍中谈到，中央党校教学上的一个重要内容和要求是培养学员的世界眼光。所以，让我们的学员和教员走出去，了解世界，让外边的人到中央党校来，对我们加强相互交流，提高我们的教学和科研水平，培养学员的世界眼光，都是非常有好处的。

［罗宗毅］中央党校一直坚持开放办学，大家手头上有一个小册子，已经有了介绍，就是中央党校与近30个国家和地区的政府部门、研究机构和大学建立了学术合作关系。在“请进来”方面，我们每年都邀请很多团组和国外的高级政要、专家学者，还有跨国公司总裁来到中央党校发表演讲，与学员和教员探讨问题。今年3月份，我们邀请了110多个国家的120多位驻华使节来到中央党校参观，让他们了解中央党校。在“走出去”方面，我们从2000年开始，每年都派学员到日本、韩国和新加坡考察。教员出国进修学习、参加学术会议的情况就更多了。

［罗宗毅］通过这种相互的交流，现在有很多国家的政府机构、研究机构和大学都认识到中央党校的重要性，希望和我们建立联系，加强交流。过去大

家对中央党校了解不多，觉得中央党校非常神秘。通过交流以后，感觉中央党校并不神秘，很希望和我们交流。所以，下一步我们会以更加开放的姿态进一步拓展对外学术交流的渠道，建立更加广泛的合作关系，让外界了解我们，同时通过培训师资、考察访问、学术研讨等形式，继续加强对外学术合作与交流。

［英国金融时报记者］我有两个问题。第一，李校长提到，有不同种课程、不同种培训的方式，能不能介绍一下，过去一年当中，在新疆“7·5”事件之后，对于新疆地区干部的培训形式和内容有没有新的做法。第二，党校决定进一步开放，这个计划对教员和外界媒体交流的范围，会提供什么样的机会？到目前为止，我们申请采访他们面临很大的困难，我们希望对一些他们基本的想法做一些了解、做一些采访，是不是有更多的机会？

［李景田］我可以告诉你，我们党和国家十分重视新疆的工作，对新疆各民族干部的培训工作，我们很早就在做。早在1954年，我们就开始为新疆的少数民族干部举办培训班。为了更好地促进新疆的跨越式发展和长治久安，中央最近召开了新疆工作座谈会，制定了一系列的新疆发展重大方针。中央党校将认真学习中央新疆工作座谈会的精神，认真总结几十年来我们办新疆班的经验和教训，认真改进我们培训的各方面工作，争取把对新疆各民族干部的培训工作做得更好。

［李景田］我们很感谢媒体对中央党校的关心，我们也真诚地欢迎国内外的各大媒体能够到中央党校去参观访问，了解情况。至于什么时候组织，怎么组织，我们的中央外宣办会有统筹的考虑。

［郭卫民］我们这两天会组织一次采访，将来也会有一些联系方式对外公布，媒体采访可以向发言人办公室提出来。

［中新社记者］刚才李校长在介绍当中提到，中央党校是培训和轮训党的高中级领导干部的主渠道，我们感兴趣的问题是，改革开放以来，党校培训和轮训了多少领导干部？除了党内干部之外，党外的干部到不到中央党校参加培训、轮训？中央党校的办学这些年来发生了哪些变化和改革？谢谢。

［李景田］以前的数字我还没有统计过，但是改革开放以来到现在，中央党校已经培训轮训了各级领导干部6万人。30年培训6万人，平均每年2000人左右，有的年份可能多一些，有的年份可能少一些。我们中央党校培训的对象主要是党的中高级领导干部和理论干部。有的时候，个别的在省部级领导岗位上的非党干部，比如非党的副省长，省级的人大副主任、省级的政协副主席，也会到中央党校来培训。

［李景田］中央党校的教学坚持与时俱进、开拓创新，不断地进行改革。在教学内容上，现在我们以中国特色社会主义理论体系为中心进行理论武装，针对经济全球化这个新的形势，我们要求我们的教学当中要不断拓展学员的世界眼光。同时，我们也要求学员培养战略思维和加强党性锻炼。为了提高我们教学的针对性，我们特别强调进行培训的需求调查。我们教学当中强调“两为主，一加强”。就是以读原著为主，以自学为主，加强研讨。

［李景田］在教学方法上，大力推进案例式教学、情景模拟式教学等方法。在教学的组织上，我们针对不同的班次，搞项目制教学。我们在教员讲课上推行竞争机制，谁讲得好，让他多上讲台，讲得不好，下学期你就别上讲台，好好备课、好好学习，教员的压力相当大。

［李景田］在这里，我可以坦诚地告诉大家，在现在的情况下，在中央党校当好一个教员，真的是很难。我们的学员学历层次在不断提高，不少都是博士生、硕士生，他们的理论素养很好，有的就是专家，与教员相比，他们有丰富的实践经验，因为他们就在第一线。我们的学员，有的出访到过不少国家，有的就是从国外学成归来的，所以他们对世界的情况了解得比我们教员还清楚。在这样的情况下，我们教员的讲课能让学员佩服，那是很困难的。但是我们高兴地看到，由于我们党对中央党校的重视，我们为教员提供了很好的条件和环境，我们的教员也相当努力，现在学员对我们中央党校教员的讲课总体评价是好的。

［卫报记者］您之前提到过很多国家官员和政府高层领导人都曾经到过中央党校，从多大的程度上来说，中央党校可以使自己的学员更多接触到国外的思想，或者外国正在想些什么呢？是不是准备好可以让学员更多地了解外国的治理经验？并且我知道，现在在英国政府有一个培训项目，可以具体了解英国政府怎么处理卫生领域的危机，以及怎么样开展公共外宣？您能不能给我一个例子说明中国在这方面将会怎样做。

［李景田］世界是一个开放的世界，中国也应当是开放的中国。作为培养党的高中级领导干部的中央党校也应该是一个开放的中央党校。在世界多极化、经济全球化不断发展的情况下，拓展我们学员的世界眼光，对于全面提高我们党的高中级领导干部的素质，是必须的。所以我们采取多种方式“请进来”、“走出去”，让我们的学员、我们的教师了解更多的世界其他国家的情况，也向世界其他国家介绍我们共和国成立以来特别是改革开放以来走的和平发展道路的一些经验。

［李景田］现在世界各国的许多政要、跨国公司总裁、学者都愿意到中央

党校来讲学、做演讲。前几天，美国财长盖特纳在出席中美经济战略经济对话、工作十分繁忙的情况下，还抽出时间到中央党校演讲，和我们的学员交流。作为一个智囊，一个思想库，我们中央党校和世界上30多个国家的大学、智库、学术研究机构建立联系，其中也包括和英国的有关机构就一些共同关心的问题进行研究探讨，在这方面，我们今后希望做得更好一些。谢谢。

［凤凰卫视记者］李校长，我们很感兴趣，您刚才特别讲到了中央党校是培养领导干部党性的熔炉，其实我们也知道，无论他们是在日常的领导生活中还是在党校中，可能都不可避免地会面临一些所谓的“生动活泼”的社会实践，有一种说法，他们在党校学习的时候，有些人可能会带着秘书写论文，上课之余他们会去一些高档酒店进行社交，甚至有人说，中央党校已经成了一个社交平台，有民众在网上说他们只是“上上门，认认人，吃吃饭，养养神”，请问您怎么评价这种情况，怎样面对花花世界对党性培养的挑战？谢谢。

［李景田］我没想到，这么漂亮的一位女士提出这么尖锐的一个问题。我想在这里给大家介绍一下我们中央党校学员在党校都学些什么。第一，到党校要听教员的讲课，接受党的最新理论成果的培训。第二，要听中央和国家部委领导的形势政策报告和有关当今世界的报告，了解世界大势，了解党和国家政策制定的过程和执行这些政策需要把握的重点问题。第三，要读书，特别是习近平校长提出领导干部要爱读书读好书善读书以来，我们高兴地看到，我们中央党校的几个书店成为学员最愿意去的地方，我们中央党校学员的读书心得体会交流也是大家最愿意参加的活动。第四，认真思考自己走过的历程，用学员的话说，就是给他们提供了在工作“热运行”当中的一个“冷思考”的机会。

［李景田］我们的习近平校长说，我们党需要有一批“踱方步”的人，所谓“踱方步”，就是迈着四方步考虑党和国家大事的人。作为一个人，一生当中也要有一定的时间来“踱方步”，思考自己走过的路程当中的正误得失，总结经验教训，这对于一个学员的成长是很有好处的。第五，学员之间还要相互交流，学学相长，现在我们学员论坛、学员之间的从政经验交流已经成为中央党校的品牌课。第六，我们有些班次还要出国考察，有的班次还要到基层做一些调查研究。在整个过程当中，我们都要求我们的学员严格进行党性锻炼。因此我们说，我们的学员到党校来，学习生活是丰富的，是紧张的，并不像社会上说的那种“上上门、认认人、吃吃饭、养养神”。

［李景田］直到现在，我们还没有发现我们的学员有带秘书来学习的现象。至于吃吃喝喝的问题，过去也确实发生过。我们中央党校是党员党性锻炼的熔炉，我们中央党校应该成为一个风清气正的学府。中央党校不是世外桃

源，社会上的不正之风也会影响到中央党校。我们不能让社会上的不正之风在中央党校集中表现，我们要成为不正之风的“净化器”，成为学员思想灵魂的“净化器”。

［李景田］近一个时期以来，按照中央和习近平校长的要求，我们在加强学员管理、加强纪律约束方面做了许多工作，收到了很好的效果。前几天，我和一个正在中央党校学习的学员聊天，他以前也在中央党校学习过，他说前些年在中央党校学习有几个晚上不出去吃饭，他感到有压力，人们会说他人缘不好，没朋友。现在则不然了，现在要出去吃饭，他会有压力了。我们相信，经过我们努力，我们会无愧于中央和全党对于中央党校的希望，真正把中央党校建设成党性锻炼的熔炉，风清气正的学府。谢谢。

［郭卫民］今天的发布会到此结束，谢谢各位。

面向驻华高级外交官开放日活动

3 月 30 日，中央党校首次举办以“走进中共中央党校”为主题的面向驻华高级外交官的开放日活动，邀请来自 110 多个国家的 120 余名驻华高级外交官走进中央党校，实地了解中国共产党干部培训工作的发展，亲身感受党校学员的学习生活情况。这也是中联部与中央其他部门合作组织的“走进党的部门”系列主题开放活动的第一站。

驻华高级外交官分别参观了党校学员的多媒体教室、宿舍、自助餐厅和体育健身场馆，并与学员代表进行座谈，双方就党校的教学情况、学习成效、学员感受等问题进行交流。

常务副校长李景田，副校长陈宝生，校委委员、培训部主任徐伟新，校委委员、办公厅主任罗宗毅，校委委员、进修部主任黄宪起会见参加活动的高级外交官。李景田就干部培训、党校职能和作用等问题回答了外交官们的提问。他指出，“中央党校是中国共产党十分重要的政治优势，她培育着一代又一代肩负党和国家发展重任的领导干部，培养他们的理论素养、世界眼光、战略思维和党性修养，为中国共产党的执政能力提供可靠保证。”陈宝生介绍中央党校的有关情况，强调中央党校在党和国家事业中发挥着培训高中级领导干部主渠道的作用，是党的理论武装工作的重要阵地，是党的理论创新的生力军和党中央决策的思想库，对促进领导干部加强党性锻炼起到重要作用。

参加活动的高级外交官对开放日活动给予高度评价。一些使节表示，此次走进中央党校这一培训轮训党的高中级领导干部的最高学府，不仅亲身感受中国共产党的开放氛围，还深入了解中国共产党重视执政能力建设、推进学习型政党建设的先进理念，切实增进了对中国共产党的了解。

中外媒体走进中央党校

6 月 30 日，中央对外宣传办公室邀请来自 38 家媒体的 68 名中外媒体记者参加“走进中共中央党校”采访活动，来访媒体包括人民日报、新华社、中央人民广播电台、中央电视台等中央媒体，大公报、香港文汇报、星岛日报、南华早报等港澳台媒体，以及美联社、路透社、法新社、俄新社等外国媒体。特别是对 40 余位境外记者而言，他们绝大多数都是第一次踏进中央党校大门。

副校长陈宝生以一句“我代表中央党校校委和全体教职员工欢迎各位记者朋友采访”为开场白，直奔主题，回答记者关于“中央党校的校长们需要上课吗?”“县委书记班主要培训什么内容?”“为什么会想到请中外媒体的记者走进中央党校?”“有什么特别的原因吗?”“中国共产党提出要成为一个学习型的政党，中央党校应该在这个过程中处于核心，党校是怎么做的?”等提问。

随后，记者们在综合楼第一教室观摩了中青一班学员“系统思想与创新能力”的课程，并采访教务部主任王东京、党史部副主任谢春涛、进修部省部班学员杜宇新、培训部中青一班学员赵素萍等同志。记者们还参观体育馆、学员宿舍楼、第一食堂、掠燕湖、礼堂、“实事求是”碑。

校委委员、办公厅主任罗宗毅出席并主持与记者团见面活动。办公厅副主任张忠军、李作钦，进修部副主任赵凤珍，培训部副主任王炳，后勤服务部副主任刘志刚，信息管理部副主任张海光等同志参加会见活动。

中欧美学术论坛

中央党校举办中欧美学术论坛

12 月 2 日至 3 日，中欧美学术论坛在中央党校举行。本届论坛由中共中央党校、意大利阿斯平研究所和美国阿斯平研究所联合主办，中粮集团有限公司、北京汽车集团有限公司、意中基金会协办。主题是“全球治理：挑战与展望”。与会专家学者围绕“全球治理：理念、利益与责任”，“全球经济及后危机时代面临的挑战”，“可持续发展：环境与能源安全”和“国际安全：传统的冲突和新的风险”四大议题展开讨论并达成多项共识。

常务副校长李景田在开幕式致辞中指出，中欧美国家之间的相互合作之所以能够蓬勃发展，根本在于三者有着广泛的共同利益。随着经济的不断发展，中欧美之间的共同利益在扩大，相互需求也在增加，拓展合作领域、提升合作层次的愿望十分强烈，战略合作的前景广阔。中欧美应坚持相互尊重、优势互补、形式多样、共同发展的原则，不断拓展合作领域，创新合作方式，丰富合作内涵，携手应对全球性挑战，推动中欧美合作向更大规模、更宽领域、更高水平发展。

副校长陈宝生主持开幕式并在闭幕式上致辞，副校长李书磊主持闭幕式。教育长张伯里，原副校长李君如，校委委员、培训部主任徐伟新，校委委员、哲学教研部主任贾高建，校委委员、办公厅主任罗宗毅，校委委员、进修部主任黄宪起，校委委员、组织部部长赵长茂出席会议。

意大利经济和财政部长、意大利阿斯平研究所主席朱里奥·特雷蒙蒂，意大利前副总理、前外交部部长詹尼·德米凯利斯，美国前国防部副部长约瑟夫·奈，美国前副国务卿尼古拉斯·伯恩斯，美国前总统国家安全事务顾问、美国阿斯平研究所联合主席布伦特·斯考克罗夫特，英国上议院议员、牛津大学校长彭定康等来自 8 个国家的 150 多位专家学者出席了本次论坛。

坚持坦诚对话，促进深入交流*

（2010 年 12 月 2 日）

李 景 田

尊敬的朱里奥·特雷蒙蒂部长，
尊敬的布伦特·斯考克罗夫特先生，
各位来宾，女士们，先生们：

很高兴和各位朋友相聚北京，共同出席中欧美学术论坛。我代表中共中央党校，对论坛的召开表示热烈祝贺，对长期以来致力于中欧美关系发展的各界人士表示崇高敬意！

中欧美学术论坛的举办正值国际政治经济形势出现新变化、中欧美关系发展面临新机遇的重要时刻。推动中欧美学术论坛取得积极成果，对三方都具有重要意义。本届论坛的主题“全球治理：挑战与展望”，既有战略高度，又立足于现实问题，顺应了当今世界发展的基本主流和趋势，反映了中欧美国家人民十分关注的重点问题，也体现了中欧美国家妥善解决面临的矛盾和问题、深化彼此间合作的共同愿望。希望我们围绕共同关心的问题坦诚交流、集思广益、深入沟通、增信释疑。

女士们，先生们：

近年来，中欧美领导人多次会晤，一致同意共同建设 21 世纪积极合作全面的国家间关系，为新时期中欧美关系的发展确立了方向。今年 10 月，在世界经济困难的时候，第十三次中欧领导人会晤发表联合声明，表达了同舟共济、共克时艰的坚定意愿。今年 4 月在华盛顿、6 月在多伦多、以及在上个月刚刚结束的 20 国集团领导人首尔峰会上，胡锦涛主席与奥巴马总统 3 次会晤，就中美关系及共同关心的重大国际和地区问题深入交换意见，达成重要共识。中欧美同各方一道应对日益增多的全球性问题，为国际社会应对气候变化、大

---

* 本文是李景田在中欧美学术论坛开幕式上的致辞。

规模杀伤性武器扩散、重大自然灾害等挑战发挥了积极作用。

中欧美国家之间的相互合作之所以能够蓬勃发展，根本在于我们有着广泛的共同利益。随着经济的不断发展，我们之间的共同利益在扩大，相互需求也在增加，拓展合作领域、提升合作层次的愿望十分强烈，战略合作的前景广阔。我们应坚持相互尊重、优势互补、形式多样、共同发展的原则，不断拓展合作领域，创新合作方式，丰富合作内涵，携手应对全球性挑战，推动中欧美合作向更大规模、更宽领域、更高水平发展。本届中欧美战略论坛将提出许多好的实施意见和具体措施。这里，我强调几个重点问题：

第一，我们要坚持中欧美关系的正确方向。无论国际风云如何变幻，无论遇到什么困难、什么干扰，我们都要从战略高度和长远角度出发，培育战略互信、加强战略合作、妥善处理分歧，促进三方在双边、地区和全球层面的协调与合作。

第二，我们要尊重各国自主选择发展道路的权利。玫瑰花和紫罗兰各有芳香。社会制度和发展模式应是多样的，不同的社会制度和发展道路应彼此尊重，在竞争比较中取长补短，在求同存异中共同发展。

第三，我们要开拓新的合作领域。中欧美的合作不应局限于经贸、人力资源、基础设施等传统领域，还可以迈向民用航空、高速铁路、空间探索以及文化、科技、教育等领域，让中欧美国家人民更多地体会到合作成果。

第四，我们要加强地区热点和全球性问题上的沟通和协调。人类只有地球这一个家园。中欧美应该通过双边渠道和各种多边机制，推进在地区热点问题，在气候变化、核安全、能源安全、粮食安全、减灾防灾、打击跨国犯罪、防治重大传染病等全球性问题上的磋商与合作，共同呵护地球家园。

女士们，先生们：

意大利有一句富有哲理的俚语："是玫瑰总会开花"。发展中欧美的战略合作，符合各国的根本利益，是大势所趋、人心所向。在中欧美关系发展的关键时刻，我们将要举行的中欧美学术论坛具有特别的意义。我衷心希望与会嘉宾坚持坦诚对话，促进深入交流，将中欧美学术论坛办出特色、办出水平，为共同谱写中欧美合作的新篇章作出积极贡献。

最后，祝本届论坛圆满成功！祝各位在京期间生活、工作愉快！

谢谢大家！

纪念西藏班创办 30 周年

校委会议讨论关于
纪念西藏班创办 30 周年座谈会的意见

4 月 22 日上午，常务副校长李景田主持召开 2010 年第 8 次校委会议。会议讨论并原则同意培训部提出的关于在西藏班创办 30 周年之际召开纪念座谈会的意见。

会议指出，中央党校西藏班自创办以来，始终受到中央领导同志的高度重视和关心，在培训西藏民族干部方面作出了很大成绩。30 年来，经过培训的大批西藏民族干部，已成为西藏各条战线的领导骨干，为民族地区的改革发展和稳定发挥了重要作用，作出了很大贡献。

会议强调，召开纪念西藏班创办 30 周年座谈会，一定要认真贯彻中央召开的第 5 次西藏工作座谈会精神，特别是中央领导同志关于加强西藏干部培训工作的重要指示。要根据新形势，进一步总结西藏班创办以来的成绩与问题、经验与教训，提出进一步加强和改进西藏班工作的意见和建议。同时，要本着勤俭节约的原则，节俭办会，少搞形式。

有关工作方案向习近平同志报告后再定。因座谈会等纪念活动牵涉面较广，此项工作办公厅牵头，培训部具体组织，各有关单位予以配合。

西藏民族干部培训班创办30周年座谈会

10月21日，中央党校召开纪念西藏民族干部培训班创办30周年座谈会，中共中央政治局常委、中央书记处书记、中央党校校长习近平出席座谈会并讲话。他强调，贯彻落实党的十七届五中全会精神，更好更快地推动民族地区经济发展与社会进步，必须继续大力培养和造就德才兼备的少数民族优秀干部，必须进一步做好少数民族干部培训工作。

习近平充分肯定西藏班创办以来取得的显著成绩，代表中央党校校委对西藏班创办30周年表示热烈祝贺，向西藏班全体学员表示亲切问候，向多年来为办好西藏班付出辛勤劳动的同志们表示衷心感谢。他希望中央党校继续与西藏自治区党委和中央有关部门密切配合，在30年办班基础上把西藏班继续办好、而且要越办越好。

中央党校西藏民族干部培训班是在党中央亲切关怀下，在西藏自治区党委和中央有关部门大力支持下，于1980年9月创办的。30年来，西藏班共举办42期，培训学员1729人。毕业学员大多数成为西藏各条战线上的领导骨干，对西藏的经济发展和社会进步、民族团结和社会稳定、反对民族分裂和维护国家统一与安全发挥了十分重要的作用。

常务副校长李景田主持座谈会。西藏自治区党委书记张庆黎，中央统战部常务副部长朱维群，国家民委主任杨晶，中央组织部副部长王尔乘，中央党校副校长孙庆聚，西藏班学员代表、拉萨市委常委、城关区委书记赤列多吉在座谈会上发言。有关部门负责人、中央党校各直属单位负责人、西藏班全体在校学员，共130多人参加座谈会。

中央党校西藏民族干部培训班简介

中央党校西藏班是在党中央的高度重视和亲切关怀下创办的。1980 年 3 月，中共中央转发的《西藏工作座谈会纪要》指出："要大力培养藏族和其他少数民族干部，积极帮助他们把建设西藏的主要任务承担起来。"据此，西藏民族干部培训班于当年 9 月在中央党校正式开办。30 年来，伴随着我国改革开放和现代化建设的步伐，西藏班也走过了不平凡的历程。大致分为三个阶段。

第一阶段，1980 年至 1994 年，探索奠基阶段。1980 年至 1982 年，主要是对地厅级和县处级领导干部进行集中轮训，目的是配合拨乱反正，通过加强理论学习，帮助他们进一步解放思想，更新观念，增强贯彻执行党的思想、政治、组织路线的自觉性。1983 年至 1994 年，根据中央关于正规化办学要求，从招生对象、班次设置、办学规模、学历学制到课程设置、教学方式、管理模式等都作了相应调整和规范，实现了常规轮训向正规培训的转型，形成了学制长、短并存，知识学习与素质教育紧密结合的办学格局。

第二阶段，1994 年至 2007 年，稳步发展阶段。这一阶段，西藏班的办学格局实现了由素质培训向素质与能力相结合培训的历史性跨越。特别是 2000 年以后，根据胡锦涛同志在西藏班创办 20 周年座谈会上的重要讲话精神，整合培训资源，强化培训力度，将两年制大专班和半年制培训班分别改为两年制本科班和一年制培训班，课程设置和教学的组织管理也更加科学严密，整体办学水平稳步提升。

第三阶段，2007 年至 2010 年，创新提高阶段。这一阶段，根据党的十七大精神和中央党校第三次民族班工作座谈会精神，深入探索少数民族干部培训规律，突出西藏班特点，强化西藏班特色，着力在增强教学的针对性、实效性上狠下功夫。首先，根据培训目标要求，停止学历班，将两年制本科班和一年制培训班改为一年制和半年制培训班，加大对长期在西藏工作的汉族干部的培训力度；其次，注重以思想政治理论素质为核心的综合素质的提高，加强以中国特色社会主义理论体系为中心、以科学发展观为重点的理论教育和党的民族、宗教政策教育；第三，强化以维护祖国统一，加强民族团结为主题的党性教育。

30 年来，中央党校西藏班共培训学员 1729 人，毕业后大都成为西藏各条战线上的领导骨干。其中，提拔到自治区领导岗位的 38 人，提拔到地（厅）级领导岗位的近 700 人，其余大都是县处级主要领导骨干。他们为维护祖国统一，加强民族团结、反对民族分裂、促进西藏经济社会发展，发挥了重要作用，作出了突出贡献。

纪念艾思奇诞辰100周年

纪念艾思奇诞辰100周年暨推进当代中国马克思主义大众化座谈会

3月25日，中央党校与中央宣传部、中共云南省委联合在京召开纪念艾思奇同志诞辰100周年暨推进当代中国马克思主义大众化座谈会，中共中央政治局委员、中央书记处书记、中宣部部长刘云山出席会议并讲话。中央党校常务副校长李景田在会上发言。

艾思奇同志是著名的马克思主义哲学家，是党的理论战线的忠诚战士。他1910年出生于云南省腾冲县，青年时代积极参加学生爱国运动。1937年到延安后，先后在抗日军政大学、陕北公学、马列学院任教。新中国成立后，历任中央高级党校哲学教研室主任、副校长。他始终把自己的理论追求同党领导的革命和建设事业联系在一起，为研究宣传马列主义、毛泽东思想，提高广大干部群众的理论素养，培养马克思主义理论人才作出了杰出贡献。他的《大众哲学》等著作一版再版、影响深远，引领一代又一代人选择了正确的人生道路。

人民日报社社长张研农，教育部副部长李卫红，国家广电总局党组成员、中央电视台台长焦利，新华社副社长、常务副总编辑周锡生，云南省委副书记李纪恒也在座谈会上发言。艾思奇同志亲属代表，中央宣传文化单位、各省区市党委宣传部有关负责同志和理论界部分专家学者参加会议。中宣部常务副部长雒树刚主持会议。

中央党校原常务副校长郑必坚、虞云耀，副校长石泰峰，教育长张伯里，原副校长邢贲思、杨春贵、李君如，原校领导江流，校委委员、哲学部主任贾高建出席会议。中央党校部分“马克思主义理论研究和建设工程”专家、科研部工作人员、部分征文入选论文作者代表共30余人参加会议。

更好地用党的创新理论武装全党、教育人民*

（2010年3月25日）

李景田

艾思奇同志是著名的马克思主义哲学家，为研究传播马克思主义作出了卓越贡献。他不仅是我们党一位优秀的领导干部，更是人们仰慕的一位大师和名家。今天我们纪念他，缅怀他的光辉一生，学习他的宝贵精神，对于推进马克思主义中国化、时代化、大众化，更好地用党的创新理论武装全党、教育人民具有重要意义。

艾思奇同志是马克思主义大众化的自觉实践者。回顾艾思奇同志一生的理论研究和教学实践，我们可以清楚地看到他在推进马克思主义大众化方面作出过开创性的探索，取得了不可磨灭的成就。早在1938年4月，他就提出了马克思主义哲学中国化、现实化和通俗化相结合的主张。他早年撰写的《大众哲学》，开了马克思主义哲学通俗化、大众化的先河。到延安后，他更加自觉地追求马克思主义哲学中国化、现实化、通俗化，卓有成效地开展了马克思主义哲学的研究、教学和宣传工作。新中国成立后，他编写的《辩证唯物主义讲课提纲》和主编的《辩证唯物主义历史唯物主义》等著作，注重联系中国革命和建设的实际，注重联系干部和群众的思想实际，注重用毛泽东哲学思想丰富和发展马克思主义哲学，成为马克思主义哲学中国化、现实化、通俗化的精品和典范。可以说，艾思奇同志始终满腔热情地为大众写哲学、为大众讲哲学，帮助大众掌握和运用哲学，为研究宣传马克思列宁主义、毛泽东思想付出了巨大努力、作出了重要贡献，为我们留下了一笔宝贵精神财富。

像艾思奇同志那样承担起党的理论工作者的光荣使命。马克思主义大众化是随着历史条件的变化和社会实践的发展与时俱进、不断深化的。中国特色社

---

* 本文是李景田在纪念艾思奇同志诞辰100周年暨推进当代中国马克思主义大众化座谈会上的发言。载《人民日报》2010年3月26日。

会主义理论体系是马克思主义在中国发展的最新成果。在中国特色社会主义理论体系的指引下，我国的改革和发展取得了举世公认的成就。中国特色社会主义理论体系不仅得到中国人民的衷心拥护，也受到世界上越来越多人的重视、理解和赞赏。要让中国特色社会主义理论体系更加深入人心，继续巩固和发展全党全国人民团结奋斗的共同思想基础，必须进一步推进马克思主义大众化，这是党的理论工作者义不容辞的崇高责任和神圣使命。今天，我们纪念艾思奇同志，最重要的就是像他那样，自觉地承担起推进和发展中国特色社会主义事业赋予我们的责任和使命，在新的历史条件下进一步推进当代中国马克思主义大众化，更有效地用中国特色社会主义理论体系武装全党、教育人民，使这一理论体系发挥巨大的威力。

像艾思奇同志那样坚持和弘扬理论联系实际的学风。艾思奇同志在学风上堪称楷模、可为世范。他反对治学上的教条主义，也反对经验主义，主张研究问题、写文章一定要有求实精神，走理论和实际相结合的道路。正是因为他具有这样一种科学严谨的学风，他的研究成果才令人心悦诚服，经得起历史和实践检验，并为广大干部群众乐于接受。今天，我们纪念艾思奇同志，应该认真学习他对待马克思主义的科学态度和治学精神，尤其要像他那样始终坚持理论联系实际的学风，为继续推进当代中国马克思主义大众化，更好地用中国特色社会主义理论体系武装全党、教育人民，为发展中国特色社会主义、实现中华民族伟大复兴作出新的贡献。

纪念艾思奇诞辰100周年活动在云南腾冲举办

4月1日至2日，中共云南省委宣传部、保山市委在云南省腾冲县举办纪念艾思奇诞辰100周年活动，校委委员、哲学部主任贾高建出席纪念活动，并作题为《学习艾思奇同志，促进马克思主义哲学的创新发展》的发言。

贾高建在发言中指出，作为我们党在理论战线上的忠诚战士和杰出的哲学家，艾思奇同志对马克思主义哲学在中国的传播和发展作出了不可磨灭的贡献。一方面，当代中国社会发展的实践充分表明，马克思主义哲学是指导我们事业发展的科学世界观和方法论，只有坚持这个世界观和方法论，我们才能不断前进，反之就会遭受挫折。另一方面，新的实践也对马克思主义哲学提出了新的要求，只有将我们的理论在以往成果的基础上不断推向前进，才能更好地发挥其指导作用。作为新时期的马克思主义哲学理论工作者，我们应该以艾思奇同志为榜样，深入研究当代实践中的重大问题，促进马克思主义哲学的创新和发展。

中共云南省委常委、省委宣传部部长张田欣出席会议并讲话。中央党校、中国社科院、国防大学、艾思奇同志亲属及生前友好，云南省直有关部门领导和省内部分高校的专家学者、各州市党委宣传部有关负责人及保山市、腾冲县党政领导、社会各界代表600多人参加纪念活动。

教学教务

加强学科建设，提高教学质量

——在全国党校系统第四次教学改革研讨会上的讲话

（2010 年 11 月 6 日）

李 景 田

同志们：

全国党校系统第四次教学改革研讨会今天在深圳召开。刚才王荣同志作了热情洋溢的致辞，张家声同志就干部教育培训改革作了很好的讲话，他们的讲话对开好这次研讨会有着重要的指导作用。这次研讨会的主要任务是，以党的十七大和十七届四中、五中全会精神为指导，学习贯彻《中国共产党党校工作条例》和《2010—2020 年干部教育培训改革纲要》，深入研讨党校如何适应新的形势和任务，加强学科建设，提高教学质量，开创党校教育事业新局面。

一、进一步明确党校教育培训的任务

中央对干部教育工作一直非常重视。十七大以来，召开了全国干部教育培训工作会议、全国党校工作会议，颁布了《党校工作条例》以及《2010—2020 年干部教育培训改革纲要》，为今后一个时期的干部教育培训工作指明了方向。9 月 27 日，近平同志在浦东干部学院座谈会上发表重要讲话，站在党和国家大局的高度，深刻把握干部成长规律和党校教育规律，特别有针对性地对干部教育培训工作和党校教育工作提出了要求，进一步明确了党校教育的任务。

（一）突出抓好理论教育和党性教育，着力提高干部思想政治素质和道德品质，是党校教育培训的首要任务

理论教育和党性教育是党校干部教育培训工作的传统和优势，是看家本领。在理论教育上，重点是要抓好中国特色社会主义理论体系的教育。为了从源头上学懂弄通中国特色社会主义理论体系，就有必要抓好马克思列宁主义、

毛泽东思想经典著作的学习教育。要在教学计划中安排马克思主义经典著作课程，专门讲授一些有代表性的篇目，指导学员把马克思主义经典著作的学习同马克思主义中国化最新理论成果的学习结合起来，更好地掌握马克思主义立场、观点、方法。

在党性教育上，要抓好党的优良传统和中华民族传统美德教育。要把继承和弘扬党的优良传统作为必修课，教育干部牢固树立正确的世界观、权力观、事业观，永做人民公仆。要把加强道德品行教育的任务突出地提上干部教育培训日程。在教学布局和课程设置上，加大这方面的分量和力度，坚持用共产党人的道德观和社会主义荣辱观教育干部。

（二）加强领导能力培训，促进干部执政能力提高，是党校教育培训的重要内容

强调干部教育培训工作要突出抓好理论教育和党性教育，决不意味着可以忽视领导能力教育。《党校工作条例》规定了“一个中心、四个方面”的教学新布局，其中战略思维和世界眼光实际上就是能力方面的内容。对此，不能放松。

在加强能力培训方面，对于基层干部来说，既需要具体工作技巧、具体工作方法的培训，也需要宏观分析能力的培养，让他们通过一个个案例的学习，既增长具体领导经验，又总结和掌握共性的东西；对于中高级领导干部来说，则更需要重视世界观、方法论、战略思维和世界眼光的培养。目前，案例教学受到广泛的重视，也被实践证明是提高领导能力的有效办法，一定要坚持下去。特别要引导领导干部，从个案的“技”和“巧”中悟出“论”和“道”来。

（三）正确把握培训需求，增强教学针对性和实效性，是党校教育培训的迫切要求

《改革纲要》强调干部教育培训要形成以培训需求为导向，组织调训为主、自主选学为辅，激励与约束相结合，规范有序、健全高效的运行机制。对这些要求，要认真学习领会和贯彻。不讲求需求的培训，无的放矢，是不会有效果的。但对培训需求，则要全面地看。它首先是国家需求、组织需求、岗位需求，是党的事业发展需要什么就培训什么，干部履职尽责需要什么就培训什么，而不能仅仅理解为是干部个人的需求。干部的个人需求，在培训中要充分考虑和照顾，但对个人需求也要做实事求是的分析。干部个人需要加强培训的内容在需求调研中有可能发生主客观不统一的情况。譬如，有些干部缺乏马克思主义理论素养、党性修养，但在问卷中不一定能得到真实反映，没有哪一个

干部愿意承认自己在德方面有缺失。正因为如此,《改革纲要》特别强调坚持组织调训为主、自主选学为辅。

对干部的政治理论培训、党性教育、党和国家重大部署等重点内容培训,要坚持实行组织调训;对主要领导干部、重点岗位干部等,要实行点名调训,并长期坚持。在坚持和完善组织调训制度的同时,对新知识、新技能、新信息的培训开展自主选学,以满足干部多样化学习需求。

(四)加强学科建设,形成党校学科优势,是提高党校教育培训质量的基本建设和当务之急

加强党校学科建设,是《中国共产党党校工作条例》明确规定的。党校教育培训搞得好不好,综合实力强不强,社会公认度高不高,很大程度上取决于学科建设有没有搞上去。

加强学科建设有利于党校更好地发挥“五个方面”作用。锦涛同志在全国党校工作会议上强调各级党校一定要充分发挥培训轮训领导干部的主渠道作用、理论武装的重要阵地作用、推进党的理论创新的生力军作用、建设学习型政党的积极推动作用和领导干部加强党性锻炼的熔炉作用。以往的实践说明,党校要发挥好这“五个方面”作用,重要的依托是理论研究,而学科是理论研究的载体和平台。

加强学科建设是建设“一流学府”的必然要求。纵观国内外,能够赢得一流学府殊荣的,都有各自强势的学科。从总体上看,无论是中央党校还是各省级党校,基本都有哲学、经济学、科社、政法、党史、党建、文史等学科,并且师资阵容强大。正因为如此,党校作为学府才有了基石,并且与普通培训机构区别开来,而要建设“一流学府”,必须打造一流的学科。

加强学科建设是增强党校教学竞争力的迫切需要。当前,干部教育培训的多元化格局已经形成。要进一步巩固党校在干部教育培训中的主渠道、主阵地的地位,必须增强党校的核心竞争力。核心竞争力靠的是一流的教学质量,而提高教学质量,需要搞好学科建设,需要把学科优势转化为教学优势。

加强学科建设是满足学员需求的重要途径。学员到党校来学习,最希望了解和掌握当今中国和世界最新的思想理论成果,进一步获得运用理论解决现实问题的观点、思路和方法。党校教学要真正满足学员需求,就要求党校教师成为党校某一学科领域的专家,并且力争成为一流的专家,形成有代表性的理论研究成果,提高教学的学术含量。

二、以教学为中心加强学科建设

教学工作是中心工作,党校一切工作都要围绕教学工作进行,为完成教学

任务、提高教学质量服务。各级党校经过多年的实践，学科建设工作取得了明显成效，打下了很好的基础。但也要看到，对于学科建设这一关乎党校长远发展的基础工程，还有一些问题没能得到很好的解决，其中一个突出问题，就是学科建设与教学存在脱节的情况，学科发展不能完全适应教学布局的需要。这个问题需要抓紧研究和解决，切实发挥好学科建设为教学服务的功能。

（一）围绕“一个中心、四个方面”的教学布局，推进学科建设

党校在长期的教学实践中逐步形成了“一个中心，四个方面”的教学布局。“一个中心”要求把马克思主义理论作为党校的主课，以学习中国特色社会主义理论体系为中心，引导学员掌握马克思主义的基本理论和基本方法。党校的学科建设首先要立足于“一个中心”，重点建设以中国特色社会主义理论体系为主的马克思主义理论学科。

同时，学科建设要积极适应“四个方面”。就是要着眼于全面提高领导干部的素质和能力，围绕夯实理论基础、拓展世界眼光、培养战略思维和增强党性修养，从不同学科的角度进行细化研究和深入研究。

（二）学习借鉴国内外学科发展的有益经验，遵循学科建设的一般规律

国内外学科发展的经验表明，学科的发展，教师队伍是关键。建设一流学科，首先要有一批被学界所公认、有学术影响力的学科带头人。学科带头人直接关系到学科队伍的成长和学术研究的水平。翻开中央党校的历史，正是有了像杨献珍、艾思奇、郭大力、何其芳这样的学科带头人，才带动了党校哲学、经济学、文化学等相关学科的发展，奠定了这些学科在当今学术界的地位。

学科的发展要以教材建设为依托。任何学科的存在，都要依赖于相对确定的研究对象、相对独特的方法论和相对独立的命题。这些只能由这个学科赖以名世的、最基本的教材来统领和支撑。所以，根据党校教学的需要，制定教材建设规划，编写出规范化、系列化的教材，产生一批有代表性的精品教材，是党校学科建设的重要内容。

学科的发展要抓好一批重点学科、品牌学科的建设。党校要通过不断努力，逐步做强具有党校特色的学科品牌。这些学科作为党校的拳头产品，能够与国内外的领先学科对话，能够与其他高校或研究机构的同类学科一争高下。

学科的发展越来越重视学科的交叉和融合。党校教学要应对学员在实践中带来的事关全局的重大问题，需要的是多学科的广阔视角和分析方法。比如民生问题、城镇化问题，等等，如果不从社会学、经济学、政治学、文化学、历史学等不同学科角度来研究，而仅仅局限于某一个学科，对问题的认识难免会有失偏颇。这就要求党校搞学科建设，要重视学科之间的交流与协作，通过不

同学科的互动和共同作用更好地满足教学需求。

（三）从党校教学实际出发，进一步建设具有党校特色的学科体系

“党校姓党，又是学校”，这一定位决定了党校的学科建设既要遵循学科发展的一般规律，又要突出党校特色。

与一般的国民教育相比，党校教学更加强调理论与实践结合。领导干部进党校学习，并不苛求教员代替学员解决实践中的具体问题，但希望学到能够用来有效解决实际问题的理论、思路和方法。这种以“解决实际问题”为最终导向的教学，是“实事求是”思想路线的具体体现，是党校教学的特色和优势。由此决定，党校的学科研究，必须放在社会经济政治生活的大背景下，放在改革开放的生动实践中，把学科理论热点与培养领导干部的任务和目标结合起来，与解决改革发展稳定中的重大理论和现实问题结合起来，实现理论研究和社会实践的统一。否则，你的学科建设就没有生命力。

党校在长期的发展中已经形成了一些具有党校特色的优势学科，要继续深化和拓展这些学科。如马克思主义哲学、经济学、科社、政法、党史、党建、文史等学科，要重点发展，重点扶持，把这块阵地做强做大。同时也要围绕党和国家工作大局，适应党校教学需要，大力发展领导干部所急需的，符合党和国家事业发展方向的新兴学科、应用学科，并逐步建设成为党校独有强势学科。

三、以学科建设为抓手深化教学改革

以教学为中心推进学科建设，根本目的是要将学科优势转化为教学优势，把学科建设的成果转化为教学的成果。为此，要坚持以学科建设为抓手，进一步深化教学改革，不断提高党校教学质量和水平。

（一）以学科为基础，培养名师大家

从实践来看，名师大家不是自封的，也不是包装宣传出来的。党校教师要成为名师大家，必须具备较强的学术能力和较高的教学水平，经得起党校课堂的检验。而党校采取的主要是专题式教学，专题往往是根据一定时期经济社会发展的难点、热点问题来确定，变化较快，跨度也大，老师承担的讲题也相应地变，这就使教师疲于应付，不仅影响教学效果，也不利于教师的学术积累。因此，对于研究专题的设置，既要紧密围绕党和国家发展的战略部署，又要以学科为基础，使两者有机结合。通俗地讲，就是把教师“打游击战”变为“打阵地战”，把各个研究专题的教学过程变成学术积累的平台。

教学讲题的设计同样也要以学科为基础，寻找讲题与学科的结合点。如果

讲题设计得太宽泛，老师讲课要涵盖多个学科往往力不从心，并且很难深入下去，这就像“赤脚医生看通病”。其实，党校本来就有相对完备的学科，如果针对某个专题从不同学科的角度来设计讲题，把原来的“赤脚医生看通病”变成“专家会诊”，既可以发挥教师的学科优势，又能为学员提供多学科的分析视角，引导他们对某个方面的问题做深入地研究。

要真正做到以学科为基础培养名师大家，还要在教学中大力引入竞争，形成有利于选拔和培养优秀人才的氛围。竞争可以择优。通过建立竞争机制，打破了论资排辈的陈规，使研究能力强、教学水平高的教师脱颖而出，成为党校课堂的台柱子，逐渐成长为党校的名师大家。对于那些教学效果不够好的教师，则要创造条件，帮助他们再充电、再提高，特别是鼓励他们搞好科研，更好地打有准备之仗，改进教学效果。

（二）加强教材建设，固化和延伸教学成果

党校课堂教学的时间很有限，而阅读教材是一个延伸学习的过程。但目前有一些教材，教员不讲，学员不看。要抓紧改变这种状况。

教材是学科研究成果的物质载体，党校教材的编写必须反映学科领域的经典理论和前沿成果。教材的编写还应符合规范性和学术性的要求。教材编写没有集合经典理论和前沿成果，不合规范，学术水准不高，甚至没有学理基础，没有逻辑框架，体例也不规范，势必不受欢迎，发挥不了应有作用。

当然，教材建设也要与时俱进。虽然好的教材囊括的思想、理论、观点和方法会历久弥新，但是对于那些经过历史沉淀的经典理论，还要不断地挖掘其蕴涵的学术价值和时代意义，对于新时期的理论成果也要不断地发展和完善。适当的时候，也可以集全国党校之力，组织一批专家学者，编写一套适合全国党校系统使用的精品教材。

（三）优化资源配置，提高党校系统的学科建设水平

长期以来，各级党校在加强学科建设、提高教学质量方面做了大量工作。大力加强各级党校的交流与协作，进一步整合优化党校系统的教学资源，在师资、课程、教材等方面实现资源共享、优势互补，有助于不断提升党校系统的学科建设水平和教学水平。

要继续完善全国党校系统的教学联系机制，及时总结和推广各级党校在教学中的好做法、好经验。同时，要创新交流协作的方式和途径。有人建议，待条件成熟的时候，在全国党校系统开展教学评奖，通过评奖打造一批精品课程，推出一批骨干教师，带动一批优势学科。是否可行，请大家讨论。

借这次会议的机会，我还想就改进文风的问题简单说几句。改进文风是党

的十七届四中全会提出的明确要求，习近平同志也对此发表了专门讲话。党校应该是领风气之先的地方，改进文风针对的不仅仅是领导干部，党校的教研人员同样也面临这个问题。教师无论是讲课还是写讲稿、写文章，都应该避免空话、套话，要加大科研的学术含量和讲课的科研含量，要加强社会调研，增强教学的针对性和实效性，防止和避免泛泛而谈，人云亦云。希望党校教师在树立和倡导优良文风方面发挥表率作用。

同志们，党的十七届五中全会通过了《中共中央关于制定国民经济和社会发展第十二个五年规划的建议》。贯彻落实五中全会精神，党校人责任重大，使命光荣。让我们满怀信心，共同努力，抓好学科建设这一事关党校长远发展的基本建设，努力提高党校教学的整体水平，开创党校教育事业的新局面，为实现“十二五”时期经济社会发展的目标任务作出新的贡献。

乐 读 记*

李 书 磊

读书改变人生，却往往很难说是哪一本。当然某一本书也会对人生作用非凡，特别是经典，“辛苦遭逢起一经”、“半部论语治天下”的道理古今相同，但更经常塑造人生的还是持续不断的广泛阅读，是不同年龄、不同境遇下的随缘涉猎。潜移默化，润物无声，在博览群书中反省经验、变换气质。所以古人特别主张“读万卷书”，主张“饱读”。这次编辑的约稿以“一本书”为体例，也很好，但作为开篇，我还是笼统地说说读书，不算是这个栏目的正文，可算是序。

我主要说说读书的乐趣。不仅是读闲书才有乐趣，读有用的书也会意趣盎然。其实只要心志开阔，有对万事万物浓厚的兴趣，读“闲书”也会很有用，读“有用的书”也可以不离性情。马克思的文字汪洋恣肆，恩格斯平实深厚，列宁神采飞扬，他们的理论都是可击节浮白的好文章。我还记得上初二时读《列宁选集》欣喜若狂的心情，列宁那种再三下定语的句式，那种极而言之的语气，那种斩钉截铁的设论，都使我羡赞不已。当时是在油灯下朗读列宁的文章，觉得这样的大好文章不朗读不足以表达热爱的心情。后来在大学上中国古代文论课，读到“元气淋漓”这个词，我一下子就联想起了列宁的文章。马克思的文章洋溢着一个伟大“先知”的豪迈，他的思辨与逻辑更血肉饱满。我其实特别喜欢封面是黑底红字的老版《马克思恩格斯全集》，这个版本的译笔很放得开，译得情采跳跃，我觉得是深得马克思的笔意。我把这套书放在书房门口的书架上，有时进书房随手抽一本来到书桌前，随便翻开读上几页，都会多有新得，感到莫大的满足。这套老书翻开来纸色黯淡，也觉格外亲切。我曾向中央编译局的专家建议，修改马恩著作的译文可否设定“能不改就不改”的原则，特别是对大家耳熟能详、出口可诵的语句，如果不是意思真错了最好是不要改，可此可彼的译文最好是仍旧，不要轻作无谓的字词改动。改动那些早已入脑入心的警句真是让人痛惜，经典的严肃性、权威性很大程度上来自其

---

* 本文载《中国党政干部论坛》2010年第10期。

稳定性。而且最好要特别注意保留马克思的文采、文气，因为马克思的著作不应是放在图书馆备查的文献，而应是在人间流布的火种，有文方可行远。我作此建议的心情特别强烈。

中国的古书读来则很有亲近感。古书既是母语，也是“语母”：今天用的字能在古书中找到真切的出处，有时意思略同而又有微妙出入，一下子增加了对这个字的理解，有悠然心会之喜，这个字以后再看见也有了新的色彩。写文章时会不自觉地化用一个字词的古义，让现代汉语的文章中透出些异样的气氛，感到很自得，也算是对古人一种新的发扬吧。古书中的字词有时特别入骨，状述一个情景、一种情态特别贴切、准确，让人怦然心惊，对比之下我们今天的用词则常常涣散无力，达意而已，说不上传神。重温古人遣词让我们对母语有新的觉悟，于现代生活的匆忙中体会到古人的细察深思，也意识到我们守护语言的责任，应该经常淬火保持字词的锋利。

读古书也是件轻松的事。古代的经史也不是高头讲章，多是故事，很好读。《论语》是一部回忆录，有情节，有场面，生动得很，所以孔子的话就能不知不觉地说到人心里去。学生记孔子言行也不搞“三突出”，很家常，仿佛是无心记下的见闻，一时不是很高大的形象也都不省略。“子见南子，子路不悦”，估计是嘀咕了一些难听的话，孔子脸上就挂不住了，赌咒发誓说自己没有别的心思，否则“天厌之”。这一个细节就让我感到《论语》是可信的，对孔子那些听来调子很高的夸奖大概也是写实的。《论语》笔调平和自然，悠哉悠哉，一读就读进去了，两千多年之后也好像是在从夫子游，变成了他的学生。我是当年批林批孔时开始读《论语》的，那时读的是北京大学哲学系工农兵学员的“批注本”，从这样的本子入门肯定不会有对孔子的神化问题。惟其不神化才更能得其真义，才更能秉持素心体会其价值。那时都称孔子为“孔老二”；现在平心而论，“孔老二”虽然不敬但也不恶，不像称林彪为“林贼”那样狠，也使圣人有了些烟火气，不隔膜。《论语》还有个好处是一条一条地不连贯，这样随手翻开就能读下去，没有非得正襟危坐的压力。《孟子》可以说是一部游记，写孟子到了什么地方、见了什么人，当然主要是说了什么话、怎么说的。孟子说话很冲，滔滔不绝，是用食指点着人说话的样子，语调昂扬。他把一套道理说得很完整，算是有点理论性了，但因为语气充沛也不觉得枯燥。孔子对学生说话也大都和颜悦色，孟子对国王说话却经常疾言厉色，显得很可爱。孟子周游可以说是谋职也可以说是跑官，拔高点说是为了“行道”，不管怎么说都是有求于人，他却仍然用这样居高临下、势如破竹的语气，可见他所说的“浩然之气”是真的。

《孟子》有青春气，少年时代读有同怀之感，现在读则有对少年的羡叹。本应是古人为老，我辈为少，但有时情景恰恰反转过来；从古人处汲取得少年精神，也是读古书的一种奇缘。

虽说经史难分，但读史还是有读孔孟所难有的体验。中国古史记载的多是货真价实的帝王将相，他们其实与孔、孟这样总是候补的士大夫看问题角度有别，行事也不同。史书记载的事更真实、更残酷无情，更反映惨淡的人生，也更能反映惨淡人生中的英雄与圣贤，是实践着的善恶，比单纯口说心怀的善恶更结实。大学时代读《通鉴纪事本末》，常感觉沉重得透不过气来，事件往往是沉痛的悲剧，事件的展开又环环相扣、密实压抑，真有“一篇读罢头飞雪”的慨伤。后来读《资治通鉴》本文就缓和了不少，一个大事件中又夹杂着许多不甚相关的小事情，可以冲淡一些，换换心情。今天说起“案例教学”我总想起《资治通鉴》，每一页都是大大小小的案例，一个事情是怎样发生的，当事人是什么态度，是怎样应对的，结果如何，都很完整，作政治训练是不可多得的好教材。我有时想这书取名叫“鉴”，比作镜子，真是再贴切不过了；虽然“以史为鉴”是老生常谈，但真正细想起来还是感叹比喻得真是好。读史难免是把自己放到里边的，读到险恶而内心悸栗，读到忠直而肃然起敬，参照之下忽然明白了许多事情，非“鉴”而何。纪传体史书要更活泼一些，不是以国家而是以个人为传主，有个人的命运，有更丰富的喜怒哀乐，更鲜明的面容。

读史决不仅仅是学得经验，还增进对世界的理解，增进觉悟。说读史是修身一途，也不仅仅是指阅读中内心激浊扬清的是非判别，还指的是心智与境界的扩展。把世代沧桑、万千人物装在心里，会是怎样一种有容乃大的气象。高亨写毛泽东“掌上千秋史，胸中百万兵”，或许只有“掌上千秋史”，胸中才能有百万兵。日常读史会感到心胸开阔，放眼一千年、两千年的历史，不禁豁然开朗，身边的些小恩怨还算得了什么。读史也加深我们对自己国家和文化的了解，祖国每一片土地上发生过的一切都关系我心。自将磨洗认前朝，牧童拾得旧刀枪，茂密庄稼、新起楼群下的土地曾经历无数故事，步行走过生出无限的珍惜之情。我们今天还在延续祖国的历史，我们就是古人预言和期待中的人物，在履践并修正着从前的因果，我们要在今天的四海风云中把祖国引向光明。

古人说“右史”“左图”，其实不仅仅历史，所有的学问都与地理相关。读地理著作别有喜悦，“游记”、“风土记”、“岁时记”，但看书名就让人心驰神往。《徐霞客游记》我有两个版本，一是上海古籍社的增订本，一是商务印书馆影印的民国时期丁文江编本，都字大行疏，无事读来特别休闲，徐霞客笔下的山川古道、桃花杨柳，仿佛就在我眼前伸展。地方史志也可以看做是地理文献，出差到陌生地方，夜晚在旅馆的灯下读当地的志书，挥笔圈点，也觉得乐莫大焉。

概 况

2010年，教学工作以突出抓好马克思主义理论教育特别是中国特色社会主义理论体系教育和党性教育为首要任务，围绕建设“一流教学”目标，抓住完善教学布局、推进学科建设和加强学风建设的机遇，加大教学改革力度，完善教学管理机制，提高教学质量。

办好重要班次和主体班次。 1. 重要班次。2月3日至7日，中央在中央党校举办省部级主要领导干部深入贯彻落实科学发展观加快经济发展方式转变专题研讨班，中央党校承担和完成有关教学组织工作。

2. 主体班次。全年共完成进修班、培训班、专题研讨班、师资培训班等32个主体班次的招生工作，培训学员3202名，其中省部级干部476名、地厅级干部765名、中青年干部395名、县委书记388名、新疆西藏少数民族干部310名、高校系统骨干教师868名，充分发挥党校在干部教育培训中的主阵地、主渠道作用。

3. 其他班次。首次举办境外培训班，选调全国大中城市市委书记、市长共24名学员赴美国乔治城大学进行培训。还承担中纪委、中组部等单位委托举办的多个专题班的教学组织和实施工作，培训学员2370名。中央党校作为中央国家机关司局级干部选学试点工作七家施教单位之一，开设干部选学专题班和讲座，组织来自试点单位的251名司局级干部参加学习。

推进招生和学籍管理工作制度化建设。 修订《中共中央党校学员管理若干规定》，提升学籍管理工作的科学化水平。紧密围绕党的中心工作，找准中央党校在干部教育培训大格局中的定位，结合党校教学的优势特色，坚持按照以需求为基础的培训计划生成机制，科学制定培训计划，重点突出理论教育和党性教育。在2011年的培训计划中，增设省部级干部“中国特色社会主义理论体系”高级研修班和厅局级干部“中国特色社会主义理论体系”专题研修班，重点选调近5年来没有参加过中央党校2个月以上系统理论学习的高中级领导干部，增强培训计划的针对性和科学性。

确立教学改革的新思路。 1. 围绕建设“一流学府”战略目标，明确提出：建设“一流学府”，关键要有一流的学科和一流的教学；打造一流教学，必须进一步深化教学改革，充分发挥党校的学科优势；深化教学改革，必须确立“以改革创新机制、以机制促进竞争、以竞争打造精品、以精品推出名师”的新的教学改革思路，从而打造党校教学的核心竞争力。

2. 按照新的教学改革思路，在教学管理的体制机制上采取一系列新的改革措施。一是在进修班的教学组织上全面推行项目制管理，明确项目组的角色定位，明晰项目组长的职责，并加大考核激励的力度。二是在培训班的师资安排上实行竞争上岗、末位调整，教学任务的安排不搞人人有份，更多地安排教学效果好的教师上讲台；既对学期教学效果评分在本班排名第一的教师给予下一学期排课优先和一定奖励，又对教学效果明显较差的教师进行暂时调整并同时提出充电提高的要求，从而提高其重返课堂的教学竞争力。三是针对不同班次和不同课程，对原有的教学评估指标进行合理的调整和完善，使之对教学效果的反映更加科学合理。这一系列新的教学改革措施的出台，既极大地激励了教师把更多的时间和精力用于提高教学质量，也打破了过去长期存在的论资排辈陈规，促进了一批优秀中青年教师脱颖而出。

3. 加强学风建设，进一步改进文风。贯彻落实习近平提出的“努力克服不良文风，积极倡导优良文风”的重要讲话精神，从教员与学员两个方面积极开展形成优良学风与文风的教学改革实践。印发专门的教学提示，引导教师从讲稿撰写到课堂讲授，都要避免空话、套话，加大讲课的科研含量和科研的学术含量，加强社会调研，切实增强教学的针对性和实效性；改革考核方式，中青年干部培训一班“中国特色社会主义理论体系与当代实践”课程的考核采用撰写读书报告的形式，中青年干部培训二班“中国特色社会主义理论体系基本问题研究”课程的考核采取答辩形式，引导学员养成真学、真思、真懂、真用的优良学风与文风。

突出理论教育和党性教育。1. 突出抓好中国特色社会主义理论体系教育。进修班各专题的教学设计，坚持以问题为导向，既体现中央的战略部署和国家的方针政策，又紧密结合学术界关注的重大问题，把理论维度、现实维度和历史维度有机结合起来，引导学员对所研究专题领域中的重大理论和实践问题、热点难点问题进行深入学习和思考，着力提高其自觉贯彻党的基本理论、基本路线和基本经验的自觉性、坚定性。中青年干部培训班的教学设计，坚持以系统学习中国特色社会主义理论体系特别是科学发展观为主，注重理论维度与历史维度的统一，通过把学习中国特色社会主义理论体系与学习马克思列宁主义、毛泽东思想相贯通，与研究改革开放和现代化建设的重大理论与现实问题相结合，进一步完善中国特色社会主义理论体系的教学框架，着力提高学员的马克思主义理论素质和领导能力。在民族干部培训班的教学设计中，按照中央的要求和战略部署，同时更加紧密地结合民族地区发展稳定的实践，及时优化充实民族班的课程结构和教学内容，更有针对性增加与新疆西藏区情有关的教学讲题，着力培养民族地区学员的战略思维和执政能力。

2. 突出抓好党性教育。坚持学习理论、提高能力和增强党性相统一。采取多种形式把党性教育活动贯穿于入学教育、课堂教学、社会调研等各个教学环节，发挥党校的理论优势和学科特点，着力建设具有中央党校优势的课堂化的党性教学框架。首次将党史专题教学纳入党性教育的教学，秋季学期培训班开设系列化的党史专题课。通过讲授党的重大历史事件、重要历史人物来增强学员的党性观念。贯彻落实习近平 9 月 27 日在中国浦东干部学院座谈会上的重要讲话精神，及时在进修班增设“党性教育专题课”教学单元，开设“学习《中国共产党章程》，提高党性修养”、“改革开放的历史进程及其历史经验”、“反腐倡廉建设”、“中国古代官德”等教学讲题，突出党性教育的学科支撑与历史参照。

创新教学方法。深化研究式教学的内涵，创新教学方法，加强教学互动。继续采用课堂研讨式、课题研究式、讨论交流式和学员课题组式等多种教学形式；进一步加大教学研讨的力度，创新小组讨论、双向交流的组织形式，通过集中讨论题目加大对话的深度和交锋的力度；利用学员资源加强班际间交流，继续举办多种形式的学员论坛，促进学学相长；通过完善教学评估体系，引导教师提高案例教学的质量和水平；加强教学基地建设，进一步规范体验式教学，不断增强教学的吸引力和感染力。进一步满足学员的个性化学习需求。6月至7月，中青年干部培训一班开展学员个性化定制培训试点。通过指导教师与学员一对一共同制订培训方案，根据学员需求确定培训主题，采用研讨、讲授、读书交流、论文指导等多种教学方式，个性化定制培训的试点获得教师和学员的双向好评，普遍认为该种培训形式新颖，针对性强，互动深入，较好地实现教学上的因材施教和量体裁衣。在总结试点经验的基础上，11月下旬，中青年干部培训一班继续进行第二次试点，也获得学员的一致好评。

精心组织教学。1. 认真组织教学，不断增强教学组织的科学性。策划和组织全校“形势与任务”报告，完善与报告人联系制度和教学情况反馈制度。起草、修改、上报外请报告计划2份，报告邀请函40余封，组织外请报告36场，组织报告稿近20篇，为相关报告人复制、邮送报告光盘120余盘。统筹协调中央党校远程教学网上课程的组织安排，及时对远程教学内容进行了增补调整，组织筛选主体班课程218讲上网播放。党的十七届五中全会召开以后，及时组织教学效果好的骨干教师开设“学习贯彻党的十七届五中全会精神”辅导专题，受到学员和地方党校的广泛好评。

2. 强化保障协调，提供精细化的教学服务。安排学员论坛、研讨会和各种讲座课200余次。招生班次数量增多，外请报告人授课时间调整较多，因此，教室紧张和排课难度大，坚持提前做好沟通协调，严格调课纪律，每日课堂巡查，发现问题及时解决，确保全校教学的高效有序运转。完成审核、统计、发放教学任务津贴和远程教学课金。帮助教员了解和提高自身授课效果，及时为每一位教员的新设讲题刻录授课光盘，并尽量录制和储备教员的授课资料。安排近200人次外请教员事务和各类教学活动的用车保障。

3. 完善教务管理制度，不断细化教务管理职责。建立相关教学部门和教辅部门工作交流机制，定期沟通和听取建议；确定“形势与任务”报告的工作流程和排课规范，进一步推动教务工作的制度化、规范化。

完善以教学为中心的学科建设新布局。1. 以学员需求调研为基础，改进研究专题设置。增强研究专题的科学性和规范性。面向全国各省区市党委组织部门、中央国家机关组织人事部门和拟参加中央党校培训的学员，开展需求问卷调查。在此基础上确定研究专题，主要定位于中国经济社会发展中的中长期问题。这既有利于学员在战略思维的层面上进行专题研究和学习，又有利于教师相对固定学术方向，进行学科分工和学术积累。

2. 以学科分工为基础，优化专题设计。通过对全校教师进行学科摸底和公开征集教学讲题，引导教师按照“一个中心、四个方面”的教学布局来确立自己的专业研究方向和讲题。在此基础上，进一步改进教学计划生成机制，通过召集各教学相关部门的专家和在校学员进行多轮研讨和论证，从多学科角度优化教学讲题设计，进一步提高教学计划的规范性和科学性。

3. 加大学科建设的资助奖励。依据《中国马克思主义研究基金会章程》，制定《中国马克思主义研究基金会中央党校学科建设资助奖励办法（试行）》，经过筛选和评审，有 4 个重点项目和 10 个一般项目立项。

确立与新的教学要求相适应的教材体系。1. 加强教材编写，丰富教材体系。组织重点教材《科学发展观研究》、《社会主义和谐社会研究》，规划内教材《法学专题研究》、《当代中国民族宗教问题》（修订本）、《环境与可持续发展：加拿大的经验与启示》等书稿的打印及送审工作；参与《人口理论概要》（修订本）的审定工作；完成《中央党校老讲稿》的收集、初选、打印、校对和《中央党校讲稿选编》的编选出版工作。根据不同班次教学内容调整的需要，为学员选用包括《中国增长模式的抉择》、《改变未来的金融危机》、《社会保障制度建设》等内容新颖、符合专题教学需求的外版教材，及时充实丰富教材体系。

2. 规范教材工作，提高运转效率。针对教材和讲稿工作中出现的外购教材种类和数量增多、发放班次增多和印制种类增多等新特点，在继续实行专人分工负责的同时，通过进一步透明运转流程和细化管理规定，按时按质按量地完成教材工作。发放各类教材 132 种，印制并发放各类讲稿和教学计划 865 种共计 34 万份。

加强对地方党校和分校的业务指导。1. 发挥对全国党校系统教学改革的引导和促进作用。5 月底，在北京组织召开全国省级党校教务工作恳谈会。会议结合中央党校深化教学改革、建设“一流学府”的大讨论，交流全国省级党校推进教学改革的做法与经验，深入研讨新形势下如何进一步增强党校教学的针对性和实效性问题，为全国党校系统进一步明确教学改革的思路起到示范作用。11 月 6 日至 7 日，全国党校系统第四次教学改革研讨会在深圳召开，会议围绕加强学科建设这一主题，广泛交流全国党校系统学科建设的做法和经验，并就进一步加强和创新全国党校系统的学科建设工作达成广泛共识。

2. 不断深化对分校教学管理的指导和协调。举办各类分校班 143 个，培训学员 6340 人。5 月至 6 月，对中央直属机关分校、中央国家机关分校、国务院国资委分校所属的 17 个走读类班次进行了教学管理质量的调研。以抽查考试的形式对分校的办学效果进行了督促检查，全年共组织四个分校 10 个班次共 389 人的抽查考试工作。举办分校成立 30 周年系列庆祝活动，主要包括召开庆祝中央党校分校成立 30 周年暨表彰大会，拍摄一部反映分校发展历史和成就的电视专题片，编印一本纪念册。

附录1：

春季学期教学基本情况

春季学期，教学工作进一步推进中国特色社会主义理论体系（特别是科学发展观）进课堂、进教材、进头脑；以建设“一流学府”为目标，继续深化教学改革，严格教学管理，完成教学任务。

一、坚持以中国特色社会主义理论体系为中心，进一步突出科学发展观的学习

继续把中国特色社会主义理论体系作为教学的中心内容，进一步完善教学框架，突出科学发展观在教学中的地位和分量。

进修班的公共必修课继续开设“科学发展观研究”课程，适当调整教学讲题的设置；授课方式从大班教学调整为小班教学。对进修班各研究专题的重大现实问题和热点难点问题，在教学中着重体现中央的战略部署和国家的方针政策，同时，紧密结合相关基础理论，通过学理分析、历史梳理、国际比较，力求找准并涵盖本研究专题的重大理论和现实问题。在课题研究中，加强对学员的指导，把研究问题、撰写研究报告的过程同切实解决实践中遇到的重大理论和现实问题、热点难点问题相结合。

培训班以系统学习中国特色社会主义理论体系特别是科学发展观为主，进一步完善中国特色社会主义理论体系特别是科学发展观的教学框架。调整中青年干部培训一班和半年制西藏民族干部培训班的“中国特色社会主义理论体系与当代实践”课程。在教学中更加注重引导教师从历史和理论相统一的角度，把中国特色社会主义理论体系与马克思列宁主义、毛泽东思想相贯通，与研究改革开放和现代化建设的重大理论和现实问题相结合，力求按照中国特色社会主义理论体系的内在逻辑讲好每一个专题，取得较好效果。

二、以建设“一流学府”为目标，研究教学规律，创新竞争机制

学期初，对近三年全校主体班教学效果评估的数据进行统计分析，发现大约10%～15%的教师的教学效果令学员十分满意；70%～75%的教师的教学效果学员比较认可；10%～20%的教师的教学效果令学员不太满意。经过认真调研，建立健全教学相关制度，创新机制，强化竞争。通过竞争，使真正优秀的教师脱颖而出，承担更多的教学任务，使教学效果长期不佳的教师暂时退出课堂，继续学术积累，从而实现优化教学资源配置、提高课堂教学质量的目的。

经校委批准，修订《进修班教学组织管理实行项目制的若干规定（试行）》（中校字〔2010〕37号），出台《关于优化培训班教师配置的管理办法》（中校字〔2010〕38号），为秋季学期推进教学改革提供制度条件。学期末，在制定秋季学期教学计划的

过程中，按照项目制管理办法的规定，对进修班各研究专题和市地党政主要领导干部进修班（第4期）采用委托和招标方式确定项目组，这一尝试效果很好。

三、抓住教学的关键环节，采取相应举措，增强教学的针对性和实效性

第一，组织跨部门集体备课。针对2009年秋季学期学员普遍反映的进修班公共必修课程教学内容重复的问题，在开学之前，专门组织跨部门集体备课会。通过组织跨部门备课，既加强教研部门之间和授课教师之间的沟通与协调，也有效地解决相关教学内容重复的问题。

第二，完善讲题设计机制。专门召集各教研部（所）和学员部的有关负责人集体研究秋季学期进修类班次各研究专题的教学讲题。完善和补充现有讲题设计机制，通过组织专家集体评议，以学科为基础，优化教学讲题设计，增强教学讲题的学科性和内在逻辑性。

第三，进一步加强对学员“两带来”问题的研究。根据校领导指示，为加强对学员“两带来”问题的研究和回应，教务部联合学员部收集所有主体班次的学员“两带来”问题原始材料，分类整理后印发给各教研部（所）。要求教师认真研究，并在课堂上对学员“两带来”问题给予回应。同时，根据各教研部（所）对“两带来”问题原始材料的研究，组织有关教师对学员普遍关心的其中27个热点难点问题进行解答。把“两带来”问题解答材料汇编成册，作为党校课堂教学内容的重要补充，印发给学员。

第四，探索个性化定制培训模式。根据中央组织部要求，本学期，在中青年干部培训一班完成统一教学任务的基础上，开展学员个性化定制培训试点工作。试点重在因材施教，量体裁衣。根据问卷显示，学员们一致认为，个性化定制培训工作针对性很强，有利于学员的个性化发展，对于深入研究和探讨一些问题意义重大，是一个很好的尝试。

第五，加强民族班教学。3月底，李书磊副校长带领有关部门的同志赴新疆进行为期一周的实地调研。根据调研情况，对新疆县处级干部班教学计划进行调整和完善。这一新的教学方案根据党和国家的战略要求和新疆发展稳定大局的需要，结合民族班领导干部任职的实际需求，调整完善中国特色社会主义理论体系、党的民族宗教理论政策和社会主义现代化建设等有关教学单元，增设新疆发展稳定中的重大问题研究、新疆历史文化专题研究等教学板块，加大领导能力训练课程的分量。

四、以改革考核方式为手段，强化学员读书，加强学风建设

进一步贯彻习近平关于加强读书的指示精神，继续强化对学员读书的要求，对中青年干部培训一班“中国特色社会主义理论体系与当代实践”课程考核形式进行改革，采取撰写读书报告的形式进行课程考核，进一步鼓励学员爱读书、读好书、善读书。贯彻习近平在中央党校2010年春季学期第二批入学学员开学典礼上所作的关于“努力克服不良文风，积极倡导优良文风”的讲话精神，专门给中青一班学员

印发教学提示，对读书报告的考核方式、写作内容、成绩评定提出明确要求，鼓励学员结合课程学习，结合工作实际与思想实际，围绕所读书目阐发学习体会和思考，从而形成有见地、文风好、质量高的务实文章。

改革考核方式是加强学风建设的重要手段。本学期，对中青年干部培训二班“中国特色社会主义理论体系基本问题研究”课程采取答辩式考核，引导学员形成真学、真思、真懂、真用的优良学风，切实加强党校的学风建设。

五、进一步加强教材建设，逐步形成与新的教学体系相适应的教材体系

春季学期以《马列著作选编》、《毛泽东著作选编》、《邓小平文选》、《江泽民文选》、《十一届三中全会以来党和国家重要文献选编》、“三基本”、“五当代”和《“三个代表”重要思想概论》、《执政党建设若干问题研究》（试用本）、《改进文风阅读材料》等为基本教材，同时根据教学内容的需要，选用《中国增长模式的抉择》、《改变未来的金融危机》、《社会保障制度建设》等大量内容新颖、符合专业需求的外版教材。编辑出版《中共中央党校讲稿选编》和5本重点教材之一的《科学发展观研究》。

此外，根据校领导的指示，促进学员对各教学专题内容的理解，开阔学员思路，帮助学员多读书、读好书，本学期还对教师讲稿的推荐阅读书目、阅读书目简介和备课书目简介提出更加规范化的要求。

六、进一步加强教学组织和教学管理，推动教学工作顺利开展

各教研部（所）和教学相关部门认真落实教学计划，积极改进教学组织方式，创新教学方法，课堂教学质量和教学水平进一步提高。

马克思主义理论教研部：第二次整体参与教学工作，承担主体班教学任务16次。从2010年春节前，部领导就带领全部教师认真组织备课，每个讲题都经过集体备课，其中，所有教研人员都参加的集体备课4次，小范围交流讨论性备课多次。开学后，组织集体听课，不仅是听本部教员的讲课，还选听其他教研部教员的讲课。通过多听多学，提高教学水平和质量。进一步明确下班责任，本学期明确要求任课教员必须到任课班次下班，从而增强教学的针对性，提高教员的讲课水平。新讲题的教学水平有较明显的提高。

哲学教研部：所有讲题都纳入竞争上岗范围。在竞争讲题范围内，最近几个学期承担过该讲题并且教学评估在平均分以上者，免于申报和试讲，自动进入该班次的竞争名单。近期未讲授过该讲题的教师，可自由报名竞争。最近几个学期承担过该讲题但教学评估在平均分以下者，必须通过竞争方可重新上岗。申报人在哲学教研部范围内试讲，由教授会议用无记名投票方式进行测评，并提交部务会研究决定。春季学期组织了多次集体备课，以教研室为单位，部领导和相关教员参加，对一些新的讲题和新的授课教员进行集体备课，一是力争对讲课人有所帮助，二是提供了多学科、老中青相互交流的机会，三是营造全体教师关注教学、研究教学规律的气氛，效果很好。在哲学教研部范围内组织教学经验交流。学期初，安排2009年秋季学期在不同班次获得全校教学评估第一名

授课教员，分别在哲学教研部的会议上交流教学体会和教学经验，供各位老师学习、参考和借鉴，提高教学质量和教学水平。

经济学教研部：共承担 12 个班、83 次授课任务，并负责 10 个班次的教学组织及下班。教学班次、授课内容、教学组织都是全校最多。教学工作的突出特点是：一抓讲稿质量。针对过去讲稿重复问题，由主管教学的副主任对同一班次的讲稿进行审稿，严格把关。针对讲稿内容陈旧问题，明确规定凡是专题研究不得使用旧稿。帮助学员了解本学科内容，要求教员对所列书目进行点评，对前沿问题进行综述。二抓全程试讲。要求对年轻教员、新讲题、教学效果不理想教员进行全程试讲，改变过去只讲思路的做法。此外，实行开放式备课，请新疆班学员到备课研讨会现场开展交流与对话。三抓调查研究。利用“走出去”与“请进来”的方式调研。邀请南京大学党委书记来校介绍经验，组织教师到天津南开大学考察学习。深入学员调研，要求主讲教员必须参加“两带来”交流。四抓教学组织。为学员提供丰富的学习材料，增加教学的附加值。注重教学内容的衔接，后面讲课的教员主动听前面老师的课，避免教学内容重复，增强专题之间的系统性。五抓讲题储备。要求每位教员自报 3 个以上自己有研究的专题，从而使教学安排避免教员讲不熟悉的讲题，又使课程设计不断创新。特别是实行项目制教学新模式以后，更有助于项目制负责人安排设计课程。

科学社会主义教研部：主要采取以下措施：第一，安排授课教员严格参考上学期教学效果，实行汰劣制。第二，在总结以往学期教学情况的基础上，继续下大力气抓好集体备课环节，多次组织相关教员进行集体备课会。要求教员把每一次备课都当作真正课堂，讲足两个钟头，然后参会老师就讲课内容、重点、时间分配、例子选用等方面进行点评，教员感到收获很大。

政法教研部：省部班“社会主义民主政治建设”研究专题采用体验式教学，受到各方面好评。组织学员到北京市高级人民法院旁听“天津天麓律师事务所诉国家知识产权局案”上诉审的庭审。事后，合议庭法官应邀来到中央党校与学员就本案及推进依法行政的相关问题进行交流。学员普遍认为，体验式教学加深了他们对于法官尊严和司法权威的直观认识，推动他们对深入推进中国司法制度发展与法治政府建设的思考。教研部主任李良栋教授任教学组长，教学组成员工作认真。地厅级进修班“突发公共事件与危机管理”研究专题的教学内容丰富，形式多样。针对四大类突发事件的处理，通过模拟教学、案例教学和讲授式教学等不同教学方式，深化学员对突发事件应对措施的认识。

中共党史教研部：在中青一班、二班进行教学新尝试，取得较好效果。一是向学员开列党史阅读书目，确定 70 多部近年来出版的有较大影响和价值的党史著作，由教务部印发给学员。二是开展由学员自选题目的小班教学，教学专题计划外，还增设中共领袖人物研究系列专题，由有兴趣的学员选择。中青一班总选课率为 95%，中青二班总选课率为 94%。三是及时调整充实影像教学内容，既体现影像教学的系统性和全面性，又保证影像教学的新鲜感和震撼力，受到学员好评。四是加强下班、研讨和双向交流，小组研讨错开时间，保证每个小组都有教员参加，每个支部单独进行双向交流，主讲教师全部到位。继续坚持和完善过去行之有效的做法，如严格执行教学平均分制度，讲课教员评估分数低于各班平均分的一律调整；严格执行竞争上岗制度，无论资历深浅的教员，都要靠竞争取得讲授资格；加强集体备课，特别是年轻教员讲新题目，要全程试讲。

党的建设教研部：教学工作主要有以下特点：一是按照“课题带动、读书推动”，以科研促教学，在保持教学传统优势的基础上，推动党建教学质量的整体提升。组织课前集体备课，课后热评。开展读书交流活动，推动教学和科研相结合。二是进修班研究专题突出研究定位，及早启动课题，组织调研和研讨，注重党性和能力培养。三是继续改进和规范案例式教学。一方面围绕提高案例教学的质量，进一步规范领导机构、案例来源、案例使用程序、案例教学组织实施、案例教学推进方向等。另一方面尝试灵活多样的案例教学新形式。不同班次坚持讨论式案例教学，也尝试辩论式案例教学、讲授式案例教学和体验式案例教学等多种形式，从中得到一些新的经验与启示。

文史教研部：专题班采取新举措。一是增派下班力量，加强服务，培养教学组织新力量。二是编辑项目组简介，让学员较早了解教员的学术背景。三是一些课程实施1.5（讲授）+1（讨论）的教学方案，学员参与度高，问题意识强，现场气氛热烈。四是加强学员论坛组织，按问题板块组织讨论。另外，加强中青一班、专题班的交流与下班力量。针对中青一班学员思想活跃，文化问题意识增强的情况，选派优秀教师下班，根据学员提出的问题，提前做好分工和准备，交流时言之有物，效果良好。

国际战略研究所：一是打破部门界限，开放组织教学。无论讲题主讲人还是研究报告指导人，都结合教学的要求和学员的需求，根据校内相关教师的专业研究方向确定人选，邀请经济学教研部的多位老师加盟，取得很好效果。二是做好外请教员的沟通协调。在省部班“防范与化解金融风险”专题教学中，邀请6位校外专家授课，承担该班次近一半的教学任务，及时与校外专家进行多次沟通，确保主讲人能够对整个专题教学的主旨、课程构架及他所承担的具体讲题设立的目的、分工的逻辑内容有一个清晰的了解，从而保证外请教员既完成教学任务，又避免讲课内容重复，尽可能发挥外请教师的研究专长。三是重视指导调研报告的选题、调研和撰写，鼓励学员依据自身的实践经验，富有针对性地开展调研，集中调研小组的集体智慧和优势，提出切实可行的政策建议。

进修部：认真贯彻习近平“努力克服不良文风、积极倡导优良文风”的重要讲话精神，加强对学员的学风教育，倡导优良的会风、文风。结合学员党性教育安排内容丰富形式多样的活动。落实《中共中央党校学员管理若干规定》，学员管理工作成效明显。探索促进学员读书学习的有效途径，学期结束前，要求每位学员提交一份读书学习心得体会。各支部通过安排读书交流活动计划，促进学员认真读书。在各支部读书交流活动基础上，组织全部学员的读书心得交流会。整理摘编学员课题研究成果，报送中央领导和相关部门。搜集整理学员公开发表的学习研究成果归档。

培训部：教学组织工作主要特点：一是中青一班的课题研究与社会调研相结合，加强选题引导，尽可能将选题与相关国家部委当前的研究重点相结合。二是中青二班重视学习环节。小组讨论和双向交流时，学员们精心准备，议题明确，实现学学相长、教学相长。参与“读书与从政”交流活动，根据兴趣爱好选择研究主题，成立多个课题研究小组，为社会实践和调研报告撰写打下基础。三是新疆班结合区情开展学员论坛，举办“新疆发展”论坛。四是西藏班开展庆祝“西藏百万农奴解放纪念日”系列活动；成立6个课题组，并围绕相关课题分别举办3次大型学员论坛；举办从政经验交流和其他形式多样的“学学相长”（结对子）活动，效果很好。

研究生院：组织2010年精品课程评选和2009—2010学年度科研成果奖评比活动。推进学位研究生教材建设，4月下旬启动“中央党校学位研究生必读经典书目导读丛书”编辑工作。通过教务软件的网上选课系统，在授课中引入竞争机制。规范2010级新生培养方案及教学计划的制定和开课类型，强调学科基础课以一级学科开设，专业课以二级学科开设，对开课顺序作出规定。

信息中心：建成中央党校情景模拟教学实验室。继续以教学为中心，做好各主体班次课堂教学的电教保障工作。此外，为远程教学和校外分部录像130多讲。为教务部、函授学院、校外分部制作光盘上百学时、上千套。校园新版内网继续加强宽频的内容建设，重点增加校内外的精品课程和有关教学的视频参考资料。数字电视网按照学校的教学计划，紧密配合教学录制电视选修课、学员论坛、“两带来”问题解答等教学课程。

各教学辅助部门和行政后勤部门也各尽其职，保证教学工作的正常进行。

七、推进党校系统的教学改革，加强对分校工作的管理和对地方党校的业务指导

经中央党校校委批准，5月底召开全国党校系统教务工作恳谈会。会议结合中央党校深化教学改革、建设“一流学府”进行探讨，交流各级党校在教学改革方面的做法和经验，重点研讨新形势下如何进一步加强党校教育的针对性和实效性问题。会议对进一步明确全国党校系统的教学改革思路、加强教学经验交流起到推动作用，受到党校系统好评。

分校教学和管理工作取得新进展。在教学安排方面，强化学员自学环节，增加阅读中国特色社会主义理论体系经典原著的分量；参照校内周一晚上讲座的有关教学安排，丰富菜单式教学内容；进一步规范分校专题研讨班的教学设计，提高该类班次教学的科学性和针对性。教务部分校办对中直分校、中央国家机关分校、国资委分校走读类班次的队伍建设、教学管理、学员管理、制度建设、硬件建设及后勤保障等办学情况进行深入调研。适逢分校成立30周年，校委提出，要召开分校成立30周年庆祝暨表彰大会、拍摄一部专题片、编印一本纪念册、举办一个教学管理人员专题班。为此，教务部分校办专门收集和查找历史资料，完成拍摄分校教学典型、撰写相关文字材料等有关筹备工作。

附录2：

秋季学期教学基本情况

“八部一所”教研部门、学员部和其他教学相关部门认真落实教学计划，既坚持以往行之有效的做法和经验，又按照校委的要求，结合教学实际进行新探索，出台新举措，呈现出很多新亮点。

一、推行项目制管理

从这个学期开始，进修班所有研究专题的教学组织管理全面实施项目制，哲学教研部、经济学教研部、科学社会主义教研部、政法教研部、文史教研部、国际战略研究所派出11个项目组，承担相应的教学任务。

各教研部（所）大力支持，项目组组长带领由任课教师、组织员组成的教学团队开展工作。“扩大内需与经济发展”、“社会主义民主政治建设”、“社会稳定”、“城镇化进程”、“文化体制改革”5个第一批组织教学的项目组，暑期提前介入教学，认真研究学员构成，根据专题要求研究教学的具体内容，选定相应的授课方法，着手组建教学小组和下班队伍。经济学教研部承担“学习贯彻党的十七届五中全会精神”专题教学的两个项目组，在全会召开前就组织了专门力量，研究讨论如何设计教学内容，及时把全会精神引入课堂。这两个专题开设的“重要战略机遇期与转变经济发展方式”、“民生与社会建设”、“深化体制改革”等专题课，受到学员普遍好评。

各项目组打破教研部的界限，从全校范围内合理选配师资，并根据教学需要从校外邀请有关方面的专家学者讲课，初步解决因人设课、闭门排兵的问题，确保课堂教学质量。在教学实施中，项目组的教师与班级组织员建立了良好的合作关系，“文化体制改革”、“城镇化进程”等项目组建立每周一次联席会议制度，把教学计划任务分解成每周的具体安排，大家分工明确，及时沟通协调，齐心协力，高质量完成各项教学任务。

推进实施项目制竞争力度。“市地党政主要领导干部进修班”在全校范围内进行项目制公开招标。哲学教研部、经济学教研部和科学社会主义教研部三个教研部门的教授参加投标，经过激烈角逐，最后由哲学教研部边立新教授担任项目组组长。实践表明，因为有了竞争，这个班的教学效果很好，受到学员充分肯定，体现了竞争出效率、出成绩的积极作用。

二、认真落实“竞争上岗、末位调整”

竞争上岗，中共党史教研部、经济学教研部等教研部已坚持多年，其他教研部逐步推行。但末位调整却是新的尝试。这意味着有的教员如果教学效果不好，就不能在同一个班上课，与教员的切身利益密切相关。所以一开始，很多教员存在疑虑，甚至有些抵触情绪。

但是经过一个学期的尝试，发现培训班课堂教学的整体水平上了一个新台阶。教员们反映，有竞争就有压力、有动力，特别是许多中青年教师，把主要精力放到教学和科研上，在学术积累和教学水平上都有新的提高，有的还成为主体班的主讲教师。即使是个别被调整的教员，也对这个做法表示理解和认同，他们认为要提高党校的教学质量，就要有突破，动真格，应该加大竞争力度，实行优胜劣汰。

三、突出抓好以中国特色社会主义理论体系为中心的马克思主义理论教育

加强马克思主义经典著作的教学。中青一班、中青二班、新疆县处班都开设“马列主义经典原著导读”专题课，马克思主义理论教研部、哲学教研部、经济学教研部、中共党史教研部承担了相应的教学任务。哲学教研部还利用“奇思哲学论坛”等多个学术交流平台，举行“经典著作研读”系列活动，组织教员对哲学学科的《德意志意识形态》等三本经典著作进行研读，练好讲原著导读课的“内功”。

各教研部（所）结合教学实际，探索如何提高课堂讲授质量。马克思主义理论教研部采取“研讨式的集体备课”，邀请校外专家围绕专题谈思路、谈观点，借助他人的研究成果深化教员自己对某个问题的理解。同时，把部内同一个讲题的讲稿集中起来比对评析，在内容和结构上进行统一规范。科学社会主义教研部创新集体备课形式，将集体备课会开成一个小型的学术研讨会，促进资源共享，教师更好地吸收不同的意见和建议。政法教研部、中共党史教研部则对一些新讲题进行资助，引导教师在备课和教学时，把基本理论、现实问题、世界眼光、历史对比四个维度统一起来。

四、丰富党性教育的内容和形式

根据习近平9月27日在中国浦东干部学院座谈会上的讲话精神，加大了党性教育在教学中的比重，创新党性教育形式。中共党史教研部、党的建设教研部、进修部联合在进修班开设“党性教育专题课”，安排6次讲题，组织学员集中学习。学员反映，把党性教育寓于党的历史教育、党章教育中去，改变了以往党性教育单纯靠说教的办法，是一种更加有效的党性教育形式。特别是中共党史教研部在中青年干部培训班增设“中共领袖人物研究系列专题”和“中共党史事件系列专题”讲座，在学员中引起热烈反响。大家认为，通过对党史进行学习，更深入地了解党的优良传统，把党的历史经验的伟大积淀同改革开放的生动实践相结合，能够从理论层面廓清思想认识问题，坚定马克思主义理想信念。培训部配合课堂教学和党性分析，通过组织学员观看反腐败警示录像，参观反腐败展览，在体验式教学期间进行党性锻炼，邀请中纪委领导给全体学员讲“关于领导干部的职务犯罪”问题，将党性教育贯穿于学员学习管理的全过程。

五、大力推进学科建设

各教研部（所）以学科建设为抓手，加强教学的学理性和研究性。科学社会主

义教研部专门组织召开两次以加强学科建设为主题的学术研讨会，邀请校内外专家共同探讨科学社会主义学科发展面临的问题和对策。党的建设教研部在校委的统一领导下成立了专门的课题组和教学研究组，把教学力量、课题研究和学科建设都整合在“党的建设科学化”的主题之下；同时着力抓好教材建设，推出一套系统的关于党的建设的教科书。政法教研部提倡在教学过程中充分依靠学科原著的支持，注重教学内容的学理支撑。国际战略研究所鼓励教员以学科发展为主线，研究新的前沿课题，让科研成果尽快进课堂。

六、引导学员读书，严格学习考核

进修部对学员在校期间的读书提出明确要求，一入学就要求每位学员在学期结束前提交一份读书学习心得体会；同时还要求各支部都要制订读书计划，开展读书大交流。培训部有的学员支部在开学时就列出书单，制订读书计划，举办阶段性读书交流活动；有的支部针对某一本书，比如《资治通鉴》，交流读书心得。培训部还专门组织“解读‘十二五’规划：机遇与挑战——学员与学者的对话”大型读书交流会。

推进考核方式改革。中青一班的考核由原来撰写论文变为提交读书报告，要求学员结合工作实际和思想实际，围绕一本经典著作阐发自己的学习体会和思考。中青二班的“中国特色社会主义理论体系基本问题研究”课程，要求对学员进行答辩式考试。考核手段的创新强化了对学员的严格管理，能更有效地督促学员读书，既有利于形成浓厚的读书氛围，又有助于树立风清气正的学风。

七、分校教学工作上新台阶

各分校加强调研，教学设计更加规范，教学内容更加丰富，教学质量进一步提高。按照校委的要求，召开分校成立30周年庆祝暨表彰大会，拍摄一部专题片，编印一本纪念册，举办一个教学管理人员专题班，完成了各项任务。

信息中心按照教学计划的新要求，进一步丰富网络教学和电视教学资源，并与有关部门一起，完成了情景模拟教学实验室的建设，为开展情景模拟教学、创新教学形式提供了新平台。研究生院进一步优化学位研究生的课程设置，促进研究生课程体系的规范化、科学化，同时兼顾学科布局，推进“学位研究生必读经典书目”的编写工作。其他教学辅助部门和行政后勤部门各司其职，为教学活动的顺利开展提供了坚实的保障。

学员普遍反映，来党校学习的最大收获是“研究型”和“系统性”，大大提升学习实践科学发展观的自觉性，过去讲科学发展在很大程度上是被动地跟着说，机械地照着做，现在则是理论上系统掌握，实际上自觉发力。还有学员用“四个最”概括学习收获，那就是在党校“听到了最进步的声音、学到了最前沿的理论、领悟了最精辟的见解、掌握了最权威的信息”。

附录3：

培训轮训学员班次情况

1. 主体班次。2010年，举办进修班、培训班、专题研讨班、师资培训班共32个班次，培训学员3202名。其中，省部级干部476名、地厅级干部767名、中青年干部395名、县委书记388名、新疆西藏少数民族干部310名、骨干师资868名。有关班次如下：

类别	班名	
进修班	省部级干部进修班（第47期）	“转变经济发展方式与经济结构调整”研究专题
		“防范和化解金融风险”研究专题
		“民生与社会建设”研究专题
		“党的建设科学化”研究专题
		“社会主义民主政治建设”研究专题
	省部级干部进修班（第48期）	“扩大内需与经济发展”研究专题
		“社会主义民主政治建设”研究专题
		“世界经济格局变化与应对”研究专题
		“学习贯彻党的十七届五中全会精神”研究专题
	地厅级干部进修班（第54期）	“城市发展与城市治理”研究专题
		“突发公共事件与危机管理”研究专题
		“新形势下党的工作”研究专题
		“扩大内需与经济发展”研究专题
		“文化建设与文化发展”研究专题
		“世界经济格局变化与应对”研究专题
	地厅级干部进修班（第55期）	“城镇化进程”研究专题
		“社会稳定”研究专题
		“文化体制改革”研究专题
		“转变经济发展方式与经济结构调整”研究专题
		“民生与社会建设”研究专题
		“学习贯彻党的十七届五中全会精神”研究专题
	市地党政主要领导干部进修班（第4期）	
	县委书记任职培训班（第1、2期）	

续 表

类 别	班 名
培训班	中青年干部培训一班（第28、29期）
	中青年干部培训二班（第10期）
	新疆地厅级民族干部培训班（第53、55期）
	新疆县处级民族干部培训班（第54、56期）
	半年制西藏民族干部培训班（第40、42期）
	一年制西藏民族干部培训班（第41期）
专题研讨班	“省部级领导干部民族工作”专题研讨班
	“推进产业结构调整”专题研讨班
	“宗教工作”专题研讨班
	“非物质文化遗产保护”专题研讨班
	“党校系统科研管理工作”专题研讨班
师资培训班	民族宗教理论与政策师资培训班
	哲学师资培训班
	哲学社会科学教学科研骨干研修班（第31—36期）
	中国特色社会主义理论体系师资培训班
	国际政治与经济师资培训班

2. 中央举办的班次。2月，中央在中央党校举办“省部级主要领导干部深入贯彻落实科学发展观加快经济发展方式转变”专题研讨班，各省区市、中央和国家机关以及军队各大单位主要负责同志共176人参加研讨班。

3. 与中央有关部委联合举办的班次。中央党校与中央组织部、中央纪委等单位联合举办专题培训班10个，培训学员2370名。这些班次包括：“千人计划”入选者专题培训班、对口支援新疆工作骨干培训班、对口支援西藏新任县委书记培训班、全国市级纪委书记培训班、全国市辖区纪委书记培训班、全国市地州盟党委组织部长专题培训班、全国新任县市区旗党委组织部长培训班、省级档案局（馆）长培训班、全国党史干部专题培训班、加强和改进干部教育培训工作研讨班。

4. 干部选学情况。中央组织部会同中央直属机关工委和中央国家机关工委，在中央统战部等15家试点单位开展司局级干部选学试点，由中央党校、国家行政学院、国防大学、北京大学、清华大学、中国人民大学和北京师范大学7所院校承担培训任务。中央党校开设“中国特色社会主义理论体系研究”、“当前中国经济发展中的热点难点问题”、“中共党史重大事件与人物”、“党的建设科学化研究”、“领导能力训练”5个专题班和“《红楼梦》与中国文化”讲座，来自试点单位的251名司局级干部参加学习。

5. 博士硕士毕业情况。博士研究生毕业104名，硕士研究生毕业116名。

教学安排

春季学期教学安排

春季学期教学工作的总体要求是：高举中国特色社会主义伟大旗帜，以马克思列宁主义、毛泽东思想和中国特色社会主义理论体系为指导，深入学习实践科学发展观，认真学习贯彻党的十七大和十七届三中、四中全会精神，进一步推进中国特色社会主义理论体系特别是科学发展观进课堂、进教材、进头脑工作；继续深化教学改革，加强教学组织与管理，不断增强教学的针对性和实效性。

一、关于班次设置和招生安排

共开设四类班次、15个班，招收学员2115名。

（一）进修班

1. 省部级干部进修班（第47期）。计划招收学员160名，学制两个月。该班开设五个研究专题：

（1）“转变经济发展方式与经济结构调整”研究专题，学习时间为2010年3月1日至4月29日；

（2）“国际金融危机应对经验”研究专题，学习时间为2010年3月1日至4月29日；

（3）“民生与社会建设”研究专题，学习时间为2010年5月12日至7月16日；

（4）“党的建设科学化”研究专题，学习时间为2010年5月12日至7月16日；

（5）“社会主义民主政治建设”研究专题，学习时间为2010年5月12日至7月16日。

2. 地厅级干部进修班（第54期）。计划招收学员300名，学制两个月。该班开设六个研究专题：

（1）“新形势下党的工作”研究专题，招收学员50名，学习时间为2010年3月1日至4月29日；

（2）“城市发展与城市治理”研究专题，招收学员50名，学习时间为2010年3月1日至4月29日；

（3）“突发公共事件与危机管理”研究专题，招收学员50名，学习时间为2010年3月1日至4月29日；

（4）“扩大内需与经济发展”研究专题，招收学员50名，学习时间为2010年5月12日至7月16日；

（5）“文化建设与文化发展”研究专题，招收学员50名，学习时间为2010年5月12日至7月16日；

（6）“世界经济格局变化与应对”研究专题，招收学员50名，学习时间为2010年5月12日至7月16日。

3. 县委书记任职培训班（第1期）。招收学员320名，学习时间为2010年3月1日至3月12日。

（二）培训班

1. 中青年干部培训一班（第28期）。招收学员120名，学制四个半月，学习时间为2010年3月1日至7月16日。

2. 中青年干部培训二班（第10期）。招收学员200名，学制一年，学习时间为2010年3月1日至2011年1月14日。

3. 新疆地厅级民族干部培训班（第53期）。招收学员45名，学制四个半月，学习时间为2010年3月1日至7月16日。

4. 新疆县处级民族干部培训班（第54期）。招收学员50名，学制四个半月，学习时间为2010年3月1日至7月16日。

5. 半年制西藏民族干部培训班（第40期）。招收学员40名，学制四个半月，学习时间为2010年3月1日至7月16日。

6. 一年制西藏民族干部培训班（第41期）。招收学员40名，学制一年，学习时间为2010年3月1日至2011年1月14日。

（三）专题研讨班

1. 省部级领导干部民族工作专题研讨班。招收学员110人，学习时间为2010年5月12日至5月26日。

2. 新任省部级纪检监察领导干部专题研讨班。招收学员60人，学习时间为2010年4月15日至4月21日。

3. 干部培训工作专题研讨班。招收学员100名，学习时间为2010年5月12日至5月21日。

4. 推进产业结构调整专题研讨班。招收学员60名，学制一个月，学习时间为2010年6月18日至7月16日。

（四）师资培训班

1. 哲学社会科学教学科研骨干研修班。举办4期，共招收学员460名，每期学制1个月。

2. 民族宗教理论与政策师资研讨班。招收学员50名，学制一个月。

二、关于教学内容

（一）以中国特色社会主义理论体系为中心，进一步丰富和完善中国特色社会主义理论体系的教学框架，扎实推进中国特色社会主义理论体系特别是科学发展观进课堂、进教材、进头脑

春季学期要继续把中国特色社会主义理论体系作为教学的中心内容，进一步突出科学发展观的教学分量，不断提高中国特色社会主义理论体系“进课堂、进教材、进头脑”的质量和水平。各个班次要从历史和理论相统一的角度，把中国特色社会主义理论体系与马克思列宁主义、毛泽东思想贯通起来，强化中国特色社会主义理论体系特别是科学发展观的教学。进修班的各研究专题要紧紧围绕实践科学发展观的重大现实问题和热点难点问题来设置教学讲题和开展课题研究。培训班以系统学习中国特色社会主义理论体系特别是科学发展观为主，围绕发展中国特色社会主义面临的重大理论和现实问题设置讲题，使中国特色社会主义理论体系的教学更加科学化和系统化。

推进中国特色社会主义理论体系的教学，要结合世情、国情和党情的新变化、新发展，进一步完善中国特色社会主义理论体系特别是科学发展观的教学框架。在教学中要强调既有学术框架，又有现实维

度，把中国特色社会主义理论体系的研究成果贯穿到教学中去，力求讲出深意和新意。要引导学员把学习中国特色社会主义理论体系与学习马克思列宁主义、毛泽东思想贯通起来，与研究改革开放和现代化建设中的重大理论和现实问题结合起来，与增强领导干部的党性修养结合起来，进一步坚定社会主义理想信念，提升领导科学发展的能力。

（二）科学设计各班次教学内容，不断增强教学的针对性和实效性

根据不同班次的教学定位，结合学员的学习需求，科学设计教学内容，不断增强教学的针对性和实效性。

1. 进修班各研究专题的教学要进一步增强针对性。公共必修课程“科学发展观研究”要进一步增强讲题设计的科学性，避免内容重复，由原来的4讲合并为3讲。在专题课教学阶段，教学讲题设置和讲授要紧扣研究专题，既要体现中央的战略部署和国家的方针政策，又要紧密结合学术界关注的问题，既要覆盖相关的基础理论，又要有历史分析和国际比较；要抓住该研究领域当前面临的重大理论和实践问题、热点和难点问题，避免出现遗漏或重复。要采取有效措施，加强课堂教学阶段和课题研究阶段的呼应与衔接，确保课堂教学和课题研究的协调一致和内在统一。课题研究阶段，在引导学员充分利用、借鉴以往课题研究成果的基础上，突出创新，把课题研究不断引向深入。要把研究问题、撰写研究报告的过程变成促进学员思考问题、探讨解决问题的思路和方法从而共同提高的过程。同时，加强与中央国家机关有关部门的联系，做好课题研究报告的选题和成果利用工作。

2. 培训班以系统学习中国特色社会主义理论体系特别是科学发展观为中心内容，进一步完善中国特色社会主义理论体系的教学框架，根据中国特色社会主义理论体系本身的逻辑来设计讲题。为更好地解决教学内容重复的问题，对中青年干部培训一班的“中国特色社会主义理论体系与当代实践”课程、半年制西藏班“中国特色社会主义理论体系基本问题研究”课程的有关讲题进行删减。同时，各教研部（所）之间和授课教师之间要加强沟通，避免有关教学内容的交叉重复。

中青年干部培训一班要根据教学需要对中国特色社会主义理论体系课程的部分讲题进行调整，增强讲题设置的内在逻辑性，使其更加符合党的十七大精神和中国特色社会主义理论体系本身的内在逻辑。继续开设“马克思主义原著导读”教学单元。

中青年干部培训二班以系统学习马列主义、毛泽东思想和中国特色社会主义理论体系特别是科学发展观为主。要从中国特色社会主义理论体系与马列主义、毛泽东思想的内在逻辑联系着手，既讲清楚中国特色社会主义理论体系与马列主义、毛泽东思想的一脉相承，又要把中国特色社会主义理论体系涉及到的基本问题找准、讲深、讲透，特别是要按照中国特色社会主义理论体系的内在逻辑来讲好每个讲题。同时要结合课程性质，加强理论课程和专题课程之间的联系。

要进一步加强民族干部培训班的教学。教学内容要更加紧密地结合民族地区的实际情况。中国特色社会主义理论体系的教

学，要密切结合民族地区改革发展稳定的实践，进一步增强教学的针对性；要增加与新疆、西藏区情相关的教学内容，要特别注重从两个民族地区的长治久安的角度来培养学员的战略思维，从做好基础性政治工作的角度来提高学员的执政能力。要选派骨干教师授课，以进一步提高民族班的教学质量。

3. 进一步加大能力训练课程的分量，全校各班次都要开设能力训练课程。

4. 专题研讨班的教学内容安排，要继续加强与相关部门的沟通协商，既要满足学员的学习需求，又要体现党校教学的特点。

5. 师资班的教学内容安排，要把理论课程的学习与教学科研工作研讨密切结合起来，提高党校系统的教学质量和水平。

（三）组织好全校性公共必修课和选修课

“形势与任务”报告，要聘请教学效果好的中央和国务院有关部委的领导来校授课，进一步加强与讲课人的沟通，逐步提高授课质量，避免使讲授成为工作报告。“当代世界”报告要根据形势任务的变化和学员要求，及时更新有关讲题。继续充实和完善周一晚上全校选听讲座、电视选修课、校园网网上选修课和电影鉴赏课，满足学员的多样化学习需求。菜单式选修课程要根据教学效果进行适当调整，确保授课质量。

（四）抓好自主选学工作

从2010年春季学期开始，中央组织部在中央国家机关15个部委的司局级干部中开展自主选学试点工作。中央党校作为干部教育培训的主渠道和党的最高学府，要积极主动参与这项工作。目前中央党校已经按要求将自主选学菜单报中央组织部。下一步主要是全力以赴做好教学和教学组织工作。

三、关于教材安排

1. 继续使用重点教材《马列著作选编》、《毛泽东著作选编》、《邓小平文选》、《江泽民文选》、《马克思列宁主义基本问题》、《毛泽东思想基本问题》、《邓小平理论基本问题》和《“三个代表”重要思想概论》、《执政党建设若干问题研究》（试用本），对进修班的教材和参考书目进行调整、充实，各教研部（所）要根据教学需要精选基本教材、辅助教材和参考书。继续为学员提供《改进文风阅读材料》，进一步加强文风建设。

2. 继续落实《中央党校2006—2010年教材编写规划》，做好教材和教学参考书的编写工作，并根据相关班次的教学需要，对规划内的部分教材进行适当调整，建设“分类别、分层次”的教材体系。

四、关于教学方法

1. 进一步探索研究式教学的多种实现形式，鼓励采用新的教学方法以增强教学的吸引力和感染力，切实提高研究式教学的效果。

2. 继续支持教师开展案例调研和案例编写，提高案例编写的质量，进一步规范案例教学的组织形式，提高案例教学的质量。

3. 结合校内各班次的教学，充分利用好本校现有的教学基地，搞好体验式教学。

4. 加强与校外有关部门的合作，利用

情景模拟实验室开展模拟式教学。

5. 加大教学研讨的力度，创新小组讨论、双向交流的组织形式，通过集中讨论题目形成对话和交锋。利用学员资源加强班际间交流，继续举办多种形式的学员论坛，促进学学相长。

五、关于教学组织和管理

（一）坚持从严治校和从严管理，在教学组织管理中认真贯彻“党校姓党”原则

要充分发挥党校作为干部党性锻炼大熔炉的作用，充分体现党员领导干部的先锋模范作用，落实好从严治校、从严施教、从严管理，加强纪律保障，维护党校教学的科学性和严肃性，树立具有党校特色的良好学风和校风。

（二）加强教学的组织管理

1. 进一步规范项目制管理。教务部要加强对项目制实施的管理，鼓励充分发挥项目组组长的作用，实现教学资源的优化与整合，协调好各方面的关系。项目组要认真履行职责，搞好教学讲题设计，承担好集体备课的任务，创新教学组织形式，提高教学效果。要及时总结经验，适时修订《中央党校教学组织管理实行项目制的若干规定（试行）》。

2. 进一步抓好备课特别是集体备课。各教研部（所）要组织教师深入研读马克思主义基本理论著作、党的文献、相关学科基本学术著作和前沿成果，要对相关重大现实问题进行调查研究；要高度重视对学员“两带来”问题的研究，促进这方面的研究成果进课堂，增强教学的针对性。为切实解决教学内容重复问题，进修班公共必修课“科学发展观研究”进行全校范围内的集体备课。

3. 进一步抓好对学员读书的组织和引导。各教研部（所）要按照“少而精”的原则，为学员提供真正管用的、有价值的经典好书书目，激发学员读书的兴趣。进修班各研究专题教学组（项目组），要继续以“活页材料”的形式为学员的课题研究提供必要的学习研究资料。教学组和学员部要组织好学员的读书交流，举办多种形式的读书活动，创造良好的读书氛围。

4. 要加强对学员撰写研究报告和论文的指导。各个班次的教学组要明确写论文、写研究报告的规范，要求学员言之有物、有信息量，要提出真实的问题，进行深入的分析，不要求结构上的面面俱到，要突出学员最有感受、最有见解的方面。

5. 加强师资队伍建设。充分发挥老教师的“传帮带”作用，加强对青年教师的培养力度。要通过岗位实践培养，发挥中青年教师的作用。

六、关于教学评估和学习考核

1. 对新的教学效果评估体系进行适当完善，注意搜集学员和校内相关部门的反馈意见，及时发现和解决问题；从春季学期开始调整案例教学的评估指标，取消政策性倾斜。

2. 进一步完善各班次的学习考核方式。进修班各研究专题的学习考核，除以课题组形式提交总报告外，每个学员要围绕研究专题撰写分报告或子报告，或者围绕指定阅读书目撰写读书报告，作为考核依据。培训班各班次的考核方式，要根据教学需要加强针对性。中青年干部培训一

班采用学员依据教学计划开列的阅读书目撰写读书报告的形式进行考核；中青年干部培训二班“中国特色社会主义理论体系基本问题研究”单元的考核以学员围绕教学组提出的思考题进行学习研究和答辩的方式进行。

七、关于分校教学

1. 根据分校学习需求调研情况，进一步完善以学习中国特色社会主义理论体系特别是科学发展观为中心，拓展世界眼光、培养战略思维、增强党性修养、提高领导能力的教学框架。系统学习中国特色社会主义理论体系经典原著，强化自学环节；参照校内有关教学安排，丰富菜单式教学内容；规范分校专题研讨班的教学设计，提高教学质量。

2. 根据《中国共产党党校工作条例》和校委决定，结合修改《中共中央党校分校工作暂行条例》的调研情况，进一步加强和改进分校教学工作，促进分校教学管理的制度化和规范化。

附录1：

主体班次教学内容与授课教师

班　次	教　学　内　容	授课教师
省部级干部进修班（第47期）“转变经济发展方式与经济结构调整”研究专题	学习引言	李书磊
	本研究专题教学说明	韩保江
	中国特色社会主义是当代中国的马克思主义	秦　刚
	科学发展观若干问题研究	庞元正
	科学发展观的方法论研究	李建华
	国际金融危机后中国经济结构调整战略	谢鲁江
	加快转变经济发展方式问题研究	杨秋宝
	走中国特色新型工业化道路问题研究	曹　立
	统筹城乡发展与破解“二元经济”难题研究	徐祥临、张汉飞
	现代产业结构及其演进规律研究	韩保江
	收入分配结构调整与扩大消费需求	赵振华
	扩大内需与宏观经济政策选择	王东京
	提高自主创新能力问题研究	外　请
	当前我国失业问题及治理对策	徐平华
	加快发展我国现代服务业问题研究	外　请
	农民增收问题研究	石　霞
	健全和完善资本市场问题研究	外　请
	当前我国中小企业发展问题研究	张玉杰
省部级干部进修班（第47期）“防范和化解金融风险”研究专题	学习引言	李书磊
	本研究专题教学说明	国际战略研究所
	中国特色社会主义是当代中国的马克思主义	秦　刚
	科学发展观若干问题研究	庞元正
	科学发展观的方法论研究	李建华
	后金融危机时期世界经济走势分析	外　请
	美国应对国际金融危机的措施、走向及启示	陈启清
	中国应对国际金融危机的措施、成效与走势	韩保江
	应对国际金融危机与国际经济合作	刘建飞
	国际金融危机对世界格局的影响	孙建杭
	金融危机后的中国资本市场发展与风险防范	外　请
	金融危机后的银行业管理和风险监管	外　请

续 表

班 次	教 学 内 容	授课教师
	金融衍生产品市场的作用及其在中国的发展	外 请
	金融危机应对与金融风险防范（案例教学）	刘 东、秦治来
	后金融危机时期中国的通胀预期管理	外 请
	后金融危机时期中国的外汇管理	外 请
	后金融危机时期中国外经贸战略的调整	潘 悦
省部级干部进修班（第47期）“民生与社会建设”研究专题	学习引言	李书磊
	本研究专题教学说明	科学社会主义教研部
	中国特色社会主义是当代中国的马克思主义	周为民
	科学发展观若干问题研究	李兴山
	科学发展观的方法论研究	李建华
	当前我国社会发展中的几个重大问题	王怀超
	社会主义社会建设理论	严书翰
	转型期的社会结构与社会整合	吴忠民
	加快推进以改善民生为重点的社会建设	刘海涛
	统筹协调利益关系问题研究	叶庆丰
	统筹城乡发展，破解二元结构难题（案例教学）	谢志强
	现阶段我国教育公益性公平性研究	外 请
	现阶段我国就业问题研究	外 请
	现阶段我国收入分配问题研究	赵振华
	建立覆盖城乡居民的社会保障体系（案例教学）	青连斌
	城乡医疗保障问题研究（案例教学）	向春玲
	城市流动人口管理（案例教学）	李慧英、王道勇
	生态文明建设研究	外 请
省部级干部进修班（第47期）“党的建设科学化”研究专题	学习引言	李书磊
	本研究专题教学说明	党的建设教研部
	中国特色社会主义是当代中国的马克思主义	周为民
	科学发展观若干问题研究	李兴山
	科学发展观的方法论研究	李建华
	提高执政党建设的科学化水平	王长江
	执政党建设的历史探索与基本经验	戴焰军
	党内民主与民主集中制	高新民
	建立健全惩治和预防腐败体系	外 请
	国外政党治国理政的经验与教训	姜 跃
	建设马克思主义学习型执政党	蔡 霞

续表

班 次	教 学 内 容	授课教师
	党的制度建设热点难点问题研究	张晓燕
	完善干部选拔任用机制	梁妍慧
	建立科学的权力运行机制	任铁缨
	加强和改善新形势下党的作风建设	张荣臣
	推进基层党的工作创新	张希贤
	坚持和完善中国特色的政党制度	外 请
	执政党与新型媒体（体验式教学）	高新民、王 瑜
省部级干部进修班（第47期）“社会主义民主政治建设”研究专题	学习引言	李书磊
	本研究专题教学说明	政法教研部
	中国特色社会主义是当代中国的马克思主义	周为民
	科学发展观若干问题研究	李兴山
	科学发展观的方法论研究	李建华
	坚持中国特色社会主义政治发展道路	李良栋
	完善人民代表大会制度	刘启云
	推进政治协商制度建设	刘学军
	完善民族区域自治制度	外 请
	完善基层群众自治制度	外 请
	树立社会主义民主法治理念	张恒山
	发挥社会组织在政治参与中的作用	外 请
	立法的民众参与	封丽霞
	深入推进依法行政（体验式教学）	傅思明、王雅琴
	落实《国家人权行动计划》的重点	张晓玲
	深化司法体制改革	外 请
	完善科学民主的决策机制	王 军、黄小勇、井 敏
	转型期的政治稳定问题	赵虎吉
地厅级干部进修班（第54期）“城市发展与城市治理”研究专题	学习引言	李书磊
	本研究专题教学说明	项目组
	中国特色社会主义是当代中国的马克思主义	贾建芳
	科学发展观若干问题研究	韩庆祥
	科学发展观的方法论研究	李建华
	城市发展的历史和理论	外 请
	中国城镇化道路研究	向春玲
	国外城镇化道路研究	林 梅
	我国城市社会结构的变迁	外 请
	我国现阶段城市社会矛盾问题研究	吴忠民

续表

班次	教学内容	授课教师
	城市规划研究	外　请
	统筹城乡发展问题研究（案例教学）	谢志强
	城市社区的公共治理研究	李慧英
	城市流动人口管理研究（案例教学）	王道勇
	城市劳资矛盾对策研究	外　请
	城市突发事件处理（案例教学）	王　军
	城市生态环境保护问题研究	赵建军
	城市文化建设问题研究	陈宇飞
地厅级干部进修班（第54期）“突发公共事件与危机管理”研究专题	学习引言	李书磊
	本研究专题教学说明	政法教研部
	中国特色社会主义是当代中国的马克思主义	贾建芳
	科学发展观若干问题研究	韩庆祥
	科学发展观的方法论研究	李建华
	依法应对突发事件的理论与实践	傅思明
	突发事件应对机制构建	黄小勇
	突发事件处置的政府责任与官员问责	王　红
	危机管理的国际借鉴	牟卫民
	正确处理民族宗教问题	外　请
	提高自然灾害应急响应能力（情景模拟）	外　请
	突发事件应对与公民参与	王雅琴
	事故灾难的预防与处置	外　请
	大流感与公共卫生事件应对	外　请
	反恐与社会安全应急管理	外　请
	网络监管与网络公共事件应对	刘素华
	突发事件与媒体应对	秦　露
	提高处理群体性突发事件能力（案例教学）	王　军、井　敏
地厅级干部进修班（第54期）“新形势下党的工作”研究专题	学习引言	李书磊
	本研究专题教学说明	党的建设教研部
	中国特色社会主义是当代中国的马克思主义	贾建芳
	科学发展观若干问题研究	韩庆祥
	科学发展观的方法论研究	李建华
	提高党的工作的科学化水平	王长江
	党的领导和党的建设的历史探索	张志明
	党的群众工作的理论与实践	张荣臣
	党的统战工作的理论与实践	外　请

续表

班　次	教　学　内　容	授课教师
	国外政党如何做党群工作	姜　跃
	加强党对意识形态工作的领导	戴焰军
	党的民族宗教工作	外　请
	新形势下的廉政工作	任铁缨
	执政党与社会组织发展	吴　辉
	执政党与网络民主	外　请
	新型媒体与党群沟通渠道的拓展（体验式教学）	王　瑜、刘炳香
	群体性事件应对与党的群众工作（案例教学）	蔡志强、王金柱
	党的农村工作热点	张希贤
地厅级干部进修班（第54期）“扩大内需与经济发展”研究专题	学习引言	李书磊
	本研究专题教学说明	潘云良
	中国特色社会主义是当代中国的马克思主义	李俊伟
	科学发展观若干问题研究	韩庆祥
	科学发展观的方法论研究	李建华
	国际金融危机后中国经济结构调整战略	董艳玲
	扩大内需与宏观经济政策选择	田应奎
	加快转变经济发展方式问题研究	李　鹏
	走中国特色新型工业化道路问题研究	李继文
	扩大内需与统筹城乡发展	施　红、刘艳梅
	收入分配结构调整与扩大消费需求	赵振华
	当前我国失业问题及治理对策	徐平华
	推动农村金融创新与发展问题	谢鲁江
	健全资本市场与扩大内需	外　请
	加快社会保障制度建设研究	李　蕾
	农民增收问题研究	石　霞
	提高自主创新能力问题研究	外　请
	新形势下我国外经贸战略调整	潘　悦
地厅级干部进修班（第54期）“文化建设与文化发展”研究专题	学习引言	李书磊
	本研究专题教学说明	项目组
	中国特色社会主义是当代中国的马克思主义	李俊伟
	科学发展观若干问题研究	韩庆祥
	科学发展观的方法论研究	李建华
	新中国文化发展的基本脉络	田嵩燕
	阻碍文化发展和繁荣的观念因素	周熙明
	全球化背景下的中国文化认同问题	李文堂

续 表

班　次	教　学　内　容	授课教师
	中国传统社会意识形态的建构与传播	张　军
	传统文化与当代价值重建	赵　峰
	文化体制改革的热点与难点问题	外　请
	关于文化立法的若干思考	外　请
	美国文化体制的架构与运作	韩　红
	现代传媒的特点与舆论引导机制	秦　露
	文化创意产业与品牌城市建设（案例教学）	范玉刚
	当代中国城市文化生态问题	陈宇飞
	文化遗产保护中的问题与对策（案例教学）	马奔腾
	城市化进程中的“打工文化”（案例教学）	刘　忱
地厅级干部进修班（第54期）“世界经济格局变化与应对”研究专题	学习引言	李书磊
	本研究专题教学说明	项目组
	中国特色社会主义是当代中国的马克思主义	李俊伟
	科学发展观若干问题研究	韩庆祥
	科学发展观的方法论研究	李建华
	后金融危机时代世界经济格局的新变化	外　请
	后金融危机时代的经济全球化走势及其应对	外　请
	国际贸易格局变化与中国的外经贸发展	潘　悦
	国际金融格局变化与中国的金融发展	陈启清
	后金融危机时代国际战略力量对比的新态势	孙建杭
	世界经济格局变化与中国的经济发展方式转变	杨秋宝
	世界经济格局变化与中国的扩大内需战略	田应奎
	国际货币体系改革与人民币国际化	陈江生
	后金融危机时代的气候变化问题	马小军
	世界格局变化中的中国对外经济合作	刘建飞
	世界格局变化中的东亚经济一体化趋势	纪　军
	世界格局变动与海峡两岸关系	宫　力
	世界格局变化背景下的中国与周边关系	康绍邦

续表

班次	教学内容	授课教师
县委书记任职培训班（第1期）	怎样当好县委书记	李源潮——中共中央政治局委员、中央书记处书记、中组部部长
	专题报告：坚持用中国特色社会主义理论体系武装头脑	秦　刚——中央党校马克思主义理论教研部副主任、教授
	专题报告：领导干部要切实提高思想政治理论素养	周为民——中央党校马克思主义理论教研部主任、教授
	专题报告：领导班子和干部队伍建设	张纪南——中组部副部长
	专题报告：领导干部要做廉洁自律的模范	张　毅——中纪委副书记
	案例教学（1）：完善科学民主的决策机制	张晓燕、赵绪生——中央党校党的建设教研部教授、副教授
	案例教学（2）：完善科学民主的决策机制	刘炳香、谢　峰——中央党校党的建设教研部教授、副教授
	案例教学（3）：完善科学民主的决策机制	刘玉瑛、吕　品——中央党校党的建设教研部教授、讲师
	专题报告：城乡规划和城乡一体化	仇保兴——住房和城乡建设部副部长
	专题报告：国土资源管理	徐绍史——国土资源部部长
	专题报告：现代农业	陈晓华——农业部副部长
	专题报告：财税金融知识	李　勇——财政部副部长
	专题报告：保障和改善民生	朱之鑫——国家发改委副主任、中央财经领导小组办公室主任（正部长级）
	专题报告：党的民族政策和宗教政策	朱维群——中央统战部副部长（正部长级）
	专题报告：加强基层党组织建设	欧阳淞——中组部副部长、中共中央党史研究室主任
	专题报告：当前社会稳定面临的形势和任务	王其江——中央政法委副秘书长
	专题报告：互联网与执政党建设	廖　玒——人民日报社网络中心常务副主任、人民网常务副总裁
	情景模拟：群体性事件的应对与处置	陆俊华——国务院应急办主任
	情景模拟：应急状态下的媒体应用	李希光——清华大学新闻与传播研究中心主任、教授
	心理辅导：领导干部心理调适	郑日昌——中国浦东干部学院教研部教授

续 表

班　次	教　学　内　容	授课教师
中青年干部培训一班（第28期）	教学说明	马克思主义理论教研部
	马克思主义的一脉相承和与时俱进	董德刚
	《路德维希·费尔巴哈和德国古典哲学的终结》导读	边立新
	《德意志意识形态》（第一章）导读	侯　才
	《共产党宣言》导读	周为民
	中国特色社会主义理论体系研究	李君如
	科学发展观研究	段培君
	解放思想，实事求是，与时俱进	阮　青
	中国特色社会主义道路的开创和拓展	秦　刚
	中国社会主义改革的理论与实践	王怀超
	社会主义市场经济理论与经济体制改革	韩保江
	加快转变经济发展方式	王天义
	加快城乡经济社会一体化发展（1）	陈宇学、徐祥临
	加快城乡经济社会一体化发展（2）	石　霞、陈启清
	加快城乡经济社会一体化发展（3）	施　红、刘艳梅
	加快城乡经济社会一体化发展（4）	陈宇学、徐祥临
	走中国特色新型工业化道路问题研究	李继文
	社会主义民主政治建设的前沿问题	赵虎吉
	加快建设社会主义法治国家的深层次思考	封丽霞
	深入推进行政体制改革的路径选择	王　军
	改革开放以来的文化变迁与我党的文化自觉	田嵩燕
	科学发展观中的文化视野与文化思维	周熙明
	教学说明	中共党史教研部
	从新民主主义向社会主义的过渡	罗平汉
	“大跃进”运动及其教训	谢春涛
	“文化大革命”及其教训	曹　普
	十一届三中全会与伟大历史转折	陈雪薇
	社会主义和谐社会问题研究	刘海涛
	中国特色社会主义与当代世界社会主义	常欣欣
	当代世界格局与中国和平发展道路	宫　力
	新时期中国对外开放战略的调整	潘　悦
	新形势下的国家安全问题	孙建杭
	提高执政党建设的科学化水平	王长江
	党的执政方式前沿问题研究	张志明

续表

班 次	教 学 内 容	授课教师
	党内民主若干热点问题研究	高新民
	教学说明	政法教研部
	提高战略思维能力	杨春贵
	哲学思维与领导能力	贾高建
	系统思想与创新能力	李建华
	互联网条件下领导干部如何面对新闻媒体	秦 露
	提高依法行政的能力（体验式教学）	刘永艳
	提高处理公共事件的能力（1）（案例教学）	张晓玲、王立峰
	提高处理公共事件的能力（2）（案例教学）	牟卫民、张立伟
	提高处理公共事件的能力（3）（案例教学）	刘永艳、齐 惠
	提高处理公共事件的能力（4）（案例教学）	李雅云、王 伟
	提高领导能力和执政能力（1）（案例教学）	张晓燕、吴 辉
	提高领导能力和执政能力（2）（案例教学）	刘炳香、谢 峰
	提高领导能力和执政能力（3）（案例教学）	刘玉瑛、吕 品
	提高领导能力和执政能力（4）（案例教学）	蔡志强、童阳秀
中青年干部培训二班（第10期）	学习引言	李书磊
	第一单元教学说明	科学社会主义教研部
	马克思恩格斯的哲学思想	贾高建
	恩格斯《路德维希·费尔巴哈和德国古典哲学的终结》导读	边立新
	列宁《谈谈辩证法问题》导读	何建华
	中国传统文化专题研究：（1）中国传统文化的基本精神	王 杰
	马克思主义哲学研究的若干前沿问题	侯 才
	《资本论》导读（一）	张燕喜
	中国传统文化专题研究：（2）周易与中国文化	王 峰
	《资本论》导读（二）	李省龙
	中国传统文化专题研究：（3）禅宗与中国文化	陈中浙
	《资本论》导读（三）	王天义
	马克思恩格斯的社会主义思想	秦 刚
	中国传统文化专题研究：（4）中国古代生态文化	任俊华
	《共产党宣言》导读	牛先锋
	西方经济学与管理学专题研究：（1）西方微观经济学主要理论	王东京

续 表

班　次	教　学　内　容	授课教师
	《社会主义从空想到科学的发展》导读	刘海涛
	西方经济学与管理学专题研究：（2）西方宏观经济学主要理论	胡希宁
	列宁晚年的社会主义思想	朱可辛
	民主社会主义研究	孙劲松
	第二单元教学说明	中共党史教研部
	毛泽东思想的科学体系与历史地位	祝　彦
	中共党史专题研究：（1）中国共产党的成立及早期活动	高中华
	中共党史专题研究：（2）中国特色革命道路的开辟	刘宝东
	毛泽东哲学思想	杨信礼
	毛泽东新民主主义理论	张太原
	中共党史专题研究：（3）延安整风与马克思主义中国化	卢　毅
	中共党史专题研究：（4）建立新中国的构想及实践	张旭东
	中共党史专题研究：（5）从新民主主义向社会主义过渡	罗平汉
	毛泽东对中国社会主义建设道路的探索	谢春涛
	中共党史专题研究：（6）毛泽东农村调查的理论与实践	罗平汉
	中共党史专题研究：（7）“文化大革命”及其教训	曹　普
	中共党史专题研究：（8）十一届三中全会与伟大历史转折	陈　述
	中共党史专题研究：（9）社会主义市场经济体制目标的确立	曹　普
	第三单元教学说明	哲学教研部
	中国特色社会主义理论体系研究	宋福范
	西方经济学与管理学专题研究：（3）西方新制度经济学主要理论	谢鲁江
	中国特色社会主义理论体系的哲学基础	毛卫平
	科学发展观研究	李建华
	西方经济学与管理学专题研究：（4）现代管理学主要理论	潘云良
	政治学专题研究：（1）西方民主理论流派评析	李良栋
	政治学专题研究：（2）权力的制约与监督问题	林　喆

续表

班　次	教　学　内　容	授课教师
	中国社会主义改革的理论与实践	郭　强
	社会主义和谐社会若干问题研究	刘俊杰
	政治学专题研究：（3）政府职能转变问题	井　敏
	中国特色社会主义生态文明研究	李宏伟
	战略学专题研究：（1）战略思维理论与方法	段培君
	战略学专题研究：（2）自主创新战略研究	胡　卫
	战略学专题研究：（3）系统思想与战略思维	庞元正
新疆地厅级民族干部培训班（第53期）（一）	第一单元教学说明	刘毅强
	马克思恩格斯的哲学思想	边立新
	马克思恩格斯的经济学思想	张燕喜
	马克思恩格斯列宁的社会主义思想	胡振良
	第二单元教学说明	中共党史教研部
	毛泽东思想的科学体系与历史地位	陈　述
	毛泽东新民主主义理论	罗平汉
	中共党史专题研究：（1）延安整风与马克思主义中国化	祝　彦
	中共党史专题研究：（2）建立新中国的构想及实践	张旭东
	毛泽东对中国社会主义建设道路的探索	李庆刚
	中共党史专题研究：（3）十一届三中全会与伟大历史转折	陈雪薇
	毛泽东哲学思想	刘毅强
	中共党史专题研究：（4）社会主义市场经济体制目标的确立	曹　普
	第三单元教学说明	科学社会主义教研部
	中国特色社会主义是当代中国的马克思主义	王中汝
	中国特色社会主义理论体系研究	刘俊杰
	中国特色社会主义理论体系的哲学基础	毛卫平
	“三个代表”重要思想研究	戴焰军
	科学发展观研究	董振华
	中国社会主义改革的理论与实践	王怀超
	社会主义市场经济理论与实践	孙小兰
	走中国特色工业化道路问题	曹　立
	社会主义新农村建设（案例教学）	李　鹏、韩保江
	积极稳妥地推进社会主义民主政治建设	赵虎吉

续 表

班 次	教 学 内 容	授课教师
	树立社会主义民主法治理念	张恒山
	当前我国文化建设的重点与难点问题	谢武军
	社会主义和谐社会问题研究	杨玲玲
	中国特色国际战略研究	宫 力
	中国西部国际环境与国家安全	孙建杭
	党群关系问题研究	祝灵君
	领导能力训练：（1）现代领导能力（案例教学）	刘玉瑛、吕 品
	领导能力训练：（2）提高应对突发事件的能力（案例教学）	井 敏、黄小勇
	西部大开发专题研究：（1）统筹区域经济发展与西部大开发	张汉飞
	西部大开发专题研究：（2）西部地区民营经济发展问题	潘云良
	西部大开发专题研究：（3）可持续发展与转变经济发展方式	贾华强
	西部大开发专题研究：（4）国外地区开发经验研究	潘 悦
	中国特色社会主义民族宗教理论专题研究：（1）新疆历史若干问题研究	蒲长春
	中国特色社会主义民族宗教理论专题研究：（2）我国现阶段的民族问题和民族政策	龚学增
	中国特色社会主义民族宗教理论专题研究：（3）我国现阶段的宗教问题和宗教政策	蒲长春
	中国特色社会主义民族宗教理论专题研究：（4）正确认识和处理新疆的民族宗教问题（研讨式教学）	张建新
	中国特色社会主义民族宗教理论专题研究：（5）我国民族区域自治问题研究	外 请
	中国特色社会主义民族宗教理论专题研究：（6）当前新疆反对“三股势力”的斗争	学员主讲
新疆地厅级民族干部培训班（第53期）（二）	中国传统文化专题研究：（1）中国传统文化的基本精神	王 杰
	中国传统文化专题研究：（2）周易与中国文化	王 峰
	中国传统文化专题研究：（3）禅宗与中国文化	陈中浙
	中国传统文化专题研究：（4）中国古代生态文化	任俊华
	西方经济学与管理学专题研究：（1）西方微观经济学主要理论	王东京

续表

班次	教学内容	授课教师
	西方经济学与管理学专题研究：（2）西方宏观经济学主要理论	胡希宁
	西方经济学与管理学专题研究：（3）西方新制度经济学主要理论	谢鲁江
	西方经济学与管理学专题研究：（4）西方管理学主要理论	潘云良
	政治学法学专题研究：（1）政治稳定问题研究	刘启云
	政治学法学专题研究：（2）人权与民族文化保护	王立峰
	政治学法学专题研究：（3）司法统一性问题研究	姜小川
	政治学法学专题研究：（4）促进基本公共服务均等化	井　敏
	国际政治专题研究：（1）东亚秩序视角下的中日关系	马小军
	国际政治专题研究：（2）俄罗斯的发展趋势与中俄关系	左凤荣
	国际政治专题研究：（3）印度的战略走向与中印关系	康绍邦
	国际政治专题研究：（4）中韩关系与东北亚合作	刘建飞
	战略学专题研究：（1）战略思维的理论与方法	段培君
	战略学专题研究：（2）自主创新战略研究	胡　卫
	战略学专题研究：（3）系统思想与战略思维	庞元正
	社会学专题研究：（1）社会阶层结构研究	青连斌
	社会学专题研究：（2）社会管理与社会和谐	向春玲
	社会学专题研究：（3）社会政策与行动研究	李慧英
新疆县处级民族干部培训班（第54期）	学习引言	李书磊
	第一单元教学说明	马克思主义理论教研部
	马克思列宁主义基本问题概论	叶庆丰
	毛泽东思想基本问题概论	柳建辉
	中国特色社会主义理论体系概论	曹鹏飞
	第二单元教学说明	哲学教研部
	照唯物辩证法办事	王晓林
	在实践中检验和发展真理	何建华
	唯物史观与社会发展	董振华
	第三单元教学说明	赵振华
	商品货币理论与价值规律	赵振华
	剩余价值生产与分配理论	赵锦辉
	信用与股份公司理论	李省龙

续 表

班　次	教　学　内　容	授课教师
	第四单元教学说明	科学社会主义教研部
	科学社会主义的形成和发展	孙劲松
	社会主义本质理论	朱可辛
	社会主义改革开放理论	张　弥
	新疆地方史讲座：(1) 新疆地方史（一）	外　请
	新疆地方史讲座：(2) 新疆地方史（二）	蒲长春
	第五单元教学说明	科学社会主义教研部
	中国特色社会主义民族理论及我国现阶段的民族问题	靳　薇
	宗教知识讲座：(1) 基督教基础知识	龚学增
	宗教知识讲座：(2) 伊斯兰教基础知识	龚学增
	宗教知识讲座：(3) 佛教基础知识	蒲长春
	中国特色社会主义宗教理论及我国现阶段的宗教问题	蒲长春
	我国民族区域自治问题研究	外　请
	正确认识和处理新疆的民族宗教问题（案例教学）	张建新
	新疆周边国家和地区的民族宗教问题	外　请
	当前新疆反对“三股势力”的斗争	孙建杭
	第六单元教学说明	政法教研部
	中国特色社会主义理论体系的哲学基础	刘毅强
	科学发展观是中国特色社会主义体系的新成果	邱耕田
	社会主义和谐社会问题研究	张　瑞
	社会主义市场经济理论	孙小兰
	西部开发开放讲座：(1) 可持续发展与转变经济发展方式	贾华强
	社会主义新农村建设（案例教学）	李　鹏、韩保江
	西部开发开放讲座：(2) 西部地区民营经济发展问题	曹　新
	深入推进依法行政（研讨式教学）	张丽娟
	完善基层民主制度	肖立辉
	马克思主义文化理论与我党的文化发展战略	刘　忱
	现代化进程中的城乡文化建设问题	陈宇飞
	中共党史讲座：(1) 延安整风与马克思主义中国化	张太原
	中共党史讲座：(2) 建立新中国的构想及实践	李国芳
	中共党史讲座：(3)“大跃进”运动及其教训	李庆刚
	中共党史讲座：(4) 十一届三中全会与伟大历史转折	陈　述

续表

班　次	教　学　内　容	授课教师
	中共党史讲座：（5）社会主义市场经济体制目标的确立	沈传亮
	和平发展道路与中国对外战略	秦治来
	国际政治讲座：（1）国际秩序与大国关系	左凤荣
	国际政治讲座：（2）国际政治与国际战略环境的构建	马小军
	和谐世界理念与中国软实力建设	刘建飞
	国际政治讲座：（3）非传统安全与多边合作	孙东方
	提高执政党建设的科学化水平	任铁缨
	新时期的反腐倡廉建设	陈凯龙
	领导能力训练：（1）现代领导能力（案例教学）	谢　峰、张志明
	领导能力训练：（2）提高处理公共事件的能力（案例教学）	齐　惠、刘永艳
	领导能力训练：（3）农村土地流转中的法律问题（研讨式案例教学）	王　伟、李雅云 庄玉瑞、王　静
半年制西藏民族干部培训班（第40期）（一）	学习引言	李书磊
	第一单元教学说明	林艳梅
	马克思恩格斯的哲学思想	林艳梅
	马克思恩格斯的经济学思想	张燕喜
	马克思恩格斯列宁的社会主义思想	冯书泉
	第二单元教学说明	中共党史教研部
	毛泽东思想的科学体系与历史地位	祝　彦
	毛泽东新民主主义理论	张太原
	中共党史专题研究：（1）延安整风与马克思主义中国化	卢　毅
	中共党史专题研究：（2）建立新中国的构想及实践	张旭东
	毛泽东对中国社会主义建设道路的探索	陈雪薇
	毛泽东哲学思想	刘毅强
	中共党史专题研究：（3）十一届三中全会与伟大历史转折	曹　普
	中共党史专题研究：（4）社会主义市场经济体制目标的确立	陈　述
	第三单元教学说明	党的建设教研部
	中国特色社会主义是当代中国的马克思主义	王　莉
	中国特色社会主义理论体系的哲学基础	阮　青
	科学发展观研究	朱辉宇
	中国社会主义改革的理论与实践	常欣欣
	社会主义和谐社会问题研究	严书翰
	社会主义市场经济理论与实践	韩保江
	走中国特色工业化道路问题	曹　立

续表

班次	教学内容	授课教师
	新农村建设问题（案例教学）	施　红、张汉飞
	积极稳妥地推进社会主义民主政治建设	李良栋
	加快建设社会主义法治国家	张立伟
	改革开放以来的文化变迁与我党的文化自觉	田嵩燕
	推动社会主义文化大发展大繁荣的若干重要问题	李媛媛
	中国特色国际战略研究	宫　力
	祖国统一大业与一国两制	刘建飞
	提高执政党建设的科学化水平	张志明
	党群关系问题研究	王金柱
	西部开发开放专题研究：（1）可持续发展问题研究	刘振英
	西部开发开放专题研究：（2）国外地区开发经验研究	潘　悦
	西部开发开放专题研究：（3）西部地区民营经济发展问题	曹　新
	领导能力训练：（1）现代领导能力（案例教学）	张晓燕、王金柱
	领导能力训练：（2）提高应对突发事件的能力（案例教学）	王　勇、张丽娟
	中国特色社会主义民族宗教理论研究：（1）西藏历史若干问题研究	胡　岩
	中国特色社会主义民族宗教理论研究：（2）我国现阶段的民族问题和民族政策	靳　薇
	中国特色社会主义民族宗教理论研究：（3）我国民族区域自治问题研究	外　请
	中国特色社会主义民族宗教理论研究：（4）我国现阶段的宗教问题和宗教政策	胡　岩
	中国特色社会主义民族宗教理论研究：（5）当前西藏的反分裂斗争	外　请
	中国特色社会主义民族宗教理论研究：（6）正确认识和处理西藏的民族宗教问题（研讨式教学）	胡　岩、靳　薇
半年制西藏民族干部培训班（第40期）（二）	中国传统文化专题研究：（1）中国传统文化的基本精神	王　杰
	中国传统文化专题研究：（2）周易与中国文化	王　峰
	中国传统文化专题研究：（3）禅宗与中国文化	陈中浙
	中国传统文化专题研究：（4）中国古代生态文化	任俊华
	西方经济学与管理学专题研究：（1）西方微观经济学主要理论	王东京
	西方经济学与管理学专题研究：（2）西方宏观经济学主要理论	胡希宁
	西方经济学与管理学专题研究：（3）西方新制度经济学主要理论	谢鲁江

续表

班　次	教　学　内　容	授课教师
	西方经济学与管理学专题研究：（4）西方管理学主要理论	潘云良
	政治学法学专题研究：（1）政治稳定问题研究	刘启云
	政治学法学专题研究：（2）人权与民族文化保护	王立峰
	政治学法学专题研究：（3）司法统一性问题研究	姜小川
	政治学法学专题研究：（4）促进基本公共服务均等化	井　敏
	世界政治专题研究：（1）东亚秩序视角下的中日关系	马小军
	世界政治专题研究：（2）俄罗斯的发展趋势与中俄关系	左凤荣
	世界政治专题研究：（3）印度的战略走向与中印关系	康绍邦
	世界政治专题研究：（4）中韩关系与东北亚合作	刘建飞
	战略学专题研究：（1）战略思维的理论与方法	段培君
	战略学专题研究：（2）自主创新战略研究	胡　卫
	战略学专题研究：（3）系统思想与战略思维	庞元正
	社会学专题研究：（1）社会阶层结构研究	青连斌
	社会学专题研究：（2）社会管理与社会和谐	向春玲
	社会学专题研究：（3）社会政策与行动研究	李慧英
一年制西藏民族干部培训班（第41期）	学习引言	李书磊
	第一单元教学说明	哲学教研部
	马克思列宁主义基本问题概论	叶庆丰
	毛泽东思想基本问题概论	柳建辉
	中国特色社会主义理论体系概论	毛卫平
	马克思主义的一脉相承和与时俱进	董德刚
	第二单元教学说明	哲学教研部
	马克思主义哲学是科学的世界观和方法论	张耀光
	唯物主义辩证法	王晓林
	辩证唯物主义认识论	何建华
	社会基本矛盾	林艳梅
	社会意识和文化	朱辉宇
	科学技术及其社会作用	赵建军
	人民群众和个人在历史上的作用	董振华
	哲学思维与领导方法	边立新
	政治学讲座：（1）政治学的基本理论	齐　惠
	政治学讲座：（2）政治发展与政治稳定问题	刘启云
	政治学讲座：（3）公共管理基本理论	牟卫民
	法学讲座：（1）法理学的原理与原则	张恒山
	法学讲座：（2）宪法学的原理与原则	刘素华
	法学讲座：（3）民法学的原理与原则	王　静
	法学讲座：（4）行政法的原理与原则	王　红
	法学讲座：（5）财政法学的原理与原则	王　伟

续 表

班　次	教　学　内　容	授课教师
	第三单元教学说明	赵振华
	商品货币理论	赵振华
	剩余价值生产与分配理论	王天义
	资本循环和社会资本再生产理论	赵锦辉
	信用与股份公司理论	李省龙
	经济学管理学讲座：（1）西方经济学主要理论	张汉飞
	经济学管理学讲座：（2）现代管理学主要理论	李　蕾
	经济学管理学讲座：（3）现代金融学主要理论	董艳玲
	经济学管理学讲座：（4）公共财政学主要理论	梁　朋
	国际政治讲座：（1）国际政治与国际战略环境的构建	马小军
	国际政治讲座：（2）南亚局势与中印关系	秦治来
	国际政治讲座：（3）非传统安全与多边合作	孙东方
	第四单元教学说明	科学社会主义教研部
	科学社会主义的创立和基本理论	梁　波
	社会主义本质理论	陈天林
	社会主义发展阶段理论	冯书泉
	社会主义的历史经验和历史命运	孟　鑫
	第五单元教学说明	科学社会主义教研部
	中国特色社会主义民族理论	靳　薇
	我国现阶段的民族问题和民族政策	靳　薇
	中国特色社会主义宗教理论	胡　岩
	我国现阶段的宗教问题和宗教政策	胡　岩
	正确认识和处理西藏的民族宗教问题（研讨式教学）	胡　岩、靳　薇
	西藏民族问题（案例教学）	靳　薇
	社会发展与文化变迁	徐　平
	世俗文化与宗教文化	徐　平
	伦理学讲座：（1）马克思主义伦理学基本问题	靳凤林
	伦理学讲座：（2）发展伦理问题	杨信礼
	伦理学讲座：（3）生态伦理问题	任俊华
	中国古典文学讲座：（1）心曲初唱——先秦至南北朝文学	张　文
	中国古典文学讲座：（2）盛世诗潮——隋唐宋文学	马奔腾
	中国古典文学讲座：（3）人间画卷——元明清文学	廖小鸿

附录2：

“当代世界报告”题目与报告人

项目	课程名称	讲课题目	授课教师
当代世界报告	当代世界经济	当代国际金融格局变化与未来走势	朱　民——中国人民银行副行长、研究员
		当代世界经济的主要趋势	张伯里——中央党校教育长、教授
		当代国际贸易格局变化与未来走势	潘　悦——中央党校国际战略研究所教授
	当代世界法制	可持续发展与环境保护法	周　轲——中国人民大学教授
		国家竞争力与知识产权保护	吴汉东——中南财经政法大学校长、教授
		中国法律的国际挑战	卓泽渊——中央党校研究生院院长、教授
		可持续发展与环境保护法	周　轲——中国人民大学教授
		国家竞争力与知识产权保护	吴汉东——中南财经政法大学校长、教授
		中国法律的国际挑战	卓泽渊——中央党校研究生院院长、教授
	当代世界科技	当代科技发展与创新战略	李建华——中央党校哲学教研部教授
		空间探测进展与中国的嫦娥工程	欧阳自远——中国科学院院士
	当代世界军事	国家军事安全的新形势和新问题	张世平——军事科学院战略部副主任、研究员
		关于国家安全的战略思维	金一南——国防大学战略教研部副主任、教授
	当代世界政治	美国全球战略的调整与中美关系	王缉思——北京大学国际关系学院教授
	当代世界思潮	当代西方哲学对西方文明的反思	张志伟——中国人民大学教授
		当代西方人本主义思潮	丁东红——中央党校哲学教研部教授
	当代世界民族宗教	世界民族宗教发展趋势及对我国的影响	龚学增——中央党校科学社会主义教研部教授

附录3:

选修课讲题与授课教师

项目	讲 课 题 目	授 课 教 师
全校选听讲座	人类需要三大营养——饮食营养，行为营养，心理营养	赵 霖——解放军301医院研究员
	中医养生的理念和方法	张国玺——中国中医科学院西苑医院研究员
	中国书画艺术赏析	陈中浙——中央党校哲学教研部教授
	情绪管理	唐登华——北京大学精神卫生研究所主任医师
	走进音乐世界	周海宏——中央音乐学院副院长
	关于故宫与故宫博物院	郑欣淼——文化部副部长、故宫博物院院长
	领导者的演讲艺术	闻 闸——中央教育电视台播音指导、教授
	积极应对媒体主动引导舆论	郭卫民——国务院新闻办一局局长
	中国人口与社会发展	原 新——南开大学人口与发展研究所教授
	《红楼梦》与中国文化	梅敬忠——中央党校文史教研部教授
	管理创新	张玉杰——中央党校经济学教研部教授
	人文的城市	陈宇飞——中央党校文史教研部教授
	当代世界格局与我国的对外战略	亓成章——中央党校国际战略研究所教授
	朝鲜半岛核问题与东北亚地区安全	张琏瑰——中央党校国际战略研究所教授
	儒释道与中国文化	王 杰——中央党校哲学教研部教授

项目		频道	讲课题目	授课教师
电视选修课	学习贯彻党的十七大精神专题讲座	党校台	中国特色社会主义理论的形成和发展	谢春涛
			科学发展观若干前沿问题	庞元正
			加快转变经济发展方式	韩保江
			全面建设小康社会的新要求	刘海涛
			发展社会主义民主政治	李良栋
			十七大关于推进文化发展大繁荣的新思路	周熙明
			以改善民主为重点，加强社会建设	青连斌
			十七大在对外关系理论上的创新	宫　力
			以改革创新精神全面推进党的建设新的伟大工程	张志明
	马克思主义原著导读		恩格斯《路德维希·费尔巴哈和德国古典哲学的终结》导读	张绪文
			列宁《谈谈辩证法问题》导读	何建华
			马克思《资本论》导读（一）	鲁从明
			马克思《资本论》导读（二）	臧志风
			《共产党宣言》导读	韩云川
			《社会主义从空想到科学的发展》导读	刘海涛
	国际政治专题讲座		中国国家安全环境现状与走势	亓成章
			联合国改革与我国的多边外交	刘建飞
			中俄关系现状与走势	左凤荣
			中国和平发展道路与国际战略	康绍邦
	综合讲座		《周易》与中国传统文化	王　峰
			扩大内需与宏观政策选择	王东京
			加快转变经济发展方式	韩保江
			国际金融危机成因、演变及对策选择	陈启清
			经济全球化与中国竞争力	施　红
			信息化条件下的二元经济结构转换	李继文
			农民增收问题研究	石　霞
			西方管理理论	潘云良
			公共卫生与社会危机	靳　薇
			性别失衡与社会危机	李慧英
			财政运行法治化	王　伟
			我国行政救济制度的完善	张丽娟
			延安整风新论	李东朗
			胡耀邦与拨乱反正	陈　述
			西方执政党党内民主研究	谢　峰

续 表

项 目		频道	讲 课 题 目	授课教师
电视选修课	综合讲座	党校台	领导人才战略	李 民
			从闭关到开放——中国近代化的起始	刘悦斌
			中国古代的治国方略	岑大利
			中国传统民本思想探析	齐 惠
	学员论坛和“两带来”问题解答		学员论坛（一）	培训部
			学员论坛（二）	进修部
			“两带来”问题探析（一）	贾华强
			“两带来”问题探析（二）	党的建设教研部

项 目		讲 课 题 目	授课教师
校园网网上选修课	学习贯彻党的十七大精神专题讲座	中国特色社会主义若干重要问题研究	严书翰
		中国特色社会主义理论的形成和发展	谢春涛
		科学发展观若干前沿问题	庞元正
		加快转变经济发展方式	韩保江
		全面建设小康社会的新要求	刘海涛
		发展社会主义民主政治	李良栋
		十七大关于推进文化发展大繁荣的新思路	周熙明
		以改善民生为重点，加强社会建设	青连斌
		十七大在对外关系理论上的创新	宫 力
	加强党的执政能力建设专题讲座	以改革创新精神全面推进党的建设新的伟大工程	张志明
		党的执政能力建设是党执政后的一项根本建设	刘炳香
		党执政的主要经验研究	柳建辉
		提高驾驭社会主义市场经济的能力	韩保江
		提高发展社会主义民主政治的能力	李良栋
		提高建设社会主义先进文化的能力	戴木才
		提高构建社会主义和谐社会的能力	贾建芳
		提高应对国际局势和处理国际事务能力	康绍邦
	马克思主义原著导读	恩格斯《路德维希·费尔巴哈和德国古典哲学的终结》导读	张绪文
		列宁《谈谈辩证法问题》导读	何建华
		马克思《资本论》导读（一）	鲁从明
		马克思《资本论》导读（二）	臧志风
		马克思和恩格斯《共产党宣言》导读	韩云川
		恩格斯《社会主义从空想到科学的发展》导读	刘海涛

续表

项目		讲课题目	授课教师
校园网网上选修课	社会学专题讲座	社会学的基本理论和方法	青连斌
		阶级阶层理论	谢志强
		社区理论与实践	李慧英
		社会政策	李慧英
		社会变迁	向春玲
		社会调查	林　梅
		中国现阶段社会阶层结构分析	谢志强
		维护社会公正促进社会和谐	吴忠民
		社会变迁与婚姻法律制度	王立峰
	文化学专题讲座	中国城市发展的文化动力研究	陈宇飞
		中国教育面临的深层次问题	刘景录
		新媒体对当代社会的影响研究	秦　露
		近代以来中西文化的相遇、冲突与融合	刘景录
		悲从何来——文学作品中悲剧意识	范玉刚
		道德重建与社会整合	赵　峰
	伦理学专题讲座	马克思主义伦理学基本问题	孙向军
		行政伦理问题研究	靳凤林
		发展伦理问题研究	邱耕田
		中国传统伦理研究	刘余莉
		现代西方伦理思潮	梁晓杰
	政党学专题讲座	执政党建设问题研究	王长江
		政党制度类型比较研究	谢　峰
		发展中国家的政党政治	姜　跃
		党内选举制度改革	蔡　霞
		党内民主研究	蔡　霞
		执政党与媒体发展	高新民
		建国前党局部执政的实践及其意义	张希贤
		现代企业制度与党的建设	蔡　霞
		台湾政党政治研究	王　瑜
		国外共产党的现状	耿克民
	领导科学专题讲座	领导能力提升	刘炳香
		领导干部的语言艺术	刘玉瑛
		领导心理调适	刘余莉

续 表

项 目		讲 课 题 目	授课教师
校园网网上选修课	中共党史专题讲座	陈独秀的历史功过	祝　彦
		王明再认识	刘晶芳
		人民公社化运动与公社体制	罗平汉
		1959 年庐山会议及其教训	谢春涛
		中苏论战与“反修防修”	李　瑗
		刘少奇冤案的形成	王海光
		十一届三中全会的历史转折	陈　述
		国内外毛泽东研究述评	罗平汉
		离休后的邓小平	陈雪薇
		当代中国政治体制的历史演变	韩　钢
		中国共产党领导的多党合作制的由来和发展	李　瑗
	中国哲学专题讲座	如何看待当前的国学热	王　杰
		儒释道与中国文化	王　杰
		孔子与中国文化	王　峰
		周易入门	王　峰
		禅宗与中国文化	陈中浙
		中国古代的生态哲学	任俊华
		中国传统哲学的基本精神	王　杰
	国际政治专题讲座	中日关系的现状和趋势	张琏瑰
		中美日俄印综合国力的国际比较	门洪华
		国际反恐怖主义斗争问题	马小军
		美国的意识形态外交与我国的应对策略	刘建飞
		上海合作组织与反对三股恶势力的斗争	孙建杭
		中国和中亚国家关系的历史、现状及其发展趋势	亓成章
		软实力与中国外交	罗建波
		国际冲突与中国参与联合国维和	赵　磊
		国际关系的传媒透视	秦治来
		核军控与防止核扩散	孙东方
		在华外国非政府组织研究	杨　青
		美国两条现代化道路之争	刘　婷
	世界经济专题讲座	跨国公司投资及其对中国经济的影响	潘　悦
		转型国家经济状况及启示	纪　军
		日本泡沫经济的教训	孙仲涛
		人民币汇率变化及其走势	陈江生
		国际金融危机的成因与走势	刘　东

续表

项目		讲课题目	授课教师
校园网网上选修课	世界经济专题讲座	积极应对国际贸易摩擦	王金龙
		国际可持续发展战略	史妍媚
		国际货币体系改革问题研究	陈江生
	其他专题讲座	农民增收问题研究	石　霞
		西方管理理论	潘云良
		基督教伦理与现代西方文明	靳凤林
		中国传统文化与中国式管理	刘余莉
		科学发展观与中国人权保障	张立伟
		可持续发展战略	冯鹏志
		法治政府与可持续发展	刘素华
		生命科学与哲学	李建华
		电子政务与体制创新	蔡德聪
		信息资源开发利用与信息安全	蔡德聪
		社会主义政治文明建设的理论与实践	李良栋
		服务型政府与公共服务均等化	胡　卫
		弘扬中国优秀传统道德，促进社会和谐	刘余莉

项目	片名
电影鉴赏课	《十月围城》（中国）
	《走近毛泽东》（中国）
	《佐贺的超级阿嬷》（日本）
	《情归周恩来》（中国）
	《季风中的马》（中国）
	《华氏911》（美国）
	《失控校园》（德国）
	《二十四城记》（中国）
	《布拉格练习曲》（捷克）
	《小平，您好！》（中国）
	《听见天堂》（意大利）
	《鲜花》（中国）
	《乌干达天空下》（美国）
	《血腥情人节》（美国）
	《公正审判（12）》（俄国）

项　目	班　次	教学内容	授课教师
体育课	进修部各班次	太极拳、太极剑、练功十八法、网球	胡德明
	培训部中青一班半年制民族班	太极拳、太极剑、练功十八法、网球	何春光
	培训部中青二班一年制民族班	太极拳、太极剑、练功十八法、网球	谷洪云

秋季学期教学安排

秋季学期教学工作的总体要求是：高举中国特色社会主义伟大旗帜，以马克思列宁主义、毛泽东思想和中国特色社会主义理论体系为指导，深入学习实践科学发展观，认真贯彻党的十七大和十七届三中、四中、五中全会精神，继续推进中国特色社会主义理论体系特别是科学发展观进课堂、进教材、进头脑；围绕建设“一流学府”，进一步深化教学改革，加强学科建设，优化教学组织与管理，不断提高教学质量和水平。

一、关于班次设置和招生安排

共开设四类班次、15个班，招收学员1485名。

（一）进修班

1. 省部级干部进修班（第48期）。计划招收学员150名，学制两个月。该班开设四个研究专题：

（1）“扩大内需与经济发展”研究专题，学习时间为2010年9月1日至11月5日；

（2）“社会主义民主政治建设”研究专题，学习时间为2010年9月1日至11月5日；

（3）“世界经济格局变化与应对”研究专题，学习时间为2010年11月16日至2011年1月14日；

（4）“学习贯彻党的十七届五中全会精神”研究专题，学习时间为2010年11月16日至2011年1月14日。

2. 地厅级干部进修班（第55期）。计划招收学员300名，学制两个月。该班开设六个研究专题：

（1）“城镇化进程”研究专题，招收学员50名，学习时间为2010年9月1日至11月5日；

（2）“社会稳定”研究专题，招收学员50名，学习时间为2010年9月1日至11月5日；

（3）“文化体制改革”研究专题，招收学员50名，学习时间为2010年9月1日至11月5日；

（4）“转变经济发展方式与经济结构调整”研究专题，招收学员50名，学习时间为2010年11月16日至2011年1月14日；

（5）“民生与社会建设”研究专题，招收学员50名，学习时间为2010年11月16日至2011年1月14日；

（6）“学习贯彻党的十七届五中全会精神”研究专题，招收学员50名，学习时间为2010年11月16日至2011年1月14日。

3. 市地党政主要领导干部进修班（第4期）。计划招收学员40名，学制一个月，学习时间为2010年9月1日至9月29日。

4. 县委书记任职培训班（第2期）。

计划招收学员150名，学习时间为2010年9月1日至9月12日。

（二）培训班

1. 中青年干部培训一班（第29期）。计划招收学员120名，学制四个半月，学习时间为2010年9月1日至2011年1月14日。

2. 新疆地厅级民族干部培训班（第55期）。计划招收学员45名，学制四个半月，学习时间为2010年9月1日至2011年1月14日。

3. 新疆县处级民族干部培训班（第56期）。计划招收学员50名，学制四个半月，学习时间为2010年9月1日至2011年1月14日。

4. 半年制西藏民族干部培训班（第42期）。计划招收学员40名，学制四个半月，学习时间为2010年9月1日至2011年1月14日。

（三）专题研讨班

1. 省部级领导干部民族工作专题研讨班。计划招收学员110人，学习时间为2010年9月13日至9月22日。

2. “宗教工作”专题研讨班。计划招收学员50人，学习时间为2010年9月1日至9月15日。

3. “非物质文化遗产保护”专题研讨班。计划招收学员50名，学习时间为2010年9月17日至9月29日。

4. “党校系统科研管理工作”专题研讨班。计划招收学员50名，学习时间为2010年10月26日至11月5日。

（四）师资培训班

1. 哲学社会科学教学科研骨干研修班。举办2期，计划招收学员230名，每期学制1个月。

2. 中国特色社会主义理论体系师资培训班。计划招收学员50名，学制一个月。

3. 国际政治与经济师资培训班。计划招收学员50名，学制一个月。

加上同期在校的中青年干部培训二班和一年制西藏班，2010年秋季学期在校17个班次，学员1725名。

二、关于教学内容

（一）把中国特色社会主义理论体系作为教学的中心内容，进一步完善中国特色社会主义理论体系的教学框架，继续推进中国特色社会主义理论体系特别是科学发展观生动进课堂、系统进教材、扎实进头脑

坚持以中国特色社会主义理论体系为中心，把中国特色社会主义理论体系特别是科学发展观的学习和研究，贯穿到教学的全过程。进修班的公共必修课“科学发展观研究”，要与马克思列宁主义、毛泽东思想融会贯通，结合新的实践发展，力求讲出新意；各专题课的教学，要紧紧围绕建设中国特色社会主义实践中的重大理论和实践问题、相关的热点难点问题来安排教学内容。培训班的中国特色社会主义理论体系特别是科学发展观的教学，要结合经济建设、政治建设、文化建设、社会建设、党的建设中面临的重大理论和现实问题来设置讲题和开展教学，使之更加科学化。

推进中国特色社会主义理论体系“进课堂、进教材、进头脑”，要进一步完善中国特色社会主义理论体系的教学框架，找准其中的基本问题。要充分发挥党校的理

论优势和学科优势，从各个学科的角度对中国特色社会主义特别是科学发展观进行细化研究，提高讲授的学术水平。要结合不同班次的实际，进一步研究中国特色社会主义理论体系特别是科学发展观分类别、分层次讲授的内容和方式，切实引导学员把中国特色社会主义理论体系的学习与研究国内外重大现实问题结合起来，与学员的思想实际和党性修养结合起来。

（二）科学设计教学讲题，提高课堂讲授质量，不断增强教学的针对性和实效性

根据不同班次的教学定位，以学科建设为基础，从党和国家的工作大局、改革开放的生动实践和学员的个性化学习需求出发，着手建立新的教学计划生成机制，科学设计教学讲题，避免因人设课，增强教学的针对性和实效性。

1. 改进进修班各研究专题的教学设计。进修班各研究专题的讲题设置，既要紧扣专题，又要符合课程体系的要求，从专题涉及的相关学科出发，从多个角度进行研究。“重大理论和实践问题”要注重经典理论阐述、历史经验借鉴和国际比较。“热点和难点问题”要侧重对问题本身进行分析并开展对策研究。为进一步提高课题研究质量，着手研究如何建立激励和约束机制，加强教师对课题研究报告的指导，引导学员人人动手、人人动脑。同时，继续加强与中央国家机关有关部门的联系，做好课题研究报告的选题和成果利用工作。

2. 完善培训班的课程设计。中青年干部培训一班的教学设计保持相对稳定，课堂讲授要结合改革开放的实践和学员的实际需求，进一步增强针对性。中青年干部培训二班中国特色社会主义理论体系的教学，要从不同学科的角度出发，把中国特色社会主义理论体系涉及到的基本问题找准、讲深、讲透。

新疆县处级民族干部培训班的教学计划进行了比较大的调整，必修课程调整为“马克思主义基本理论与经典著作导读”、“中国特色社会主义理论体系及其实践”、“中国特色社会主义民族理论与宗教理论”、“党的历史经验专题研究”、“新疆发展稳定中的重大问题研究”、“新疆历史专题研究”、“领导干部能力训练”七个部分，力求使课程体系和讲题设置更加贴近新疆的实际，更加适应新疆班学员的学习需求。其他民族干部培训班的教学，也要从民族地区的实际出发，更加紧密地结合民族地区改革发展稳定的实践，进一步增强教学的针对性。要选派骨干教师到民族班授课。

3. 专题研讨班的教学，要继续加强与相关部门的沟通协商，既要围绕专题提高教学的针对性，又要体现党校教学的特点。

4. 师资班的教学，要着眼于提高党校系统的教学质量和水平，把理论课程的学习与教学科研工作研讨密切结合起来。

5. 在教学中进一步改进文风。从讲稿撰写到课堂讲授，要力避用文件解释文件，要有理论参照和历史参照，有独立思考，不能人云亦云；论文指导要注重学术深度和理论联系实际，力避穿鞋戴帽、套话连篇。

（三）组织好全校公共课程

“形势与任务”报告，要进一步加强与讲课人的沟通，提高授课质量，更好地满足学员需求。“当代世界”报告要根据

形势任务的变化，及时更新有关讲题。菜单式选修课程要根据教学效果进行适当调整。周一晚上全校选听讲座、电视选修课、校园网网上选修课和电影鉴赏课，要立足于满足学员的多样化学习需求，继续充实和完善。安排组织好“时事热点问题”讲座课程。

（四）继续抓好自主选学工作

按照中央组织部统一安排部署，继续做好中央国家机关十五个部委司局级干部自主选学试点工作，进一步加强教学组织管理和教学保障。

三、关于教材安排

1. 继续使用重点教材《马列著作选编》、《毛泽东著作选编》、《邓小平文选》、《江泽民文选》、《马克思列宁主义基本问题》、《毛泽东思想基本问题》、《邓小平理论基本问题》和《“三个代表”重要思想概论》、《执政党建设若干问题研究》（试用本）等。进修班结合不同的专题学习需要，对基本教材、辅助教材和参考书目进行调整、更新，并根据课题研究需要，以活页夹等形式为学员提供相关书目和研究资料。继续为学员提供《改进文风阅读材料》，加强文风建设。

2. 继续落实《中央党校2006—2010年教材编写规划》，做好教材和教学参考书的编写工作，并根据教学需要，对规划内的部分教材进行适当调整。

四、关于教学方法

在教学中进一步贯穿研究式教学理念，继续探索研究式教学的多种实现形式，增强教学的吸引力。

1. 在课堂讲授中加大教学研讨的分量，发挥教师主导作用和学员主体作用，增强教学互动。

2. 继续支持教师开展案例调研和案例编写，规范案例教学的组织形式，提高案例教学的质量。

3. 结合校内教学实际，利用好各教学基地搞好体验式教学。

4. 利用校内情景模拟实验室开展模拟式教学，并通过加强与校外有关部门的合作，探索情景模拟式教学的多种形式。

5. 利用学员资源加强班际间交流，继续举办多种形式的学员论坛，促进学学相长。

五、关于教学组织和管理

坚持党校姓党，从严管理，不断提高教学组织水平和管理水平。

1. 落实和完善项目制管理。按照《进修班教学组织管理实行项目制的若干规定（试行）》，进修班各研究专题和市地党政主要领导干部进修班的教学组织管理均实行项目制。项目组组长和成员要认真按照相关要求做好工作，进一步提升进修班教学效果。要加强对项目组工作的支持和协调，完善对项目组的考核。

2. 优化培训班师资配置。按照《关于优化培训班教师配置的管理办法（试行）》，培训班各个班次的教师配备要实行竞争上岗、末位调整。

3. 规范备课制度并推动备课交流。加强集体备课，引导教师在备课中对涉及的马列主义经典著作、学术经典著作、前沿研究成果以及重大理论和现实问题进行梳理，做到每个讲题的讲授兼有理论维度、历史维度和现实维度。针对有关讲题召开跨部门集体备课会，避免内容重复。

4. 进一步加强对学员“两带来”材料的研究。各教研部（所）要组织教师针对有关问题进行研究并解答，体现到教学中去。

5. 抓好对学员读书的组织和引导。采取适当措施加强教师对学员读书的指导，为学员提供真正管用的、有价值的经典书目，并对学员的读书进行督促和检查。通过多种形式组织好学员的读书交流，创造良好的读书氛围。适当减少课外活动，保证学员的自学时间。

6. 加强师资队伍建设。强化竞争和激励机制，充分发挥教师的积极性，引导教师把主要精力放到校内主体班的教学上；开设教学参考讲座，请有关校领导和不同学科的教师就如何读学术经典，如何讲课进行研讨和交流；适时举办一期中青年教师教学观摩研讨班。

六、关于教学评估和学习考核

1. 根据新的情况继续完善教学效果评估体系，以评促改。与项目制管理相适应，对进修班各研究专题的教学设计、组织管理、课堂教学效果、课题研究报告等进行全面评估；外请教员也要进行评估。

2. 从不同班次的实际出发，进一步完善各班次的学习考核方式。在对进修班课题组研究报告进行考核的基础上，加强对学员个人的考核，促进学员读书和思考。培训班各班次的考核方式，要更注重针对性。培训一班继续以撰写读书报告的形式进行考核；培训二班的“中国特色社会主义理论体系基本问题研究”课程，采取答辩式进行考核。民族班的学习考核方式也要根据教学实际，作相应调整。

七、关于分校教学

1. 与校内教学安排相适应，科学设计分校教学计划，加大菜单式教学力度，加强能力训练，并从分校实际出发创新教学方式方法，进一步增强分校教学的针对性和时效性。

2. 根据对分校的调研情况，加强分校制度建设，规范分校走读班办学，提高分校整体办学质量。

附录 1：

主体班次教学内容与授课教师

班　次	教　学　内　容	授课教师
省部级干部进修班（第 48 期）“扩大内需与经济发展”研究专题	学习引言	李书磊
	本研究专题教学说明	韩保江
	中国特色社会主义是当代中国的马克思主义	周为民
	科学发展观若干问题研究	韩庆祥
	科学发展观的方法论研究	李建华
	国际金融危机后中国经济结构调整战略	韩保江
	加快转变经济发展方式问题研究	杨秋宝
	扩大内需与宏观经济政策选择	王东京
	加快推进中国特色城镇化进程问题研究	外　请
	加快发展战略性新兴产业问题研究	外　请
	收入分配结构调整与扩大消费需求	赵振华
	提高自主创新能力问题研究	外　请
	当前我国失业问题及对策	徐平华
	农民增收与扩大内需问题研究	石　霞
	健全资本市场与扩大内需	祁　斌
	农村金融创新与发展问题研究	谢鲁江
	加快社会保障制度建设问题研究	李　蕾
	后危机时期中国外经贸发展研究	潘　悦
省部级干部进修班（第 48 期）“社会主义民主政治”研究专题	学习引言	李书磊
	本研究专题教学说明	李良栋
	中国特色社会主义是当代中国的马克思主义	周为民
	科学发展观若干问题研究	韩庆祥
	科学发展观的方法论研究	李建华
	坚持中国特色社会主义民主发展道路	李良栋
	完善人民代表大会制度	沈春曜
	完善共产党领导的多党合作和政治协商制度	刘学军
	树立社会主义民主法治理念	张恒山
	完善民族区域自治制度	吴仕民
	发展民主与维护稳定	赵虎吉
	深入推进基层民主建设	肖立辉

续表

班　次	教　学　内　容	授课教师
	积极扩大党内民主	高新民
	推进行政体制改革	王　军
	完善科学民主的决策机制（案例式教学）	黄小勇
	司法改革的重点	姜小川
	发展社会组织与政治参与	李　勇
	我国人权保障问题研究	张晓玲
省部级干部进修班（第48期）“世界经济格局变化与应对”研究专题	学习引言	李书磊
	本研究专题教学说明	刘建飞
	中国特色社会主义是当代中国的马克思主义	秦　刚
	科学发展观若干问题研究	李兴山
	科学发展观的方法论研究	李建华
	后危机时代世界经济格局的新变化	外　请
	后危机时代世界格局变化与中国对外战略	外　请
	国际金融格局变化与中国的金融发展	陈启清
	国际贸易格局变化与中国的外经贸发展	潘　悦
	后危机时期的经济战略调整与政策变化：国际比较与启示（案例教学）	刘　东
	世界经济格局变化与中国的经济发展方式转变	杨秋宝
	世界经济格局变化与中国的扩大内需战略	田应奎
	国际货币体系改革与人民币国际化	外　请
	世界经济格局变化中的能源与气候问题	马小军
	世界经济格局变化中的中国对外经济合作	刘建飞
	世界经济格局变化中的东亚经济一体化趋势	纪　军
	世界格局变动与海峡两岸和平发展	宫　力
	世界经济格局变化背景下的中国与周边国家经济合作	康绍邦
	深入学习和执行《中国共产党章程》，增强党性修养	张晓燕
	毛泽东农村调查的理论与实践	罗平汉
	中国共产党夺取全国政权的历史经验	刘宝东
	中国改革开放的历程和经验	谢春涛
	加强反腐倡廉建设	刘明波
	中国古代官德	外　请
	学习引言	李书磊
	本研究专题教学说明	潘云良
	中国特色社会主义是当代中国的马克思主义	秦　刚
	科学发展观若干问题研究	李兴山

续表

班　次	教　学　内　容	授课教师
省部级干部进修班（第48期）“学习贯彻党的十七届五中全会精神”研究专题	科学发展观的方法论研究	李建华
	抓住和用好我国发展的重要战略机遇期	李君如
	发展战略转型与扩大内需	外　请
	产业结构战略性调整	董艳玲
	统筹城乡发展问题研究	徐祥临
	区域经济协调发展问题研究	杨秋宝
	推进“两型社会”建设	外　请
	加强和改善宏观调控	潘云良
	社会就业问题研究	徐平华
	提高两个比重与收入分配问题研究	赵振华
	构建可持续发展的社会保障制度体系	李　蕾
	推进行政体制改革，建设服务型政府	外　请
	深化经济体制改革，完善市场经济体制	韩保江
	加快以公共服务均等化为取向的财税体制改革	梁　朋
	加快文化体制改革，推动文化大发展、大繁荣	外　请
	深入学习和执行《中国共产党章程》，增强党性修养	张晓燕
	毛泽东农村调查的理论与实践	罗平汉
	中国共产党夺取全国政权的历史经验	刘宝东
	中国改革开放的历程和经验	谢春涛
	加强反腐倡廉建设	刘明波
	中国古代官德	外　请
地厅级干部进修班（第55期）“社会稳定”研究专题	学习引言	李书磊
	本研究专题教学说明	张恒山
	中国特色社会主义是当代中国的马克思主义	贾建芳
	科学发展观若干问题研究	庞元正
	科学发展观的方法论研究	李建华
	文明转型与社会稳定	张恒山
	转变经济发展方式与维护社会稳定	外　请
	发展民主与维护社会稳定	赵虎吉
	法治建设与维护社会稳定	封丽霞
	党的领导与社会稳定	外　请
	分配机制与社会稳定	吴忠民
	就业保障与社会稳定	外　请
	宗教文化与社会稳定	外　请
	人权保障与社会稳定	王立峰

续表

班次	教学内容	授课教师
	改善民生与社会稳定	王　静
	公民行政参与和社会稳定	王雅琴
	完善信访机制与社会稳定	刘素华
	提高处理群体性突发事件的能力（案例教学）	王　勇
地厅级干部进修班（第55期）“城镇化进程”研究专题	学习引言	李书磊
	本研究专题教学说明	向春玲
	中国特色社会主义是当代中国的马克思主义	贾建芳
	科学发展观若干问题研究	庞元正
	科学发展观的方法论研究	李建华
	城镇化的历史与理论	外　请
	中国特色城镇化道路研究	仇保兴
	城镇化进程中的社会矛盾问题研究	吴忠民
	城镇化与社会管理体制创新	向春玲
	国外城镇化的经验与启示	林　梅
	统筹城乡发展研究（案例教学）	谢志强
	城镇化进程中的土地制度改革	石　霞
	城镇化与产业结构调整	周天勇
	城镇化与住房体制改革	外　请
	城镇化进程中的流动人口管理	王道勇
	建立覆盖城乡居民的社会保障体系（案例教学）	青连斌
	城镇化与生态环境保护	赵建军
	城镇化发展与文化建设	陈宇飞
地厅级干部进修班（第55期）“文化体制改革”研究专题	学习引言	李书磊
	本研究专题教学说明	项目组
	中国特色社会主义是当代中国的马克思主义	贾建芳
	科学发展观若干问题研究	庞元正
	科学发展观的方法论研究	李建华
	改革开放以来文化发展的基本脉络	田嵩燕
	关于我国主体文化建设的若干思考	李文堂
	阻碍文化发展和繁荣的观念因素	周熙明
	美国文化体制的架构与运作	韩　红
	中国传统社会主体文化的生产与传播机制	张　军
	关于文化体制改革的几个深层次问题	外　请
	现代企业制度与管理	韩保江
	关于文化立法的几个主要问题	外　请

续 表

班　次	教　学　内　容	授课教师
	现代传媒的特点与舆论引导机制	秦　露
	城市文化建设探索——以开封为例（案例教学）	外　请
	我国文化创意产业发展的现状与前景	外　请
	中国文化产业的动力机制——以 798 和赵本山为例（案例教学）	陈宇飞
	我国文艺院团改革的困境与出路（案例教学）	外　请
地厅级干部进修班（第 55 期）“转变经济发展方式与经济结构调整”研究专题	学习引言	李书磊
	本研究专题教学说明	董艳玲
	中国特色社会主义是当代中国的马克思主义	李俊伟
	科学发展观若干问题研究	韩庆祥
	科学发展观的方法论研究	李建华
	加快转变经济发展方式问题研究	杨秋宝
	国际金融危机后中国经济结构调整战略	董艳玲
	区域经济协调发展问题研究	张汉飞
	统筹城乡发展问题研究	施　红
	走中国特色新型工业化道路问题研究	曹　立
	收入分配结构调整问题研究	赵振华
	转变经济发展方式中的社会保障问题研究	李　蕾
	信息化条件下的二元经济结构转换	李继文
	提高自主创新能力问题研究	陈宇学
	中小企业发展问题研究	张玉杰
	新形势下外经贸发展战略	潘　悦
	农民增收问题研究	石　霞
	宏观经济热点难点问题研究	田应奎
	深入学习和执行《中国共产党章程》，增强党性修养	张晓燕
	毛泽东农村调查的理论与实践	罗平汉
	中国共产党夺取全国政权的历史经验	刘宝东
	中国改革开放的历程和经验	谢春涛
	加强反腐倡廉建设	刘明波
	中国古代官德	外　请
地厅级干部进修班（第 55 期）“民生与社会建设”研究专题	学习引言	李书磊
	本研究专题教学说明	胡振良
	中国特色社会主义是当代中国的马克思主义	李俊伟
	科学发展观若干问题研究	韩庆祥
	科学发展观的方法论研究	李建华

续表

班　次	教　学　内　容	授课教师
	社会主义社会建设的历史与理论	严书翰
	加快推进以改善民生为重点的社会建设	刘海涛
	我国现阶段的社会公正问题	吴忠民
	统筹协调利益关系问题研究	叶庆丰
	国外社会建设的经验与启示	胡振良
	社会建设与社会管理体制创新	向春玲
	城市流动人口管理（案例教学）	王道勇
	我国教育公益性与教育公平问题研究	外　请
	我国现阶段就业问题研究	外　请
	我国现阶段收入分配问题研究	赵振华
	建立覆盖城乡居民的社会保障体系（案例教学）	青连斌
	破解城乡居民的住房难题	外　请
	改善民生与生态环境保护	郭　强
	中国共产党夺取全国政权的历史经验	刘宝东
	中国改革开放的历程和经验	谢春涛
	加强反腐倡廉建设	刘明波
	中国古代官德	外　请
市地党政主要领导干部进修班（第4期）	学习引言	李书磊
	中国特色社会主义理论体系研究	李君如
	中国社会主义改革的回顾与前瞻	王怀超
	中国特色社会主义发展道路研究	庞元正
	加快转变经济发展方式的路径选择	韩保江
	社会主义民主政治建设的重点和难点	李良栋
	文化转型与社会主义价值观的构建	李德顺
	贫富差距与公平正义问题研究	李　强
	提高执政党建设的科学化水平	王长江
	提高领导干部的战略思维能力	杨春贵
	提高选人用人的公信力	外　请
	系统思维与领导能力	李建华
	提高领导干部应对突发事件的能力	王　军
中青年干部培训一班（第29期）	学习引言	李书磊
	教学说明	哲学教研部
	马克思主义的一脉相承和与时俱进	董德刚
	《路德维希·费尔巴哈和德国古典哲学的终结》导读	边立新
	《德意志意识形态》（第一章）导读	侯　才
	《共产党宣言》导读	周为民

续 表

班　次	教　学　内　容	授课教师
	中国特色社会主义理论体系研究	李君如
	深入贯彻落实科学发展观	段培君
	解放思想，实事求是，与时俱进	刘毅强
	中国特色社会主义道路的开创和拓展	秦　刚
	中国社会主义改革的理论与实践	王怀超
	教学说明	经济学教研部
	社会主义市场经济理论与实践	孙小兰
	加快转变经济发展方式	李　鹏
	加快城乡经济社会一体化发展	石　霞
	走中国特色新型工业化道路问题研究	李继文
	社会主义民主政治建设的前沿问题	李良栋
	加快建设社会主义法治国家的深层思考	封丽霞
	深入推进行政体制改革的路径选择	王　军
	改革开放以来的文化发展与我党的文化自觉	田嵩燕
	科学发展观中的文化视野与文化思维	周熙明
	教学说明	中共党史教研部
	中国共产党夺取全国政权的历史经验	刘宝东
	从新民主主义向社会主义的过渡	罗平汉
	十一届三中全会以前党对中国社会主义建设道路的探索	谢春涛
	十一届三中全会以来党对中国特色社会主义道路的探索	曹　普
	教学说明	国际战略研究所
	社会主义和谐社会问题研究	刘海涛
	中国特色社会主义与当代世界社会主义	常欣欣
	当代世界格局与中国和平发展道路	宫　力
	新时期中国对外开放战略的调整	潘　悦
	新形势下的国家安全问题	孙建杭
	提高执政党建设的科学化水平	王长江
	党的执政方式前沿问题研究	张志明
	党内民主若干热点难点问题研究	高新民
	教学说明	党的建设教研部
	提高驾驭全局的战略思维能力	杨春贵
	哲学思维与领导能力	贾高建
	系统思想与创新能力	李建华
	互联网时代的舆论引导能力	秦　露
	提高依法行政的能力（体验式教学）	刘永艳
	提高处理公共事件的能力（1）（案例教学）	张晓玲
	提高处理公共事件的能力（2）（案例教学）	刘永艳

续表

班次	教学内容	授课教师
	提高处理公共事件的能力（3）（案例教学）	牟卫民
	提高处理公共事件的能力（4）（案例教学）	李雅云
	提高领导能力和执政能力（1）（案例教学）	张晓燕
	提高领导能力和执政能力（2）（案例教学）	刘炳香
	提高领导能力和执政能力（3）（案例教学）	刘玉瑛
	提高领导能力和执政能力（4）（案例教学）	蔡志强
中青年干部培训二班（第10期）（一）	教学说明	经济学教研部
	社会主义市场经济理论基本问题研究	徐平华
	建设社会主义新农村问题	徐祥临
	走中国特色工业化道路问题	曹　立
	公共财政理论与公共财政体制改革	梁　朋
	现代金融理论与金融体制改革	陈启清
	坚持中国特色社会主义政治发展道路	刘学军
	我国政治发展中的政治稳定问题研究	赵虎吉
	行政体制改革的前沿问题研究	黄小勇
	树立社会主义民主法治理念	张恒山
	深入推进依法行政	傅思明
	改革开放以来的文化发展与我党的文化自觉	田嵩燕
	核心价值体系建设与意识形态创新	周熙明
	现代传媒的挑战与应对	秦　露
	中国城市化进程中的文化问题	陈宇飞
	社会主义社会建设重大问题研究	王怀超
	建立覆盖城乡居民的社会保障体系（案例教学）	青连斌
	提高党建科学化水平若干问题研究	王长江
	党的执政方式研究	张希贤
	党群关系研究	张荣臣
	党内民主研究	张晓燕
	中国特色国际战略研究	宫　力
	一国两制与祖国统一大业	刘建飞
	新形势下的国家安全问题	高祖贵
	教学说明	张晓燕
	战略预见与危机预防（案例教学）	段培君
	提高领导能力和执政能力（1）（案例教学）	张晓燕
	提高领导能力和执政能力（2）（案例教学）	刘炳香
	提高领导能力和执政能力（3）（案例教学）	刘玉瑛
	提高领导能力和执政能力（4）（案例教学）	蔡志强

续 表

班　次	教　学　内　容	授课教师
	提高领导能力和执政能力（5）（案例教学）	李　民
	提高领导干部处理公共事件的能力（1）（案例教学）	庄玉瑞
	提高领导干部处理公共事件的能力（2）（案例教学）	王立峰
	提高领导干部处理公共事件的能力（3）（案例教学）	王　伟
	提高领导干部处理公共事件的能力（4）（案例教学）	张立伟
	提高领导干部处理公共事件的能力（5）（案例教学）	齐　惠
	提高领导干部应对突发事件的能力（1）（案例教学）	王　红
	提高领导干部应对突发事件的能力（2）（案例教学）	井　敏
	提高领导干部应对突发事件的能力（3）（案例教学）	牟卫民
	提高领导干部应对突发事件的能力（4）（案例教学）	王雅琴
	提高领导干部应对突发事件的能力（5）（案例教学）	张丽娟
中青年干部培训二班（第10期）（二）	西方哲学专题研究（1）：西方哲学的基本精神	李晓兵
	西方哲学专题研究（2）：西方的哲学与政治	郭大为
	西方哲学专题研究（3）：当代西方人的自我认识	成官泯
	国际政治专题研究（1）：印度的战略走势与中印关系	康绍邦
	国际政治专题研究（2）：俄罗斯的发展趋势与中俄关系	左凤荣
	国际政治专题研究（3）：东亚秩序视角下的中日关系	马小军
	国际政治专题研究（4）：中韩关系与东北亚合作	刘建飞
	世界经济专题研究（1）：国际直接投资与中国的开放经济	潘　悦
	世界经济专题研究（2）：国际金融深化与中国的金融发展	刘　东
	世界经济专题研究（3）：国际货币体系改革与人民币的国际化	陈江生
	法学专题研究（1）：立法过程中的民众参与	封丽霞
	法学专题研究（2）：公民物权保障与政府行为规制	李雅云
	法学专题研究（3）：人权保障的法律与实践	张晓玲
	当代世界社会主义专题研究（1）：当代世界社会主义的基本特点与发展趋势	胡振良
	当代世界社会主义专题研究（2）：当代世界社会主义政党及党际关系	常欣欣
	当代世界社会主义专题研究（3）：拉美左翼思潮与民族社会主义	杨玲玲
	古典文学名著欣赏（1）：《诗经》欣赏	李媛媛
	古典文学名著欣赏（2）：《牡丹亭》欣赏	梅敬忠

续表

班 次	教 学 内 容	授课教师
	古典文学名著欣赏（3）：《三国演义》欣赏	梅敬忠
新疆地厅级民族干部培训班（第55期）（一）	学习引言	李书磊
	第一单元教学说明	哲学教研部
	马克思恩格斯的哲学思想	王晓林
	马克思恩格斯的经济学思想	张燕喜
	马克思恩格斯列宁的社会主义思想	冯书泉
	第二单元教学说明	中共党史教研部
	毛泽东思想的科学体系与历史地位	祝 彦
	毛泽东新民主主义理论	罗平汉
	中共党史专题研究：（1）延安整风与马克思主义中国化	卢 毅
	毛泽东对中国社会主义建设道路的探索	李庆刚
	毛泽东哲学思想	刘毅强
	中共党史专题研究：（2）建立新中国的构想及实践	李国芳
	中共党史专题研究：（3）十一届三中全会与伟大历史转折	曹 普
	中共党史专题研究：（4）社会主义市场经济体制目标的确立	沈传亮
	第三单元教学说明	科学社会主义教研部
	中国特色社会主义是当代中国的马克思主义	王中汝
	中国特色社会主义理论体系研究	刘俊杰
	中国特色社会主义理论体系的哲学基础	毛卫平
	深入贯彻落实科学发展观	董振华
	中国社会主义改革的理论与实践	朱可辛
	社会主义市场经济理论与实践	孙小兰
	走中国特色工业化道路问题	李省龙
	社会主义新农村建设（案例教学）	李 鹏
	积极稳妥地推进社会主义民主政治建设	赵虎吉
	树立社会主义民主法治理念	张恒山
	文化认同与边疆稳定	徐 平
	社会主义和谐社会问题研究	严书翰
	中国特色国际战略研究	宫 力
	中国的周边环境与国家安全	孙建杭
	提高执政党建设的科学化水平	戴焰军

续 表

班　次	教　学　内　容	授课教师
	党群关系问题研究	陈凯龙
	领导能力训练：（1）提高领导干部执政能力（案例教学）	刘玉瑛
	领导能力训练：（2）提高应对突发事件的能力（案例教学）	黄小勇
	领导能力训练：（3）完善科学民主的决策机制（案例教学）	王　军
	领导能力训练：（4）提高新闻媒体应对能力	秦　露
	西部大开发专题研究：（1）西部地区民营经济发展问题	王君超
	西部大开发专题研究：（2）西部可持续发展问题研究	贾华强
	西部大开发专题研究：（3）公共财政理论与西部大开发	李旭章
	西部大开发专题研究：（4）国外地区开发经验研究	潘　悦
	中国特色社会主义民族宗教理论专题研究：（1）新疆历史若干问题研究	蒲长春
	中国特色社会主义民族宗教理论专题研究：（2）我国现阶段的民族问题和民族政策	张建新
	中国特色社会主义民族宗教理论专题研究：（3）我国现阶段的宗教问题和宗教政策	蒲长春
	中国特色社会主义民族宗教理论专题研究：（4）正确认识和处理新疆的民族问题（研讨式教学）	张建新
	中国特色社会主义民族宗教理论专题研究：（5）我国民族区域自治问题研究	外　请
	中国特色社会主义民族宗教理论专题研究：（6）当前新疆反对“三股势力”的斗争	学员主讲
新疆地厅级民族干部培训班（第55期）（二）	中国传统文化专题研究：（1）中国传统文化的基本精神	王　杰
	中国传统文化专题研究：（2）周易与中国文化	王　峰
	中国传统文化专题研究：（3）禅宗与中国文化	陈中浙
	中国传统文化专题研究：（4）中国古代生态文化	任俊华
	西方经济学与管理学专题研究：（1）西方微观经济学主要理论	张汉飞

续表

班次	教学内容	授课教师
	西方经济学与管理学专题研究：（2）西方宏观经济学主要理论	胡希宁
	西方经济学与管理学专题研究：（3）西方新制度经济学主要理论	谢鲁江
	西方经济学与管理学专题研究：（4）西方管理学主要理论	陈宇学
	政治学法学专题研究：（1）政治发展与政治稳定	刘启云
	政治学法学专题研究：（2）人权与民族文化保护	王立峰
	政治学法学专题研究：（3）司法统一性问题研究	姜小川
	政治学法学专题研究：（4）促进基本公共服务均等化	井　敏
	世界经济专题研究：（1）国际直接投资与中国的开放经济	潘　悦
	世界经济专题研究：（2）国际金融深化与中国的金融发展	刘　东
	世界经济专题研究：（3）国际货币体系改革与人民币的国际化	陈江生
	战略学专题研究：（1）战略思维的理论与方法	段培君
	战略学专题研究：（2）自主创新战略研究	胡　卫
	战略学专题研究：（3）系统思想与战略思维	庞元正
	当代世界社会主义专题研究：（1）当代世界社会主义的新特点及发展趋势	孙劲松
	当代世界社会主义专题研究：（2）西方发达国家的新社会运动	孟　鑫
	当代世界社会主义专题研究：（3）拉美左翼思潮与民族社会主义	杨玲玲
新疆县处级民族干部培训班（第56期）	学习引言	李书磊
	第一单元教学说明	马克思主义理论教研部
	马克思列宁主义基本问题概论	牛先锋
	《共产党宣言》导读	宋福范
	《路德维希·费尔巴哈和德国古典哲学的终结》导读	边立新
	《资本论》导读	王天义
	毛泽东思想基本问题概论	柳建辉
	毛泽东著作选读	陈　晋
	第二单元教学说明	哲学教研部

续表

班次	教学内容	授课教师
	中国特色社会主义是当代中国的马克思主义	曹鹏飞
	中国特色社会主义道路形成的历史过程	谢春涛
	深入贯彻落实科学发展观	邱耕田
	解放思想，实事求是，与时俱进	阮　青
	社会主义市场经济理论与经济体制改革	徐平华
	转变经济发展方式问题研究	董艳玲
	积极稳妥地推进社会主义民主政治	肖立辉
	加快建设社会主义法治国家	封丽霞
	现代化进程中的文化发展问题研究	徐　平
	文化建设与文化遗产保护	马奔腾
	社会主义和谐社会问题研究	陈天林
	以改善民生为重点的社会建设问题研究	刘海涛
	执政党建设前沿问题研究	任铁缨
	当代世界格局与中国和平发展道路	赵　磊
	第三单元教学说明	科学社会主义教研部
	中华民族多元一体格局的形成与发展	外　请
	中国特色社会主义民族理论及我国现阶段的民族问题	张建新
	中国特色社会主义宗教理论及我国现阶段的宗教问题	龚学增
	正确认识和处理新疆的民族宗教问题（研讨式教学）	张建新
	第四单元教学说明	中共党史教研部
	中国共产党领导人民夺取全国政权的历史成就与经验	刘宝东
	中国共产党领导社会主义革命和建设的历史成就与经验	罗平汉
	中国共产党领导改革开放和现代化建设的历史成就与经验	陈　述
	中国共产党在新疆长期执政的历史成就与经验	李国芳
	第五单元教学说明	国际战略研究所
	新疆跨越式发展问题研究	外　请
	新疆长治久安问题研究	祝灵君
	新疆实施优势资源转换战略研究	李　鹏
	新疆城市社会建设与流动人口问题研究	徐　平
	新疆生态建设与可持续发展问题研究	赵建军
	中亚格局与新疆周边国际环境研究	孙建杭
	当前新疆反分裂、反非法宗教活动的斗争	学员主讲

续表

班　次	教　学　内　容	授课教师
	第六单元教学说明	科学社会主义教研部
	新疆地方史	厉　声
	新疆民族发展史	外　请
	新疆宗教演变史	蒲长春
	第七单元教学说明	张志明
	提高驾驭全局的战略思维能力	杨信礼
	提高领导干部科学执政的能力（案例教学）	张志明
	提高领导干部应急管理能力（案例教学）	刘永艳
	提高应对新闻媒体的能力	秦　露
	提高演讲水平与沟通能力	刘玉瑛
	文化专题讲座：（1）边陲万古（一）：唐诗欣赏	梅敬忠
	文化专题讲座：（2）边陲万古（二）：宋词欣赏	梅敬忠
	文化专题讲座：（3）日月圆觉：《福乐智慧》欣赏	刘　忱
	文化专题讲座：（4）昆仑名器：和田玉与中国玉文化	外　请
	文化专题讲座：（5）如章如潮：当代作家写新疆	王　蒙
半年制西藏民族干部培训班（第42期）（一）	学习引言	李书磊
	第一单元教学说明	哲学教研部
	马克思恩格斯的哲学思想	林艳梅
	马克思恩格斯列宁的社会主义思想	韩云川
	马克思恩格斯的经济学思想	张燕喜
	第二单元教学说明	中共党史教研部
	毛泽东思想的科学体系与历史地位	祝　彦
	毛泽东新民主主义理论	罗平汉
	中共党史专题研究：（1）延安整风与马克思主义中国化	卢　毅
	毛泽东对中国社会主义建设道路的探索	陈雪薇
	毛泽东哲学思想	刘毅强
	中共党史专题研究：（2）建立新中国的构想及实践	张旭东
	中共党史专题研究：（3）十一届三中全会与伟大历史转折	曹　普
	中共党史专题研究：（4）社会主义市场经济体制目标的确立	沈传亮
	第三单元教学说明	党的建设教研部
	中国特色社会主义是当代中国的马克思主义	王　莉
	中国特色社会主义理论体系的哲学基础	阮　青

续 表

班　次	教　学　内　容	授课教师
	深入贯彻落实科学发展观	朱辉宇
	中国社会主义改革的理论与实践	张　弥
	社会主义和谐社会问题研究	张　瑞
	社会主义市场经济理论与实践	韩保江
	走中国特色工业化道路问题	曹　立
	新农村建设问题（案例教学）	施　红
	积极稳妥地推进社会主义民主政治建设	刘学军
	加快建设社会主义法治国家	张立伟
	改革开放以来的文化变迁与我党的文化自觉	赵　峰
	推动社会主义文化大发展大繁荣的若干重要问题	李媛媛
	中国特色国际战略研究	宫　力
	祖国统一大业与一国两制	刘建飞
	提高执政党建设的科学化水平	梁妍慧
	党群关系问题研究	赵绪生
	西部开发开放专题研究：（1）可持续发展问题研究	刘振英
	西部开发开放专题研究：（2）西部地区民营经济发展问题	曹　新
	西部开发开放专题研究：（3）国外地区开发经验研究	潘　悦
	领导能力训练：（1）现代领导能力（案例教学）	张晓燕
	领导能力训练：（2）提高应对突发事件的能力（案例教学）	王　勇
	中国特色社会主义民族宗教理论研究：（1）中国特色社会主义民族理论	靳　薇
	中国特色社会主义民族宗教理论研究：（2）我国现阶段的民族问题和民族政策（研讨式教学）	靳　薇
	中国特色社会主义民族宗教理论研究：（3）我国民族区域自治问题研究	外　请
	中国特色社会主义民族宗教理论研究：（4）中国特色社会主义宗教理论	胡　岩
	中国特色社会主义民族宗教理论研究：（5）我国现阶段的宗教问题和宗教政策（研讨式教学）	胡　岩
	中国特色社会主义民族宗教理论研究：（6）当前西藏的反分裂斗争	外　请

续表

班　次	教　学　内　容	授课教师
半年制西藏民族干部培训班（第 42 期）（二）	中国传统文化专题研究：(1) 中国传统文化的基本精神	王　杰
	中国传统文化专题研究：(2) 周易与中国文化	王　峰
	中国传统文化专题研究：(3) 禅宗与中国文化	陈中浙
	中国传统文化专题研究：(4) 中国古代生态文化	任俊华
	西方经济学与管理学专题研究：(1) 西方微观经济学主要理论	张汉飞
	西方经济学与管理学专题研究：(2) 西方宏观经济学主要理论	胡希宁
	西方经济学与管理学专题研究：(3) 西方新制度经济学主要理论	谢鲁江
	西方经济学与管理学专题研究：(4) 西方管理学主要理论	陈宇学
	政治学法学专题研究：(1) 政治发展与政治稳定	刘启云
	政治学法学专题研究：(2) 人权与民族文化保护	王立峰
	政治学法学专题研究：(3) 司法统一性问题研究	姜小川
	政治学法学专题研究：(4) 促进基本公共服务均等化	井　敏
	世界经济专题研究：(1) 国际直接投资与中国的开放经济	潘　悦
	世界经济专题研究：(2) 国际金融深化与中国的金融发展	刘　东
	世界经济专题研究：(3) 国际货币体系改革与人民币的国际化	陈江生
	战略学专题研究：(1) 战略思维的理论与方法	段培君
	战略学专题研究：(2) 自主创新战略研究	胡　卫
	战略学专题研究：(3) 系统思想与战略思维	庞元正
	当代世界社会主义专题研究：(1) 当代世界社会主义的新特点及发展趋势	孙劲松
	当代世界社会主义专题研究：(2) 西方发达国家的新社会运动	孟　鑫
	当代世界社会主义专题研究：(3) 拉美左翼思潮与民族社会主义	杨玲玲
一年制西藏民族干部培训班（第 41 期）	第六单元教学说明	马克思主义理论教研部
	中国特色社会主义的形成和发展	梁　波
	中国特色社会主义理论体系	李宏伟

续 表

班 次	教 学 内 容	授课教师
	中国特色社会主义理论体系的哲学基础	阮 青
	深入贯彻落实科学发展观	董振华
	社会主义价值观研究	梁晓杰
	社会主义改革开放理论	门晓红
	走中国特色工业化道路问题	曹 立
	社会主义市场经济理论	韩保江
	新农村建设问题（案例教学）	施 红
	加快转变经济发展方式	王天义
	我国现阶段的收入分配问题	李 鹏
	社会主义和谐社会理论	赵 宏
	坚持中国特色社会主义政治发展道路	齐 惠
	深入推进依法行政	王 勇
	权力制约与监督问题（研讨式教学）	姜小川
	人权保障的历史发展	林 喆
	和平发展道路与中国对外战略	秦治来
	和谐世界理念与中国软实力建设	赵 磊
	国家主权理论与中国主权领土安全	高祖贵
	建国以来文化发展的基本脉络	刘悦斌
	核心价值体系建设与文化认同	赵伯英
	民族文化的传承与发展	张宏明
	提高执政党建设的科学化水平	姜 跃
	党群关系的基本理论与实践	王金柱
	党的基层组织建设	蔡志强
	国外政党治国理政经验教训	王 瑜
	世界经济讲座：（1）经济全球化与中国的对外开放战略	潘 悦
	世界经济讲座：（2）区域经济一体化与中国的区域合作战略	纪 军
	世界经济讲座：（3）国际金融危机与中国的金融发展	刘 东
	西部开发开放讲座：（1）统筹区域经济发展与西部大开发	张汉飞
	西部开发开放讲座：（2）西部地区民营经济发展问题研究	曹 新
	西部开发开放讲座：（3）西部大开发与产业结构调整问题研究	张玉杰

续表

班次	教学内容	授课教师
	西部开发开放讲座：（4）城乡一体化问题研究	刘艳梅
	社会学讲座：（1）社会学的基本理论与基本方法	谢志强
	社会学讲座：（2）社区理论概述	李慧英
	社会学讲座：（3）社会阶级阶层理论	青连斌
	社会学讲座：（4）社会群体与社会交往	向春玲
	领导学讲座：（1）领导活动与领导理论	刘炳香
	领导学讲座：（2）领导决策与用人	张希贤
	领导学讲座：（3）领导影响力	李　民
	领导学讲座：（4）领导者的语言艺术	刘玉瑛
	领导能力训练：现代领导能力	张晓燕
	领导能力训练：现代领导能力（案例教学）	张晓燕
	领导能力训练：提高处理公共事件的能力（案例教学）	张立伟
	领导能力训练：提高应对突发群体性事件的能力（案例教学）	刘素华
	中共党史讲座：（1）延安整风与马克思主义中国化	张太原
	中共党史讲座：（2）建立新中国的构想及实践	张旭东
	中共党史讲座：（3）“大跃进”运动及其教训	李庆刚
	中共党史讲座：（4）十一届三中全会与伟大历史转折	陈　述
	中共党史讲座：（5）社会主义市场经济体制目标的确立	匡家在
	历史讲座：（1）中国早期国家的形成与特点	张　军
	历史讲座：（2）康乾盛世时期的中国与西方	岑大利
	历史讲座：（3）英国资产阶级革命与现代化的启动	刘悦斌
	历史讲座：（4）近代中国人民对现代化的追求与探索	赵书刚
	历史讲座：（5）中日两国的近代化与两国关系的演变	刘悦斌
	历史讲座：（6）五四新文化运动与近代文化建设	田嵩燕
	西藏地方史讲座：（1）西藏地方史（一）	胡　岩
	西藏地方史讲座：（2）西藏地方史（二）	胡　岩
	西藏地方史讲座：（3）西藏地方史（三）	胡　岩
“宗教工作”专题研讨班	学习引言	李书磊
	全面贯彻党的宗教工作基本方针	王作安
	中国特色社会主义宗教理论	龚学增

续 表

班　次	教　学　内　容	授课教师
	当代中国宗教的特点与社会作用	牟钟鉴
	提高宗教工作法制化水平	陈宗荣
	关于民族和宗教工作	朱维群
	天主教、基督教现状与工作思考	马宇虹
	伊斯兰教和伊斯兰教事务的处理	郭承真
	全球化的宗教及对我国的影响	卓新平
	佛教、道教现状与工作思考	徐远杰
	构建社会主义和谐社会与正确处理中国的宗教问题	齐晓飞
“非物质文化遗产保护”专题研讨班	我国非物质文化遗产的保护实践与前瞻	王文章
	民间非物质文化遗产的抢救性保护	冯骥才
	非物质文化遗产界定及其基本特征	乌丙安
	我国非物质文化遗产名录体系建设	周小璞
	非物质文化遗产传承机理及其保护原则	刘魁立
	非物质文化遗产保护的国际合作与交流	张庆善
	非物质文化遗产保护的法制建设	朱　兵
	科学发展观与非物质文化遗产保护	周和平
	传统表演艺术的保护与传承	田　青
	非物质文化遗产的生产性保护	吕品田
	少数民族非物质文化遗产保护	祁庆富
	中医药的保护与传承	曹洪欣
中国特色社会主义理论体系师资培训班	学习引言	李书磊
	中国特色社会主义理论的前沿问题	周为民
	马克思主义中国化的历史进程和基本经验	贾建芳
	当代中国马克思主义的大众形态、学理形态和政治形态	韩庆祥
	中国特色社会主义理论体系的内涵和逻辑结构	宋福范
	科学发展观是中国特色社会主义理论体系的最新成果	牛先锋
	中国特色社会主义道路的开创和拓展	秦　刚
	加快转变经济发展方式问题研究	韩保江
	低代价发展道路与当代中国的科学发展	邱耕田
	中国特色社会主义政治发展道路	刘学军
	社会主义意识形态问题研究	陈冬生
	中国特色社会主义文化建设	周熙明
	社会建设与社会和谐问题研究	王中汝
	中国特色社会主义生态文明建设	李宏伟
	当代世界格局与中国和平发展道路	宫　力
	执政党建设的前沿问题研究	王长江

续表

班　次	教　学　内　容	授课教师
国际政治与经济师资培训班	学习引言	李书磊
	当代世界经济的主要趋势	张伯里
	国际货币体系改革与人民币国际化	陈江生
	国际贸易格局变化与中国的外经贸发展	潘　悦
	金融危机应对与金融风险防范（案例教学）	刘　东
	世界格局变化中的中国对外经济合作	刘建飞
	世界格局变化中的东亚经济一体化趋势	纪　军
	后危机时代国际战略力量对比的新态势	孙建杭
	东亚秩序视角下的中日关系	门洪华
	国际政治与气候变化问题	马小军
	和谐世界理念与中国软实力建设	赵　磊
	中国的国际环境与周边安全	张　明
	俄罗斯的发展趋势与中俄关系	左凤荣
	美国与伊斯兰世界	高祖贵
	中美关系与东北亚安全	宫　力

附录2：

“当代世界报告”题目与报告人

项目	课程名称	讲　课　题　目	授　课　教　师
当代世界报告	当代世界经济	当代世界经济的主要趋势	张伯里——中央党校教育长、教授
		当代国际金融格局变化与未来走势	张红力——中国工商银行副行长
		当代国际贸易格局变化与未来走势	潘　悦——中央党校国际战略研究所教授
	当代世界法制	可持续发展与环境保护法	周　轲——中国人民大学教授
		完善社会主义法律体系	信春鹰——全国人大常委会法工委副主任
		当代中国刑事法治重大事件评析	赵秉志——北京师范大学法学院院长
		世界视野下的中华法文化	卓泽渊——中央党校研究生院院长、教授
	当代世界科技	信息与网络安全	方滨兴——北京邮电大学校长、教授
		低碳技术与能源利用方式转变	赵建军——中央党校哲学教研部教授
	当代世界军事	当前世界军事发展态势	朱成虎——国防大学战略部主任、少将
		冷战后美国的军事变革	赵晓卓——军事科学院世界军事研究部教授、大校
	当代世界政治	美国全球战略的调整与中美关系	王缉思——北京大学国际关系学院教授
	当代世界思潮	当代西方主流政治哲学对西方发展的反思	杨玉成——中央党校哲学教研部教授
		当代西方科学主义思潮	丁东红——中央党校哲学教研部教授
	当代世界民族宗教	世界民族宗教发展趋势及对我国的影响	龚学增——中央党校科学社会主义教研部教授

附录3：

选修课讲题与授课教师

项目	讲课题目	授课教师
全校选听讲座	人类需要三大营养——饮食营养，行为营养，心理营养	赵　霖——解放军301医院研究员
	中医养生的理念和方法	张国玺——中国中医科学院西苑医院研究员
	中国书画艺术赏析	陈中浙——中央党校哲学教研部教授
	领导干部心理调适	许　燕——北京师范大学心理学院院长、教授
	走进音乐世界	周海宏——中央音乐学院副院长
	关于故宫与故宫博物院	郑欣淼——文化部副部长、故宫博物院院长
	领导者的演讲艺术	闻　闸——中央教育电视台播音指导、教授
	积极应对媒体主动引导舆论	郭卫民——国务院新闻办一局局长
	中国人口与社会发展	原　新——南开大学人口与发展研究所教授
	《红楼梦》与中国文化	梅敬忠——中央党校文史教研部教授
	管理创新	张玉杰——中央党校经济学教研部教授
	人文的城市	陈宇飞——中央党校文史教研部教授
	当代世界格局与我国的对外战略	亓成章——中央党校国际战略研究所教授
	朝鲜半岛核问题与东北亚地区安全	张琏瑰——中央党校国际战略研究所教授
	儒释道与中国文化	王　杰——中央党校哲学教研部教授
中共党史专题讲座	新中国国防建设的历程和经验	徐　焰——国防大学战略教研部教授、少将
	抗美援朝的决策及其影响	齐德学——军事科学院战略部原副部长、少将
	毛泽东与中苏关系	李　捷——中央文献研究室副主任、研究员
	中国共产党知识分子政策的历史演变	杨凤城——中国人民大学中共党史系主任、教授
	朱毛之争与党内民主	罗平汉——中央党校中共党史教研部教授
	毛泽东处理接班人问题的历史经验	陈　述——中央党校中共党史教研部教授
	中国改革开放的背景和缘起	曹　普——中央党校中共党史教研部副主任、教授
	新时期思想解放的历程	谢春涛——中央党校中共党史教研部副主任、教授

项　目		频道	讲　课　题　目	授课教师
电视选修课	学习贯彻党的十七大精神专题讲座	党校台	中国特色社会主义若干重大问题研究	严书翰
			中国特色社会主义理论的形成和发展	谢春涛
			加快转变经济发展方式	韩保江
			科学发展观若干前沿问题	庞元正
			全面建设小康社会的新要求	刘海涛
			发展社会主义民主政治	李良栋
			十七大关于推进文化发展大繁荣的新思路	周熙明
			以改善民主为重点，加强社会建设	青连斌
			十七大在对外关系理论上的创新	宫　力
			以改革创新精神全面推进党的建设新的伟大工程	张志明
	马克思主义原著导读		恩格斯《路德维希·费尔巴哈和德国古典哲学的终结》导读	张绪文
			列宁《谈谈辩证法问题》导读	何建华
			马克思《资本论》导读（一）	鲁从明
			马克思《资本论》导读（二）	臧志风
			《共产党宣言》导读	韩云川
			《社会主义从空想到科学的发展》导读	刘海涛
	国际政治专题讲座		中国国家安全环境现状与走势	亓成章
			联合国改革与我国的多边外交	刘建飞
			中俄关系现状与走势	左凤荣
			中国和平发展道路与国际战略	康绍邦
	综合讲座		《周易》与中国传统文化	王　峰
			扩大内需与宏观政策选择	王东京
			加快转变经济发展方式	韩保江
			国际金融危机成因、演变及对策选择	陈启清
			经济全球化与中国竞争力	施　红
			信息化条件下的二元经济结构转换	李继文
			农民增收问题研究	石　霞
			西方管理理论	潘云良
			公共卫生与社会危机	靳　薇
			性别失衡与社会危机	李慧英
			财政运行法治化	王　伟
			我国行政救济制度的完善	张丽娟
			延安整风新论	李东朗
			胡耀邦与拨乱反正	陈　述

续表

项目		频道	讲课题目	授课教师
电视选修课	综合讲座	党校台	西方执政党党内民主研究	谢　峰
			领导人才战略	李　民
			从闭关到开放——中国近代化的起始	刘悦斌
			中国古代的治国方略	岑大利
			中国传统民本思想探析	齐　惠
	学员论坛和“两带来”问题解答		学员论坛（一）	培训部
			学员论坛（二）	进修部
			“两带来”问题探析（一）	贾华强
			“两带来”问题探析（二）	党的建设教研部

项目		讲课题目	授课教师
校园网网上选修课	学习贯彻党的十七大精神专题讲座	中国特色社会主义若干重要问题研究	严书翰
		中国特色社会主义理论的形成和发展	谢春涛
		科学发展观若干前沿问题	庞元正
		加快转变经济发展方式	韩保江
		全面建设小康社会的新要求	刘海涛
		发展社会主义民主政治	李良栋
		十七大关于推进文化发展大繁荣的新思路	周熙明
		以改善民生为重点，加强社会建设	青连斌
		十七大在对外关系理论上的创新	宫　力
	加强党的执政能力建设专题讲座	以改革创新精神全面推进党的建设新的伟大工程	张志明
		党的执政能力建设是党执政后的一项根本建设	刘炳香
		党执政的主要经验研究	柳建辉
		提高驾驭社会主义市场经济的能力	韩保江
		提高发展社会主义民主政治的能力	李良栋
		提高建设社会主义先进文化的能力	戴木才
		提高构建社会主义和谐社会的能力	贾建芳
		提高应对国际局势和处理国际事务能力	康绍邦
	马克思主义原著导读	恩格斯《路德维希·费尔巴哈和德国古典哲学的终结》导读	张绪文
		列宁《谈谈辩证法问题》导读	何建华
		马克思《资本论》导读（一）	鲁从明
		马克思《资本论》导读（二）	臧志风
		马克思和恩格斯《共产党宣言》导读	韩云川
		恩格斯《社会主义从空想到科学的发展》导读	刘海涛

续 表

项 目		讲 课 题 目	授课教师
校园网网上选修课	社会学专题讲座	社会学的基本理论和方法	青连斌
		阶级阶层理论	谢志强
		社区理论与实践	李慧英
		社会政策	李慧英
		社会变迁	向春玲
		社会调查	林 梅
		中国现阶段社会阶层结构分析	谢志强
		维护社会公正促进社会和谐	吴忠民
		社会变迁与婚姻法律制度	王立峰
		中国城市发展的文化动力研究	陈宇飞
	文化学专题讲座	中国教育面临的深层次问题	刘景录
		新媒体对当代社会的影响研究	秦 露
		近代以来中西文化的相遇、冲突与融合	刘景录
		悲从何来——文学作品中悲剧意识	范玉刚
		道德重建与社会整合	赵 峰
	伦理学专题讲座	马克思主义伦理学基本问题	孙向军
		行政伦理问题研究	靳凤林
		发展伦理问题研究	邱耕田
		中国传统伦理研究	刘余莉
		现代西方伦理思潮	梁晓杰
	政党学专题讲座	执政党建设问题研究	王长江
		政党制度类型比较研究	谢 峰
		发展中国家的政党政治	姜 跃
		党内选举制度改革	蔡 霞
		党内民主研究	蔡 霞
		执政党与媒体发展	高新民
		建国前党局部执政的实践及其意义	张希贤
		现代企业制度与党的建设	蔡 霞
		台湾政党政治研究	王 瑜
		国外共产党的现状	耿克民
	领导科学专题讲座	领导能力提升	刘炳香
		领导干部的语言艺术	刘玉瑛
		领导心理调适	刘余莉

续表

项目		讲课题目	授课教师
校园网网上选修课	中共党史专题讲座	陈独秀的历史功过	祝　彦
		王明再认识	刘晶芳
		人民公社化运动与公社体制	罗平汉
		1959 年庐山会议及其教训	谢春涛
		中苏论战与“反修防修”	李　瑗
		刘少奇冤案的形成	王海光
		十一届三中全会的历史转折	陈　述
		国内外毛泽东研究述评	罗平汉
		离休后的邓小平	陈雪薇
		当代中国政治体制的历史演变	韩　钢
		中国共产党领导的多党合作制的由来和发展	李　瑗
	中国哲学专题讲座	如何看待当前的国学热	王　杰
		儒释道与中国文化	王　杰
		孔子与中国文化	王　峰
		周易入门	王　峰
		禅宗与中国文化	陈中浙
		中国古代的生态哲学	任俊华
		中国传统哲学的基本精神	王　杰
	国际政治专题讲座	中日关系的现状和趋势	张琏瑰
		中美日俄印综合国力的国际比较	门洪华
		国际反恐怖主义斗争问题	马小军
		美国的意识形态外交与我国的应对策略	刘建飞
		上海合作组织与反对三股恶势力的斗争	孙建杭
		中国和中亚国家关系的历史、现状及其发展趋势	亓成章
		软实力与中国外交	罗建波
		国际冲突与中国参与联合国维和	赵　磊
		国际关系的传媒透视	秦治来
		核军控与防止核扩散	孙东方
		在华外国非政府组织研究	杨　青
		美国两条现代化道路之争	刘　婷
	世界经济专题讲座	跨国公司投资及其对中国经济的影响	潘　悦
		转型国家经济状况及启示	纪　军
		日本泡沫经济的教训	孙仲涛
		人民币汇率变化及其走势	陈江生
		国际金融危机的成因与走势	刘　东

续 表

项目		讲课题目	授课教师
校园网网上选修课	世界经济专题讲座	积极应对国际贸易摩擦	王金龙
		国际可持续发展战略	史妍媚
		国际货币体系改革问题研究	陈江生
		国际格局变动与海峡两岸关系	宫　力
		中国周边安全与两岸关系	康绍邦
	台海两岸关系专题讲座	中央领导集体对台大政方针的调整与发展	郭建平
		美国对台政策与两岸关系	孙建杭
		台海危机管理	李云龙
	其他专题讲座	农民增收问题研究	石　霞
		西方管理理论	潘云良
		基督教伦理与现代西方文明	靳凤林
		中国传统文化与中国式管理	刘余莉
		科学发展观与中国人权保障	张立伟
		可持续发展战略	冯鹏志

项目	片名
电影鉴赏课	《唐山大地震》（中国）
	《走近毛泽东》（中国）
	《曾经》（爱尔兰）
	《乌干达天空下》（美国）
	《入殓师》（日本）
	《小平，您好!》（中国）
	《冈拉梅朵》（中国）
	《和平战士》（美国）
	《现代生活》（法国）
	《夜巡》（荷兰）
	《华氏 911》（美国）
	《天堂边缘》（土耳其、德国）
	《海角 7 号》（中国台湾）
	《情归周恩来》（中国）
	《信天游》（中国）
	《原色》（美国）

项　目	班　次	教学内容	授课教师
体育课	进修部 各班次	太极拳、太极剑、 练功十八法、网球	胡德明 韩宇红
	培训部 中青一班 半年制民族班	太极拳、太极剑、 练功十八法、网球	何春光
	培训部 中青二班 一年制民族班	太极拳、太极剑、 练功十八法、网球	谷洪云

工作会议

第一次教学工作会议

1月18日，中央党校召开2010年第一次教学工作会议。常务副校长李景田、副校长李书磊出席会议并讲话。会议由教育长张伯里主持。校委委员徐伟新、贾高建、罗宗毅、黄宪起出席会议。各教研部（所）负责人和全体教师，各学员部主任、主管教学的副主任、组教处处长和组织员，其他校直属单位负责人，各分校负责人和教务处处长以及教务部有关人员参加会议。

李景田在讲话中就如何提高教学质量提出三点要求。

第一，要增强责任意识。创建一流学府，很重要的一点是教学质量必须是一流的，是优质的，教学质量应该成为中央党校的安身立命之本。用理论说明实际的水平越高，教学质量越高。要提高用理论说明实际的能力，前提是把理论掌握好。掌握马克思主义理论，用其指导教学，很重要的是把握马克思主义最基本的立场、观点和方法。马克思主义的基本立场是全心全意为人民服务，为大多数人谋利益，也就是“立党为公、执政为民”。马克思主义的大众化其根本是马克思主义的大众立场，马克思主义理论是代表人民群众的，是为大多数人谋利益的，这样人民大众才能把它当成自己的思想武器掌握起来。马克思主义最核心的基本观点是指明人类社会发展的一般规律，最终消灭私有制，实现共产主义。马克思主义的基本方法是辩证唯物主义和历史唯物主义，这是认识和改造一切事物的锐利武器。把握好这三点，再去理解马克思主义的其他观点，再运用到实际，才能更好地说明实际。

提高教学质量的核心是提高用理论说明实际的能力，首先要掌握好马克思列宁主义、毛泽东思想和中国特色社会主义理论体系中最基本的问题。说明实际很重要的是要了解实际。党校教员长于理论，联系实际有所欠缺。用理论说明实际，对实际情况的了解和掌握至关重要。要给教员创造更多深入实际、了解实际的条件，教员要多向学员学习，了解生动的改革发展的实践。同时还要增强党性意识，要为学习、研究、宣传党的理论、党的路线方针政策作出应有的贡献。这就需要通过讲坛、论坛，通过生动鲜活的讲课来实现，这就需要讲党的理论、讲党的话，不能在讲台上讲与党的理论、党的路线方针政策相背离的话。

第二，要完善竞争机制。干部人事制度改革的一条重要方针是“民主、公开、竞争、择优”，这也是干部人事制度改革的一个方向。党校在提高教学质量上也应当按照这一方针办事，要不断完善竞争机制，

真正在赛马场上选良驹。竞争、竞争机制说到底是“实践是检验真理的唯一标准”在教学质量评估上的具体运用。民主是让大家发表意见，大家说了算，特别是学员说了算，要听学员的意见，公开则是谁好谁坏、学员怎么评价都向大家公开，然后通过竞争机制，真正选出最优秀的教师走上讲台。

第三，要继续推进人才强校战略。中央党校办得好不好，是不是“一流学府”，关键在于是不是有一流的人才和队伍。近平同志讲还要有一流的教学和一流的科研，一流的硬件和基础设施，一流的管理和服务，一流的风气和人文环境。但是一流的人才和队伍至关重要。“人才强校”关键是对现有教学科研人员的培养和提高，特别是要着力在培养中青年教师上下功夫。古诗说，“人事有代谢，往来成古今”。要有年轻的人站出来，来顶替头发花白、年逾古稀的老教授走上党校讲台。在现有人才培养的基础上，校委决定，今年要从社会上大力引进高端人才。“海纳百川，有容乃大”。要想成为最高学府、一流学府，就要有吸引整个社会上优秀人才的力度、气魄和胸怀。引进优秀人才，也是竞争机制的一个重要体现。

李书磊在讲话中指出，全体教师和各有关部门经过共同努力，较好地完成2009年秋季学期的教学任务，学员对本学期的教学给予肯定和好评。他代表校委对各教研部（所）和全体教师的辛勤努力、对全校各部门给予教学工作的支持表示感谢。

李书磊结合如何做好2010年春季学期的教学工作和今后的学科建设，提出三点意见。

第一，以中国特色社会主义理论体系为指导，在教学上继续推敲中国特色社会主义理论体系的教学框架，不断提高教学质量。提高中国特色社会主义理论体系课程的讲授质量，除了马克思主义基础理论的深厚功底，还要求对哲学、经济学、政治学、法学、社会学、文化学、历史等人文社会科学的各个学科有专深的修养，能够用学术理论、学科来分析现实问题。特别是进修班的各研究专题设置得比较专，实际上是对中国特色社会主义理论体系中的重大问题的细化和深化，这对教师的学术背景和学科背景提出了更高要求。要在新的教学框架下重建学术优势和理论优势。

第二，把党性教育的内容渗透到教学的各个环节。除设置专门的党性锻炼课程外，还要在理论课中增强党性教育的意识，渗透进党性教育的内容。党性教育是党校教育的重要方面，应该成为各个教学环节隐含的主题，要潜移默化、润物无声。

第三，要以建“一流学府”的眼界和标准来搞好教学和学科建设。首先要有“学府”意识。中共中央党校是中国共产党的最高学府，是党的教育机关，是党的哲学社会科学研究机构，是党的思想学术的创造者与传播者，是党的精神文化的载体；作为执政党的学府，也是千百年来中华民族优秀文化的传承者，作为马克思的传人，又是人类文明的承担者。要以这样的情怀、胸襟与境界来为学从教。其次要有“一流”的目标。应该刻苦读书、深入调研、扎实治学，成为有真学问、有学术影响的学者，成为学员信服的教师。

教务部主任王东京总结2009年秋季学期各教研部（所）在教学中的特点和创

新，充分肯定各教研部（所）、学员部、信息管理部和其他教学辅助部门对教学工作的支持与配合。同时，对2010年春季学期的教学安排作说明，指出要按照校委的要求继续深化教学改革，要采取措施，优化教学资源配置，改革学员考核方式，严格下班制度等，进一步提高教学质量。

第二次教学工作会议

7月6日，中央党校召开2010年第二次教学工作会议。副校长李书磊出席会议并讲话。会议由教育长张伯里主持。校委委员、培训部主任徐伟新，校委委员、哲学教研部主任贾高建，校委委员、办公厅主任罗宗毅，校委委员、进修部主任黄宪起出席会议。各教研部（所）主任（所长）、副主任（副所长）和全体教师，各学员部主任、主管教学的副主任、组教处处长和组织员，其他校直属单位负责人，各分校负责人和教务处处长以及教务部有关人员参加会议。

李书磊在讲话中指出，2010年春季学期的教学即将结束，学员对党校教学比较肯定，给予了较高的评价。他受常务副校长李景田的委托，代表校委向“八部一所”教研部、教务部、学员部和各教学相关部门的同志表达由衷的敬意，感谢大家对党校教学付出的辛勤劳动。

对于如何做好2010年秋季学期的教学工作，特别是在教学中如何体现建设“一流学府”的要求，李书磊强调三点。

第一，要增强教学的学术功底和学科基础。这是党校教学的当务之急，也是提高教学质量的长远之计。教师在教学中要有深厚的学术功底，有牢固的学科基础。2009年，13所高校被确定为正式的干部培训基地，这对中央党校是新的形势和新的环境。哲学、经济学、政治学、法学、社会学、文化学、历史学等与高校的共有学科都是干部教育的学科基础，也都是中国特色社会主义理论体系教育的学科基础。高校在这些学科的优势很容易转化为干部教育的资源，中央党校也要特别重视培植学科，抓好学科建设。将来中央党校不仅要保持自己特有学科的优势，在共有的学科中也要积极竞争。中央党校与高校相比，虽然主要培训对象不同、学科侧重点不同，但学术评价标准、学科水平的衡量标准没有什么不同。李景田同志反复讲，只有在各个学科中有自己的名家、大家，才能真正称得上“一流学府”。这是个长期任务，是“千里之行”，但必须从一点一滴的积累做起，“始于足下”。

党校教师要带头落实习近平校长关于读书的号召，潜心读书是学术积累、学科建设的第一步。讲课有时深入不下去，原因就在于经典的功夫、学科的基础有所欠缺。抓学科建设要从读马列经典、本学科经典和学科前沿成果开始，读经典的过程就是学术思想继承、探讨、更新的过程，是教师作为学者与先贤大家对话、论辩的过程。到实践中去调研也需要有学科基础，有书底子。要对现实问题有深入的理解，必须要有认识和分析的框架，有国际比较和历史比较。所以要特别强调读书，党校教师中要形成浓厚的读书、讨论氛围，以此带动学员读书。希望各教研部（所）和各位教授抓好集体备课环节，这是学术上一个推敲、充实、把关的过程。比如一个讲题到底有哪几个方面、哪几个问题是必须讲到、不能省略的，有哪些相关的著作是必须阅读的，有哪些现实问题是必须到地方调研的，学术界有哪些新的观点，参与备课人都要对授课人进行提示和推荐。通过个人认真的研究和集体备课，不断提高学术水平，真正把教学变成学术积累和学科建设的一个步骤。

第二，作为中央党校的教师，要有教育家的追求。学员是党的执政骨干，他们有实践经验，有的还有较高的理论水平和学术水平，强调教学相长，强调要向学员学习，但这不改变教师作为教育者的基本职责。面对高层次的学员，教师要努力有教育家的境界与水准。一是要真正因材施教。教师要了解学员的需求。教师讲课，无论是大班小班，要尽可能地对这个班的学员了解到人头，尽可能多地了解各个学员的情况，备课时心中装着学员的具体情况就会大不一样。不少教师一开学就去参加学员见面会、“两带来”交流，通过小组讨论、支部交流、下班等平台广泛与学员谈话，效果很好。二是要诲人不倦，有师德，有师心，多投入。比如进修班，要加强教师的主导性，特别是在课题研究阶段，要强化教师对课题组的指导。指导教师要针对研究题目，事先做充分的案头工作，提出问题、提出启发性的观点，引起学员的思考、讨论甚至争论，并在这个过程中推荐书目、导读，通过读书深化学员的认识；要把本学期及以前学员的研究成果进行汇总，为以后相同、相近专题的学员提供一个研究的起点。以后的“小班教学”、“个性化定制培训”，更是要指导好学员读书，要随宜施教。三是要改进讲课方式，进一步增强课堂的教学互动，让课堂真正活跃起来。

第三，中央党校教师要强化主流文化意识。中央党校是党的最高学府，是党直接兴办的学校。教师要有强烈的主流文化意识，对自己的地位、身份及其重要性要有强烈的自觉。中央党校是党的教育、学术机构，要传承、创新党的意识形态，要研究、回答党面临的重大现实问题。中央党校培训的是党的高中级领导干部，从某种意义上讲，也是在塑造党和国家的未来，因此必须有主流文化意识。要站在党和国家的立场上来思考问题、研究问题，站在党和国家的立场上来讲课和发言。“党校姓党”不是外在强加的，而是内在的诉求和岗位的职责。要勤于思考，勇于创新，要积极参与社会上的学术讨论，但又不能张口就来、轻率为文，特别是对重大问题要深入研究、深思熟虑。

教师要大气，有大格局、大胸怀，追求古人所说的“经纶之才”。在课堂上要有大家气象，不要仅仅为了追求现场的效果和掌声而夸夸其谈。要正确对待教学评估，教务部对教学评估也要格外谨慎。学员打分是衡量教学的一个手段，主要是通过打分看教学的整体形势与效果，但它不是唯一的评价指标，不能绝对化。要保证教师在课堂上有自由的空间和从容的心态，保证教师有师道尊严。所以各教研部（所）对教学评估分数要有正确认识，分不能不评，不能不重视，但也不要斤斤计较。

教务部主任王东京通报春季学期教学工作的基本情况，侧重介绍了围绕建设“一流学府”推动管理创新、围绕加强学科建设改进教学设计机制的主要做法，总结春季学期各教研部（所）在教学中的特点和创新，充分肯定各教研部（所）、学员部、信息管理部和其他教学相关部门对教学工作的支持与配合。同时，对秋季学期的教学安排作了说明，指出要按照校委的要求，针对教学中存在的问题，继续深化教学改革，创新教学计划生成机制，并通过开设教学参考讲座、在全校组织公开评课等措施，引导教员进一步改进文风，提高教学质量。

全国党校系统远程教学电视会议

9月7日，中央党校通过远程教学网召开2010年全国党校系统远程教学电视会议。这次会议的主要内容是，总结过去一学年远程教学情况，安排下一学年远程教学的相关工作。教育长张伯里出席会议并讲话。信息管理部主任郭英楼出席会议。教务部副主任冯鹏志、函授学院副院长史金龙、信息管理部副主任张海光先后发言。办公厅副主任李作钦主持会议。

张伯里在会上作题为《加强信息资源建设，推进远程教学工作》的讲话。他着重强调两点：第一，远程教学工作要深入贯彻落实习近平在中央党校秋季学期开学典礼上的重要讲话精神；第二，大力加强信息资源建设，促进远程教学工作的科学发展。他指出，加强信息资源建设，要明确远程教学资源建设的目标定位，树立远程教学资源建设的精品意识，完善远程教学资源建设的体制机制，形成远程教学资源建设的党校合力，加强远程教学资源建设的经验交流。他希望，通过各部门的共同努力，党校远程教学的信息资源建设能够取得新的成绩，党校远程教学网在干部教育培训事业中能够发挥积极的作用。

办公厅、教务部、科研部、“八部一所”教研部、研究生院、图书馆、组织部、函授学院、信息管理部有关职能部门负责人和全国各省级党校、副省级城市党校、中央党校各分校有关负责同志通过远程教学网参加会议。全国已建A级站的党校的有关领导和负责同志通过远程教学网收看本次会议内容。

全国党校系统第四次教学改革研讨会

11月6日至7日，全国党校系统第四次教学改革研讨会在深圳市委党校举行。会议的主要任务是：以党的十七大和十七届四中、五中全会精神为指导，学习贯彻《中国共产党党校工作条例》和《2010—2020年干部教育培训改革纲要》，深入研讨党校如何适应新的形势和任务，加强学科建设，提高教学质量，开创党校教育事业新局面。中央党校常务副校长李景田，副校长李书磊，广东省委常委、深圳市委书记王荣，中央党校校委委员、培训部主任徐伟新，深圳市委常委、组织部长兼党校校长戴北方，深圳市委常委、市委秘书长王毅，中央组织部干部教育局副局长张家声等领导同志出席会议。来自全国各省、自治区、直辖市党校及铁道部、新疆生产建设兵团党校、各副省级城市市委党校以及中央党校分校的部分常务副校长、分管教学的副校长、教育长和教务处长，中央党校直属单位的负责同志共150余人参加会议。

开幕式上，李景田作了题为《加强学科建设，提高教学质量》的主报告，王荣和张家声作讲话。在会议闭幕式上，李书磊作总结讲话。他指出，全国党校系统要认真贯彻落实李景田的讲话精神，进一步总结党校学科建设的经验，坚持以学科建设为抓手，不断深化党校教学改革。他对全国党校系统学科建设提出明确要求与具体安排。与会代表作大会交流发言。

会议期间，与会代表围绕会议主题进行深入研讨，交流各地党校学科建设的经验。教务部主任王东京介绍中央党校以学科为基础改进教学设计的主要做法，7家地方党校的会议代表作了大会交流发言。大家认为，此次会议的召开，对全国党校系统贯彻落实《中国共产党党校工作条例》和《2010—2020年干部教育培训改革纲要》，进一步加强学科建设、提高教学质量，具有重要意义。

关于进一步规范各班次学员开学和毕业典礼有关工作的意见

中校字〔2010〕13号

随着中央党校教学改革进一步深入，各班次学员的学习时间呈短期化趋势，开学和毕业典礼（或开班式和结业式）频繁举行。为进一步规范各班次学员开学和毕业典礼有关工作，特提出如下原则性意见：

一、出席领导安排

（一）习近平同志出席的典礼：邀请源潮同志及中央纪委、中办、中组部、中宣部、中央政研室负责同志出席；全体校委成员出席。各直属单位主要负责同志参加。

（二）习近平同志不出席的典礼：由常务副校长讲话或颁发毕业证书，全体校领导及有关校委委员出席。原则上不邀请外单位领导同志参加，但需与中组部干教局沟通。其中，有省部班学员参加的典礼，安排各直属单位主要负责同志参加。

（三）专题班、师资班和其他临时举办的非常规班次的典礼：有关校领导和有关校委委员出席。设立了领导小组的，领导小组成员出席或根据领导小组意见作出安排。

（四）以上各类班次的典礼活动需作特殊安排的，根据校领导具体指示定。

二、组织承办工作

（一）涉及全校或多个学员部学员的典礼，由办公厅牵头协调、提出方案，并会同有关单位和部门具体落实。

（二）涉及单个学员部学员的典礼，由该学员部提出初步意见报办公厅，由办公厅统筹协调安排，学员部具体落实。

（三）专题班、师资班等类型班次学员参加的典礼，由所在学员部（研究生院）按惯例组织承办。

中共中央党校

2010年3月18日

中央党校进修班教学组织管理实行项目制的若干规定（试行）

中校字〔2010〕37号

为进一步深化教学改革，优化教学资源配置，提高教学质量和教学管理水平，进修班各研究专题的教学组织管理实行项目制。

一、项目组组建与管理

（一）教务部根据研究专题面向各教研部（所）教师公开招标，组织专家对应标方案进行评审，确定项目组长；也可根据需要以委托方式确定项目组长。

（二）项目组由项目组长、教师、组织员和相关人员组成。

（三）项目组实行组长负责制。

（四）项目组的日常运行由所属教研部（所）负责管理，相关教研部（所）应予以大力支持。

二、项目组职责

（一）根据教学目标和要求进行教学设计，确定讲题和讲课教师（包括外请教员），选用适宜的教学方法，保证课堂教学质量。

（二）组织任课教师和有关人员进行集体备课，在集体备课过程中完成阅读相关学术著作、同行交流、社会调研等环节。

（三）组织教学说明、课堂研讨、小组讨论、双向交流、学员论坛等教学活动。

（四）组织学员分组开展课题研究，提出研究题目，开列推荐书目，提供参阅材料，切实做好对学员课题研究的指导工作。

（五）组织学员课题研究报告的评审和交流。

（六）组织其他有关的教学活动。

三、项目经费

（一）项目经费支出包括：课金、教学调研经费、案例编写经费、下班辅导费用、论文指导费用、课题研究资料复印费用、外请专家学者与学员交流费用、外请人员食宿费、交通费、召开座谈会的费用及其他相关费用。同时，给予项目组一定的经费支持。

（二）经费支付标准参照校《关于教研人员教学任务津贴发放的补充规定》和财务部有关规定执行。

四、考核与奖励

（一）教务部组织对项目组工作进行综合考评，包括教学设计、组织管理、课堂教学效果和课题研究报告。

（二）省部级进修班和地厅级进修班项目组各评出第一名，分别给予1.5万元奖励，项目组长在一年内可优先承担相关项目。

五、本规定由教务部负责解释。

六、本规定自公布之日起施行。

中共中央党校

2010年5月

关于优化培训班教师配置的管理办法（试行）

中校字〔2010〕38号

为进一步深化教学改革，优化教学资源配置，提高培训班课堂教学质量，特制定本办法：

一、对每学期教学效果评估分数在本班排名第一的教师，优先安排在下学期同类班次上课。

二、对每学期教学效果评估分数在本班排名第一的教师，奖励7000元（多人并列第一时，平均分配该奖金）。

三、对每学期教学效果评估分数在本班排名末位且不到8.80的教师，下一学期在该班不安排上课。

四、同一学期在两个班教学效果评估分数在本班排名末位且不到8.80，或在不同班连续两个学期教学效果评估分数在本班排名末位且不到8.80的教师，一年内在所有培训班不安排上课。

五、培训班指中青年干部培训一班、中青年干部培训二班、新疆地厅级民族干部培训班、新疆县处级民族干部培训班、半年制西藏民族干部培训班、一年制西藏民族干部培训班等。

六、本办法由教务部负责解释。

七、本办法自公布之日起施行。

中共中央党校

2010年5月

开学和毕业典礼

春季学期开学典礼

3月1日，中央党校举行2010年春季学期开学典礼。中共中央政治局常委、中央书记处书记、中央党校校长习近平出席开学典礼，并作题为《深入学习中国特色社会主义理论体系，努力掌握马克思主义立场观点方法》的重要讲话。

中共中央政治局委员、中央书记处书记、中央组织部部长李源潮，中共中央书记处书记、中央纪委副书记何勇，中共中央书记处书记、中央办公厅主任令计划出席开学典礼。

常务副校长李景田主持开学典礼。中央有关部门负责人、中央党校负责人以及春季学期全体学员、分校学员代表和党校教职员工，共1800多人参加开学典礼。

县委书记任职培训班（第1期）结业式

3月12日，中央党校举行县委书记任职培训班（第1期）结业式。常务副校长李景田在结业式上讲话并为学员颁发毕业证书。中组部副部长王尔乘出席并讲话。副校长陈宝生主持结业式。副校长孙庆聚、李书磊，教育长张伯里，校委委员罗宗毅、黄宪起出席结业式。

李景田在讲话中指出，这期培训班时机好、班次新、规格高、内容实、组织周密，学员学习认真。学员们普遍反映，通过培训，进一步增强了当好县委书记的使命感和责任感，强化了党性锻炼和廉洁从政意识；进一步提高了履行岗位职责所需要的理论和知识素养，全面提升了领导素质；丰富了实际工作中妥善处理热点、难点和重点问题的思路和方法，进一步提高了领导能力和执政能力。他希望学员们回到工作岗位后，继续学习、善于实践，不断巩固和扩大学习培训成果；结合实际、狠抓落实，加快转变经济发展方式；高度重视、大力支持，进一步抓好干部教育培训工作。

结业式上，8名学员代表发言。县委书记任职培训班（第1期）全体学员和工作人员参加结业式。

春季学期第一批进修班毕业典礼

4月29日，中央党校举行2010年春季学期第一批进修班毕业典礼。常务副校长李景田讲话并为学员颁发毕业证书。副校长石泰峰主持毕业典礼。副校长李书磊，教育长张伯里，校委委员徐伟新、贾高建、罗宗毅、黄宪起、赵长茂出席毕业典礼。

李景田在讲话中说，这期进修班是在我国应对国际金融危机冲击取得重大胜利、党中央推进“加快经济发展方式转变”重大战略举措实施的背景下举办的。每位同志都极为珍惜这次难得的学习机会，满腔热情地投入到学习中来，圆满完成了预定的学习任务。学员们普遍反映，通过在党校的学习，马克思主义理论素养有了新提高，理想信念进一步坚定；对党的重大战略部署和政策有了新认识，加快经济发展方式转变的自觉性进一步增强；对实践中一些热点、难点问题的解决有了新思路，理论联系实际的能力进一步提升；党性锻炼有了新提高，人格和道德修养进一步升华。他希望学员们继续加强学习，坚持终身学习，做学习型领导干部；积极应对后危机时期的挑战，全力落实中央决策部署，进一步开创各项工作新局面；继续关心党校建设，为进一步大规模培训干部、大幅度提高干部素质作出新贡献。

第一批省部级、地厅级干部进修班232名毕业学员和校各直属单位主要负责同志参加毕业典礼。

春季学期第二批入学学员开学典礼

5月12日，中央党校举行2010年春季学期第二批入学学员开学典礼。中共中央政治局常委、中央书记处书记、中央党校校长习近平出席开学典礼，并作题为《努力克服不良文风，积极倡导优良文风》的重要讲话。

中共中央政治局委员、中央书记处书记、中央组织部部长李源潮，中共中央书记处书记、中央纪委副书记何勇，中共中央书记处书记、中央办公厅主任令计划出席开学典礼。常务副校长李景田主持开学典礼。

中央有关部门负责人、中央党校负责人以及2010年春季学期第二批入学学员和在校学员，共900多人参加开学典礼。

春季学期毕业典礼

7月16日，中央党校举行2010年春季学期毕业典礼。中共中央政治局常委、中央书记处书记、中央党校校长习近平出席毕业典礼，并为学员颁发毕业证书。

中共中央政治局委员、中央书记处书记、中央组织部部长李源潮，中央书记处书记、中央办公厅主任令计划出席毕业典礼。

常务副校长李景田对学员的学习情况作总结。他说，学员们普遍反映，通过在党校的学习，提升了马克思主义素养，进一步夯实了做好工作的理论基础；开阔了视野胸襟，进一步理清了解决一些重大现实问题的思路；交流了从政经验、心得感悟，进一步提高了领导素质和执政能力；强化了党性意识，进一步培养了履行岗位职责所需要的优良作风。他希望学员们坚持学习、带头学习，坚持学以致用、用以促学；清醒认识当前的国内国际形势，全力落实中央决策部署，进一步开创各项工作的新局面；深入开展创先争优活动，着力解决突出问题，务求取得实效；更加重视干部教育培训工作，推动党校事业的发展。

中央党校本期毕业学员共747人。另有中直机关分校、中央国家机关分校、部队分部和国资委分校的3300多名学员同期毕业。

中央有关部门负责人，中央党校负责人出席毕业典礼。

秋季学期开学典礼

9月1日，中央党校举行2010年秋季学期开学典礼。中共中央政治局常委、中央书记处书记、中央党校校长习近平出席开学典礼，并作题为《领导干部要树立正确的世界观权力观事业观》的重要讲话。

中共中央政治局委员、中央书记处书记、中央组织部部长李源潮，中央书记处书记、中央纪委副书记何勇，中央书记处书记、中央办公厅主任令计划出席开学典礼。

常务副校长李景田主持开学典礼。中央有关部门负责人、中央党校负责人以及2010年秋季学期全体在校学员、党校教职员工，共1900多人参加开学典礼。

市地主要领导干部进修班（第4期）毕业典礼

9月29日，中央党校举行市地主要领导干部进修班（第4期）毕业典礼。副校长陈宝生讲话并为学员颁发毕业证书。副校长李书磊主持毕业典礼。教育长张伯里，校委委员、进修部主任黄宪起出席毕业典礼。

陈宝生在讲话中指出，市地主要领导干部进修班虽然只有一个月的学习时间，但学员们收获很大，加强了理论武装，提高了理论水平，为进一步做好工作夯实了理论基础；增强了全局观念，强化了战略思维，进一步理清了重大现实问题的解决思路；交流了从政经验，增强了党性锻炼，进一步提高了领导能力和执政素养。他还说，这期市地主要领导干部进修班的教学，首次采用公开竞标的项目制，整合力量，阵容强大，课程设计结合实际，安排紧凑，组织管理既严格又人性化。学员们注意交流互动，信息共享，经验共享，注意研究式地想，研究式地说，研究式地写，注意把自己的理论和实践积累，把自己的深入思考和遇到的困惑，把有些在别的场合不适宜说的话，课上或课下和盘托出，畅所欲言，相互倾谈。这种教学很适合市地主要领导干部的特点和需求，效果比较好。

市地主要领导干部进修班全体学员和有关工作人员参加毕业典礼。

秋季学期第一批进修班暨专题研讨班毕业典礼

11月5日，中央党校举行2010年秋季学期第一批进修班暨专题研讨班毕业典礼。中共中央政治局常委、中央书记处书记、中央党校校长习近平出席毕业典礼，并为学员颁发毕业证书。

中共中央政治局委员、中央书记处书记、中央组织部部长李源潮，中央书记处书记、中央纪律检查委员会副书记何勇出席毕业典礼。

常务副校长李景田对学员的学习情况作总结。他说，学员们普遍反映，通过在中央党校的学习，夯实了理论基础，进一步提高了做好工作的理论、政治素养；开阔了视野，进一步深化了对一些热点难点问题的认识；培养了战略思维，进一步增强了施政本领；增强了党性，进一步锤炼了党风、学风和文风。他希望学员们继续学习，努力作学习的表率；深入开展创先争优活动，为实现“十二五”奋斗目标提供政治动力和组织保证；更多地关心、支持、指导好本地党校的建设和发展。

中央党校本期毕业学员共278人。中央有关部门负责人、中央党校负责人出席毕业典礼。

秋季学期第二批进修班暨师资班开学典礼

11月16日，中央党校举行2010年秋季学期第二批进修班暨师资班开学典礼。常务副校长李景田出席并讲话。副校长陈宝生主持开学典礼。副校长孙庆聚、李书磊，教育长张伯里，校委委员徐伟新、贾高建、黄宪起、赵长茂出席开学典礼。

李景田在讲话中指出，举办专题研究班是近年来中央党校教学改革的重要举措。中央党校从党和国家工作全局和战略高度确定研究专题，集中研究当前经济社会发展中的重大理论和实践问题；研讨班通过集体研讨，拿出课题研究报告，供党中央、国务院和有关部门决策时参考。需要指出的是，专题研究班虽然是以研究为主的班，但学习也是非常重要的内容，是在学习基础上的研究。因此，也安排了一些相关课程的讲授。实践证明，专题研究班比较符合具有丰富工作经历和领导经验的高中级领导干部的学习需求；开办以来，也取得了较好的效果。他要求学员们高度重视理论武装，深入学习贯彻党的十七届五中全会精神，认真搞好课题研究，注意提高领导能力，自觉加强党性锻炼，加强冷静思考和相互交流。同时，也希望参加师资班学习的学员，认真学习，相互切磋，提高自己的教学水平。

11月份新入学的省部级干部进修班（第48期）、地厅级干部进修班（第55期），国际政治与经济师资培训班全体学员和校各直属单位主要负责同志，共300多人参加开学典礼。

秋季学期毕业典礼

2011年1月14日，中央党校举行2010年秋季学期毕业典礼。中共中央政治局常委、中央书记处书记、中央党校校长习近平出席毕业典礼，并为学员颁发毕业证书。

中共中央政治局委员、中央书记处书

记、中央组织部部长李源潮，中央书记处书记、中央纪委副书记何勇，中央书记处书记、中央办公厅主任令计划出席毕业典礼。

常务副校长李景田对学员的学习情况作总结。他概括学员们的收获主要体现在“四个提高”上：提高了理论素养和政治素养，提高了学习能力和研究能力，提高了领导能力和执政能力，提高了党性修养水平。他说，学员们普遍反映，这期培训班，教学内容设置既有系统性又有针对性，教学方法既丰富多样又富有实效，组织管理既严格有序又人性化。他希望，学员们在新的学习和实践中，进一步解放思想、更新观念，不断研究新情况、解决新问题、积累新经验、获得新认识、取得新收获；认真贯彻落实党的十七届五中全会精神和中央经济工作会议精神，进一步开创各项工作的新局面；切实把以人为本、执政为民的理念贯彻到各项工作中；更加重视干部学习和干部成长，更加重视干部教育培训工作，更多地关心、支持、指导本地党校的建设和发展。

中央党校本期毕业学员共682人。另有中直机关分校、中央国家机关分校、部队分部和国资委分校的近3000名学员同期毕业。

常务副校长李景田主持毕业典礼。中央有关部门负责人、中央党校负责人出席毕业典礼。

读书与体验式教学

进修部学员读书心得交流

（一）

4月26日，进修部举办春季学期第一次学员读书心得交流会。常务副校长李景田、教育长张伯里出席会议，教务部主任王东京、研究室主任冯秋婷、国际战略研究所副所长刘建飞，中组部驻省部班联络员杜业栋、赵珊平、何勤芳，进修部副主任郭焕永、赵凤珍，各教学组相关人员及进修部全体学员参加会议。校委委员、进修部主任黄宪起主持会议。

会上，各学员支部推荐的6位学员代表发言。省部班学员、中国商用飞机有限责任公司总经理、党委副书记、副董事长金壮龙，作“加快实施大型客机项目的实践与思考”的发言；省部班学员、南京大学党委书记洪银兴以读美国经济学家斯蒂格利茨的《社会主义向何处去》一书为题，阐述自己的心得体会；省部班学员、中国投资有限责任公司党委副书记、监事长金立群作“黑天鹅现象和人类认识模式的局限”的发言；地厅班学员、辽宁经济管理干部学院院长杨光作“城市化发展趋势与城市竞争力——读《城市管理学》的体会”的发言；地厅班学员、中航系统科技有限责任公司副总经理白小刚作“发展大型跨国集团公司的战略思考——学习《当代世界经济》一书的体会”的发言；地厅班学员、中国第一历史档案馆馆长邹爱莲作“清朝268年统治与清帝学习——读《清史镜鉴》有感”的交流发言。

黄宪起作了点评和总结。他指出，2009年5月13日习近平校长就领导干部“爱读书、读好书、善读书”发表重要讲话，这是一个非常重要、有针对性的号召。进修部学员把读书与课题研究相结合，把读书与提高党性修养相结合，取得了积极的效果。学员们认真读书，积极思考，读有所感，读有所获。希望学员把读书的好习惯坚持下去、推广开来。

（二）

7月12日，进修部举办春季学期第二次学员读书心得交流会。教育长张伯里出席会议，校委委员、进修部主任黄宪起主持并讲话。科学社会主义教研部主任王怀超、教务部副主任冯鹏志、科研部副主任郝永平、进修部副主任郭焕永，中组部驻省部班联络员程桂兰、燕卫华、赵安华，进修部全体学员参加会议。

会上，各学员支部推荐的7位学员发言。省部班学员、西安交通大学校长郑南宁作“重新思考大学人才培养的使命”的发言；省部班学员、国家新闻出版总署副署长李东东以“问渠哪得清如许，为有源头活水来”为题，阐述自己阅读经典的心得体会；省部班学员、中国残疾人联合会主席团主席张海迪以“革命理想高于天”为题，讲述读《革命烈士诗抄》的体会；省部班学员、国防大学政治部主任张文忠讲述“信仰的力量——读《苦难辉煌》一书的体会”；地厅班学员、工业和信息化部规划司副司长韦俊作“读《中国增长模式抉择》有感”的发言；地厅班学员、陕西省文化厅厅长、党组书记余华青作“中国传统廉政文化的历史启示”的发言；地厅班学员、海关总署广东分署副主任赵民作“《一个都不宽恕》读后感”的交流发言。

黄宪起作了点评和总结。他指出，7位学员让大家分享了他们读书的收获和快乐，沉浸在他们读书的思考之中，使大家浏览了经典，扩充了知识，开阔了视野，受到了教育，引发了思考，增强了党性。这是贯彻落实习近平校长“爱读书、读好书、善读书”重要讲话精神的体现和展示。两个月来，进修部学员把读书与课题研究相结合，把读书与提高党性修养相结合，取得了积极的效果。希望学员在今后的工作中，坚持读书，坚持学习，真正把读书当成一种生活态度，一种工作责任，一种精神追求。

（三）

11月1日，进修部举办秋季学期第一次学员读书心得交流会。科学社会主义教研部主任王怀超、研究室主任冯秋婷、教务部副主任冯鹏志、进修部副主任赵凤珍、各教学组相关人员及进修部全体学员参加。进修部副主任郭焕永主持会议。

会上，7位学员分别代表省部级干部进修班“扩大内需与经济发展”和“社会主义民主政治建设”研究专题，地厅级干部进修班“城镇化进程”、“社会稳定”、“文化体制改革”研究专题，就“促进各类教育在转变经济发展方式、调整经济结构中发挥作用的思考——读《改造传统农业》”、“《第五项修炼》评介和学习实践感悟”、“有这样两本书可以读一读”、“读《城记》有感”、“推进交通发展，支撑城镇化进程——读《城镇化》等有感”、“感悟辉煌——《苦难辉煌》读后感”、“充分认识‘软实力’的作用——读约瑟夫·奈《理解国际冲突：理论与历史》”7个主题作了交流发言。

郭焕永在总结中说，学员代表的交流发言反映了学员在校期间能认真读书，并能紧贴所学专题、紧密联系工作实际、密切联系课题研究，体现了面宽、题专、挖得深、研究实、发言短小精悍等特点。他希望学员继续保持良好的读书状态，将领导干部爱读书读好书善读书活动进一步推向深入。

（四）

2011年1月10日，进修部举办秋季学期第二次学员读书心得交流会。校委委员、进修部主任黄宪起主持会议。经济学教研部副主任潘云良、科学社会主义教研部副主任刘海涛、国际战略研究所副所长刘建飞，进修部副主任郭焕永、赵凤珍及进修部全体学员参加会议。

会上，省部班学员、中国外文出版发行事业局副局长黄友义以“通过读书看公共外交的演变”为题，武警指挥学院政治委员陈进以“走进钱学森，感悟爱国心”为题，地厅班学员、江西省地税局局长邓保生以“中国的崛起之路——《当中国统治世界》”为题，中国社会科学院监察局局长王延中以“读《不平等的痛苦》体会”为题，全国工商联副秘书长王忠明以“以更大的决心和勇气全面推进改革”为题分别作读书心得汇报。学员们围绕在党校学习期间重点阅读的书目，结合当前国际国内形势以及我国在改革发展中所面临的问题等进行深入思考，富有创造性启示。所有读书心得都制作成质量较高的课件，报告人突出重点，效果很好。

黄宪起高度评价学员们读书学习的情况。他强调，要学习马克思、恩格斯、列宁、毛泽东等无产阶级革命家的读书精神，继续贯彻习近平校长关于党校学员爱读书、读好书、善读书的要求，把读书学习当成一种生活态度、一种工作责任、一种精神追求，通过不断的读书思考来完善知识结构、提升精神境界、增强工作能力。

培训部学员“读书与从政”交流

6月18日，培训部学员俱乐部学术交流协会举办“读书与从政——中国经验中国道路中国发展”交流报告会。副校长孙庆聚出席并讲话，校委委员、培训部主任徐伟新，研究室主任冯秋婷，中组部驻中青一班联络员组组长袁毅，教务部副主任冯鹏志，培训部副主任王炳以及培训部全体学员参加会议。会议由学员俱乐部学术交流会会长、人民日报社评论部主任、中青一班学员卢新宁主持。

报告会围绕“读书与从政”的主题，肖洪波、刘春航、尼玛扎西、孙孟新、林炜五位学员结合自己的读书心得，分别以“得民心者得天下——学习中国共产党革命史有感”、“关于中国道路的一些思考——读《治理中国》有感”、“中国模式在变革管理中孵化成熟——读《中国模式：经验与困惑》心得”、“也谈中国模式”、“中国的命运必须掌握在中国人自己的手中——读《中国大趋势》有感”为题，在会上进行演讲。他们以扎实的学风、生动的论述，表达了对新形势下中国发展道路的思考。与会学员普遍反映，报告人虽然来自不同岗位和不同地区，但是他们的观点代表性较强，不乏深刻见解，内容充实，富于责任感和使命感，对全体学员的学习和工作很有启发。

孙庆聚进行点评，他说，今天的活动很有意义，几位同学的发言也很有启发性。读书是受益终身的好习惯，他希望大家坚持这个习惯，不断提升自己，充实自己。

省部班学员做客人民网进行体验式教学

6月12日上午，进修部省部级领导干部进修班“党的建设科学化”专题研究班学员做客人民网，就“执政党和新媒体”与网友交流。

中央国家机关工委常务副书记杨衍银在回答“新型媒体对党的执政能力提出哪些课题”时列举乌鲁木齐“7·5”事件的例子。她表示，党和政府敏感地面对社会热点问题，及时掌握社会动态，发布正确权威的信息，向人民群众讲清事实的真相，通达社会民意，疏导公众情绪，化解社会矛盾，这是党提高执政能力的一个重要方面。

中共浙江省委副书记夏宝龙面对的提问是怎么看待只重视形象宣传，不重视民意沟通的“形象工程”。他说：“用网友的话说，叫‘网上作秀’”。他表示，过去老百姓办事情，必须得到我们这儿来；现在我们在网上接受他提的问题，我们要为他办好这件事情，说了就得办。

对于一些官员来说，曾经的网络热点事件是应该尽量避开的话题。但夏宝龙却在与网友的交流中主动提及了曾轰动一时的杭州飙车案。通过对事件一波三折的剖析，一个政府如何应对突发事件、网络热点的案例，在他的讲述中生动地呈现出来。

东风汽车公司总经理、党委书记徐平，中国人民解放军海军东海舰队副政委张远等学员与网友进行交流。

一位学员在结束语中说：“通过互联网使更多的领导干部更加广泛地倾听民生，更好地问计于民，更好地汇聚民智，也更好地为人民服务。”网友们也提出希望：“这种直接与各级领导交流的机会越多越好！”“各位领导通过网络倾听到‘原生态’民意民声、用‘真心真情真意’善待网友！”

省部班学员赴北京市高级人民法院旁听庭审

6月8日上午，进修部省部级领导干部进修班“社会主义民主政治建设”研究专题学员一行30余人，赴北京市高级人民法院旁听一起行政上诉案的庭审。北京市高级人民法院党组书记、院长池强热情接待中央党校老师和省部班学员。市高级人民法院党组副书记、副院长王振清，中央党校政法部副主任张恒山等参加庭审活动。

此次活动是中央党校与北京市高级人民法院共建教学基地的体验式教学活动之一，旨在通过安排中央党校学员旁听行政诉讼案件庭审，启发他们思考政府机关及其工作人员应当如何依法行政，加深其对建设法治政府理念的理解，进一步提升领导干部依法行政能力。本次体验式教学活动，市高级人民法院安排省部班学员旁听了“天津天麓律师事务所不服国家知识产权局申请开办专利代理业务许可行政上诉案”。该案由市高级法院行政庭副庭长程琥担任审判长，与法官景滔、刘行共同组成合议庭。在合议庭的主持下，庭审活动有序展开，当事人充分发表了诉辩意见，焦点明确、重点突出。旁听结束后，市高级人民法院党组副书记、副院长王振清，市高级人民法院办公室主任黄宝耀与省部班学员进行座谈，并陪同学员们参观小展室和计算机中心。中央党校政法教研部的老师和省部班学员们对市高级人民法院法官驾驭庭审能力给予充分肯定，并对市高级法院周到、细致的接待安排表示感谢。

当日下午，市高级法院参与庭审的合议庭成员应邀前往中央党校，与中央党校政法部教学组老师及省部班学员就深入推进依法行政相关问题进行座谈交流。程琥副庭长首先介绍北京市法院行政诉讼案件的基本情况和热点、难点问题，以及当前北京法院行政审判紧紧围绕深入推进三项重点工作，保障当事人在首都法院打一个公正、明白、便捷、受尊重的行政官司，着力加强行政审判制度建设方面开展工作的情况。本课主讲老师和学员们就完善法律体系、推进依法行政、树立司法权威等问题发表看法，并结合旁听体会、围绕行政审判提出问题，程琥庭长一一作详尽回答。

学员们表示，市高级人民法院的庭审活动使他们深切感受到法庭的尊严、法官的尊严和法律的尊严，北京市高级人民法院法官的职业素养给他们留下了深刻印象，这将有助于他们在今后的工作中自觉践行法治、理解并支持法院的工作。

中青一班举办“新闻发布会”

（一）

10月22日，培训部中青年干部培训一班（第29期）二支部组织学员新闻发布会。

发布会由学习委员、国务院新闻办公室新闻局局长郭卫民主持，担任3位“新闻发言人”的分别是学员江西省九江市市长曾庆红、内蒙古锡林郭勒盟盟长张国华、河南省驻马店市市长刘国庆。3位市（盟）长首先将他们工作的主要目标、面临的挑战以及如何应对的措施作简要介绍。然后由学员充当的“模拟记者”提出许多热点、难点和敏感问题，“新闻发言人”给予回答。

在“新闻发布会”前，主持人郭卫民首先就新闻发布工作的经验和技巧进行了专业讲解。“新闻发布会”结束后，主持人就3位发言人的现场表现进行点评，并提出一些建议。经过这样一次“实战演练”，学员们能够提高与媒体沟通的能力和技巧，更有效地应对互联网时代社会舆论日趋复杂的局面。

（二）

12月7日，针对教育体制改革中的敏感问题，培训部中青年干部培训一班举行第二场“学员新闻发布会”，由中青年干部培训一班二支部学习委员、国务院新闻办公室新闻局局长郭卫民主持。

担任“新闻发言人”的是上海市政府副秘书长翁铁慧、广东省教育厅厅长罗伟其、暨南大学校长胡军。他们首先就如何加强素质教育减轻学生负担，如何促进义务教育均衡发展，如何提高高校人才培养质量等问题进行介绍。

学员们就各自关心的问题，模拟专业媒体记者进行了提问，“新闻发言人”进行了回答。

教材和教学基地建设

李景田为教材《科学发展观研究》作序

常务副校长李景田为中央党校教材《科学发展观研究》作序，该书于2010年由中央党校出版社出版。

李景田在序言中指出，中央党校非常重视科学发展观的教学和科研工作。为适应党校教学和广大干部培训的要求，使科学发展观更好地进课堂、进教材、进党员干部头脑，使广大干部真学、真信、真用，中央党校校委决定成立专门的课题组，并把《科学发展观研究》作为校重点教材。在校委的领导下，经过组织全校相关领域的专家、教授进行较长时间的研究，共同编写了这本教材。

李景田还强调，该书思路清晰、结构合理、内容丰富、阐述深刻，反映了中央党校当前对科学发展观的研究水平和成果，适合作为干部培训教材。中央党校在各个班次的教学中，要充分发挥这部教材的作用，并以此推动广大干部和理论工作者为建设马克思主义学习型政党，促进马克思主义中国化、时代化、大众化作出应有的贡献。

全国党校系统教材建设与出版工作会议

8月3日至6日，全国党校系统教材建设与出版工作会议在内蒙古自治区呼伦贝尔市召开。

会议总结以往出版社与地方党校在教材建设与出版方面的经验，了解地方党校特别是省级、副省级党校在教材使用方面的需求；研究和探讨党校系统教材建设新的发展思路、拓展方向、合作方式以及如何扩大对党校系统教材的宣传与推广使用等问题；征求地方党校对中央党校出版社工作的意见和建议，特别是针对出版社转制后，如何更好地发挥出版社在教材建设与出版等方面的服务功能等问题听取地方党校的意见。中央党校教育长张伯里在会上发表《进一步发挥“三个作用”，做好党校教材出版这篇文章》的讲话。

张伯里在讲话中指出，要进一步认识和发挥教材建设在党校教育中的作用。教材建设既是党校教学的基础工程，也是深化教学改革，全面提高教学质量的重要保证。新的教材体系应当具有以下特色：一是要有助于引导和帮助广大党员领导干部和学员系统掌握马克思主义的基本理论；二是有助于坚持用中国特色社会主义理论体系武装头脑、指导实践、推动工作；三是有助于进一步开阔世界眼光、增强战略思维、加强党性修养、扩充知识储备；四是有助于进一步提高观察、研究和解决改革开放和现代化建设实践中的重大理论和现实问题的能力，进一步提高科学执政、民主执政、依法执政的本领。要求与会同志充分认识教材建设的重要性，予以高度重视，千方百计、群策群力把教材建设与出版这篇大文章做好。

张伯里充分肯定30年来中央党校出版社在党校系统教材建设与出版工作中发挥的重要作用，并强调，在新形势下，出版社要进一步贯彻落实好习近平致出版社建社30周年贺信的要求，高举中国特色社会主义伟大旗帜，坚持解放思想、实事求是、与时俱进，在推进马克思主义学习型政党建设中出版更多好作品，为党校事业和党的思想理论建设作出更大贡献；并以贯彻习近平同志贺信为契机，以中央党校建设“一流学府”为动力，以转企改制为机遇，把握好、落实好“为全国党校系统教学科研服务、为党的干部教育培训和思想理论建设服务、为发展社会主义先进文化服务”的办社宗旨，围绕党校教学科研的需要和干部教育的需要，继续推进教材体系建设，配合学校有关单位，做好反映马克思主义中国化最新成果的教材的编写与出版工作。

呼伦贝尔市市委副书记孙震出席会议。内蒙古自治区区委党校副校长吕广明向代表们全面介绍内蒙古自治区近年来经济社会发展所取得的成绩，并代表区委党校对大会的召开表示衷心的祝贺。

中央党校出版社社长、总编辑胡建华等在会上发言。来自全国各省级党校、副省级城市党校、部分地市级党校的领导和教务教材部门的负责人100余人参加会议。

教材和教学参考书出版

1. 中央党校教务部、人口计生委宣教司：《人口理论概要》修订本，中共中央党校出版社。

2. 龚学增：《当代中国民族宗教问题》修订本，中共中央党校出版社。

3. 李兴山、赵理文：《环境与可持续发展：加拿大的经验与启示》，中共中央党校出版社。

4. 李兴山、梁言顺：《科学发展观研究》，中共中央党校出版社。

5. 靳凤林：《领导干部伦理课十三讲》，中共中央党校出版社。

新增重庆、开封教学基地

经校领导批准，2010 年 4 月将重庆市列为中央党校统筹城乡改革和发展教学基地，由经济学教研部联系；将开封市列为中央党校文化体制改革教学调研基地，由文史教研部联系。

重庆教学基地揭牌

6 月 21 日，中央党校重庆教学基地揭牌仪式在重庆市委党校举行。中央党校副校长李书磊，重庆市委副书记、市委党校校长张轩，重庆市委常委、组织部部长陈存根出席揭牌仪式。李书磊、张轩共同为教学基地揭牌。

李书磊在讲话中指出，中央党校按照大规模培训干部的战略部署和要求，根据干部培训的新形势和新特点，不断推进教学方式改革创新，开展案例式、体验式、菜单式、模拟式教学。建立教学基地，组织学员到教学基地开展体验式教学是中央党校深化教学改革的重要举措。他指出，重庆紧密围绕“314”总体部署，在统筹城乡建设等方面进行许多探索并取得明显成效。在重庆建立教学基地，有扎实的实践基础和条件。中央党校和重庆市委党校将合力打造重庆教学基地，使其有效地服务于干部教育培训事业。

陈存根在致辞中，代表重庆市委、市政府对中央党校长期以来给予重庆的大力支持和积极帮助表示衷心感谢。陈存根说，中央党校在渝建立教学基地，势必有力推动重庆的改革和发展。他表示，在中央党校的指导和支持下，重庆一定会充分利用好这个优势资源，把教学基地建好、用好、管好，努力建成示范教学基地，为中央党校深化统筹城乡发展的教学研究提供一线课堂。

中央党校教务部主任王东京、副主任赵理文，经济学教研部主任赵振华、副主任潘云良，重庆市委副秘书长罗庆宏，市委党校常务副校长吴康明等出席揭牌仪式。参加“统筹城乡与党性实践教育”研讨会的 15 个省区市会议代表及重庆市委党校相关人员共 200 人参加揭牌仪式。揭牌仪式由王东京主持。

教学规律研究

深化教学改革，建设“一流学府”*

中央党校教务部

中央党校校委提出要建设“一流学府”，这是党校人在新世纪为党校事业提出的新目标、新定位。目前全校教职员工正在进行大讨论，我们认为，建设“一流学府”，首先要坚持把中央党校办成学府，然后再是争创“一流”。既然是学府，那么就得始终坚持以教学、科研为中心。本文将主要从教学和教学管理的角度，围绕建设“一流学府”谈一些看法，抛砖引玉，与大家讨论。

一、“最高学府”并非必然就是“一流学府”

中央党校是一所具有光荣革命传统的学校，是党的最高学府。自建校以来，毛泽东、刘少奇、王震、乔石、胡锦涛、曾庆红等党和国家领导人都先后兼任过中央党校校长。中央党校在历史上曾经名师荟萃，拥有杨献珍、艾思奇、郭大力、何其芳等一大批理论大家，为学界所称道。在我国革命、建设与改革开放的各个历史时期，中央党校一直坚持正确的办学方向，始终围绕党的中心工作和党的建设全局，宣传马克思主义理论，宣传党的路线、方针、政策，培养了大批高素质领导干部和党的理论骨干，为中国革命的胜利和社会主义现代化建设作出了卓越的贡献。

党的十六大以来，中央党校围绕建设中国特色社会主义事业，按照党中央关于大规模培训干部、大幅度提高干部素质要求，以学习、宣传和研究马克思主义中国化的最新理论成果为中心，充分发挥了干部培训主渠道、主阵地作用。

目前，干部教育培训形势发生了新的变化，客观上也使中央党校面临新的任务和要求。

放眼全球，随着世界多极化、经济全球化的深入发展，世界经济格局和国际力量对比出现新态势。所谓西方普世文化的冲击不绝于耳，敌对势力“西化”、“分化”的图谋从来就没有改变，世界范围内的意识形态斗争长期而复杂。而国内经济社会正在经历深刻转型，改革开放和社会主义市场经济发展方兴未艾，人们思想活动更加独立、更加多变，各种观念相互交织，各种文化相互激荡。在这样复杂的形

---

* 本文载《学习时报》2010年4月19日。

势面前，如何进一步坚持和发展马克思主义理论，如何对改革发展稳定中的大量热点难点问题作出回答，提供马克思主义的理论思考和阐释，是需要我们进行深入思考的。

随着经济社会的发展和干部队伍的“四化”，我们培训的学员对象也有了新变化，他们的知识结构和学历层次普遍有了很大提高，多数具有本科以上学历，其中甚至还有不少博士、博士后、博士生导师，专家型、学者型的领导越来越多。面对这样的领导干部，如何才能更有效地因材施教、因需施教，也是需要好好研究的。

除此之外，干部教育培训的多元化格局已经形成。除了党校、行政学院和干部学院，高校、科研院所和符合条件的社会培训机构，甚至还有一些境外的培训机构，也都开始承担相应的干部教育培训任务。从2010年3月底开始，干部自主选学的试点工作也已经启动。在全国干部教育培训格局中，“几个人分粥”变成了“一群人分粥”。党校不得不在更大的范围内参与竞争，这已经成为了客观事实。

面对这些新的形势和变化，作为党校人肯定会有切身的危机感、紧迫感。长期以来，我们已经习惯于称中央党校是党的最高学府。对于这个称谓，从中央对中央党校的性质和定位来看是理所当然、不可撼动的，从中央党校辉煌的历史来看也是当之无愧的。但是我们也不能不看到，在新的形势和任务面前，仅仅固守于最高学府的政治地位，那是不够的。

中央党校校委提出要建设“一流学府”，这是顺应形势变化，从战略高度谋长远发展的长久之策。习近平同志指出，“一流学府”要体现在一流的教学和科研、一流的人才和队伍、一流的硬件和基础设施、一流的管理和服务、一流的风气和人文环境五个方面。可见，要成为“一流学府”是需要条件的。“一流学府”既不是靠文件写的，也不是靠自己封的，而是要通过各方面的努力去争取，去创造的。况且，有比较才有一流，一流只有在与同行的竞争中才会产生。中央党校若要成为“一流学府”，还必须得到学界和干部教育同行的认可，得到社会的承认。

正因为如此，我们不能满足于现状，不能因为已经是最高学府就盲目自大。只有按照校委的要求，保持和发扬中央党校的传统和优势，更好地传承干部培训的政治使命，进一步巩固和提高党校的学术地位，才能在新的历史时期真正有所担当，有所作为，使中央党校既是党的最高学府，也是“一流学府”。

二、建设“一流学府”必须打造核心竞争力

教学是党校的中心工作，党校一切工作都要围绕教学进行，为完成教学任务、提高教学质量服务。从这个意义上讲，建设“一流学府”的关键就是要有一流的教学质量。

要保证有一流的教学质量，就要充分发挥党校的办学优势，打造核心竞争力。所谓核心竞争力，也就是“人无我有、人有我优”的教学能力，能够一以贯之地支撑党校的可持续发展，使之在与干部教育同行的竞争中出类拔萃。说到底，核心竞争力就是党校教学独有的、其他干部教育培训机构和高等院校不能替代也无法复制

的特色和优势。

党校教学的核心竞争力是植根于党校姓党这个性质和定位的。党校姓党，这是党校最本质的定位，也是党校安身立命的根本。在教学中坚持党校姓党，就是要以马克思主义理论教育为主课抓好理论武装，也就是要以学习中国特色社会主义理论体系为中心，坚持“一个中心、四个方面”的教学布局。只有从这个定位出发，核心竞争力才有生命力。

众所周知，与一般的国民教育不同，党校教学有它自身的特点。高校的教学体系是以“知”为中心，侧重于从认识到实践，先解决认识问题，将来再出去实践。党校的教学体系则是以“行”为中心，强调在学习和实践中达到“知行统一”。领导干部到党校来学习，都是带着问题来的，他们希望通过学习能得到解决问题的思路和方法，能够从实践到认识，再用马克思主义的立场、观点和方法去指导实践，最后统一于实践，检验于实践。这种以实践为中心、注重解决实际问题的教学，正是党校教学的优势和特色。

中国特色社会主义理论体系的教学，正是以实践为中心的教学。中国特色社会主义理论体系来源于改革开放的生动实践，是在解决改革开放遇到的一系列实际问题中形成的，是一个具有鲜活的实践特色的理论体系，不是一个个干巴巴的理论教条。所以在教学当中，要先强化“问题”意识，找准领导干部关心、关注的理论和现实问题，把这些问题作为教学的切入点，立足于这些问题对他们进行马克思主义的立场、观点和方法教育。如此一来，中国特色社会主义理论体系的教学就有了很强的时代感和针对性，就能够较好地满足领导干部学习理论、研究问题、解决问题的现实需要，党校教学的优势也就真正得以发挥了。

我们体会，若从“教学”这个角度而言，中央党校作为“一流学府”的核心竞争力应主要体现在四个方面。

一是要有一流的学风。中央党校是一个庄严的学习殿堂，又是党的精神文化的象征，这就要求党校要树立独特的风骨气韵，保持风清气正。学员到党校来学习，为的是厘清思想理论上的一些困惑，解决一些实践中的问题。所以在教学中要贯彻理论联系实际的方针，引导学员联系实际多读书，善读书，读好书，力戒浮躁，形成一种多读书、勤学习、善思考的好学风。党校的教师也要率先垂范，刻苦读书、深入调研、扎扎实实做学问，通过言传身教，营造一种崇尚真理、研究问题、好学深思的校园氛围。

二是要有一流的课程。课程是教学的载体，既然马克思主义理论特别是中国特色社会主义理论体系是党校的主课，那么就要着重搞好中国特色社会主义理论体系的课程建设。具体而言，就是要从教学的实际出发加强需求调研，根据不同班次的不同定位，进一步完善中国特色社会主义理论体系的教学框架，从改革开放实践中面临的“问题”入手，提高讲题设计的科学性，增强课程讲授的针对性和实效性。同时，要以中国特色社会主义理论体系为中心，搞好“形势与任务报告”、“当代世界报告”、能力训练课程、党性锻炼课程和其他课程的建设，打好理论基础，培养战略思维，拓展世界眼光，增强党性修养，把“一个中心”和“四个方面”有机地统一起来，这也是党校教学布局的基本要求。在教师备课的过程中，我们还是要特别强调“学术框架”与“现实维度”的要求，强调党校教师要认真读马列经典、本学科经典与最新学术成果，要眼睛向下，到实践中、到群众中多作调研。

三是要有一流的师资。著名教育家梅贻琦先生说，“大学，非大楼之谓也，乃大师之谓也”。建设“一流学府”的关键是要有一流的师资。党校教师担负着用马克思主义理论武装干部头脑、全面提高领导干部素质和能力的任务。要胜任这项任务，首先要自觉地在政治上同党中央保持一致，维护党的形象，传播党的声音。要谙熟马克思主义经典，通晓党和国家的大政方针，能用马克思主义之“矢”射中国改革开放之“的”；要有丰富的学识和高尚的师德，能成为讲台上站得住、学界有声望、学员中有口碑的名师大家。

四是要有一流的教学设施。只有一流的教学设施才能保证一流的教学品质。与一流的教学相配套，一流的教学设施可以使学校充满现代化的气息，能为各种教学活动提供功能齐全、技术先进的硬件支持。比如设施完备的多功能教室，多媒体的教学手段，丰富的数字图书资源，高水平的校园网络和远程视频系统等，能从各方面满足不同的教学需要。

三、打造核心竞争力必须深化教学改革

打造核心竞争力是建设“一流学府”的关键。我们认为，要打造核心竞争力，就必须进一步深化教学改革，着重抓好四个环节的工作，即“以改革创新机制，以机制完善竞争，以竞争打造精品，以精品推出名师”。

在中央党校的教学实践中，引入竞争的做法一直就有，这些做法对于提高教学质量起到了一定的促进作用。比如党史部、经济学部等教研部门通过部内试讲实行竞争上岗，对于选拔优秀教师上讲台、提高课堂教学质量，效果非常明显。但是从党校教学的总体来看，竞争上岗还没有被普遍采用，因人设课的情况还比较普遍，这势必会影响总体教学水平的提高。从主体班教学情况来看，特别是从学员对教学效果评估的情况来看，党校的教学质量还有待进一步提高。

通过对近三年全校主体班教学效果评估的数据进行统计分析，我们发现，由于教学目的和要求不同、学员对象不同，不同的班次在教学评估上存在一定的差异，应该说这是正常的。但是，从每学期各个班次内部的情况来看，我们又发现了一个比较一致的问题。那就是：10% ~15% 的教师的教学效果令学员十分满意；70% ~75% 的教师的教学效果令学员比较认可；10% ~20% 的教师的教学效果令学员不太满意。并且讲得好的课和讲得不好的课是相对固定的，讲课的教师也是相对固定的，课依旧是那些课，人也依旧是那些人。

数字反映出一定的问题。从评估结果可以看出，由于缺乏竞争，目前的确一定程度地存在教师上课搞平均主义的问题，会讲什么就安排什么，有多少人就排多少课，教学效果好坏都一个样。当然这也无可厚非，开设新课需要练兵，年轻同志需要照顾。基于这些考虑，采取一些“平均

主义”的做法也在所难免。但是如果维持现状，还是“讲好讲差一个样”，不去想办法激活课堂教学这潭静水，党校的教学质量就很难再有提高。所以，要建设“一流学府”，要打造核心竞争力，就必须创新机制，完善竞争。

我们认为，创新机制主要包含两个方面的内容。

一是教学评估机制的改进与完善，以评促改。教学评估是学员对教师的课堂教学效果进行反馈的一种形式，既可以反映教师的讲课水平，也有助于发现教学中存在的问题，对于衡量党校教学效果好坏、教学水平高低是一个非常管用的标尺。从竞争的角度来讲，教学评估也是一个客观标准，一个基本依据。目前已有的各类班次和课程的评估体系，被实践证明是有效的，但是也要根据教学中出现的新情况和新问题进行微调，使各项指标尽可能全面、真实地反映教师讲课的实际水平。所以，要进一步完善现有的教学评估体系。

党校有不同的班次、不同的课程，对这些定位不同、要求不同的课程进行评估，指标体系肯定要有所区分，不能一刀切。所以，有必要根据不同班次、不同课程的特点，对现有的评估体系进行调整和完善，最终形成一整套科学合理的评估体系。

二是创新教学设计机制，改变因人设课的现状。党校教学是面向领导干部的，每个班次、每门课程设什么讲题，首先要根据党中央对领导干部的要求、领导干部的岗位需求和学员个人的学习需求来设计；要在加强学员需求调研的基础上，再结合党校的实际，立足党校的学科优势和师资队伍特点，根据班次和专题定位，科学设计教学计划和讲题。要建立一个教学设计的机制，适当时可以考虑成立一个由各教研部门专家、教务部及学员部有关人员参加的专门机构，在深入调研的基础上，科学设计党校的教学研究专题、课程和讲题，切实解决教学设计中由因人设课而导致的“基本问题不基本”、“热点问题不热”、“难点问题不难”等教学设计错位的问题，形成一个科学、规范的教学讲题库。

关于强化竞争，我们认为就是在教学评估的基础之上，按照公开、公正、竞争、择优的原则，实行优胜劣汰。为此，我们提出以下设想：

一是在进修班真正实行以目标考核为核心的项目制管理。从2008年秋季学期开始，进修班的有关研究专题开始试行项目制。四个学期以来的实践表明，项目制的实施对于提高教学质量起到了一定的作用，但实事求是地讲，效果不太明显，与最初的设想还有很大差距。究其原因，既有制度设计上的疏漏，也有执行当中的不到位。所以，有必要及时总结项目制试点的经验教训，不断加以完善。项目负责人的确定应采取项目招标和委托相结合的方式，而且要充分体现责、权、利的统一。项目结束后，如果教学效果显著，学校应给项目组一定的奖励。

二是在培训班实行竞争上岗、能者多课、末位调整。针对培训班教学时间长、教学讲题多的实际情况，对于各个班次的教师配备要实行竞争上岗，优化教学资源配置。对各个班次教学效果突出、名列前茅的教师，除了从物质待遇上给予一定奖励外，还要给他们更多的机会，让他们在党校舞台上尽情施展才能；对于教学效果明显较差的教师，则要请他暂时退出课堂。

这种暂时的退出，绝不是淘汰出局，而是给这些教员更多的时间去充电、去提高，更好地打有准备之战。在调整准备期间，可以鼓励他们申报科研课题，多做调查研究；安排他们进行在职学习，找名师帮带，到基层实践锻炼等，提高他们的教学水平，增强他们重返课堂的竞争力。通过这个过程，保持教师队伍的合理流动，既可以确保良好的课堂教学质量，又能培育出后备的教学力量。

可以相信，在教学中大力引入竞争，优秀的课程将脱颖而出。假若有一批课程能经得起竞争的考验，通过时间的打磨，在党校讲台上叫得响、过得硬，受到学员的广泛好评和同行的认可，那么毫无疑问就成精品课了。

我们坚持以“精品课推名师”，是因为“名师”不是自封的，也不是可以包装出来的。当然，适当的宣传和推介也必要，但名师主要不是靠宣传与包装。大家可以看看党校的历史，像杨献珍、艾思奇、郭大力、何其芳这些名师大家，有哪一位是靠宣传、靠推介出名的呢？他们之所以能出名，说到底是因为有深厚的学术功底，课讲得精彩，在党校讲台上占有一席之地，被众多的学员认可，大家津津乐道，一传十、十传百，自然就声名鹊起了。如果没有真才实学，课讲不好，即使靠宣传、靠推介来广而告之，那样的名师充其量也是“昙花一现”。要想当真正的名师，唯一的办法就是利用好党校的讲台，踏踏实实做学问，认认真真讲好课，所谓功夫在党校讲台，名声在党校内外。

四、深化教学改革必须坚持开门办学

有竞争、有比较，才有一流，对内如此，对外也是一样的道理。要建设“一流学府”，关起门来埋头苦干只会是夜郎自大、固步自封。要争创一流，就要打开校门，放开视野，敢于开放，勇于竞争，善于包容。发展经济要利用好国内外两种资源，办“一流学府”也要充分利用好校内校外两种资源。发展对外的交流与合作，也是提升党校教育的竞争力和影响力的一个方面。

首先，要主动“走出去”，博采众长。党校教师不能闭门于书斋，而是要走出“（大有）庄”家，去增长见识，开阔眼界。走出去的形式有很多，比如选派教研骨干到国内外其他干部院校进行实地考察，选派教师出国参加培训等，通过这些渠道学习借鉴他人的教学理念、教学形式和教学方法。同时，还可以鼓励、支持教师积极开展对外科研合作交流项目，参加国际国内学术交流，在国内外学术舞台上更多地传播党校的声音。

其次，要大胆“引进来”，为我所用。“海纳百川、有容乃大”，一流学府就应该有一流的胸襟和气势，不能像武大郎开店一样高我者不用。凡是教学需要的，都可以按照德才兼备的标准，不拘一格地从国内外一流大学和科研机构引进优秀教师和高端人才，让他们在党校讲台上发挥所长。除此之外，还要本着“不求所有、但求所用”的原则，充分利用校外的优秀教学资源，加大外请教师力度，把一批有学识、有水平的专家型领导干部聘为党校的兼职教授。同时还要把其他干部教育机构的优质课程引入党校课堂。这些不同方式的"引进来"，绝不是迷信什么"外来的和尚好念经"，而是为了进一步强大自己，增强在同行中的竞争力。不仅如此，"引进来"还能在一定程度上产生"鲶鱼效应"，增加党校教学的活力，进一步提升教学层次，提高教学质量。

关于加强和改进党校学员需求调研的几点思考*

中央党校教务部

习近平同志最近在浦东干部学院座谈会上指出，干部教育培训工作要坚持按需培训，党的事业发展需要什么就培训什么，干部履职尽责需要什么就培训什么。这就为我们如何做好学员需求调研、增强党校教学的针对性指明了方向。只有学员需求调研做得好，才能对学员需求有正确的认识和把握，进而做到缺有所补。如果我们调研的思路和方法不对头，学员需求把握不准，党校教学就难免打乱仗。本文围绕如何加强与改进党校学员需求调研问题谈几点意见，并与大家讨论。

一、党校教育必须面向学员需求，坚持"缺什么补什么"的原则

按需施教，是教育的基本原则和规律。我国古代教育家孔子说："不患人之不己知，患不知人也"。孔子认识到了"知"人的重要性，所以在教育中很重视"知"学生，倡导为人施教，首先要善于分析学生，了解学生，然后才能做到因材施教，按需施教。

社会发展到今天，教育从内容到形式都更加丰富，按需施教作为一个基本原则始终贯穿其中。例如近些年，许多高等院校纷纷对学科专业进行调整和优化，就是需求变化使然。一些好就业的专业得到强化，许多新专业应运而生，一批就业难的传统专业、长线专业调减了招生规模。这说明，从需求出发，以满足需求为落脚点，是教育的根本法则。

作为教育体系的有机组成部分，党校教育理所当然也要遵循按需施教的原则。但和其他教育相比，党校教育又是有其自身的特殊性的。中央党校作为党的最高学府，是干部教育培训的主阵地、主渠道，教育对象是党的高中级领导干部，教育目标是要培养忠诚于中国特色社会主义事业、

* 本文载《学习时报》2010年10月18日。

德才兼备的治党治国精英。从这个角度来看，党校教育应该更加重视学员需求，更加强调以学员需求为中心。可以说，与其他教育相比，党校教育在按需施教方面，有更高更迫切的要求。

其实，从中央党校办学的实践来看，以学员需求为导向一直是党校秉承的优良传统，也是办好党校的一条成功经验。

在中央苏区时期，党校教育主要是针对根据地建设的需要，从革命斗争的战略高度来开展的。当时很多干部都是工农出身，缺乏系统的马克思主义学习。所以党校开设的课程，主要是“马克思主义基本原理”和“党的基本知识”，刘少奇、陈云还给学员讲“职工运动史”，罗迈讲“党的建设”，成仿吾讲“政治常识”。针对干部文化水平普遍偏低的实际，还开设了文化知识课程。通过学习，许多干部和官兵摘掉了“文盲”的帽子，政治、军事素质大大提高，在革命战争和苏区建设中发挥了巨大作用。

到了延安时期，革命斗争局面更加复杂，我们党急需一批既有理论素养又有独立工作能力的领导干部。毛泽东同志说，“如果我们党有一百个至两百个系统地而不是零碎地、实际地而不是空洞地学会了马克思列宁主义的同志，就会大大地提高我们党的战斗力量，并加速我们战胜日本帝国主义的工作”。适应这一需要，党校继续开设主课“马列主义理论”，同时还开设了“哲学”、“政治经济学”、“党的建设”、“中国革命问题”和“游击战争”等课程。对于文化太低的干部，还配有文化教员专门讲授国文、算术、地理、历史。这一时期的党校教育，提高了党员领导干部的马列主义理论水平，全党达到空前的团结和统一，为夺取抗日战争和民主革命的胜利奠定了思想基础。

十一届三中全会以来，党和国家进入了新的发展时期，工作重心开始逐渐转移到经济建设上来。为了适应社会主义建设的需要，实现党在思想路线、政治路线、组织路线上的拨乱反正，中央党校率先掀起了“真理标准问题大讨论”，并在党校课堂开设了“哲学”、“政治经济学”、“科学社会主义”、“中共党史”和“党的建设”五门基本理论课程，强调干部要认真学习和掌握马克思主义的基本理论，并侧重用十一届三中全会以后党的路线方针政策教育干部，从而保证了党在思想路线和政治路线上的统一。

历史和现实都表明，学员需求就是党校教学的第一信号，是所有教学活动的发端。办党校决不能不管学员需求，一厢情愿，自说自话。否则，我们就会背离党校办学的宗旨，做的只是无用功。所以办好党校，必须坚持“缺什么补什么”，这样才能始终坚持党校办学方向，才能充分发挥党校教育的特色和优势。

二、坚持以学员需求为导向，必须加强和改进需求调研

近年来，按照“缺什么补什么”原则，党校教学一直十分重视从学员需求出发，特别强调对学员需求进行调查和研究。

为了增强招生班次的针对性，我们提前向学员所在的组织人事部门发放调查问卷，就进修班各个研究专题的设置进行需求调研。党校要求学员入学时，“带来一个干部群众关心的热点问题”，“带来一个最

希望解决的思想理论问题”，供教员在教学中参考。教员会根据教学需要，有针对性地走访学员、了解学员。学习期间，还经常召开各种形式的座谈会，向不同班次的学员发放调查问卷，听取和收集对教学的意见建议。

从学员需求调研的信息反馈来看，目前学员需求呈现三个明显的倾向。一是轻基本理论，重操作技能；二是轻宏观战略，重微观事务；三是轻党性修养，重闲情逸致。也就是说，当前不少领导干部认为迫在眉睫的，是要学好管理科学和工具学科，是要以提高工作技能与修身养性为主。可见，眼下领导干部需要的，似乎既不是马克思主义经典理论，也不是世界眼光和战略思维，甚至党性锻炼在相当一部分干部中也未引起足够的重视。

但实际上，是不是领导干部在这些方面真的就不缺了？事实并非如此，甚至恰恰相反。

不可否认，高中级领导干部一般都接受过马克思主义和党的优良传统教育，具备一定的理论素养。但有些领导干部的理论学习只停留在一般了解上，对党的重大理论和思想精髓没有把握，要么浅尝辄止，要么一知半解。有的学习起来仅仅是停留在形式上，理论功底不够扎实，缺乏理性的思维，不会用马克思主义的立场、观点和方法去分析解决问题。有的甚至认为这些政治理论离现实工作比较远，不管用，既不懂又不学，其实这部分人在这方面掌握得最不够。

在复杂的国际国内形势面前，一部分领导干部的确存在“本领恐慌”。他们认为，首要的是要提高工作能力，这当然是对的。但高级领导干部怎么提高能力、提高什么能力却值得研究。在现实中，一些领导干部眼界狭窄、站位不高，成了单纯的事务主义者。由于缺乏长期的战略谋划，他们在发展顺利时看不到隐含的危机，在情况困难时又提不出科学的战略决策，没法采取果断的行动，工作起来“枣熟打枣、杏熟打杏”，疲于应付。这部分领导干部，看似需要提高具体的工作能力，但真正缺的，是如何站在全局和战略的高度科学地判断和分析形势，作出正确决策，也就是战略思维和谋划能力。

最近，中央正在推行干部人事制度改革，强调选人用人要坚持德才兼备，突出以德为先。对于领导干部而言，“德”既指做人的道德品行，更强调的是政治品质。从一些落马官员违法犯罪的根源分析，几乎都是在“德”字上出了问题。有的领导干部丢掉了党的根本宗旨，国际形势一有什么风吹草动，理想信念就产生动摇；有的领导干部崇尚拜金主义、享乐主义，不讲党性讲义气，不讲理想讲圈子，不讲事业讲私欲，在道德修养和政治品质上出现了严重滑坡。这样的领导干部，缺的就是党性锻炼和党性修养。

这样看来，虽然我们过去开展了多种形式的需求调研，但调研的结果却与实际情况有很大的出入。究其原因，是我们以往未能联系组织需求与岗位需求去调研个人需求，所以才出现了前面讲的三个倾向。

事实上，领导干部进党校学习，首先是基于党和国家事业的需要，是组织上给予的关心和培养。党校的学员都是党的高中级领导干部，他们的素质高低直接关系到党的事业的兴衰成败。毛泽东同志早就说过，“政治路线确定之后，干部就是决定的因素”。党的事业新发展和党面临的新挑战，对领导干部的素质尤其是思想政治素质提出了新要求。全面建设小康社会，加快推进社会主义现代化建设，迫切需要培养一大批政治上坚定、思想上清醒、有谋略能干事的政治家。胡锦涛总书记强调，“要把干部队伍建设成为推动科学发展、促进社会和谐的中坚力量”。可见，培养和造就一支规模宏大的高素质干部队伍，特别是能够全面贯彻落实科学发展观、善于治国理政的领导人才，对领导干部的思想素质、能力素质和作风素质都提出了较高的要求。

对领导干部进行教育培训，虽然有共性的一面，都要服务于党和国家的工作大局，既要懂理论，又要有实际工作能力，但从事的中国特色社会主义建设事业，总是由一项项具体的工作组成的。党校的学员都在一定的工作岗位上担任重要职务，实行改革开放，推进现代化建设，特别是领导科学发展，对不同岗位干部的素质和能力都提出了相应的要求，即所谓“干什么、学什么”。这也就是我们通常所说的领导干部履职的岗位需求。

当然，领导干部进党校学习，不仅是党和国家的事业与岗位的需要，同时也是为了实现个人的全面成长，提升自身能力。由于年龄不同，学历背景不同，实践经验不同，学员的个人需求存在较大差异。你想学哲学，他想学经济；你想读文学，他想读历史。从学员个人发展的角度来看，这些个性化需求都是正常的，应该得到尊重。

有了这样的认识，我们就应该明确，党和国家的事业需求与岗位需求是客观上对学员的要求，是第一位的；个人需求是学员的主观愿望，应该服从前两个需求。所以，我们作学员需求调研，决不是简单地了解学员的个人需求，而是要把握在党和国家事业需求、岗位需求约束下的个人需求，这样才能把主客观两方面有机地统一起来。如果脱离了党和国家的事业需求，脱离了岗位需求，学员需求不过是学员个人的兴趣爱好。

举个例子。你去问一个中学生是喜欢打游戏还是喜欢听老师讲数理化，他很可能说喜欢打游戏。你再问如果让他考大学，他想要学什么，他可能说是想学数理化。为什么答案不一样呢？前一个问题对他没什么约束，自然是随心所欲，什么轻松就喜欢什么，纯属个人欲望。后一个问题含有约束条件，即让他要考上大学。这样，上大学需要考数理化，所以必须学好数理化等知识性课程。

如此也就不难理解了，为什么我们过去调研出来的学员需求与真实情况并不一致。在进行需求调研时，由于没有任何约束条件，通常都是直接问学员怎么看、怎么想，学员回答起来就会从个人兴趣出发，结果成了“信天游”。你想学这，他想学那，众口难调，没有一致的意见。面对千差万别的学员个人需求，党校教育也无所适从，既不好办，也办不好。

所以，要想真正了解和把握学员需求，就必须加强和改进现有的需求调研。

对学员需求进行调研，关键在于要有相应的约束。具体而言，就是要把党和国家的事业需求和岗位需求放在首位，作为学员需求调研的约束条件。在这个约束条件之下搞调研，才能引导学员既充分考虑党和国家的事业需求与岗位需求，又兼顾个人的兴趣爱好，从而实现主客观需求的统一。把握好了这个环节，我们才能在调研中得到客观、真实的需求信息，也才能全面、科学地认识和把握学员需求，真正弄清楚党校学员到底“缺什么”。

三、有效满足学员需求，必须进一步改进党校教学

坚持“缺什么补什么”，既要找准学员“缺什么”，还要看我们有什么，应该怎么补，这样才能真正满足学员需求。

党校学员来自不同的领导岗位，在知识结构、工作阅历、理论水平等方面存在较大差别，即使是学员的个人需求，也是多层次多方面的。省部级、地厅级和县处级学员的需求有别；参加培训的后备干部与在岗轮训的现职干部需求有别；已经在党校系统学习过的学员与初进党校的学员需求有别；新疆、西藏等民族地区的干部与其他干部相比需求也有别。

基于此，党校教学要满足学员需求，就不能千篇一律，搞一个模子，而是要通过需求调研，真正摸清不同班次、不同类别的学员需求到底是什么。教学要因班而异、因人而异，既要开设共同的必修课，又要开设各种类型的选修课；既要安排统一的教学任务，也要采取小班教学、个性化定制培训等方式，以满足不同学员的不同需求。

当然，不管教学的具体内容和形式如何，党校教育都必须依托于自身的特殊定位。众所周知，党校姓党，党校教育不是普通的知识传授，也不是一般的行为训练，而是研究、宣传、发展和创新党的主流意识形态，搞好马克思主义理论教育，这是中央的要求，也是党校安身立命的根本。

正因为如此，党校教育不能包打天下，而是要有分工。在多元化的干部教育培训格局中，党校从自身的性质和定位出发，主要瞄准的是党和国家事业需求与岗位需求约束下的个人需求。从这一需求出发，党校就得坚持“一个中心、四个方面”的教学布局，立足于对领导干部进行理论基础、世界眼光、战略思维和党性修养的教育。

理论基础是根本。从党校历史看，无论是中央苏区时期还是延安时期，党校开设的课程始终都是以马克思主义理论为主课的。在革命战争年代，一些干部不懂军事知识和技能，最要紧的是学习军事，但当时党校并不教干部怎么埋地雷、拼刺刀，而是把马克思主义基本原理作为主课，讲马克思主义世界观和方法论，讲如何用马克思主义世界观和方法论去分析解决中国革命的实际问题。

由此看来，马克思主义世界观和方法论的教育是最重要的，是党校的主心骨。即使是在社会主义建设时期，党校教育也应坚持以理论教育、党性教育为主，而不是去教领导干部如何招商引资，如何架桥铺路。党校就是要通过系统的马克思主义理论教育，特别是以中国特色社会主义理论体系为中心的教育，使各级领导干部牢固掌握马克思主义的世界观和方法论，在政治水平和理论水平上提高一步。通过党的基本理论、路线方针政策的教育，强化领导干部对党的忠诚，统一他们的思想认识，坚定不移地走中国特色社会主义道路。

从操作层面看，应急管理能力训练固然也很重要，但和基本理论、战略思维比起来是第二位的。理论教育本身就是能力培养的重要途径，如果不学习马克思主义基本理论，就不能用正确的立场、观点和方法分析解决问题，能力也就无从谈起。“不谋全局者，不足谋一域”。处理突发事件也好，应对新闻媒体也好，如果没有世界眼光和战略思维，只是从操作层面去关注方式方法，强调技术技巧，不从根本上解决问题，难免会留下隐患，甚至成为败笔。有了战略层面的预见和考虑，不仅可以避免突发事件的发生，防患于未然，即使遇到了突发事件，处理起来也能游刃有余。

比如在第二次国内革命战争时期，我党和平解决了“西安事变”，促成了国共第二次合作和抗日民族统一战线的形成；抗日战争结束之际，毛泽东同志从国际国内形势大局出发，以无产阶级革命家的谋略和勇气参加“重庆谈判”，推动了全国和平民主运动的发展。我们党的老一代领导人能够在复杂的形势面前运筹帷幄、统揽全局，充分体现了高超的应急管理能力。他们所具备的那种世界眼光和战略思维，不是靠听几堂“应急管理课”可以学得到的。所以，党校教育要站在全局和战略的高度，从培养领导干部的世界眼光和战略思维出发，进行能力训练。

另一方面，有效满足学员需求，说到底是要增强教学的针对性。在新形势下，学员的思想困惑日益增多，他们到党校来学习，都是带着许多热点难点问题来，希望党校能够帮助他们答疑解惑。党校教师只有从理论的高度，对这些问题及时作出令人信服的解答，才能把课讲到学员的心坎上，真正满足他们所需。所以，党校教师应该成为某个问题、某一方面的专家。要成为专家，自己就得有学术专长，有相应的学术积累。为此，党校必须加强学科建设，完善教学设计，使二者既相互照应，又互为促进。

进修班研究专题的设置，要紧密围绕国家经济建设、政治建设、文化建设、社会建设和党的建设的战略部署，从高处着眼、大处着手，避免设得过细过窄。同时，要兼顾学科结构，把各个研究专题变成学术积累的平台。即使是针对同一个专题，教师也能从不同的学科视野进行剖析，这样既可以引导学员从多角度深入研究这个专题，又可以强化本学科的学术积累。培训班专题课的设计，同样也要强调学科支撑和学术积累。特别是中国特色社会主义理论体系的教学，要充分发挥党校的理论优势和学科优势，找准其中的基本问题，从各个学科的角度进行细化研究，并结合不同班次的实际，进一步探索如何分类别、分层次地讲授中国特色社会主义理论体系。

加强和改进学员需求调研，为的就是要号准学员的思想脉搏，围绕学员最需要掌握的中央精神、最想学到的理论知识、最希望提高的素质和能力，不断改进和创新党校教学，从而真正实现“缺什么补什么”。也只有在实践中坚持好这一原则，党校教学方能不负使命，永葆生机。

教学规律研究的其他文章简表

文章题目	作　者	发表报刊与时间
党校讲课“三戒”	王东京	《学习时报》2010 年 6 月 21 日第 13 版
谈“学术功底”		《学习时报》2010 年 6 月 28 日第 13 版
论“末位调整”		《学习时报》2010 年 7 月 5 日第 17 版
关于“讲课艺术”		《学习时报》2010 年 9 月 20 日第 13 版
论“名师”		《学习时报》2010 年 9 月 27 日第 13 版

学科建设

抓好“三个结合”，更好地发挥党史工作在党的干部教育事业中的作用*

（2010 年 7 月 22 日）

石 泰 峰

这次全国党史工作会议，是加强和改进新形势下党史工作，进一步发挥党史工作对推进党的建设新的伟大工程和中国特色社会主义伟大事业的重要作用的重大举措。习近平同志的重要讲话，站在全党工作大局的高度，充分论述了加强和改进新形势下党史工作的重要意义，为加强对党史工作的领导，提高党史工作科学化水平指明了方向，使我们进一步增强了做好党史工作的使命感、责任感。

中国共产党的历史是中华民族的宝贵精神财富，是推进党的建设新的伟大工程和中国特色社会主义伟大事业的重要力量源泉。党史工作是党的事业的重要组成部分，党史教育是干部教育的重要内容。各级领导干部特别是高级干部学好党史，是总结党的历史经验，提高贯彻执行党的基本理论、基本路线、基本纲领、基本经验自觉性的需要；是加强党的执政能力建设，保持党的先进性，更好地履行党的历史使命的需要；是提高干部培训质量，加强领导干部的理论武装、世界眼光、战略思维、党性修养的需要。中央党校校委历来高度重视党史工作，注重发挥党史教学与研究在党的干部教育事业中的独特作用。中央党校多年的党史教学实践证明，加强对高中级干部的党史教育，尤其是让中青年干部在学习党的历史特别是党在全国执政的历史中受到教育、认识规律十分重要。

中央党校的党史教学与研究具有悠久的历史，党史学科也一直是具有传统优势的特色学科。早在延安整风前，中央党校就设有中国革命问题课程研究

* 本文是石泰峰 2010 年 7 月 21 日在全国党史工作会议上的讲话。

室；延安整风中，结合整风学习的需要，又开始向学员系统讲授党史课。新中国成立后，中央党校于1952年正式设立中共党史教研室，1991年又成立了中共党史教研部，承担中央党校进修部、培训部等班次干部学员党史课的教学辅导工作、中共党史专业硕士和博士学位研究生的培养工作，以及对全国党校系统党史教学与研究进行业务指导等工作。近年来，作为轮训和培训党的高中级领导干部的主渠道，中央党校在各类班次开展党史教学，开设了毛泽东思想基本问题研究、中国共产党历史经验研究、中共党史专题研究、中共党史若干重大事件和人物研究等系列课程，采取了课堂讲授、体验式教学、影像教学、案例教学等内容鲜活的教学形式，获得了学员的普遍好评，党史课成为中央党校独具特色的精品课程之一。在中央组织部开展的自主选学试点工作中也获得了较高的选课率。

根据党中央确定的党校教学新布局的要求，我们在党史教学与研究中始终强调抓好“三个结合”：

第一，校委始终强调，党史教学与研究要紧紧围绕党和国家工作大局，根据党的中心任务和干部教育的需要，把党史教学与研究与党的基本理论的教学与研究相结合，注重引导学员深化对中国特色社会主义道路和中国特色社会主义理论体系的理解认识。在干部教育中，党史教学不仅仅是历史教学，更重要的是理论教学，讲党史实际上是讲中国共产党人行动中的马克思主义。为此，我们在毛泽东思想基本问题和中国特色社会主义理论体系等课程教学中，着重从党的思想理论发展史的角度进行专题讲授，使学员从历史的把握中加深对坚持把马克思主义基本原理同中国具体实际相结合，不断推进马克思主义中国化，不断进行理论创新的理解，增强了理论武装的自觉性。

第二，校委始终强调，党史教学与研究要注重挖掘执政资源，引导学员从党的历史经验中汲取开拓前进的智慧和力量，从党的工作失误中获得历史教训的有益启示，把党史教学与研究与提高领导干部的领导素质和能力相结合，不断提高治国理政的水平。按照《中国共产党党校工作条例》的要求，中央党校的党史教学围绕中国共产党的历史与经验、中国特色社会主义史和中华人民共和国史等重点研究方向，加强对党在领导革命、建设和改革过程中重大决策、重大事件、重大案例、重要人物的专题教学，着力提高领导干部运用党的历史经验，科学总结党的新鲜经验的能力，达到以史鉴今、资政育人的目的。通过党史教学，提升了学员的战略思维能力，分析和解决重大理论与实际问题的能力，驾驭复杂局面的能力等。

第三，校委始终强调，党史教学与研究要注重弘扬党的优良传统和作风，把党史教学与研究与提高学员的党性修养相结合。党性教育是党校教育的鲜明特色，是党校的必修课。而党史教学历来是党性教育的重要组成部分，也是对学员实施党性教育的重要内容。我们坚持把党性教育寓于党史教学中，通过课堂讲授、学员研讨和教员点评、体验式教学、影像教学等形式大力弘扬理论联系实际、密切联系群众、批评和自我批评、艰苦奋斗等马克思主义学风和优良作风，引导学员树立正确的世界观、人生观、价值观，不断提高党性修养和党性锻炼的能力，更好地为坚持和发展中国特色社会主义事业服务。

虽然我们在党史教学与研究中取得了一定成就，但还不完全适应党的干部教育事业的需要和广大学员的需求。我们一定要认真抓好这次会议精神的传达和贯彻落实，一如既往地重视党史工作。首先，进一步研究充实党史教学内容，积极探索新的教学方法。按照习近平同志关于“在中央党校等高级干部培训计划中加强新中国历史、党在全国执政的历史教育”的重要批示，我们正在组织力量编写针对党的高级干部进行党史教育的内部读本，总结党执政以来若干重大历史事件中的经验教训以及对我们党执政的启示，作为对党的高级干部进行党史教育的重要教材。其次，进一步深化党史研究，加强对历史和现实重大问题的调研，准确记载和反映党的历史，为党史教学和学科建设奠定坚实基础，使研究成果服务于教学质量的提高。再次，高度重视学科建设和人才队伍建设，进一步提高学科建设质量。衷心希望各级党委大力关心和支持党校的党史工作，使各级党校更好地发挥党史教育、宣传的作用。

专业机构

马克思主义理论教研部

教学工作。2010 年，马克思主义理论教研部承担春季学期教学评估课程 16 次。另外，还承担了自主选修班、县委书记班的授课。主要讲题是：（1）中国特色社会主义是当代中国的马克思主义；（2）科学发展观若干问题研究；（3）中国特色社会主义道路的开创和拓展；（4）《共产党宣言》导读；（5）马克思恩格斯的社会主义思想；（6）科学发展观是中国特色社会主义理论体系的最新成果；（7）中国特色社会主义理论体系；（8）中国特色社会主义生态文明研究。在承担讲课任务的同时，组织实施了进修部各专题研究班的必修理论课程的教学工作，承担了中青一班第一单元的教学组织工作、新疆县处班第四单元的牵头组织工作。本学期教学工作主要做法是：（1）加强集体备课。从寒假开始，就认真组织备课。所有教研人员都参加集体备课（先后进行了 4 次，小范围交流讨论性备课进行了多次），每个讲题都经过了集体备课的过程。（2）倡导多听多学。开学后，组织集体听课，不仅听本部教员的讲课，还选听其他教研部教员的讲课。通过多听多学，提高教学水平和质量。（3）明确下班责任和要求。明确要求任课教员必须到任课班次下班。这样做，有助于强化教学的针对性，也有助于提高教员的讲课水平。无论是下班教员，还是参加交流研讨的教员，都要求及时到岗到位，认真负责。

承担秋季学期教学评估课程 15 次。同期组织实施了进修部各专题研究班的必修理论课程的教学工作，以及一年制西藏班第六单元、新疆县处班第一单元的教学工作，“中国特色社会主义理论体系”师资班的教学组织工作。本学期教学工作主要做法是：（1）进行专题研讨。围绕所承担的教学讲题，进行专题研讨，用专题研讨的方式深化集体备课。（2）通过召开有关学术研讨会，与校外专家学者围绕教学专题进行研讨。（3）评析讲稿。把本部同一讲题的讲稿集中在一起，进行比对评析，明确思路，规范要求。通过相互学习、相互借鉴，在重大问题上统一认识，在内容结构上尽可能一致。（4）与学员进行沟通。要求教员在上课前到学员那里了解对讲题的期望和要求，课后到学员那里征询意见。通过交流和沟通，增强教学的针对性，提高教学质量。

科研工作。全年共计获批国家社科基金项目和省部级科研项目 10 项；国家社科基金一般项目 1 项，青年项目 1 项；校级重点项目 1 项，一般项目 4 项；其他省部级项目 3 项。全年出版学术专著 5 部，在权威核心期刊上发表学术论文 43 篇，其中 2 篇学术论文被《新华文摘》全文转载，1 篇论文被《新华文摘》摘编论点。

学术交流。全年组织召开相关学术会议7次。3月12日，组织召开“马克思主义学科建设研究报告研讨会”、“马列经典著作选编”教材研讨会；5月16日，在北京召开“危机管理学习研讨会”；8月25日至26日，在珠海召开“珠海经济特区建立30周年理论研讨会”，《学习时报》等媒体进行了报道；9月10日，在中央党校召开“中国特色社会主义理论体系”师资班教学与科研座谈会；10月15日至16日，在上海召开“社会和谐：挑战与应对——第二届中国特色社会主义论坛”，《学习时报》、《人民日报》、《马克思主义与现实》等媒体进行了宣传和报道；12月25日，在北京召开“深化中国特色社会主义理论体系研究”学术研讨会，《学习时报》、《理论视野》、《教学与研究》等媒体进行了宣传和报道。

研究生工作。各个研究生工作小组严格遵循研究生培养工作流程，做好招生、授课、开题、调研、答辩等各环节工作，不断提升授课教学质量；及时协调课程变动情况，做好研究生院与导师、学生之间的上传下达工作；共招收硕士生12人、博士生11人；完成本年度硕士生导师的遴选工作（1人）。组织申报和推荐2010年学位研究生优秀教学奖候选人。组织申报和推荐2011年学位研究生精品课程资助奖励项目。完成本年度教学课时津贴统计工作。积极组织研究生参加“学习贯彻十七届五中全会精神，深入研读‘十二五’规划内涵”等征文比赛，以及学校组织的各项文体活动。

领导班子和队伍建设。学习党的十七届四中、五中全会文件，以及干部廉洁从政若干准则、校领导及中央领导的重要讲话。做好2010年度招聘工作，选录2名应届博士毕业生，充实教师队伍。做好年度考核、开好民主生活会及组织中心组学习。

党务工作。组织“建设‘一流学府’讨论”、“我为创建‘一流学府’作贡献创先争优主题实践活动”。开展“最佳党日活动”，被评选为全校“十个最佳党日活动”之一。

工会工作。组织教职工开展多种形式的文体活动和比赛，积极组织部教职工参加校“1+1”健身活动、卡拉OK演唱、羽毛球比赛、青年趣味运动会。为全部职工办理北京市公园年票。6月29日，根据教学与科研工作的实际需要，以“科技与发展”为主题，在中国科技馆开展了工会主题活动，参观了中国科技馆举办的“阿尔伯特·爱因斯坦（1879—1955）”展览。

哲学教研部

教学工作。7月和12月组织优化教学讲题设计，将所有讲题都列入教学竞争上岗的范围。召开2次集体备课会。春季学期承担教学评估的课程43次，平均分9.36分，列“八部一所”教研部门第4名，获教学评估全校第一名6人次：李建华（专题研究班，9.52分）、李建华（中青一班，9.60分）、刘毅强（新疆地厅班，9.60分）、毛卫平（新疆地厅班，9.60分）、董振华（新疆地厅班，9.60分）、阮青（半年制西藏班，9.60分）。春季学期承办“中共中央党校哲学师资培训班”，完成授课14次。秋季学期承担教学评估的课程30次，平均分9.35分，列“八部一所”教研部门第5名。

2010年教师节，李建华荣获学校教学优秀奖；7人（按姓氏笔画排序）：刘毅强、成官泯、任俊华、赵建军、段培君、董振华、靳凤林获哲学教研部2009—2010学年教学工作优秀奖。获部际比较授课效果优秀奖7人次：李建华（一等奖2次、二等奖1次）、毛卫平（一等奖）、刘毅强（一等奖）、董振华（一等奖）、阮青（一等奖）；获部内比较授课效果优秀奖3人次：李建华、刘毅强、任俊华；获青年教师授课效果奖5人次：董振华（3次）、朱辉宇、王晓林。

2010年获中国马克思主义研究基金会“中央党校学科建设专项基金资助奖励项目”（重点项目）和“中央党校教学资助奖励项目”各1项。

科研工作。编辑和出版《哲学与社会》丛书第2、3辑。举办以“发展伦理与当代社会发展”、“《〈德意志意识形态〉研究》”、“《〈黑格尔辩证法〉导言》研究”和“《〈政治经济学批判〉导言》研究”为主题的第11—14届共计4届“奇思论坛”。与中国马克思主义研究基金会联合举办“哲学与社会发展论坛（2010）——当代中国发展道路的哲学探索”。与校科研部共同筹备“纪念艾奇思同志诞辰100周年”系列活动。结合制定《哲学教研部建设规划和措施》和《中央党校哲学学科2011—2015年发展规划》，资助各二级学科开展对外学术交流活动8次。编写和出版《中央党校哲学学科年鉴》（2008—2009卷）。对中国马克思主义研究基金会“学科建设资助项目”成果——哲学及各二级学科前沿研究报告进行必要修订，并将其收入《中央党校哲学学科年鉴》（2008—2009卷）公开发表。

全年获批和设立各类项目11项：校重点科研项目1项，中国马克思主义研究基金会资助项目2项（一般项目和青年项目各1项），设立并完成教研部部级科研项目8项（集体2项、个人6项）。发表和出版各类科研成果184项。其中，文章类173篇（学术论文148篇，调研报告1篇，综述、会议报道等24篇），著作类11部（专著1部，译著1部，教材1部，合著8部）。在专业权威核心期刊发表学术论文11篇。完成中央党校中国特色社会主义理论研究中心委托撰稿任务2篇。

获2009年度中央党校科研集体组织优秀奖。庞元正、杨信礼、陈中浙、王杰、胡为雄、刘余莉等获得2009年度校级科研成果重点津贴。

学术交流。7月25日至28日，与中国马克思主义哲学史学会邓小平理论研究会、应用哲学研究会联合主办“马克思主义中国化时代化大众化暨全国邓小平理论和应用哲学研讨会”；8月21日至22日与全国辩证唯物主义研究会、黑龙江省委宣传部、黑龙江大学在哈尔滨联合举办“马克思主义中国化、时代化、大众化理论研讨会”；10月10日，中外哲学研究室与北京大学中国文化发展中心联合主办“领导干部与国学普及”座谈会；10 月 28 日，战略学教研所邀请多位专家学者和政府领导，召开“转型与变革：战略理念与战略实践”学术研讨会；11 月 16 日，马克思主义哲学教研室召开“实践观点与马克思主义哲学”学术研讨会。1 人赴美国继续作国家留学基金高级研究学者项目，1 人赴西班牙做访问学者项目，4 名教学人员赴台湾参加学术会议。

研究生工作。成立教研部研究生工作指导小组及所属各二级学科导师组。严格规范研究生培养工作流程，做好招生、授课、开题、调研、答辩等各环节工作。完成本年度博士后导师的遴选工作（2 人）。组织申报和推荐 2010 年学位研究生课程资助奖励项目，并获得资助奖励项目 1 项。推荐 2009—2010 年度学位研究生优秀教学奖候选人。刘余莉获 2009—2010 年度学位研究生优秀教学奖。刘余莉、成官泯、王杰、靳凤林 4 人获教研部 2009 年秋季学期学位研究生授课数量奖。梁晓杰、王杰、任俊华 3 人获教研部 2010 年春季学期学位研究生授课数量奖。举办第四届第一期和第二期“研究生哲学论坛”。

领导班子和队伍建设。完成中外哲学教研室主任、现代科学技术与科技哲学教研室 1 名副主任等职位的聘任工作。制定《哲学部专业技术岗位教学研究系列三级至十级岗位聘任条件和岗位职责》，完成第二轮教研人员专业技术职务三级至八级的岗位评聘工作。选录 2 名马克思主义哲学专业的应届博士毕业生，为教师队伍增添新生力量。选派相关教研室主任、副主任参加校组织的统一培训，选派 1 名同志到南宁挂职锻炼。

党务工作。哲学教研部理论中心组集体学习《中国共产党党员领导干部廉洁从政若干准则》，举办学习党的十七届五中全会精神报告会，组织开展建设“一流学府”讨论和“我为建设‘一流学府’作贡献创先争优主题实践活动”。

扎实推进学习型党组织建设，结合“奇思哲学论坛”，举办“经典著作研读”系列活动，先后研读马克思主义哲学经典著作《德意志意识形态》第一章、《〈黑格尔法哲学批判〉导言》和《〈政治经济学批判〉序言》，进行研讨交流。

落实《党支部管理责任制》，开展专题党日活动等。结合纪念抗日战争胜利 65 周年，组织党员参观中国人民抗日战争纪念馆和古北口长城抗战纪念馆。党总支申报题为“牢记历史，珍爱和平，构建社会主义和谐社会”的党日活动，获校第四届“最佳党日活动”奖。

加强党员队伍学风和学术道德建设。围绕教研岗位评聘、职称评定、教研室班子调整、人员调动和教职工生活困难等具体情况，有针对性地开展思想政治工作和精神文明创建活动。继续实施资助湖南湘西凤凰县腊尔山希望小学贫困生的扶贫助学工程（第四个年度），完成 5400 元助学资金（资助 18 名小学生）的募捐和移交工作。从 2007 年开展这项活动以来，共资助 72 名小学生、1 名中学生。响应机关党委号召，组织党员为青海玉树和甘肃舟曲受灾地区群众捐款。

工会工作。4 月，以直选方式完成部工会换届改选。组织教职工开展多种形式文体活动和比赛，如“青年趣味运动会”、

"1+1"健身活动、卡拉 OK 演唱等活动，组织教职工到雾灵山、凤凰岭登山健身。组织部分教师参观上海世博会。年底举办首届职工乒乓球、羽毛球比赛以及迎新年联欢会。

经济学教研部

教学工作。 2010 年，经济学教研部进一步强化教学管理工作，提升教学质量。1 月和7 月分别召开春季和秋季教学工作会议，集中分析总结各学期的教学成绩，总结经验、查找不足并布置新学期的教学安排。同时，还定期召集任课教师召开阶段性教学总结会，以及时分析新的教学情况，改进教学管理。进一步强化集体备课和听课制度，严把教学质量关，请经验丰富且教学效果优秀的教师传授经验，并采取以老带新的举措，着力提高青年教师的教学水平。

2010 年春季学期承担主体班课程 70 次，教学评估平均分 9.40 分，获教学评估全校第一名 11 人次：韩保江（省部班，9.43 分；新疆地厅级班，9.60 分）、赵振华（省部班，9.45 分；地厅班，9.58 分）、张玉杰（"推进产业结构调整"专题研讨班，9.51 分）、潘云良（新疆地厅班，9.60 分）、贾华强（新疆地厅班，9.60 分）、曹立（新疆地厅班，9.60 分）、李鹏（新疆地厅班，9.60 分）、王天义（一年制西藏班，9.60 分）、张汉飞（一年制西藏班，9.60 分）。秋季学期承担主体班课程 79 次，教学评估平均分 9.35 分，获教学评估全校第一名 8 人次：赵振华（省部班，9.14 分；地厅班，9.57 分；地厅班，9.57 分）、石霞（地厅班，9.55 分）、韩保江（市地党政主要领导干部进修班，9.55 分）、张燕喜（半年制西藏班，9.60 分）、曹立（半年制西藏班，9.60 分）、石霞（一年制西藏班，9.60 分）。

科研工作。 夯实经济学学科建设，提高科研成果的质量。定期召开会议，着手制订未来五年经济学教研部总体的学科建设规划。在学期末各教研室主任进行述职时，要求对各教研室本学期的科研成果进行总结，并对新学期的科研工作做出具体规划；教研室每位教师也要具体汇报本学期取得的科研成果。动员和组织全体教师申报国家社科基金项目和校级科研项目，并请相关教师介绍经验，以提高课题申报的质量和成功率。

全年获批和设立各类项目 16 项，其中国家社科基金项目 4 项、校级重大科研项目 1 项、校级科研项目 10 项，其他省部级科研项目 1 项。全年发表和出版各类科研成果共计 100 余项。其中，出版学术专著 4 部，主编著作、教材 7 部；在校组织部认定的权威期刊上发表学术论文 50 余篇、译文 1 篇；通过内参形式向省部级（含省部级）以上领导干部呈报调研报告、咨询报告 7 篇；在中央党校科研部承办或科研部和外事办合作组织的国际学术会议上提交论文10余篇。截至2010年，教研部共有4人获国务院政府特殊津贴。徐祥临教授的论文《运用农村包围城市道路的精髓改变二元经济结构》获学校优秀科研成果奖。

学术交流。全年共召开学科专业大型学术会议5次、小型学术交流7次。主要包括：3月，邀请国内著名经济学家就转变经济发展方式问题召开专题研讨会；4月，邀请国务院发展研究中心的专家就重大经济发展问题进行学术研讨和交流；7月，召开“中国经济观察论坛——2010年宏观经济形势分析”专题理论研讨会；7月底至8月初，在广西区委党校召开“全国党校系统经济理论研讨会暨第七届经济学年会”，就经济体制改革、转变经济发展方式以及党校经济学教学管理工作等议题与地方各级党校进行了交流。此外，教师还参与了学校外事办组织的多项对外学术交流，与来自美国、德国、日本等国外代表团进行学术探讨和交流。

研究生工作。进一步完善研究生培养和管理工作，着力提高研究生的学术素养、科研能力和实践能力。共招收政治经济学专业博士研究生21名，招收政治经济学、国民经济学、区域经济学专业硕士研究生19名。截至2010年，在校博士和硕士人数已达120名。修订博士和硕士研究生培养计划，完善研究生课程体系设置。定期召开会议，分析和总结研究生培养的经验，要求各位导师为研究生认真授课、精心指导，特别是要严把毕业论文关，提高毕业论文的水平和质量。顺利完成了申请理论经济学一级学科授予点的工作，并借此机遇进一步推动研究生培养工作和经济学学科建设。申报和推荐2010年研究生精品课程奖励资助项目和中央党校优秀博士论文的评选。

领导班子和队伍建设。2010年，校委对教研部领导班子进行了调整，赵振华任经济学教研部主任，潘云良任经济学教研部副主任。教研部在自我推荐与公开竞岗的基础上对6个教研室的主任、副主任进行了调整，教研室主任和副主任均由50岁以下的教师担任，进一步完善了各教研室的人员设置和教研工作。2010年，从南开大学引进1名博士后充实教研人员队伍，有1名教师晋升为教授职称，1名教师晋升为副教授职称。此外，顺利完成本年度的聘岗工作。

党务工作。进一步强化党务工作，不断提高教职工的政治素养和业务水平。党总支紧紧围绕建设“一流学府”、建设学习型党组织和创先争优三大主题，深入扎实地开展党务工作。定期召开会议，学习和传达中央和学校的各种文件和精神，提高党员的政治素质。党总支还围绕党务和教学任务，组织开展一系列形式多样的活动：4月，组织全体教职工为青海玉树地震灾区进行捐款；5月，组织全体教职员工到南开大学经济学院进行调研；6月至7月，配合组织部认真推进教研部的聘岗工作；7月，配合学校组织筹备成立中央党校青年联合会；9月组织全体教职工为甘肃舟曲泥石流灾区进行捐款，党员还主动缴纳了特殊党费；10月至12月，召开研讨会，学习、宣传、贯彻党的十七届五中全会精神。

工会工作。工会完成换届选举，成立新一届工会领导班子，明确了领导成员的职责分工。全年主要工作有：（1）开展向书本学习活动，购买图书100余册。（2）邀请北医三院心血管专家徐顺霖大夫，到教研部讲解有关预防心血管疾病的常识。（3）开展多种形式的文体活动，主要包括让每位教师制定适合自己身体状况的体育锻炼方式；为教师购买体育用品，组织大家参加学校的运动会、乒乓球和羽毛球比赛；工会出资，鼓励大家到体育馆参加各种形式的体育锻炼；组织教职工参加爬山、游泳、打球等运动。（4）及时了解教职工的思想、家庭状况，帮助解决他们工作、生活中遇到的困难，如为家有患病老人的教师申请困难津贴，帮助挂职和出差的教师处理学校和家庭的各种事情等。

科学社会主义教研部

教学工作。坚持集体备课，围绕教学讲题为主题举办小型学术研讨会，开展读书会活动。春季学期承担教学评估课程61次，平均分9.31分，秋季学期，承担教学评估课程53次，平均分9.38分，在“八部一所”中列第三名。春季学期，科学社会主义教研部获教学评估全校第一名10人次：吴忠民（专题研究班，9.41分）、蒲长春（新疆地厅班，9.60分）、张建新（新疆地厅班，9.60分）、王怀超（新疆地厅班，9.60分）、刘俊杰（新疆地厅班，9.60分）、杨玲玲（新疆地厅班，9.60分）、蒲长春（新疆地厅班，9.60分）、胡岩（一年制西藏班，9.60分）、胡岩、靳薇（一年制西藏班，9.60分）。秋季学期，获教学评估全校第一名7人次：吴忠民：（专题研究班9.52分）、胡振良（专题研究班，9.57分）、靳薇（半年制西藏班9.60分）、向春玲（一年制西藏班，9.60分）、胡岩（一年制西藏班，9.60分）、胡岩（一年制西藏班，9.60分）、胡岩（一年制西藏班，9.60分）。2010年获得中国马克思主义研究基金会“中央党校学科建设专项基金资助奖励项目”（重点项目）1项，“中央党校教学讲题资助奖励项目”2项。教师节，向春玲荣获学校教学优秀奖。

科研工作。全年共获批和设立各类项目10项：国家社科基金重点项目1项，校重点科研项目3项，中国马克思主义研究基金会资助项目2项，设立并完成教研部部级科研项目4项。全年在报刊杂志上发表文章170篇，其中在权威核心期刊发表学术论文57篇，在专业权威核心期刊发表学术论文8篇。著作类9部（专著4部，合著5部）。完成校中国特色社会主义理论研究中心委托撰稿任务2篇。教研部荣获中央党校科研集体组织优秀奖。

学术交流。举办第一次双月学术论坛，邀请中国社会科学院著名社会学家陆学艺以“中国当前经济社会形势与社会建设”为题做学术演讲。邀请国家发展改革委城市和小城镇改革发展中心主任李铁就如何进一步推进中国的城镇化进程举行学术座谈会。与美国纽约大学理工学院代表团进行学术交流。10月23日至24日，主办了首届“社会主义理论前沿问题高层论坛”，加强学科内的交流与合作，每年举办一次。

研究生工作。调整本教研部研究生工作领导小组。严格规范研究生培养工作流程，做好招生、授课、开题、调研、答辩等各环节工作。调整科社专业硕士研究生课程设置。完成本年度博士后导师的遴选工作（2人）。招收科社专业博士生11名，科社专业硕士生10名，社会学专业硕士生5名。组织申报和推荐2010年学位研究生课程资助奖励项目，并获得资助奖励项目1项。推荐2009—2010年度学位研究生优秀教学奖候选人。梁波获2009—2010年度学位研究生优秀教学奖。

领导班子和队伍建设。领导班子完成新老交替，王怀超任主任，刘海涛任副主任。完成社会制度比较教研室主任聘任工作，刘俊杰任主任。制定《科社部专业技术岗位教学研究系列三级至十级岗位聘任条件和岗位职责》，完成第二轮教研人员专业技术职务三级至八级的岗位评聘工作。科学社会主义原理教研室选录2名应届博士毕业生。选派相关教研室主任、副主任参加学校组织的统一培训。

党务工作。组织学习党的十七届五中全会精神，组织建设“一流学府”讨论，制定科学社会主义教研部建设“一流学府”措施。开展“我为建设‘一流学府’作贡献创先争优主题实践活动”。通过读书会、研讨会、座谈会，调研参观等多种形式，创建学习型党组织。

协助行政领导进行聘岗和部内组织人事工作。围绕教研岗位评聘、职称评定、教研室班子调整、人员调动和教职工生活困难等具体情况，有针对性地开展思想政治工作。落实《党支部管理责任制》，举办以“温故知新”为主题的党日活动，参观中央档案馆和国家救灾应急培训中心。开展向老同志送温暖工作，年终看望教研部离退休老同志。党校成立青年联合会，梁波当选常委，郭强、林梅、蒲长春当选委员。蒲长春获中央党校青年技术能手的称号。

工会工作。组织教职工开展多种形式文体活动和比赛，如“青年趣味运动会”，“1+1”健身活动，羽毛球、乒乓球比赛，卡拉OK演唱等活动。组织教职工开展登长城和秋季采摘活动。组织全部女同志到国家歌剧院欣赏歌剧，庆祝三八妇女节，年底举办迎新年联欢会。

政法教研部

教学工作。2010年，政法部承担了10余个班次的专题课和讲座课，共103讲（另外，请专家学者授课19讲），及相关的教学组工作、小组讨论和双向交流工作。其中，上半年完成省部班“社会主义民主政治建设”研究专题和地厅班“突发公共事件与危机管理”研究专题的教学组织工作，中青一班和县处新疆班的教学组工作。

下半年，完成省部班“社会主义民主政治建设”研究专题和地厅班“社会稳定”研究专题的教学组织工作，及中青一班、中青二班、新疆地厅班、新疆县处班、半年制西藏班等教学任务。强化调查研究工作，加大教学组织力度，教学工作得到学员好评。

全年共外请4位法学界专家教授，组织完成6场次“当代世界法制报告”。配合教务部一系列改革措施，完成教师申报教学讲题工作和“中央党校学科建设专题基金”项目申报工作，共申报重点项目1个、一般项目4个。

科研工作。充分利用校科研基金，鼓励和资助教员进行课题研究，将其研究成果运用于教学；经评审对2009年的优秀科研成果主持人给予了追溯性资助，并对2010年部设科研课题6位主持人给予资助；教研人员在认定的一流出版社出版著作2部，在核心报刊发表论文19篇。

学术交流。定期举行学术讲座。坚持和开展6次“月圆讲座”活动，全年开展6次，邀请校内外专家学者演讲，如党史部的专家、国际社会科学与法哲学大会执行主席、日本名古屋大学教授森际康友等。暑期主办“中国特色社会主义民主法治发展道路理论研讨会”等学术研讨活动，11月在京召开“中国基层民主实现形式”学术研讨会。与国外科研机构合作进行了多次学术交流活动。如5月，与美国斯坦福大学合作在中央党校召开“协商民主”项目双边研讨会。

队伍建设。引入2名博士毕业生充实教师队伍。重新进行了岗位评定。安排有关教师进修。配合学校做好引入高端人才的工作。

中共党史教研部

教学工作。春季学期，在中青一班、中青二班进行教学新尝试，包括向学员开列党史阅读书目，开展学员自选题目的小班教学，调整充实影像教学内容；教学评估平均分9.43分，列“八部一所”教研部门第2名。秋季学期，教学评估平均分9.39分，获教学评估全校第一名1人次：曹普（新疆地厅班，9.57分），列“八部一所”教研部门第4名。秋季学期，获教学评估全校第一名2人次：谢春涛（省部班，9.49分）、刘宝东（省部班，9.49分）；承办“全国党史部门负责人培训班”的教学任务。获中国马克思主义研究基金会“中央党校教学资助奖励项目”5项。

科研工作。获得批准和设立各类项目6项：国家重点课题1项，国家社科基金1项；中国马克思主义研究基金会资助项目2项：一般项目和青年项目各1项。出版著作类10余部，在专业权威核心期刊发表学术论文30余篇，其中在一流期刊发表文章11篇，在一流出版社出版专著5部。

学术交流。推进学习型党组织建设。

组织读书交流和学术报告会。4 月，中国社会科学院近代史研究所左玉河研究员主讲“社会文化史研究方法与现状”；5 月，军事科学院陈伙成研究员主讲“关于西路军问题”；6 月，中国社会科学院近代史研究所步平研究员主讲“中日历史共同研究的思考”；10 月，国际战略研究所金春明教授谈“治学随想”，水利部特约研究员徐海亮主讲“武汉‘文革’与‘7.20’事件”；11 月，中国社会科学院当代中国研究所原副所长程中原研究员主讲“胡乔木研究若干问题”；12 月，请北京大学王奇生教授、中国社会科学院近代史所金以林研究员主讲“从日记解读蒋介石”。

研究生工作。严格规范研究生培养工作流程，做好招生、授课、开题、调研、答辩等各环节工作。完成本年度博士后导师的遴选工作。组织申报和推荐 2010 年学位研究生课程资助奖励项目，并获得资助奖励项目 1 项。推荐 2009—2010 年度学位研究生优秀教学奖候选人。

领导班子和队伍建设。选录 1 名中国近现代史专业的应届博士毕业生。选派相关教研室主任、副主任参加学校组织的统一培训。

党务工作。加强党员队伍学风和学术道德建设。开展形式多样的思想教育活动。7 月，组织全体党员参观上海世博会，组织党员参观中共一大会址、二大会址等，使大家受到爱国主义教育、革命传统教育。落实“党组织思想政治工作分析报告制度”。组织召开 2 次党员思想分析会。

开展创建“最佳党日活动”，组织多次党日活动。4 月，组织全体党员赴山东临沂革命老区参观考察，参观孟良崮战役纪念馆、战役旧址，莒南县原山东省政府旧址等。10 月底，组织全体党员赴徐州地区参观考察，主要参观淮海战役纪念馆、淮海战役烈士陵园、台儿庄战役纪念馆等。

工会工作。4 月，以直选方式完成部工会换届改选，组成新一届工会委员会。为青海玉树灾区捐款 11200 元，为甘肃舟曲灾区捐出一个月党费。工会对职工生病、职工家属生病住院、职工家老人住院都多次关心询问情况。组织教职工开展多种形式文体活动和比赛，参加学校“青年趣味运动会”、“1 +1” 健身活动、卡拉 OK 演唱等活动，组织职工到雾灵山、凤凰岭登山健身。组织部分教师参观上海世博会。年底举办首届职工乒乓球、羽毛球比赛以及迎新年联欢会。

党的建设教研部

教学工作。党建教研部的案例教学探索时间最长，目前覆盖班次最多。2010 年进一步规范和提升案例教学，在总结经验的基础上，重点进行了以下改进：一是充实新的案例，建立案例库。二是规范案例教学，按照《党建部案例教学规范意见》，改进案例来源、案例使用程序、案例教学组织实施、案例教学推进方向等。三是提高案例教学的质量，加强对案例教学探索的力度，鼓励和支持在某方面研究成果卓著的教师积极开展案例教学。四是尝试灵活多样的案例教学形式。

注重以科研促教学，把深化党建研究与提高党建课教学水平、提升党建科研的学术含量、培养和增强教职工特别是中青年教师的科研能力结合起来，和建设学习型党组织的要求结合起来，增强了工作的整体性、系统性。

科研工作。全年共出版个人专著5部、合著30部，发表了大量文章，其中内参4篇、权威论文43篇、其他论文112篇，承担课题14项。王长江的《政党论》一书获中央党校优秀科研成果奖；高新民的《党内民主研究——兼谈民主执政》获第十一届全国优秀党建读物奖。

学术交流。组织召开了“党的基层工作创新”、“深入贯彻十七届四中全会精神，推进两新组织党建工作科学发展”、“基层党代会常任制实践与创新”、“政党、执政党与执政模式”、“党的建设科学化”理论研讨会，社会反响良好。

研究生工作。成立教研部研究生工作指导小组及所属各二级学科导师组，严密研究生培养工作流程，做好招生、授课、开题、调研、答辩等各环节工作。同时注重研究生课程讲授工作，教学质量普遍得到认可。充分发挥教师在学生培养过程中的指导作用，加强学生间、学生和教师之间的学术交流活动。

领导班子和队伍建设。完成第二轮教研人员专业技术职务三级至八级的岗位评聘工作，选派相关教研室主任、副主任参加中央党校组织的统一培训。1名教师晋升教授任职资格，选录2名应届博士毕业生。注重由老教师向下传授自己在理论和实践教学环节的经验，逐步形成一支适应党校发展需要的具有梯队合理性的教师队伍，课堂教学得到学员的好评。

党务工作。党总支结合建设“一流学府”讨论，扎实推进学习型党组织创建工作。精心组织、认真开展“一流学府”建设讨论；精心组织、认真开展“读经典”活动；引导和动员教师研究、宣讲学习型党组织建设理论。同时，围绕创先争优目标，积极开展党总支工作。明确了工作思路，围绕建设“一流党建部”的目标，突出自身特色，统筹推进党的建设和其他经常性工作；丰富和创新活动载体，积极开展各种主题党日活动。

党总支围绕教研岗位评聘、职称评定、人员调动和教职工生活困难和青年教师的生活问题等具体情况，有针对性地开展思想政治工作，创造了“和谐党建、快乐党建”的氛围。经党总支考察、推荐，青年教师蔡志强被评选为中央党校第四届“青年岗位能手”。

工会工作。工会会同党总支在教职工孩子的入学、入托、医药费报销等方面尽可能地提供关心和帮助。重视关心女职工的身体健康和职业成长，还十分关心困难教师，争取为他们提供物质和精神上的帮助。为每位教师办理了公园年票，组织教职工参加集体健步走活动和爬山健身活动。

文史教研部

教学工作。全年承担主体班次中专业课程102讲，组织4个厅局班、电影教学课20多场，体育教学1440课时，组织教职工运动会及各项比赛15场，外语教学近1920课时，研究生教学1228课时。主体班次专业教学、电影教学、体育教学以及外语教学、研究生专业教学均有专人负责教学组织，安排井然有序，形成不同战线的教学管理体系。

春季学期承担教学评估的课程26次，平均分9.20分；秋季学期承担教学评估的课程27次，平均分9.45分，列“八部一所”教研部门第2名。春季学期，教研部获教学评估全校第一名8人次：秦露（文化建设专题班，9.25分）、秦露（突发公共事件与危机管理专题班，9.57分）、陈宇飞（城市发展与城市治理专题班，9.41分）、徐平（一年制西藏班，9.6分）、徐平（一年制西藏班，9.6分）、谢武军（新疆地厅班，9.6分）、马奔腾（一年制西藏班，9.6分）、廖小红（一年制西藏班，9.6分）。秋季学期，获教学评估全校第一名5人次：周熙明（文化体制改革专题班，9.5分）、秦露（新疆县处班，9.6分）、徐平（新疆县处班，9.6分）、田嵩燕（一年制西藏班，9.6分）、刘悦斌（一年西藏班，9.6分）。教师节，秦露荣获学校教学优秀奖。

教学组织呈现如下特点：一是做好预案，组织严密；二是优化配置，注重对话；三是深度备课，集体热评；四是开拓创新，形式多样；五是外请师资，精心选择；六是统筹协调，提高效果。全年认真执行学校教学计划，提前做好预案，组织比较严密，工作做到“到位、及时、有效”，较好地控制了教学流程。

科研工作。获得批准和设立各类项目27项。其中，中国马克思主义研究基金会课题2个，校级重点科研课题2个，文史教研部课题23个。形成一批学术含量较高的科研成果，出版专著6部，发表论文110多篇，翻译国际学术研讨会文稿3篇。

各学科撰写12份调研报告和学科前沿研究综述。特别是外语室完成持续三年的系统调研，撰写《国内主要高校研究生公共外语教学改革与发展现状综述》和《中央党校外语学科教学现状与规律研究》2个报告。

学术交流。组织“多媒体在研究生公共外语教学中的理论与实践”研讨会和“加强学科建设，提高文化教学质量”研讨会。8月3日至7日，与内蒙古自治区委党校联合举办全国党校系统“近代以来中国文化转型与发展”理论研讨会。

研究生工作。教学组织工作涉及马克思主义理论（博士点）、中国历史（硕士点）、文学（硕士点）三个一级学科不同的课程设计、课程教学、组织考核等工作。

招生方面，完成2010级历史学和文艺学硕士研究生的招生工作，以及第一次招收的2010级中国近现代史博士生的考试和录取工作。做好2007级硕士研究生的论文指导、论文答辩工作，以及2008级硕士研究生的毕业论文开题报告工作。同时，重视研究生课程讲授工作，共开设硕士研究生专业课22门，上课约300次；开设博士研究生专业前沿课1门，上课12次。完成2009级、2010级硕士生和博士生三个语种的公共外语和专业外语教学量约2100学时。各类课程受到学生的欢迎，教学质量普遍被评为“优”。此外有2人获研究生精品课奖，有的研究生论文受到校外专家好评。

领导班子和队伍建设。完成第二轮教研人员专业技术职务三级至八级的岗位评聘工作。1名教师晋升副教授任职资格。选录3名应届博士毕业生，正逐步形成一支适应党校发展需要的教师队伍，各个学科老教师继续活跃在课堂上，中年教师成为骨干，年轻教师脱颖而出，课堂教学得到学员的好评。

党务工作。改选党总支，成立行政党支部。改选各教研室党支部，并进行分工，明确职责。党总支组织全体党员干部参加建设“一流学府”讨论和“我为建设‘一流学府’作贡献创先争优主题实践活动”。理论中心组集体学习党的十七届四中、五中全会文件，以及《中国共产党党员领导干部廉洁从政若干准则》和《中央党校党风廉政建设责任制实施细则》。

继续推进学习型党组织建设。（1）开展读书交流活动，活跃学术气氛，提高人文素质，继续进行国学系列讲座。（2）“请进来”，开阔思路、博采众长，外请专家学者讲课交流。（3）“走出去”，结合党日活动和文史部学科专业特点，赴河南安阳参观考察，获得全校第四届“最佳党日活动”奖。

围绕教研岗位评聘、职称评定、人员调动和教职工生活困难等具体情况，有针对性地开展思想政治工作。响应机关党委“献爱心”活动，组织党员干部为青海玉树和甘肃舟曲受灾地区群众捐款10850元。

工会工作。工会的女工部荣获“全国三八红旗手”的荣誉。除积极参加学校工会组织的各项比赛之外，工会内部也组织羽毛球、乒乓球的比赛，并形成定期锻炼的长效机制。组织4次郊游活动，并组织前往河南安阳参观考察殷墟博物苑、中国文字博物馆、羑里城、岳王庙、红旗渠等。

国际战略研究所

教学工作。2010年，国际战略研究所承担的教学任务包括，省部级、地厅级、研究专题班，以及中青班、西藏班、新疆班等各类班次的教学任务。春季学期承担教学评估的课程32次，秋季学期承担教学评估课程29次，教学成绩均列“八部一所”第1名。在春季教学取得一定成绩的基础上，战略所的秋季教学成绩取得了主体班次最高分10项，高于主体班次平均分17项的优异成绩。教学任务数量增加，质量提升；教学与科研紧密结合，形成教学科研的良性循环；紧密结合国内外热点难点问题，高度重视重大理论和现实问题的研究；重视教学相长，让学员的实践经验和科研人员的理论思路充分学习碰撞，相互取长补短。一年来，积极认真执行学校的教学安排和工作进度，全所工作人员精心协调、严密组织、恪尽职守，较好地完成了学校的各项教学工作。

科研工作。不断提升思想库建设的地位和作用，进一步推进各项科研工作。围绕中国周边战略、中日关系等议题先后组织11篇文章，以理论内参、研究报告的方式上报，为中央及有关部门决策提供咨询或政策性建议。编辑和出版《新远见》杂志第67—78期，进一步扩大和提升了战略所在国际问题研究领域的影响力。2010年获批和设立各类项目7项：国家社科基金项目1项，校级科研项目6项（重点项目3项，经教育部代管项目、青年项目和一般项目各1项）。出版学术著作17部（专著10部，合著7部，其中一部为英文）。在校组织部认定的权威期刊上发表论文33篇。

学术交流。组织各类形式的学术研讨会，加强与国内外学术界的沟通和交流。参与了“中欧美学术论坛”的筹备组织工作，同国际战略研究学会合作举办了“国家空间安全”研讨会。此外，还举办了“新世纪国际战略态势”、“中国外交回顾与展望”、“海洋安全与战略”、“美国中期选举与中美关系”、“国际金融危机走势”、“后危机时期国际经济形势”等学术研讨会，对提高科研教学工作起到积极的促进作用。

研究生工作。现有国际政治专业博士后流动站，国际政治、世界经济、国际关系和外交学四个博士点和硕士点。在继续加强和完善前三个学科硕士、博士的课程设计、课程教学和组织考核的同时，外交学博士点于2010年开始招生。严格规范研究生招生程序，择优录取报考考生。完成2007级博士研究生和硕士研究生的论文指导和论文答辩工作，以及2008级博士研究生和硕士研究生的论文开题工作。

研究生教学的重点学科建设取得重大进展。在完善学科布局，增设外交学博士点的同时，借助北京市重点学科建设的平台，国际政治专业的共建项目建设取得许多标志性成果：获得国家社科基金1项，中央马克思主义理论和建设工程重点教材2项（《当代中国外交》首席专家，《国际政治学》第二首席专家）；以“北京市教育委员会共建项目专项资助”名义出版的著作2部。

领导班子和队伍建设。完成第二轮教研人员专业技术职务三级至八级的岗位聘任工作。选录2名应届博士后，完善和充实战略所的教学科研队伍，使之成为一个以老带新、新老融合、涵盖各个研究领域、经验丰富又充满活力的教学科研团队。

党务工作。不断加强党组织思想作风建设，注重发挥党组织的协助监督职能。开展建设“一流学府”讨论活动，树立建设“一流研究所”理念。建设学习型党组织，树立学习是政治责任的理念。创新学习形式和方法，从7月份起，开展了以“精思、博览、熟读”为主题的读书系列活动。通过明确意义、树立标兵和表扬宣传的方式认真开展创先争优活动。坚持党员思想状况分析制度，组织开展党日活动。

党总支积极开展献爱心、送温暖活动，对生了病的同志，包括有的同志家属长期有病，所领导或室主任、工会的同志一起去慰问和看望。支持工会开展“1+1”健身活动，支持工会开展郊游、文娱、体育等活动。

工会工作。7月1日，组织教职工举行唱红歌活动，暑假期间组织部分教工参观著名爱国主义教育基地孟良崮。除组织教职工积极参加学校的各项比赛外，鼓励本所教职工自我锻炼，组织2次秋游、唱歌和摄影鉴赏等活动，丰富了业余生活，陶冶了情操。

学术队伍

2010 年享受国务院政府特殊津贴专家

董德刚　韩保江　罗平汉

2010 年晋升正高级专业技术职务资格人员

教　　授：曹　立　张建新　肖立辉　刘宝东　祝灵君
编　　审：李志萍
主任医师：张　力

2010 年晋升副高级专业技术职务资格人员

副 教 授：曹鹏飞　朱辉宇　赵锦辉　齐　惠　田嵩燕
副研究员：周绍雪　董节英
副 编 审：蒋一兵

学术会议

“转变经济发展方式”专题理论研讨会

3月27日，经济学教研部举办2010年第一期“中国经济观察论坛暨加快转变方式理论研讨会”，中央党校、国务院国资委、国家发改委、科技部等部门领导和专家学者，以及上市公司、高科技公司等企业经营管理人员参加会议。

经济学教研部杨秋宝、贾华强、施红、陈宇学、曹立，国资委大型企业监事会主席季晓南，科技部党组成员、科技日报社社长张景安，国家发改委经济贸易司副司长耿书海，安徽元隆生物技术有限公司董事长杨阪钧，中财国际股份有限公司董事余云辉在会上发言。

党的基层工作创新理论研讨会

4月3日至5日，由党的建设教研部主办、中共遵义市委承办，在历史文化名城遵义召开“党的基层工作创新理论研讨会”。

来自全国高校和党校系统的近30位专家学者，人民日报、求是、人民网等10家中央媒体的记者，以及贵州省委组织部副部长侯正茂、遵义市委书记慕德贵等地方领导出席会议。会议由党的建设教研部副主任戴焰军主持。遵义市委书记慕德贵介绍遵义市开展服务型党组织创建工作的情况，党的建设教研部主任王长江作主题报告。

与会专家认为，遵义的服务型党组织创建对提高党的建设科学化水平具有启迪意义，为贯彻落实科学发展观提供良好范例，促使我们对基层党建工作创新进行更加深入的思考。专家们对遵义的做法和经验表示高度认同。不少专家表示，遵义的做法可以作为党建教学的一个案例，为继续深入探讨留下一个非常有意义的话题。

“新世纪国际战略态势”学术研讨会

4月24日，“新世纪国际战略态势暨中央党校国际战略研究所建所十周年”学术研讨会在中央党校召开。来自国防大学、中央编译局、中国社会科学院、北京大学、清华大学、中国人民大学、外交学院、国际关系学院的30余位专家学者参加研讨会。与会专家主要围绕新世纪国际战略格局变化、国际战略发展态势、近年来中国国际战略理论与实践的发展、今后国际战略研究的重点等议题展开深入讨论。

与会专家认为，当今世界格局正处在大转换的关键时期。世界多极化不可逆转，经济全球化深入发展，国际金融危机影响深远，国际战略格局发生新变化，国际力量对比出现新态势。国际战略格局的深刻变动存在着一系列不确定因素。在当今的国际竞争中，战略能力是影响国家安全的重要因素。加强国际战略研究、不断提高战略能力是国家安全战略必须重视的问题。近年来，关于国际战略的研究取得显著成果，但如何突破传统的地缘政治角度和线性方法开展研究，对更准确地判断国家在国际体系中所处的位置与态势、更全面地运用各种资源与力量以有效维护国家安全，具有重要意义和价值。

全国干部党性教育科学化高层论坛

7月5日，中共党史教研部和上海市委党校联合主办的“全国干部党性教育科学化高层论坛”在上海召开。与会专家学者就干部党性教育科学化的内涵、意义、经验等进行研讨。关于提高领导干部党性教育科学化水平，大家认为党性概念的理论内涵，既要坚持核心理念，又要随着时代的发展而不断发展。关于党性教育的方法，大家认为要把实践探索的经验上升到党性教育的普遍规律，体现党性教育目标统一性和方法多样性的结合。与会专家还强调，时代性、针对性、主体性、有效性是提高党性教育科学化水平的新路径。其中，时代性是背景，针对性是导向，主体性是理念，有效性是关键。来自中央组织部、中央党校及全国党校系统的专家学者120多人参加论坛。

全国党校系统“党的建设科学化”理论研讨会

7月27日至28日，中央党校党的建设教研部、全国党建研究会党建理论教学与研究专业委员会、辽宁省委党校在哈尔滨市联合召开全国党校系统“党的建设科学化”理论研讨会。来自中央党校和地方党校的党建专家学者100多人参加会议，提交论文55篇。会上，专家围绕党的建设科学化的意义、内涵、要求和实现途径等问题进行研讨，对深化党的十七届四中全会提出的提高党的建设科学化水平这个重大命题的研究提出建议。

全国党校系统法学、政治学、公共管理学年会

7月27日，由政法教研部主办，内蒙古自治区委党校、兴安盟委党校协办的全国党校法学、政治学、公共管理学年会暨中国特色社会主义民主法治发展道路研讨会在兴安盟召开。兴安盟盟委副书记王儒和内蒙古自治区党校常务副校长杨飞云在开幕式上致辞。副校长石泰峰到会并讲话。会议由政法教研部主任李良栋教授主持。来自全国各省党校、部分副省级党校等的领导、专家和学者70多人参加会议。

石泰峰在讲话中指出，党的十七大主要从政治上对“中国特色社会主义民主法治发展道路”进行阐述，就如何进一步推进民主法治建设仍需要不断地深化研究，特别在党校系统，应针对面临的新问题、出现的新矛盾，从制度如何能够实际运用角度进行研究，探讨如何通过完善民主法治来化解问题与矛盾。各党校教师对面临的严峻考验应该有忧患意识，应该有原创性的研究成果。他还指出，必须提升党校系统在政治学、法学上的教学和科研水平。党校是党的哲学、社会科学研究机构，应该发挥思想库的作用。当前党校在学术界的影响力与中央对我们的要求、与党校品牌应有的成就之间仍存在一定的差距。党校人应该向“一流的科研、一流的教学、一流的专家和一流的成果”方向不断努力，让党校成为“一流的学府”。

与会代表认为，坚持中国特色社会主义民主法治发展道路，必须处理好党的领导、人民当家作主、依法治国三者有机统一，必须改革和完善党的领导方式和执政方式，必须处理好民主与法治的关系。

全国党校系统“近代以来中国文化转型与发展”理论研讨会

8月3日至7日，由文史教研部主办，内蒙古自治区委党校承办，全国党校系统“近代以来中国文化转型与发展”理论研讨会在呼和浩特市召开。研讨会以建设“一流学府”的教学科研要求为指导，旨在提高全国党校系统历史文化理论的教学、研究水平，推进党校文化学和历史学学科建设，加强相关学科教研人员解读中国社会主义文化发展中所面临的难点热点问题的能力，促使我们在党的十七大精神指引下，进一步梳理近年来党的文化理念与实践经验，以及传统文化和现代化的关系。全国党校系统50多位专家、学者出席会议并提交论文。

与会者认为，文化转型和发展是关乎国家建设和社会发展的重大战略课题和工程，具有极其重要的现实政治意义，应予以高度的重视。大家在充分肯定中国现当代文化发展坚持主流、繁荣丰富的总体趋势的同时，也指出当前文化转型过程中，特别是大众文化发展中的一些问题，例如核心价值缺失、文化传承断裂、道德理想淡漠、发展混乱失序、文艺形式庸俗等，值得党政部门和学术界高度关注。与会者强调，今后中国文化的发展和构建，需要进一步发挥党和政府的引领作用，明确责任，贴近现实，紧紧把握先进文化的发展方向，对传统与现代、东方与西方的各种文化形态和形式，既开放而又有鉴别地借鉴和吸纳，处理好政府管理与民间行为、价值导向与产业效益间的关系，以更大的关注和投入，继续引导文化转型向正确的方向发展，全面实现中国文化的持续进步和繁荣。而在这一过程中，党校系统的文化研究和文化学学科建设也应进一步加强。一方面，各级党校应进一步探索、完善文化学学科定位，形成专业、集中的教学科研团队，开展系统深入的文化理论教学科研活动。另一方面，党校的教员、学者，以及相关科研教学部门，应不断从广泛深入的具体问题研究入手，进一步充实文化学研究的理论体系和学术框架，为文化建设进一步提供智力支持。

马克思主义哲学中国化时代化大众化理论研讨会

8月21日至22日，哲学教研部与中国辩证唯物主义研究会、中共黑龙江省委宣传部等单位联合主办的“马克思主义哲学中国化时代化大众化理论研讨会”在哈尔滨市举行。中国社会科学院常务副院长、中国辩证唯物主义研究会会长王伟光出席研讨会并作主题报告。

来自全国30余所党校、社会科学院和高校的马克思主义哲学研究专家学者，围绕贯彻落实党的十七届四中全会精神，聚焦马克思主义哲学中国化时代化大众化的前沿问题，探讨和展望马克思主义哲学未来发展的走向。

开幕式上，王伟光以《努力推进马克思主义哲学中国化时代化大众化》为题作主题报告。

“党史国史科研动态暨合作”座谈会

10月15日，中共党史教研部在中央党校举办“党史国史科研动态暨合作”座谈会。来自中央文献研究室、中央党史研究室、当代中国研究所、北京大学等单位的科研负责人及专家学者及中共党史教研部部分教员参加座谈会。与会学者先后介绍所在单位党史、国史的研究现状及研究计划，详细地介绍各自单位正在进行的科研工作情况及将来五年的科研规划，并进一步说明各自单位如何展开科研工作的具体途径。与会学者结合各自部门科研情况，交流党史、国史研究的热点、重点问题及有待进一步深入研究与解决的问题，探讨开展党史、国史研究部门合作交流的方法。这次座谈会，对党史教研部制订科研计划、开展科研工作具有重要的参考价值与启示意义。

第二届中国特色社会主义论坛

10月15日至16日，马克思主义理论教研部与中国浦东干部学院在上海联合举办“第二届中国特色社会主义论坛”。与会者围绕“社会和谐：挑战与应对”论坛主题，就转型时期不同群体的利益矛盾及其协调、社会建设等问题进行研讨。

与会者认为，在改革开放和现代化建设过程中，人民内部各种具体利益矛盾难以避免地经常地大量地表现出来。因此，正确处理新时期人民内部矛盾，重点是要协调好不同群体的利益矛盾。这就需要强化责任、完善措施、抓好落实，认真解决影响社会稳定的源头性、根本性、基础性问题；健全党和政府主导的维护群众权益机制，正确反映和兼顾不同方面群众的利益，注重维护社会公平正义；坚持以人为本，加强政府诚信建设，推进制度创新，完善不同群体利益表达机制和矛盾化解机制。

与会者强调，我国正处于从传统社会向现代社会、从农业社会向工业社会、从传统计划经济向社会主义市场经济的转型期，推进社会建设，应着力保障和改善民生，逐步完善基本公共服务体系；加强和改进基层党组织工作，发挥群众组织和社会组织作用，提高城乡社区自治和服务功能，形成社会管理和服务合力；提高社会管理信息化水平，畅通利益表达渠道，完善利益表达机制，把各种不稳定因素化解在基层和萌芽状态，切实维护社会和谐稳定。

社会主义理论前沿问题高层论坛（2010）

10月23日至24日，科学社会主义教研部主办“社会主义理论前沿问题高层论坛·2010”，来自中宣部、教育部、国务院新闻办、中央党史研究室、中国社会科学院、中央社会主义学院，以及北京、天津、上海、辽宁等省区市的地方党校、社会科学院、社会科学界联合会和高等院校的110余位专家学者参加会议，48名专家学者作大会发言，《人民日报》、《光明日报》、《学习时报》、《中国特色社会主义研究》杂志记者到会采访。

本届论坛主题是科学社会主义学科建设和前沿问题。中央党校副校长李书磊致欢迎辞，科学社会主义教研部主任王怀超致开幕辞。与会专家普遍认为本次论坛非常成功，具有几个显著特点：第一，解放思想。论坛百花齐放，百家争鸣，不打棍子，不抓辫子，充分体现马克思主义、科学社会主义的理论品格和学术风格。第二，很有品位。论坛不以地位、年龄论学问，无论老、中、青，一律平等交流，相互切磋，是一次真正意义的学术会议。第三，立足“前沿”。论坛所研讨的都是社会主义理论所面临的热点、难点、焦点问题，而且论坛内容丰富、信息量大，论者有深度、有厚度，听者有收获、有启发。第四，真正“高层”。论坛准备充分、组织科学，最大限度凝聚国内的学科精英，使得整个学科得到一次重新出发的高起点。第五，论坛给整个科学社会主义界的重要启示就是，要加强学科内的交流与合作，而且要实现机制化、可持续化。“社会主义理论前沿问题高层论坛”2010年是首届，每年一次，一次一个专题，办成品牌。

“抗美援朝战争决策及其影响”研讨会

2010年10月是中国人民志愿军抗美援朝作战60周年。10月23日，由中央党校中共党史教研部、中央党史研究室《中共党史研究》杂志社、中国中共党史学会、中国人民大学中共党史系联合举行的“抗美援朝战争决策及其影响”研讨会在中央党校召开。来自中央党校、中央党史研究室、中国社会科学院、国防大学、军事科学院、外交学院、中国政法大学等单位的专家学者与会。围绕会议主题，与会专家学者展开了热烈讨论与交流。

关于基本概念及对战争的基本判断问题。针对有人将朝鲜战争与抗美援朝战争不加区别的做法，学者们指出，这是内涵不同的两个概念，不应混为一谈；两者不加区分，直接影响到对诸多问题的判断。与10年前相比，关于朝鲜战争及抗美援朝战争的材料并没有更多新的“解密”，焦点集中在抗美援朝战争该不该打、打没打赢、打得值不值等评价问题上。与会学者认为，在中国国家利益受到严重损害的关头，我们只能选择打。如果说朝鲜战争双方打成了平手的话，抗美援朝战争是打赢了；这场战争打出了国威、军威，使得帝国主义不敢轻易作侵犯新中国的尝试；战争对当时国内经济社会发展影响并不大，反而为中国经济建设和社会改革赢得了一个相对稳定的和平环境。

关于战争与国内经济社会发展关系问题。有学者指出，那种认为抗美援朝战争在经济方面“所失大于所得论”者是站不住脚的。应该说，战争在初期对中国经济建设有一定影响，但在1951年2月中央政治局扩大会议后情况开始改变。会议决定国民经济恢复的任务如期在1952年底完成。同时，战争的发生、发展对于我们调整经济建设布局，重视重工业的发展也有直接的促进作用，对于我国外交工作的开展也提出了新的课题。另外，有学者还考察了抗美援朝与土地改革运动的关系，认为战争加速了国内土地改革的步伐。

关于抗美援朝战争的现实意义。学者们普遍认为，抗美援朝战争中体现出来的高度的爱国主义和革命英雄主义精神，仍然是当今中国不可或缺且需要大力弘扬的精神。有学者进一步指出，抗美援朝战争的胜利极大地增强了中国人民的民族自信心和自豪感，在战争面前，中国人民表现出的承受压力、应对挑战的冷静心态，藐视困难、勇往直前的英雄气概，不怕牺牲、敢于胜利的坚强信念，应当成为我们继承的一笔宝贵的精神财富和政治遗产。

哲学与社会发展论坛（2010）

10 月 27 日，哲学教研部、社会发展研究中心和中国马克思主义研究基金会在中央党校联合举办“哲学与社会发展论坛（2010）”。这届论坛的主题是“中国发展道路的哲学探索”。来自中央党校、中国社会科学院、北京大学等单位的近 80 名专家学者参加会议。

中国马克思主义基金会副理事长、中央党校原教育长郝时晋，校委委员、哲学教研部主任、社会发展研究中心主任贾高建分别代表主办单位致辞。9 位专家围绕“中国发展道路的哲学探索”这一论坛主题发言。科研部主任梁言顺，中国马克思主义研究基金会副理事长周炳成，哲学教研部副主任、社会发展研究中心副主任李晓兵等出席会议。

“中国共产党建设马克思主义学习型政党的历史经验”学术研讨会暨全国党校系统党史教学与研究专业委员会年会

11 月 27 日至 28 日，中共党史教研部主办、中共海南省委党校承办的“中国共产党建设马克思主义学习型政党的历史经验”学术研讨会暨全国党校系统党史教学与研究专业委员会年会在海南省委党校召开。

会上，中央党史研究室副主任李忠杰教授就全国党史工作会议有关情况作主题报告，介绍了会议召开、领会文件及贯彻落实会议精神的情况。来自中央党校，各省、市、自治区党校及副省级党校和地市级党校的专家学者共 70 余人参加会议，围绕会议主题，分组展开学术研讨、交流有关信息。与会专家学者普遍谈到当前党史学科面临的挑战与机遇，认为存在的挑战非常明显，如党史在教学科研过程中的边缘化趋势，党史教学在党校教学的总体安排中空间较小，党史人才流失、改行现象比较严重。大家认为，2010 年中央召开的这次全国党史工作会议为党史学科发展提供了一个很好的机遇。同时，有的党校在党史教学科研工作中有创新发展，把党史教学与学员的党性锻炼和党性教育结合起来，所设课程得到学员认可，选学党史的学员人数也很多，教研队伍能够保留下来，硕士学位点工作也逐步巩固、发展、壮大。经过交流，会议帮助与会者把握中央党史工作会议精神，认清党史教学科研工作面临的形势，对党史学科健康发展是一大促进。

研究成果

2010年教研人员出版著作*

序号	著作名称	作者	单位	成果形式	出版单位
1	建设人才强国的行动纲领	韩庆祥	马克思主义理论教研部	编著	中共中央党校出版社
2	社会主义核心价值体系学习读本	牛先锋	马克思主义理论教研部	编著	中共中央党校出版社
3	社会主义核心价值观专题解读	何建华	哲学教研部	合著	中共中央党校出版社
4	科学发展观研究	杨信礼	哲学教研部	合著	中共中央党校出版社
		李继文 曹　新	经济学教研部		
5	科技特派员行动与制度创新	赵建军	哲学教研部	合著	中共中央党校出版社
6	中央党校学员关注的经济问题	赵振华	经济学教研部	专著	中共中央党校出版社
7	当前党政干部关注的重大民生问题解读	赵振华	经济学教研部	编著	中共中央党校出版社
8	学习贯彻十七届五中全会精神中央党校专家学者九人谈	赵振华 曹　立 石　霞 赵锦辉 徐平华 孙小兰 贾华强	经济学教研部	合著	中共中央党校出版社
9	管理的理论与实践	潘云良	经济学教研部	专著	中共中央党校出版社

* 参照中校字〔2010〕第81号文件所认定的出版社进行统计。

续 表

序号	著 作 名 称	作　者	单　位	成果形式	出版单位
10	加快经济发展方式转变十讲	曹　立 王天义 杨秋宝 施　红 谢鲁江	经济学教研部	编著	中共中央党校出版社
11	发展经济学教程	李继文 张汉飞 刘振英 贾华强	经济学教研部	合著	中共中央党校出版社
12	环境与可持续发展：加拿大的经验与启示	杨秋宝	经济学教研部	合著	中共中央党校出版社
		吕建华	国际战略研究所		
13	政府管理创新与能力建设	李　鹏	经济学教研部	专著	中共中央党校出版社
14	中央党校学员关注的社会问题	叶庆丰 青连斌 晏　荣	科学社会主义教研部	编著	中共中央党校出版社
15	中国特色社会主义论纲	刘海涛	科学社会主义教研部	专著	人民出版社
16	当代中国民族宗教问题（修订本）	龚学增 胡　岩	科学社会主义教研部	编著	中共中央党校出版社
17	中华人民共和国史（2002—2009）	柳建辉	中共党史教研部	专著	人民出版社
18	中华人民共和国史（1992—2002）	陈　述	中共党史教研部	专著	人民出版社
19	中华人民共和国史（1956—1965）	罗平汉	中共党史教研部	合著	人民出版社
20	公务员上岗培训	刘玉瑛	党的建设教研部	专著	中共中央党校出版社
21	中央党校学员关注的文化问题	周熙明	文史教研部	编著	中共中央党校出版社
22	禅境与诗境	马奔腾	文史教研部	专著	中华书局

续表

序号	著作名称	作者	单位	成果形式	出版单位
23	杜威美学思想论纲	李媛媛	文史教研部	专著	中国社会科学出版社
24	超越之路：科学发展报告	刘德喜	国际战略研究所	专著	中共中央党校出版社
25	环境与可持续发展	吕建华	国际战略研究所	合著	中共中央党校出版社
26	通向复兴之路：非盟与非洲一体化研究	罗建波	国际战略研究所	专著	中国社会科学出版社
27	探寻国际关系研究的历史学传统	秦治来	国际战略研究所	专著	中国社会科学出版社

2010年教研人员发表论文*

序号	论文题目	作者	单位	发表报刊及时间
1	论中国特色社会主义的性质	周为民	马克思主义理论教研部	《马克思主义与现实》2010年第5期
2	问题在体制在改革	周为民	马克思主义理论教研部	《学习时报》2010年3月22日
3	从大趋势看服务型党组织建设	周为民	马克思主义理论教研部	《学习时报》2010年4月12日
4	奇迹是怎样发生的?	周为民	马克思主义理论教研部	《学习时报》2010年9月6日
5	思想的力量与市场的解放——读张维迎《市场的逻辑》(上)	周为民	马克思主义理论教研部	《学习时报》2010年10月18日
6	思想的力量与市场的解放——读张维迎《市场的逻辑》(下)	周为民	马克思主义理论教研部	《学习时报》2010年10月25日
7	关于中国现代化目标与条件的科学理论——简论什么是中国特色社会主义	周为民	马克思主义理论教研部	《学习时报》2010年12月6日
8	马克思哲学的三种形态及其历史命运	韩庆祥	马克思主义理论教研部	《中国社会科学》2010年第4期;《新华文摘》2010年第22期
9	语言分析视角下的当代中国马克思主义哲学研究的路径演变	韩庆祥	马克思主义理论教研部	《新华文摘》2010年第6期
10	马克思学说的"本性"与马克思主义研究	韩庆祥	马克思主义理论教研部	《学习时报》2010年3月23日
11	"化大众"与"大众化"的统一	韩庆祥	马克思主义理论教研部	《光明日报》2010年4月8日
12	科学对待马克思主义	韩庆祥	马克思主义理论教研部	《光明日报》2010年5月4日

* 依据校组字〔2006〕第56号文件所认定的权威报刊进行统计。

续表

序号	论文题目	作者	单位	发表报刊及时间
13	关于社会主义核心价值体系建设的三个问题	韩庆祥	马克思主义理论教研部	《人民日报》2010年5月17日
14	如何理解马克思主义中国化	韩庆祥	马克思主义理论教研部	《光明日报》2010年7月28日
15	探索旅游业可持续发展之路——河南云台山景区打造旅游精品的探索与实践	韩庆祥	马克思主义理论教研部	《人民日报》2010年11月17日
16	加强意识形态工作的一个重大课题	秦刚	马克思主义理论教研部	《光明日报》2010年6月3日
17	马克思主义中国化的推进与中国问题的解答	秦刚	马克思主义理论教研部	《人民日报》2010年10月28日
18	深化改革：破解当今中国发展难题的先决条件	李宏伟	马克思主义理论教研部	《学习时报》2010年12月20日
19	第二届“中国特色社会主义论坛”研讨会综述	王虎学	马克思主义理论教研部	《马克思主义与现实》2010年第6期
20	积极应对挑战努力促进和谐——第二届“中国特色社会主义论坛”述要	王虎学	马克思主义理论教研部	《人民日报》2010年12月27日
21	深度变革中如何破解社会矛盾？	贾建芳	马克思主义理论教研部	《光明日报》2010年8月22日
22	改革攻坚应树立动态辩证的稳定思维	李海青	马克思主义理论教研部	《学习时报》2010年7月12日
23	加强民主机制建设以整合社会力量	李海青	马克思主义理论教研部	《学习时报》2010年8月30日
24	农村土地私有化能解决当前的利益矛盾吗？	李海青	马克思主义理论教研部	《学习时报》2010年10月18日
25	我国政治体制改革的关键期	李海青	马克思主义理论教研部	《学习时报》2010年11月8日
26	党校与青年	曹鹏飞	马克思主义理论教研部	《学习时报》2010年11月8日
27	在公共性视域中呈现马克思哲学的当代性	宋福范	马克思主义理论教研部	《学习时报》2010年4月5日
28	坚守党是人民群众工具的本质	宋福范	马克思主义理论教研部	《学习时报》2010年4月26日

续 表

序号	论 文 题 目	作 者	单 位	发表报刊及时间
29	社会主义意识形态问题研究	陈冬生	马克思主义理论教研部	《中共中央党校学报》2010年第6期
30	如何划清社会主义思想文化同封建主义资本主义腐朽思想文化的界限	陈冬生	马克思主义理论教研部	《解放军报》2010年5月2日
31	建设政党文化引领社会文化	王 莉	马克思主义理论教研部	《学习时报》2010年1月4日
32	“云计算”让地球有“智慧”	蔡德聪	哲学教研部	《学习时报》2010年3月8日
33	中国民主进程将从这里迈出新步伐	蔡德聪	哲学教研部	《学习时报》2010年3月29日
34	慎贴反马克思主义标签	董德刚	哲学教研部	《科学社会主义》2010年第6期
35	对待风险的态度	付 立	哲学教研部	《学习时报》2010年4月5日
36	中国发展道路的哲学审视	何建华	哲学教研部	《学习时报》2010年11月29日
37	“中国现代性”的追寻：对当前中国哲学发展主线的一种描述	侯 才	哲学教研部	《哲学研究》2010年第4期
38	探索和树立科学的马克思主义观	侯 才	哲学教研部	《光明日报》2010年7月23日
39	现代社会的复杂组织与活动叹息	胡为雄	哲学教研部	《中共中央党校学报》2010年第3期
40	瞿秋白传播马克思主义哲学的贡献	胡为雄	哲学教研部	《中共中央党校学报》2010年第6期
41	当前社会上层建筑的演化及其新特点	胡为雄	哲学教研部	《学习时报》2010年1月25日
42	毛泽东与十六字诀	胡为雄	哲学教研部	《解放军报》2010年9月20日
43	大手笔胜精兵——毛泽东新闻文章评析（一）	胡为雄	哲学教研部	《学习时报》2010年9月27日
44	巧为文沁人心——毛泽东新闻文章评析（二）	胡为雄	哲学教研部	《学习时报》2010年10月11日

续表

序号	论文题目	作者	单位	发表报刊及时间
45	毛泽东提倡良好的文德文风	胡为雄	哲学教研部	《学习时报》2010年11月22日
46	上层建筑概念再探讨	胡为雄	哲学教研部	《人民日报》2010年12月10日
47	马克思主义哲学研究中应注意的几个逻辑问题：兼论正确理解和把握马克思主义哲学的实践观	贾高建	哲学教研部	《中共中央党校学报》2010年第2期
48	应对挑战促进发展提高党校哲学教研工作水平	贾高建	哲学教研部	《学习时报》2010年7月5日
49	中国道路的哲学启示	贾高建	哲学教研部	《人民日报》2010年7月7日
50	重视培养正确的思维方式	贾高建	哲学教研部	《人民日报》2010年8月2日
51	民族精神与普世伦理的辩证统一	靳凤林	哲学教研部	《马克思主义与现实》2010年第4期
52	制度伦理建设是反腐倡廉的重要保证	靳凤林	哲学教研部	《理论动态》第1858期2010年7月30日
53	官员道德心理探究	靳凤林	哲学教研部	《学习时报》2010年3月29日
54	官员要有坚定的道德信念	靳凤林	哲学教研部	《学习时报》2010年4月26日
55	身正高于意诚——官员的道德行为探究	靳凤林	哲学教研部	《学习时报》2010年5月24日
56	官员应有的道德品质	靳凤林	哲学教研部	《学习时报》2010年6月7日
57	领导干部的道德认知	靳凤林	哲学教研部	《学习时报》2010年6月28日
58	官员的道德情感	靳凤林	哲学教研部	《学习时报》2010年7月12日
59	官员的道德意志	靳凤林	哲学教研部	《学习时报》2010年9月13日
60	官员的道德修养	靳凤林	哲学教研部	《学习时报》2010年10月4日

续 表

序号	论 文 题 目	作 者	单 位	发表报刊及时间
61	官员的道德评价	靳凤林	哲学教研部	《学习时报》2010年12月20日
62	马克思主义与乌托邦主义：奥伊泽尔曼的新马克思主义研究	林艳梅	哲学教研部	《中国社会科学》2010年第1期
63	俄罗斯马克思主义研究的当代走向：布兹加林思想评析	林艳梅	哲学教研部	《中共中央党校学报》2010年第7期
64	当代俄罗斯的马克思主义研究	林艳梅	哲学教研部	《哲学研究》2010年第7期
65	经典诵读与文化传承	刘余莉	哲学教研部	《学习时报》2010年1月18日
66	学儒与儒学	刘余莉	哲学教研部	《学习时报》2010年5月24日
67	孔子“乐山乐水”的人生情怀	任俊华	哲学教研部	《学习时报》2010年4月19日
68	《中庸》的原则、精神和思想方法	任俊华	哲学教研部	《学习时报》2010年9月27日
69	“理解万岁”历久弥新	任俊华	哲学教研部	《学习时报》2010年12月6日
70	消除需求异化现象的路径选择	阮 青	哲学教研部	《学习时报》2010年6月28日
71	重视需求异化问题的研究	阮 青	哲学教研部	《学习时报》2010年5月17日
72	价值取向的界定及相关问题	阮 青	哲学教研部	《人民日报》2010年12月10日
73	二十一世纪的马克思生态学	孙要良	哲学教研部	《马克思主义与现实》2010年第3期
74	中国发展道路的哲学探索	孙要良	哲学教研部	《人民日报》2010年11月12日
75	“哲学与社会发展论坛（2010）”综述	孙要良	哲学教研部	《学习时报》2010年11月24日
76	中国发展道路的哲学探索	孙要良	哲学教研部	《光明日报》2010年12月7日
77	中国的“和谐文化”及其现代启示	王 杰	哲学教研部	《中共中央党校学报》2010年第5期

续表

序号	论文题目	作者	单位	发表报刊及时间
78	知识产权保护需要强有力的政府监管	赵建军	哲学教研部	《学习时报》2010年11月29日
79	精神祖国与身份认同——从朝鲜运动员郑大世的眼泪谈起	朱辉宇	哲学教研部	《学习时报》2010年7月19日
80	从“子民之父”转变为“公民之仆”——由恶性拆迁事件谈行政伦理建设	朱辉宇	哲学教研部	《学习时报》2010年10月18日
81	精神空巢与老龄关怀伦理的建构	朱辉宇	哲学教研部	《学习时报》2010年11月8日
82	关于深化所有制改革若干问题的思考	赵振华	经济学教研部	《中共中央党校学报》2010年第4期
83	构建有效GDP	赵振华	经济学教研部	《学习时报》2010年2月22日
84	全面认识和应对反倾销	赵振华	经济学教研部	《学习时报》2010年3月22日
85	消除产业升级主要因素	赵振华	经济学教研部	《人民日报》2010年5月10日
86	自觉划清社会主义基本经济制度与私有制和单一公有制的界限	赵振华	经济学教研部	《人民日报》2010年4月1日
87	牢牢把握转变经济发展方式这条主线	赵振华	经济学教研部	《解放军报》2010年10月26日
88	党校青年要自觉、自信、自省、自励	赵振华	经济学教研部	《学习时报》2010年11月8日
89	缩小居民收入差距的若干政策建议	赵振华	经济学教研部	《学习时报》2010年11月22日
90	“包容性增长”提出哪些新要求？	韩保江	经济学教研部	《人民日报海外版》2010年11月4日
91	论财富的性质、源泉和分配	王天义	经济学教研部	《学习时报》2010年3月1日
92	加快城乡一体化发展推动农民工市民化	石　霞	经济学教研部	《理论动态》第1868期2010年11月10日
93	更加积极地扩大消费需求	石　霞	经济学教研部	《经济日报》2010年1月18日

续 表

序号	论 文 题 目	作 者	单 位	发表报刊及时间
94	如何扩大居民消费需求	石 霞	经济学教研部	《人民日报》2010 年 9 月 16 日
95	谨防“低碳泡沫”	赵锦辉	经济学教研部	《学习时报》2010 年 9 月 6 日
96	品味威尼斯	赵锦辉	经济学教研部	《学习时报》2010 年 11 月 8 日
97	稳经济推改革——对当前经济形势与宏观调控政策的思考	梁 朋	经济学教研部	《学习时报》2010 年 7 月 26 日
98	从通胀看提高居民收入的迫切性	梁 朋	经济学教研部	《学习时报》2010 年 12 月 6 日
99	水资源及水环境保护的经济补偿制度	曹 新	经济学教研部	《中共中央党校学报》2010 年第 1 期
100	大力推进国家雇员薪酬分配体制改革	田应奎	经济学教研部	《学习时报》2010 年 3 月 29 日
101	以更优惠的财税政策支持西部发展	李旭章	经济学教研部	《学习时报》2010 年 7 月 26 日
102	积极构建有利于转变经济发展方式的财税体制	李旭章	经济学教研部	《学习时报》2010 年 11 月 8 日
103	积极稳健、审慎灵活地把握经济政策取向	李旭章	经济学教研部	《学习时报》2010 年 12 月 20 日
104	就业工作的重中之重	徐平华	经济学教研部	《学习时报》2010 年 12 月 20 日
105	“教育纲要”问计于民	王君超	经济学教研部	《学习时报》2010 年 3 月 15 日
106	推动调整我国全球化布局	谢鲁江	经济学教研部	《理论动态》第 1845 期 2010 年 3 月 20 日
107	进一步推动资源要素向农村配置	徐祥临	经济学教研部	《学习时报》2010 年 1 月 8 日
108	从西南大旱看夯实农业农村发展基础	徐祥临	经济学教研部	《学习时报》2010 年 4 月 5 日
109	义务教育均等化关键看财政	徐祥临	经济学教研部	《学习时报》2010 年 10 月 11 日
110	城乡要素平等交换事关大局	徐祥临	经济学教研部	《学习时报》2010 年 11 月 22 日

续表

序号	论文题目	作者	单位	发表报刊及时间
111	美国产业结构的变动趋势	董艳玲	经济学教研部	《学习时报》2010年12月20日
112	评张五常《中国的经济制度》	贾华强	经济学教研部	《中共中央党校学报》2010年第5期
113	如何建立全面落实科学发展观的长效机制	贾华强	经济学教研部	《学习时报》2010年11月1日
114	中国城镇化风险研究的新收获	贾华强等	经济学教研部	《学习时报》2010年11月15日
115	市场经济发展中的政府质量与强度	贾华强	经济学教研部	《学习时报》2010年11月22日
116	中国转变经济发展方式的障碍及出路	李　鹏	经济学教研部	《学习时报》2010年4月26日
117	中央党校经济学部与青联举办专题研讨会深入学习贯彻五中全会精神	李　鹏	经济学教研部	《学习时报》2010年11月22日
118	“十二五”时期是利用重要战略机遇期的关键阶段	李　鹏	经济学教研部	《人民日报》2010年11月23日
119	如何看待“十二五”期间的人口红利	李　鹏	经济学教研部	《学习时报》2010年12月20日
120	应当切实提高劳动者的报酬	陈启清	经济学教研部	《学习时报》2010年5月24日
121	地方政府融资平台重在规范	陈启清	经济学教研部	《学习时报》2010年7月5日
122	用什么“保障”保障性住房	陈启清	经济学教研部	《学习时报》2010年8月9日
123	唱好兼并重组这台大戏	陈启清	经济学教研部	《学习时报》2010年9月27日
124	要重视进口对经济结构调整的作用	陈启清	经济学教研部	《学习时报》2010年12月31日
125	宏观经济形势稳中有升	孙小兰	经济学教研部	《学习时报》2010年8月30日
126	新形势下区域经济发展面临的机遇	孙小兰	经济学教研部	《学习时报》2010年11月22日

续 表

序号	论 文 题 目	作 者	单 位	发表报刊及时间
127	改革开放赋予社会主义生机与活力	王怀超	科学社会主义教研部	《光明日报》2010 年 2 月 2 日
128	中国共产党指导思想的伟大创新	刘海涛	科学社会主义教研部	《光明日报》2010 年 1 月 19 日
129	科学社会主义基本范畴解析	严书翰	科学社会主义教研部	《当代世界与社会主义》2010 年第 4 期
130	坚持科学社会主义基本原则建设和发展中国特色社会主义	严书翰	科学社会主义教研部	《求是》2010 年第 18 期
131	认识社会主义核心价值体系的聚焦点	严书翰	科学社会主义教研部	《学习时报》2010 年 5 月 24 日
132	和谐文化是全体人民团结进步的重要精神支撑	严书翰	科学社会主义教研部	《学习时报》2010 年 8 月 16 日
133	政府间国际组织与霸权主义国家的挑战	常欣欣	科学社会主义教研部	《中共中央党校学报》2010 年第 6 期
134	当前国际共产主义运动的现状和发展趋势研究	孟　鑫	科学社会主义教研部	《当代世界与社会主义》2010 年第 6 期
135	所有制问题再思考——重温《共产党宣言》	韩云川	科学社会主义教研部	《学习时报》2010 年 3 月 22 日
136	加拿大如何处理种族关系	韩云川	科学社会主义教研部	《学习时报》2010 年 8 月 9 日
137	近年国际共运学科研究述评	杨玲玲	科学社会主义教研部	《理论动态》第 1861 期 2010 年 8 月 30 日
138	推进科学社会主义学科建设	郭　强	科学社会主义教研部	《人民日报》2010 年 12 月 10 日
139	统计指标的缺陷	吴忠民	科学社会主义教研部	《新华文摘》2010 年第 5 期
140	中国现阶段社会矛盾特征分析	吴忠民	科学社会主义教研部	《新华文摘》2010 年第 14 期
141	认识社会公正不能仅关注收入差距	吴忠民	科学社会主义教研部	《学习时报》2010 年 4 月 19 日
142	提高一线职工工资收入的政策建议	谢志强	科学社会主义教研部	《学习时报》2010 年 6 月 28 日
143	环境可持续发展中的公众参与：以加拿大为例	林　梅	科学社会主义教研部	《马克思主义与现实》2010 年第 1 期

续表

序号	论文题目	作者	单位	发表报刊及时间
144	国外城镇化发展的主要经验与借鉴	林梅	科学社会主义教研部	《理论动态》第1851期2010年5月20日
145	风险分配中的政府责任	王道勇	科学社会主义教研部	《学习时报》2010年4月12日
146	权利，此时此地——记第18届世界艾滋病大会	靳薇	科学社会主义教研部	《学习时报》2010年10月25日
147	探索建立城乡一体的医疗保障体系	向春玲	科学社会主义教研部	《求是》2010年第2期
148	在旧城改造中彰显基层民主实践——成都水井坊的经验	向春玲	科学社会主义教研部	《学习时报》2010年1月15日
149	中国经济社会转轨中的失业问题	张弥	科学社会主义教研部	《中国党政干部论坛》2010年第12期
150	论中国共产党社会建设思想的发展历程	张瑞	科学社会主义教研部	《当代世界与社会主义》2010年第4期
151	中国共产党社会建设的基本经验	张瑞	科学社会主义教研部	《中共中央党校学报》2010年第5期
152	让法律教育与道德教育并行	张瑞	科学社会主义教研部	《人民日报》2010年1月22日
153	加强社会建设　为全面建成小康社会奠定基础	张瑞	科学社会主义教研部	《光明日报》2010年10月26日
154	我们为什么要反对刑讯	封丽霞	政法教研部	《学习时报》2010年7月12日
155	试论行政审判的理念	王勇	政法教研部	《中共中央党校学报》2010年第6期
156	中国共产党依法执政与执政体制创新	张恒山	政法教研部	《中共中央党校学报》2010年第1期
157	当代文明形态：商工文明	张恒山	政法教研部	《学习时报》2010年10月4日
158	当司法遭遇“媒介审判”我们该何去何从	黄小勇	政法教研部	《中国党政干部论坛》2010年第4期
159	传统社会的道德化行政及其当代影响	黄小勇	政法教研部	《中国行政管理》2010年第12期
160	放弃“政府本位”树立“公民本位”的服务观	井敏	政法教研部	《学习时报》2010年4月26日

续 表

序号	论 文 题 目	作 者	单 位	发表报刊及时间
161	提高领导干部危机沟通能力的对策建议	牟卫民	政法教研部	《理论动态》第1871期 2010年12月10日
162	征地制度创新性改革	李雅云	政法教研部	《理论动态》第1840期 2010年1月30日
163	法治视野下的“示众式执法”	高长见	政法教研部	《学习时报》2010年12月27日
164	民主政治的内涵及实现途径	林 喆	政法教研部	《中共中央党校学报》2010年第5期
165	“组织”可持续发展的路径选择	王立峰	政法教研部	《学习时报》2010年3月1日
166	保障人权不应忽视被羁押者	王立峰	政法教研部	《学习时报》2010年6月30日
167	提高国防科技工业自主创新能力的几点建议	刘素华	政法教研部	《理论动态》第1852期 2010年5月30日
168	政府如何对待公民参与	王雅琴	政法教研部	《学习时报》2010年5月24日
169	自觉划清中国特色社会主义民主同西方资本主义民主的界限	李良栋	政法教研部	《求是》2010年第11期
170	钳制关系：历代御史监察制度的核心	齐 惠	政法教研部	《学习时报》2010年8月9日
171	党校青年教师的历史责任	齐 惠	政法教研部	《学习时报》2010年11月5日
172	当代中国发展进步的政治前提和制度基础	柳建辉	中共党史教研部	《中共中央党校学报》2010年第1期
173	提高党性教育科学化水平应处理好的几个关系	柳建辉	中共党史教研部	《中国党政干部论坛》2010年第10期
174	继承、创新与局限——新民主主义社会论与马克思主义关系考析	刘晶芳	中共党史教研部	《中共党史研究》2010年第2期
175	2009年中共党史研究述评	刘晶芳	中共党史教研部	《中共党史研究》2010年第5期
176	延安时期的哲学学习热潮	李东朗	中共党史教研部	《学习时报》2010年5月3日
177	1958年《户口登记》条例出台的制度背景探析	王海光	中共党史教研部	《中共党史研究》2010年第9期

续表

序号	论文题目	作者	单位	发表报刊及时间
178	长征与遵义会议精神学术研讨会综述	李庆刚	中共党史教研部	《中共党史研究》2010年第2期
179	“抗美援朝战争决策及其影响”研讨会综述	李庆刚	中共党史教研部	《中共党史研究》2010年第12期
180	近几年“大跃进”研究若干问题综述	李庆刚	中共党史教研部	《当代中国史研究》2010年第1期
181	有关1961年庐山会议几个观点评析	李庆刚	中共党史教研部	《党的文献》2010年第5期
182	网络时代的学术考量	王海光	中共党史教研部	《学习时报》2010年3月29日
183	对质疑毛泽东的入党时间是一九二〇年的回答	陈　述	中共党史教研部	《中共党史研究》2010年第10期
184	江泽民与社会主义市场经济体制的确立	陈　述	中共党史教研部	《党的文献》2010年第5期
185	延安时期的全党大学习	陈　述	中共党史教研部	《党建研究》2010年第12期
186	从三个高度认识党校的党性教育	陈　述	中共党史教研部	《中国党政干部论坛》2010年第10期
187	国外学者评析新中国60年	沈传亮	中共党史教研部	《中共党史研究》2010年第6期
188	刘少奇与新中国社会主义法制的创造	刘宝东	中共党史教研部	《党的文献》2010年第1期
189	发现史料之外的历史：以傅斯年研究为例	张太原	中共党史教研部	《近代史研究》2010年第2期
190	现代知识分子的治世之心	张太原	中共党史教研部	《光明日报》2010年4月6日
191	学习是中国共产党最鲜明的特征	高中华	中共党史教研部	《思想政治工作研究》2010年第10期
192	试析民主革命时期青年知识分子的左翼化倾向及其成因	卢　毅	中共党史教研部	《中共党史研究》2010年第6期
193	章门弟子与中国近代文化转型	卢　毅	中共党史教研部	《光明日报》2010年2月2日
194	博古“临时中央”若干问题考辨	卢　毅	中共党史教研部	《近代史研究》2010年第1期

续 表

序号	论 文 题 目	作 者	单 位	发表报刊及时间
195	国民党眼中的延安整风	卢 毅	中共党史教研部	《党的文献》2010年第3期
196	农村调查与延安整风	罗平汉	中共党史教研部	《中共党史研究》2010年第8期
197	中国共产党执政初期的反腐倡廉思想与实践	祝 彦	中共党史教研部	《中共中央党校学报》2010年第3期
198	习仲勋与陕甘宁边区土改（上）	祝 彦	中共党史教研部	《学习时报》2010年6月28日
199	习仲勋与陕甘宁边区土改（下）	祝 彦	中共党史教研部	《学习时报》2010年7月12日
200	“党的利益”是一种客观存在	王长江	党的建设教研部	《学习时报》2010年5月3日
201	群众工作如何直面新挑战	张希贤	党的建设教研部	《人民日报》2010年10月28日
202	创建“服务型党组织”的启示意义	吴 辉	党的建设教研部	《人民日报》2010年2月8日
203	领导者要把握的领导规律	刘玉瑛	党的建设教研部	《学习时报》2010年10月18日
204	激发党员干部学习的内驱力	刘玉瑛	党的建设教研部	《学习时报》2010年12月6日
205	厘清权力关系：《村委会组织法》修订中的一个重要问题	蔡 霞	党的建设教研部	《学习时报》2010年3月22日
206	真正把握“学习型”的内涵	蔡 霞	党的建设教研部	《学习时报》2010年8月2日
207	怎样使领导干部能有效地学习	蔡 霞	党的建设教研部	《学习时报》2010年8月16日
208	执政党建设的评判标准有哪些	任铁缨	党的建设教研部	《学习时报》2010年9月13日
209	关注美国茶党运动	郑 琦	党的建设教研部	《学习时报》2010年11月29日
210	以制度推动干群良性互动	张荣臣	党的建设教研部	《人民日报》2010年5月6日
211	建设学习型党组织是建设马克思主义学习型政党的基础工程	张荣臣	党的建设教研部	《经济日报》2010年8月26日

续表

序号	论文题目	作者	单位	发表报刊及时间
212	认识重要意义，把握基本要求	张荣臣	党的建设教研部	《人民日报》2010年9月1日
213	在创先争优活动中充分发挥共产党员的先锋模范作用	张荣臣	党的建设教研部	《光明日报》2010年12月7日
214	“四议两公开”工作法对党的建设的启示	梁妍慧	党的建设教研部	《理论动态》第1838期2010年1月10日
215	增强服务意识提升服务能力	梁妍慧	党的建设教研部	《人民日报》2010年2月8日
216	提升党建工作的渗透力——遵义市创建服务型党组织的启示	梁妍慧	党的建设教研部	《学习时报》2010年3月1日
217	学好用好遏制用人腐败的“组合拳”	梁妍慧	党的建设教研部	《人民日报》2010年6月3日
218	整治用人腐败的有力举措	梁妍慧	党的建设教研部	《学习时报》2010年6月7日
219	党建领域的战略拓展	梁妍慧	党的建设教研部	《学习时报》2010年7月5日
220	从“确认型选举”到“竞争性选举”——党内选举制度改革的历史及方向	梁妍慧	党的建设教研部	《学习时报》2010年9月13日
221	自我更新机制的有益探索——长春市纪检监察系统建设“学习型党组织”的经验	谢峰	党的建设教研部	《学习时报》2010年3月15日
222	提高政党代表性：国外政党发展党内民主的重要途径	谢峰	党的建设教研部	《学习时报》2010年10月10日
223	法律视域下的政党党内民主	谢峰	党的建设教研部	《学习时报》2010年11月8日
224	国外政党怎样选拔议员候选人	谢峰	党的建设教研部	《学习时报》2010年12月6日
225	善用新媒体，促进党的科学民主决策	吕品	党的建设教研部	《理论动态》第1869期2010年11月20日
226	对官员财产申报制度几种误读的解析	吕品	党的建设教研部	《学习时报》2010年8月2日
227	坚持国企改革方向　把握“党管企业”边界	王金柱	党的建设教研部	《理论动态》第1862期2010年9月10日

续表

序号	论 文 题 目	作 者	单 位	发表报刊及时间
228	造就人才从破除旧观念做起	李 民	党的建设教研部	《学习时报》2010年6月21日
229	以科学的方法研究党的建设	祝灵君	党的建设教研部	《理论动态》第1849期2010年4月30日
230	坚持党建研究方法的科学性	祝灵君	党的建设教研部	《党建研究》2010年第5期
231	从“打破”官僚制到超越官僚制：当代中国执政党建设的另一种逻辑分析	祝灵君	党的建设教研部	《马克思主义与现实》2010年第5期
232	文风是党的作风建设的重大课题	祝灵君	党的建设教研部	《光明日报》2010年7月27日
233	展示人类文明成果的盛会	赵伯英	文史教研部	《学习时报》2010年5月3日
234	文化遗产保护：慎言“打造”	马奔腾	文史教研部	《学习时报》2010年9月6日
235	由美术馆后街22号院到北总布胡同24号院	马奔腾	文史教研部	《学习时报》2010年9月27日
236	世博会：科技发展的风向标	张 文	文史教研部	《学习时报》2010年5月7日
237	《诗经》：一部爱的教育的经典	张 文	文史教研部	《学习时报》2010年12月20日
238	建国以来外国文艺理论译介及其影响	李媛媛	文史教研部	《理论视野》2010年第2期
239	《诗经》的美学意蕴	李媛媛	文史教研部	《学习时报》2010年10月25日
240	劳动深处的共和国心灵——解读贾樟柯电影《二十四城记》	刘 忱	文史教研部	《学习时报》2010年4月26日
241	百年梦想今朝成真——读陆士谔《新中国》	刘 忱	文史教研部	《学习时报》2010年5月3日
242	以新观念新思维引导农村文化产业发展	范玉刚	文史教研部	《中共中央党校学报》2010年第3期
243	推出“文化立国”战略正当其时	范玉刚	文史教研部	《理论动态》第1857期2010年7月20日

续表

序号	论文题目	作者	单位	发表报刊及时间
244	推动文化繁荣从政策变为现实：兼论开封文化产业发展的实践与启示	范玉刚	文史教研部	《理论动态》第1871期 2010年12月10日
245	党报进报亭的启示	范玉刚	文史教研部	《学习时报》2010年2月1日
246	文化产业的魂：文化根基的培育	范玉刚	文史教研部	《学习时报》2010年3月1日
247	令人震撼和深思的人性试验——对电影《浪潮》的评点	范玉刚	文史教研部	《学习时报》2010年4月12日
248	积极应对文化产业的新格局	范玉刚	文史教研部	《学习时报》2010年5月10日
249	“为什么人”的问题是文艺的核心问题——重温毛泽东《在延安文艺座谈会上的讲话》上	范玉刚	文史教研部	《学习时报》2010年5月24日
250	文化研究视野中的“大众”——重温毛泽东《在延安文艺座谈会上的讲话》下	范玉刚	文史教研部	《学习时报》2010年6月7日
251	文化产业忌运动式发展	范玉刚	文史教研部	《学习时报》2010年6月7日
252	发展文化产业：文化艺术保护机制不可或缺	范玉刚	文史教研部	《学习时报》2010年7月5日
253	在新的历史语境下丰富和发展马克思主义文论	范玉刚	文史教研部	《学习时报》2010年9月13日
254	是文化冲突还是宽容谅解——对电影《天堂边缘》的点评	范玉刚	文史教研部	《学习时报》2010年12月6日
255	无声的战争——评影片《和平战士》	廖小鸿	文史教研部	《学习时报》2010年11月29日
256	谘议局与清末中国政治变革	刘悦斌	文史教研部	《学习时报》2010年3月22日
257	清代的救灾政策述论	岑大利	文史教研部	《中共中央党校学报》2010年第3期
258	教育有术，治学有方——谈我国古代的教育方法	岑大利	文史教研部	《学习时报》2010年5月17日

续 表

序号	论 文 题 目	作 者	单 位	发表报刊及时间
259	经济危机与科技革命	田嵩燕	文史教研部	《学习时报》2010 年 1 月 11 日
260	五四运动的未竟之业	田嵩燕	文史教研部	《学习时报》2010 年 5 月 10 日
261	近代以来中国文化转型与发展	王 煦	文史教研部	《学习时报》2010 年 11 月 22 日
262	“7·5”事件与维吾尔族流动人口调查研究	徐 平	文史教研部	《理论动态》第 1843 期 2010 年 2 月 28 日
263	开启城市新生活的宏大画卷——上海世博会的文化解读	陈宇飞	文史教研部	《学习时报》2010 年 5 月 3 日
264	毛泽东的国际战略视野与新中国大国地位的确立	宫 力	国际战略研究所	《当代世界与社会主义》2010 年第 3 期
265	唯实求真学人楷模——《姜长斌论文选》首发式暨国际战略研讨会纪要	刘建飞	国际战略研究所	《学习时报》2010 年 4 月 19 日
266	人民币汇率与美国中期选举	刘建飞	国际战略研究所	《学习时报》2010 年 11 月 1 日
267	国际安全形势：传统冲突与新的风险并存	刘建飞	国际战略研究所	《学习时报》2010 年 12 月 20 日
268	民族政策与苏联解体	左凤荣	国际战略研究所	《当代世界与社会主义》2010 年第 2 期
269	赫鲁晓夫反对个人崇拜与中苏在斯大林问题上的分歧	左凤荣	国际战略研究所	《马克思主义与现实》2010 年第 4 期
270	2011 年世界经济形势展望	陈建奇	国际战略研究所	《学习时报》2010 年 12 月 20 日
271	战略机遇期：不容错失的关键点	刘德喜	国际战略研究所	《人民日报》2010 年 11 月 4 日
272	关于中国主权领土安全的战略再思考	马小军	国际战略研究所	《理论动态》第 1847 期 2010 年 4 月 10 日
273	哥本哈根气候大会失败了吗？	马小军	国际战略研究所	《学习时报》2010 年 1 月 4 日
274	如何看鸠山的“友爱外交”	秦治来	国际战略研究所	《学习时报》2010 年 3 月 22 日

续表

序号	论文题目	作者	单位	发表报刊及时间
275	全球贸易保护主义波澜再起	史妍嵋	国际战略研究所	《人民日报海外版》2010年3月16日
276	广州的明天会更好	史妍嵋	国际战略研究所	《学习时报》2010年11月1日
277	“知行合一”是提升国家形象的基本切入点	赵磊	国际战略研究所	《学习时报》2010年9月27日；中国人民大学书报资料中心《复印报刊资料（中国外交）》2010年第11期全文收录
278	女性主义国际关系理论及其贡献	周绍雪	国际战略研究所	《当代世界与社会主义》2010年第4期
279	女性主义：国际关系研究的新视角	周绍雪	国际战略研究所	《学习时报》2010年11月1日

科研工作

关于政治体制改革的几点看法*

——中央党校副校长陈宝生答《学习时报》记者问

［记者］我国的政治体制改革，在国内外都是一个热点问题。为了进一步澄清是非，解除疑惑，更好地理解和贯彻落实十七届五中全会关于“积极稳妥地推进政治体制改革”的精神，请您谈谈对我国政治体制改革问题的认识与判断。

［陈宝生］讲到中国的政治体制改革，我想先从政治体制的建立和演变说起，要用历史眼光来看我国政治体制的发展。中国现行的政治体制大体经历了三个阶段，我把它概括为“建设”、“破坏”、“改革”。

所谓“建设”，就是我们党在经过28年的武装斗争后夺取了全国政权，建立了中华人民共和国，从中国的实际出发，按照人民当家作主这个理念，建立了我们基本的政治制度。这些政治制度包括：人民代表大会制度、共产党领导的多党合作和政治协商制度、民族区域自治制度以及我们的司法制度。在新中国建立最初的十几年，这个政治体制的运行是健康的、顺利的，积累了一些成功经验。但是，它也存在着一些明显的缺陷，现在来看，这个体制里还有一些新中国成立前武装斗争时期革命根据地政治制度的遗存，同时，我们没有搞过社会主义，借用了当时苏联的一些做法，并且还残留着中国传统封建制度的一些影响。新中国建立初期的那些领导人、那些先驱们，为我们中国的发展创立了一个很好的制度框架和基础，但同时也存在一些问题，给我们留下了发展的空间。今天我们没有理由苛求和责备他们，他们尽了自己的历史责任，作出了历史性贡献。

第二个阶段叫“破坏”，这就是众所周知的十年“文化大革命”。我们自己建立的政治制度受到了极大的破坏，最主要的是法制制度、民主制度受到了破坏，这既包括党内的，也包括党外的，包括整个国家的民主与法制制度都遭到了严重破坏。

---

* 本文载《学习时报》2010年11月22日第1版。

第三个阶段叫“改革”，就是我们党的十一届三中全会之后，我们深刻总结了新中国成立以来在政治制度、政治文明建设方面的经验教训，特别是总结了十年“文革”的惨痛教训，在推进经济体制改革的同时，开始了我们政治体制改革的进程。

［记者］我国的改革是经济、政治、社会、文化的全面改革，您认为党的十一届三中全会以来，我国在政治体制改革方面，有哪些主要进展？

［陈宝生］我认为，政治体制改革走到今天已经取得了巨大的成就，我们做了许多事情，其中一些确实是前所未有的，主要有以下这些方面：

第一，我们巩固壮大了人民代表大会制度、共产党领导的多党合作和政治协商制度、民族区域自治制度；我们建立了以公有制为主体、多种所有制共同发展的基本经济制度；我们建立了基层群众自治制度。

第二，我们对党的领导制度做了重大改革，恢复和发展了党内民主，废除了事实上存在的领导干部终身制，实行任期制。在干部的选拔任用方面，我们也做了一系列改革，由原来的单一任命制到现在的任命制、选举制、竞聘制并存的干部选拔体制。

第三，我们对行政管理体制进行了持续改革。这主要是为了改革执政党的执政方式，减少层次、减少机构、精干队伍、提高办事效率，到后来还主要结合转变政府职能的考虑。我们的国家是一个情况相当复杂、基础相当薄弱、人口相当众多的国度，面临的问题太多，我们需要一个高效的政府适时地解决问题，追赶发达国家，我们耽误不起时间。

第四，我们有效地发展了有中国特色的协商式民主制度。它的表现形式，一是干部的任免要经过民主协商。我们的国家领导人、各个层次的领导人都要经过我们党内各级组织的民主协商，经过和作为参政党的民主党派的民主协商，经过和社会各界代表的民主协商，经过民主选举才能产生。其他类型的领导干部要经过民主推荐、公示、考察、票决等程序，才能走上领导岗位。二是重大决策民主协商。我们的重大决策都是经过广泛的调查研究，层层征求意见，形成初步的方案，然后又自上而下地征求意见，最后经过民主讨论才做出决策。在当代中国，民主决策、科学决策、依法决策的制度保证了重大决策再也不会发生一个人说了算或少数人说了算的现象。三是重大事项民主协商。比如说，我们的三峡建设，那是经过了十几年的民主协商，最终由人民代表大会做出决策的。这样一种协商式民主制度，经过改革开放 30 多年的试验，已经基本成型。

第五，我们有效地推进了社会主义法制建设。我们现在通过人民代表大会及常委会制定的法律有300多件，社会主义市场经济体制所需要的法律体系已基本建立起来，国务院政府系统有600多项行政法规，近1000件法规构成了我们现在的法律体系，它们在调整各种关系、保持社会稳定、促进经济发展方面，发挥着非常有效的法律保障作用。

［记者］目前，有这样一种认识，认为我国的政治体制改革滞后于经济体制改革，您如何看待这个问题?

［陈宝生］正如我刚才讲到的，30多年期间我们在政治体制改革方面干了这么多大事，客观地说，中国的政治体制改革速度是不慢的。如果我们看一看西方各国建立资本主义制度之后，以及这种制度巩固发展的历程，可以看出，我们这30多年政治体制改革的速度是快的。所以，那种认为中国的政治体制改革停止了、倒退了、滞后了的观点是没有根据的。

而且，判断政治体制改革是否滞后，有个客观标准的问题。国外一些人之所以总说中国政治体制改革滞后了，是因为他们自觉不自觉地把西方国家的政治体制当作唯一模式和固定尺度，中国再怎么改，只要不是按西方的路子走，就是不达标，就是滞后。中国从自己的国情出发，已经建立了中国特色社会主义的政治制度，这肯定是一条不同于西方国家的政治发展道路，正如中国的经济发展也有自己的特色和创造一样。判断政治体制改革是不是滞后，最根本的要看政治体制是不是适应生产力发展和经济基础变化的要求，从这30多年我国经济的快速持续增长和经济基础巨大而良性的变化来看，30多年来我国政治体制及其改革总体上是适应生产力发展和经济基础变化的要求的，这一点不容否认。

［记者］那为什么总有“政治体制改革滞后”的议论呢?

［陈宝生］产生这种看法我认为有两方面原因：第一个原因就是政治体制改革走到今天这一步，在我们的政治体制内部仍然存在着一些不适应社会主义市场经济发展、不适应社会主义民主法制建设的问题，还有一些具体制度和机制需要我们进一步改革。属于这方面的内容，是我们下一步深化政治体制改革需要去解决的问题。党的十七届五中全会关于这个问题也有明确的指导思想和目标，总的精神就是按照党的十七大提出的任务，积极稳妥地推进政治体制改革。我们的政治体制改革将会一如既往地积极稳妥推进，因为巩固完善社会主义制度，巩固完善人民代表大会制度、多党合作和政治协商制度、民族区域自治制度、基本经济制度、基层群众自治制度，这是我们中国自身发展的需要，我们没有停下来的理由，也没有放慢速度的理由。

产生这种误解的第二个原因，来自对中国政治体制改革基本内涵理解上的差异。我们所说的政治体制改革不是把我们原来所建立的制度推倒重建，不是完全照搬别人的东西，而是在原有的社会主义基本政治制度基础上的自我完善和发展。所谓社会主义基本政治制度的自我完善，可以这样概括：一是巩固发展行之有效的。新中国建立以后的政治制度，其中的许多组成部分，经过长期的实践，对治国理政是有效的，比如说人民代表大会制度、多党合作和政治协商制度、民族区域自治制度等等，要继续巩固发展。二是补充完善欠缺的。就是我们原有制度里面考虑不周或缺少的，而实践发展又需要的内容，要加以补充完善。三是调整改革过时的。就是我们原来的制度里面有一些是传统社会制度留下的不适应现代社会的东西，也有从苏联借鉴甚至照搬的一些不适应国情的东西，还有我们自己搞的一些实验经实践证明是不成功的东西，这些都需要将其调整改革掉。四是学习借鉴别人的。就是说政治体制改革也要打开大门，学习当今世界在执政、治国、管理社会、推进民主建设方面一切有利于我们基本制度巩固、适应我们发展阶段的好的做法。五是探索创造自己的。就是要适应中国发展的需要，适应当今世界政治文明发展的需要，按照建设中国特色社会主义政治文明这样的原则，来探索创造一些新的形式，开拓一些新的内容。也就是说，我们也应在探索世界政治文明方面做出自己的贡献。巩固有效的，补充欠缺的，调整失效的，学习别人的，创造自己的，就是我们政治制度的自我完善和发展，目标就是走我们自己的政治发展道路，形成我们自己的政治文明，即有中国特色的政治文明。如果以这样的角度来评判中国的政治体制改革，我想我们不会得出中国政治体制改革停滞了、速度放慢了、发生逆转了等等一些结论。总之，政治体制改革的推进，一定要坚持正确的政治方向，同时又要积极稳妥地进行。

最近，《人民日报》有一篇署名郑青原的评论员文章，题目是“沿着正确政治方向积极稳妥推进政治体制改革”，观点鲜明，立论准确，也很有针对性，我们要认真学习。

概 况

2010年，科研工作坚持把学习、研究、宣传中国特色社会主义理论体系作为中心任务，重点做好科研项目指南、科研工作五年发展规划和思想库建设三项工作，为建设“一流学府”作出贡献。

创建“一流科研”。按照中央“创先争优”活动和校委创建“一流学府”活动的要求，认真开展建设什么样的“一流学府”和怎样建设“一流学府”的大讨论，逐步形成科研工作在建设“一流学府”上的思路和工作方案。创建“一流科研”的思路可以概括为“一个战略目标、两个战略重点、八大主要任务、三项保障措施”。一个战略目标，就是适应建设“一流学府”的总要求，争取率先建成“一流科研”。两个战略重点，一是加强马克思主义基本理论、学科基础理论和重大现实问题研究；二是推进思想库建设。八大主要任务是：着力抓好科研项目，深化马克思主义基本理论研究、学科基础理论研究和重大现实问题研究；切实推进思想库建设；着力打造高端学术平台；调整优化科研基地；构筑科研人才高地；进一步整合科研资源；努力加强马克思主义学风建设；继续深化科研管理制度改革。三项保障措施是：加强组织领导，强化经费支持，推进信息化建设。通过以上几方面的积极努力，力争用五年的时间，提升中央党校党的理论创新生力军地位，增强中央党校在国内外的影响力，努力成为国内一流、国际知名的思想库。

起草五年科研发展规划。3月底，成立专门课题组，启动《中共中央党校2011—2015年科研发展规划》征求意见稿的工作。课题组首先进行前期资料收集和整理工作，共收集国家和有关部委、社科院系统、国内高校系统、全国党校系统、国际知名大学和研究机构等五大系统科研发展规划资料60余份，形成规划代拟稿的初步框架。6月22日至7月5日，集中走访“八部一所”教研部门、“三个学员部”和图书馆等16个直属单位，广泛征求对制订科研规划的意见和建议。10月份，赴上海市委党校调研，学习借鉴地方党校在规划制订方面的好做法、好经验。10月底，利用“党校系统科研管理工作专题研讨班”在校举办的机会，以分组讨论的方式，征求全国党校系统分管科研工作的副校长对制订科研规划的意见和建议。在广泛听取各方面意见、建议的基础上，起草《中央党校2011—2015年科研发展规划（代拟稿初稿）》，并按照主管校长的要求，在全校25个直属单位书面征求修改意见；同时于12月24日至30日，重点走访“八部一所”教研部门，再次当面征求意见。在整理、归纳、吸收各单位修改意见的基础上，经过多次修改，形成规划征求意见稿。

思想库建设。1. 适应建设思想库需要，严格把握《中共中央党校研究报告》内部探讨性、决策参考性与理论创新性的新定位，做好《中共中央党校研究报告》的编辑和保密工作，努力提高办刊质量。全年共编辑3期，约6万字。

2. 落实《党校工作条例》和全国党校工作会议精神，推进中央党校思想库建设。努力筹措资金，成立“国外思想库研究”课题组，集中做好国外思想库的研究工作，为下一步制订《思想库建设方案》提供理论支撑。

3. 调整、充实科研基地。在原有的山东潍坊市委党校、江苏无锡市委党校和陕西咸阳市委党校三个科研基地基础上，根据形势发展的需要，按照区域分布、经济社会发展状况、行业类别，拟重新遴选和筹建一批中央党校科研基地。选取10个左右具有典型意义的地市、大型国有企业、国有金融机构作为中央党校科研基地。与科研工作五年发展规划相一致，实行五年一确认、五年一轮换制度，建立基地之间的竞争与淘汰机制。

改革科研管理体制。1. 制定《中央党校支持国家社科基金项目研究的实施意见》，进一步调动教研人员从事国家社科基金项目研究的积极性，促进出精品、出人才。

2. 进一步推进科研经费管理的制度化、规范化、科学化。坚持让有限的科研经费发挥其最大效用并突出重点的原则，进行合理分配，增加教研部门划拨经费总额，并提出部（所）级项目经费占所拨经费的比例不低于50%的要求，为教研人员开展科研活动提供资金保障。

3. 修改和完善科研组织优秀集体奖的评审办法和程序，突出组织管理因素在科研工作中的重要作用。

科研项目管理。全国党校系统共申报2010年度国家社科基金项目1436项，最终批准立项84项，其中重点项目4项、一般项目57项、青年项目23项。

根据《中央党校年度校级项目指南总体规划》，落实《中央党校校级项目2010年度课题指南》，制定《中央党校校级项目2011年度课题指南》和《中央党校重大、重点课题管理办法》（试行），首次通过招标答辩形式，确立重点课题16项。

集中力量抓好项目管理工作。建立和完善项目立项制度。加强项目的过程管理，召开中央国家机关2010年度国家社科基金项目管理单位负责人及项目负责人培训会议等，保障项目研究质量。严把项目出口关，确保出精品，在成果质量的鉴定上，不断强化比较统一的、规范的而且具有可操作性的标准，更加注重建设成果转化利用平台。

在积极争取国家财政部科研经费单列的同时，进一步拓宽思路，通过多种方式向社会筹措经费。2010年与一些国有企业、国有金融机构、地方党委政府等加强联系和沟通，积极寻求合作，争取资金支持。与国家开发银行达成“五年五千万”的战略合作协议；与弘毅投资公司正式签署“五年五千万”无条件资助协议，其中，2010年度的一千万资助资金已到账。

科研协作。1. 组织2010年度全国党校系统课题申报、立项工作。首次对课题的评审采取双向匿名方式，课题立项采取总量限定，各党校按申报质量差额立项，有效地保障了课题的申报质量，调动了各地方党校的科研积极性。最终，在274项申报项目中评审出113项，立为中央党校重大课题的子课题。

2. 组织开展全国党校系统第八届科研评奖工作。评出第八届全国党校系统优秀科研成果奖198项、优秀科研工作组织奖28项等。

3. 组织召开“全国党校系统科研管理工作”专题研讨班以及“全国党校系统学习贯彻党的十七届五中全会精神暨第八届科研评奖颁奖会”。

4. 加强与地方党校的科研信息交流和资源、经验共享，积极参与地方党校召开的理论研讨会。

理论研究和宣传。1. 4月16日，科研部与中共唐山市委共同主办“城市精神与社会主义核心价值体系建设”座谈会；10月30日，科研部牵头召开“全国党校系统学习贯彻党的十七届五中全会精神暨第八届科研评奖颁奖会”。

2. 中央党校中国特色社会主义理论体系研究中心继续通过与中央“四报一刊”联合召开选题策划会的形式，明确2010年中央理论研究和宣传的重点，为组织教研人员撰写高质量文章创造条件。3月15日召开“中央党校中国特色社会主义理论体系研究中心特约撰稿人会议”。2010年，组织专家、学者在《人民日报》、《光明日报》、《经济日报》、《解放军报》、《求是》杂志等中央“四报一刊”以中央党校中国特色社会主义理论体系研究中心名义发表文章32篇，位居全国“七大中心”之首，并创新纪录。

3. 加大对在全国开展的创先争优的理论研讨工作，确定中央党校与中央创先争优活动领导小组办公室联系的部门与联系人，先后两次报送14个选题，组织教研人员开展研究。2010年在《人民日报》、《光明日报》、《求是》杂志共发表创先争优专题研究文章3篇，产生很好的社会反响。中央创先争优活动领导小组办公室专门发函给予肯定。

4. 继续做好中央党校舆情信息直报点的舆情信息直报工作，向中宣部舆情局报送50余份材料。

领导班子和队伍建设。探索建立学习型党组织和学习型领导班子的有效途径，创建“读书双月谈”活动；围绕“创先争优”活动，创新党建工作模式；坚持业务工作与党支部工作“三统筹”，即“统筹工作计划、统筹活动安排、统筹经费保障”；进一步加强和谐作风建设，探索和谐作风建设的长效机制，提出“三个服务、三个营造、三个倾斜、三个监督”的新理念；在决策民主上狠下功夫，广泛听取民意，出台的规章制度力求反映民情、产生实效。

制度建设

中央党校重大、重点科研项目管理办法（试行）

中校字〔2010〕81号

第一章 总 则

第一条 为发挥项目管理在整个科研管理工作中的核心、枢纽和导向作用，加强科研项目管理的科学化、规范化、制度化建设，特制定本管理办法。

第二条 中央党校重大、重点科研项目管理，坚持以马克思列宁主义、毛泽东思想、邓小平理论和“三个代表”重要思想为指导，深入贯彻落实科学发展观，为推进党的理论创新服务，为提高党校教学质量服务，为党委和政府决策服务，为社会主义经济建设、政治建设、文化建设、社会建设和党的建设服务。

第二章 选 题

第三条 中央党校重大、重点科研项目一般从“中央党校年度科研项目指南”中选取。重大科研项目一般是校委根据党和国家工作大局需要提出的重要选题；重点科研项目一般从各教研部（所）提供的建议课题和进修部、培训部提供的学员“两带来”的问题中选定。

第三章 申 报

第四条 申请者应符合以下条件：

1. 在职和离退休人员。
2. 在思想上、政治上、行动上同党中央保持一致。
3. 具有高级专业技术职务（含资格）。
4. 具有独立研究能力，能从事实质性研究工作。
5. 正在承担校级重大科研项目的负责人，原则上结项后方可再次申报；校级重点项目负责人结项后方可再次申报。
6. 各级项目撤项期满3年后，负责人方可申报。

第四章 立 项

第五条 重大科研项目每年立项3个左右，主要以委托方式立项。

第六条 重点科研项目每年立项15个左右，一般采取招标方式，根据公开、公正、公平、择优的原则，在专家库中聘请校内外专家参加评审（校外专家三分之一左右），以会议答辩形式评审立项。评审程序如下：

1. 资格审查。
2. 会议评审。项目申请者陈述后，评审委员会以无记名投票方式产生拟立项名单。同一题目的第一名且投票同意率达半数以上，方能通过。若第一轮投票不足半数，可对第一轮投票的前两名进行第二轮投票。如果第二轮投票仍不过半数，作空缺处理。

3. 公示。

4. 报校委批准。

5. 办理立项手续。

第五章　管　　理

第七条　重大、重点科研项目由科研部直接管理。

第八条　实行项目负责人制度。课题组应尽可能地吸收学员（包括研究生）参加，亦可根据需要吸收校外研究人员参与。

第九条　项目实行中期检查制度。主要检查项目的进度和经费使用情况。课题组在项目实施时间过半时填写《中央党校科研项目中期检查表》。

第十条　项目成果中，论文和内参报告一年内完成，专著三年内完成。

第十一条　凡有下列情况之一者，项目负责人须提交书面申请，报科研部审批：

1. 课题组成员变更；

2. 项目延期（延期最多一次，最长期限为一年）。

第六章　经　　费

第十二条　加强经费管理，严格财经纪律，提高经费使用效益。

第十三条　重大课题每项资助100万元，重点课题每项资助50万元。项目经费采取一次核定、分两步报销的办法。前期启动经费为资助总额的40%；项目按时完成并符合结项要求的，再报销资助总额60%的预留经费。

第十四条　报销范围参照《国家社科基金项目经费管理办法》。

第七章　结　　项

第十五条　以中央党校校委名义上报中央的内部研究报告，获得国家图书奖等全国性、权威性奖项的项目成果，可直接结项。

第十六条　项目成果同时达到以下两项要求者，则可结项：

1. 有一部学术界公认的一流出版社出版的学术专著；

2. 有一篇学术界公认的一流学术期刊上发表的学术论文；

3. 有一份获得部长级以上领导批示给予充分肯定或被党和国家及有关部委决策时采用的研究报告。

第十七条　其他项目成果由科研部从专家库中随机抽取同行专家进行双向匿名通讯鉴定，且良好率达到60%，方可结项。

第十八条　项目研究工作完成后，课题组应及时填报《项目结项审批书》，并报送最终成果两套、光盘一份。

第十九条　项目验收合格的，由科研部发放《中央党校科研项目结项证书》。

第二十条　项目完成情况向全校公布。适当时候可组织项目成果报告会。

第八章　罚　　则

第二十一条　有如下情况之一的，作撤项处理：

1. 违反《中共中央党校学术规范》的；

2. 达不到结项要求的；

3. 延期一次后仍不能完成研究任务的。

第二十二条 撤项惩罚：

1. 撤项名单在校内公布；

2. 扣除预留经费；

3. 项目负责人三年不得申报国家级、校级科研项目；

4. 取消项目负责人本年度科研优秀成果奖评选资格，以及所在单位本年度科研组织优秀集体奖评选资格。

第九章 附 则

第二十三条 本办法自公布之日起施行。

第二十四条 本办法由科研部负责解释。

附："八部一所"教研部门等单位推荐的一流期刊和一流出版社

一、社会科学类综合学术期刊（2）

《中国社会科学》

《新华文摘》（转载字数4000字以上）

二、专业学术期刊（18）

《马克思主义与现实》

《哲学研究》

《经济研究》

《当代世界与社会主义》

《社会学研究》

《民族研究》

《政治学研究》

《中国行政管理》

《法学研究》

《中共党史研究》

《党建研究》

《历史研究》

《文学评论》

《外语教学与研究》

《世界经济》

《外交评论》

《国际问题研究》

《中国图书馆学报》

三、校内公开出版发行的报刊（须同时在《中国社会科学文摘》或《高等学校文科学术文摘》或中国人民大学书报资料中心《复印报刊资料》上转载，字数不低于4000字，或被《新华文摘》论点摘编）

四、出版社（6）

人民出版社

商务印书馆

生活·读书·新知三联书店

中国社会科学出版社

中华书局

中共中央党校出版社（须是与上述出版社联合出版的精品文库）

中共中央党校校务委员会

2010年12月1日

中央党校支持国家社会科学基金项目研究的实施意见（试行）

校科字〔2011〕1号

为进一步调动我校教研人员从事国家社会科学基金项目研究的积极性，促进出精品、出人才，建设“一流学府”，对国家社会科学基金项目采取以下支持措施。

1. 对按期结项的国家社会科学基金项目，根据结项等级和批准资助金额予以奖励性资助。结项等级为“合格”的项目，按其批准资助额的1∶0.5予以资助；结项等级为“良好”的项目，按其批准资助额的1∶1予以资助；结项等级为“优秀”的项目，按其批准资助额的1∶1.5予以资助。

2. 对经批准延期一年以内完成、结项等级为“良好”的项目，按其批准资助额的1∶0.5予以资助；结项等级为“优秀”的项目，按其批准资助额的1∶1予以资助。其他延期完成的项目不予资助。

3. 对国家社会科学基金项目的研究成果（包括阶段性成果）被《成果要报》采用的项目予以2万元资助，对《成果要报》得到党和国家领导人肯定性批示的项目予以4万元资助。

4. 上述资助经费从中央党校思想库建设专项经费中支出，参照《国家社会科学基金项目经费管理办法》管理。

5. 国家社会科学基金项目申报组织工作情况及立项数量，将作为各教研部（所）下一年度评选科研组织优秀集体奖和增加科研经费的重要依据。

本规定自发布之日起实施，适用于在研的国家社会科学基金项目，包括重大项目、重大委托项目、特别委托项目、年度项目、优秀成果文库、后期资助项目和中华学术外译项目等。

科研部

2011年1月11日

工作会议

中国特色社会主义理论体系研究中心特约撰稿人会议

3月15日下午，科研部组织召开“中央党校中国特色社会主义理论体系研究中心特约撰稿人会议”。副校长石泰峰出席会议。中央党校各教研部（所）的负责同志、特约撰稿人、中央媒体理论部门的代表、科研部全体工作人员共70余人参加会议。

《求是》杂志社政治部主任常光民、人民日报社理论部部务委员吴珺、光明日报社理论部副主任李瑞英应邀参加会议，并在会上分别就本报（刊）的特点、发文的基本要求、年度选题方向作介绍。与会代表就有关问题与这三位同志进行互动交流。

中央国家机关2010年度国家社会科学基金项目管理单位负责人及项目负责人培训会议

7月15日，中央党校召开中央国家机关2010年度国家社会科学基金项目管理单位负责人及项目负责人培训会议。科研部主任梁言顺出席会议并致辞，全国社科规划办副主任姜培茂出席会议并讲话。中央党校科研部领导、全国社科规划办有关处室负责同志、中央国家机关2010年度国家社科基金项目管理单位负责人及项目负责人近百人参加会议。

姜培茂传达中共中央政治局委员、中央书记处书记、中央宣传部部长、全国哲学社会科学规划领导小组组长刘云山在2010年国家社科基金年度项目评审工作会议上的重要讲话精神，并对如何做好国家社科基金项目的研究和管理工作，从充分认识哲学社会科学的重要地位和作用、始终坚持正确的政治方向、切实加强学风建设、不断强化项目管理等方面提出具体要求。全国社科规划办成果处处长王武龙、基金处处长陈文学分别对国家社科基金项目的经费预算、中期管理和项目结项工作进行辅导和说明，并详细解答与会代表的提问。

党校系统科研管理工作专题研讨班举行开班式

10月26日上午，“党校系统科研管理工作专题研讨班”在中央党校育园楼举行开班式，研讨班主要围绕深入学习贯彻党的十七大和十七届一中、二中、三中、四中、五中全会精神，进一步贯彻落实《中国共产党党校工作条例》和全国党校工作会议精神，探讨党校科研管理和改革面临的新情况、新问题，交流科研管理工作和社会科学研究的新经验和新方法。

副校长陈宝生作开班式讲话。来自各省、自治区、直辖市党委党校，副省级城市党委党校，铁道部党校和新疆生产建设兵团党校分管科研工作的负责同志，以及中央党校教务部、科研部、进修部的负责同志和有关工作人员共70余人参加开班式。

重点科研项目立项评审会议

12月11日，根据《中央党校重大、重点科研项目管理办法（试行）》（中校字〔2010〕81号）的规定，召开了2010年度重点科研项目立项评审会议。评审会由副校长陈宝生主持。教育长张伯里，校委委员、哲学教研部主任贾高建，校委委员、办公厅主任罗宗毅，校委委员、进修部主任黄宪起等出席会议，校内外专家共31人参加评审会议。

陈宝生在评审预备会讲话中说，2010年，我们提出要建设“一流学府”的奋斗目标，其中很重要的是要建设“一流科研”。科研项目是科研工作的枢纽和抓手，科研工作的导向和学校科研发展目标主要是通过科研项目的资助来体现和完成，尤其是重大和重点科研项目。通过对重点科研项目进行大批经费投入，希望取得一大批优秀科研成果，从而更好地发挥党校作为党的哲学社会科学研究机构和思想库作用。在评审会议结束时，陈宝生指出，此次重点课题评审会在中央党校历史上是第一次，是一个良好的开局。要注意总结经验，不断加强对重点科研项目立项工作和管理工作的研究，促进重点课题面向全校适度倾斜、进一步探索课题生成机制，突出“高端、基础、前沿”的特点和党校特色，发挥重点课题对党校科研工作的引领和带动作用。

此次评审的重点科研项目，每项资助金额为50万元。共收到合格的申报材料31份，全部围绕2010年度课题指南中所列的16个校级重点课题组织申报。经过申请人陈述和答辩、专家无记名投票方式，共确定立项课题16项。

理论研讨会

“城市精神与社会主义核心价值体系建设”座谈会

4月16日，由科研部与中共唐山市委共同主办的“城市精神与社会主义核心价值体系建设”座谈会在中央党校召开。

副校长石泰峰出席座谈会并致辞。河北省委常委、唐山市委书记赵勇出席座谈会并作主旨发言。唐山市委常委、宣传部长郭彦洪主持座谈会。中央党校韩庆祥、王怀超、周熙明教授，中国社会科学院李景源教授，北京大学郭建宁教授，中国政法大学李德顺教授分别在座谈会上发言，围绕弘扬培育城市精神、加强社会主义核心价值体系建设，从不同的角度提出自己的观点。

石泰峰强调，研究城市精神，弘扬社会主义核心价值体系，需要注意和把握以下两个方面的问题。第一，把握城市精神，尤其要全面准确把握社会主义核心价值体系。第二，按照建设社会主义核心价值体系的要求，大力培育和弘扬城市精神。要把建设社会主义核心价值体系与城市精神文明建设结合起来，提炼城市精神。把政府主导作用与市民主体作用结合起来，共同培育城市精神。把精神传播与实践行动、体现人性与充满个性结合起来，扩大城市精神影响力。对城市精神的提炼概括要简明扼要，既厚重又简洁，既有底蕴又好记忆，使城市精神具有传播力；使城市精神体现城市鲜明的个性特点，具有形象冲击力；使城市作为与城市精神相一致，增强市民的认同感，提高城市精神的感染力；要使城市精神体现人性化，增强市民的归属感，提高城市精神的吸引力。

对弘扬城市精神、推动社会主义核心价值体系建设问题，赵勇提出三点看法。第一，弘扬城市精神是推动社会主义核心价值观深入人心的有效抓手。通过提炼和塑铸城市精神，社会主义核心价值观会更加深入民心，在广大人民群众的思想中得到升华，从而进一步提升中华民族的凝聚力和战斗力。第二，弘扬城市精神要遵循规律、持之以恒。第三，进一步弘扬新唐山人文精神，提升唐山在全国乃至在全世界的核心竞争力。要把唐山的城市精神打造成一个品牌，成为展现唐山人民自强不息建设美好家园和率先推进生态城市建设的生动写照。

课题立项

2010年度国家社会科学基金项目立项情况

经全国哲学社会科学规划领导小组批准，2010年度国家社会科学基金项目评审结果业已公布，现将全国和党校系统的申报及立项情况简要通报如下：

全国共申报2010年度国家社科基金项目27171项，比2009年增加4624项，增长率为20.5%。4652项课题通过通讯初评，入围会议评审，平均申报入围率为17.1%。最终批准立项2285项（其中，重点项目140项，一般项目1290项，青年项目855项），平均申报立项率为8.4%，比2009年提高0.8个百分点，立项总数比上年增加565项，增长率为32.8%。

全国党校系统共申报2010年度国家社科基金项目1436项，比上年增加35项，增长率为2.5%，占全国申报总量的5.3%。党校系统共有173项课题通过通讯初评，平均申报入围率为12.0%。最终批准立项84项（其中，重点项目4项，一般项目57项，青年项目23项），占全国立项总数的3.7%。党校系统申报立项率为5.8%，立项数量比上年增加8项，增长率为10.5%。

全国31所党校获准立项，立项较多的单位有：中央党校和浙江省委党校各8项，湖南省委党校6项，黑龙江省委党校、江苏省委党校和河南省委党校各5项，北京市委党校、河北省委党校、上海市委党校和杭州市委党校各4项，天津市委党校、山东省委党校和新疆自治区委党校各3项，其余在2项以下。党校系统获准立项课题数量较多的学科有：中共党史、党的建设17项，马列主义、科学社会主义、政治学各13项，理论经济、应用经济、社会学和哲学各7项，管理学6项，法学3项，其余在2项以下。

中央党校2010年度国家社会科学基金项目立项名单

序号	批准号	项目类别	项目名称	负责人	工作单位
1	10ASH004	重点项目	中国转型期促进劳资关系和谐重大问题研究	吴忠民	科学社会主义教研部
2	10BJY001	一般项目	中西部地区对外开放战略研究	张玉杰	经济学教研部
3	10BJY011	一般项目	全球碳博弈格局下中国低碳发展的宏观经济政策研究	张汉飞	经济学教研部
4	10BJY109	一般项目	国际金融监管改革中的大国博弈与中国定位	陈启清	经济学教研部
5	10BKS010	一般项目	中国特色社会主义理论体系三大成果关系研究	宋福范	马克思主义理论教研部
6	10BZZ017	一般项目	中国特色的人权保障模式研究	李云龙	国际战略研究所
7	10CDJ004	青年项目	中国革命时期开明士绅群体研究	李庆刚	中共党史教研部
8	10CKS011	青年项目	改革攻坚阶段的利益冲突与整合研究	李海青	马克思主义理论教研部

中央党校2010年重大科研项目

经中央党校校委批准，中央党校2010年度重大科研项目确定为“提高党的建设科学化水平的研究”、“新形势下的民族、宗教理论与实践”和“国际金融危机后中国经济面临的挑战与对策”。常务副校长李景田同志负责“提高党的建设科学化水平的研究”项目工作，副校长石泰峰同志负责“新形势下的民族、宗教理论与实践”项目工作（石泰峰同志调动工作后，由陈宝生同志负责），副校长陈宝生同志负责“国际金融危机后中国经济面临的挑战与对策”项目工作。同时，这三个重大科研项目均作为全国党校系统2010年度重点调研课题，组织各省级党校和副省级党校以子课题形式进行立项研究。

关于2010年度全国党校系统调研课题立项的通知

中校厅字〔2010〕29号

根据中央党校《关于2010年度全国党校系统调研课题申报的通知》（中校厅字〔2010〕5号）精神，全国各省级党校、副省级城市党校、中央党校科研基地申报2010年度全国党校系统调研课题共计274项，中央党校聘请相关领域专家对各党校申报的课题进行了分类双向匿名评审，经专家测评成绩综合排名，决定对其中113项课题予以立项。按照各课题申报数量比例，“提高党的建设科学化水平的研究”课题立46项，“民族理论和宗教理论研究”课题立30项，“国际金融危机后中国经济面临的挑战与对策”课题立37项。以上所立课题均属中央党校重大课题的子课题。希望获立项的课题负责人，能够精心组织、认真调查研究，拿出高质量的研究成果。

一、课题研究从立项通知发出时间开始一年内完成，即2011年7月前完成。

二、课题研究实行课题组长负责制度。中央党校校委对此次课题研究十分重视，专门成立三个重大课题组：常务副校长李景田同志负责“提高党的建设科学化水平的研究”课题，副校长石泰峰同志负责“民族理论和宗教理论研究”课题，副校长陈宝生同志负责“国际金融危机后中国经济面临的挑战与对策”课题。承担子课题的各地方党校除根据自身情况开展研究外，还须参与中央党校课题组组织的课题研究、座谈交流等活动。课题最终成果由中央党校相关课题组统一考虑使用，中央党校科研部不再出版调研报告集。

三、希望各有关党校校委重视本校承担的课题，并创造有利条件支持课题研究。科研管理部门切实发挥好督促、管理、服务作用。

四、中央党校科研部负责立项课题的协调等事宜。

附：《全国党校系统调研课题立项目录》

办公厅
中共中央党校
科研部
2010年7月20日

附：

全国党校系统调研课题立项目录

一、提高党的建设科学化水平的研究课题

单　　位	项目负责人	课　题　题　目
北京市委党校	殷庆言	提高领导干部作风建设科学化水平研究
	袁吉富	马克思主义学习型组织理论与学习型政党建设
	喻　匀	加强党的执政能力推进社会保障制度建设
天津市委党校	张亚勇	提高党内权力制约和监督科学化水平
山西省委党校	王建军	民主推荐中的“拉票”问题研究
	林　洁	欠发达地区优秀乡镇党委书记成长性探究
内蒙古自治区委党校	李　红	提高西部民族地区基层党组织建设科学化水平的研究
辽宁省委党校	王恩宝	切实提高基层党组织建设科学化水平
吉林省委党校	闫　越	提高领导干部科学发展领导力研究
	蒋京议	执政合法性水准是考量党的建设科学化水平的重要标志
黑龙江省委党校	祝福恩	提高党建科学化水平要实现“四个转变”
上海市委党校	吴海红	反腐倡廉建设中的社会监督机制研究
	程竹汝	意识形态领导权问题研究
江苏省委党校	黄文虎	提高干部教育培训科学化水平的研究
	桑学成	提高干部工作科学化水平研究
浙江省委党校	郭祥才 李洁芳	党的群众工作方法科学化研究
	徐　彬	构建城乡统筹的基层党建新格局研究
安徽省委党校	朱兆华	党内选举民主与党内协商民主的互动关系研究
	王生怀	村级党组织建设的现代化研究
福建省委党校	温敬元	党内激励机制的构筑与完善研究
	李新生	提高党的基层组织建设科学化水平研究
河南省委党校	牛安生	改革和完善党内选举制度研究
	叶春涛	新农村建设视野下农村党员政治参与研究
湖北省委党校	徐仲韬	提高反腐倡廉建设科学化水平
	徐　勇	创新网络党建工作方法的对策研究

续 表

单　位	项目负责人	课　题　题　目
广东省委党校	唐晓阳	乡镇大部制改革研究
	汪晓红	现阶段干部下乡驻村工作绩效考量
广西壮族自治区委党校	张银岳	基层党组织的形式和理念创新问题研究
四川省委党校	张星炜	把选择权交给群众，把选举权交给党员
重庆市委党校	黄远固	创新群众工作方法推进党建科学化调研
贵州省委党校	伍小涛	民族地区构建和谐社会目标取向下中共整合作用研究
云南省委党校	马树勋	边疆民族地区领导干部思维方式科学化问题研究
陕西省委党校	李晓燕	提高领导干部对“中国特色社会主义理论体系”的系统性认识水平
	张进蒙	提高社会主义核心价值体系认同度的研究
青海省委党校	杨松义	基于方法论层面对提高党内巡视工作科学化水平的研究
宁夏回族自治区委党校	王大力	加强乡镇党委书记队伍建设研究
武汉市委党校	王观松	党的制度建设科学化研究
成都市委党校	王启友	基层党建的科学化与基层群众自治的有机互动研究
西安市委党校	宋　军	风险视野下反腐倡廉制度创新
	李清芳	反腐倡廉建设科学化问题研究
济南市委党校	昌业云	综合运用现代人才测评技术选拔领导干部提高党的干部队伍建设的科学化水平
	李　琳	信息技术革命给我党工作带来的机遇、挑战及应对措施
杭州市委党校	高国舫	科学化视野下的干部选任机制改革
深圳市委党校	宋腊梅	提高党的干部人事工作的科学化水平
厦门市委党校	陈二加	规模以上非公企业党的建设科学化调查与思考
宁波市委党校	励慧芳	商圈党建：党建科学化在城区的探索

二、民族理论和宗教理论研究课题

单　位	项目负责人	课　题　题　目
河北省委党校	丁万明	环京津地区城市化进程中的基督教家庭教会研究
内蒙古自治区委党校	郭冬梅	民族地区转型期社会心理失衡问题研究

续表

单　　位	项目负责人	课　题　题　目
辽宁省委党校	姚黎君	发挥宗教界人士和信教群众在经济社会发展中积极作用的探索
黑龙江省委党校	麻秀荣	中国共产党民族发展问题经验研究
江苏省委党校	王庆五	长三角地区城市中的宗教组织发展状况调查
浙江省委党校	孙　雄	农村基督教发展态势及其社会影响
安徽省委党校	黄世福	发挥宗教在新农村建设中的积极作用
福建省委党校	吴玉辉	关于新疆民族融合问题
江西省委党校	王仕国	党在农村的宗教工作与落实科学发展观研究
山东省委党校	王庆德	耶儒相遇下我国农村的基督教传播与儒家伦理制衡
	杨　珍	我国城市民族关系模式研究
河南省委党校	杨合理	和谐社会视野下依法管理宗教事务问题研究
湖南省委党校	陈明文	湖南少数民族地区宗教与民间信仰调查
广西壮族自治区委党校	杨继君	我国边疆民族性突发事件中的主体行为与应对策略研究
海南省委党校	王建国	海南省万宁市基督教“三乱”情况调研报告
四川省委党校	彭大鹏	四川藏区“牧民定居行动计划”执行过程中的文化调适与再社会化研究
贵州省委党校	唐　皓	扶持贵州毛南族政策实践程度调查研究
云南省委党校	邓　博	少数民族自治县自治权运行状况研究
西藏自治区委党校	阙成平	藏传佛教与和谐社会构建
甘肃省委党校	刘务勇	当前影响甘南藏区社会稳定的因素及其对策研究
青海省委党校	韩官却加	维护青海社会稳定、做好民族宗教工作
宁夏回族自治区委党校	马晓梅	民族社会学视野下的宁夏回汉民族关系实证研究
新疆维吾尔自治区委党校	李西琴	宗教极端势力对乌鲁木齐市城乡结合部未成年人渗透状况调研
新疆生产建设兵团党校	赵子芳	特殊体制下的民族关系发展研究
	白　燕	加快推进兵团城镇化构建新疆多民族交融的平台
哈尔滨市委党校	徐彦山	现阶段我国民族矛盾问题研究
成都市委党校	孙恪廉	圆融宗教：社会和谐的另一面
青岛市委党校	黄建明	宗教对农村维稳作用的两重性及其隐性影响研究
厦门市委党校	彭心安	扩大闽台宗教交流与推进祖国统一进程问题研究
宁波市委党校	陈鹏键	城市社区宗教工作问题研究

三、国际金融危机后中国经济面临的挑战与对策课题

单　　位	项目负责人	课　题　题　目
天津市委党校	刘　竞	老基地　新发展——天津产业转型升级问题研究
河北省委党校	王俊杰	国际金融危机后中国劳动关系的挑战与对策
	魏丽华	后危机时代培育壮大我国多元化差异性优势下的新型战略性城市增长极研究
山西省委党校	苏玉娟	国际金融危机后民生科技促进中国经济转型实证分析
辽宁省委党校	黄　莉	后危机时代的区域经济发展模式转型研究
吉林省委党校	金盛红	积极推进长吉图地区一体化　加快建设长吉图开发开放先导区
上海市委党校	唐珏岚	国际资本超量流入背景下流向逆转的风险与对策研究
江苏省委党校	谈　镇	后危机时代江苏低碳经济发展研究
浙江省委党校	沈立江	推进转型升级建设生态文明研究
江西省委党校	郭金丰	城镇化进程中的农民就地市民化问题研究
山东省委党校	王　秋	危机后居民消费结构对产业结构优化的影响分析
湖北省委党校	李津燕	国际金融危机后政府债务风险防范问题研究
	李正宏	中国产业结构低碳化：效能提升及其实现机制研究
湖南省委党校	刘建琼	培养新型农民群体的途径与政策研究
四川省委党校	贾　舒	后危机时期川渝地区产业整合研究
重庆市委党校	陈　霄	土地资本化在中国经济发展中的作用与转型研究
贵州省委党校	龙　敏	国际金融危机后中国发展低碳经济的机遇和挑战
云南省委党校	杜　琼	后危机时代云南经济发展面临的挑战和对策研究
陕西省委党校	胡金荣	抓住经济回暖有利时机以重点区域和特色产业拉动西部突破发展研究
甘肃省委党校	李庆梅	用负所得税调节我国收入分配差距研究
宁夏回族自治区委党校	宋克玉	国际金融危机后中国地方政府投融资平台规范发展问题研究
新疆维吾尔自治区委党校	李　艳	后危机时代新疆提高向西开放水平的现实选择
铁道部党校	张维克	中国高速铁路自主创新研究
	林　淼 王　德	国际金融危机后我国高速铁路科学发展面临的挑战与对策
广州市委党校	朱殊洋	国际金融危机后中国经济增长与通货膨胀平衡的机理研究
哈尔滨市委党校	朴松花	国际金融危机后黑龙江省经济面临的挑战与对策

续表

单　　位	项目负责人	课　题　题　目
沈阳市委党校	朱卫东 孙鸿炜	基于区域经济新格局的沈阳中心城市成长路径
南京市委党校	李桂华	国际金融危机后南京产业转型的研究报告
长春市委党校	徐亚军	关于加快新能源汽车发展　促进长春市汽车产业结构调整的研究报告
杭州市委党校	韩　芳	合理引导民间资金要素流向的对策研究
大连市委党校	张道航	后金融危机时代中国房地产业发展研探
	王晓秋	后危机时代中国金融话语权问题研究
青岛市委党校	马秀贞	以高端产业发展引领中国“转方式、调结构”研究
深圳市委党校	林　祥	新形势下深圳区域创新体系提升战略研究
无锡市委党校	谭　军	向创新型经济转型的实践研究
潍坊市委党校	卜　华	低碳经济：黄河三角洲高效生态经济区发展模式的路径选择
咸阳市委党校	林　英	咸阳加快转变经济发展方式对策研究

中央党校2010年度重点科研项目立项名单*

序号	姓名	单位	职称	项目名称
1	韩庆祥	马克思理论教研部	教授	马克思主义中国化、时代化、大众化研究
2	戴焰军	党的建设教研部	教授	马克思主义学习型政党建设研究
3	叶庆丰	科学社会主义教研部	教授	中国特色社会主义理论体系研究
4	李兴山	办公厅	教授	中国特色社会主义发展道路研究
5	杨信礼	哲学教研部	教授	中国特色社会主义核心价值体系研究
6	李良栋	政法教研部	教授	中国特色社会主义民主政治道路研究
7	周熙明	文史教研部	教授	中国特色社会主义文化建设研究
8	徐祥临	经济学教研部	教授	“三农问题”研究
9	向春玲	科学社会主义教研部	教授	中国特色城镇化重大理论与现实问题研究
10	张晓燕	党的建设教研部	教授	党的领导体制与工作机制研究
11	门洪华	国际战略研究所	教授	中国软实力建设研究
12	青连斌	科学社会主义教研部	教授	中国现阶段民生问题研究
13	张恒山	政法教研部	教授	当前中国社会稳定问题研究
14	徐　平	文史教研部	教授	新疆、西藏经济社会发展与稳定问题研究
15	宫　力	国际战略研究所	教授	新时期中国外交战略研究
16	王东京	教务部	教授	党的干部成长规律和党校教育规律研究

* 根据《中央党校重大、重点科研项目管理办法（试行）》（中校字〔2010〕81号）的规定，经专家评审和全校公示，校委批准“马克思主义中国化、时代化、大众化研究”等16项中央党校2010年度重点课题正式立项。参见中校字〔2011〕1号。

课题结项

中央党校2010年度
国家社会科学基金项目结项名单

成果名称	负责人	工作单位	结项时间	鉴定等级	结项证书号
多党合作共谋祖国统一	赵书刚	文史教研部	2010年1月21日	良好	20100020
社会分化与城市融合——城郊农民市民化问题研究	王道勇	科学社会主义教研部	2010年1月21日	合格	20100025
构建和谐世界的重要实践：中国参与联合国维持和平行动研究	赵　磊	国际战略研究所	2010年2月11日	良好	20100108
禅境与诗境	马奔腾	文史教研部	2010年5月24日	良好	20100514
中国共产党农村调查史	罗平汉	中共党史教研部	2010年5月24日	良好	20100515
从生存型消费为主的总体小康向以发展型消费为主的全面小康转型中的艰苦奋斗再研究	杨玲玲	科学社会主义教研部	2010年5月23日	合格	20100516
中国基层民主的创新研究	肖立辉	政法教研部	2010年5月23日	良好	20100517
中国公平分配问题及其理论与制度创新研究	田应奎	经济学教研部	2010年5月23日	良好	20100518
马列主义宗教观的中国化研究	龚学增	科学社会主义教研部	2010年12月10日	合格	20101064

《2008—2009年度全国党校系统重点课题优秀调研报告集》和《2009年度全国党校系统重点课题优秀调研报告集》出版

"2008—2009年度全国党校系统重点课题"和"2009年度全国党校系统重点课题"已于2009年底全部结项，并颁发结项等级证书。为扩大学术成果交流范围，充分发挥资源共享优势，促进科研成果质量的整体提高，中央党校选取获"优秀"等级的课题成果编成调研报告集，并发放至所有参与课题研究的各地方党校。

《2008—2009年度全国党校系统重点课题优秀调研报告集》共收录各地党校获优秀等级的课题成果179项，约占全部课题的35.8%。其中"中国特色社会主义理论体系研究"18项，"深入贯彻落实科学发展观"22项，"解放思想是发展中国特色社会主义的一大法宝"29项，"改革开放是决定当代中国命运的关键抉择"24项，"全面建设小康社会奋斗目标的新要求"20项，"社会主义民主政治的本质和核心研究"17项，"社会主义核心价值体系研究"18项，"以改善民生为重点的社会建设研究"14项，"以改革创新精神全面推进党的建设新的伟大工程"17项。

《2009年度全国党校系统重点课题优秀调研报告集》共收录各地党校获优秀等级的课题成果63项，约占全部课题的31.5%。其中"中国共产党在困难和成绩面前如何应对的经验研究"30项，"中国特色社会主义理论体系研究"18项，"应对国际金融危机，扩内需、保增长问题研究"15项。

中国特色社会主义理论体系研究中心

中央“四报一刊”发表文章情况

中宣部理论局每年就各大中心发表文章的数量和质量进行排名。2009年共发表24篇文章，在全国七大中心排名第一。2010年，以中央党校中国特色社会主义理论体系研究中心名义在《人民日报》、《光明日报》、《经济日报》、《求是》杂志和《解放军报》共发表文章32篇，继续保持排名第一。其中，9篇在中宣部评选中获得赞助。

附：

发表文章简表

序号	文章题目	发表报刊	发表时间	执笔人	单位
1	《中国共产党指导思想的伟大创新》	《光明日报》	2010年1月19日	刘海涛	科学社会主义教研部
2	《改革开放赋予社会主义生机和活力》	《光明日报》	2010年2月2日	王怀超	科学社会主义教研部
3	《艾思奇对中国马克思主义哲学的贡献》	《人民日报》	2010年3月2日	许全兴	离退休干部局
4	《结合新的实践深化对基本经济制度的认识——论自觉划清社会主义公有制为主体、多种所有制经济共同发展的基本经济制度同私有化和单一公有制的界限》	《人民日报》	2010年4月1日	赵振华	经济学教研部

续 表

序号	文 章 题 目	发表报刊	发 表 时 间	执笔人	单 位
5	《体面劳动、尊严生活是社会和谐的坚实基础》	《光明日报》	2010 年 4 月 29 日	郑 权	科研部
6	《划清社会主义思想文化同封建主义资本主义腐朽思想文化的界限》	《解放军报》	2010 年 5 月 2 日	陈冬生	马克思主义理论教研部
7	《科学对待马克思主义》	《光明日报》	2010 年 5 月 4 日	韩庆祥 张艳涛	马克思主义理论教研部
8	《关于社会主义核心价值体系建设的三个问题》	《人民日报》	2010 年 5 月 17 日	韩庆祥	马克思主义理论教研部
9	《推进网络文化健康发展》	《光明日报》	2010 年 5 月 25 日	洪向华	科研部
10	《自觉划清中国特色社会主义民主同资本主义民主的界限》	《求是》	2010 年第 11 期	李良栋	政法教研部
11	《加强意识形态工作的一个重大课题——自觉划清社会主义思想文化同封建主义、资本主义腐朽思想文化的界限》	《光明日报》	2010 年 6 月 3 日	秦 刚	马克思主义理论教研部
12	《扎实推进学习型党组织建设》	《经济日报》	2010 年 6 月 29 日	洪向华	科研部
13	《加快推进生态文明建设》	《经济日报》	2010 年 7 月 5 日	洪向华	科研部
14	《中国道路的哲学启示》	《人民日报》	2010 年 7 月 7 日	贾高建	哲学教研部
15	《文风是党的作风建设的重大课题》	《光明日报》	2010 年 7 月 27 日	祝灵君	党的建设教研部
16	《把握全球治理态势，增强全球治理观念》	《人民日报》	2010 年 8 月 11 日	张伯里	
17	《建设学习型政党的基础工程》	《光明日报》	2010 年 8 月 17 日	李君如	
18	《坚持和完善基本经济制度》	《经济日报》	2010 年 8 月 19 日	洪向华	科研部
19	《建设学习型党组织是建设马克思主义学习型政党的基础工程》	《经济日报》	2010 年 8 月 26 日	张荣臣	党的建设教研部

续表

序号	文章题目	发表报刊	发表时间	执笔人	单位
20	《在化解矛盾中构建和谐社会》	《人民日报》	2010年8月31日	郝永平	科研部
21	《认识重要意义，把握基本要求》	《人民日报》	2010年9月1日	张荣臣	党的建设教研部
22	《坚持科学社会主义基本原则，建设和发展中国特色社会主义》	《求是》	2010年第18期	严书翰	科学社会主义教研部
23	《建设学习型政党，提高党的建设科学化水平》	《光明日报》	2010年9月21日	高新民	党的建设教研部
24	《转变经济发展方式，促进和谐社会建设》	《人民日报》	2010年10月14日	辛　鸣	研究室
25	《创先争优是加强和改进党建的重要抓手》	《人民日报》	2010年10月21日	戴焰军	党的建设教研部
26	《加强社会建设，为全面建成小康社会奠定基础》	《光明日报》	2010年10月26日	张　瑞	科学社会主义教研部
27	《牢牢把握转变经济发展方式这条主线——学习党的十七届五中全会精神》	《解放军报》	2010年10月26日	赵振华	经济学教研部
28	《探索旅游业可持续发展之路——河南省云台山景区打造旅游精品的探索与实践》	《人民日报》	2010年11月17日	韩庆祥 袁赛男	马克思主义理论教研部
29	《“十二五”时期是利用重要战略机遇期的关键阶段》	《人民日报》	2010年11月23日	李　鹏	经济学教研部
30	《加快转变农业发展方式》	《经济日报》	2010年11月29日	曾业松	研究室
31	《在创先争优活动中发挥共产党员的先锋模范作用》	《光明日报》	2010年12月7日	张荣臣	党的建设教研部
32	《树立和坚持正确的事业观》	《人民日报》	2010年12月30日	洪向华	科研部

学 员 管 理

制度建设

中共中央党校学员管理若干规定*

中校字〔2010〕46号

为全面贯彻落实《中国共产党党校工作条例》，实现党校学员管理工作的科学化、规范化、制度化，保证轮训培训高中级领导干部和理论骨干任务的顺利完成，特制定本规定。

第一章　总　　则

第一条　中央党校的学员管理工作要以邓小平理论和"三个代表"重要思想为指导，深入贯彻落实科学发展观，着眼于培养忠诚于中国特色社会主义事业、德才兼备的党员领导干部和理论干部，按照党要管党、从严治党的方针，坚持从严治校、从严管理，坚持以人为本，实行科学管理，坚持以党性教育为主线，以改革创新为动力，以制度建设为载体，从实际出发，突出重点，突出难点，健全管理制度，改进管理方式，提高管理效果，全面加强对学员的管理，把党校办成风清气正的学府、党性锻炼的熔炉。

第二条　学员管理包括党性教育、学习管理、组织管理和生活管理。学习管理要充分调动学员学习积极性，增强教学针对性和实效性。组织管理要完善并严格学籍、学习、考勤等制度。生活管理要提倡艰苦奋斗，严格校规校纪，积极开展文体活动，活跃学习生活，增强学员体质。

第三条　党性教育要贯穿于党校教学全过程，把学习马克思主义基本理论与加强党性锻炼结合起来，重点解决理想信念，执行党的基本路线，坚持党的根本宗旨，坚持党的思想路线和群众路线，廉洁自律，贯彻民主集中制等方面的问题。

第四条　学员管理工作要从各班次学员的实际和特点出发，既要发挥管理职能部门的作用，又要充分发挥学员党支部的作用，增强学员自我管理、自我教育、自我服务的意识，努力在学员中形成认真读书、勇于探索、严肃活泼、艰苦奋斗、自觉增强党性的风气。

---

* 教务部等有关部门对中央党校1999年9月制定的《中共中央党校学员管理工作暂行条例》进行了修订，更名为《中共中央党校学员管理若干规定》，并于2010年4月8日经校委会讨论通过，5月5日印发中校字〔2010〕46号。

第二章　学员管理机构

第五条　在校委领导下，教务部、学员部、教研部（所）作为学员管理机构，分别履行各自的管理职能。

第六条　教务部负责并实施对全校各班次学员的学习管理、学籍管理工作。

第七条　进修部负责进修班、专题研讨班等班次的学员管理工作；培训部负责中青年干部培训班、民族干部培训班等班次的学员管理工作；研究生院负责党校系统师资培训班的学员管理工作。

第八条　各班次均建立学员党支部，学员党支部在校委会领导下和学员部的具体指导下，负责学员的学习研究、党性教育和集体生活的组织领导工作。

第九条　各班次设组织员，培训部新疆、西藏民族干部培训班设班主任和组织员。组织员（班主任）代表学员部实施管理并具体指导、协助学员党支部工作。

第十条　各教研部（所）根据教学任务，向有关班次派教学组或下班教师。教学组或下班教师会同组织员具体指导学员的读书、研讨、交流、撰写课题研究报告和论文等活动，参与相关班次的学习管理工作。

第十一条　党校有关部门要加强与各级党委纪检机关及组织人事部门等学员派出单位的联系沟通，形成有关部门协调配合、齐抓共管的学员管理工作格局。

第三章　学籍管理

第十二条　新学员应按要求在规定的时间内报到。因特殊情况不能按时报到者，须由选派学员的组织（人事）部门向中央党校招生办公室请假，省部级干部进修班、中青年干部培训一班等班次的学员须向中央组织部请假，请假时间不得超过一周。逾期不报到者，即取消其入学资格。

每学期开学前，已在校学习的学员必须按规定时间返校。因故不能按时返校者，须事先请假，否则按旷课处理。

第十三条　新学员经注册后即取得学籍。在注册中或注册后如发现有不符合入学条件者，不予办理注册手续或取消学籍。

第十四条　学员在校期间应严格遵守考勤制度。

1. 学员应按教学计划安排参加听课、自学、研讨、社会考察和党性教育等各项活动。

2. 建立健全考勤制度。考勤工作在学员部领导下，由组织员（班主任）负责。考勤情况每月公布一次，学期末进行汇总。学员毕业时，将考勤情况记入《学员学习考核登记表》。

第十五条　学员在校期间，要集中精力学习，一般不得承担所在单位的工作、会议、出国访问等任务。但有下列情况之一者，可以由选派学员的组织人事部门提出请假申请：

1. 出席党的全国代表大会和中央全会、全国人大会议、全国政协会议等全国性重大会议或接受其他特殊任务者；

2. 本地区召开人代会、党代会需要本人到会作述职报告或本人被推选为候选人需要到会参加正式选举者；

3. 因病经本校医院或有关医院证明需作短期休养治疗者；

4. 个人或家庭有特殊情况者。

第十六条　各班次学员的请假时间根

据其学制的长短作如下规定：学制不足一个月者，一般不允许请假；学制一个月至三个月者，请假时间累计不得超过5天；学制三个月至半年者，累计不得超过15天；学制一年者，累计不得超过30天。

第十七条 学员请假按以下规定办理手续：

1. 省部级干部进修班和省部级干部专题研讨班的学员，请假1天由组织员、中组部联络员批准；请假2至3天报学员部主管主任批准；请假4至5天报校领导批准。中青年干部培训一班的学员，请假2天以内由组织员、中组部联络员批准；请假3天以上7天以内报学员部主管主任批准；请假7天以上由校领导批准，并报教务部备案。其他班次学员，请假2天以内由组织员（班主任）批准；请假3天以上7天以内由学员部主管主任批准；请假7天以上由学员部主要领导批准，并报教务部备案。

2. 学员请假须填写《学员请假报告单》。

3. 学员请假期满返校后，应及时销假。如有特殊原因不能按时返校者，须提前向学员部续假，续假时间一般不得超过一周。

第十八条 学员平时一般不得在外住宿，家住北京的学员除公休日、节假日外一律住校。外地学员公休日、节假日在外住宿须经组织员（班主任）同意。学员离开北京，须报学员部备案。公休日、节假日离校时间原则上为周五或放假前一天下午4时30分以后，返校时间为周日或假日最后一天晚11时之前。

第十九条 在校学员有下列情况之一者，应予退学：

1. 经医院诊断，因病不宜继续学习者；

2. 病事假时间过长，超过所在班次的请假时限者；

3. 因工作调动或工作特殊需要，由选派学员的组织部门做出决定要求提前结束学习者；

4. 发现有严重问题，已由原单位和当地组织部门查处并提出不宜继续学习者。

省部级干部进修班、省部级干部专题研讨班、中青年干部培训一班的学员退学，须报中央组织部干部教育局批准。其他班次学员退学须经学员部同意，并报教务部审核、批准。

第二十条 学员在校学习期间，学习成绩优秀或在某一方面表现突出者，学员部或学校将给予表扬与奖励。

第二十一条 学员在校期间违反校纪校规，应给予批评教育；情节严重的，与学员派出单位协商，给予相应处分。

第二十二条 进修部进修班的学员毕业时要撰写学习小结，并将其内容填入《学员学习考核登记表》。该表一式两份，一份寄往选派学员单位的组织人事部门，另一份留进修部存档。

第二十三条 培训部各班次学员毕业时，除要进行学习总结和填写《学员学习考核登记表》外，还要进行毕业鉴定和填写《学员毕业鉴定表》。毕业鉴定应突出学员理论学习、党性锻炼等方面的情况。以上两表各一式两份，一份寄往选派学员单位的组织人事部门，另一份留培训部存档。

第二十四条 各班次学员学完教学计

划规定的全部课程，考核合格者，准予毕业，并发给毕业证书。中途退学的学员，不发毕业证书，可以开具学习证明。

第二十五条 学员毕业时，按规定办理各种手续后，方可离校。

第四章 学习管理

第二十六条 入学教育阶段，学员要认真学习入学教育文件，领会教学计划，明确教学指导思想、目的、要求和方法，端正学习态度，并制订个人学习计划。

第二十七条 党性教育是中央党校的必修课。党性教育的主要方式：

1. 学员通过入学教育明确理论学习和党性教育的目的、方法、步骤和应遵守的校纪校规，尽快实现从领导干部到普通学员、从工作到学习、从家庭生活到集体生活的转变。

2. 理论学习是党校党性教育的主要形式，要把加强党性教育同理论学习紧密结合起来，贯穿于理论学习的全过程。学员在理论学习的各个阶段均要结合个人的思想工作实际，分析总结加强党性锻炼的情况。

3. 在党性教育中，学员部可组织安排学员进行体验式教学和党性分析。学员在党性分析时要着重结合回顾个人成长过程，尤其是在走上领导岗位以来的工作中，在政治上、理论上、思想上、行动上与党的要求存在的差距，制定改进措施，增强党性修养。

4. 学员要参加党的组织生活和以党性教育为主要内容的各项活动，积极开展批评与自我批评，交流思想，互相帮助，共同提高。

5. 学员毕业时要作党性教育小结，并把党性锻炼情况作为个人自我总结和支部鉴定的内容之一。

第二十八条 学员听课时应自觉遵守课堂教学管理各项规定，自觉维护教学秩序。必修课和全校大报告不得无故缺席，选修课可根据需要自由选择。

学习期间严格遵守保密规定，按要求使用、保管、清退保密文件材料，不在非保密电话、公共场所和对无关人员谈论涉密内容。不在非涉密计算机上处理涉密信息。发现泄密隐患，应及时报告校保密委员会。

第二十九条 学员要按照教学计划的要求坚持自学，自学时间不得挪作他用。周一至周四每晚要保证2小时学习时间。

第三十条 学员要认真参加有关教研部、学员部、学员支部在各个教学阶段组织安排的学习讨论、专题研讨和双向交流。讨论前，认真准备发言提纲；讨论中，畅所欲言，形成民主讨论，积极探索，求真务实的风气。

第三十一条 学制在一个月以上的班次可根据教学计划安排教学参观。教学参观由学员支部、组织员和教学组共同研究安排，报学员部批准，报教务部备案。少数民族干部培训班的教学参观活动，由学员部统一安排，报教务部备案。

第三十二条 学制两个月以上的班次，可根据教学计划组织学员调研。调研由学员部制订方案并组织实施。

第三十三条 培训部各班次学员必须按规定参加学习考核。考核方式分为考试和考查两种。考试课程半年制班次安排1至2门，一年制班次安排2至4门，其余为考查课程。因故不能参加考试考查或考试考查不合格者，须参加补考。各门课程的考试考查成绩记入《学员学习考核登记表》，并存入个人档案。

第三十四条 进修部进修班学员在毕业时要提交课程论文或课题研究报告，并将其成绩记入《学员学习考核登记表》。

第五章 生活管理

第三十五条 学员部要积极开展健康有益、形式多样的文体活动，提高学员身体素质，丰富校园生活，营造和谐氛围，培养健康生活情趣。

第三十六条 学员在校期间要廉洁自律，认真做到：

1. 不用公款相互宴请；
2. 不用公款、公物给工作人员和学员送礼；
3. 不用公款组织旅游活动；
4. 不用公款到营业性娱乐场所活动；
5. 不用公款购买个人生活用品。

对违反上述规定的学员，要进行批评教育，必要时要在党支部大会上作检查。严重的要向学员所在单位通报情况，予以查处。

第三十七条 学员宿舍是学员学习和休息的场所，学员要自觉遵守学校的作息时间和学员楼的各项规章制度。上课、听报告、讨论和开会期间不会客；楼内不得留宿客人和家属；对房间内配置的设备要注意爱护，未经允许不得私自转移和调换；要注意节约水电、防火、防盗；保持楼内公共卫生；楼内公共场所禁止吸烟。

第三十八条 学员在统一安排的食堂就餐，除公休日、节假日外，一般不在校外就餐。

第六章 附 则

第三十九条 本规定具体条文由教务部负责解释。学员部可根据本规定制定实施细则，并报教务部备案。党校博士研究生和硕士研究生的管理要根据本条例的基本精神和国民教育的要求，由研究生院作出具体规定。

第四十条 本规定自下发之日起执行，凡本校原有规定与此相抵触的，均以本规定为准。

入学教育

春季学期新学员入学教育概况

类别		班次及学员	主要内容
进修部	第一批	省部级干部进修班（第47期）“转变经济发展方式与经济结构调整”研究专题、“防范和化解金融风险”研究专题共92人；地厅级干部进修班（第54期）“城市发展与城市治理”研究专题、“突发公共事件与危机管理”研究专题、“新形势下党的工作”研究专题共144人；县委书记任职培训班（第1期）387人。学员总数623人。	一、3月1日，开学典礼。新学员见面会，副校长孙庆聚出席并讲话；各学员支部见面会，小组讨论。 二、3月2日，副校长李书磊作学习引言，学员上党课。 三、第一周内，学员支部“两带来”问题交流。
	第二批	省部级干部进修班（第47期）“民生与社会建设”研究专题、“党的建设科学化”研究专题、“社会主义民主政治建设”研究专题共122人；地厅级干部进修班（第54期）“扩大内需与经济发展”研究专题、“文化建设与文化发展”研究专题、“世界经济格局变化与应对”研究专题共162人；“推进产业结构调整”专题研讨班40人。学员总数324人。	入学教育按照惯例顺利进行。
培训部		中青年干部培训一班学员100人，中青年干部培训二班168人，新疆地厅级民族干部培训班41人，新疆县处级民族干部培训班50人，半年制西藏民族干部培训班44人，一年制西藏民族干部培训班36人。学员总数439人。	一、3月1日，开学典礼。新学员见面会，副校长孙庆聚出席并讲话；各学员支部大会。 二、3月2日，副校长李书磊作学习引言，学员小组讨论。

秋季学期新学员入学教育概况

类别		班次及学员	主要内容
进修班	第一批	省部级干部进修班（第48期）“扩大内需与经济发展”研究专题、“社会主义民主政治建设”研究专题，地厅级干部进修班（第55期）“城镇化进程”研究专题、“社会稳定”研究专题、“文化体制改革”研究专题，市地党政主要领导干部进修班（第4期），“宗教工作”专题研讨班，学员总数301人。	一、9月1日，开学典礼。新学员见面会，副校长孙庆聚出席并讲话；学员支部大会，学员小组讨论。 二、9月2日，副校长李书磊作学习引言，学员上党课。 三、学员党支部履行职责，开展“两带来”问题交流。
	第二批	省部级干部进修班（第48期）“世界经济格局变化与应对”研究专题、“学习贯彻党的十七届五中全会精神”研究专题共77人；地厅级干部进修班（第55期）“转变经济发展方式与经济结构调整”研究专题、“民生与社会建设”研究专题、“学习贯彻党的十七届五中全会精神”研究专题共143人。学员总数220人。	入学教育按照惯例顺利进行。
培训部		中青年干部培训一班学员127人，新疆地厅级民族干部培训班41人，新疆县处级民族干部培训班54人，半年制西藏民族干部培训班44人。学员总数266人。	一、9月1日，开学典礼。新学员见面会，副校长孙庆聚出席并讲话；学员支部见面会，学员小组讨论。 二、9月2日，副校长李书磊作学习引言。学员以如何端正学习态度、增强党性、提高理论水平、尽快实现“三个转变”、努力完成学习任务为题，进行小组讨论。

学员“两带来”问题

春季学期学员“两带来”问题汇总

类别		班次	干部群众关心的热点问题（个）	希望中央党校解决的思想理论问题（个）
进修班	第一批学员	省部级干部进修班“转变经济发展方式与经济结构调整”研究专题	42	40
		省部级干部进修班“防范和化解金融风险”研究专题	14	7
		地厅级干部进修班“城市发展与城市治理”研究专题	37	35
		地厅级干部进修班“突发公共事件与危机管理”研究专题	14	29
		地厅级干部进修班“新形势下党的工作”研究专题	12	24
	第二批学员	省部级干部进修班“民生与社会建设”研究专题	15	20
		省部级干部进修班“党的建设科学化”研究专题	16	18
		省部级干部进修班“社会主义民主政治建设”研究专题	16	20
		地厅级干部进修班“扩大内需与经济发展”研究专题	42	10
		地厅级干部进修班“文化建设”研究专题	9	8
		地厅级干部进修班“世界经济格局变化与应对”研究专题	10	19
培训部		中青年干部培训班	24	38
		西藏民族干部培训班(第40、41期)	10	25

秋季学期学员“两带来”问题汇总

类别		班次	干部群众关心的热点问题（个）	希望中央党校解决的思想理论问题（个）
进修部	第一批学员	省部级干部进修班“扩大内需与经济发展”研究专题	26	36
		省部级干部进修班“社会主义民主政治建设”研究专题	14	8
		地厅级干部进修班“城镇化进程”研究专题	27	17
		地厅级干部进修班“社会稳定”研究专题	2	23
		地厅级干部进修班“文化建设”研究专题	12	18
	第二批学员	省部级干部进修班“世界经济格局变化与应对”研究专题	15	9
		省部级干部进修班“学习贯彻党的十七届五中全会精神”研究专题	18	18
		地厅级干部进修班“转变经济发展方式与经济结构调整”研究专题	45	30
		地厅级干部进修班“民生与社会建设”研究专题	21	30
		地厅级干部进修班“学习贯彻党的十七届五中全会精神”研究专题	27	18
		市地党政主要领导干部进修班	30	28
培训部		中青年干部培训一班	49	35

学员论坛与从政经验交流

进修部“读书与执政”学员论坛

6 月 4 日下午，进修部举办“读书与执政”学员论坛，中国第一历史档案馆馆长邹爱莲给学员作“读书与执政”专题讲座。校委委员、进修部主任黄宪起主持讲座，进修部副主任郭焕永、赵凤珍，进修部全体学员和工作人员共 300 余人听取讲座。

邹爱莲对清朝 200 多年的统治与清朝皇室的皇帝、皇子等重要成员的读书学习之间的关系进行多角度的深刻的分析和阐述。讲座视角独特、内容新颖、丰富精彩，受到全体学员好评。

培训部学员学术论坛

11 月 29 日下午，培训部举办 2010 年度学员学术论坛。副校长孙庆聚，校委委员、培训部主任徐伟新，中组部干部二局副巡视员储晓燕，研究室主任冯秋婷，科研部副主任郑权，培训部副主任王炳、薛泽洲出席论坛。论坛由培训部学员俱乐部学术交流协会会长、中青年干部培训一班学员廖岷、曾庆红主持。培训部全体学员和工作人员参加论坛。

论坛以“解读‘十二五’规划：机遇与挑战——学者与学员的交流与对话”为主题，4 位学者与学员展开对话，他们是：中国体制改革研究会会长宋晓梧、北京大学国家发展研究院院长周其仁、教授平新乔、清华大学经济管理学院教授胡祖六。参与对话的学员主要有：中国人民银行上海总部副主任、上海分行行长张新，国家发改委宏观研究院投资所副所长张长春、新疆维吾尔自治区昌吉市委书记苏彪和西藏自治区政府办公厅副秘书长格桑玉珍。

论坛上，周其仁、胡祖六、宋晓梧 3 位专家分别就宏观经济、金融和民生问题发表约 20 分钟的专题演讲，然后由 4 位学员发言并向专家提问，专家予以解答后，现场学员向专家自由提问，再由平新乔教授就学者与学员对话情况作简短点评。论坛过程中发言人各抒己见，主持人恰当引导，学员和老师们认真聆听、气氛热烈。

孙庆聚作总结讲话。他指出，本次学员论坛层次高、水平高、品位高，主题好、内容好、形式好、运作好、效果好，体现出敏锐的政治性、浓厚的学术性、深邃的学理性、适度的开放性、良好的互动性和受益的普惠性，是培训部学员高超研究水平的展现，也是对培训部学员管理能力的检验。他希望，培训部全体学员和工作人员再接再厉，把学员学术论坛打造成中央党校研究式教学的品牌。

新疆班和新疆发展研究中心举办系列“新疆发展论坛”

(一)

4月13日下午，新疆班和中央党校新疆发展研究中心联合举办“新疆发展论坛活动”，为中央新疆工作座谈会建言献策。校委委员、培训部主任徐伟新、马克思主义理论教研部主任周为民、教务部副主任冯鹏志以及科学社会主义教研部、文史教研部、教务部的有关教师参加论坛活动。论坛由新疆班班主任、新疆发展研究中心常务副主任王建华主持。

会上，10位学员代表围绕如何做好新疆工作，促进新疆的长治久安和加快发展，从不同角度谈了自己的体会，并提出意见和建议。

徐伟新在讲话中充分肯定新疆班组织的论坛活动，认为论坛活动主题明确、形式好、效果好、意义重大。她要求学员珍惜难得的学习机会，认真读书，深入思考，增长见识，提高本领，为新疆的稳定和发展作出贡献。

(二)

7月9日下午，新疆班和中央党校新疆发展研究中心举行“新疆发展论坛”，主题是“贯彻落实中央新疆工作座谈会精神，推进新疆跨越式发展和长治久安”。副校长孙庆聚、经济学教研部主任赵振华、文史教研部主任赵伯英、教务部副主任冯鹏志、培训部副主任王炳、经济学教研部副主任潘云良以及“八部一所”教研部门的有关专家和教授参加论坛。论坛由新疆班班主任、新疆发展研究中心常务副主任王建华主持。

入学伊始，新疆两个班次的党支部针对推进新疆经济社会发展分别成立若干课题组。中央新疆工作座谈会召开后，各课题组紧密结合学习贯彻中央精神和在中央党校学到的理论知识，联系新疆区情和各自工作实际进行了深入研究。这次论坛就是学员在校期间研究成果的集中体现。论坛会上地厅班姚班珍、张春林、刘星、胡亚生，县处班李德明、燕伟、木开依·加尔肯别克、翟少勇8位学员，围绕推进新疆跨越式发展和长治久安，就新疆经济社会发展、民生改善、对外开放、“三农”问题、城镇化建设、区域统筹协调、高校意识形态工作、维护社会政治大局稳定等方面工作，提出一系列政策建议。

孙庆聚在讲话中对论坛和学员的发言给予充分肯定。他强调，中央新疆工作座谈会为新疆实现跨越式发展和长治久安创造了历史性机遇，这次论坛正当其时，相信学员的思考与研究一定能为推进新疆经济社会快速发展和社会长期稳定起到积极作用，为相关部门研究新疆工作提供重要借鉴。

西藏班和西藏发展研究中心举办系列学员论坛

（一）

6月2日，西藏班和中央党校西藏发展研究中心举办第十期学员论坛。论坛的主题是：在全球气候变化下的西藏特色农牧业发展对策研究。副校长孙庆聚出席并讲话，国家民委副主任丹珠昂奔、中国藏学研究中心社会经济发展研究所副所长、研究员旦增伦珠应邀出席论坛。校委委员、培训部主任徐伟新，培训部副主任王炳，甘肃省陇南市委副书记、纪委书记李学春，青海省海南藏族自治州州委、常务副州长王长安，黑龙江省环境保护厅副厅长周海成，西藏自治区民政厅党组成员、副厅长刘家杰等中青二班学员代表出席论坛。西藏班全体学员及工作人员共83人参加论坛。论坛由西藏班班主任陈富主持。

西藏班学员尼玛扎西代表课题组作主题发言，西藏班部分学员从各自不同的角度作了补充发言。与会领导、专家对课题报告进行点评，提出意见和建议。

孙庆聚在总结讲话中称赞课题组选题很好，很有意义；课题的研究站位高，学术性强，主题发言很精彩，大家补充也很好。他认为，这种学员论坛组织形式很好，不仅有学员发言，还邀请相关部门的专家、领导及学员参加，大家互相启发，成果共享。希望西藏班继续总结经验，把学员论坛越办越好。

（二）

7月9日，西藏班和中央党校西藏发展研究中心举办第十一期学员论坛，论坛的主题是：加快转变西藏经济发展方式的对策措施研究。中国藏学研究中心原党组书记朱晓明、西藏自治区人大副主任嘎玛应邀出席论坛。出席论坛的还有：培训部副主任王炳，中青年干部培训一班学员代

表：山西运城市委书记高卫东、内蒙古呼伦贝尔市市长罗志虎、云南省西双版纳州州长刀林荫、重庆市万盛区区长潘毅琴。西藏班全体学员及工作人员共82人参加论坛。论坛由西藏班班主任陈富主持。

西藏班学员尼玛扎西代表课题组作主题发言，在分析西藏经济发展方式转变的必要性、发展优势的基础上，研究和探讨加快转变西藏经济发展方式的对策措施，并就符合西藏发展实际的发展模式进行有益的探索。西藏班部分学员从各自不同的角度作补充发言。与会领导、专家对课题报告进行点评，提出意见和建议。王炳对此次论坛作了总结。

（三）

12月6日下午，西藏班和中央党校西藏发展研究中心举办第十三期学员论坛，论坛的主题是：西藏旅游产业发展前景的思考及对策。副校长孙庆聚出席并讲话，中国藏学研究中心社会经济发展研究所副所长、研究员旦增伦珠，中国藏学研究中心当代所副所长、研究员刘洪记也应邀出席论坛。出席论坛的还有：培训部副主任薛泽洲，国土资源部科技与国际合作司副司长白星碧，广西河池市委常委、宣传部长、副市长黎丽，宁夏石嘴山市委常委、平罗县委书记蒋文龄等中青年干部培训二班学员代表。西藏班全体学员及工作人员共84人参加论坛。论坛由西藏班班主任陈富主持。

西藏班学员牟文虎代表课题组作主题发言，分析西藏大力发展旅游业的可行性及重要意义，认真研究发展旅游业的优势及制约因素，探讨加快推进西藏旅游业发展的对策措施，对今后西藏旅游业的发展提供有益探索。西藏班部分学员从各自不同的角度作了补充发言。与会领导、专家对课题报告进行了精彩的点评，提出了建设性的意见和建议。

孙庆聚在讲话中充分肯定论坛的效果，并对课题的完善提出意见和建议。薛泽洲对此次论坛作了总结。

县委书记任职培训班学员工作经验交流

3月9日上午，进修部举办县委书记任职培训班工作经验交流会。校委委员、进修部主任黄宪起主持会议。中组部驻班联络员组组长、干部一局副巡视员阎增山，进修部副主任赵凤珍，中组部联络员、各省跟班工作人员、组织员和县委书记班全体学员共450余人参加会议。

按照中组部干教局安排，进修部从全国邀请6位曾任或现任县委书记的地方领导来校与培训班学员面对面交流。座谈会上，山西晋城市委副书记冯建平，吉林省吉林市副市长朱淳，江苏省昆山市委书记张国华，江西省九江市委副书记朱荣辉，湖南省郴州市委副书记、宜章县委书记向曙光，云南省会泽县委书记何汝利，分别介绍自己抓班子、带队伍、贯彻执行民主集中制的经验和体会，并与县委书记任职培训班的学员进行互动交流，回答学员们提出的问题。

这次交流会的举办，起到新老县委书记经验共享、交流思想、互相启发、促进工作的作用，受到学员欢迎。

培训部学员从政经验交流

（一）

6月7日下午，培训部中青年干部培训一班（第28期）一支部与新疆地厅班学员举行从政经验交流会，常务副校长李景田，校委委员、培训部主任徐伟新听取学员发言。

中青年干部培训一班李晖、肖盛峰、张福海3位学员围绕如何当好一把手、如何做好突发事件的应急处理和涉外工作的理性应对等方面汇报自己的心得体会。

两个班的学员结合自己的工作实际对3位学员发言进行点评，并就一些热点问题进行互动交流。

徐伟新作总结讲话。她充分肯定从政经验互动式交流的意义，评价是学学相长的一种很好的载体和形式，有助于丰富同学们的执政经验、提高领导干部的执政能力。她同时希望学员们能够多给自己留一些“踱方步”思考问题的时间和空间，借以整理心灵碎片，理清思维秩序，以更加清醒坚定的信念为党为人民做更多的工作。

（二）

10月12日下午，培训部中青一班（第29期）一支部和新疆县处班举办跨班从政经验交流会。常务副校长李景田，副校长孙庆聚，校委委员、培训部主任徐伟新出席会议。

会上，辽宁省阜新市委书记姚志平、新疆巴州轮合县委书记张正荣、浙江省农业厅厅长孙景森、新疆自治区新华书店总经理热甫卡迪江·黑力力等4名学员分别发言，中国人保（集团）公司总裁、党组书记吴焰，新疆喀什师院科研处处长姑丽娜尔·吾甫力，山东省省长助理、省政府党组成员陈光，新疆科学技术协会秘书长、学会学术部部长谢国政，党的建设教研部教授刘炳香等5位同志分别作现场点评。

徐伟新在讲话中对这次从政经验交流活动给予充分肯定，并勉励学员们珍惜党校学习机会，一要勤读有字之书，认真研读马克思主义经典著作和中国特色社会主义理论体系的重要篇目，不断提高马克思主义理论素养；二要勤读无字之书，善于总结经验、善于相互学习，加强研讨交流，促进教学相长、学学相长，不断提高领导能力和执政本领；三要坚持党校姓党，加强党性锻炼，增强党性修养，不断提高政治素质和道德品质。

培训部副主任王炳、薛泽洲，中青年干部培训一班一支部和新疆县处班全体学员参加交流会。

社会调研与课题研究

进修部学员社会调研

（一）

12月17日，省部级干部进修班（第48期）“学习贯彻党的十七届五中全会精神”研究专题支部学员赴河北省廊坊市香河县考察。

支部学员由支部书记、中央纪律检查委员会常委、副书记干以胜，校委委员、进修部主任黄宪起带队。河北省委常委、纪委书记臧胜业，廊坊市委书记赵世洪，市委副书记吴晓林，市委常委、纪委书记刘万青，香河县委书记杨文华等陪同考察。

干以胜代表中央党校学员对河北省委、廊坊市表示感谢。他说：近年来河北省深入学习贯彻落实科学发展观，努力又好又快发展，经济社会发展势头良好，成效突出。廊坊市和香河县发展思路明确，目标定位准确，经济社会发展取得突出的成绩，祝廊坊市和香河县迈上新的台阶，取得更大成绩。

臧胜业首先代表河北省委、省政府，对中央党校省部班学员到廊坊市参观考察表示欢迎，并简要介绍河北省贯彻落实科学发展观，推动河北省经济社会发展情况。

赵世洪介绍廊坊市经济社会发展情况。他说，廊坊市按照“依托两城、建设三区、开发两河”的发展思路，努力打造首都卫星城，以社会主义新农村建设为切入点，大力发展面向京津的高端现代服务业，取得明显的成效。香河开发区、现代产业园、家具制造业基地建设日臻完善，为县域经济增长注入强大动力。

干以胜一行先后参观考察金钥匙国际家具会展中心、运河国际生态城、第一城等。

（二）

12月21日，省部级领导干部进修班（第48期）“世界经济格局变化与应对”研究专题支部学员赴天津市参观考察。中共中央政治局委员、天津市委书记张高丽，市委副书记、市长黄兴国会见中央党校学员。

张高丽在讲话中简要介绍近年来天津经济社会发展的工作思路和主要成效。他说，天津市委、市政府认真贯彻落实科学发展观，带领全市人民紧紧抓住发展机遇期，牢牢把握发展主题主线主攻方向，取得可喜的成绩。今后要加快转变经济发展方式，调整优化经济结构，在中央各部门、兄弟省区市、国有大企业的关心支持下，努力实现又好又快发展。

学员支部书记、中联部部长王家瑞说，天津各方面都发生显著变化，在国内外的影响越来越大，积累了十分宝贵的经验，具有重要的借鉴意义。相信在市委、市政府的领导下，天津市和滨海新区经济社会发展一定会迈上更大的台阶，达到更高水平。

市委副书记、滨海新区管委会书记何立峰在滨海新区会见了中央党校学员。副校长孙庆聚代表中央党校，对天津市委、市政府的热情接待与周密安排表示感谢。他说，这次考察，目睹了滨海新区发生的巨大变化，取得的成就令人鼓舞，创造的经验十分宝贵。衷心祝愿天津市和滨海新区抓住难得的历史机遇，再上新水平，再创新业绩，开创更加美好的明天。

赴天津参观学员支部由支部书记、中联部部长王家瑞，副校长孙庆聚，校委委员、进修部主任黄宪起带队。在津期间，参观考察了天津市规划展览馆、力神电池股份有限公司、赛象科技股份有限公司、空客A320天津总装公司、滨海光电信息产业园、中新生态城、东疆保税港区、国家超级计算天津中心等。

进修部学员课题研究成果交流

（一）

4月27日上午，进修部举办学员课题研究成果交流会。校委委员、进修部主任黄宪起主持会议。教务部副主任赵理文、科研部副主任郝永平、国际战略研究所副所长刘建飞，进修部副主任郭焕永、赵凤珍，中组部驻省部班联络员杜业栋、赵珊平、何勤芳，各教学组相关人员及进修部全体学员参加会议。

会上，省部班学员、中国第一汽车集团公司党委书记、副总经理赵方宽就“关于发展我国战略性新兴产业的思考”课题，重庆市委常委、秘书长范照兵就“加快农业发展方式转变问题研究”课题，中国中信集团公司党委副书记、副董事长、总经理常振明就“加快我国债券市场发展”课题，地厅班学员、全国人大常委会办公厅秘书方军就“从软环境到软实力——城市发展与治理中的制度创新”课题，武警北京总队副参谋长李宝林就“经济结构调整期群体性事件的发展趋势、特征和预防”课题，辽宁省政协副秘书长张凤羽就“关于建立健全干部考核评价机制的探索与思考”课题分别作了汇报，围绕当前党和国家改革发展中的重大问题和人民群众普遍关心的热点难点问题进行有深度的理论研究和思考，提出了创新思路和对策建议。

黄宪起用“三个好”总结了学员的课题研究成果，认为选题好、学风好、对策建议好，对学员在校期间的学习、调研和课题研究取得的收获和成果给予充分肯定。

（二）

7月14日上午，进修部举办学员课题研究成果交流会。常务副校长李景田、副校长孙庆聚出席会议。教务部主任王东京、科学社会主义教研部主任王怀超、研究室主任冯秋婷、科研部副主任郝永平、经济学教研部副主任潘云良、党的建设教研部副主任戴焰军、国际战略研究所副所长刘建飞、进修部副主任郭焕永出席会议，中组部驻省部班联络员程桂兰、燕卫华、赵安华，进修部全体学员参加会议。交流会由校委委员、进修部主任黄宪起主持。

会上，省部班学员、教育部副部长鲁昕就“职业教育公益性质及其实现形式”课题，全国社会保障基金理事会副理事长王忠民就“社会流动、社会公平、社会效率、社会成本”课题，中央外宣办副主任、国务院新闻办副主任王国庆就“领导干部要增强互联网意识，提高互联网舆论引导和管理能力”课题，中国西藏文化保护和发展协会副会长、中国藏学研究中心原党组书记朱晓明就“推进藏传佛教寺庙民主管理”课题，地厅班学员、江苏省国土资源厅党组书记、厅长夏鸣就“城乡统筹发展路径创新”课题，国家广播电影电视总局培训中心副主任傅亦轩就“提高全媒体时代的舆论引导能力”课题，中国外文出版发行事业局国际合作部主任于涛就“建设西南桥头堡、构建开放新格局”课题，分别作研究成果的汇报。他们围绕当前改革发展中的重大理论和现实问题，人民群众普遍关心的热点难点问题进行有深度的理论分析和阐述，提出创新思路和对策建议。

黄宪起在总结讲话中说，这次课题成果交流会有三个特点，一是选题好，选题新；二是体现出良好的学风和文风；三是理论分析深刻，对策建议好。这些研究成果充分体现学员们的忧患意识、责任意识和问题意识，充分体现学员们弘扬理论联系实际的学风，贯彻习近平校长改进文风的要求，讲真话、讲实话、讲新话、讲短话，充分体现学员们高水平的理论分析能力和对策建议能力。要发挥好这些课题研究报告的作用，为推动理论创新、体制创新、实践创新服务。

（三）

11月3日上午，进修部举办学员课题研究成果交流会。研究室主任冯秋婷、教务部副主任冯鹏志、文史教研部副主任周熙明、进修部副主任赵凤珍出席会议，各教学组相关人员及进修部全体学员参加会议。进修部副主任郭焕永主持会议。

会上，省部班学员、国家旅游局局长邵琪伟就“把旅游业发展成为我国国民经济的战略性支柱产业”课题，湖南省委副书记梅克保就“坚持走具有区域特色的战略性新兴产业发展之路”课题，中央政策研究室副主任方立就“对社会管理创新中政府职能转变的思考”课题，地厅班学员、国家发改委城市和小城镇改革发展中心主任李铁就“城镇化进程中的特大镇行政管理体制改革问题研究”课题，教育部语言文字应用管理司司长王登峰就“社会转型期的价值观调整”课题，中国科学技术协会组织人事部部长李森就“中部地区城镇化发展模式研究——以襄樊市为例”课题，广东省委政法委副秘书长、维稳办主任陈文敏就“加强社会管理创新，促进社会和谐稳定”课题，分别作研究成果的汇报。大家围绕当前党和国家改革发展中的重大问题、人民群众普遍关心的热点难点问题进行理论研究和思考，提出了创新思路和对策建议。

郭焕永在总结中充分肯定学员们在校期间学习研究取得的丰硕成果。

（四）

2011年1月12日上午，进修部举办学员课题研究成果交流会。副校长孙庆聚出席会议。经济学教研部副主任潘云良、科学社会主义教研部副主任刘海涛、国际战略研究所副所长刘建飞、进修部副主任郭焕永、赵凤珍出席会议，各教学组相关人员及进修部全体学员参加会议。校委委员、进修部主任黄宪起主持会议。

会上，省部班学员、南京大学校长陈骏就“全球气候变化的影响及其对我国的挑战”课题，国家发展和改革委员会副主任杜鹰就“关于西部地区推进产业结构调整与发展方式转变的若干思考”课题，地厅班学员、黑龙江省农委副主任、省农科院院长韩贵清就“转变农业发展方式，保障国家粮食安全——关于黑龙江省加快发展现代大农业问题研究”课题，国务院发展研究中心社会发展研究部部长葛延风就“关于收入分配问题的几点思考”课题，宁夏回族自治区政府副秘书长、政府研究室、发展研究中心党组书记、主任马建民就“建立重大事项社会稳定风险评估机制研究”课题分别作研究成果汇报。

黄宪起充分肯定学员们在校期间学习研究取得的丰富成果。他总结交流会有三个特点：一是选题面广，很有价值；二是视野宽，学风实，文风好，交流效果好；三是对策建议富有建设性。

附：

进修部学员课题研究成果目录

一、省部级干部进修班（第48期）“世界经济格局变化与应对”研究专题

（一）课题研究小组研究报告题目

1. 世界新格局下的中国作为
2. 当前中国对外开放战略调整的重点
3. 中国金融国际竞争力研究
4. 对中国能源发展路径选择的思考
5. 抓住机遇，弯道超车，加快“走出去”的步伐
6. 全球气候变化的影响及其对我国的挑战
7. 香港经济发展在世界经济格局变化中的战略选择
8. 关于涉诉信访若干问题的思考
9. 开放经济条件下房地产调控与金融调控的若干思考
10. 国际格局变化与中国环境外交
11. 新认识、新重点、再创新
12. 全球经济格局变化对我国战略机遇期的影响

（二）个人研究报告题目

1. 试论世界经济格局变化与我国经济发展方式转变
2. 后金融危机时代世界经济格局变化对我国的影响及对策
3. 科技创新与后危机时期对策之思考
4. 世界经济格局变化对我国高等教育的挑战
5. 实施“深度开放”，大力推进我国教育国际化
6. 建立基本住房保障制度，破解房地产体制性“扭结”
7. 测绘实施“走出去”战略的思考与对策

（三）个人读书报告题目

1. 应对全球格局变化的几点思考
2. 看公共外交的演变
3. 关于我国人口的几个问题
4. 远飞者当换其新羽
5. 读《苦难辉煌》有感

6. 大智慧才能成就大事业
7. 加强公民教育研究，促进公民社会成长

二、省部级干部进修班（第48期）“学习贯彻党的十七届五中全会精神”研究专题

（一）课题研究小组研究报告题目

1. 关于西部地区推进产业结构调整与发展方式转变的若干思考
2. 破解“三农”难题重在统筹城乡经济社会发展
3. 加快产业结构调整，促进社会和谐稳定

（二）个人研究报告题目

1. 基础养老金全国统筹面临的问题与建议
2. “十二五”期间维护社会稳定要有新思路、新举措
3. 双轮驱动，两业并举，转变方式，科学发展
4. 践行社会主义核心价值体系要抓好四个环节
5. 反腐倡廉制度创新与系统结构调整
6. 高水平大学建设中高层次人才工作的分析与思考
7. 坚定不移地走中国特色军民融合式发展路子
8. 贯彻十七届五中全会精神，强化农业科技进步和创新支撑
9. 加快西部开发步伐，促进区域协调发展
10. 统筹城乡发展、促进三峡库区同步实现小康社会的思考
11. 军队要为改革发展稳定提供强大力量支持
12. 优化高等教育结构，促进区域协调发展
13. 关于“十二五”时期发展的几点思考
14. 不断提高司法工作化解社会风险能力，着力维护“十二五”时期社会和谐稳定
15. 关于加强人才培养支撑创新型国家建设的几点思考
16. 学习党的十七届五中全会精神心得
17. 理性看待我国的基本医疗保障制度
18. 加强和改进新形势下群众工作的思考
19. 当前收入分配背景下的公务员工资增长机制问题
20. 勇担重任，不辱使命，为推动科学发展提供有力的科技支撑
21. 深刻领会五中全会精神，大力推进现代林业建设
22. 为建设现代化武警和有效履行职责使命提供人才保证和智力支持
23. 围绕社会管理领域研究发展战略性新兴产业
24. 关于解决收入分配问题

三、厅局级干部进修班（第55期）“转变经济发展方式与经济结构调整”研究专题

（一）课题研究小组研究报告题目

1. 关于利用期货市场促进经济发展方式转变的思考
2. 推进干部制度创新造就创新型党政管理人才
3. 关于资源型经济转型发展的实践和思考
4. 转变农业发展方式，保障国家粮食安全
5. 构建与产业结构调整目标相适应的财税体制和政策
6. 转变发展方式与中国开放格局的调整

（二）个人读书报告题目

1. 读《解读中国经济没有现成模式》有感
2. 在转变中实现跨越，在跨越中促进转变
3. 破解自主创新难题，促进企业转变经济发展方式
   ——读《中国增长模式抉择》有感
4. 开窗放入大江来
   ——读《当中国统治世界》有感
5. 全球化与中国选择
   ——读《20世纪全球资本主义的兴衰》有感
6. 握牢抓手，促进中小企业发展新跃升
   ——读《中国中小企业发展报告（2008—2009）》的思考

四、厅局级干部进修班（第55期）“民生与社会建设”研究专题

（一）课题研究小组研究报告题目

1. 和谐社会视域下大学生就业创业问题研究
2. 中国民生评价指标体系初探
3. 中国现阶段税收调节社会贫富差距问题研究
4. 对缓解收入分配矛盾的几点思考
5. 社会矛盾与社会稳定问题研究

（二）课题研究小组分报告题目

1. 创新科技政策挖掘高端人才就业市场
2. 关于大学生就业难问题的几点思考
3. 促进就业是解决民生之本
4. 关于保障和改善民生的几点思考

5. 协调好公平教育利益关系的思考
6. 减少农民的路径思考
7. 和谐社会建设与国民素质发展关系研究
8. 积极加强军队协助维护社会稳定军事行动能力建设
9. 努力推进民航强国建设
10. 正确防范和化解各种社会矛盾维护社会稳定
11. 公安机关推进社会管理创新的思考
12. 宁夏民生与社会事业发展的几点思考
13. 贯彻十七届五中全会精神，加快构建资源节约、环境友好的生产方式和消费模式的思考
14. 加强知识产权工作，促进加快转变经济发展方式
15. 以民生精神为灵魂打造重庆现代商贸服务业
16. 对现阶段“看病难、看病贵”的思考
17. 关于对改进学习、调研、文风的思考
18. 《当代世界军事与中国国防》读书体会
19. 深化收入分配制度改革之我见
20. 加强和改善民生为重点的社会建设的几点思考
21. 关于加快建立农村养老保险制度的几点认识
22. 推进青海社会养老服务均等化困境及对策
23. 关于社会建设基本问题的思考
24. 香港医疗制度概况及对内地医疗制度改革的几点启示
25. 引智在农业经济发展中应发挥更重要作用
26. 保护水资源带关民生和社会发展大计
27. 构建和谐社会下的农村扶贫开发研究
28. 创造公平发展机会让经济发展成果惠及大多数人
29. 对开放型经济与就业问题的几点认识
30. 经济欠发达地区随军家属就业安置的调查与思考
31. 漳卫南局事业单位收入分配制度改革探讨
32. 关于文化养老的探索和思考
33. 坚持推进新疆教育改革与发展　努力实现少数民族地区教育加快发展
34. 让工作照亮人生
35. 新时期复退军人非理性利益诉求的成因和对策
36. 理性看待我国际影响力，为“十二五”营造良好国际舆论环境
37. 加强保护弱势群体制度建设　促进社会公平正义
38. 我国当前利益分配失衡的根源分析及政策思路

39. 关于降低医疗投诉、构建和谐医患关系的思考
40. 以人为本，勇于创新，积极探索破解看病难问题的新途径
41. 社会矛盾与社会稳定问题中值得关注的劳动就业问题
42. 关于体育在促进和谐社会建设中作用的思考
43. 发展循环经济、改善民生和保护生态环境

五、厅局级干部进修班（第55期）“学习贯彻党的十七届五中全会精神”研究专题

课题组研究报告题目

1. 从“两型社会”到“三型社会”
2. 推进城镇化必须切实尊重农民意愿
3. 我国区域经济协调发展探讨
4. 转变经济发展方式必须统筹发挥好各方面积极性
5. 完善“两型”社会的体制机制研究
6. 建立重大事项社会稳定风险评估机制研究
7. 中国特色社会主义公安监管制度研究
8. 重视基础研究，促进科技创新
9. 推进边疆民族地区农村基层公共文化体系建设，应当确立和完善融合式发展模式
10. 中国特色社会主义新农村构想

培训部学员社会调研成果交流

（一）

9月27日上午，培训部召开中青年干部培训二班（第10期）社会调研交流会。校委委员、培训部主任徐伟新、教务部主任王东京和培训部副主任薛泽洲参加会议。会议由培训部副主任王炳主持。

中青年干部培训二班（第10期）根据研究兴趣和以题结组的原则组成22个课题组，内容涉及经济、政治、文化、党建、环境等多个方面。经过资料收集和理论准备，7月11日至18日分赴全国17个省、市、自治区进行实地调研。收获颇多，成果丰硕，形成167篇调研报告。培训部从中遴选出6个有代表性的调研组，作大会交流发言。蒋文龄等6位学员分别以“长沙市经济结构调整的经验及启示”、“关于农村承包地流转的几点思考”、“后金融危机时代地方政府融资问题研究”、“生态和可持续发展对策研究”、“农村公共文化服务平台建设”、“推进惩治和预防腐败体系建设研究”为主题作了汇报。

徐伟新进行点评。她指出，听了学员们的报告后，深感大家调研认真，成效显著。中央党校的所有教学活动都是紧扣“党校姓党”原则开展的，课题研究开始于社会调研，落脚于人民福祉。学员能直面现实、破解难题，体现出强烈的责任感、使命感。学员的发言都能理论联系实际，有数据、有对比，并且能够发挥调研小组成员结构上的优势，研究方法好。

（二）

12月1日上午和12月2日下午，培训部中青年干部培训一班社会调研成果交流会召开。副校长孙庆聚、李书磊，中组部干教局副巡视员李桂春，中组部驻中青年干部培训一班联络员组组长储晓燕，校委委员、培训部主任徐伟新，副主任王炳、薛泽洲出席会议。教务部、研究室、培训部和有关教研部的领导和教师担任评委。会议由培训部主任徐伟新、副主任王炳分别主持。中青年干部培训一班全体学员和培训部工作人员参加会议。

会上，17位学员分别代表所在调研组汇报调研成果。两场各邀请5位评委现场打分并点评。科学社会主义教研部主任王怀超认为，调研选题有重大现实意义，思路清楚、言之有据，有些建议对决策确有参考价值；不足之处是对现实问题进行理论思考不足，建议教员适当介入，进一步促进教学相长、优势互补。党的建设教研部主任王长江认为，这次调研成果交流采用评委打分、现场评比的方式，成果质量确有提高，社会调研对于学员进一步理论联系实际，开阔视野、把握大局有明显作用，对推动地方发展也有好处；不足之处是有些选题过大，对党建专题缺少研究。研究室副主任曾业松认为，本次调研抓住了各地区发展过程中的重点问题、关键问题和典型问题，且更注重实践、对策和操作性研究。王炳在会上作总结发言。

（三）

2011年1月5日下午，培训部新疆班（第51期）、新疆班（第52期）举行社会调研交流会。4位学员代表结合考察的内容和所学的理论，联系新疆的实际，从不同的角度交流了自己的感受和体会。

10月16日至11月23日，新疆班学员分别赴安徽、四川和中国浦东干部学院进行社会调研和体验式教学。学员们认为，这次调研活动主题明确，针对性强，内容丰富，收获很大，达到了预期的效果。通过调研、交流活动，学员们受到实实在在党的基本路线和改革开放成果的教育，生动的革命传统和时代精神教育，对中国特色社会主义理论体系有了更加深刻的认识和理解；开阔了眼界，增长了知识，更新了观念，启迪了工作思路，进一步增强了加快新疆发展的责任感和紧迫感。

附：

培训部学员调研报告目录

一、中青年干部培训一班（第28期）

一支部

夜礼斌　关于贫困地区加快经济发展方式转变的调研报告
　　　　——以云南省昭通市为例

杨森林　山西省村民委员会换届选举调研报告

李朴民　关于贫困地区加快经济发展方式转变的调研报告
　　　　——以云南省昭通市为例

问　武　咸宁市统筹城乡产业发展的现状和对策

刘振宇　“法治山西”建设调研报告

张旭光　以科学发展观为指导　加快推进新型城镇化
　　　　——湖北省城镇化发展情况调研报告

张福海　云南省新闻出版业转变发展方式调研报告

李　晖　着力强化“转方式”的组织保障
　　　　——赴云南省昭通市社会调研报告

侯树根　组织部门在加快经济发展方式转变中如何发挥好职能作用
　　　　——对云南省昭通市委组织部的调查与思考

穆思山　加强诉讼与非诉讼衔接促进社会矛盾化解
　　　　——关于河北、山西法院创新工作机制、深入推进社会矛盾化解的调研报告

罗　宁　充分调动企业职工的积极性和创造性
　　　　——浙江“中国企业核心竞争力问题”调研报告

黄楚平　统筹城乡发展　加快推进城乡一体化进程

纪　峥　湖北省咸宁市户籍制度改革的调研报告

杨长利　推动科技创新，提升企业的核心竞争力

梅永红　企业核心竞争力问题调研报告

王　梅　加快人才培养，提升快递服务企业核心竞争力
　　　　——参加浙江组关于企业核心竞争力调研报告

王琼珠　推进基本公共服务均等化：城乡共同繁荣的科学之路
　　　　——赴湖北省咸宁市考察的调研报告

宋世麒　软实力助推企业科学发展

——赴浙江省部分企业调研考察报告

肖盛峰　关于昭通市实施退耕还林发展生态经济的调研报告

龚稼立　当前农村基层民主建设的实践和探索

——山西省运城市村级“两委”选举工作调查报告

凌　文　抓好党建　打造中国企业特有的核心竞争力

——浙江部分企业党建调研报告

钟志生　在统筹城乡发展中推进新农村建设

——咸宁市新农村建设的实践与启示

顾　炬　完善税收制度　促进服务经济发展

——从服务经济发展的要求看税制改革的必要

黄柳权　从山西省村民委员会的民主实践看农村基层选举制度完善

王海萍　加强基层民主政治建设，夯实社会稳定基础

——赴山西考察调研报告

二支部

张社年　加快城乡配套体制改革，绍兴市走出一条科学建设新农村的路子

——浙江省绍兴市新农村建设的调查与思考

张祖林　关于绍兴市城中村改造工作的调研报告

张金如　推进宅基地制度创新，加快城乡一体化进程

——关于浙江绍兴等地农村宅基地制度创新的调查与思考

孙　达　加强政府应急管理建设，切实提高城市减灾抗灾能力

冯贵权　应急避险与生命救援公共资源建设

黄建发　成都市应对汶川特大地震的经验和启示

王明珠　关于浙江省绍兴市扩权强镇改革的调研报告

李　静　土地流转是解决“三农”问题的有效抓手

——绍兴市推进农村土地承包经营权流转工作的实践与启示

耿长友　推进农村创业创新　促进农民增收致富

——关于浙江省绍兴市加快农民增收的调查与思考

张文林　关于加快转变经济发展方式的调研与思考

张晓霈　加快经济发展方式转变，推进老工业基地全面振兴

——关于吉林市转变发展方式的调研

周继业　做好产业升级这篇大文章

——推进吉林老工业基地振兴的调查与思考

龚　超　对农业产业化的政策性金融支持分析

——以吉林市农业产业化金融支持调研为例

胡　鹏　对老工业基地转变经济发展方式的几点认识
　　　　——吉林市转变经济发展方式调研报告
蓝天立　吉林市转变经济发展方式调研报告
洪天云　吉林市加快现代农业建设，转变农业发展方式工作调研
薛　利　“两个转变”过程中国有企业文化建设的调研与思考
　　　　——兼论中国商飞公司企业文化建设
卢新宁　影响社会稳定事件的心理干预暨媒体作用
李寅奎　确保农民文化权益，推进城乡一体化进程
　　　　——关于浙江农村文化建设情况的调查研究
栾　军　突发电网事故的应急管理
赵华林　突发环境危机事件的应急处置
马光明　实现城乡一体化的关键是增加农民收入
　　　　——绍兴市实施农民增收致富工程的调研与思考
李昆学　突发公共事件舆情引导工作的实践和体会
任生俊　关于赴吉林市调研调整经济结构转变发展方式的报告
王振江　应急预案工作中存在的问题和建议
赵素萍　关于浙江省农村社会保障体系建设的调查与思考

三支部

高卫东　以农业产业化为抓手　加快现代农业发展
　　　　——运城市农业产业化发展调研报告
刘智勇　扩大农村居民消费需求面临的主要问题及对策
　　　　——对山西省运城市夏县、闻喜县等地的调查
许雪光　农村应成为扩大消费需求的重要支撑
　　　　——关于山西运城扩大农村消费的调查与思考
白　涛　“扩内需，调结构”对银行信贷业务发展带来的机遇和挑战
　　　　——对山西省运城市的调研
刘小明　扩大内需与促进经济发展关系调研报告
李丕征　改善农村生活水平　提高农民消费能力
　　　　——关于山西运城扩大农村消费的调研报告
姚　林　房地产的稳定健康发展是当前扩大内需的重要抓手
张沁荣　关于落实中央惠农政策情况的调查与思考
　　　　——山西省运城市惠农政策落实情况调研
梁惠玲　以小城镇建设拉动农村居民消费
　　　　——扩大内需与经济发展专题调研报告

徐德光　关于广西壮族自治区柳州市加强和改进党建工作的调研报告

马永胜　发挥梅州独特优势，打响客家文化生态旅游品牌
——广东梅州“生态和可持续发展”调查与思考

刘日知　坚持生态优先　推动绿色崛起
——广东梅州“生态和可持续发展”调研报告

蒋兴伟　梅州生态和可持续发展问题研究
——合理开发利用梅州山区地缘优势,加强林业生态建设,推动绿色崛起

廖永远　生态梅州
——广东梅州推动绿色崛起实现科学发展的调研与思考

吴汉圣　广东梅州生态建设与可持续发展情况调研
——人文生态旅游发展情况

刘春航　发展绿色金融　助推绿色生态文明建设

陈　伟　坚持生态优先　推动绿色崛起
——广东省梅州市“生态与可持续发展”调研报告

刘小燕　完善体制机制　促进可持续发展
——对广东梅州“生态与可持续发展”的调研与思考

鄂义太　关于锦江区在推进城乡一体化发展中完善政府职能的调查报告

赵惠令　关于成都市在加快城乡一体化进程中加大公共财政向农村倾斜情况的考察报告

陈　刚　转变经济发展方式　发挥企业主角作用
——从东风柳汽的实践看企业在转变发展方式中的地位与作用

罗志虎　坚持“三个同步”发展理念　加快经济发展方式转变
——对广西壮族自治区柳州市转变经济发展方式的调查与思考

邓修明　关于成都市统筹城乡发展、推进农村产权制度改革相关法律问题的调研

王志清　发挥政府引领作用　促进发展方式转变

胡　冰　优化结构、勇于金融创新、促进地方投融资平台转型

赵　敏　柳州依靠科技创新成功实现产业调整升级

四支部

夏吉宣　关于湖南省邵阳市统筹城乡一体发展的调研报告

童名谦　关于邵阳市发展生态经济的社会调研报告

葛华勇　对湖南金融生态环境创建活动的调查

江广平　关于湖南特色新型工业化道路与低碳经济的调研报告

刘　纤　关于鄂尔多斯城乡一体化交通设施建设的调研报告

江　波　湖南省农村金融工作考察报告

贺　荣　为可持续发展提供司法保障的调研报告

——以湖南省法院系统的相关司法情况为基本素材

曹爱华 重庆市城乡一体化进程中农村社会保障状况调研报告

袁 毅 适应城乡一体化建设与发展需要的组织工作分析研究

——来自重庆市统筹城乡综合配套改革试验区的实践调查

范 仲 企业文化是实现企业科学发展的永恒动力

张宏志 关于重庆市产业结构调整问题的调研报告

付建华 提高企业应急保障能力，促进和保障企业核心竞争力的提高

章更生 多管齐下，加速城镇化进程

——重庆市城镇化建设调研报告

庄荣文 科技创新推动城乡统筹发展作用的探讨

——鄂尔多斯市通过科技创新推进城乡统筹发展的调研报告

李秀领 关于统筹城乡发展的几点认识与思考

——赴重庆调研报告

陈 武 在构建惩防体系中增强预防腐败工作的有效性

刀林荫 对重庆市统筹城乡改革发展的调查报告和加快西双版纳科学发展的思考

潘毅琴 坚持统筹城乡发展 推进资源型城市转型

——重庆市统筹城乡综合配套改革调研报告

耿汝光 关于经济全球化背景下如何构建和增强中国企业核心竞争力的调研报告

左中一 鄂尔多斯市在构筑城乡一体化发展格局中促进文化事业文化产业发展情况的调研报告

云光中 加快构筑城乡一体化的社会保障制度

——以鄂尔多斯市为例

刘玉华 广东省引进境外人才、推动经济社会发展情况的调研报告

赵光君 发挥政府主导作用 推进统筹城乡发展

——以内蒙古自治区鄂尔多斯市为例

王廷科 以政策改革和金融创新破解中小企业融资难题

——对广东省中小企业融资状况的调查分析

张 琼 关于鄂尔多斯人的幸福指数调研报告

徐爱婷 健全完善有效机制，强化权力运行监督制约

二、中青年干部培训一班（第29期）

学员姓名	调研报告题目
李　静、罗布江村、杨东奇、许　爽、张学武、许　卿、李云山、张育军、李振江	西部地区县域统筹城乡发展的实践启示——以四川省眉山市丹棱县为例
黄关春、游劝荣、罗乾宜、刘　莉、黄胜强、陆俊华	广东省应急管理体制机制调研报告
金湘军、洪巨平、田湘利、李连华、翟　青	发展与保护并重，演绎大美临沂——山东省临沂市探索环境保护新道路调研报告
罗宗毅、储晓燕、余蔚平、肖百灵、吕岩松、陈建华、赵建东、张　新	把文化产业作为战略性支柱产业做大做强的调查与思考——基于对湖南省文化产业发展状况的现实考察
田喜荣、王中和、刘铁流、王传栋、于　杰、赵洪顺、吴　焰	以创新开放的理念构建城乡一体化的全民医保体系——对医保“湛江模式”的调研和思考
陈　钢、李福申、高　环	莱芜市推进城乡一体化发展调研报告
刘克智、贾东军、黄　艳、牛之俊、孙景淼	转变经济发展方式的必然选择——对浙江发展生态经济的调查与思考
田　野、韩　宇、寇　伟、姚志平、沈蓓莉、杨洪波、丁向群、于学军	惩防并举　注重预防　大力推进反腐倡廉预防机制建设——关于云南省大力推进惩治和预防腐败体系建设有关情况的调研报告
谭家玲、李万疆、白阿莹、朱思泽、肖仲凯、李　利、徐占斌、邬小蕙	以民生为导向的统筹城乡发展试验——重庆市户籍制度改革调查报告
魏　国、宋大伟、鲍学全、宋晓明、唯　色、甘　霖、王和山、刘　珺、朱丽萍	率先闯出科学发展新路——珠海改革发展调研总报告
余静波、张继烈、王苏粤、杨绍品、孙　霖、姜志刚、范　坚、吴　兰、宁　梅	探索统筹城乡发展的新途径——对浙江“美丽乡村”建设的调研报告
林　武、张正新、刘曙光、杨子兴、李百安、梁　克、刘　华	“双转移”给力韶关突破——广东省韶关市实施“双转移”战略推动科学发展的调查
李家俊、刘国庆、赵立雄、岳中明、杜克平、张义珍	曲靖市经济结构调整和发展方式转变的现状及对策建议
王君正、孙炜东、聂春玉、葛洪元、孙持平、李凡荣、孙剑英、闫傲霜、丁　易、廖　岷	经济生态民生三位一体：丽江“富民强市”模式的启示
胡　军、曾庆红、郭卫民、樊绪银、李　冶、刘林宗、朱鹤新、翁铁慧	创新人才培养、发展及制度构建调研报告
赖德荣、王化文、乐大克、田　静、汪铁民、段铁力、赵晓晨、张　辉	做好农民增收这篇大文章——赴广西壮族自治区贵港市调研报告

三、中青年干部培训二班（第10期）

一支部

宋　鑫　加大技术创新力度　提高企业核心竞争力
　　　　——中央企业核心竞争力问题调研报告
王　胜　基于核心竞争力的高新技术企业多元化战略研究
　　　　——以武汉东湖高新区为实证分析对象
张义全　关于四川省军转安置情况的调研报告
许彦增　关于吉林省公共卫生应急管理体系建设情况和经验调查报告
沙克仲　关于中央企业核心竞争力的暑期调研体会
哈尔肯·哈布德克里木　长沙工业经济发展与结构调整浅析
蔡钊利　青海省贵德县统筹城乡发展调研报告
金善文　关于近年来成都市军转安置工作情况的调查与思考
刘晓晨　他山之石　可以攻玉
　　　　——关于农村公共文化服务平台建设的调研报告
刘嘉文　关于黔西南州区域生态补偿机制的思考
王长安　青海省海南州城乡统筹城乡发展的调研报告
唐　波　黔西南州特色资源评价与开发研究
许正中　关于区域经济协调发展的思考
王云亭　政府搭建平台，掀起全民创业热潮
　　　　——宁夏回族自治区中卫市创业就业工作调研
郭利群　关于中国当前农村土地政策的几点思考
王祺扬　关于武汉东湖高新区留学生创业园发展的调查
侯线红　加快海洋文化产业发展对策建议
王来祥　关于对应用类转制科研院所加强创新能力建设的思考
　　　　——对华烁科技股份有限公司转制调研所感
刘家杰　四川省退役士兵安置调查报告
王国辰　关于农村公共文化服务平台建设的调研报告
李　航　我国古代海洋文化的一个重要发源地——福建
梅玉良　关于浙江省统筹城乡发展情况的调研报告
王　兵　当前我国退役士兵安置工作有关问题的调研报告
　　　　——以四川省退役士兵安置工作为例
汪夔万　西宁市对地方政府债务的管理
王　霞　提高全民的海洋意识
李学春　安徽省池州市农村土地流转问题的调查报告

潘学峰　关于农村土地承包经营权流转问题的调查

　　　　——以安徽省池州市为例

王新堂　关于宁夏回族自治区大学生“村官”创业工作的调查报告

周海成　长江水灾频发，源自流域过度开发

张乐夫　关于昆明市加快人力资源质态提升、转变经济发展方式的调研及心得体会

邹碧华　党建工作评价标准主观化问题及对策社会调研

周少舟　低碳经济与林业碳汇和生物质能源发展

赵　萍　人类对湿地生态功能认识的深化与我国湿地保护工作进展

二支部

傅俊元　关于中央企业核心竞争力调研情况汇报

齐玉亮　以水资源可持续利用支撑甘肃省经济可持续发展

　　　　——关于甘肃省生态与可持续发展情况的调查

武德凯　关于加快甘肃安西极旱荒漠自然保护区发展的调研报告

陆　进　四川省遂宁市军转安置工作调研报告

孙孟新　福建省海洋科普情况调研报告

刘建洋　关于统筹城乡发展突出问题的调查及相关建议

瞿家茂　关于运用广播影视开展海洋文化宣传的调查报告

谢忠岩　我国的户籍管理制度和改革目标的探索

覃文萍　关于当前宁夏回族自治区劳动关系情况的调研报告

洪　光　关于推动城乡一体化发展的对策和建议

张　怡　薪酬和激励机制对央企核心竞争力的影响

　　　　——2010年部分在内蒙古的中央企业考察报告

孙虎军　赴新疆生产建设兵团考察城镇化建设的调研报告

益西加措　提升中国海洋文化软实力关键是提高全民海洋意识

孙成良　汉中市创新行风测评方式的做法

丁永坤　技术研发与创新对长沙工业发展方式的重大影响

　　　　——长沙工业发展调研

王家新　广西壮族自治区农村公共文化服务平台建设调研报告

王　芳　关于广西农村公共文化服务平台建设调研报告

黄惠勇　浙江省旅游产业结构调整有新招

　　　　——经济结构调整课题调研报告

李　杰　大力实施人才兴税战略的思考

　　　　——对昆明市国税系统人力资源情况的调查

范先军　关于广东省人民防空体制改革的调研报告

邓向东　关于浙江省金华市基层党组织公推直选工作的调研报告
郭　轲　关于杭州市社区党组织换届公推直选工作情况的调研报告
沈　阳　行走川甘边
　　　　——川甘藏区发展稳定情况的调查与随想
谭春霖　重视发展少数民族党员，加强民族地区党建工作
　　　　——赴新疆“党建科学化建设”调研报告
向春华　适应甘肃省生态环境特点，走可持续发展道路
　　　　——关于甘肃省生态与可持续发展情况的调查
梁艾福　发挥工商行政管理职能作用，推进经济发展方式转变
妥永苍　产业驱动是统筹城乡发展的必由之路
　　　　——对宁夏回族自治区石嘴山市惠农区“中粮模式”的调查与思考
蔡国春　关于浙江嘉兴市探索基层党组织公推直选工作的调研报告
岳建华　宁夏回族自治区固原市创业就业工作调研报告
刘晓平　关于高校宗教管理工作的调查
徐敏生　以产业统筹促进城乡协调发展
　　　　——青海省海南藏族自治州统筹城乡发展情况的调研
李向东　关于公推直选制度调研的个人报告
刘寒星　甘南藏族自治州双语教学情况及存在的问题
沈　青　关于安徽省池州市农村土地流转情况的调研报告

三支部

张长春　浙江以深化改革、扩大开放促结构调整
唐宇文　探寻屯城强边之路
　　　　——新疆兵团城镇化调查报告
王燕民　甘南藏族自治州中小学“双语”教育情况调研报告
汤兆志　关于来宾市农村公共文化服务平台建设的调研报告
白星碧　关于新疆建设兵团城镇化在经济发展与社会稳定中作用的调研报告
金建敏　核心技术和核心人才是央企核心竞争力的关键
　　　　——中央企业核心竞争力的调研报告
于国安　加快新疆兵团城镇化建设的调研报告
罗振华　未雨绸缪　系统周密　积极应对突发公共事件与危机
　　　　——赴吉林省突发公共事件与危机管理情况调研报告
黎　丽　广西壮族自治区整合资源建设农村公共文化服务平台的调研报告
王顺洪　引发和造成群体性事件的九个因素及对策
王建平　地方城投公司债发展中的问题及规范调研报告

王　伟　创新是企业发展的动力之源
　　——关于中央企业核心竞争力考察情况的报告
储学军　宁夏回族自治区西海固地区扶贫开发调查
郭全茂　应对突发公共卫生事件要做到五个第一
马　震　完善体制机制　推动城镇化发展
　　——广西壮族自治区城镇化发展课题调研报告
朱忠明　浙江省推进经济转型升级的实践及启示
栗慧英　关于青海省贵德县统筹城乡发展的调研报告
王润生　广西壮族自治区城镇化建设的思考
张金标　安徽省池州市农村土地承包经营权流转情况调研报告
张玉广　甘肃省少数民族教育发展概况
于立新　我国企业科技创新能力建设情况调研报告
施战军　生存·生态·生活
　　——部分节能企业调研所见及由此引开的思考
郑贤操　安徽省池州市以推进基本公共服务均等化实现城乡统筹发展的经验值得借鉴
常建忠　坚持民生为本，加强政府引导，积极推进保障性住房建设
　　——关于南宁市保障性住房建设情况的调研报告
赵国鸿　浙江省发展文化产业促进经济转型升级的调研报告
梁　刚　深化制度创新　建立和完善村民委员会监督制度
　　——陕西省建立和完善村民委员会监督制度的调查
贺水山　林业发展对推动甘肃生态可持续发展、促进新农村建设的重要作用
　　——甘肃省自然生态可持续发展与新农村建设的调研报告
张　远　福建海洋文化的历史记忆与现实启示
曹江林　甘肃省水泥产业发展现状调研报告
杨宏山　关于延安市宝塔区纪委推行信访听证终结制度的调查报告
刘月科　关于对商洛市推行乡镇公务接待“廉政灶”制度的调查和思考
郭洪伟　黔西南州区域协调发展的政策体系研究
李豫琦　关于我国城市绿色建筑发展情况的调查与研究

四支部

杨子江　调结构，抓创新，加快长沙经济发展方式转变
　　——长沙工业发展调研报告
魏地春　抓好民生第一大事
　　——关于宁夏回族自治区创业就业工作的调研报告
吴优福　经济发展方式转变视域中的劳动者素质提高

——基于昆明市的调研报告
刘　波　后金融危机时代地方政府融资问题研究
——地方政府融资平台：整合与规范
柳士发　当代中国经济双重二元结构转型升级的昆明实践
玄洪云　加强自身建设　保证中央企业核心竞争力的充分发挥
——赴部分中央企业调研的报告
冯小兵　中央企业如何走出创新瓶颈
——中央部分创新型企业专利状况调研及思考
鲁　勇　治理地方融资风险的关键在创新中观调节机制
——地方政府融资问题社会考察启示
余季平　南宁市城镇化建设调查
樊立新　新疆生产建设兵团城镇化发展调研报告
张相红　中央企业职工队伍建设情况的调研报告
——中央企业核心竞争力问题研究
鲜铁可　陕西省检察机关近五年反贪污贿赂工作情况调查分析
金一斌　围绕反分裂斗争是新疆高校党建的重点
——关于当前新疆高校党建和思想政治工作的调研报告
梅桂萍　关于对兵团南疆四个师党建工作的调查与思考
骆家駹　实现二次转制　为企业插上腾飞的翅膀
韩建华　黔西南州统筹城镇发展对策选择
——“黔西南州区域协调可持续发展机制与对策研究”调研报告
李培松　新疆城镇化与民族文化遗产保护问题调研报告
叶建良　关于西宁市政府融资情况的调研报告
赵念民　突发事件的舆论引导必须走向正规化
张佰成　黔西南州境内流域综合管理模式研究
——“黔西南州区域协调可持续发展机制与对策研究”调研报告
肖　卓　长沙市科技产业化建设的经验及启示
张文军　广西壮族自治区城镇化建设情况调研报告
陶　勤　“文化软实力与海洋强国战略”课题福建调研报告
马文辉　新疆城镇化与民族文化遗产保护问题调研报告
孙东升　西部大开发的战略重点放在哪里？
——对甘肃生态环境建设和西安城市定位的调研报告
何继宁　西宁市加强政府性债务管理的主要措施
李国安　抓好基层党建　打造坚强堡垒
——新疆生产建设兵团农十四师基层党建工作调研报告

罗成虎　推进五大体系建设　抓好民生第一大事
——关于宁夏回族自治区以创业带动就业工作的调研

李云鹤　“公推直选制度的普遍推行”调研报告

钱远坤　生态补偿是破解保护和发展矛盾的基础性制度

杭世勇　关于广西城镇化建设情况的调研报告

金　萍　甘肃省水资源和生态环境调研报告

五支部

王铃丁　贵州省黔西南州绿色产业体系研究

程继斌　昆明市加快经济发展方式转变调研报告

文树勋　关于长沙市以工业经济结构调整助推发展方式转变的调研报告

赵　波　湖北省电子信息产业跨越发展调研报告

邵东涛　关于新疆生产建设兵团城镇化问题的调研报告

蒋文龄　构建工业经济结构调整的政策支撑体系
——赴湖南省长沙市的社会调研报告

廖进荣　关于浙江省委组织部开展公推直选的调研报告

杨　健　“公推直选”调研浙江行

孟宇光　黔西南石漠化地区扶贫模式研究

葛全胜　黔西南州生态民俗文化旅游开发研究

肖登峰　关于四川省退役士兵安置情况的调研报告

任利生　经得起实践检验的政府应急管理能力
——吉林省应急管理能力建设调研报告

丁　文　浙江中心城区经济转型升级的调查与思考

陈　鹏　市县人代会新闻宣传工作现状调查

励　跃　银行业救灾应急对策研究

王国福　兵团城镇化问题调研报告

邝永韶　昆明市促进经济发展方式转变的人才对策建议

王福学　关于甘肃省水土保持生态环境建设情况的调研报告

张曙光　安徽省池州市农村土地承包经营权流转调查

余红辉　关于建立节能减排第三方监测体系的政策建议

马晨光　低碳建筑的现状与未来

冯　征　搭建创业大平台　解决就业大问题
——宁夏回族自治区银川市以创业带就业的做法和启示

李雅芳　安徽省青阳县土地流转现状、制约因素及对策

王力涛　关于新疆维吾尔自治区工商联开展非公有制经济党建工作的调研报告

郭郁烈　尊重科学　增强理性　扎实推进民族地区“双语教育”
——赴甘南藏族自治州、阿坝藏族羌族自治州调研报告
江荣全　农村公共文化服务平台构建的现状和路径
——以福建、广西为例
张　民　充分发挥退役士兵的资源优势，努力完善政法队伍的用人机制
——赴四川进行退役士兵安置工作的调研报告
申少君　昆明市提高劳动者素质促进经济发展方式转变情况的调研报告
肖洪波　赶超跨越的动力之源
——关于江西省宜春市加快推进新型城镇化建设的调查
艾尼瓦尔·阿不都热合曼　宁夏回族自治区青年就业创业工作情况的调研报告
王立新　增强技术创新能力建设　提升企业核心竞争力
——关于企业技术创新能力建设的调研报告
张秀兰　统筹海东地区城乡发展的思考

四、新疆地厅班（第 53 期）

赴上海、湖北学习考察报告

五、新疆县处班（第 54 期）

而今迈步从头越，后来居上看新疆
——新疆县处班（第 54 期）赴上海、福建学习考察报告

六、新疆地厅班（第 55 期）

赴沪、赣现场教学和社会考察的情况报告

七、新疆县处班（第 56 期）

沪湘学习考察情况报告

八、一年制西藏班（第 41 期）

熊　川　内蒙古考察报告
余　水　“中国牛”、“世界牛”
——赴内蒙古考察报告
尼玛片多　在科学发展轨道上加速行驶的内蒙古
——内蒙古考察调研体会
央　金　赴内蒙古学习考察报告
岳培均　赴内蒙古自治区社会调研体会

——内蒙古生态文明建设启示："要发展、更要精神"

侯学群　内蒙古考察报告

徐　梅　赴内蒙古自治区学习考察报告

胡海涛　借鉴内蒙古经验　推进西藏又好又快发展

——赴内蒙古学习考察启示

贾央玉珍　内蒙古社会调研随感

明马丹增　内蒙古学习考察体会

达瓦扎西　内蒙古自治区学习考察报告

毛　刚　赴内蒙古自治区考察学习体会

宋兴来　赴内蒙古自治区考察调研报告

方承红　赴内蒙古考察调研之感悟

格桑次旦　赴内蒙古学习考察报告

杨　红　开阔眼界　拓宽理念

——赴内蒙古学习考察体会

阿　张　内蒙古考察学习体会之一

刘　晓　内蒙古考察心得

九、半年制西藏班（第 42 期）

总报告　半年制西藏班（第 42 期）赴上海、广东学习考察情况报告

王国荣　赴广东珠三角经济社会发展情况考察报告

达娃欧珠　学习之旅、思考之旅

——上海、广东纪行

狄方耀　改革开放创奇迹　南国热土蕴生机

——关于对深圳等六城市考察的思考

张文涛　西藏民族干部培训班（第 42 期）赴上海、广东学习考察报告

边巴次仁　关于赴广东省六城市调研的报告

寇先敏　赴上海、广东佛山等地考察学习的调查报告

徐　瑾　学习考察体会

高巴松　珠海模式和西藏发展

——外出考察学习体会

党性教育和锻炼

进修部落实胡锦涛同志重要讲话精神
加强学员党性教育、推进反腐倡廉工作方案

加强对学员的党性教育，是中央党校进修部推进反腐倡廉工作的重要途径和有效手段。党性教育是进修部学员的必修课和特色课，贯穿于学员在党校学习生活的全过程，体现在听课、研讨交流、教学参观、社会调研、课题研究、支部活动、遵守校纪校规等日常活动中。为认真落实胡锦涛同志重要讲话精神，加强进修部学员党性教育、推进反腐倡廉工作，特制订如下方案。

一、基本原则

进修部学员党性教育、推进反腐倡廉工作以党的十七大、十七届四中全会精神和胡锦涛同志重要讲话精神为指导，以《党章》为依据，以党中央对新时期保持共产党员先进性和深入学习实践科学发展观的基本要求为标准，按照党校姓党、从严管理原则，坚持不懈地抓实提高学员思想政治素质这一重要工程，把理论学习与党性教育结合起来，把改造客观世界与改造主观世界结合起来，把思想政治素质的提高与贯彻执行科学发展观能力的增强结合起来，进一步增强学员的党性修养，不断完善反腐倡廉的有关制度。

二、主要内容

通过学习马克思列宁主义、毛泽东思想，特别是包括邓小平理论、“三个代表”重要思想以及科学发展观等重大战略思想在内的中国特色社会主义理论体系，进一步夯实理论基础。

通过对重大理论和现实问题的研究，拓展世界眼光，增强战略思维。

通过掌握马克思主义的立场、观点和方法，进一步确立正确的世界观、人生观、价值观和政绩观，坚定共产主义理想信念，坚定走中国特色社会主义道路的信心和决心，增强全面贯彻执行党的基本路线的自觉性和坚定性，做到在思想上、政治上、行动上与党中央保持高度一致。

通过对《党章》、党的历史和党的基本知识、形势国情政策的学习，通过开展学员论坛、课题研究、支部交流和小组讨论、组织生活会、教学参观等活动，进一步增强立党为公、执政为民的宗旨意识，提高道德品行和精神境界。

紧密联系对中央的重大部署和形势任务的战略思考，紧密联系实事求是、言行一致的学风和文风，紧密联系个人思想实

际和工作实际，把改造客观世界与改造主观世界相结合。

严格遵守中央和中纪委反腐倡廉的有关规定，从维护党的形象、党的高中级领导干部的形象和党校的形象的高度来认识和规范自己的行为，加强党员领导干部的修养，坚持党校姓党原则，讲党性、重品行、做表率，严格遵守校纪校规，勤俭节约，艰苦奋斗，廉洁自律。

尽快实现从工作到学习、从家庭生活到集体生活、从领导干部到普通学员的转变，严格执行学员管理的各项规定，排除干扰，专心致志完成学习任务。

具体包括以下四个主要环节：

1. 抓好入学教育，尽快实现“三个转变”；

2. 强化理论学习，寓党性教育于理论学习之中；

3. 通过组织生活会、党课、体验式教学、回顾党史、反腐倡廉教育、党性专题教育等活动，坚定理想信念，增强拒腐防变能力；

4. 进行党性教育和反腐倡廉工作小结。

三、方式方法

党性锻炼活动和反腐倡廉工作由进修部提出安排意见，学员支部组织实施，务求实效。采取个人与支部、分散与集中相结合的形式，重点围绕增强大局意识、增强战略思维能力进行。在党校学习期间，进修部至少组织上一次党课，开展一次革命传统教育或警示教育。按照进修部的统一安排，各支部结合本支部具体情况，对应入学教育、形势任务和学习小结等三个阶段，至少组织三次党小组主题生活会。

在学习、研讨和研究探索中，坚持解放思想、实事求是、与时俱进，发扬理论联系实际的学风，运用马克思主义立场、观点、方法，针对建设中国特色社会主义的重大理论问题和现实问题，联系自己的思想认识和工作实际深入思考，积极开展批评和自我批评，总结经验教训，力求在理论探讨和对策研究上有所收获，以增强工作的原则性、系统性、预见性和创造性。

学习结束前，每位学员都要对照上述要求进行学习小结。党性教育和反腐倡廉的心得体会要作为一个重要方面在学习小结中进行总结。支部开展党性教育活动和反腐倡廉工作的情况作为一个重要方面纳入支部工作总结。

四、组织领导

进修部要加强对学员党性教育、反腐倡廉工作的领导，根据本意见的要求，紧密结合新的形势和任务，并与教研部门相互配合，统筹安排，组织学员开展党性教育活动和反腐倡廉工作。

学员党支部要充分发挥组织领导作用，根据进修部的统一部署，对党性教育和反腐倡廉工作作出全面安排，并认真落实。

组织员要指导和协助学员党支部贯彻落实党性教育和反腐倡廉工作的具体安排，及时掌握情况，发现问题，具体指导，不断总结经验和教训，探索党性教育活动和反腐倡廉工作的规律。

培训部中青一班（第28期）党性教育实施方案

一、指导思想与基本要求

以党的十七大和十七届三中、四中全会精神为指导，以《党章》和党中央新时期保持共产党员先进性要求为标准，按照“实事求是、与时俱进、艰苦奋斗、执政为民”的办学新要求，把学习理论与增强党性结合起来，把改造客观世界与改造主观世界结合起来，把提高理论素养与保持共产党员先进性结合起来，进一步增强党性修养，坚定理想信念和宗旨观念，提高道德品行和精神境界。

二、主要内容与实施步骤

（一）抓好入学教育，尽快实现“三个转变”

通过入学教育，充分认识在新的历史时期学习中国特色社会主义理论体系和提高党的执政能力的重要性，增强学习理论的自觉性和紧迫感。明确在党校理论学习、党性锻炼的要求、方法和应遵守的校规校纪，尽快实现“三个转变”，即从领导干部到普通学员、从工作到学习、从家庭生活到集体生活的转变。

学习内容：

1. 胡锦涛同志在第十七届中央纪律检查委员会第五次全体会议上的讲话。

2. 习近平同志在开学典礼上的讲话。

3. 中央党校入学教育学习文件（教务部编）。

4. 中青年干部培训一班教学计划及党性教育实施方案。

思考题：

1. 在新的历史时期学习中国特色社会主义理论体系的重要意义，在党校学习有何计划。

2. 党员领导干部为什么必须增强党性修养，个人在这方面有何打算。

（二）把理论学习作为党性锻炼的主渠道，寓党性锻炼于理论学习之中

通过学习中国特色社会主义理论体系与当代实践，充分认识马克思主义理论一脉相承和与时俱进的品质，用中国特色社会主义理论体系武装头脑，进一步坚定理想信念，牢固树立科学发展观，强化党员意识，自觉与党中央保持一致。

思考题：

1. 如何理解马克思主义的一脉相承和与时俱进的理论品质。

2. 如何更好地坚持“解放思想、实事求是、与时俱进”的思想路线，践行科学发展观。

3. 深刻理解和准确把握中国特色社会主义政治、经济、文化、社会和党的建设的指导思想、总体思路、基本原则，提高执政能力，保持共产党员的先进性。

（三）研究党的历史经验，参加体验式教学，接受革命传统与革命精神教育，坚定理想信念

在学习党的历史经验的基础上，到井冈山、延安干部学院参加体验式教学，接受艰苦奋斗、勇于牺牲、甘于奉献的革命精神的教育。通过回归中国共产党人的精神家园，进一步增强党性锻炼的自觉性，增强对党的事业的忠诚，进一步坚定共产党人的理想信念。具体安排另行布置。

（四）开展党性分析，进一步锤炼党性

在理论学习的基础上，在体验式教学的过程中组织开展以“加强党性修养，坚持用中国特色社会主义理论指导实践，保持共产党员的先进性”为主题的党性分析活动。认真学习《党章》，着重从世界观和作风上对自己的党性状况进行严格剖析，查找存在的突出问题，总结经验教训，树立正确的权力观、地位观、利益观，明确改进措施和努力方向。具体安排另行布置。

（五）开展党性专题教育，提高反腐倡廉的自觉性

通过党课、先进典型和反面案例教育活动、专题党日活动、组织生活会等，开展反腐倡廉教育，进一步增强宗旨意识、党员意识、公仆意识，提高反腐倡廉的自觉性。

（六）搞好党性锻炼小结，总结党性锻炼的体会和收获

通过回顾半年来理论学习和党性锻炼的基本情况，总结收获体会，写出个人总结材料，在小组会上汇报交流。此项工作与毕业总结鉴定相结合，具体安排另行布置。

三、形式与方法

1. 根据形势任务的要求，以增强党性为核心，开展多种形式的教育活动，把党性教育贯穿于在校学习、生活全过程。

2. 经常了解学员的思想状况，开展谈心活动，有针对性地做思想政治工作。

3. 采用党课、报告会、观看录像等形式，进行先进典型及反腐倡廉的案例教育。

4. 定期安排组织生活，召开民主生活会。本期学员组织生活安排在每月最后一周的周一下午，具体内容见《党性教育日程表》。

四、组织与领导

1. 培训部提出学员党性教育安排意见，督促、检查学员支部的实施。

2. 学员党支部组织实施学员党性教育安排意见，通过制订计划、思想动员、组织实施、检查总结，把党性教育活动落到实处。

3. 组织员指导和协助学员党支部具体贯彻落实党性教育计划，注意总结党性教育的新经验，不断探索党性教育的规律。

附：

党性教育日程表

日期	星期	内容	备注
3月1日	日	开学典礼；培训部新学员见面会	培训部
3月1—2日		自学入学教育文件，小组讨论入学教育体会；交流“两带来”	支部、小组
3月29日	一	民主生活会：谈谈入学以来实现“三个转变”情况	支部、小组
4月30日	四	观看警示教育录像	全体
5月10—19日		与干部学院体验式教学相结合，开展党性分析	培训部
6月23日	一	“中国特色社会主义理论体系与当代实践”思想小结	个人自行安排
6月28日	一	专题党日活动：检查个人在校期间廉洁自律情况	支部、小组
7月8日	一	“执政经验与领导能力训练”思想小结	个人自行安排
7月12—16日		结合毕业总结鉴定进行党性锻炼小结	支部、小组

进修部新学员《党章》辅导课

（一）

3月2日，进修部邀请党的建设教研部教授张晓燕给新学员讲党课，主题为“深入学习和贯彻执行党章，增强党性修养”。校委委员、进修部主任黄宪起主持，进修部副主任郭焕永、省部级和地厅级干部进修班学员、进修部工作人员共计250多人参加。

这次党课是进修部为贯彻“党校姓党”原则，加强学员入学教育和党性教育而安排的一项重要活动。张晓燕教授以宽广的国际视野、追溯建党史、分析历次修改党章的根据和内容、结合自己调研的切身体会，从“党章的功能和作用”、“党章修改的内容和特点”方面对学习理解党章作了辅导。党课角度新颖、重点突出、深入浅出、针对性强，学员普遍感到很有收获。

（二）

5月13日，进修部在综合楼报告厅举办《中国共产党党章》辅导报告会。进修部省部班、地厅班全体学员，进修部副主任赵凤珍及全部工作人员共计350余人参加报告会。进修部副主任郭焕永主持报告会。

在教务部支持下，进修部在开学典礼的当日，发给每位学员《中国共产党章程》单行本。入学第2天，邀请党的建设教研部教授张晓燕为全体学员作《深入学习贯彻党章，增强党性修养》的辅导报告。报告会上，张晓燕教授从党章的功能和作用、党的十七大党章修改内容和特点等方面对党章作详细解读，受到学员们的好评。学员们认为，党章集中体现全体党员的意志和共同理想，是党员干部进行自我教育的最好教材。学员们表示，辅导报告进一步强化了党员意识、党校意识和学员意识，只有认真学习贯彻党章，才能有效地加强党性修养，永葆共产党员的先进性。要按照校领导和进修部的要求，尽快实现“三个转变”，投入到党校的学习生活中来，高质量地完成学习任务。

培训部组织学员开展党性教育活动

（一）

4月30日上午，培训部组织全体学工人员在报告厅观看反腐警示教育片《难逃其咎——郑筱萸受贿渎职案警示录》和《插翅难飞——胡星受贿案警示录》。

前者资料客观详实，采访深入到位，通过国家食品药品监督管理局原局长郑筱萸本人的痛心忏悔，深刻揭露了其违纪违法行为对党和政府形象的损害以及对社会公众的危害。后者揭露云南省交通厅原副厅长胡星，利用职务便利收受巨额贿赂，同时为亲戚经营活动谋利，生活腐化，案发后仓皇逃亡国外，最后在云南省公安厅和有关部门的抓捕中走投无路，投案自首。这些犯罪事实深刻剖析了他们从党员领导干部蜕变为犯罪分子的沉沦轨迹，是当前深入学习实践科学发展观和贯彻落实第十七届中央纪委第五次全会精神，对党员领导干部进行党性、党风、党纪教育的好教材。

观看录像前，培训部副主任王炳在讲话中说，大家要通过观看反腐警示片，提高抵制腐败的免疫力，时刻筑牢拒腐防变的道德防线，自觉加强自身修养，廉洁自律，防微杜渐，自觉接受监督，树立正确的权力观、地位观、利益观，永葆共产党员的本色和先进性。校委委员、培训部主任徐伟新全程观看录像，并同学工人员进行思想交流和讨论。

（二）

12月9日下午，培训部召开中青年培训二班党性分析动员会。校委委员、培训部主任徐伟新，副主任王炳出席并作动员。动员会由中青年干部培训二班组织员赵棋山主持。中青年干部培训二班全体学员和培训部工作人员参加会议。

王炳在动员讲话中说，开展党性分析是培训部的传统做法，是党校教育的一大特色，也是整个党校教学中的重要环节。要搞好党性分析，首先，要高度重视，认真对待，自觉投入；其次，要加强领导，党支部要发挥主体作用，组织开好学员党性分析的动员会、党性分析材料撰写的布置会和党性分析的评价会；再次，要抓住重点，写好党性分析材料，从理想信念、作风建设、廉洁自律等方面进行反思；最后，要搞好小组交流和评议。

徐伟新作总结讲话。她结合自身体会，从为什么、讲什么、怎么讲三个方面作了党性分析动员。她指出，要围绕习近平校长提出的“领导干部要牢固树立正确的世界观、事业观和权力观”的要求，着重从理想信念、作风建设和廉洁自律方面作党性分析。她强调，党性分析要区别于从政经验交流，应当有深度、有高度、重理性，讲规律、讲教训、讲重点。

（三）

12 月 31 日上午，培训部开展学员党课教育活动。校委委员、培训部主任徐伟新，副主任王炳、薛泽洲出席活动。培训部全体学员和部内工作人员共约 500 人参加党课教育活动。活动由王炳主持。

中青年干部培训一班学员、中纪委案件监督管理室主任田野为全体党员作了《关于十七大以来领导干部违纪违法案件的分析与思考》的报告。他介绍了十七大以来党政领导干部违纪违法案件的总体情况和特点，并分析现阶段领导干部违纪违法案件多发易发的原因，对防止领导干部发生违纪违法问题提出几点思考：从组织层面讲，要加强领导干部廉洁从政教育、增强拒腐防变教育，抓好对干部从严管理有关制度的落实，完善监督措施并规范权力正确行使，加大查办力度，始终保持惩治腐败的高压态势；从个人层面讲，领导干部要做到洁身自好、敬畏权力、慎交朋友、管好亲友。

王炳在总结讲话中说，田野同志的报告提纲挈领、分析透彻、事例典型、发人深省，对党员领导干部认清反腐败斗争的形势具有较强的指导性、针对性、实践性。希望全体党员严格执行廉洁自律各项规定，不断提高党性修养，做到常修为政之德、常思贪欲之害，清正廉洁、勤政为民。

学员座谈会

李源潮与中青年干部培训一班（第29期）学员座谈

11月23日，中共中央政治局委员、中央书记处书记、中组部部长李源潮与中央党校中青年干部培训一班（第29期）学员座谈，要求中青年干部善于学习、勇于实践，坚定中国特色社会主义信念，提高坚持改革开放、推动科学发展、促进社会和谐能力，更好地为党干事、为国创业、为人民谋幸福。

这期中青班有120多位学员。在已进行的两个多月培训中，学员们系统学习中国特色社会主义理论，到井冈山、延安进行党性教育，深入基层调查研究，加强了理论武装，拓宽了知识眼界，总结了实践经验，提高了能力素质。

座谈会上学员们踊跃发言，畅谈学习收获和体会。李源潮说，领导干部的能力从学习中来、从实践中来。中青年干部要加强理论学习，培养理性思维能力；掌握现代知识，不断更新知识结构；注重实践锻炼，在实际工作中积累经验、增长才干。要发扬艰苦奋斗精神、无私奉献精神，保持创先争优的精神状态。要见贤思齐，善于学习别人的经验教训，开阔眼界、开阔思路、开阔胸襟。

李源潮指出，理想信念是中国共产党凝聚力的核心，是走中国特色社会主义道路的动力和保证。中青年干部只有坚定走中国特色社会主义道路的信念，才能始终保持为党和人民干事创业的激情。改革开放是党的基本路线的重要内容，是我国实现社会主义现代化的基本国策。推进改革开放，必须坚持中国特色社会主义方向不动摇。改革不可能一帆风顺，改革的过程是一个不断解决矛盾和问题的过程。我们既要坚定不移地推进改革，又要有序可控地操作改革，审时度势、稳步前进，不动摇、不懈怠、不折腾。加强干部交流是深化干部人事制度改革的重要举措，是中青年干部锻炼成长的有效途径。中青年干部要勇于到艰苦地区、复杂环境和基层岗位交流任职，丰富阅历、砥砺品质、锤炼作风，增进对人民群众的深厚感情。

常务副校长李景田，中央组织部、中央党校有关负责同志参加座谈。

春季学期进修部学员党支部书记、学习委员座谈会

(一)

4月21日，进修部召开学员党支部书记、学习委员座谈会。校委委员、进修部主任黄宪起出席并主持座谈会。教务部主任王东京、研究室主任冯秋婷、经济学教研部副主任韩保江、党的建设教研部副主任张志明、后勤服务部副主任张素峰，进修部副主任郭焕永、赵凤珍，中组部驻省部班联络员杜业栋、赵珊平、何勤芳，以及教务部、研究室、教学组等有关同志参加座谈会。

来自6个学员支部的支部书记和学习委员，汇报了入学以来在理论学习、课题研究和党性锻炼等方面的收获体会。学员对党校的教学给予充分肯定，认为课程设计合理，教学内容充实，方法新颖，针对性、理论性和实践性很强。通过在党校的学习，对中国特色社会主义理论体系的认识有所深化，发展理念有所进步，落实科学发展观的自觉性和领导科学发展的能力有所提升，党性修养有所提高，收获很大。学员对党校教师的认真授课、辛勤指导，组织管理和服务人员周到热情的服务都给予好评，同时也对教学、管理和服务工作提出需要进一步改进的意见和建议。

教务部主任王东京对学员关于教学工作的意见和建议进行回应。黄宪起对学员支部书记、学习委员的支持表示感谢，充分肯定学员入校以来在学习、研究和党性锻炼等方面取得的成绩，并要求学员支委善始善终做好工作，完成党校学习任务。

(二)

7月7日上午，进修部召开学员党支部书记、学习委员座谈会。副校长孙庆聚出席并讲话，教务部主任王东京、科学社会主义教研部主任王怀超、研究室主任冯秋婷、国际战略研究所副所长郭建平、后勤服务部副主任刘志刚、进修部副主任赵凤珍，中组部驻省部班联络员程桂兰、燕卫华、赵安华，以及研究室、进修部等有关同志参加座谈会。校委委员、进修部主任黄宪起主持座谈会。

座谈会上，来自7个学员支部的支部书记和学习委员，汇报入学以来在理论学习、课题研究和党性锻炼等方面的收获体会，也对教学、管理和服务工作提出需要进一步改进的意见和建议。

孙庆聚在讲话中对学员入校以来在学习、研究和党性锻炼等方面取得的成果表示祝贺。他指出，召开这次座谈会的目的就是要总结经验，提高教学的针对性和实效性；对学员提出的意见和建议，比如“两带来”的反馈、调研时间和学制偏短等问题，相关部门要认真研究，不断改进工作，进一步提高党校教学和管理水平。

春季学期培训部
学员党支部书记、学员委员座谈会

（一）

7月5日，培训部召开中青年干部培训一班教学总结座谈会。副校长孙庆聚、李书磊，校委委员、培训部主任徐伟新出席会议。教务部、各教研部和国际战略研究所的领导和任课教师等参加会议。会议由培训部副主任王炳主持。

来自中青年干部培训一班4个支部的学习委员汇报自己在党校的学习收获，对党校教学内容、课程设置、教学方法及教学效果进行总结评估，并对进一步改进教学提出建议。

李书磊作总结发言。他首先感谢学员们对党校教学工作的支持，提出了很好的建议，这对于我们进一步搞好党校的教学和培训很有帮助。他还针对学员们提出的具体问题逐一进行了解答，并要求教务部与各教研部具体协商，认真贯彻落实。最后，他就进一步开门办学、完善教学安排、强化双向交流、推动课堂讨论等问题征求与会各部领导和任课教师的意见。

（二）

7月7日下午，培训部召开新疆班、西藏班教学总结座谈会。副校长孙庆聚，校委委员、培训部主任徐伟新出席会议。教务部、各教研部的领导和任课教师等参加会议。会议由培训部副主任王炳主持。

座谈会上，来自新疆班、西藏班的学员代表，分别汇报自己入学以来在理论学习、课题研究和党性锻炼等方面的收获、体会，对进一步改进党校教学提出建议。

孙庆聚作总结讲话。他首先感谢两个民族班学员对党校教学工作的支持，充分肯定了学员们始终高涨的学习热情和如饥似渴的求知欲望，高度评价了学员们不断充实自我、提升自我、完善自我的学习态度。他表示，提高教学的针对性、增强教学的时效性是学员的愿望，更是党校的职责，中央党校会根据新疆、西藏地区的实际工作需求，认真梳理和归纳学员们的意见，把民族班的教学安排得更有特色。他鼓励学员回到工作岗位后要认真贯彻落实中央新疆、西藏工作座谈会精神，为实现新疆和西藏地区的跨越式发展和长治久安而努力奋斗。

秋季学期进修部学员党支部书记、学习委员座谈会

（一）

10月27日，进修部召开学员党支部书记、学习委员座谈会。副校长孙庆聚，研究室主任冯秋婷、经济学教研部副主任潘云良、政法教研部副主任张恒山、教务部副巡视员王成志，进修部副主任郭焕永、赵凤珍，中组部驻班联络员董英、朱华及教务部、研究室、教学组等有关同志参加。座谈会由校委委员、进修部主任黄宪起主持。

来自7个学员支部的支部书记和学习委员，汇报入学以来在学习、研究和党性锻炼等方面的收获体会。学员对党校的教学给予了充分肯定，认为教学计划系统全面、教学内容科学合理、教学组织严谨，教学形式丰富、灵活。通过在党校的学习，党性修养进一步提高，理论认识进一步深化，实践意识进一步增强，发展理念进一步更新，落实科学发展观的自觉性和领导科学发展的能力进一步提升，收获很大。学员对教学、管理和服务工作提出了需要进一步改进的意见和建议。

孙庆聚对学员入校以来在学习、研究和党性锻炼等方面取得的成绩给予充分肯定，对学员提出的部分建议作了解释和说明。他要求相关部门认真研究学员提出的意见和建议，不断改进工作，进一步提高党校教学和管理水平。

（二）

2011年1月5日上午，进修部召开学员党支部书记、学习委员座谈会。副校长孙庆聚，研究室主任冯秋婷、经济学教研部副主任潘云良、国际战略研究所副主任刘建飞，进修部副主任郭焕永、赵凤珍，中组部驻班联络员及教务部、研究室、教学组等有关同志参加会议。座谈会由校委委员、进修部主任黄宪起主持。

来自5个学员支部的支部书记和学习委员，汇报入学以来在学习、研究和党性锻炼等方面的收获体会。学员对党校的教学给予充分肯定，认为课程设计合理，教学内容丰富、形式灵活、组织周到。学员通过在党校的学习，增强了党性修养，深化了理论认识，提高了执政能力，拓宽了知识视野，对党的十七届五中全会的精神有了更好的理解和把握，收获很大。学员对党校教师的授课、指导，组织管理和服务人员的服务都给予好评，同时对教学、管理和服务工作提出需要进一步改进的意见和建议。

孙庆聚充分肯定学员入校以来在学习、研究和党性锻炼等方面取得的成绩，对学员们提出的意见和建议表示感谢，并要求相关部门认真研究学员提出的意见和建议，不断改进工作，进一步提高党校教学和管理水平。

秋季学期培训部
学员党支部书记、学习委员座谈会

（一）

12月27日下午，培训部召开中青年干部培训一班、新疆班、西藏班教学总结座谈会。副校长孙庆聚，校委委员、培训部主任徐伟新，教务部主任王东京、副主任冯鹏志，研究室主任冯秋婷，培训部副主任王炳、薛泽洲出席会议。各教研部、研究所的领导和任课教师参加会议。会议由王炳主持。

来自中青年干部培训一班、新疆班、西藏班共8个支部的学习委员，汇报自己在中央党校的学习收获，对党校教学内容、课程设置、教学方法及教学效果进行总结评估，并对进一步改进教学提出建议。

王东京针对学员们提出的问题作了说明。孙庆聚在总结讲话中，感谢学员们对党校教学工作的支持和关心。他指出，学员们提出的建议对我们搞好下学期的教学很有帮助。他还针对学员们提出的具体问题逐一进行了解答，并要求教务部与各教研部具体协商，认真加以解决。他强调，提高教学的针对性和实效性是学员的愿望，更是党校的职责，我们会根据学员们的实际需求，认真梳理和归纳各项意见，把党校的教学安排得更合理、更科学、更完善。

（二）

2011年1月10日下午，培训部召开中青年干部培训二班教学总结座谈会。研究室主任冯秋婷，教务部副主任冯鹏志，培训部副主任薛泽洲出席会议。各教研部、研究所的领导和任课教师参加会议。会议由培训部副主任薛泽洲主持。

来自中青年干部培训二班5个支部的学习委员，汇报自己在中央党校的学习收获，对党校教学内容、课程设置、教学方法及教学效果进行总结评估，并对进一步改进教学提出建议。

政法教研部主任张恒山、教务部副主任冯鹏志针对学员们提出的问题作出说明。薛泽洲作总结，他感谢学员们对党校教学和学员管理工作的支持和关心，学员们提出的建议对搞好下学期的工作很有帮助，教研部门将认真梳理和归纳学员意见，形成书面材料并向学校有关部门反馈。

学员文体活动

李景田观看进修部学员摄影书画展、乒乓球比赛等活动

12 月 30 日下午，常务副校长李景田观看进修部学员摄影书画展、乒乓球比赛等活动，对进修部搞好学员文体活动给予肯定。

李景田先来到 22 号楼学员摄影书画展大厅，认真仔细地观看学员作品，并不时给予评点，对学员表现出的才艺给予了高度评价，对进修部在抓好学员学习研讨的同时搞好文体活动，增进了解，增进友谊给予了充分肯定。

李景田先后来到育园楼学员歌唱比赛现场和体育馆学员乒乓球比赛现场，观看了学员的活动。

校委委员、进修部主任黄宪起，副主任郭焕永、赵凤珍，陪同观看摄影书画展、乒乓球比赛等活动。

进修部组织学员开展文体活动

春季和秋季两个学期，进修部共成立四届学员联谊会，多次组织学员开展丰富多彩的文体活动。

（一）学员歌唱比赛

4 月 22 日下午，进修部学员联谊会举办学员歌唱比赛。校委委员、进修部主任黄宪起、进修部副主任郭焕永担任评委并给获奖的参赛学员颁奖。在校学员观看比赛。

12 个参赛的曲目主题积极向上、形式多样、内容丰富，展现学员才艺。参赛歌曲以歌颂党、歌颂祖国、歌颂各民族团结友爱为主题，参赛学员的表演各有特色，现场效果很好。本次比赛邀请省部班学员、共青团中央书记处书记卢雍政，地厅班学员、西藏自治区文化厅党组书记、副厅长刘建敏，文史教研部洪希刚教授和张爱平教授、信息管理部调研员王春英担任评委。

（二）学员摄影书画展

10 月 28 日下午，进修部举行学员摄

影书画展开展仪式。副校长孙庆聚出席开展仪式并讲话，校委委员、进修部主任黄宪起主持。进修部学员联谊会主席、中国国电集团公司总经理、党组副书记朱永芃，学员联谊会副主席、中国电子科技集团公司党组书记、副总经理樊友山出席开展式。进修部副主任郭焕永、进修部联谊会委员和进修部学员参加仪式并观看展出。

孙庆聚在讲话中，充分肯定学员在学习和文体活动中取得双丰收，摄影书画作品展展示了学员较高的领导才干和才艺水平，表达了真挚的同学情、师生情。他希望学员进一步保持良好的学习状态，争取良好学习成果。

影书画展由进修部学员联谊会主办，7个支部共有 200 多幅摄影书画作品参加展出。

（三）学员趣味运动会

12 月 7 日下午，进修部举办第十八届学员联谊会成立大会暨学员趣味运动会，在校的省部班和地厅班 5 个支部学员参加大会和比赛。副校长孙庆聚出席运动会并给联谊会领导成员颁发聘书，校委委员、进修部主任黄宪起介绍联谊会领导成员产生情况并讲话，科研部主任梁言顺、财务行政管理局局长赵晓光、办公厅副主任李作钦、教务部副主任冯鹏志、国际战略研究所副所长刘建飞、培训部副主任薛泽洲、信息管理部副主任张海光、后勤服务部副巡视员刘彦龙、进修部副主任赵凤珍出席运动会，进修部学员联谊会主席傅成玉代表联谊会讲话。进修部副主任郭焕永主持运动会开幕式。

运动会设置定点射门、仿保龄球、定点投包、钓鱼接力 4 个比赛项目，注重项目参与的广泛性、趣味性、娱乐性、安全性等特点，深受学员欢迎。各支部精心组织，学员们奋力拼搏，文明参赛，展示出良好的精神风貌。

培训部《畅想春天》联欢晚会庆祝学员俱乐部成立

4 月 22 日，培训部 2010 级学员俱乐部成立大会暨《畅想春天》联欢晚会，在学校礼堂举行。常务副校长李景田，中央组织部副部长欧阳淞，教育长张伯里，校委委员、培训部主任徐伟新，校委委员、哲学教研部主任贾高建，校委委员、进修部主任黄宪起出席成立大会和联欢晚会。

培训部学员俱乐部是一个有着十多年历史的群众性组织，旨在围绕教学、服务教学、深化教学，促进学员间的学术文化交流和加强文娱体育联谊而搭建的一座平台。俱乐部下设文艺协会、体育协会、通讯协会、学术交流协会和书画摄影协会。

成立大会由学员俱乐部秘书长、中青

年干部培训二班学员刘晓晨主持。培训部副主任、学员俱乐部名誉主任王炳致辞。

2010级学员俱乐部主任、中青年干部培训一班学员栾军发言。各支部师生出演的联欢晚会以《畅想春天》为主题，合唱《东方红》、红色经典配乐诗朗诵《共产党宣言》、合唱《让世界充满爱》、配乐诗朗诵《起航》、独唱《抗风桐》、歌伴舞《我们新疆好地方》、藏族锅庄舞等节目，赢得观众一阵阵热烈掌声。

晚会上，湖南娄底专业艺术团还演出具有浓郁地方特色的花鼓戏《花落花开》。湖南省文化部门及娄底市有关领导出席俱乐部成立大会并观看了文艺演出。

培训部组织学员开展文体活动

（一）学员趣味运动会

6月10日，培训部学员趣味运动会在校体育馆举行。运动会由学员俱乐部体育协会主办。培训部各班次、各支部300多名学员参加传球接力、抱球接力、抛球、托球接力等4个项目的比赛。

晚7点，由国家艺术体操队表演的节目拉开运动会的序幕。副校长孙庆聚，校委委员、培训部主任徐伟新，培训部副主任、学员俱乐部名誉主任王炳、校有关直属单位负责人、学员俱乐部负责人出席运动会开幕式。

中青年干部培训二班一支部夺得传球接力第一名，二支部夺得托球跑第一名，三支部夺得抱球接力第一名；一班四支部夺得抛球接力第一名。

（二）学员书画摄影暨学习成果展

12月20日下午，培训部学员书画摄影暨学习成果展开展仪式在档案馆举行。常务副校长李景田，副校长孙庆聚，校委委员、培训部主任徐伟新出席，培训部副主任王炳、薛泽洲，培训部学员俱乐部副主任傅俊元，学员俱乐部书画摄影协会会长储学军等，以及学员俱乐部成员及师生代表近百人参加。仪式由学员俱乐部书画摄影协会会长王家新主持。

王炳宣布这次学习成果和书画摄影比赛获奖名单。李景田为获奖的学员代表和获奖的学员支部颁发证书，孙庆聚、徐伟新为获得“金画笔”和“红镜头”奖的学员代表颁发奖杯和证书。

徐伟新在总结讲话中充分肯定学员们学习期间学有所得、研有所获，鼓励大家回到工作岗位后继续保持旺盛的学习热情和创造精神。

这次书画摄影暨学习成果展收入学员书法作品45幅、摄影作品近300幅、各支部的学习成果展板13块。

（三）学员毕业暨迎新春联欢晚会

2011年1月7日晚，培训部学员毕业

暨迎新春联欢晚会在礼堂举行。常务副校长李景田，副校长陈宝生、孙庆聚、李书磊，教育长张伯里，校委委员、培训部主任徐伟新，校委委员、哲学教研部主任贾高建，校委委员、进修部主任黄宪起出席晚会，校内各直属单位领导和教师也应邀观看演出。

晚会节目的编排展现出培训部学员良好的精神面貌。这次晚会得到中国石油长庆艺术团等单位大力支持。

进修部、培训部毕业学员名单

春季学期进修部毕业学员名单

省部级干部进修班“转变经济发展方式与经济结构调整”研究专题（第47期）

刘海生　赵　实　金壮龙　丁向阳　卢雍政
黄　胜　朱之文　冀文林　马军胜　阎京华
吴　浈　杜一力　季晓南　赵方宽　刘烈宏
蒙启良　董中原　杨泉明　郑　洪　王　炜
胡亚东　郭良孝　朱维芳　王守荣　刘　宁
哈斯木·马木提　马兴瑞　信长星　张光荣
莫建成　张　勤　王仲伟　刘立宪　赵莉莎
牛仁亮　郭允冲　郭大成　李小雪　李本钧
黄新初　程映萱　于　平　吴晓青　王晓初
张建国　王雁飞　展　涛　翁孟勇　周坚卫
洪银兴　鲍义志　刘建华　高鸿宾　周泽民
夏占义　陈连增　范照兵　钟自然　邹　磊
谭作钧　姜澄宇　王法仁　聂震宁　洪袁舒
何泽华　史和平　于秀栋　齐晓飞　王建军
王兆星

省部级干部进修班“防范和化解金融风险”研究专题（第47期）

姜信治　苏德良　陈　成　董树奎　崇　泉
赵白鸽　周锡生　李　强　房　俐　杨志明
刘振伟　袁长清　耿　亮　常振明　朱光耀
李　群　池　强　金立群　张国清　刘连舸
车迎新

地厅级干部进修班“城市发展与城市治理”研究专题（第54期）

张恩亮　唐　昆　高　力　杨焕彩　王　玲
焦明启　周　宁　刘建敏　刘正东　崔江水
平欣光　尤努斯·玉素甫　李子青　厉建祝
周渝波　余朝晖　李建军　吴蔚荣　董光峰
杜　恒　周晓飞　李彦武　常　青　贾世瑞
杨　光　方兰珍　叶建成　牟广丰　高先海
张守田　温国勇　邱光荣　陈　永　陈拥军
吴仕岩　李栋梁　胡立志　董树文　马占林
方　军　王　波　刘　晔　周　强　周　勇
吴庆余　邹学明　多杰才让

地厅级干部进修班“突发公共事件与危机管理”研究专题（第54期）

谭徽在　邢宪力　李宝林　张　祥　匡　胜
张连斌　韩元利　黄昌明　魏里阳　黄冠胜
张泽忠　李易节　刘　扬　高　煜　王树林
么　虹　杭义洪　吴盛悦　李　峰　郭承真
李强华　陈少波　顾显强　吕敬民　罗清宇
钟秀明　刘德意　赵炳云　井植朴　陈士强
李德忠　谷昭民　许玉明　李秋生　张建国
先燕明　贾午光　江　凌　陈传进　田为勇
赵晋华　耿景仪　丁　健　吴野松　刘　伟
张　勇　白小刚　顿珠旦增

地厅级干部进修班“新形势下党的工作”研究专题（第54期）

徐　婷　王宗榜　王永章　耿欣秋　王立民
赵书钢　金　东　杨国庆　杨兰根　林　琳
王　泽　孟文慧　邹爱莲　陶庆军　燕钦国
许宇勇　冀忠实　张增良　管向群　郑国建

赵郁馨　张昌东　张凤羽　卢国祥　徐世忠
徐能毅　黎树斌　程永生　赵湘江　吴海岩
张　骥　左晓光　姚学祥　程荣辉　李红梅
丛中笑　王建设　傅玉祥　兰运华　王玉军
张长明　高　欣　徐　乘　胡伏安　王杰秀
周北川

省部级干部进修班“民生与社会建设”研究专题（第47期）

于世平　杨继波　鲁　昕　丁　杰　秦　晓
张世平　陈传书　钟秉林　袁纯清　吴幼英
王东峰　舒晓琴　杨士秋　高以忱　郑　鄂
郭　莉　翟卫华　栗　智　张金锁　斯泽夫
陈建民　张建欣　张海迪　赵胜轩　吴　刚
张卫峰　马潞生　陈章良　许　武　肖　声
张文显　李　扬　黄　庆　娜　仁　王石奇
王忠民　陈艳华　胡玉敏　孙扎根　孙志刚
周玉华　任茂东　孙晓华　王记文　蔡　武
甘　霖　信春鹰　陈啸宏　冯长根　杨　刚
郑南宁　孙甚林　丹珠昂奔

省部级干部进修班“党的建设科学化”研究专题（第47期）

王明方　邢宝玉　黄树贤　冯惠敏　张　远
李文新　黄永达　华　建　吴长海　刘家义
夏宝龙　金书波　郭晓勇　韩亨林　杜玉波
徐　平　胡亚枫　杨承志　张桂凤　王国生
邓　凯　陈向群　杨衍银　莫文秀　王振有
熊维平　方　宁　陈金泉　王　侠　王国庆
熊选国　李东东　张喜武　穆占英　王　杰

省部级干部进修班“社会主义民主政治建设”研究专题（第47期）

德哇仓　郑楚光　王菊梅　张晓林　蒋作君
王永庆　宋　涛　杜宇新　张彦欣　黎桂康
钟阳胜　魏迎宁　任凤霞　曾　华　李英杰
张　越　马新岚　刘鸿庥　任海深　柳　秀
王晓安　朱晓明　何立国　张德利　白成亮
牛广明　武四海　肖永安　洪天慧　张文忠
王乃静　孙永海　蔡力峰　嘎　玛

地厅级干部进修班“扩大内需与经济发展”研究专题（第54期）

夏　鸣　王忠平　赵　恒　虞伟萍　王俊明
刘克刚　安　康　王永凤　姜　军　刘应堂
郭克莎　颜向阳　张卫民　蔡培顺　罗迪辉
程　瑾　谭永华　张　渝　王　京　刘建成
王金付　李保民　周永青　李　萍　孙永刚
赵长山　韦　俊　初本德　贲起利　高秀英
赵润田　胡新华　李建敏　刘富江　陈远明
马相村　戚真理　唐大立　李平社　张晗立
毛振宾　代贵雪　赵　波　张生新　陈洪年
肖万民　雷茂良　黄　红　宋跃征　刘卫军
李月明　郑万春　刘安义　吴宏蔚　杜克宁
辛志光　李　滨　唐川平　万多波　邹　飞
利光秘

地厅级干部进修班“文化建设与文化发展”研究专题（第54期）

李　舜　徐双未　刘漪滟　周慧琳　丁元伟
冯先光　郭洪美　张训谋　张汉湘　肖　白
张雪燕　唐　华　李新民　余华青　张建康
王　军　孙大光　费　强　顾　伟　关爱和
周国良　彭　红　甘玉贵　李　鹏　王　涛
陈广平　陈　锦　白威凉　邵　明　朱昌平
方　鸣　李雪慧　傅亦轩　刘刻福　张小媛
徐敦美　曹洪欣　陈连生　张　静　杨雁鸣
阿不力孜·阿不都热衣木　顾兆农　韩远征
李　琼　杨建龙

地厅级干部进修班“世界经济格局变化与应对”研究专题（第54期）

王树勤　孔令龙　丁　俊　高克祥　秦　飞
张燕平　孙海鸣　李世杰　王银峰　黄子兴
周　易　蒋仁祥　黄道国　刘丽华　谭维克
米剑峰　杜燕凌　周国胜　吴岳良　杨　雯

王　静　王　宏　丁杰盔　寿永年　王荣宝
李　平　彭　刚　李忠春　罗　清　蒋　斌
卞富学　钱晓钟　刘志明　周佳萍　周建春
赵　民　解爱国　杨红灿　于　涛　杨朝飞
刘树森　徐根应　张学勤　陈　志　张素峰
陈昌富　杨丽平　周海斌　郭建平　赛　革
胡伟平　王莉莉　邱瑞田　李　成　冯韶慧
孙湘一

"推进产业结构调整"专题研讨班

孙玉德　胡建民　张国发　史坚忠　李定成
马　克　刘锦章　芮晓武　王　炯　陈四清
祁达才　黄　清　罗朝庚　赵吉斌　李　平
朱鸿杰　杨　庆　孙德润　曹建国　程春平
李格平　孙又奇　杨丽华　尹家绪　程念高
邵开文　蔡华相　杨　华　敖　宏　吴绍明
盛亚峰　路小彦　李引泉　苗立杰　朱小黄
许立荣　宗庆生　高　嵩　韩志刚　朱福寿

春季学期培训部毕业学员名单

中青年干部培训一班（第28期）

夜礼斌　杨森林　李朴民　问　武　徐爱婷
刘振宇　张旭光　张福海　李　晖　穆思山
罗　宁　黄楚平　纪　峥　杨长利　梅永红
王　梅　王琼珠　宋世麒　肖盛峰　龚稼立
凌　文　钟志生　顾　炬　黄柳权　王海萍
张社年　张祖林　张金如　孙　达　冯贵权
黄建发　王明珠　李　静　张文林　张晓霈
周继业　龚　超　胡　鹏　蓝天立　洪天云
薛　利　卢新宁　李寅奎　栾　军　赵华林
马光明　李昆学　任生俊　王振江　赵素萍
高卫东　刘智勇　许雪光　白　涛　刘小明
李丕征　姚　林　张沁荣　梁惠玲　马永胜
刘日知　蒋兴伟　廖永远　吴汉圣　刘春航
陈　伟　刘小燕　鄂义太　赵惠令　陈　刚
罗志虎　邓修明　王志清　胡　冰　赵　敏
夏吉宣　童名谦　葛华勇　江广平　刘　纤
江　波　贺　荣　曹爱华　范　仲　张宏志
付建华　章更生　庄荣文　李秀领　陈　武
刀林荫　潘毅琴　耿汝光　左中一　云光中
刘玉华　赵光君　王廷科　贾应忠　张　琼

中青年干部培训二班（第10期）

宋　鑫　王　胜　张义全　许彦增　张秀兰
沙克仲　哈尔肯·哈布德克里木　蔡钊利
金善文　刘晓晨　刘嘉文　王长安　唐　波
许正中　王云亭　郭利群　王祺扬　侯线红
王来祥　刘家杰　王国辰　李　航　梅玉良
王　兵　汪夔万　王　霞　卓泽渊　李学春
潘学峰　王新堂　周海成　张乐夫　邹碧华
周少舟　赵　萍　傅俊元　齐玉亮　武德凯
陆　进　孙孟新　刘建洋　瞿家茂　谢忠岩
覃文萍　洪　光　张　怡　孙虎军　王立新
孙成良　丁永坤　王家新　王　芳　黄惠勇
李　杰　范先军　邓向东　郭　轲　沈　阳
谭春霖　向春华　梁艾福　妥永苍　蔡国春
岳建华　刘晓平　徐敏生　李向东　刘寒星
沈　青　张长春　唐宇文　王燕民　汤兆志
白星碧　金建敏　于国安　罗振华　黎　丽
王顺洪　王建平　王　伟　储学军　郭全茂
马　震　朱忠明　栗慧英　王润生　张金标

张玉广 于立新 施战军 郑贤操 常建忠
赵国鸿 梁 刚 贺水山 张 远 曹江林
杨宏山 刘月科 郭洪伟 李豫琦 夏开益
杨子江 魏地春 吴优福 刘 波 柳士发
玄洪云 冯小兵 王晓斌 鲁 勇 余季平
樊立新 张相红 鲜铁可 金一斌 梅桂萍
骆家駹 韩建华 李培松 叶建良 赵念民
张佰成 肖 卓 张文军 陶 勤 马文辉
孙东升 何继宁 李国安 罗成虎 李云鹤
钱远坤 杭世勇 金 萍 王铃丁 程继斌
文树勋 赵 波 邵东涛 蒋文龄 廖进荣
杨 健 孟宇光 葛全胜 张 宁 肖登峰
任利生 丁 文 陈 鹏 励 跃 王国福
邝永韶 王福学 张曙光 余红辉 马晨光
冯 征 李雅芳 王力涛 郭郁烈 江荣全
张 民 申少君 艾尼瓦尔·阿不都热合曼
肖洪波 益西加措

新疆地厅级民族干部培训班（第53期）

库尔西·阿尤甫 贾立新 李建成 姚玉珍
李桂江 张新吉 卫利·巴拉提 张文胜
李万祥 关 静 袁争鸣 宋友立 黎明辉
吾提库尔·阿巴拜克力 艾力·阿不力米提
刘 星 张刚强 张承义 毛力提·满苏尔
胡奉德 潘梁军 马立福 王 毅 杨海萍
张春林 王彦楼 魏 国 吴甲春 李卫东
王新波 李春阳 韩树森 刘 卫 胡亚生
陈忠宽 努拉力·阿不力哈克 巴理嘉
那满江·赛里木 萨哈提别克·哈拉木别克
艾仁恰拉 艾尔肯·依不拉依木

新疆县处级民族干部培训班（第54期）

燕 伟 魏 锋 张建科 郑 勇 孟 戈
党金华 孔 翔 马腾云 李德明 王 毅
张 微 严卫国 金 箴 胡 涛 时建国
孟凡丽 王凤云 刘洪俊 艾斯哈尔·茹孜
王新辉 巴合提·阿斯力汉 杨继滨 杨 成
林 炜 杨政学 谢惠青 冯 京 李小梅
翟少勇 田 新 莫艾太 彭国春 马宏伟
买买提·肉孜 王平山 米日古丽·白地
哈布都拉·黑沙比亚 木开依·加尔肯别克
阿不力克木·阿依甫 阿不力克木·艾则孜
艾尼瓦尔·尼亚孜 米娜娃·阿不都热衣木
赵得提·阿不都哈德尔 帕尔哈提·托乎提
卡尔曼·赛丁 海沙尔·库尔班 左拉·哈森
艾尔肯·亚合甫 叶力夏提·吐尔逊拜
巴哈提

半年制西藏民族干部培训班（第40期）

李崇新 王 勇 刘伯清 安庆喜 李君良
朱代明 祁旭峰 王卓兴 李文康 黎德勇
吴海鹏 黄泉浩 谢廷锡 石安清 布永忠
柯昌明 赵 俊 李东亮 郑国平 马 静
中次仁 白次仁 国 庆 多 吉 黑日布
卫 东 扎 西 桑 布 央 珍 成 嘎
达娃占堆 普布次仁 达娃次仁 尼玛扎西
次旺罗布 格巨坚赞 加青仓巴 德吉卓玛
扎西顿珠 泽仁扎西 旦 增 索 珠
次 登 扎 西

秋季学期进修部毕业学员名单

省部级干部进修班“扩大内需与经济发展”研究专题（第48期）

王　琼　蔡鄂生　刘玉辰　罗朝阳　孙小系　孙　勤　窦玉沛　徐泽洲　徐乐江　乌　兰　勾清明　韩志然　王永昌　王国强　彭清华　张　伟　张　云　黄　荣　邓小刚　何小平　朱永芃　杨元元　郑　红　梅克保　欧阳坚　李国华　景汉朝　阿勒布斯拜·拉合木　李绍德　李广湧　李克穆　车秀兰　许前飞　王军民　李金早　贺　化　胡苏平　李纪恒　钟　山　邵琪伟　张鸣起　贺同新　桂敏杰　郑惠强　张　杰　张桃林　崔玉英　乔世波　王渝次　臧秋涛　徐如俊　姚中民　饶子和　刘光复　刘　实　吕　滨　石生龙　袁荣祥　蒋晓华　张富生　李英杰　孙安民　樊友山　路建平　尚　勇　张立勇　陈佐夫　李淑芬　仝广成

省部级干部进修班“社会主义民主政治建设”研究专题（第48期）

乔传秀　张　平　侯志奎　洛桑灵智多杰　张燮飞　刘隆铸　张亚忠　赵东花　万鄂湘　田惠光　王东华　郭汝琢　栗　甲　龚建明　王孝询　陈启明　童明康　王建俊　陈光国　邓维龙　阿尤甫·铁衣甫　张海国　顾伯平　安　东　方　立　徐延豪　石　晓　杜德印　张小素　赵正修　周宜开　徐长玉　陈清华　朱铁志　张恩玺　傅传玉

地厅级干部进修班“城镇化进程”研究专题（第55期）

宫正奇　刘锦红　李　铁　马平昌　浦再明　马升昌　龚文密　董　涛　赵荣根　王铁牛　侯金武　吴慧泉　冯海发　赵春山　程利伟　程连元　罗应光　刘　启　曲汗青　黄序和　张成智　杨宜生　马燕合　王黔闽　宋忠庆　熊贤良　李宏亮　朱以庄　徐和谊　伍绍辉　潘　巍　阮国平　岳　君　李庆文　严淑琴　张　斌　习仲伟　武文忠　张　宁　李建功　陈卫平　李民庆　牛卫国　孙也刚　张　勇　李宗顺　廖正伟　李　森　周海涛　万桃元　徐世奎

地厅级干部进修班“社会稳定”研究专题（第55期）

王晓新　刘和平　周　宏　邢解放　马　骏　郭　兵　于欣丽　刘殿春　耿开昌　李进广　梁炳巨　何振德　边晋南　尼玛次仁　贾太保　黄安生　贾月成　王殿琦　俞宏武　陈壮为　王永高　刘　宏　孙克非　张永华　刘力群　陈文敏　李剑方　李　宁　刘时山　巫波伦　叶庆丰　刘　彪　李振国　马继延　梁　毅

地厅级干部培训班“文化体制改革”研究专题（第55期）

马　瑞　王明华　许德范　孙立仁　曹博慧　彭晓勇　邴　正　翁卫军　赵良平　马国仓　郭海缨　黄　健　阿不都萨拉木·吾买尔　郭光文　张为佳　王世涛　缪仲明　张本才　贾淑琴　鲍红志　雷晓路　任贤良　刘教民　孙若风　王利民　解　冰　吴基伟　范志斌　崔迎红　许柏林　杨文虎　陈　华　万里青　王登峰　李宝权　卢干奇　孙建中　姜铁军

王海征 李学谦 阎晶明 陈乐齐

市地党政主要领导干部进修班（第4期）

陈继兴 陈 强 翟占一 吴天君 白雪山
王安庞 李广申 杨 汭 马世忠 胡曙光
戎铁文 刘志勇 刘永忠 姜德果 马 勇
李 伟 彭家瑞 李剑铭 刘建明 刘和平
卞百平 黄琪玉 江 瑞 杨 军 赵乐秦

“宗教工作”专题研讨班

范 宝 公冶国 丁绣峰 刘海芸 俞 滨
丁文禄 云建东 海淑兰 高 炜 赵国民
金 梅 朱传耿 王忠志 范淑清 章立奇
庄奕贤 施 文 朱章明 麻然华 姜银浩
段军海 杨娅辉 麻 杰 罗智斌 严小康
杨 红 王诚安 赖恒红 黄正良 珠 巨
施正美 迪友堆 周万军 马木提·买买提
首金弟 徐 强 陈元龙 李秉廷 王 进
李文涛 尕藏才让 计明南加 阿刘时布

省部级干部进修班“世界经济格局变化与应对”研究专题（第48期）

王 峰 王立英 王植时 刘润璞 王炳华
徐 鸣 谭栖伟 黄友义 黄尔梅 熊志军
邓先宏 姜建清 孙忠焕 王美香 郭生练
王 伟 朱 灵 杜占元 李 克 李祖沛
傅成玉 王昌顺 郝益东 贾万志 孙亚夫
国一民 王家瑞 张海涛 李维森 赵景文
张克俭 陈 骏 邵 宁 陈 刚 张元龙
陈润儿 李冬玉 吴生富 李 刚 应 勇
钱文挥 潘 岳 刘上洋 滕卫平 周洪宇
傅 莹 刘川生 李志群 肖 天 宫 杰

省部级干部进修班“学习贯彻党的十七届五中全会精神”研究专题（第48期）

余效明 刘晓峰 冯 远 卫小春 李明华
干以胜 郑德涛 杜 鹰 石宝华 薛 亮
马铁山 于莎燕 雷加富 张祁斌 张德祥
陆 昊 邱学强 周家伦 赵雨森 郑小燕
周绪红 何 宪 李志刚 张建龙 陈 进
张新枫 陈训秋

地厅级干部进修班“转变经济发展方式与经济结构调整”研究专题（第55期）

李国庆 赵素丽 杨迈军 宋建民 宋荣中
刘冠峰 牛井坤 曾赞荣 郭文超 杨建初
鞠洪芬 马志平 张燕峰 江明发 张挺军
姚 琴 晏维龙 崔 臣 明 霞 邓廷铎
王茂设 林少雄 赵喜才 童 敏 郝祥寿
韩贵清 孙英辉 翟 艳 华宣奎 禾 云
张昆辉 马有祥 邓保生 赵龙池 李 玲
邹加怡 徐建华 徐 林 杨光荣 胡志坚
曾志华 房成利 钱金玉 黄志刚 李 哲
刘 华 吕清海 章晓波 次仁罗布

地厅级干部进修班“民生与社会建设”研究专题（第55期）

刘道刚 赵忠明 林世选 王 星 李寿山
攸慧林 李 平 臧克福 丁仁立 凌志勇
傅小健 马 浩 金甲祚 李国伦 陈燕平
李建榕 张 敏 贾红邦 王延中 张建国
施志强 朱俊福 刘小平 吕振凡 邓绍林
彭启明 姜亚兵 黄俊勇 袁和平 更 阳
龚冠宇 翟学军 葛延风 郭汉文 邵文龙
柴小林 刘忠昌 刘 洪 赵仁宏 崔国潮
兰立俊 胡新元 王小平 张哲英 施荣范
李立平 杨玉柱 吐尔逊·伊不拉音

地厅级干部进修班“学习贯彻党的十七届五中全会精神”研究专题（第55期）

曹焕荣 张宝瑜 赵春光 张小林 周文胜
范箭鸣 韩子夜 马建民 诸葛平平 陈斌
梁 晔 丁大建 杨永建 徐 坚 郭金平
熊 铁 滕 霖 李 博 彭玉斌 王永庆
夏 光 王 平 张李玺 司家海 王晓卓
黄传芳 杨卫东 张兆田 司卫东 孙海泉

潘晓阳 张 骏 马明生 任维桢 陈 宁
靳 铭 王忠明 张培植 于 朋 郑续杰
陈生斗 邵小龙 吴德礼 冯瑛冰 万金发

秋季学期培训部毕业学员名单

中青年干部培训一班（第29期）

田喜荣 刘铁流 于 杰 王传栋 闫傲霜
韩 宇 牛之俊 沈蓓莉 肖百灵 贾东军
王中和 陈建华 杨洪波 吴 焰 刘克智
余蔚平 丁向群 姚志平 罗宗毅 田 野
寇 伟 赵建东 张 新 黄 艳 吴忠琼
陈 光 孙景淼 于学军 陈 钢 李福申
赵洪顺 吕岩松 高 环 王化文 赖德荣
乐大克 田 静 汪铁民 段铁力 赵晓晨
张 辉 李选生 罗伟其 张国华 潘 勇
白贵霞 范小毛 李慧镝 仇 鸿 李家俊
赵立雄 刘国庆 岳中明 杜克平 吴 忠
杨省世 张义珍 胡 军 郭卫民 樊绪银
李 冶 刘林宗 朱鹤新 曾庆红 翁铁慧
杨绍品 孙 霖 余静波 王苏粤 姜志刚
范 坚 张继烈 吴 兰 林 武 张正新
刘曙光 杨子兴 张太原 李百安 梁 克
刘 华 宋大伟 鲍学全 宋晓明 维 色
甘 霖 王和山 刘 珺 朱丽萍 白阿莹
朱思泽 肖仲凯 李万疆 李 利 徐占斌
邬小蕙 谭家玲 黄胜强 黄关春 陆俊华
游劝荣 翟 青 罗乾宜 刘 莉 许 爽
张学武 韩 进 杨东奇 张育军 李振江
许卿卿 李 静 聂春玉 葛洪元 孙持平
孙炜东 王君正 李凡荣 廖 岷 孙剑英
洪巨平 李连华 张小国 田湘利 金湘军
李云山 罗布江村

新疆地厅级民族干部培训班（第55期）

凯色尔·阿不都卡的尔 努尔岚·赛迪
王志杰 王东升 蔡时亮 桂 阳 孙 斌
石慧琼 邵丽青 郭向毅 王新平 李建明
阿不拉·玉素甫 谢光德 艾合麦提·艾萨
于文辉 李 波 南丽明 苏 彪 王发省
魏生贵 敖特根 陶军英 肖国栋 王春明
徐 明 王 兵 韩新城 赵贵疆 郝 军
胡尔曼巴依·何德尔毛拉 韦新辉 胡建卫
李光辉 夏代提·海木都拉 默新社 谢庆安
热孜燕·阿布力孜 艾买提别克·伊玛什
李尚典 尔孜规·阿优夫

新疆县处级民族干部培训班（第56期）

王 刚 吴奉军 向 阳 李凤义 高 靖
李晓春 薛继海 牛学兴 汪 磊 刘开臣
张新维 马玉芬 叶惠杰 许庆江 孙 华
王丽霞 瞿建蓉 张正荣 吐尔汗 于 兰
王平生 阎科华 童 鹿 郑永红 马秀芬
付 燕 赵更新 张 虎 翟尚伟 谢国政
杨文慧 尤占军 全立新 任 祎
阿合买提 迪力夏提·柯德尔汗 别力克图
哈丽达·扎合帕尔 阿不都伟力·阿不来提
艾买提江·伊达依吐拉 阿勒泰古丽·居马
买买提·阿不都热衣木 艾尼瓦尔·马木提
买吐送·吐地买买提 热甫卡迪江·黑力力

迪力夏提·买买提 热西提·米吉提
阿瓦汗·阿不都拉 穆台力甫·牙森
艾斯卡尔·吐尔逊 阿曼古丽·玉苏甫
阿迪力·巴斯提 姑丽娜尔·吾甫力
马尔兰·贾克斯汗

一年制西藏民族干部培训班（第41期）

伍晓明 胡海涛 宋兴来 牟文虎 方承红
张帅军 吕克非 杨 红 刘 晓 夏世红
郭克范 岳培均 徐 梅 侯学群 余 水
妮 珍 琼 巴 央 金 阿 张 熊 川
尼玛片多 扎西次仁 次仁索朗 仓决卓玛
达瓦扎西 边巴次仁 扎西群培 次仁卓嘎
仁增拉姆 贾央玉珍 格桑次旦 索朗旺姆
毛 刚 巴 琼 伦珠次仁 明马丹增

半年制西藏民族干部培训班（第42期）

高巴松 刘万珠 胡永福 张国平 狄方耀
刘永颇 邓晓红 彭瑞明 徐 瑾 布 琼
陆爱本 吴 涛 田大刚 郭林豫 刘虎山
王怀亭 寇先敏 马永青 马玉魁 黎 林
王国荣 魏世魁 张文涛 夏少云 徐惠蓉
苏玉莲 彭 嘎 旺 梅 巴 桑 阿 齐
益西卓玛 嘎松扎西 边巴次仁 达娃次仁
达娃卓玛 扎西措姆 尼玛江村 格桑玉珍
米玛穷拉 达娃欧珠 拉宗卓玛 赤列晋美
达 娃 周文华

学员管理规律研究

中国共产党的党性和党校学员的党性锻炼

中央党校进修部

中国共产党从一个在1921年成立时只有几十人、处于非法状态的小党，在领导中国人民进行革命、建设和改革的90年奋斗历程中，战胜无数艰难险阻，成为一个拥有近8000万党员、在全国执政60多年的大党，积累了丰富的加强自身建设的经验。其中的一条重要经验，就是通过各级党校的培训轮训，帮助广大党员领导干部不断提高理论素养、更新知识结构、提升战略思维、增强党性锻炼。面对世情、国情和党情的新变化，研究领导干部学员党性锻炼的规律，加强和改进学员的党性锻炼，既是推进党建理论创新、提高党的建设科学化水平的需要，也是提高党校办学水平，加强党员领导干部队伍建设的一个重要环节。这也是对中国共产党成立90周年一个非常有意义的纪念。

一、中国共产党的党性与党员的党性锻炼

一般地说，党性就是一定政党所代表的那个阶级的阶级性的集中体现。不同阶级的政党有不同的党性，共产党的党性是工人阶级阶级性的集中体现。中国的国情和中国工人阶级的特点，决定了中国共产党的党性是中国工人阶级的阶级性、中国人民的根本利益和中华民族的优秀品质的集中体现，有着丰富、深刻的内涵。

（一）党性与阶级性

工人阶级在社会化大生产和人类社会历史发展进程中所处的地位，决定了它最有前途、最有远见、大公无私、最富有组织性、纪律性和革命的彻底性。工人阶级的革命性、彻底性、大公无私以及严格的组织性的特征集中表现为中国共产党在理论上把马克思主义的科学世界观，也就是马列主义、毛泽东思想、邓小平理论、“三个代表”重要思想以及科学发展观作为指导思想；在奋斗目标上把最终实现共产主义作为自己的最高理想，把在当今历史条件下建设中国特色社会主义、实现中华民族的伟大复兴作为自己的共同理想；在价值取向上把全心全意为人民服务作为自己的宗旨；在组织上把民主集中制作为自己的根本制度；在作风上把理论联系实际、密切联系群众、批评和自我批评作为自己的标志等等。中国共产党的党性是中国工人阶级阶级本质的集中体现。

（二）党性与中华民族的优秀品质

在国际共产主义运动历史上，共产党

在领导工人阶级和其他劳动阶级推翻资产阶级的统治，争取自身和全人类解放的斗争中，始终面临着如何处理同一国内部的其他劳动阶级和世界上其他国家受压迫的劳动阶级和劳动群众的关系问题。工人阶级的阶级品格和历史使命决定了的它能够代表其他劳动阶级的利益，不仅为实现自身的解放而且为实现全人类的解放而斗争。对于中国共产党来说，它的一个根本特点就是，其命运始终同中华民族的命运休戚相关。20世纪初的世界大势和半封建半殖民地的国情，历史地赋予了中国共产党领导反帝反封建、争取民族独立和民族解放的斗争，领导中国人民走向社会主义，实现中华民族伟大复兴的双重使命。这种历史的客观情势决定了中国共产党必须代表中国工人阶级的利益，同时代表中国人民和中华民族的利益。1935年12月中共中央政治局瓦窑堡会议决议指出，中国共产党是中国工人阶级的先锋队，同时，又是“全民族的先锋队”。1945年党的七大通过的党章规定：“中国共产党，是中国工人阶级的先进的有组织的部队，是它的阶级组织的最高形式。中国共产党代表中国民族与中国人民的利益。”新中国成立，实现了民族独立和人民的解放，我们党领导人民顺利完成了新民主主义向社会主义的过渡，开始了社会主义建设，但是，实现党的历史使命仍然任重道远。在经历了一些曲折之后，我们党对党的性质的认识在不断深化。1982年党的十二大通过的党章把党的性质表述为：“中国共产党是中国工人阶级的先锋队，是中国各族人民利益的忠实代表，是中国社会主义事业的领导核心。”2002年党的十六大通过的新党章明确规定：“中国共产党是中国工人阶级的先锋队，同时是中国人民和中华民族的先锋队。”这是对中国共产党性质的一个新概括。

中华民族在长达五千年的历史发展中，历尽磨难，几经辉煌，积淀、形成了极其深厚的自强不息、勤劳勇敢、团结统一、爱好和平的民族精神、民族品格和光荣传统；面对鸦片战争以来遭受的历史屈辱和当今世界的大变局，中华民族奋发图强，重新复兴的意愿不可阻挡！中国人民和中华民族的优秀精神和品质，中华民族伟大复兴的意愿都集中地包含在了中国共产党的党性之中。

可以说，中国共产党的党性既是中国工人阶级阶级性的集中体现，也深深地植根于中华民族的血脉之中，是中华民族优秀品质的集中体现。毛泽东曾经说，中国共产党的党员是“伟大中华民族的一部分而和这个民族血肉相联”①；刘少奇说过，中国共产党“有坚强的马克思列宁主义的理论武装，同时继承着中华民族历代进步思想家、革命家的优良传统”②，毛泽东同志是“我国英勇工人阶级的杰出代表，是我们伟大民族的优秀传统的杰出代表”③。邓小平同志曾经深情地说过，“我是中国人民的儿子”。在党的历史上，敬爱的周恩来总理的一生体现了中国工人阶级的先进性

---

① 《毛泽东选集》第2卷，人民出版社1991年版，第534页。
② 《刘少奇选集》上卷，人民出版社1981年版，第149页。
③ 《刘少奇选集》上卷，人民出版社1981年版，第319页。

同中华民族所推崇的高尚美德和人格的完美结合。

（三）党性和党的先进性

党的先进性是由党的性质决定的，工人阶级的阶级特性决定了党的先进性，具体体现在党的理论、纲领、宗旨、作风、制度等方面。胡锦涛总书记《在庆祝中国共产党成立八十五周年暨总结保持共产党员先进性教育活动大会上的讲话》中指出："中国共产党作为马克思主义政党，在本质上具有非马克思主义政党无可比拟的先进性。这种先进性，集中体现在坚持把马克思主义科学理论作为指导，坚持把实现符合人类社会发展规律的社会主义和共产主义作为坚定信念和远大理想，坚持把立党为公、执政为民作为本质要求，坚持把民主集中制作为根本组织制度和领导制度，坚持把最广大人民作为根本力量源泉等主要方面。"这是对党的先进性的集中概括和阐发。从这个角度说，党性也是党的先进性的集中体现。

（四）党性的表现方式和对领导干部党员的党性要求

党性，一方面，表现在党组织的整体上，体现在党的理论、纲领、路线、方针和政策的正确上，体现在党的作风的先进上，体现在党的制度的科学上；另一方面，党员是党组织的细胞，党性还具体体现在每一个党员的立场、思想、言论、品德、作风和行动中。从这个意义上说，党性体现在党的整体和个体的统一之中。

作为党员个人来说，是否具有党性或者说党性的状况如何，就是要看履行《中国共产党章程》第三条规定的党员八条义务的状况。这八条义务，凝聚了我们党的建设的丰富经验，是党性对党员个人的基本要求。作为党员领导干部，特别是高中级领导干部，还有着更高的要求，也就是马克思主义政治家的要求。《党章》第三十四条规定，党的各级领导干部必须模范地履行本章程第三条所规定党员的各项义务，并且必须具备以下的基本条件：（一）具有履行职责所需要的马克思列宁主义、毛泽东思想、邓小平理论水平，认真实践"三个代表"重要思想，带头贯彻落实科学发展观，努力用马克思主义的立场、观点、方法分析和解决实际问题，坚持讲学习、讲政治、讲正气，经得起各种风浪的考验。（二）具有共产主义远大理想和中国特色社会主义坚定信念，坚决执行党的基本路线和各项方针、政策，立志改革开放，献身现代化事业，在社会主义建设事业中艰苦创业，树立正确政绩观，做出经得起实践、人民、历史检验的实绩。（三）坚持解放思想，实事求是，与时俱进，开拓创新，认真调查研究，能够把党的方针、政策同本地区、本部门的实际相结合，卓有成效地开展工作，讲实话，办实事，求实效，反对形式主义。（四）有强烈的革命事业心和政治责任感，有实践经验，有胜任领导工作的组织能力、文化水平和专业知识。（五）正确行使人民赋予的权力，依法办事，清正廉洁，勤政为民，以身作则，艰苦朴素，密切联系群众，坚持党的群众路线，自觉接受党和群众的批评和监督，加强道德修养，做到自重、自省、自警、自励，反对官僚主义，反对任何滥用职权、谋求私利的不正之风。（六）坚持和维护党的民主集中制，有民主作风，有全局观念，善于团结同志，包括团结同自己有不同意见的同志一道工作。《党章》的这些规定，既是党员领导干部的基本条件，也是对他们的党性要求。

（五）党性和党性锻炼、党性修养、党性教育

党性锻炼，也就是党性修养，它主要是针对党员个人而言的，是指在加入党组织后，继续按照党章的要求，在改造客观世界的实践和改造主观世界的互动中，继续深化对党的性质和党性要求的理解，把党的性质和党性要求内化为自己的思想观点、政治立场、理念信念、道德操守、纪律观念、工作作风、素质能力并不断加以升华的过程。也就是说，组织上入了党，还要解决思想上入党的问题和在行动上为党和人民的事业奋斗终生的问题。

党性锻炼的特点：一是自觉性和终生性的统一。党员的党性，不是与生俱来的，不是自发地形成的。一个努力要求入党的积极分子，是要经过长期的磨炼和考验，逐步去掉身上不符合党性要求的因素，才能具备党员的基本条件。历史和实践证明，入党之后，并不表明一个党员就永远具有了党性，这种党性是可以衰减和蜕变的。特别是在今天面临长期执政考验、对外开放考验、市场经济考验、外部环境考验的条件下，党员尤其是领导干部党员面临的诱惑很多，风险很大。所以，一个党员，一个领导干部党员必须自觉地、终生地进行党性锻炼，解决好这个终生课题。二是客观实践和主观反省的统一。党员的党性，要在改造客观世界的实践中加以锤炼、形成和检验，也要在主观世界的反思、检讨，甚至是痛苦的、反复的思想斗争中得以总结和升华，再回到实践中去检验、修正和提升。三是一个党员的本质改造的过程，是一个自我教育、自我锻炼、自我改造和自我完善的过程。从这个意义上说，党性锻炼也是党性教育。当然，党性教育还有更广泛的内涵，它还指党的组织按照《党章》要求来开展的增强党员党性的各种工作和活动。

二、加强党性锻炼是新时期党校工作的根本要求

党员领导干部进党校，需要学习的内容很多，但是，党校教育最根本的要求，一是马克思主义的理论武装，一是党性锻炼；贯穿党校教学和管理的灵魂，是增强领导干部学员的党性锻炼，提高他们的党性修养。这是党性锻炼在新时期党校工作中的重要地位。

（一）党校的性质、功能和培养目标所决定

2008年中央颁布的《中国共产党党校工作条例》在《总则》中对党校的性质、功能和培养目标作了明确规定："中国共产党党校是在党委直接领导下培养党员领导干部和理论骨干的学校"，"各级党委要把党校办成培训轮训党员领导干部，培养党的理论队伍，学习、研究和宣传马克思列宁主义、毛泽东思想、邓小平理论、'三个代表'重要思想以及科学发展观等重大战略思想的重要阵地，使之成为干部加强党性锻炼的熔炉。"《条例》还指出："围绕党校教育的目标要求，提高学员以下五个方面的素质和能力：（一）掌握马克思主义的立场、观点、方法，具有履行职责所需要的马克思主义理论水平；（二）具有共产主义远大理想，坚定不移地走中国特

色社会主义道路，始终同党中央保持一致；（三）坚持解放思想、实事求是、与时俱进，树立大局意识，注重调查研究，善于分析解决改革发展中的重大问题；（四）坚持全心全意为人民服务的根本宗旨，增强立党为公、执政为民的意识，严于律己，言行一致，艰苦奋斗，清正廉洁；（五）有强烈的事业心和责任感，具备胜任本职工作所需要的基本知识和领导能力。”《条例》的这些规定，鲜明地体现了党校的性质、功能和培养目标对学员党性锻炼的明确要求。

党校本质上是一所政治学校，它的办学理念必须符合党的事业和党的建设对党员领导干部素质能力的要求，它的特殊之处首先在于要解决党员领导干部的马克思主义理论武装和增强党性锻炼的问题。学习其他各种知识也很重要，提高党员领导干部其他方面的能力也很重要，但是，如果舍弃理论武装和党性锻炼的要求，那么，党校就会失去其特色而失去其存在的根据和合理性。

（二）*党校办学历史经验的科学总结*

注重从思想上建党，是我们党的建设的一条成功经验。在中央党校的历史上，早在延安时期，毛泽东同志非常重视解决党的学风和党员领导干部的党性问题。1942年初他在中央党校发表著名的《整顿党的作风》的讲话，对于推动延安整风，解决全党的学风问题，提高全党的马克思主义水平和党性修养起到了极为重要的作用。

新中国成立后，党中央1956年在制定党校工作的方针时提出“学习理论，联系实际，提高认识，增强党性”。改革开放以来，80年代初中央做出的《关于实现党校教育正规化的决定》提出，“各级党校肩负的基本任务是：以马克思列宁主义、毛泽东思想基本理论、党的方针、政策和必要的现代科学知识、业务知识武装党的干部，为党培训具有共产主义思想觉悟、党性强、作风好又有现代化建设知识的领导骨干。”1990年5月，江泽民同志在全国党校校长会议的讲话中指出：“办好党校，培训好干部，必须十分重视加强学员的党性修养，把党性教育作为党校的必修课。要把加强学员的党性锻炼同学习马克思主义，同党校的日常活动紧密结合起来，把党性锻炼贯穿于党校教学的全过程，真正使各级党校成为学员进行党性锻炼的熔炉。”1990年9月党中央《关于加强党校工作的通知》中明确指出：“各级党校要努力办成轮训和培训党员领导干部，培养党的理论队伍，学习、研究、坚持和发展马克思列宁主义、毛泽东思想的重要阵地，成为干部增强党性锻炼的熔炉。”党的十四大之后，胡锦涛同志兼任中央党校校长，中央作出了《关于新形势下加强党校工作的意见》。《意见》继续强调党校“三个阵地、一个熔炉”的功能定位，指出：“党校的教学都要密切联系学员的思想实际，使学习和掌握理论同改造世界观、增强党性锻炼结合起来。”1995年9月中央颁布的《中国共产党党校工作暂行条例》从党内法规的高度明确了党校“三个阵地、一个熔炉”的职能定位，提出了提高党校学员素质的基本要求。《暂行条例》还指出：“党性教育是党校的必修课。党性教育内容要有针对性，要把学习马克思主义基本理论同增强党性锻炼结合起来，把改造主观世界同改造客观世界结合起来。”进入新世纪，党中央作出了《关于面向21世纪加强和改进党校工作的决定》。这个《决定》在继续强调党校的阵地、熔炉作用的基础上，着眼于新世纪党的事业发展对党校工作和干部培养的需要，明确提出了建立和完善党校教学新布局：“紧紧围绕学习邓小平理论这个中心，建设好既坚持马克思主义又充分适应世界大转折和中国新发展要求的，主要包含‘理论基础’、‘世界眼光’、‘战略思维’和‘党性修养’这几个方面内容的教育课程。”

胡锦涛总书记在兼任中央党校校长9年多的时间中，总结了党校工作的基本经验，提出了坚持党校姓党的重要原则。2008年10月，在全国党校工作会议上的讲话中，胡锦涛总书记特别提出，党校要充分发挥促进领导干部加强党性锻炼的熔炉作用，把党性教育放在更加重要的位置，促使领导干部始终保持清醒政治头脑和高尚道德情操，始终保持共产党人的本色。

习近平同志兼任中央党校校长后，反复强调要把党性锻炼党性教育放在党校工作的突出地位。在2009年3月1日中央党校开学典礼上的讲话中，习近平同志专门论述了加强党员领导干部自身修养问题，他指出，坚强的党性，是成为高素质领导干部的首要条件。各级领导干部要加强理论修养，真正掌握马克思主义的立场观点方法，坚持以与时俱进的态度学习和运用马克思主义理论；要加强政治修养，增强政治信念的坚定性、政治立场的原则性、政治鉴别的敏锐性、政治忠诚的可靠性；要加强道德修养，不断提高道德认识、陶冶道德情操、锤炼道德意志、提升道德境界；要加强纪律修养，增强纪律观念，自觉在思想上政治上行动上同党中央保持高度一致，确保政令畅通；要加强作风修养，做到执政为民有新举措、求真务实有新要求、廉洁从政有新成效。2010年9月，习近平同志在浦东干部学院出席干部教育培训工作座谈会时特别强调，干部教育要突出抓好马克思主义理论教育特别是中国特色社会主义理论体系的教育和党性教育，引导干部牢固树立正确的世界观权力观事业观，始终保持艰苦奋斗精神和锐意进取的激情，始终保持道德品行的纯洁性，经受住各种考验，尽职尽责干好工作。

从历史上党中央和中央领导同志关于党校工作的要求来看，无论党的处境和任务发生了什么变化，增强党性锻炼的要求都没有变，并且随着党面临的任务和自身建设的变化，不断丰富着新的内容和要求。

（三）领导干部学员状况的现实需求

当前，我们的党员领导干部队伍总体状况是好的，经过多年的工作，干部队伍的年龄结构、学历结构、专业结构、知识结构都得到了很大提高和改善，干部的素质能力都有了很大的提高和改善。但是，有相当一部分领导干部，还缺乏对马克思主义特别是中国特色社会主义理论体系的系统学习，缺乏对党的历史和优良传统的深入了解，缺乏严格的党内生活和群众工作的锻炼。同肩负的工作重任相比，他们的党性修养程度还不适应；面对长期执政、对外开放、发展市场经济和外部环境的考验，他们的党性修养还不足以抵御各种诱惑和风浪的考验。所以，广大党员领导干部确有提高党性修养的必要。

（四）党校特殊的熔炉作用为党性锻炼提供了可能

党校自身的功能定位、多年形成的办学传统和教育环境，都使领导干部学员在党校学习期间增强党性锻炼、提高党性修养成为可能。领导干部离开工作岗位，抽出一段时间到党校学习，为他们暂时摆脱工作事务的缠绕，摆脱喧嚣的社会，静下心来读书学习、反思工作、梳理思想、比较分析、总结经验、思考教训提供了机会；而党校多年办学的优良传统和校风，党校教学布局的独特设计和教学活动的激发，各级领导和组织部门的重视和关心，教师和学员之间的互动，特别是没有利害冲突、地位平等的学员之间的交流、鼓励、倾诉和切磋，这一切都会形成一个有利于提高党性修养的氛围，形成一个党性锻炼的大熔炉，使学员置身其中，得到锻炼和提高。

三、加强和改进党性锻炼工作的若干建议

多年以来，党校在开展党性锻炼方面积累了比较丰富的经验。广大学员反映，在党校最难忘、最受益的是党性锻炼的经历。面对以胡锦涛同志为总书记的党中央提出的党的建设的新任务新要求，贯彻落实习近平同志关于加强党性锻炼党性教育的一系列重要指示精神，党校学员的党性锻炼工作必须进一步加强和改进。

（一）进一步明确加强和改进党性锻炼工作的若干原则

一是坚持党校姓党。这就是要把加强党校学员党性锻炼工作放到党的建设特别是干部队伍建设的大局中来考虑和把握，贯彻落实以胡锦涛同志为总书记的党中央对党建工作提出的新要求，按照《党章》和《中国共产党党校工作条例》的要求，指导党性锻炼工作，把党性锻炼作为党校教育的关键，贯穿党校教学、科研、学员管理等工作的全过程，党校的全部工作都要有利于加强学员的党性锻炼。

二是坚持学员为本。把提高领导干部学员理论修养、政治修养、道德修养、纪律修养、作风修养作为党性锻炼的出发点和落脚点；在工作方式方法上，要充分尊重学员，发挥学员的主体性，发挥学员和学员党支部的主动性和创造性，引导学员自我教育、自我反思、相互交流、相互鼓励，共同提高。

三是坚持时代性、针对性、实效性。党性锻炼是党员的恒久课题。但在不同的时期，党的事业发展的需要不同，党员领导干部面临考验、存在的问题也不同，党员领导干部也存在个体差异，所以，党校的党性锻炼工作必须紧跟时代、改革开放实践和党的建设的脚步，不断增强时代性和针对性，贴近学员思想上的症结，收到实实在在的效果。

（二）进一步明确当前党性锻炼工作的重点

面对世情国情党情的新变化，要把坚定理想信念、增强宗旨观念和改进作风建设为重点增强学员的党性修养。党员领导干部在理想信念、宗旨观念和作风方面出现的薄弱环节和问题，是酿成一些党员领导干部工作失误甚至走上腐败道路的重要原因，也是社会上广大人民群众关注度高的问题。这种状况也是在长期执政、对外开放、发展市场经济、外部环境考验的条件下，不同的思想文化和价值观念相互激

荡和冲突在党员领导干部身上的反映。解决好理想信念、宗旨观念和作风问题，是在当今时代和环境下，保持共产党员先进性，抵御不良价值观念和生活方式侵蚀的关键。要教育学员树立正确的世界观、权力观、事业观，忠于党、忠于国家、忠于人民，成为在政治上靠得住、工作上有本事、作风上过得硬、人民群众信得过的德才兼备的领导骨干。

（三）丰富党性锻炼的内容，创新党性锻炼的形式，增强党性锻炼的针对性和实效性

一是把党性锻炼同进一步加强理论武装结合起来。理论上的坚定是政治立场坚定、理想信念不动摇的基础。马克思列宁主义、毛泽东思想、包括邓小平理论、“三个代表”重要思想、科学发展观等重大战略思想在内的中国特色社会主义理论体系是我们观察认识当今世界和中国的科学的世界观和方法论，是我们科学认识人类社会发展规律、社会主义建设规律和共产党执政规律的望远镜和显微镜。通过系统的理论学习，弘扬理论联系实际的学风，在研究重大理论和现实问题的过程中，深刻把握马克思主义基本理论、中国特色社会主义理论体系的科学性，坚定对科学理论得出的基本结论的必然性的信念。

二是把党性锻炼同学习《党章》结合起来。《中国共产党章程》集中体现了党性要求和党性规范。现在，很多同志对《党章》不重视，甚至不熟悉。要按照党的十七届四中全会《关于加强和改进新形势下党的建设若干重大问题的决定》要求，把重新学习《党章》作为党性教育的一个重要抓手，引导学员认真学习《党章》，增强遵守《党章》、维护《党章》、贯彻《党章》的自觉性，增强党员意识和党性观念。

三是把党性锻炼同学习和弘扬党的优良传统结合起来。在长达90年的革命、建设和改革的历史中，我们党形成了理论联系实际、批评和自我评、密切联系群众、艰苦奋斗、谦虚谨慎、求真务实、与时俱进等一系列的优良传统，这些传统体现在我们党的理论、党的组织、党的制度、党内生活、党的工作等各个方面。它们是我们党的宗旨、党的先进品质的集中体现，是我们党赖以生存发展、兴旺发达的精神力量。可以通过学习党的历史，总结历史和实践经验，学习老一辈革命家的光辉业绩，参观革命传统教育基地，学习新时期先进典型等多种方式来深刻、生动地学习、传承和发扬党的优良传统。

四是把党性锻炼同中华民族传统美德教育结合起来。勤劳勇敢，自强不息，天下兴亡、匹夫有责，先天下之忧而忧、后天下之乐而乐，鞠躬尽瘁、死而后已，团结统一，爱好和平等中华民族的传统美德，植根于中华文明数千年的历史，是我们民族精神的精华，是中华民族历经数千年风雨得以绵延并且走向伟大复兴的精神纽带，也是中国共产党人精神家园的历史根基。我们党的优良传统无不体现了中华民族传统美德的烙印。要通过多种形式开展中华传统美德的教育，进一步提升党员领导干部的道德修养和人格境界，为实现中华民族伟大复兴贡献力量。

五是把加强党性锻炼同读书结合起来。读书养性，是中华民族的好传统。党校学习的主要任务是读书。在社会上各种诱惑

和风险很多，风气浮躁的环境下，利用党校的条件，静心读书，确实是领导干部加强党性修养、坚定理想信念、提升精神境界的一个重要途径。要积极响应习近平同志提出的领导干部要多读书读好书善读书的号召，积极组织和引导学员学习马克思主义的经典著作，学习党的历史，学习党的十一届三中全会以来的重要文献，学习中国近现代史，学习世界近现代史，学习马克思主义发展史，通过读书思考，通过讨论和交流，通过比较和印证，进一步坚定信念，提高素养。

六是把党性锻炼同从事领导工作的经验交流结合起来。领导干部学员来自全国各地，来自不同的部门，他们从事领导工作的经验是开展党性锻炼的一笔宝贵资源和财富。组织引导学员以交流会、专题研讨、个别谈心等方式总结和反思从事领导工作中的经验和教训、成败得失，反思其中的“喜怒哀乐”、“酸甜苦辣”，不仅可以相互学习、相互借鉴，提高领导能力和执政能力，而且可以起到相互鼓励、共同提高的有效作用，很有裨益。

七是把党性锻炼同多种形式的教育结合起来。党性锻炼的内容丰富，形式也必须多样。可以根据不同班次学员的特点、教学安排的节奏以及学员个人的具体情况，因地制宜、因时制宜、因人制宜，开展多种形式的教育活动，诸如改革开放形势教育、爱国主义教育、革命传统教育、反腐倡廉教育、警示教育，以及报告会、座谈会、组织生活会、交流互动、个别谈心等等，以期收到入脑入心的好效果。

八是把党性锻炼同坚持从严治校、从严施教、从严管理相结合。在党校进行党性锻炼，要同学校的教学管理、组织管理和生活管理密切结合在一起。要教育引导学员真正实现从工作到学习、从领导干部到学员、从家庭生活到集体生活的“三个转变”，以一个普通党员学员的身份参加学习，不搞特殊，不搞照顾，不搞例外，严格遵守党纪校规。

（四）全面加强制度机制建设

要保证党性锻炼收到实效，不走过场，就要在总结经验，研究规律的基础上，根据不同班次、不同学制的学员乃至每个学员的特点，全面加强制度机制建设。

从空间上，把加强党性锻炼的制度机制建设作为教学管理和学员管理的一个重要组成部分，在教学计划的设计中把党性锻炼放到重要地位，建立健全不同班次学员党性锻炼的制度规定，包括各种会议、活动以及考核、经费保障等制度规定。同时，要健全学员的学习管理、组织管理、生活管理的各项制度和考核规定，体现从严治校、从严施教、从严管理的要求。

从时间上，按照不同班次的学制和教学活动的节奏，抓好入学教育、期中和期末的管理，科学合理地通盘安排各种党性锻炼活动，使各项活动相互衔接，收到最佳效果，同时要保证足够的专门时间。

（五）为增强学员党性锻炼营造良好的环境氛围和保障

党校作为党性锻炼的熔炉，不仅锻炼着学员，也在锻炼着自身。除了在教学、科研等工作中要体现党性要求外，更重要的是我们的教师队伍和管理队伍特别是组织员队伍要有很强的党性修养。这方面，有大量的工作要做。要根据以胡锦涛同志为总书记的党中央提出的新要求，着眼于学员的新特点和新需求，加强学习和培训，进一步增强工作人员的政治意识、党性意识、党校意识和师德意识，进一步提高工作人员的理论素质、完善知识结构，加强对工作经验的总结和思考，全面提高素质能力，提高管理和服务工作的水平，发挥好党校党性锻炼大熔炉的作用，为党的干部队伍建设做出更大的贡献！

（执笔人：中央党校校委委员、进修部主任黄宪起）

发挥组织员一线作用，加强对学员有效管理

中央党校培训部

如何加强和改进党校系统学员管理工作，从宏观讲，必须要上下协调、左右配合，举校一致、达成共识，形成合力、齐抓共管，真正形成有利管理、统一管理、严格管理的环境氛围和机制，这是前提；从微观讲，学员部是学员管理的最前沿，而组织员又是学员管理的第一线，抓住用好组织员才能把管理落到实处，这是关键。

组织员所处方位，在上与下之间、教与学之间、管与被管之间，是结合部、衔接点，起着桥梁纽带、穿针引线的作用，处在综合管理、直接管理、具体管理、日常管理的第一线，与学员面对面、人对人、事对事、点对点，是学员管理的关键所在、矛盾焦点和末端环节。也可以说是学员管理的主要抓手，选好、管好、用好组织员，与管理、管严、管好学员密切相关。那么，如何当好组织员呢？

一、组织员要明确五个定位

1. 组织员功能作用定位。（1）政治导向者（理想信念、立场观点）；（2）思想教育者（倾向偏差、情绪困惑）；（3）学习组织者（教学活动、学习环节）；（4）日常管理者（学务党务、政务事务）；（5）服务保证者（尽力帮助、排忧解难），五个方面兼而有之。

2. 组织员岗位职责定位。（1）传达贯彻落实（上级的）；（2）协调沟通配合（部门的）；（3）引导提醒把关（学员的）；（4）组织管理服务（日常的）；（5）参与谋划运筹（今后的）。

3. 组织员工作目标定位。带一期学员、管一个支部，要做到：（1）政治空气好（讲政治）；（2）思想作风好（讲正气）；（3）学习氛围好（讲学习）；（4）团结相容好（讲团结）；（5）安全守纪好（讲纪律）。

4. 组织员关注重点定位。（1）把好学习在位关；（2）把好应酬活动关；（3）把好请假销假关；（4）把好相互送礼关；（5）把好预防事故关。这几点都与学习表

现、学员形象、学校影响直接相关，难管而必须管好。

5. 组织员素质要求定位。（1）要有较强的思想理论性，应善于话语交流；（2）要有较强的政治原则性，应敢于严格要求；（3）要有较强的工作主动性，应做到勤细周全；（4）要有较强的人际相容性，应广泛团结学员；（5）要有较强的表率示范性，应坚持以身作则。

二、组织员要处好五个关系

1. 驾驭好职务职责。组织员在本单位是普通一员，非领导岗位、职务、待遇，但你面对和管理的都是领导干部学员，又应有领导者的责任、姿态和素质，要当好不是领导的领导。

2. 扮演好两个角色。组织员既代表党校实施具体管理，又代表学员反映需求建议。代表党校一定要高于学员、保持等距离但不脱离学员，代表学员必须要联系学员、与之打成一片但又不混同于学员。二者要统一结合，而不失偏颇。

3. 平衡好自律他律。依靠和强调学员自觉性，通过自我约束实现自我管理、自我完善很重要。但自律不能替代他律，组织员必须要坚持跟班作业、经常督促检查、及时提醒把关、定期讲评强调。把自律他律结合好。

4. 把握好主体主导。学员是我们的工作对象，组织员应充分发挥好学员支部的主体作用，要放心放手但不能放任放纵，组织员的主导作用不可弱化，要加强指导引导。也就是组织员要领着学员走而不能反之。

5. 处理好管理服务。原则上组织员要以管理为主，要善于当好管理者主角；以服务为次，要勤于当好服务者配角。而决不能把自己仅定位于一般的服务。

三、组织员要把握五个尺度

严格而不伤感情，宽松而不失原则，待人要一视同仁，处事莫千篇一律。

1. 严宽有度。既严格制度按规矩办事，又以人为本有和谐氛围；严在政治原则、思想是非、学习纪律、生活作风上，宽在学术氛围、民主风气、人际关系、课余活动上。

2. 刚柔有度。既要唱红脸、讲情重意、和风细雨、尊重学员，又要唱白脸、坚持原则、敢于批评、纠正学员。

3. 收放有度。在日常管理中，对自己、对学员要有收有放、时收时放、收放结合；该收时要收得住、收而不死；该放要放得开、放而不纵。

4. 主次有度。组织员要在服从共性、大局上作文章，在贯彻执行和落实统一的指示要求、规章制度和计划安排上下功夫，这是主要矛盾。又适当抓好个性化的辅助、配合、课余活动，共性个性，主次分明。

5. 动静有度。学员只有坐得住、沉得下，心静气平才能学有所获、思有所悟、研有所得，必须保证学员安静无扰的学习环境条件，同时又要通过一定的组织形式和活动方式使学员轻松有乐、活泼有趣，一味死气沉沉不行，一味活动不断、热闹非凡也不行。适度将上与下结合好，将教与学衔接好，将管与被管统一好。

（本文是中央党校培训部原副主任、正局级组织员赵棋山在全国党校系统学员管理工作专题研讨班上的发言，编辑时有删改）

研究生教育·博士后工作

研究生教育

概　况

2010 年，研究生工作继续围绕提高生源质量、提高培养质量、提高研究生创新能力展开，在加强和规范管理等方面取得新成效。

招生工作。及时贯彻落实教育部、北京市教委和北京市研招办的规定，确保招生过程公开和公平。从考生报名、命题、试题保密、监考、阅卷、核分、复试到拟录取人员的复查等各个环节都更加规范化。提高生源质量，加大网上招生宣传力度。完成 2011 年博士、硕士研究生的招生报名及 2010 年博士、硕士研究生的入学初试复试、审核录取、注册和全年度的学生学籍管理等工作。2010 年招收学位研究生 234 人，其中博士生 104 人，硕士研究生 116 人，西部代培生 14 人。

学位研究生培养。围绕提高培养质量和研究生创新能力，完善培养方案、优化课程设置，加强对培养计划的落实和教学过程的检查和管理。启动“中央党校学位研究生必读经典书目导读丛书”编辑工作，推进优化课程设置改革，外国哲学、中共党史、国际政治和社会学四个专业已开始编辑本专业经典必读书目。完成研究生精品课程的立项、结项工作，从 19 门参选课中评出 10 门精品课程，每门课程资助 1 万元。积极鼓励研究生学术活动和科研成果评比活动及挂职锻炼活动，有 14 名博士生参与北京市教工委组织的挂职锻炼。引入“URP 研究生教务管理系统”，大力推进培养工作的信息化建设。举办第二届“中共中央党校研究生院社会科学研究生学术论坛”，收到论文 420 篇，评出一等奖 5 篇、二等奖 10 篇、三等奖 15 篇、优秀奖 30 篇；通过论坛进一步培养研究生创新能力，加强各校研究生之间的学术交流，同时为社会科学的发展构建学术交流平台。出台《中央党校硕士研究生提前毕业实施办法》，为学分制的试行创造条件。进一步办好“求是大讲堂”，邀请国内知名学者专家作学术报告，活跃学术气氛。

在职研究生教育。在职研究生实行集中统一管理，并逐步理顺关系，加强与函授学院的协调。完善在职研究生报名、考试、录取、教学、论文答辩和毕业等方面的规章制度。同时，加大对各办学点工作人员的培训力度，切实提高在职研究生教育管理水平。控制招生规模，2010 年招生压缩到 1000 人，在校 5000 多人。在培养方面，完成 2008 级、2009 级和 2010 级的教学任务和 2007 级的论文答辩及毕业工作。加强入学教育，增强学生“党校姓党”意识和“党校人”意识，提高学习的自觉性。加强教学管理，加大考勤抽查力度，实行教考分离，促进学员读书学习，提高培养质量。

思想政治工作。重点抓好学生党团员政治理论课学习工作。在新生入学培训中，把党性教育课列入培养计划，突出坚持“党校姓党”，注意提高学生的思想政治意识和党员意识。组织进行政治理论课《努力掌握马克思主义，切实提高理论素养》和《贯彻理论联系实际的原则，提高对社会发展中重大问题的认识》的学习讨论，开展《党章、党的基本知识》和《加强党性修养，发挥共产党员的先锋模范作用》、《进一步树立马克思主义的世界观、价值观、人生观，坚定共产主义的理想信念》和《遵守党的政治纪律，贯彻民主集中制原则》的讨论学习。完善心理咨询测评系统，开展学生心理辅导培训，邀请心理学专家前来指导。

党团组织建设。加强学生党团组织建设，在机关党委的指导下，院党委加强对发展新党员的管理，举办入党积极分子培训班，提高党员素质。成立研究生院团委，健全学生组织建设，积极支持研究生会开展工作。积极组织学生参加研究生院团委选举大会，完成院团委选举和成立的工作。组织研究生总会和分会的换届选举，增强研究生会的活力。注意发挥院团委、研究生党支部和研究生会的作用，增加研究生会的活动经费，支持研究生会和班级开展各种形式的学术、文娱活动，举办研究生运动会和迎新晚会。为迎接中央党校研究生教育30周年庆典，筹备成立中央党校校友会。

就业工作。加大对外就业宣传，增强就业辅导的针对性。邀请公务员考试专家来校讲学，传授经验，加强对研究生参加公务员考试工作的指导。提供有关就业信息，接待用人单位考察，完成2007级毕业生的就业指导工作。2010年，研究生院共有173名学生毕业，就业率98.6%。

中央党校学位评定委员会

主　席：李书磊

副主席：李兴山　卓泽渊（常务）

委　员：（以姓氏笔画为序）

王东京　王长江　叶庆丰　刘　春　李良栋
李晓兵　严书翰　张伯里　张恒山　周为民
宫　力　柳建辉　赵长茂　赵伯英　赵振华
段若鹏　贾高建　秦　刚　康绍邦　谢春涛
戴焰军

在岗硕士、博士研究生指导教师资格认定与变动情况

经2010年6月13日校学位评定委员会终审，认定梁晓杰等11位同志的硕士生指导教师资格；通过博士生指导教师贾建芳转岗申请和硕士生指导教师王彦民兼岗申请。

一、硕士生指导教师资格认定人员

伦　理　学：梁晓杰
政治经济学：于永臻
国民经济学：李　蕾
经 济 法 学：王　伟
科学社会主义与国际共产主义运动：赵　宏、朱可辛
党的学说与党的建设：蔡志强
国 际 政 治：白秀兰、杨　青
外　交　学：罗建波
行 政 管 理：井　敏

二、博士生指导教师转岗人员

马克思主义中国化：贾建芳（原专业博导）

三、硕士生指导教师兼岗人员

马克思主义发展史：王彦民（原中共党史专业硕导）

获奖情况

校级优秀博士学位论文名单

学科专业	作者姓名	导师姓名	论文题目	专家意见排列名次
国际政治	申　琰	李忠杰	互联网的国际博弈与合作研究 *	1
政治经济学	樊世杰	王东京	论国内需求与汇率制度安排	2
政治学理论	管前程	李良栋	新社会阶层政治参与研究	3

博士研究生学术新人奖名单

根据《教育部关于设立博士研究生学术新人奖并开展试点工作的通知》和《博士研究生学术新人奖设置办法》的有关规定，经研究生院初审及专家评审答辩委员会终审，决定陈承新等五位博士研究生获得2010年度学术新人奖。名单如下：

陈承新　　2009级博士生　　政治学理论专业　　导师：李良栋
张钢强　　2008级博士生　　法学理论专业　　导师：林　喆
吴桂韩　　2008级博士生　　党建专业　　导师：高新民
贾春阳　　2008级博士生　　国际政治专业　　导师：刘德喜
许　涛　　2008级博士生　　政治经济学专业　　导师：赵长茂

---

* 申琰的《互联网的国际博弈与合作研究》（李忠杰指导）参加北京市和全国优秀博士学位论文的评比。

学位研究生名册

授予博士学位研究生名册

（共98人）

证书编号	学科专业	研究生姓名	论文题目	导师姓名
8000022010000001	马克思主义哲学（10人）	李　斌	中国共产党思想路线史研究	杨春贵
8000022010000002		张志勇	人与制度的哲学研究	杨信礼
8000022010000003		刘小丰	社会主义建设历史经验的哲学反思	杨春贵
8000022010000004		杨启国	创新发展论	庞元正
8000022010000005		田志亮	马克思政治哲学及其当代价值	韩庆祥
8000022010000006		尹保红	政府信任及其危机研究	徐伟新
8000022010000007		黄有璋	论当代中国分配正义	董德刚
8000022010000008		徐化影	中国政治文明现代演进的基本思考——一种基于政治文明历史考察的哲学研究	阮　青
8000022010000009		余　刚	马克思主义意识形态理论及其演变	胡为雄
8000022010000010		李　想	人与自然和谐共生研究	赵理文
8000022010000011	外国哲学（2人）	宫维明	情感与法则——康德道德哲学研究	丁东红
8000022010000012		高兵强	胡塞尔《笛卡尔式的沉思》中的“他人经验”问题	郭大为
8000022010000013	科学技术哲学（4人）	杨　斌	创新经济体及其政策研究	王克迪
8000022010000014		方　毅	中国生态文明的SST理论研究	李建华
8000022010000015		罗永仕	生态安全的现代性解构及其重建	冯鹏志
8000022010000016		毛明芳	现代技术风险的生成与规避研究	赵建军

续 表

证书编号	学科专业	研究生姓名	论文题目	导师姓名
8000022010000017	政治经济学（19人）	黄海明	我国高新技术产业发展政策研究	刘海藩
8000022010000018		孔伟艳	国有控股商业银行产权改革问题研究	王　珏
8000022010000019		王海燕	中美社会保障制度比较研究	王瑞璞
8000022010000020		孙　峰	经济全球化背景下我国城市群次核心城市发展研究	张伯里
8000022010000021		王　山	国家财政政策与民营企业发展研究——以我国两次应对金融危机冲击为例	李兴山
8000022010000022		谢振东	关于交易者心理预期对汇率影响的量化问题探索	韩　康
8000022010000023		刘建中	资本配置效率研究	王东京
8000022010000024		宁新田	我国农业现代化路径研究	王东京
8000022010000025		房树人	转轨时期中国银行业产业组织问题研究	曹　新
8000022010000026		唐　伟	我国货币政策有效性研究	张燕喜
8000022010000027		许　诺	中国期货市场功能研究	赵长茂
8000022010000028		成丽敏	全球化背景下中国金融稳定研究	杨秋宝
8000022010000029		孟凡祥	制度变迁视角下的我国农村金融风险研究	胡希宁
8000022010000030		赵　早	劳资冲突的经济学分析——中国经济转型期劳资冲突的形成、演化与协调机制	赵振华
8000022010000031		李　霞	经济危机变异与政策嬗变研究	韩保江
8000022010000032		窦　勇	开放进程中要素市场扭曲与宏观经济失衡	韩保江
8000022010000033		卞　靖	我国农村金融供求失衡深层机理研究	徐祥临
8000022010000034		张志强	农村集体建设用地“入市”研究	徐祥临
8000022010000035		林　赟	论粮食供求与粮食补贴	王东京

续 表

证书编号	学科专业	研究生姓名	论文题目	导师姓名
8000022010000036	法学理论（3人）	吕震乾	民间组织的法治功能研究	卓泽渊
8000022010000037		张晓磊	论民主失误的法治化补救	卓泽渊
8000022010000038		刘素峰	《中华民国民法》中的习惯因素	林 喆
8000022010000039	政治学理论（4人）	章 瑞	舆论监督问题与对策研究	李良栋
8000022010000040		赵 淼	迈克尔·欧克肖特的政治观研究	李良栋
8000022010000041		周圣平	罗伯特·达尔多元主义民主观研究	刘 春
8000022010000042		隋斌斌	合作主义从理念到制度：瑞典与新加坡福利制度比较	赵虎吉
8000022010000043	科学社会主义与国际共产主义运动（10人）	张立影	中国共产党对资本主义认识的历史进程	王怀超
8000022010000044		叶 政	中苏论战对中国社会主义建设的影响研究	秦 刚
8000022010000045		程世宝	社会主义市场经济条件下的企业社会责任研究	胡振良
8000022010000046		刘 锋	现阶段我国人的精神文化需要研究	秦 刚
8000022010000047		姚 亮	中国民主化进程中的社会风险研究	吴忠民
8000022010000048		白 鹭	当代中国女性分层初探	李慧英
8000022010000049		严振书	转型期中国社会建设问题研究	贾建芳
8000022010000050		邵沁妍	社会转型期我国干群关系问题研究	贾建芳
8000022010000051		夏光辉	当代中国民族主义研究	靳 薇
8000022010000052		刘 克	社会主义社会建设中的社会规则的构建	常欣欣
8000022010000053	中共党史（8人）	王茂侠	邓小平西藏工作思想研究	谢春涛
8000022010000054		孙玉华	江泽民西藏工作思想研究	谢春涛
8000022010000055		佘 湘	1949—1978：中国群众运动成因问题研究	柳建辉

续表

证书编号	学科专业	研究生姓名	论文题目	导师姓名
8000022010000056	中共党史（8人）	李飞龙	社会变迁中的中国农村婚姻与家庭研究（1950—1985）	李东朗
8000022010000057		张传能	新时期中国共产党全国代表大会报告研究	陈　述
8000022010000058		廖胜平	北京游民改造研究（1949—1953）	李　瑗
8000022010000059		李隆文	抗战时期陕甘宁边区县级政府管理研究（1937—1945）	罗平汉
8000022010000060		王锦辉	中苏文化协会研究	刘晶芳
8000022010000061	中共党史（党的学说与党的建设）（8人）	程玉红	网络时代的政治参与和政党变革研究	王长江
8000022010000062		韩　冰	中国执政党权力监督体系建设研究	王长江
8000022010000063		侯晋雄	转型期执政党整合功能研究	梁妍慧
8000022010000064		徐宝义	新时期中国共产党运用新媒体密切党群关系初探	李　民
8000022010000065		李　庄	中国共产党领导的多党合作制度创新研究——以毕节试验区为例	高新民
8000022010000066		李　娜	党群关系视角下的信访制度研究	刘炳香
8000022010000067		李　伟	党政领导干部与科学发展能力研究	冯秋婷
8000022010000068		姜卫平	社会转型期中国共产党社会整合能力问题研究	姜　跃
8000022010000069	国际政治（18人）	朱宇凡	中印海上安全问题研究	刘德喜
8000022010000070		邓向辉	非洲能源国际竞争与中非能源合作	康绍邦
8000022010000071		陈世阳	国家形象战略	宫　力
8000022010000072		王苏礼	中国对印巴的外交政策——历史变迁与战略前瞻	宫　力
8000022010000073		付瑞红	美国东亚战略的中国因素（1989—2008）	马小军
8000022010000074		张成付	冷战后世界民族分离主义治理研究	左凤荣

续 表

证书编号	学科专业	研究生姓名	论文题目	导师姓名
8000022010000075	国际政治（18人）	马方方	新时期中国经济民主进程中的美国因素	刘建飞
8000022010000076		王洪涛	中美结构性矛盾辨析	马小军
8000022010000077		桑　颖	美国对外援助中的私人志愿组织	康绍邦
8000022010000078		梁　琦	国际环境合作机制研究	李忠杰
8000022010000079		杨　柳	中国现代化进程中的日本因素（1895—1945）	刘德喜
8000022010000080		何　东	中国和平发展的历史主义分析	郭建平
8000022010000081		张　辉	国际政治视野下的太空合作	郭建平
8000022010000082		谢许潭	美国与巴基斯坦反恐合作研究	张　明
8000022010000083		彭萍萍	欧盟利益集团研究	刘建飞
8000022010000084		岳占菊	协和式民主与国外民族关系治理：基于三个案例的研究	郭建平
8000022010000085		周绍雪	女性主义国际关系理论研究	刘建飞
8000022010000086		惠春琳	美国公众舆论对美国东亚政策的影响——从柳条湖到珍珠港（1931—1941）	马小军
8000022010000087	马克思主义基本原理（3人）	赵　雄	马克思主义视野中的经济全球化问题研究	王伟光
8000022010000088		马力昉	改革开放以来中国共产党社会建设思想研究	王伟光
8000022010000089		刘家用	国家权力主体与当代中国的政治和谐	叶庆丰
8000022010000090	马克思主义发展史(2人)	姜洁晶	当代中国马克思主义大众化研究	严书翰
8000022010000091		陈桓辉	文化强省战略研究	严书翰
8000022010000092	马克思主义中国化研究（3人）	涂小雨	转型期中国共产党社会整合机制研究	李君如
8000022010000093		周浩集	改革开放以来党与社会组织的关系研究	李君如
8000022010000094		蔡　丹	中国特色社会主义事业总体布局思想形成与发展研究	张喜德

续表

证书编号	学科专业	研究生姓名	论文题目	导师姓名
8000022010000095	思想政治教育（4人）	陈丽萍	中苏政治教育的比较研究	戴焰军
8000022010000096		郭超海	中国共产党执政能力建设与舆论引导机制研究	张晓燕
8000022010000097		曾志伟	国有企业思想政治工作创新研究	戴焰军
8000022010000098		王　震	当代中国重大突发性自然灾害的应急动员研究	段若鹏

授予硕士学位研究生名册

（共113人）

证书编号	学科专业	研究生姓名	论文题目	导师姓名
8000032010000001	马克思主义哲学（5人）	闫　鹏	否定之否定规律新探	辛　鸣
8000032010000002		陈界亭	论创新规律	邱耕田
8000032010000003		吕红霞	实践哲学视野下的社会规律研究——一种生成论视角的分析	董振华
8000032010000004		王大林	孔子学习观的现代启示	钟国兴
8000032010000005		徐　军	意识形态没有历史——历史唯物主义的一个切入点	何建华
8000032010000006	中国哲学（2人）	王晓伟	先秦儒家产权伦理思想初探	任俊华
8000032010000007		李　犇	孔子“为政以德”思想研究——以周代（周公）的德政为背景	陈中浙

续表

证书编号	学科专业	研究生姓名	论文题目	导师姓名
8000032010000008	外国哲学（3人）	方　鹏	康德论幸福	成官泯
8000032010000009		李岾飞	哈耶克的“社会秩序规则二元论”	李小科
8000032010000010		蒋　海	狄俄尼索斯的肯定——尼采克服虚无主义的尝试	李文堂
8000032010000011	伦理学（2人）	李　涛	《论语》中天德关系研究	刘余莉
8000032010000012		汪尊鑫	公平正义的两个纬度及其当代价值——基于罗尔斯《正义论》研究	靳凤林
8000032010000013	科学技术哲学（2人）	李　敏	对科幻的判定及其社会影响力分析	蔡德聪
8000032010000014		黄思源	创意产业运行机制探析	付　立
8000032010000015	政治经济学（9人）	李　玮	中国如何跨越中等收入陷阱问题研究	董艳玲
8000032010000016		张飞宇	不确定性理论变迁及其评述	贾华强
8000032010000017		陈林波	中国农村金融风险问题研究	施　红
8000032010000018		韩艳华	我国地方政府债券研究	孙小兰
8000032010000019		李　康	我国地方政府债务问题研究	梁　朋
8000032010000020		沐婧瑶	公司治理对IPO定价的影响——基于我国高科技公司的研究	李继文
8000032010000021		张培源	我国商业银行资产证券化研究	田应奎
8000032010000022		叶小帅	中国银行业监管问题研究	李省龙
8000032010000023		龙健民	我国小额信贷机制研究	石　霞
8000032010000024	世界经济（5人）	刘东虎	我国东亚FTA战略研究	孙仲涛
8000032010000025		庄青松	FDI与我国产业结构优化研究	朱邦宁
8000032010000026		郑智星	欧盟非关税措施及其应对和启示	余瑞先
8000032010000027		杨素芳	人民币国际化的路径选择	史妍嵋
8000032010000028		陈昭铭	汇率机制研究——一个开放经济分析的新框架	陈江生

续 表

证书编号	学科专业	研究生姓名	论文题目	导师姓名
8000032010000029	国民经济学(1人)	徐　铄	银行业监管模式的国际比较与经验借鉴	曹　立
8000032010000030	区域经济学（2人）	张晓丹	网络经济环境下区域经济发展新思考	王君超
8000032010000031		孟　义	事件经济对区域经济发展影响分析	张玉杰
8000032010000032	法学理论（4人）	杨晓慧	街道法律服务所的转型与发展研究	刘永艳
8000032010000033		伍兴红	反歧视的理论依据及对策完善	张晓玲
8000032010000034		宋渊明	公务员财产申报立法研究	赵永红
8000032010000035		刘妍婧	关于我国仲裁趋向诉讼模式的法理思考	姜小川
8000032010000036	宪法学与行政法学（3人）	章文英	行政应急权力及其法律规制研究	王雅琴
8000032010000037		刘　昭	政府信息公开制度与隐私权保护	王　红
8000032010000038		曹文祥	我国网络发展与政府监管立法	傅思明
8000032010000039	经济法学（4人）	刘　航	证券交易所竞争力与制度创新	张忠军
8000032010000040		庄昌银	反行政垄断执法体制研究	庄玉瑞
8000032010000041		杨　哲	我国土地征收补偿法律制度研究	李雅云
8000032010000042		高　鹏	论城市房屋征收中公共利益的法律界定	李雅云
8000032010000043	政治学理论（7人）	刘洪明	劳资政合作模式：瑞典案例	赵虎吉
8000032010000044		胡廷波	我国县域党政机构绩效管理问题研究——以H省W县为个案	刘学军
8000032010000045		李　彦	我国财产申报制度研究:利益冲突的视角	刘启云
8000032010000046		匡仁春	从价值到制度：日本政治发展路径研究	赵虎吉
8000032010000047		韩巨龙	政治稳定视角下的中国网络利益表达问题研究	刘学军
8000032010000048		陈为升	十六大以来省部级官员腐败问题的实证研究	刘启云
8000032010000049		欧　鲲	中国国家审计制度研究：历史制度主义视角	赵虎吉

续表

证书编号	学科专业	研究生姓名	论文题目	导师姓名
8000032010000050	中外政治制度（2人）	韩　宁	我国乡镇党委选举制度变迁方式分析	肖立辉
8000032010000051		刘新圣	对韩国民主巩固时期政治危机的反思——从总统弹劾案到牛肉危机	肖立辉
8000032010000052	科学社会主义与国际共产主义运动（11人）	武　晋	论我国城市群体性事件的成因与处置	刘俊杰
8000032010000053		王疆婷	论战后日本劳资关系及对中国的启示	杨玲玲
8000032010000054		李帅虎	我国社会阶层分化与政治体制改革的路径选择	韩云川
8000032010000055		刘　湘	行政体制改革中的行政问责制研究	张建新
8000032010000056		徐月久	中国特色社会主义视野中的农民土地问题	刘海涛
8000032010000057		王家明	我国社会主义文化产业发展研究	张　弥
8000032010000058		柴　丽	现阶段我国女性参政的路径选择	黄宪起
8000032010000059		周广坤	越南革新开放以来政治体制改革研究	门晓红
8000032010000060		闫丽娟	当代中国社会转型的双重性问题研究	孙劲松
8000032010000061		赵小钢	西藏农村剩余劳动力转移对策研究	胡　岩
8000032010000062		刘爱章	和谐社会视野下的土地征收问题研究	孟　鑫
8000032010000063	中共党史（9人）	王兰洁	1978—1982年中共建立老干部离退休制度的历史回顾	曹　普
8000032010000064		张勋祥	1977年恢复高考后高考制度研究	曹　普
8000032010000065		朱为存	改革开放以来的中国对外直接投资研究	匡家在
8000032010000066		王春娥	近三十年国内知青史研究述评	匡家在
8000032010000067		耿加峰	新时期中国慈善事业的发展	张桂英
8000032010000068		古仁尚	新中国成立前后北京市的物价变动	张太原

续 表

证书编号	学科专业	研究生姓名	论文题目	导师姓名
8000032010000069	中共党史（9人）	孔　雷	一九五七年整风运动研究——以浙江省物资局和江苏茶厂为例	张太原
8000032010000070		余希朝	“里外不是人”：“四清”运动中的农村底层干部——以坡赵村党支书徐师范为中心的考察	韩　钢
8000032010000071		韩　沙	论河北省抗美援朝运动中的民众动员	祝　彦
8000032010000072	中共党史（党的学说与党的建设）（10人）	赵金磊	中国国民党自身变革及其对台湾政党政治的影响	王　瑜
8000032010000073		焦向东	试论党内激励机制建设	宋福范
8000032010000074		尹　青	党的群众工作的历史经验和现实挑战	张荣臣
8000032010000075		杨　柳	新社会组织党建问题研究	蔡　霞
8000032010000076		田　兴	创建学习型党组织的思考	张志明
8000032010000077		吴立鑫	论国有企业党建工作创新	陈凯龙
8000032010000078		付　婷	提高党政干部选任公信度研究	刘玉瑛
8000032010000079		蔡　涛	利益整合：党实现社会公正的路径选择	任铁缨
8000032010000080		郭冠军	论新加坡人民行动党议员服务选民制度	谢　峰
8000032010000081		陆东升	试论国企党组织推进企业文化建设的基本路径	张希贤
8000032010000082	国际政治（4人）	魏蜜蜜	后京都时代美国气候政策的调整	张　明
8000032010000083		张雪嫣	从克林顿到奥巴马：冷战后美国中东政策评析	李援朝
8000032010000084		刘俊燕	试论东北亚在中国对外战略上的历史地位	门洪华
8000032010000085		孙敬鑫	奥巴马就任总统以来美对俄政策的变化	左凤荣
8000032010000086	国际关系（1人）	陈庆鸿	南海争端与中国南海战略研究	李云龙

续表

证书编号	学科专业	研究生姓名	论文题目	导师姓名
8000032010000087	外交学（1人）	林文佳	“中国贡献论”的分析	王红续
8000032010000088	社会学（6人）	彭红波	社会风险视角下转型中国劳资矛盾研究	吴忠民
8000032010000089		谢秀连	德里达解构思想价值研究	谢志强
8000032010000090		刘晶晶	当前中国社会风险应对机制研究	青连斌
8000032010000091		王玉桥	中国的社会养老与情感照料研究	李慧英
8000032010000092		张玉洁	城市化进程中农村“空巢家庭”养老问题研究	向春玲
8000032010000093		刘富厚	新形势下我国外资企业工会的组建及运行研究	林　梅
8000032010000094	马克思主义基本原理（2人）	郭印强	我国非政府组织的发展现状及发展路径研究——与政府关系的视角	梁　波
8000032010000095		郭苏莉	马克思恩格斯的利益思想及其当代价值	牛先锋
8000032010000096	马克思主义发展史(2人)	王建刚	1901—1924年伯恩施坦的思想研究	白平浩
8000032010000097		马　蒙	中国特色社会主义民主政治制度研究	白平浩
8000032010000098	马克思主义中国化研究（2人）	郭耘志	中共指导资本市场发展的历史考察及经验研究	程连升
8000032010000099		邢江平	中共中央书记处职能变迁探究	程连升
8000032010000100	国外马克思主义研究(2人)	刁　健	浅析南斯拉夫经济改革的经验和教训	纪　军
8000032010000101		李　超	论苏共对西欧共产党的影响	王　瑜
8000032010000102	思想政治教育（4人）	吴广庆	思想政治工作运行机制的制度学分析	李俊伟
8000032010000103		白　峥	政治社会化与新时期社会主义意识形态建设	陈冬生
8000032010000104		周昌岐	中国传统道德教育方式的现代启示	李俊伟
8000032010000105		段文涛	创新党建工作，提升国企核心竞争力	王　莉

续 表

证书编号	学科专业	研究生姓名	论文题目	导师姓名
8000032010000106	文艺学（2人）	王　芹	视觉文化语境中文学的危机与生机	谢武军
8000032010000107		徐晓琳	论大众文化的意识形态功能	张筱强
8000032010000108	中国近现代史（4人）	赵　阳	从北京到北平：国都南迁与北方的社会舆论	赵书刚
8000032010000109		曾思轶	从《申报》广告看辛亥革命前夕中国的经济社会生态	岑大利
8000032010000110		陈　明	清末民初江浙地区大米供需问题研究——以1911—1912年上海米价为案例	岑大利
8000032010000111		全　武	学者言政：萨孟武宪政观研究	刘悦斌
8000032010000112	行政管理（2人）	雷　喆	应急管理中的协同机制研究	黄小勇
8000032010000113		刘海峰	地方政府绩效评估中的公民参与	王　军

授予同等学力硕士学位研究生名册

（共43人）

编号	学科专业	研究生姓名	论文题目	指导教师姓名
T8000032010000001	马克思主义哲学（2人）	种衍景	生态危机背景下的人与自然关系研究	董振华
T8000032010000002		郝学好	人与自然和谐发展的思考	董振华
T8000032010000003	政治经济学（15人）	王琳琳	我国农村公共产品供给的财政保障机制研究	孙小兰
T8000032010000004		李　敏	转变经济发展方式探析	孙小兰
T8000032010000005		田秀娟	我国对外贸易摩擦研究	孙小兰

续 表

编　　号	学　科 专　业	研究生 姓　名	论　文　题　目	指导教 师姓名
T8000032010000006		霍小坡	现阶段我国基层财政困难问题研究	孙小兰
T8000032010000007		王春艳	关于我国新农村建设中公共财政作用的研究	李　鹏
T8000032010000008		韩　杨	我国区域经济发展不平衡问题研究	李　鹏
T8000032010000009		刘恩龙	我国农民增收问题研究	李　鹏
T8000032010000010		刘　娟	我国农村土地承包经营权流转问题研究	李　鹏
T8000032010000011		杨增美	制约我国农村居民消费水平的制度因素研究	曹　立
T8000032010000012		高　岩	收入分配与经济增长关系研究	曹　立
T8000032010000013		石发纯	居民消费需求问题研究——以山东省居民消费需求为例	曹　立
T8000032010000014		刘　宁	综合治税探析	贾华强
T8000032010000015		刘海峰	泰安市城郊型农业发展探析	贾华强
T8000032010000016		王　路	我国旅游业可持续发展研究	贾华强
T8000032010000017		谭　冰	中国小城镇可持续发展探析	贾华强
T8000032010000018	法学理论（6人）	周　健	人力资本出资法律问题研究	封丽霞
T8000032010000019		李洪涛	乌鲁木齐“7·5”暴力犯罪事件之法理学分析	封丽霞
T8000032010000020		陈晓伟	论我国公民受教育权的法律保障	封丽霞
T8000032010000021		王鹏杰	我国行政赔偿制度研究	张晓玲
T8000032010000022		周燕港	论法官的自由裁量权	张晓玲
T8000032010000023		杜庆亚	我国破产管理人制度实施的困境与出路	王立峰

续 表

编　　号	学　科 专　业	研究生 姓　名	论　文　题　目	指导教 师姓名
T8000032010000024	科学社会主义与国际共产主义运动（16人）	王麦菊	论网络舆论及其监管引导方法	张　弥
T8000032010000025		段安春	当前农村信访问题研究	张　弥
T8000032010000026		刘红云	山东文化产业发展问题研究	张　弥
T8000032010000027		张榜超	当前我国乡镇机构改革研究	张建新
T8000032010000028		郭柏松	论我党对社会主义本质属性探索的理论创新	张建新
T8000032010000029		王雪娟	公推公选：党内民主的一种实现形式	张建新
T8000032010000030		王宝印	构建社会主义和谐社会概论	杨玲玲
T8000032010000031		刘　艳	新加坡政治制度的特点及对我国民主政治建设的启示	杨玲玲
T8000032010000032		黄欣悦	群体性事件研究	杨玲玲
T8000032010000033		孙　琰	中国和平发展面临的挑战与对策分析	杨玲玲
T8000032010000034		李　朋	和谐社会视角下的农民工问题研究	梁　波
T8000032010000035		孙　静	协商民主与当代中国民主政治建设	梁　波
T8000032010000036		黄　鑫	论公正与和谐社会的构建	梁　波
T8000032010000037		曹国进	我国党的代表大会的常任制研究	孙劲松
T8000032010000038		王妍领	世纪之交拉美左翼的发展及其启示	孙劲松
T8000032010000039		史　宪	关于提升我国文化软实力的思考	孙劲松
T8000032010000040	党的学说与党的建设（4人）	韦　杰	新时期加强党内监督的几点思考	戴焰军
T8000032010000041		王　伟	关于辽宁社会主义新农村基层党建工作研究	戴焰军
T8000032010000042		高玉霞	新形势下加强农村社区党建工作探析	戴焰军
T8000032010000043		刘　琨	信息时代传媒与政党的关系分析	王　瑜

博士后工作

博士后流动站建设进展

2010年博士后科研项目申请中，有1人获中国博士后科学基金会特别资助奖。成立博士后联谊组织，召开博士后工作会议，举办首届博士后论坛，开展各类学术活动，扩大博士后的影响。与中央社会主义学院签署联合招收博士后协议，参加"全国2010博士后联谊会理事长联席会议"，加强对外交流，宣传博士后工作，加强与各地博士后联谊会的横向联系。2010年，博士后流动站出站2人，进站16人。

对外培训

概 况

党员干部短期培训。2010年，函授学院举办党员干部短期培训班47个班次，其中中央国家机关干部班次12个、地方党政干部班次22个、国有大中型企业管理人员班次13个，共培训党员干部3016人，其中中央国家机关干部1117人、地方党政干部1123人、国有大中型企业管理人员776人。

在职研究生教育。2010年，录取在职研究生1000人，完成规定学业按时毕业学员2952人（2007级学员）。按照校委关于“控制规模、强化管理、确保质量”的指示精神，加强和改进在职研究生教育，努力打造可持续发展的精品工程。一是严格控制招生规模，合理安排招生布局。根据学校批准的1000人规模，调整招生布局，采取“休耕轮作”的方式，办学单位由2009年的42个压缩为21个，确保在职研究生的生源质量和办学质量。二是加大远程教学管理力度，不断提高远程教学质量。安排直播课158讲，638学时，听课学员7700名。三是从严治考，先后派出6个监考组，分赴山西、湖北、山东等6个分院实地监考，并组织福建、浙江、内蒙古、海南等8个分院的16位同志异地监考。四是周密组织论文答辩，严把毕业出口关。抽调22人组成9个工作组分赴上海、江苏、陕西等18个办学单位直接参与论文答辩和指导工作，覆盖面占毕业人数的22%。五是组织接待四川、黑龙江等分院12批503名学员访校活动，增强毕业学员对中央党校的认同感和归属感。六是进一步加强队伍建设，11月下旬召开班主任工作座谈会，交流经验，表彰先进，提高全系统班主任的思想素质和业务水平。七是深入调查研究，认真总结研究生教育的经验和存在的问题，为校委决策服务，为加强管理、打造在职研究生教育精品工程服务。

工作会议

教学管理工作座谈会

8月23日至24日，函授学院总院在黑龙江省委党校召开教学管理工作座谈会，研究讨论2010年考核方式调整工作座谈会以来函授教学管理工作的新情况和新问题，总结交流分院在教、学、管、考方面的好做法和好经验，进一步提高教学管理工作水平，扎实做好收尾阶段的工作。总院教学处组织这次会议，黑龙江、上海、山东、铁道部等地方和部门十几家分院的常务副院长参加会议，总院陈果吉副院长参会并讲话，总院教学处处长史世鹏主持会议。

第二届沿海省级党校（行政学院）干部继续教育暨对外培训工作研讨会

12月13日至14日，广东省委党校、广东行政学院主办的“第二届沿海省级党校（行政学院）干部继续教育暨对外培训工作研讨会”在广州召开。广东省委党校常务副校长郑盛廷出席开幕式并作重要讲话。中央党校函授学院副院长陈果吉、国家行政学院培训中心副主任崔军钢应邀出席会议并致辞。中央党校，国家行政学院，沿海地区24所省级、副省级和市级党校，以及清华大学、香港理工大学等28个单位的65位代表参加会议。

会议围绕如何贯彻落实《2010—2020年干部教育培训改革纲要》和《中国共产党党校工作条例》，以及如何应对当前干部教育培训工作面临的新形势、新任务、新要求，展开交流和讨论。

图书工作

概况

2010年，图书馆共到馆读者33327人次，较2009年增加约3000人次；采购中文新书5897种、16815册；新增中国知网的《中国工具书全文数据库》；订阅期刊1236种，报纸135种，报纸合订本74种；读者借书42113册，还书42086册。

召开会议。6月12日至14日，全国党校图书馆数字资源共建共享示范馆负责人暨学会常务理事会在北京召开。会议通报全国党校图书馆数字资源共建共享工程共建共享先进单位和先进个人评选方案。北京、吉林、四川、陕西、重庆五家示范馆分别在会议上作汇报，评审小组审核通过16家示范馆上报的先进个人名单。会议通报全国党校文献信息学会第六届常务理事换届选举的相关事项。陈高桐馆长在大会开幕式上致辞。

7月28日至31日，全国党校图书馆暨信息资源建设会议在陕西省委党校召开。这是第一次在党校系统范围内联合、推动数字资源建设的会议。会后，颁发《关于进一步加强和改进党校图书馆工作的若干意见》（中校字〔2010〕65号）和3份相关文件，推进和指导全国党校图书馆建设和发展。

延伸拓展图书馆文化功能。先后举办“和谐之春”书画展、“山高水长”主题画展、“纪念毛主席在《延安文艺座谈会上的讲话》发表68周年暨生命与自然”油画展、“饶宗颐学艺展”等书画展，主办大型话剧《这是最后的战斗》和“庆中秋迎国庆花好月圆”民族音乐会等文艺演出，为校园文化建设和提升学工人员艺术修养发挥了积极作用。

扩大对外合作交流。联合中共党史教研部和文化部全国文化信息资源建设管理中心，合作建设《庆祝中国共产党成立九十周年专题资源库》；整合制作1TB的数字资源和免费下载3万册图书的方正电子书，赠送给副省级城市以上党校图书馆。

加大参考咨询工作力度。为校领导、学校相关部门和教研人员，提供所需文献资料；编辑《台港澳报刊资料》、《网上动态》、《网文参阅》等资料，供相关领导使用；编辑出版《党政干部参考》11期；完成《中国思想理论年鉴》2009年度编辑出版工作；深度开发馆藏资源，编辑出版《中共中央党校图书馆典藏书画集》。

队伍建设。调整增设图书馆机构和人员编制，增设三个处室，明确全馆和各处室编制；采用考核续聘的方式代替两年一次的竞聘，稳定干部队伍。

制度建设

关于进一步加强和改进党校图书馆工作的若干意见

中校字〔2010〕65 号

各省、自治区、直辖市党委党校，铁道部党校，新疆生产建设兵团党委党校，各副省级城市党委党校：

为了适应党校工作的新形势和新任务，深入贯彻落实《中国共产党党校工作条例》和全国党校工作会议精神，现提出进一步加强和改进党校图书馆工作的若干意见。

一、深刻认识加强和改进图书馆工作的重要性和紧迫性

1. 执政党的学习，是执政党能力建设的重要组成部分，是党始终走在时代前列引领中国发展进步的决定性因素。党的十七大以来，特别是党的十七届四中全会之后，我们党把建设学习型政党作为重大而紧迫的战略任务摆上了重要日程。党校作为党培养各级领导干部的主渠道和学习、研究、宣传马克思主义的重要阵地，必须承担起推动全党学习的重大责任，在全党营造崇尚学习的浓厚氛围，在建设马克思主义学习型政党中发挥重要作用。

2. 为更好地履行党校职责，中央党校提出建设“一流学府”的目标和要求。图书馆工作是党校工作的重要组成部分。图书馆是党校的综合性文献资料中心，是马克思主义理论和哲学社会科学等多种知识的储备库，是为党校建设提供信息保障和智力支撑的学术性机构，是以图书资料和数字资源等形式向党校学工人员提供理论武装和知识学习的重要平台。党校图书馆必须适应新的需要，积极应对新技术条件下人们的阅读环境、阅读行为和阅读方式发生的重大变化，创新工作思路，转变工作方法，进一步加快图书馆工作的转型和发展，加大数字资源建设工作的力度。

3. 近年来，在各级党校校委的关心支持下，党校图书馆事业有了较快的发展，为教学科研、学员学习提供了较好的服务。但是，与党校发展的新形势和建设“一流学府”的新要求相比，还存在一些长期未能解决的问题。主要是：党校图书馆从整体看还不能适应党校工作的新形势和新任务，一些制度层面和实际工作层面的问题还比较突出；馆藏结构和服务手段还不能满足学工人员的需求；对数字图书馆建设

的重要性和紧迫性认识还不到位，实际工作进展相对较慢；数字资源量少，特色不鲜明，传送渠道亦不够畅通；图书资料数字化建设仍处于分散状态，缺乏统一规划，重复建设比较多，不能体现党校系统的整体优势；经费投入、队伍建设、服务观念、服务模式等尚不完全适应现代化图书馆的要求，与党校教学科研的实际需要还有较大距离。

4. 各级党校领导务必从建设马克思主义学习型政党和学习型社会的需要，从提高党的领导干部理论知识水平和人文素养，培养治国理政各方面高端人才，不断加强党的执政能力的高度，深刻认识党校图书馆是建设“一流学府”不可或缺的重要方面，正处于由传统图书馆向现代图书馆转型的重要关口，必须抓住机遇，增强信心，迎难而上，进一步加强和改进党校图书馆工作。

二、加强和改进图书馆工作的指导思想、主要任务和近期目标

5. 新形势下加强和改进党校图书馆工作，必须坚持以党的十七大精神和科学发展观为指导，贯彻落实《中国共产党党校工作条例》和全国党校工作会议精神，以多功能、综合性、数字化、现代化为目标，以中国共产党历史文库、马克思主义理论文库、中国国情与地方志文库等“三大文库”建设为中心，进一步加强党校系统图书馆数字资源建设，建立资源共建共享机制，为坚持和发展马克思主义、推动党的理论创新服务，为全国党校的教学科研服务，为领导决策服务，为推进建设马克思主义学习型政党服务。

6. 党校图书馆工作的主要任务是：根据形势发展的需要和全党干部教育培训的需求，应用现代信息手段，创新工作，改善服务，建设具有传统图书馆和数字图书馆功用的复合型图书馆，丰富、完善馆藏结构，突出党校特色，形成有机融合、相互补充、相互促进、具有可持续发展能力的文献信息服务体系。

7. 党校图书馆工作的近期目标是：大力加强数字资源建设，深度开发特色资源、区域资源，整合优质资源，紧密围绕“三大文库”建设，以中央党校数字图书馆建设为契机，搭建全国党校系统图书馆数字资源共建共享网络平台，力争在五年内建成具有相当规模的、能基本满足党校教育和干部学习的特色数字资源库群。

三、进一步推进图书馆工作的若干措施和意见

8. 丰富和完善馆藏结构，突出党校特色。中央党校要抓紧建设中国共产党历史文库、马克思主义理论文库、中国国情与地方志文库。各党校要按照馆藏基础及地区或系统文献资源的统筹规划和安排，通过多种途径，有计划、有重点地采集国内外各种载体文献。要保持重要文献的完整性和连续性，注重收藏本校教研人员的学术文献、学员的学习研究成果和本校的出版物，形成具有党校特色的馆藏体系和合理的馆藏结构。

9. 注重文献信息资源的深度研究和二次开发。要加强对馆藏的孤本、珍本、善本的登记造册、整理修护，加强开发利用和研究。积极拓展和延伸图书馆的文化功能，配合有关部门，举办读书心得交流会，

举办各种陶冶情操的书画展，利用多种形式营造校园文化氛围，活跃校园生活。

10. 加大各党校数字资源库建设的力度，积极推进数字图书馆建设。中央党校要以“三大文库”建设为中心，有计划地对现有馆藏文献资源数字化。各地要发挥地方优势，突出地方特色，合理分工，加快地方党史、地方组织史、地方志和省（区）情数字资源建设，为当地经济社会发展提供服务。要建立完善的数字资源服务体系，创新数字资源服务的手段、方式和方法，提高网络环境下的信息服务水平，不断增加网络信息安全防范能力。

11. 积极开展深层次的参考咨询服务和学科化信息服务。健全读者服务体系，构建虚拟参考咨询服务系统，转换服务方式，增强服务功能，优化服务环境，拓展服务领域，提高服务质量。逐步建立学科馆员制度，开展多层次的参考咨询服务，针对读者需求提供专业化、个性化服务，提高信息服务的知识化水平。运用先进技术，包括移动通信技术、网络化管理和服务体系，实现党校图书馆用户的相互访问和移动用户的远程访问，实现数字资源的互联互通，提高信息服务能力，在某些方面探索市场化服务模式。

12. 加强图书馆科研管理工作，形成科研优势，提升科研水平。要结合图书馆工作研究信息学科特别是图书馆学、情报学和其他相关学科，着重研究为党校教学科研服务和为领导机关服务的规律、途径和方法，研究建设数字图书馆的理论、技术和标准规范，研究提高读者特别是党员领导干部信息素养的规律、途径和方法，研究党校图书馆事业实现可持续发展的条件、动力和途径。

13. 加大馆际交流与合作。积极开展地区、系统的馆际交流与协作，实现资源的优势互补。积极开拓国际交流与合作的渠道。

四、建立和完善图书馆事业科学发展的体制机制

14. 进一步加强队伍建设。各级党校要将图书馆队伍建设问题纳入校委工作日程，制订相应规划和措施，明确岗位责任，定期对工作人员的工作业绩和研究成果进行考核和评估。要注意培养具有较强业务能力和组织管理能力的骨干，充实到领导岗位。要根据专业队伍的知识结构和工作需要，有计划地安排在职人员的培训和进修；同时要重视培养和引进图书情报人才、信息技术人才和其他专业人才，使他们在职称晋升、福利分配等方面享有与校内教研人员同等待遇。

15. 切实加大经费投入。经费投入是图书馆转型和发展的关键。要采取多种措施，多渠道、多途径解决好需求和投入的矛盾，逐步增加文献资源购置和数字资源建设的经费投入。

16. 进一步完善党校系统图书馆数字资源共建共享工作机制。要合理规划，避免重复建设，提高数字资源利用率。要提倡节约，逐步建立省市区党校图书馆数字资源联合采购机制。各党校数字化建设成果要尽快投入使用，力争做到边建边享。要加强党校校园网络建设，特别是在技术支持和信息传输通道等方面，为图书馆数字资源建设提供有力保障。

17. 不断推进工作的规范化和制度化。

研究制定符合复合型图书馆要求的工作规范、工作指南，加快推进数字资源建设和服务的标准规范和工作规程。

18. 进一步加强业务指导。中央党校和各省级党校要搞好调查研究工作，摸清情况，研究问题；搞好规划，加强数字资源建设方面的分工合作；建立考核评价体系，定期开展检查评估工作。根据工作需要组织全国党校系统图书馆相关人员的业务培训。发挥好全国党校文献信息学会和全国党校数字图书馆理事会的作用。

中共中央党校校务委员会
2010 年 9 月 25 日

工作会议

全国党校图书馆暨信息资源建设会议

7月28日至31日，全国党校图书馆暨信息资源建设会议在陕西省委党校召开。会议主题是：以党的十七大精神和科学发展观为指导，深入贯彻落实《中国共产党党校工作条例》和全国党校工作会议精神，着眼于干部教育和培训的新形势新任务新要求，深入探讨进一步加强党校图书馆特别是数字图书馆和信息资源建设工作的思路和具体措施，推进党校图书馆工作和信息资源建设的转型和又好又快的发展，更好地为党校的教学科研和干部教育事业服务，为推动党的理论宣传和理论创新服务，为改革开放和现代化建设的实践及党委政府的决策服务。

常务副校长李景田出席会议并讲话，陕西省委副书记、省委党校校长王侠作大会致辞，中央党校教育长张伯里作题为《深入贯彻落实〈中国共产党党校工作条例〉，切实推进党校系统图书馆工作和信息资源建设的科学发展》的主题报告，中央党校图书馆馆长陈高桐作总结报告。全国各副省级以上城市党校主管副校长及馆长近200人参加会议。

数字图书馆建设

全国党校数字图书馆理事会成立

经校委批准，7 月 28 日，在全国党校图书馆暨信息资源建设会议上成立全国党校数字图书馆理事会。创办《全国党校数字图书馆理事会工作通讯》作为理事会会刊，全年印发 6 期。

全国党校数字图书馆理事会第一次常务理事会议

11 月 22 日，全国党校数字图书馆理事会第一次常务理事会在山东省委党校举行。会议的主要议题是：研究讨论以中央党校“三大文库”建设为中心的全国党校数字资源建设的合作实施方案；研究讨论《全国党校数字图书馆建设规划（2011—2015 年)》；研究讨论《全国党校数字图书馆理事会章程》；研究讨论全国党校图书馆自建数字资源评估工作。

全国党校文献情报学会常务理事、全国党校数字图书馆理事会常务理事及中央党校图书馆有关人员参加会议。

出版工作

概况

2010年，发稿291种，出书265种(次)。据不完全统计，全年销售2万册以上的图书5种，1万至2万册的图书17种，5000至1万册的图书38种。其中，《海尔员工的画与话》发行1万册，《人的思想构成及其工作对策》发行1.80万册，《社会主义核心价值体系学习读本》发行1.90万册，《划清“四个重大界限”学习读本》发行2.10万册，《应急管理十日谈》发行2.30万册，《当代创新力》发行3.30万册。《牛棚杂忆》、《复命精神》、《加快经济发展方式转变干部学习读本》、《人的思想构成及其工作对策》获2010年度全行业优秀畅销品种奖。此外，完成《历史的回顾与现实的思考》和《缅怀与探索——纪念艾思奇文选》的出版任务。

牢牢把握正确的出版方向。根据校委和机关党委的统一部署和要求，以建设“一流的干部教育与人文社科类图书出版单位”为目标，深入学习贯彻党的十七届四中、五中全会精神，围绕建设“一流学府”需要什么样的出版社、怎样办好出版社等问题，进行深入细致的讨论，进一步明确出版社定位，坚持党校姓党，牢牢把握正确的出版方向。

庆祝建社30周年。通过召开建社30周年座谈会、学习习近平校长的贺信和结合出版社转制、发展问题进行讨论等社庆活动，弘扬宗旨，鼓舞士气，推动出版社的科学发展。

出版社转企改制。在校委和主管校领导的正确领导下，在校内各有关方面的支持、配合下，在校委批准的《出版社体制改革工作方案》和上报国家新闻出版总署的《出版社体制改革方案》等文件精神的指导下，严格按照转企改制的工作要求，循序、稳妥、有效地推进，完成转企改制任务。

加强队伍建设。随着出版社转制，聘用劳动合同制职工增多，在一定时期将形成两种用工体制并存的阶段。2010年，加强职工特别是聘用劳动合同制职工队伍建设。引入竞争机制，打破论资排辈和体制界限，鼓励优秀人才脱颖而出，发展培养优秀人才和储备后备力量；根据实际情况不断改进劳动合同制职工的工资待遇，例如，对收入相对比较低的职工给予适当增薪；通过各种形式对职工进行思想教育、政治教育和文化教育，培养职工的政治意识、效率意识和质量意识，以适应党校出版社工作的需要；继续做好有关专业人员职称评定和行政人员的职级晋升工作；拓展出版业务，加强对外交流。如，2010年有选择地安排若干骨干力量和专业人员赴美国、英国和德国参加大型书展，安排部分职工参加学校组织的赴意大利和日本有关外事活动，加强对外业务交流和参观考察，拓宽职工视野，提高职工创新能力。

加强党建工作。党总支和工会，围绕出版社中心工作，按照学校机关党委的布置和要求，开展“我为建设‘一流学府’作贡献创先争优主题实践活动”。

加强与地方党校的工作联系。认真贯彻《中国共产党党校工作条例》和全国党校工作会议精神，进一步贯彻办社宗旨，加大为党校系统教学科研服务的力度。2010年暑期，在海拉尔召开“全国党校系统教材建设与出版工作会议”。会后，出版社领导带队，分别深入部分省市党校进行调研，中央党校和地方党校教材和理论著作的编辑出版和推广使用迈出新的步伐。此外，充分利用全国党校校长会议、全国党校教学工作会议、全国党校科研副校长会议以及全国党校教务处长会议在中央党校召开的机会，采取多种方式与他们联系交流，建立合作关系。与山东、四川、云南等省级党校在教材、学术著作出版方面进行合作。

出版社建社30周年

习近平为出版社建社30周年致贺信

在出版社建社30周年之际，4月5日，中共中央政治局常委、中共中央书记处书记、中共中央党校校长习近平发来贺信。贺信充分肯定中共中央党校出版社建社30年来的工作成就，勉励出版社在新的形势下，继续高举中国特色社会主义伟大旗帜，继续坚持解放思想、实事求是、与时俱进，在推进马克思主义中国化时代化大众化、推进马克思主义学习型政党建设中出版更多好作品，为党校事业和党的思想理论建设作出更大贡献。

出版社建社30周年座谈会

4月27日，“为党的干部教育培训和思想理论建设服务暨庆祝中共中央党校出版社建社30周年座谈会”在中央党校举行。常务副校长李景田，国家新闻出版总署署长柳斌杰，中央国家机关、军队院校有关负责同志董云虎、李捷、李忠杰、陈俊宏、韩康、徐焰、聂震宁、吴尚之、郭义强出席座谈会。

会上，由李景田宣读中共中央政治局常委、中央书记处书记、中央党校校长习近平的贺信。柳斌杰在座谈会上讲话。与会领导和部分专家学者在座谈会上先后发言。出版社社长、总编辑胡建华就出版社30年主要成就回顾和今后发展展望作发言。

与会人员围绕进一步为推进党的干部教育培训和思想理论建设服务进行座谈。大家认为，出版社建社30年来，坚持正确的办社方向，出版了许多精品力作，产生了广泛社会影响，今后应在推进马克思主义中国化时代化大众化、推进学习型政党建设中出版更多好作品，为党校事业和党的思想理论建设作出更大贡献。

座谈会由教育长张伯里主持并作总结。中央党校原教育长郝时晋，中央社会主义学院原常务副院长、中共中央党校出版社原社长兼总编辑赵广，校委委员徐伟新、贾高建、罗宗毅、黄宪起，校各直属单位有关负责人及专家学者，出版社社领导、各部室中心负责人参加座谈会。

学习贯彻习近平同志贺信精神努力作出更大贡献*

（2010 年 4 月 27 日）

张 伯 里

在中共中央党校出版社建社 30 周年之际，习近平同志发来贺信，既对党校出版社 30 年取得的成绩给予充分肯定，对出版社全体同志表示诚挚慰问，又对党校出版社下一步的发展提出了殷切的希望。他强调出版社要在新的形势下为党校事业和党的思想理论建设作出更大贡献。

如何适应新形势、把握新契机，我们要在如下四个方面，作出我们新的努力。

第一，以贯彻习近平同志贺信精神为契机，把握我们党校出版社“三个服务”的办社方向

“三个服务”即，为全国党校系统教学科研服务、为党的干部教育培训和思想理论建设服务、为发展社会主义先进文化服务。为落实好这“三个服务”，党校出版社要围绕党校教学科研的需要和干部教育的需要，继续推进教材体系建设，配合学校有关单位，做好反映马克思主义中国化最新成果的教材的编写与出版工作；要继续做好党校科研成果的出版、推介工作，瞄准学术精品，占领科研高地。党校出版社要围绕研究、宣传中国特色社会主义理论体系的主题以及经济、政治、社会、文化等领域的重大现实、热点问题，加强对党的理论创新重大成果的收集、出版和宣传工作。

第二，以学习型政党、学习型社会建设为契机，在倡导爱读书、读好书、善读书风气中发挥出版社的作用

读书、学习，既是我们党创建学习型政党、我们国家倡导学习型社会的重要内容，也是适应人类社会文明、进步潮流的重要体现。

4 月 27 日我们在这里纪念中央党校出版社建社 30 周年，恰逢几天前的 4 月 23 日是联合国教科文组织确定的“世界图书和版权日”，也就是“世界读书日”15 周年。读书风气的养成，要靠读者、要靠作者，也要靠出版者，是三者结合的作用。特别是“读好书”的前提是要有好书出版、问世。最近公布的“第七次全国国民

---

* 本文是中央党校教育长张伯里于 2010 年 4 月 27 日在“为党的干部教育培训和思想理论建设服务暨庆祝中共中央党校出版社成立 30 周年座谈会”上的总结讲话。载《学习时报》2010 年 5 月 10 日第 1 版。

阅读调查”显示，2009年我国成年人人均每天读书不足15分钟。读书时间不足并减少的原因当然是多方面的，但一个重要原因在于出版图书的质量。目前我国每年出书已超过27万种，不可谓不多，但其中精品力作是否足够多，是一个值得思考的问题。我校出版社每年出书品种以百计（今年的计划是出版新书不少于180种），其中，也有一个在保证出书一定数量的前提下，多出好书、精品力作的问题，这就需要我们出版社在作者物色、选题策划、编辑出版上，下更大的功夫。唯此，才能为满足读者读好书的需求、为建设学习型政党和学习型社会作出我们的贡献。

第三，以创建党校“一流学府”为契机，把握好出版社的定位并促进工作

建设一流学府，是新形势新任务对中央党校提出的新要求。当前，全校上下正在进行近平同志首肯的、校委部署的一流学府讨论活动。中共中央党校出版社当然要在党校创建一流学府中发挥自己的作用。这种作用体现在两个方面：一是出版社作为中央党校的有机组成部分，通过为党校的教学、科研等中心工作服务，为全校创建一流学府发挥应有的作用。二是出版社自身，把握好目标定位、在某些方面争创一流。这就是现在提出的“一流的干部教育与人文社科类出版单位”。“一流学府”也好，“一流的干部教育与人文社科类出版单位”也好，作为一个口号、目标、导向、理念而提出，是有意义的；但不能仅仅是口号，更重要的是要把其作为驾驭全局工作的总抓手和工作措施，体现在每年的工作中。就出版社而言，努力实现了一流的社会效益从而具有一流的社会影响力，同时实现了一流的经济效益从而具有一流的市场竞争力，才谈得上一流的出版单位。

第四，以出版社转企改制工作为契机，推进党校出版事业的科学发展

今年既是党校出版社建社30周年，同时也是党校出版社改制的第一年。转企改制对出版社今后的发展，既是新的挑战，也是新的契机。从中央党校校委会几次讨论、校领导几次批示中，我领会校委对出版社转企改制的态度是三个坚定不移：一是出版社推进体制改革，坚定不移。这是按照中央相关文件精神进行的改革，是按照校委几经讨论通过的《出版社体制改革工作方案》进行的改革，是上报新闻出版总署并在上个月得到批复、批准的《中央党校出版社体制改革方案》进行的改革，我们要坚定不移地推进这一改革。二是不仅要继续办，而且要办好党校出版社，坚定不移。党校出版社有良好的基础、独特的优势和广泛的发展需求，有理由继续办好。三是妥善处理好体制改革与出版社的发展、稳定的关系，坚定不移。转企改制既要促进出版社事业的发展，又要关注出版社人的发展。这三个坚定不移，我曾对出版社全体同志讲过，这里再做重申，以此作为党校出版社谋求新的发展的第四个新契机和新的努力。

值此中共中央党校出版社建社30周年之际，党校出版社的同志要认真领会、贯彻落实习近平同志贺信的精神，发扬30年来的成绩、传统，保持昂扬向上的精神状态，开拓进取、树立形象，为党校事业和党的思想理论建设作出更大贡献。

出版新书

主要新书目录

编号	2010 年新版图书
1	管理的自主创新与变革
2	中德资源环境和经济社会发展比较研究
3	党的创新理论大众化图文集
4	马克思主义理论与社会主义实践
5	发展文化产业在反西化战略中作用研究
6	大学生道德人格的文化研究
7	科技特派员行动与制度创新
8	城乡统筹的成都实践与探索
9	能源基地建设发展的思考与实践（全三卷）
10	状态论——复杂系统研究方法新探
11	资治通鉴介绍
12	活学活用国学大智慧
13	中央党校学员关注的党建问题
14	中央党校学员关注的经济问题
15	中央党校学员关注的社会问题
16	中央党校学员关注的文化问题
17	海尔员工画与话
18	社会主义核心价值体系学习读本
19	全国党校系统纪念新中国成立 60 周年理论研讨会论文集
20	60 年党的理论研究与实践探索
21	生态文明建设论
22	推动科学发展　建设和谐安徽
23	浅谈人的思想构成及其工作对策
24	学习十一届全国人大三次会议文件辅导
25	学习十一届全国人大三次会议文件问答
26	干部实用阅读历代短文精品解析
27	怎样建立学习型党组织

续表

编号	2010年新版图书
28	基层领导者公共管理教程
29	缅怀与探索：纪念艾思奇文选（1981—2008）
30	城长
31	西方制宪权法理研究
32	感念西藏
33	中国建设银行新时期党的组织工作手册
34	加快经济发展方式转变干部学习读本
35	发展经济学教程
36	管理的理论与实践
37	复命精神
38	历史的回顾与现实的思考
39	领导干部治政箴言读与用
40	当代中国民族宗教问题研究（修订本）
41	加快经济发展方式转变十讲
42	提高党的建设科学化水平
43	现代农业科技与新农村建设
44	从剥削论到调节论
45	党的建设总体部署与工作重点
46	科学的资源开发模式
47	王伟光论文辑
48	中国马克思主义发展史（修订本）
49	中国特色社会主义理论体系专题读本
50	生态文明：人类社会全面转型
51	公务员上岗培训
52	现代科技人才开发
53	新世纪思想政治工作大典
54	科学发展观研究
55	领导干部执行力50条黄金启示
56	人文北京与首都社会主义文化发展研究
57	深入贯彻落实科学发展观理论与实践
58	中国共产党党员教育培训教材
59	党史党建基本知识100题
60	建设马克思主义学习型政党
61	现代公文写作与公文处理（第二版）
62	社会主义核心价值观专题解读

续 表

编号	2010 年新版图书
63	现代管理学（第三版）
64	镇乡（街道）领导干部工作读本
65	划清“四个重大界限”学习读本
66	划清“四个重大界限”学习问答
67	中国共产党人的学习观
68	民族多样性和谐
69	马克思主义政治哲学研究
70	当前党政干部关注的重大民生解读
71	中国近现代社会主义思想述评
72	怎样开展创先争优活动
73	新世纪初期江苏经济发展若干问题研究
74	中国思想政治工作年鉴（2009—2010）
75	中国思想理论年鉴（2009 总第三卷）
76	构建和谐世界的重要实践
77	应急管理十日谈
78	科学发展观与新形势下基层党的建设
79	历史新起点上的中国改革
80	党的基层组织和党员深入开展创先争优活动学习读本
81	和谐管理
82	人权大宪章
83	环境与可持续发展：加拿大经验与启示
84	机关党建研究文集（2009）
85	中国共产党政治思想探析（1997—2002）
86	国际金融理论与实践
87	科学发展的坚强保证
88	科学发展观的理论与实践创新
89	领导干部谈深入学习实践科学发展观
90	边疆民族地区党政干部人事制度改革理论与实践探索
91	提高机关党建工作科学化水平：理论与实践
92	领导干部应对大众传媒案例评析
93	马克思主义哲学经典解析
94	我国多党合作制度理论体系
95	网络舆情与突发公共事件危机管理经典案例
96	政府管理创新与能力建设
97	中国共产党历史与建设的思考

续表

编号	2010年新版图书
98	如何做一个创新型领导
99	当代中国政党制度格局中的参政党能力建设
100	科学发展观的学习与实践
101	中共高级干部自述
102	学习和践行干部选拔任用工作四项监督制度
103	邓小平和谐观与和谐社会建设
104	从五项修炼到学习型政党
105	行政管理学概论
106	当代创新力
107	科学发展观理论与实践
108	人文中国
109	2011党政领导干部政治理论学习与政治理论水平任职资格测验
110	公平理论比较
111	当代中国公共人事制度运行现状调查分析
112	生态文明城市
113	怎样进行党性修养与党性分析（第三版）
114	“中国模式”经济改革论——当代中国经济改革模式创新
115	抗日根据地开明士绅研究
116	领导力提升与创新十大法则
117	走进外交部发言人
118	人啊人，你到底是什么东西
119	经济快速发展地区区域生态安全评价与调控研究
120	中国经济观察·2010年第3册
121	十七届五中全会后党政干部关注的重大理论与现实问题解读
122	党的建设热点问题解析
123	中共中央党校图书馆典藏书画集（线装版）
124	新形势下做好群众工作艺术与方法创新
125	新编公文写作技巧与实用范例
126	与劳心者聊健康
127	怎样实施《深化干部人事制度改革规划纲要》
128	建设人才强国的行动纲领
129	党的建设与思想政治工作优秀成果汇编
130	《中国共产党党校工作条例》解析
131	中共关键会议实录
132	领导干部伦理课十三讲

续 表

编号	2010 年新版图书
133	中共中央党校哲学学科年鉴（2008—2009）
134	怎样落实五年培训规划　党员教育培训 16 讲
135	农村群体性突发事件处置
136	《关于实行党风廉政建设责任制的规定》学习问答
137	提高领导干部应对突发事件的法律能力
138	唐太宗与贞观之治
139	党政领导干部信息素养理论与实务
140	干部拓展训练教程
141	领导干部必备的三大思维能力
142	党政领导干部关注的“十二五”经济社会发展若干重大问题深度解析
143	怎样学习中国特色社会主义理论体系
144	领导干部应对群体性事件案例选评
145	走进国学经典
146	1921—2011 中共党史知识竞赛 1000 题
147	地方政府的政策规避与政策创新
148	马克思主义中国化简明读本
149	吴亮平文选
150	马克思主义中国化科学体系研究
151	以德为先选干部
152	姜长斌论文选
153	“十一五”人口发展规划和事业发展规划中期评估报告
154	领导是导向性管理
155	领导者必须掌握的二十四条黄金法则
156	江泽民思想政治教育理论研究
157	廉政理论与实践纵横
158	资源产业生态理论与实践
159	多党合作共谋祖国统一
160	中国共产党纪律处分条例研究
161	中共中央党校图书馆典藏书画集
162	金融危机与经济转型
163	改革开放进程中的中国参政党
164	国家认同：危机与重构
165	奠基大西北——谢子长与中国革命
166	云创新——21 世纪的创新模式

报 刊 工 作

概况

平稳完成合并。2010年，新成立的报刊社平稳完成合并，进一步完善体制机制，努力推进原来两个单位、两种类型人员的一体化建设，包括薪酬待遇、人员安排、职务晋升等的相对一致。抓安全（政治安全、经营安全）、抓质量、抓管理、抓效益（社会效益、经济效益）、抓精神状态，促进工作质量的提高。

完善制度。修订完善学习培训制度，在学习、调研、在岗培训、科研工作等方面严格管理和落实。

发行报刊。全年公开发行《学习时报》50期（总第519—568期），《中国党政干部论坛》12期（总第254—265期），《中共中央党校学报》6期（总第61—66期）；发行内部刊物《理论动态》36期（总第1838—1873期）。

重点宣传。刊登中央领导同志的重要讲话，及时传达贯彻中央精神。全年发表温家宝、习近平、贺国强、李源潮、李瑞环等同志10余篇文章。5月12日，习近平在中央党校发表“努力克服不良文风，积极倡导优良文风”的重要讲话后，中央党校和求是杂志社联合召开改进文风座谈会。报刊社围绕改进文风，陆续发表一批有分量的稿件。围绕党的中心工作，以重大宣传活动为契机深入宣传报道。比如，党的十七届五中全会召开以后，各报刊立即组织一批重点稿件，加强策划，深入宣传。

开展社会调研。组织全体编辑分组赴全国各地进行调研，回来后组织专题交流，各组写出调研报告，社班子对调研成果进行评估。

调整理论网有关频道和栏目。《理论网》（http：//www. cntheory. com/）是中共中央党校主管、中共中央党校报刊社主办的综合性马克思主义思想政治互联网理论平台。2010年，重点建设理论、新闻、干部教育和博客频道。5月，重新恢复开通《学习时报》电子报。通过建章立制，策划组织一系列论坛和活动，积极参与有关理论研讨会的宣传报道，提高理论网的影响力。有序推进《中国党政干部论坛》改刊工作。

工作会议

建设学习型政党理论研讨会暨中央党校报刊工作会议

8月9日，中央党校报刊社与黑龙江省委党校共同主办的“建设学习型政党报刊理论研讨会暨中央党校报刊工作会议”在哈尔滨召开。中央党校副校长石泰峰出席会议并讲话，中共黑龙江省委常委、省委秘书长刘国中到会致辞。中央党校报刊社社长兼总编辑肖勤福，常务副总编辑李庆华，副总编辑钟国兴、包驰等出席会议。来自全国30余家省级副省级党校的领导、专家及部分省市组织、宣传、政法系统的100余位代表，就如何更好地发挥党校报刊应有的作用等相关议题展开研讨。

石泰峰在讲话中指出，学习能力是党员干部必备的能力，更是党校和党校报刊人必须具备的能力。各级党校及党校报刊要在建设学习型政党中发挥应有作用，找准建设学习型政党与实际工作的结合点，重点是做到三个结合，即：把建设学习型政党与提高自身能力结合起来，把建设学习型政党与转变学风文风结合起来，把建设学习型政党与建设“一流学府”结合起来。

肖勤福在讲话中指出，党校报刊作为党校事业的重要组成部分，不仅要发表学习研究的相关成果，还要引导党内学习研究的风气，营造学习氛围；既要概括提炼问题，还要对学习研究的方法和经验进行交流。党校报刊要面向全党担负起促学、导学、助学的职责。

钟国兴作题为《学习型政党和真正的学习型组织》的主题演讲。湖南省委党校常务副校长徐晨光、广东省委党校常务副校长郑盛廷等同志先后交流了建设学习型党组织的体会。

首届中国城市管理高峰论坛

11月20日，“首届中国城市管理高峰论坛——有中国特色的城市运营”在上海崇明召开。该论坛旨在打造集聚中国特色的城市运营理论与经验的交流平台，加强政府、企业、学者、媒体之间的对话交流，汇集各方信息、智慧，适时发布有权威性和影响力的专题报告，为中国城市运营和城镇化建设提供科学的理论和实践依据。

此次论坛由中央党校报刊社、上海市城乡建设和交通委员会、上海市崇明县人民政府联合主办，北大资源集团承办，北京大学经济学院作为唯一学术支持单位。中央党校副校长陈宝生，全国人大财政经济委员会副主任尹中卿，国务院发展研究中心副主任卢中原，北京大学原校长、中科院院士许智宏，上海崇明县县长赵奇，上海市城乡建设和交通委员会巡视员王以中，北京大学副校长刘伟，开封市市长周以忠，重庆市北碚区区委副书记彭烨以及方正集团董事长魏新出席论坛，来自政府、企业、科研院所的领导与嘉宾以及来自各大新闻媒体的代表参加论坛。

上海市崇明县政府与北大资源集团签署崇明岛国际论坛商务区合作协议。论坛通过主题演讲、嘉宾对话等形式，围绕如何探索有中国特色的城市运营和管理进行探讨，共谋中国城市未来的可持续发展之路。

报刊文章被转载情况

《学习时报》文章被转载情况

据不完全统计，2010 年，《学习时报》文章被《新华文摘》、《报刊文摘》、《文摘报》、《北京日报》、《中国社会科学文摘》、《思想理论动态参阅》等全文转载或摘编 240 多篇次。择要列举如下：

序号	期数	原文题目	转载报刊及摘文题目	作　者
1	500	忧国忧民的精神凝结	《新华文摘》第 1 期第 152 页，同名文章	黄枬林
2	504	落实科学发展观必须讲科学	《新华文摘》第 1 期第 173 页，科学发展观需要社会科学与自然科学并用	詹正茂
3	508	共产党的干部必须清正廉洁	《新华文摘》第 2 期第 1 页，同名文章	李源潮
4	510	学深用活中国政治发展中的“大智慧”	《新华文摘》第 3 期第 26 页，同名文章	翁杰明
5	510	以人为本：深化政治体制改革的核心价值尺度	《新华文摘》第 4 期第 159 页，以人为本是政治体制改革的标准定位	包心鉴
6	512	关于建设马克思主义学习型政党的几点学习体会和认识	《新华文摘》第 3 期第 1 页，同名文章	习近平
7	518	我国科技政策存在的八大问题	《新华文摘》第 5 期第 168 页，同名文章	程　萍
8	518	培养党员的“独立人格”是发展党内民主关键	《北京日报》2 月 22 日第 20 版，培养“独立人格”是发展党内民主关键	程华山
9	519	论三大矛盾与科学发展观	《新华文摘》第 7 期第 42 页，同名文章	周溯源
10	531	风险分配中的政府责任	《新华文摘》第 12 期第 25 页，同名文章	王道勇

续表

序号	期数	原文题目	转载报刊及摘文题目	作　者
11	532	民贵泰山	《新华文摘》第9期第97页，同名文章	吴官正
12	533	假如毛泽东去骑马	《新华文摘》第15期第68页，假如毛泽东骑马	梁　衡
13	534	科技体制改革的难点与出路	《新华文摘》第16期第169页，深化科技体制改革亟待解决重大问题	梅永红
14	535	深化政治体制改革的关键在于解放思想	《新华文摘》第14期第7页，同名文章	虞崇胜
15	536	努力克服不良文风　积极倡导优良文风	《新华文摘》第15期第1页，同名文章	习近平
16	540	完善解决拆迁冲突的法律规定	《新华文摘》第21期第157页，同名文章	王冬梅
17	541	对问责制几个关键问题的再思考	《新华文摘》第17期第10页，同名文章	竹立家
18	541	营造积极健康的党内批评风气	《北京日报》11月8日第20版，营造党内批评风气要破除“禁区”	刘益飞
19	547	对官员财产申报制度几种误读的解析	《新华文摘》第20期第34页，同名文章	吕　品
20	547	中共台湾工委为何遭受大破坏	《北京日报》8月16日第20版，中共台湾工委遭受大破坏始末	徐　焰
21	551	图书馆里的感想	《新华文摘》第21期154页，同名文章	肖复兴
22	551	当代中国社会结构与社会建设	《新华文摘》第22期第13页，同名文章	陆学艺
23	551	分配制度改革的成功有赖于公众参与	《新华文摘》第22期第163页，同名文章	王占阳
24	552	谨防“低碳泡沫”	《新华文摘》第21期第161页，同名文章	赵锦辉
25	552	领导干部要树立正确的世界观权力观事业观	《新华文摘》第22期第1页，同名文章	习近平
26	556	发展战略性新兴产业应避免四个误区	《新华文摘》第24期第126页，同名文章	段小华
27	558	国际产业转移新趋势及其对策	《新华文摘》第24期第57页，同名文章	陈宝明
28	560	积极有效地应对社会矛盾问题	《北京日报》12月27日第20版，现阶段社会矛盾呈现的几个趋向	吴忠民

《中国党政干部论坛》文章被转载情况

据不完全统计，2010 年，《中国党政干部论坛》文章共被《新华文摘》、《报刊文摘》、《中国社会科学文摘》、《思想理论动态参阅》、中国人民大学书报资料中心《复印报刊资料》等中央报刊和专业文摘转载或摘编 39 篇次。择要列举如下：

序号	期数	原文题目	转载报刊及摘文题目	作　者
1	1	积极发展党内民主必须注意的问题	《新华文摘》2010 年第 5 期转载，同题目	方江山
2	3	要大众化不要庸俗化	《报刊文摘》2010 年 3 月 29 日转载、《红旗文稿》2010 年第 8 期转载，同题目	倪德刚
3	4	续总理，说尊严	《新华文摘》2010 年第 12 期转载，何以理解“尊严”？	朱铁志
4	6	调整收入分配　惠顾低收阶层	中国人民大学书报资料中心《复印报刊资料》2010 年第 8 期全文转载，缩小贫富差距要打“组合拳”	贾　康

《中共中央党校学报》文章被转载情况

据不完全统计，2010 年，《中共中央党校学报》文章被《新华文摘》、《中国社会科学文摘》、《高等学校文科学术文摘》、中国人民大学书报资料中心《复印报刊资料》等转载或摘编 20 余篇。择要列举如下：

序号	期数	原文题目	转载报刊及摘文题目	作　者
1	1	公共服务社会化的三方合作研究——以上海市徐汇区养老服务社会化为例	《新华文摘》第 10 期转载，公共服务化的主体角色及其职能定位	潘鸿雁

续表

序号	期数	原文题目	转载报刊及摘文题目	作　者
2	2	党内民主的政治哲学：马克思主义的观点	《新华文摘》第 14 期全文转载、《中国社会科学文摘》第 8 期全文转载，同题目	胡承槐
3	3	促进经济发展方式转变的公共财政建设与改革——“十二五”公共财政前瞻	《高等学校文科学术文摘》第 5 期全文转载，同题目	贾　康
4	4	俄罗斯马克思主义研究的当代走向——布兹加林思想评析	《新华文摘》第 22 期转载，当代俄罗斯马克思主义发展的特征	林艳梅

信息化建设

概　况

宣传报道“一流学府”讨论活动。认真贯彻校委精神，在“一流学府”讨论活动中，积极利用校园网和有线电视台的新闻宣传优势，密切关注活动动态、认真履行新闻职责，及时有效地对全校建设“一流学府”讨论活动进行宣传报道。

召开全校信息资源建设工作会议。6月9日，在中央党校育园楼二层会议室召开全校信息资源建设工作会议。会议简要回顾了过去一年来全校信息资源建设的情况，布置今后一段时间全校信息资源建设工作。教育长张伯里出席会议并讲话。

援助捐赠。8月3日，中央党校、四川省委党校援助藏区党校信息化设备捐赠仪式暨验收会在甘孜州州府康定召开。中央党校信息管理部主任郭英楼、副主任王金龙，四川省委党校机关党委书记田丛松、甘孜州组织部副部长何文才等领导出席仪式并对捐赠设备进行检查验收。四川省委党校办公室、信息技术部、工作处等相关部门工作人员，阿坝州委党校相关人员参加此次会议。中央党校援助甘孜州委党校、阿坝州委党校中心机站各一套价值30万元的CISCO交换机、10台电脑；省委党校为两所党校各援建价值5万余元的多媒体教室一间。

召开2010年全国党校系统远程教学电视会议。9月7日，中央党校通过远程教学网召开2010年全国党校系统远程教学电视会议。教育长张伯里出席并讲话。信息管理部主任郭英楼出席会议。教务部副主任冯鹏志、函授学院副院长史金龙、信息管理部副主任张海光先后发言。办公厅副主任李作钦主持会议。

情景模拟教学实验室工程竣工启用。9月8日，中央党校情景模拟教学实验室工程竣工启用仪式在中央党校1—4教室举行。副校长李书磊、教育长张伯里出席启用仪式，并开通启用中央党校情景模拟教学实验室。信息管理部主任郭英楼主持启用仪式。

迎接农村党员干部现代远程教育工作检查。9月14日，中央组织部组织一局副局长李丰率全国远程办有关同志一行5人到中央党校信息管理部检查农村党员干部现代远程教育工作。信息管理部主任郭英楼、副主任王金龙、张海光陪同检查。李丰代表中央组织部及全国远程办，肯定中央党校信息管理部的成绩，并对党校信息管理部的同志表示感谢。郭英楼主任简要汇报党校的农村党员干部远程教育工作。听取汇报后，李丰一行实地察看信息管理部远程教育中心资源库、辅助教学中心网站及播出平台的工作间和网络中心机房。

信息管理部更名。9月26日，中央机构编制委员会办公室批准中央党校设立中央党校信息中心，作为所属事业单位。10月13日，中央党校校委下发通知，设立中央党校信息中心和调整校内机构排序。按照中编办的批复意见和校委会议决定，学校自设机构信息管理部更名为中央党校信息中心。该中心主要职责是：电教保障，校园网的建设、管理、维护和应用，远程教学网的建设、管理、维护和应用，党校电视台的管理、维护和宣传报道工作，学校交办的其他工作等。考虑到校出版社已经转制，按照机构排序规则，出版社排在信息中心之后。

举办培训班。12 月 10 日至 11 日，全国党校系统信息技术部门负责人信息资源建设与管理培训班在湖南长沙举办，中央党校信息中心主任郭英楼在开班式上讲话。湖南省委党校副校长雷国珍致辞，大有数字资源有限公司总经理张长江出席开班式，信息中心副主任王金龙主持开班式并在结业式上作总结。信息中心副主任张海光主持会议交流。有关领导和专家分别就党校系统远程教学网络建设和资源共享、情景模拟实验室、存储技术、云计算、应急管理技术、广域网优化产品在党校系统的应用前景等进行讲解。培训班还围绕郭英楼主任在开班式上的讲话精神、全国党校信息化建设的“十二五”规划等问题进行分组讨论和大会交流。

信息中心下设机构更名。2011 年 1 月 4 日，经中央党校校委会议讨论通过，信息中心下设机构更名。远程教学网络中心更名为远程教学处，校园网络管理中心更名为校园网络管理处，电视通讯中心更名为电视通讯处，办公室和电化教学处名称不变。信息中心 42 名编制作如下调整：中心直属由 3 名增至 4 名，电化教学处由 8 名增至 9 名，电视通讯处由 10 名减至 8 名，办公室（5 名）、远程教学处和校园网络管理处（各 8 名）编制不变。

制度建设

关于进一步加强和改进全国党校系统信息化工作的若干意见

中校字〔2010〕66 号

各省、自治区、直辖市党委党校，铁道部党校，新疆生产建设兵团党委党校，各副省级城市党委党校：

信息化是实现党校教育现代化、提高党校教学科研质量的重要手段。为了适应中央大规模培训干部、大幅度提高干部素质的要求，更好地满足党校学员和广大党员、干部对培训方式、培训内容多样化、个性化的需求，为党校教学科研和行政后勤工作提供更好的保障和服务，根据中央办公厅、国务院办公厅《2006—2020 年国家信息化发展战略》的精神，结合全国党校系统信息化工作的实际，现就进一步加强和改进全国党校系统的信息化工作提出以下意见：

第一条 党校信息化工作要以马克思列宁主义、毛泽东思想、邓小平理论、“三个代表”重要思想以及科学发展观为指导，认真贯彻落实《中国共产党党校工作条例》，体现党校姓党的基本原则。

第二条 要通过加强信息化建设、完善信息化管理、促进信息化应用，形成建设、管理、应用良性互动的党校信息化工作体系，为党校教学科研和行政后勤等各方面工作提供有力的信息化服务手段。同时，从干部教育的实际需要出发，依托党校的理论、科研优势，将党校建设成马克思主义网络学习和宣传的主阵地。

第三条 逐步完善电化教学的硬件设施。地市级以上党校和有条件的县级党校要建设多媒体教室，各教室要具备扩音、录音、录像、转播、播放课件等功能，具备条件的党校要建设情景模拟教学实验室，各教室之间要互联互通，实行集中控制和资源共享。

第四条 进一步加强校园网络的硬件建设。地市级以上党校和有条件的县级党校，要建立起内容丰富、运行顺畅、安全可靠的校园网络，具备新闻报道和为教学服务的基本功能，同时创造与全国党校系统校园网络实现互联互通所需要的基本条件。

第五条 各级党校要充分重视中央党校远程教学网的运行维护，并根据网络技术的新发展和干部培训的新需求，及时对远程教学网络的硬软件进行升级和完善。

继续发挥好远程教学网在党校教学和干部培训工作中的作用。

第六条 由中央党校信息管理部牵头，逐步推进，在全国党校系统内实现中央党校、省级党校、市县级党校校园网络的互联互通，建立全国党校系统信息资源共建共享的网络平台。

第七条 各级党校要进一步重视信息化管理工作，重点加强对网络安全、网络应用、信息资源建设、设备维护等方面的管理。要明确管理范围，讲究管理方法，努力提高管理效果。

第八条 建立和完善党校系统的信息化管理制度，包括校园网络安全管理制度、信息资源建设制度、有关设备管理和维护制度等，并在工作中认真落实各项管理制度。

第九条 各级党校要紧密结合党校各部门的实际业务需要，建设各种切实有效的信息化管理和服务系统，包括教务管理系统、科研管理系统、行政办公系统、后勤服务系统和校园一卡通系统等。

第十条 进一步加强全国党校系统的信息资源建设。要根据不同层次、不同类别干部的多样化学习需求，采取年度评奖、对优秀资源加强推介等激励办法，充分调动各级党校的积极性，发挥各级党校在干部培训中学科、人才优势，建设涵盖面广、种类齐全、层次多样的全国党校系统信息资源库特别是远程教学信息资源库。

第十一条 坚持以用为本，通过丰富应用的内容、拓展应用的形式、完善应用的机制等，不断提高信息化的应用率，充分发挥信息化在党校教学科研和行政后勤等各方面工作中的重要作用。

第十二条 上级党校要进一步加强对下级党校信息化工作的业务指导。由中央党校牵头，制定全国党校系统统一的信息化工作标准和资源管理平台，在条件成熟时，建立全国党校信息化工作评估体系，并逐步把信息化评估纳入党校办学条件评估整体体系中。上级党校要经常对下级党校信息化工作情况进行检查调研，开展业务培训、组织交流观摩，奖励先进，督促后进。

第十三条 由中央党校牵头成立全国党校系统信息化工作领导小组，加强对全国党校系统信息化工作规划的制订、业务的协调、规律的探讨、经验的推广等工作。各党校也要成立专门的信息化工作领导小组来规划和协调本校信息化工作。

第十四条 各党校内部要成立专门的信息技术和管理机构，在人员编制、人员技术培训、人员职务职称等待遇上给予支持。由于信息化建设和网络的运行维护需要资金投入较大，所以在经费上尤其要给予重视和保证。

第十五条 进一步加强信息技术和管理队伍的建设，完善信息化技术人才、管理人才引进和使用政策，不断加大培训力度，培养懂技术、会管理、善应用的信息化人才队伍，为加强和改进全国党校系统信息化建设提供有力的保证。

中共中央党校校务委员会
2010年9月25日

保障工作

情景模拟教学实验室工程竣工启用

9月8日，中央党校情景模拟教学实验室工程竣工启用仪式在中央党校1—4教室举行。副校长李书磊、教育长张伯里出席启用仪式，并亲手开通启用中央党校情景模拟教学实验室。信息管理部主任郭英楼主持启用仪式。启用仪式上，承建单位华迪计算机集团公司负责同志进行演示汇报。教务部主任王东京等校直属单位的负责同志、“八部一所”教研部门的教学秘书、校情景模拟教学实验室项目领导小组成员、项目承建单位和监理单位的负责同志，以及有关工作人员参加启用仪式。

情景模拟教学实验室的建设是一项涉及到计算机及终端设备控制系统、中央控制系统、音视频控制系统、课件制作及播出控制系统以及仿真推演软件等十余个子系统的复杂的系统集成工程。整体建设体现高度的控制集约化、功能智能化、交互人性化，达到国内先进的设计和建设水准。作为一期工程，此次建设的重点着力对基础设施、设备和核心软件的开发。

组织人事

概　况

教师队伍建设。完成2010年享受政府特殊津贴人员的选拔、推荐工作和部分专家学术团体兼职的报批工作。推荐批准2人从事博士后研究，2人在职攻读博士学位，8人出国留学或访学；选派8人到基层或中央国家机关锻炼；选派3名教师参加“三所干部学院”骨干教师培训班；举办第一期教研室主任、副主任培训班和中青年骨干教师英语强化培训班。

起草《2010年职称评审工作意见》，开展职称评审工作，8人晋升正高级专业技术任职资格（职务资格），8人晋升副高级专业技术任职资格（职务资格）。

领导班子和干部队伍建设。调整充实办公厅等13个局级领导班子、28个处级领导班子、13个教研室班子。全年共任免干部168人。组织竞争性选拔局级干部6次，选拔局级干部13人；差额选拔副巡视员7名。协助中组部完成副部级领导干部的推荐考察工作。完成中组部、外交部公选高级外交官人选推荐工作。

首次组织开展面向社会公开招聘选拔高端战略人才工作，通过制订方案、发布信息、报名和资格审查、笔试面试、组织考察等程序，最终1人确定为教学科研拟聘人选，选拔财务行政管理局副局长1名。

撰写《中央党校贯彻〈关于深入整治用人上不正之风，进一步提高选人用人公信度的意见〉工作总结》、《中央党校干部任免工作自查情况报告》、《中央党校处以上党员领导干部个人有关事项报告工作总结》。印发中央党校《关于开展严厉整治干部选拔任用工作中行贿受贿行为的工作意见安排》。与机关纪委联合组织开展第一期局级领导干部任职集中廉政谈话工作。

选派61名干部参加各类岗位培训和任职培训。选派2名干部到地方挂职锻炼。

工勤技能队伍建设。制定《2010年事业单位专业技术岗位聘用办法》，开展第二轮专业技术岗位聘用工作。召开技师评审会，评定高级技师1名。组织34名各技术等级工人参加职业技能培训。协助后勤服务部组织劳动合同制人员思想教育、职业道德和专业技能培训。

机构编制工作。经过多次沟通、协调，中央编制委员会办公室批复中央党校信息中心作为所属事业单位正式成立。完成信息中心下设机构求索音像出版社划归出版社，远程网络教学中心等下设机构更名以及编制调整等工作；党的建设教研部增设政党制度教研室以及确定编制工作；图书馆增设数字资源综合管理中心，以及下设机构与编制调整等工作；财务行政管理局增设卫生处，以及下设有关机构与编制调整等工作；报刊社《理论前沿》编辑室撤销工作；函授学院行政处改名为办公室工作；出版社改制后核销85名自收自支事业编制等工作。

其他人事工作。1. 完成2009年年度考核工作，222人确定为优秀等次。开展

2010年度考核工作，组织参与26个直属单位的领导班子和领导干部述职会、领导班子民主生活会，完成对26个直属单位领导班子和领导干部的民主测评工作。

2. 完成2010年参公单位选录公务员、事业单位选调高校毕业生、接受军队转业干部等工作，共考录公务员9人、选调高校毕业生21人、接收军队转业干部6名。根据教师和干部队伍现状以及各有关单位人员需求情况，制订2011年人才引进计划。完成第五批援藏干部考察和第六批援藏干部的选派工作；完成13名干部校内调整等工作。

3. 完成2010年干部和工人正常晋升工资工作，为1580人次调整工资；协助财务行政管理局完成2010年住房补贴预算。按国家规定，为副部以上或享受副部专项待遇的离退休干部提高自雇费标准，为在职的正部级或满65岁的副部级干部提高宿舍自雇服务人员管理费标准，为19名去世工作人员遗属提高补贴标准。按照卫生部要求，更新蓝卡干部医疗管理系统，并清理规范大102医疗信息库，涉及死亡、调离及其他原因注销人员信息70余人；新办及补办大102医疗8人。为37名干部、8名工人办理离退休手续，返聘11名同志继续工作。

4. 完成2010年教师节表彰工作和第一批中央党校人才强校专项基金优秀人才资助项目的结项工作。修订完善优秀教研人才、出版编辑与图书资料人才资助项目评审办法，开展第二批优秀人才资助项目的评审工作，评选出优秀教研人才4名、优秀出版编辑与图书资料人才2名、优秀管理服务人才6名、优秀劳动合同制人才5名。

附：

教职工人数

项目	总数	教研人数	教辅人数	行政管理人数	工人数
在职员工	1112	272	99	570	171
离退休人员	1019				

机构变动

4 月 1 日，经校委会议讨论，同意图书馆增设数字资源综合管理中心，机构规格为行政处级；设立数字资源建设中心，机构规格为教研室级，图书馆原下设机构数据库室成建制划归该中心；设立系统与技术保障中心，机构规格为教研室级，图书馆原下设机构馆网中心成建制划归该中心。

4 月 1 日，经校委会议讨论，同意将设在信息管理部的求索音像出版社合并到出版社，由出版社进行统一经营和管理。

5 月 12 日，经校委会议讨论，同意财务行政管理局增设卫生处，机构规格为行政处级，编制 7 名；综合管理处承担的爱国卫生、防疫、计划生育、义务献血等工作职能划归该处，校内相关单位（办公厅、离退休干部局、后勤服务部）承担的干部卫生医疗保健工作职能划归该处，后勤服务部医院承担的公费医疗、医疗保险和相关经费管理等方面的工作职能划归该处。

同意将房地产管理处承担的资源节约和人民防空等工作职能划入综合管理处；综合管理处与资源节约管理办公室一个机构两块牌子，编制由 7 名减至 6 名；房地产管理处的编制由 17 名减至 14 名。

7 月 8 日，经校委会议讨论，同意撤销报刊社《理论前沿》编辑室。

9 月 26 日，中央机构编制委员会办公室批准设立中央党校信息中心，作为所属事业单位。按照中编办批复意见和校委会议决定，自设机构信息管理部更名为中央党校信息中心。该中心主要职责是：电教保障，校园网的建设、管理、维护和应用，远程教学网络的建设、管理、维护和应用，党校电视台的管理、维护及宣传报道工作，学校交办的其他工作等。

10 月 13 日，经校委会议讨论，同意出版社的求索音像出版社与五编室一个机构两块牌子。

12 月 2 日，经校委会议讨论，同意党的建设教研部增设政党制度教研室，机构规格为教研室级。党的建设教研部编制 40 名，其中政党制度教研室配备 6 名，部直属和其他教研室编制不变。图书馆 75 名编制不变，具体调整如下：馆直属 4 名，办公室（含 1 名转为干部编制的工人编制）、图书借阅室、报刊阅览室、文献采编室、参考咨询室、数字资源建设中心、系统与技术保障中心各 8 名，文献研究室 10 名，数字资源综合管理中心 5 名。

2011 年 1 月 4 日，经校委会议讨论，同意文史教研部下设机构语文教研室更名为文学教研室，外语教研室更名为外国语言与文化教研室。两个教研室的机构规格和编制不变。

2011 年 1 月 4 日，经校委会议讨论，同意信息中心下设机构远程教学网络中心更名为远程教学处，校园网络管理中心更名为校园网络管理处，电视通讯中心更名为电视通讯处，办公室和电化教学处名称不变。信息中心42名编制作如下调整：中心直属由3名增至4名，电化教学处由8名增至9名，电视通讯处由10名减至8名，办公室（5名）、远程教学处和校园网络管理处（各8名）编制不变。

人事任免

局级干部任免情况

单　位	姓　名	任　职	免　职
经济学教研部	赵振华	经济学教研部主任	
经济学教研部	潘云良	经济学教研部副主任	
离退休干部局	刘　春	离退休干部局巡视员	离退休干部局副局长
研究室	冯秋婷	研究室主任	
科学社会主义教研部	严书翰		科学社会主义教研部主任
哲学教研部	董德刚		哲学教研部副主任
培训部	李中印	培训部副巡视员	培训部副主任
组织部	崔津秀		组织部副部长
办公厅	董　霞	办公厅副巡视员	
教务部	李卫华	教务部副巡视员	
机关党委	赖为华	机关党委副巡视员	
科学社会主义教研部	王怀超	科学社会主义教研部主任	
研究生院	田小琳	研究生院副局级组织员	
研究生院	孙宝升	研究生院副局级组织员	
图书馆	刘俊瑞	副局级组织员	
出版社	邵永贵	副局级组织员	
信息管理部	冯永胜	副局级组织员	
科研部	郑　权	科研部副主任	
研究室	曾业松	研究室副主任	
培训部	薛泽洲	培训部副主任	
研究生院	王军敏	研究生院副院长	
离退休干部局	曹贵忠	离退休干部局副局长	
财务行政管理局	李　峻	财务行政管理局副局长	
组织部	张进勇	组织部副部长	
科学社会主义教研部	刘海涛	科学社会主义教研部副主任	
离退休干部局	钟绍强	离退休干部局副主任、离退休干部局党委书记	办公厅副主任

续 表

单　位	姓　名	任　职	免　职
离退休干部局	刘　春		离退休干部局党委书记
函授学院	赵理文	函授学院院长	教务部副主任
后勤服务部	欧亚平	后勤服务部主任	函授学院院长（交流）
后勤服务部	车继先	后勤服务部巡视员	后勤服务部主任
培训部	秦节荣	正局级组织员	
进修部	何　畏	正局级组织员	
培训部	韩光宇	正局级组织员	
国际战略研究所	郭建平		国际战略研究所副所长
政法教研部	张恒山	政法教研部主任	
政法教研部	李良栋		政法教研部主任

人才引进与培训

人才引进情况

选调高校毕业生 21 人，考录公务员 9 人，接收军转干部 6 人。面向社会公开招聘教研高端战略人才 1 人、公开选拔管理高端战略人才 1 人。

教师业务培训

推荐批准 2 人从事博士后研究，2 人在职攻读博士学位，8 人出国留学或访学，进一步夯实教师专业理论基础。

采取校内外结合的形式，举办第一期教研室主任、副主任培训班。校内辅导阶段，副校长李书磊等同志为大家作辅导报告；在延安干部学院，通过现场教学等方式，接受革命传统教育。

选派 8 人到基层或中央国家机关锻炼，以提高教师理论联系实际的能力；选派 3 名教师参加三所干部学院骨干教师培训班，以加强党性锻炼。为提高教师英语水平，27 人参加中青年骨干教师英语强化培训班。图书馆、校医院 20 余人参加各种业务培训和继续教育。

行政干部培训

选派 61 名干部参加中组部、中央党校、三所干部学院、中直机关的岗位培训和任职培训，其中校领导 4 人、局级干部 12 人、处室级干部 45 人。选派 2 名干部到地方挂职锻炼。

工勤技能人员培训

组织34名各技术等级工人参加职业技能培训；选派12人赴北京、湖南参加意境菜、湘菜培训，2名厨师参加第二十届“中国厨师节”观摩交流活动。组织劳动合同制人员思想教育、职业道德和专业技能培训，共510余人次参加。

新入校人员培训

对2010年新进的38名教师、干部进行为期一周的党校历史、党校工作人员行为规范、党校教学科研与管理特点等方面的岗前培训；选派6名新接收的军转干部参加国务院军转办组织的培训。

表彰奖励

关于对获奖个人和单位进行表彰的决定

中校字〔2010〕54 号

校各直属单位：

2009—2010 学年，各直属单位和全校教职工努力践行科学发展观，积极为创建“一流学府”作贡献，较好地完成了校委部署的各项任务，教学、科研、行政后勤等各方面工作都取得了显著成绩。

根据国家和我校的有关奖励规定，学校开展了 2010 年的评奖工作。在推荐测评、校奖励工作领导小组讨论审议和公示的基础上，校委会议讨论批准：秦刚等 6 名同志获教学优秀奖，《权利与社会和谐——一种政治哲学的研究》等 6 项科研成果获科研优秀成果奖，陈秋燕等 17 名同志记三等功，中共党史教研部等 6 个单位获集体奖。校委决定，对获奖的个人和单位予以表彰奖励。获奖者名单如下：

1. 教学优秀奖（6 人）：

马克思主义理论教研部　秦　刚
哲学教研部　李建华
科学社会主义教研部　向春玲
政法教研部　赵虎吉
文史教研部　秦　露
国际战略研究所　孙建杭

2. 教学组织优秀集体奖（2 个）：

中共党史教研部

2010 年春季学期省部班（第 47 期）“转变经济发展方式与经济结构调整”研究专题教学组

3. 科研优秀成果奖（6 项）：

马克思主义理论教研部　李海青：《权利与社会和谐——一种政治哲学的研究》（专著）

经济学教研部　徐祥临：《运用农村包围城市道路的精髓改变二元经济结构》（论文）

政法教研部　齐　惠：《明朝官场之致仕制度》（专著）

中共党史教研部　卢　毅：《章门弟子与近代文化》（专著）

党的建设教研部　王长江：《政党论》（专著）

国际战略研究所　郭建平：《冷战后美日欧盟与台湾关系研究》（专著）

4. 科研组织优秀集体奖（2 个）：

哲学教研部
科学社会主义教研部

5. 记三等功人员（17 人）：

教务部　陈秋燕　李燕生
政法教研部　杨淑云
研究室　韩秀莉

图书馆	任　青　郑光辉 周晓勤
财务行政管理局	朱树青
离退休干部局	张立春
报刊社	李庆华
函授学院	欧亚平　仲　平 孙　波　李志萍
后勤服务部	范月兰　柴文平 丁　岩

6. 管理服务优秀集体奖（2个）：

教务部　　科研部

校委希望受表彰的个人和单位珍惜荣誉，谦虚谨慎，戒骄戒躁，在今后的工作中取得更出色的成绩。

校委号召，全校教职工和各单位要向受表彰的个人和单位学习，忠诚于党的干部教育事业，踏实工作、勤奋敬业，锐意进取，努力提高工作水平。

校委强调，各直属单位和广大教职工要积极落实习近平同志在开学典礼上的重要讲话精神和中央对党校的一贯要求，积极推进“一流学府”建设。要不断深化教学改革，努力提高教学质量；要按照“四个服务”的要求，进一步做好党校的科研工作；要继续坚持以人为本，做好行政管理、后勤服务和机关党的工作。以蓬勃的朝气、求真的精神、务实的作风，推动各项工作，不断开创党校工作和党校事业发展的新局面。

中共中央党校校务委员会
2010年9月9日

王长江被授予“全国先进工作者”荣誉称号

2010年4月，党的建设教研部主任、教授、博士生导师王长江同志被国务院授予“全国先进工作者”荣誉称号。

研究生院被评为“首都文明单位”

2010年，研究生院被北京市精神文明办评为“首都文明单位”。

离退休干部工作

概况

2010年，按照校委工作部署和全国老干部局长会议精神，坚持围绕中心，服务大局，深怀感情，主动服务，离退休干部工作取得新的成绩。

积极开展“两项活动”。按照校委的统一部署，组织离退休干部党员深入学习党的十七届四中、五中全会精神；开展创先争优活动和建设“一流学府”讨论活动；组织5名副部长级老领导赴上海参观世博会；近千名老同志参加了中国老年报社举办的“庆世博、让生活更美好”知识竞赛活动。

应对“双高期”挑战。进一步增强服务意识，完善为老同志办实事的措施。7月2日，以高龄、孤寡、病残老同志和“二战”时期参加革命的老干部、部级老领导为重点，深化服务，细化特困帮扶措施，制定离休干部看病住院用车服务管理办法。全年给45位老同志重病特困补助63.69万元，走访慰问送温暖161人次。组织34位局级离休干部到北戴河暑期休养、139位离休干部游览通州运河公园、133人参加集体过生日活动，为17位去世老同志妥善办理丧事。

巩固学习、活动阵地。满足老同志精神文化需求，推进教学改革，继续丰富完善老年大学教学内容，共开设31个班次，学员达到600余人次。开展丰富多彩的文体活动，举行室外大型活动4次，参加人数达到1500余人次。

机关队伍自身建设进一步加强。营造争创一流业绩的良好风气，出台《关于进一步加强联络员工作的意见》，实行联络员履职情况考评。组织机关党员接受革命传统教育，获得最佳党日活动优秀奖。加大调研力度，完成“加强老干部工作部门自身建设问题研究”、“整合资源，健全服务体系，推动‘老有所养’事业发展的思考”、“贯彻落实科学发展观，做好离退休干部服务与管理工作问题研究”等三个调研报告。

机关党的工作

党校系统要在推进马克思主义中国化、时代化、大众化方面发挥更大作用*

——访中央党校副校长、机关党委书记孙庆聚

［记者］首先感谢您接受采访！中央党校是党中央的重要部门，是培训、轮训我党高中级干部和马克思主义理论骨干的主渠道，是学习研究宣传马克思主义基本理论的重要阵地，在哲学社会科学研究中具有重要地位。请您谈谈中央党校开展建设学习型党组织活动的意义。

［孙庆聚］建设马克思主义学习型政党，是党的十七届四中全会深刻总结历史经验，科学分析当前形势，着眼于提高党的执政能力、保持和发展党的先进性提出的一项重大战略任务，体现了中国共产党人对学习认识的进一步深化，反映了马克思主义政党永不满足、永不停滞的鲜明特征。学习是一个人获取知识、提高素质、增长本领的重要方式，是一个民族和国家传承文明、繁荣进步的重要途径，重视和善于学习是我们党在长期实践中形成的优良传统，也是党的一个重要政治优势。在当今时代，学习已远远超出个人的范围，而关系着一个国家和民族乃至人类的生存与发展、文明与进步。党的基层组织是党全部工作和战斗力的坚实基础。建设学习型党组织是建设马克思主义学习型政党的基础工程和组织保障。从党校的校情来看，建设学习型党组织是开创党校教育事业新局面的必然要求。根据2006年颁布的《干部教育培训条例（试行）》的要求，在党校、行政学院和干部学院充分发挥干部教育培训主渠道作用的同时，部门和行业的干部教育培训机构、高等学校、科研院所、符合条件的社会培训机构以及境外的培训机构，也要承担相应的干部教育培训工作，从而逐步形成干部学习自主化、干部教育培训多层次、多元化的新格局，这也必然给党校带来新的挑战，加之学员素质和学历层次的提高，也给党校教学科研等工作提出了新的要求。面对这些挑战，各单位党组织要站在党和国家全局和党校事业大局的高度采取各种措施抓紧抓好党员干部的学习，努力做好服务中心、建设队伍的工作。党校广大党员干部必须以更加昂扬向上的精神状态勤奋学习，善于学习，提高本领，从而为不断提升党校教育事业服务经济社会科学发展水平，作出自己应有的贡献。只有这样，我们才能保证更好地完成中央交办的干部教育培训任务，才能在干部教育培训工作中

* 本文载《中直党建》2010年第3期。

占据主动地位。

［记者］中央党校领导班子高度重视学习型党组织建设活动，请问中央党校将采取哪些具体措施，如何将这项活动落到实处？

［孙庆聚］近年来，我校各单位积极探索建设学习型党组织的途径，在广泛开展学习活动中探索出了一些做法。比如，各单位都非常重视理论学习中心组的学习，并且一直抓得很扎实。研究室开展“五年读百本书”的做法很有特色。后勤服务部为适应工作需要，2008—2009 年度举办了多角度、分层次和有重点的系统培训，取得了明显成效。不少教研部门结合工作实际，开设学术讲座，提高学科建设水准。经济学教研部等单位立足人才建设，深入基层、深入实际调查研究，不断提高教学科研水平，效果都很好。2009 年 12 月 16 日至 17 日，机关党委召开了“学习贯彻党的十七届四中全会精神，建设学习型党组织座谈会”，进一步布置了建设学习型党组织的有关工作。下一步还要认真调研，充分吸取大家的意见，学习兄弟单位的好经验好做法。一是以下发《关于建设学习型党组织的意见》为契机，把学习型党组织建设不断推向深入。各单位党组织要把推进学习型党组织建设列入党组织工作的重要议程，结合本单位实际制订出具体方案，明确学习重点，突出自身特色，确保建设学习型党组织的任务落到实处。党组织要积极创造条件，为创建学习型党组织提供支持、服务和保障。要不断创新学习方式和学习载体，组织各种形式的主题学习教育活动，运用专题讲座、报告会、学习讲坛、读书会、专题电视片、知识竞赛、技能比赛、参观考察、党日活动等广大党员干部喜闻乐见的学习教育方式方法，特别是结合党和国家重大政策出台、重大活动开展和重大节庆日纪念日等契机，不断丰富完善创建抓手，实现学习型党组织活动的全方位覆盖和全员参与。二是把争做学习型党员和学习型干部作为学习型党组织建设的重要内容，定期开展评选表彰，促进学习型党组织创建活动不断向纵深发展。理论学习中心组和党员领导干部要自觉学习、带头学习，力争学得更多一些、更深一些，争做学习型干部，在学习型党组织建设中发挥表率作用。

［记者］学风问题是重要问题，您认为党校在学风方面还有哪些需要重点改进的地方，以切实促进学习成果转化？

［孙庆聚］学风问题是关系党的事业兴衰成败的一个重大政治问题。我们党历来把学风问题作为中国革命和建设“第一个重要的问题”。实践证明，学风正则事业兴，学风不正则事业受损。就党校而言，学风问题事关党校的政治生命，事关党校事业的兴衰成败。联系党校实际，重点是抓好学风、校风、文风建设，大力营造风清气正的环境和氛围，形成过硬的校风、优良的学风、清新的文风，树立党校人一流的形象。要认真贯彻党校姓党原则和从严治校方针，把严格要求、严格管理、严格监督落实和体现在党校工作的方方面面和各个环节。党校在建设学习型党组织的过程中要树立好的学风，要大力弘扬理论联系实际的学风，积极营造爱读书、读好书、善读书的良好氛围。党员干部要真正把读书学习作为一种人生态度和事业追求，要抓机会，挤时间，多读书，勤思考，真

正做到深学精进。各单位党组织抓理论学习和理论武装，要突出实践特色，紧密结合本单位实际，结合干部的思想实际，通过举办讲座、报告会、组织外出参观考察等方式，把理论学习与社会实践结合起来，把组织学习同推动工作结合起来，做到学以致用、学用结合、用以促学。要注重向群众学习。带着感情、带着责任深入群众当中，倾听群众呼声，虚心向群众请教，深入研究广大群众关心的热点难点问题，切实把学习成果转化为解决实际问题的能力，切实把党的政治理论、政治路线、政治主张内化为增强党性修养，提高思想觉悟，陶冶道德情操的自觉行为。

［记者］请您谈谈党校系统如何结合自身工作实际，在推进马克思主义学习型政党建设中发挥更大作用?

［孙庆聚］党校系统是党的理论人才汇聚的地方，在推进马克思主义学习型政党建设中必将发挥重要作用。党的十七届四中全会《决定》提出，党校系统要在推进马克思主义中国化、时代化、大众化方面发挥更大作用。一要大力推进理论创新，围绕什么是马克思主义、怎样对待马克思主义，什么是社会主义、怎样建设社会主义，建设什么样的党、怎样建设党，实现什么样的发展、怎样发展等重大问题，不断作出新的理论概括，丰富发展中国特色社会主义理论体系。不断完善学科体系和教材体系，培养造就一大批马克思主义理论家特别是中青年理论家，推动中国特色社会主义理论体系进教材、进课堂、进头脑，增强科学理论教育引导群众作用。二要用中国特色社会主义理论体系武装广大党员、干部。党校是培训、轮训我党高中级干部和理论骨干的最高学府，在党的理论建设和思想建设中发挥着“三个阵地，一个熔炉”的作用。党校要注重组织党校学员系统掌握中国特色社会主义理论体系，注重引导党员领导干部作真学真懂真信真用的表率，引导党员、干部把学习理论同研究解决实际问题结合起来，增强工作的原则性、系统性、预见性、创造性。三要大力开展社会主义核心价值体系学习教育。要把理想信念教育作为党校学习践行社会主义核心价值体系的重中之重，引导广大学员增强党的意识、宗旨意识、执政意识、大局意识、责任意识，做到为党分忧、为国尽责、为民奉献。引导广大学员增强政治敏锐性和政治鉴别力，筑牢思想防线，坚决抵制各种错误思想影响，始终保持立场坚定、头脑清醒。更加注重加强思想道德建设，加强党的优良传统教育，加强中华优秀文化传统教育，引导广大学员带头弘扬以爱国主义为核心的民族精神和以改革创新为核心的时代精神，自觉践行社会主义荣辱观，培养高尚道德情操和健康生活情趣，保持昂扬奋发的精神状态。

为更好地适应新形势新任务的要求，更好地发挥党校在推进马克思主义学习型政党建设中的更大作用，中央党校校委会提出了建设干部教育培训“一流学府”的新理念。“一流学府”具有丰富的内涵和要求，包括要有一流的教学和科研，一流的人才和队伍，一流的硬件和基础设施，一流的管理和服务，还要有一流的风气和人文环境。建设“一流学府”是中央对中央党校的殷切期望，是新形势新任务对中央党校提出的新要求，是全面提升党校工作水平的总抓手，是推进党校事业科学发展的战略总目标。通过努力，真正达到高品质、高规格、高效能、高水平，使党校在干部教育方面更有特色、更有品位、更有作为、更有吸引力。“一流学府”的建设，涵盖了党校工作的方方面面，其中也包括一流的机关党的工作。通过创建一流的机关党的工作，努力为“一流学府”建设提供坚强的思想政治保障。中央党校各级党组织都应认真贯彻校委的战略部署，积极带领全校党员、干部自觉地投入到建设“一流学府”工作中来，争创一流业绩，作出一流贡献，从而为更好地发挥党校在推进马克思主义学习型政党建设中的作用作出更大的努力和更多的贡献。

[记者] 谢谢您在繁忙的工作中接受我们的采访。

概 况

开展“一流学府”讨论和创先争优活动。3月至6月，按照校委统一部署，组织全校干部职工开展建设“一流学府”讨论。分学习动员、开展讨论、交流总结三个阶段。把创先争优贯穿于党校工作的方方面面，实现创先争优与“一流学府”建设相结合，通过突出中心主题，抓好载体建设，把创先争优作为“一流学府”建设的有机载体和主要推手。5月份，制订和颁发《我为“一流学府”建设作贡献创新争优活动实施方案》。

创建学习型党组织。把用中国特色社会主义理论体系特别是科学发展观武装党员干部作为首要任务，带头组织学习党的十七届四中、五中全会精神和中央的一系列重大战略决策，积极发挥示范作用。坚持以点带面，推进学习型党组织创建活动全面发展，通过经验交流、座谈调研、出简报板报等方式，总结推广研究室、经济学教研部等党组织的经验和做法，营造崇尚学习的浓厚氛围。

创新机关党的活动载体。重新编修印发《中央党校机关党的工作制度汇编》；对机关党委网页进行版面调整，加强对基层党组织活动的宣传，拓展党员意见表达的渠道。年初对2008—2009年度党组织工作目标管理考核进行成绩评定，办公厅机关党委等9个党组织被评为“优秀”。组织第四届即2009—2010年度“最佳党日活动”评选，23个直属单位党组织报送24项党日活动参加评选。研究室“幸福江阴建设专题调研”等10个党日活动被评为“最佳党日活动”奖。

反腐倡廉工作。机关纪委参与领导干部述职述廉和新录用人员面试、军转干部选拔、领导干部竞争上岗以及对校内新建、翻修工程的招投标和政府采购等环节的监督工作。9月，机关纪委配合组织部对上半年新选拔任命的7名局级领导干部进行了一次集体廉政谈话。下半年还对全校已举办和拟举办的庆典、研讨会、论坛活动情况认真进行清理摸底，向中央纪委上报综合分析报告。接待处理来信来访12起，同时对一名局级领导干部进行诫勉谈话。

思想政治工作和精神文明创建。组织全校党员、干部、群众向青海玉树抗震救灾捐款95万余元。采取全校党员又多交一个月的党费作为特殊党费等形式，向甘肃舟曲特大山洪泥石流灾区“送温暖、献爱心”，捐款39万余元。利用元旦春节等时机，校领导和各单位，共走访慰问416名患病和生活困难的同志，发放慰问金32.21万元。离退休干部局党委以空巢、独居、患病和生活不能自理等“四类老人”为重点，加强人文关怀，及时摸清党员群众的思想状况，有针对性地开展离退休干部思想政治工作。精神文明建设取得可喜成绩，研究生院被授予“首都文明单位”称号；张小苑家庭、张继海家庭被授予“中直机关文明家庭”称号；李庆华家庭、郝沛霖家庭被授予全国“五好文明家庭”称号。

党的群众工作。广泛开展“1+1”健身活动，通过举办讲座、推广经验，定期检查督促和深入宣传，促进参加“1+1”健身锻炼的人数超过全校教职工的70%。党的建设教研部主任王长江在“五一”前夕被授予“全国先进工作者”荣誉称号。校团委先后召开第十次团员代表大会，顺利进行换届改选并成立中央党校青年联合会。10月底，青年联合会与经济学部联合举办学习贯彻十七届五中全会精神研讨会。年底开展评选中央党校十杰青年和青年岗位能手活动，仲平等10名同志获得第四届“中央党校十杰青年”称号；23名同志获得“中央党校青年岗位能手”称号。下半年，为推进基层党组织建设创新发展，机关党委领导带领职能处室负责同志先后深入全校26个校直属单位开展创一流机关党建大调研。

推进“健康体态、和谐心态”主题实践活动。继续实施健康关爱工程，组织开展丰富多彩的文体活动，营造追求“健康体态、和谐心态”的机关文化氛围。通过“四抓”促落实。一是抓普及，不断扩大党员、干部、群众的参与面。二是抓质量，通过举办保健知识讲座、推广健身经验，大力普及科学健身知识，不断提高健身水平。三是抓坚持，通过定期开展检查督促和广泛深入宣传，使健身活动常态化、生活化。四是抓考评，把组织本单位党员、干部、群众开展经常性体育锻炼和科学健身作为党支部目标管理的一项重要内容，并加大评比权重。

“一把手”抓党建实现新跨越。26个直属单位一把手都做到“四个到位”。一是认识到位，把抓党建看成尽职，不抓党建看成失职，抓不好党建看成不称职。二是工作到位，把党建工作同业务工作紧密结合，融为一体，做到同研究、同部署、同检查、同落实。三是参与到位，凡是党组织开展的活动都带头参加，尽量做到不请假，少请假。四是支持到位，积极主动地为党组织开展活动提供经费、场所及其他必要保障。

制度建设

关于印发《中央党校局、处（室）主要负责同志抓党的建设工作责任制》等六项规章制度的通知

校机党发〔2010〕22号

各直属单位党组织：

按照深入学习实践科学发展观活动整改方案关于“认真做好规章制度的废、改、立工作，逐步形成保障和促进机关党的工作科学发展的制度体系”的要求，依据《中国共产党章程》、《中央直属机关贯彻〈中国共产党党和国家机关基层组织工作条例〉实施办法》等有关条例和法规，对原有的《中央党校局、处（室）主要负责同志抓党的建设工作责任制》、《关于党员领导干部民主生活会的若干规定》、《关于党员组织生活会的若干规定》、《中央党校发展党员工作实施细则》、《关于加强机关党员组织关系管理的暂行规定》、《关于评选“最佳党日活动”的实施意见》等六项规章制度作修改与完善。现将重新修订的《中央党校局、处（室）主要负责同志抓党的建设工作责任制》等六项规章制度印发给你们，请认真执行。

全校各级党组织要深入贯彻落实科学发展观，坚持党要管党、从严治党、党校姓党原则，以改革创新精神进一步加强组织建设，发挥党组织推动发展、服务群众、凝聚人心、促进和谐的作用，为建设“一流学府”和完成各项工作任务贡献力量。

中央党校机关党委

2010年10月8日

附1：

中央党校局、处（室）主要负责同志抓党的建设工作责任制

第一条 为贯彻落实党要管党、从严治党的要求，不断加强和改进机关党的建设，增强基层党组织的创造力、凝聚力和战斗力，保证各项工作和任务的顺利完成，根据《中国共产党章程》和《关于建立健全地方党委、部门党组抓基层党建工作责任制的意见》，制定本责任制。

第二条 局、处（室）主要负责同志对本单位业务工作和党的建设、精神文明建设和思想政治工作负总责。抓党建工作的主要职责是：

（一）贯彻执行中央和上级党组织关于基层党建工作的决议、决定和指示，把党建工作列入工作日程，坚持“两手抓、两手都要硬”的方针。在制订本单位工作计划、部署工作任务和检查总结工作时，要将党建工作、精神文明建设和思想政治工作通盘考虑，一起安排，一起部署，一起落实，一起检查，一起总结。

（二）担任理论学习中心组组长，按照《中央党校直属单位理论学习中心组学习实施办法》，带头学习马列主义、毛泽东思想、邓小平理论和“三个代表”重要思想，学习科学发展观，用马克思主义中国化最新成果武装全体党员头脑，指导工作实践；主持党员领导干部民主生活会，带头开展批评和自我批评；每学期与党组织一起分析一次党员、干部和职工的思想状况，带头做好思想政治工作。每年至少讲一次党课或学习辅导报告。

（三）支持党组织开展工作，为其创造工作条件。从工作思路、工作重点和工作方法上给予指导，每学期开学后即与党组织一起研究党建工作，帮助解决实际问题。每学期结束时，要协助党组织总结经验、找差距、定措施。安排党组织负责人参加行政重要会议，参与重大问题讨论和队伍建设以及涉及职工切身利益的工作。定期向党组织通报业务工作进展情况，使党组织在协助行政负责人完成任务、改进工作中发挥作用。

（四）重视本单位党组织班子建设，协助上级党组织选配好基层党组织书记。定期和党组织书记谈心、交换意见。关心党务工作者的思想、工作和生活，重视党务干部的培养、使用和交流，调动和保护他们的工作积极性。党组织换届或书记工作变动时，及时向上级党组织提出书记人选意见，保证党组织领导班子成员的正常交替。

（五）率先垂范，以身作则。凡是要求党员做到的，自己首先做到。在理论学习、勤政廉洁、团结协作、遵纪守法、道德修养等方面起带头作用。按照要求参加

党组织活动，自觉接受党组织监督。

第三条 局、处（室）主要负责同志要把落实本制度的情况作为个人述职、民主评议、民主生活会的重要内容。

机关党委、组织部每年年终对本制度的落实情况，进行一次检查。检查结果将作为评价干部的重要依据之一。

第四条 本制度从下发之日起执行。

机关党委

组织部

2010 年 10 月 8 日

附 2：

关于党员领导干部民主生活会的若干规定

第一条 党员领导干部民主生活会制度，是党内政治生活中的一项重要制度。为进一步发展党内民主，健全党内民主生活，加强党内监督，使中央党校机关党员领导干部民主生活会制度化，依据中共中央《关于县以上党和国家机关党员领导干部民主生活会的若干规定》（中发〔1990〕7 号），中纪委、中组部《关于改进县以上党和国家机关党员领导干部民主生活会制度若干意见》（中组发〔2000〕3 号）和《中国共产党党内监督条例（试行）》，结合中央党校实际情况，制定本规定。

第二条 党员领导干部都要参加双重组织生活会，即既参加所在党支部、党小组的组织生活会，又参加党员领导干部民主生活会。健全和坚持党员领导干部民主生活会制度，对于实现党的正确领导，保证党的路线、方针、政策和决议的正确贯彻执行，具有重要作用。要通过民主生活会，加强党内监督和领导班子的思想、组织、作风和制度建设，提高依靠自身力量解决问题和矛盾的能力。

第三条 本规定所称参加民主生活会的机关党员领导干部，主要是指校委成员、校直属单位领导班子成员。

校委委员系校直属单位负责人的，还应参加本单位的民主生活会。其他身兼二职以上的党员领导干部，只按其主要职务参加所在单位的民主生活会。

第四条 民主生活会的基本内容，主要是联系本职工作、领导作风和个人的思想实际，就以下问题进行检查、总结，统一认识，开展批评和自我批评：

（一）贯彻执行党的路线、方针、政策和决议的情况；

（二）理论联系实际、加强党性锻炼的情况；

（三）加强领导班子自身建设，实行民主集中制的情况；

（四）艰苦奋斗，清正廉洁，遵纪守法的情况；

（五）坚持群众路线，改进领导作风，

深入调查研究，密切联系群众的情况，做思想政治工作的情况；

（六）上级党组织指定的主题及其他重要问题。

第五条 民主生活会应遵循团结—批评和自我批评—团结的方针，充分发扬民主，开展积极的思想斗争，增强政治性和原则性。应围绕主题交流思想认识，总结经验教训，以与人为善的态度开展批评，达到统一思想、增强团结、互相监督、共同提高的目的。不得把民主生活会开成汇报工作或研究部署工作的会议。

第六条 民主生活会每年召开一次，时间一般可安排在年底或年初。根据实际情况，也可以随时召开。遇有特殊情况需要延期召开的，必须报经上级党组织同意。校委民主生活会如延期召开须报中直工委同意；校直属单位民主生活会如延期召开须报机关党委同意。

会议日期和主题，须提前十天通知应到会人员，以便做好准备。

第七条 民主生活会的召开日期和主题，一般应提前十五天报告上级党组织，以便有关部门派人参加，了解情况，进行指导。校委民主生活会请中央纪委、中央组织部、中直工委派人参加；校直属单位民主生活会，除请主管校领导参加外，机关党委、组织部派人参加。

第八条 召开民主生活会前要做好以下准备工作：

（一）按照上级党组织对民主生活会的统一要求和主题，结合本单位实际确定重点要解决的问题。

（二）开展谈心活动，坦诚交流思想。主要负责人要同领导班子的每个成员分别谈心。对其一年来的思想、工作情况作出适当评价，肯定成绩，同时着重指出存在的问题；涉及领导班子成员之间的一些问题，要做好思想沟通工作。领导班子成员之间要互相谈心，增进了解，互相帮助，化解矛盾，加强团结。

（三）征求党内外群众意见。机关党委负责征求并转告对校委及成员的意见和建议。各直属单位党组织负责征求并转告对本单位领导班子及成员的意见和建议。对群众提出的意见，要“原汁原味”地反馈给本人，并向上级报告。

（四）领导班子每个成员都要根据民主生活会的主题和群众意见，认真准备发言提纲，着重检查在党性党风方面和工作中存在的主要问题，检查廉洁自律情况，剖析思想根源，同时对其他成员提出批评意见，对领导班子存在的突出问题提出整改建议。

第九条 要拿起批评和自我批评的武器，增强民主生活会的思想性和原则性。坚决克服和纠正那种只谈工作不谈思想，只讲成绩不讲缺点，或者就事论事、敷衍了事的现象。领导班子成员都要认真检查自己存在的突出问题。对群众提出的意见，正确的要诚恳接受并切实改正；不符合事实或不完全符合事实的，要实事求是地作出说明。互相批评既要坚持原则，也要从团结的愿望出发，采取与人为善的态度，不乱扣帽子，不无限上纲。在民主生活会上对违纪问题能主动检查并积极纠正的，可根据情况，不予处分或从轻处分；有违纪问题又不在民主生活会上自查自纠，有干扰、妨碍组织审查行为的，从重或者加重处分。

因故缺席的人员可以提交书面发言。

书面发言在会上宣读并列入会议记录。会后，主持人或主持人委托出席会议的其他同志将会议情况和批评意见转告缺席人。

第十条 主要负责人是领导班子民主生活会的第一责任人；要高度重视会前的各项准备工作，把握好召开民主生活会的时机。准备工作不充分的，不要匆忙开会。在民主生活会上要带头认真学习，带头进行自我检查和剖析，带头开展批评，以自己的模范行动带动其他同志，提高民主生活会的质量。要切实担负起制定和落实领导班子整改措施的领导责任。整改措施要具体，针对性要强，要明确具体责任人。每次民主生活会后，要在一定范围内向干部、群众通报有关情况和整改措施，接受群众监督。在下次民主生活会上，要对上次民主生活会整改措施的落实情况进行说明。

民主生活会的列席人员和会议记录人员，由主持人根据会议的内容和干部情况确定。

第十一条 民主生活会检查和反映出来的问题，属于自身建设和本单位的，应制定出改进措施，切实加以解决；需要上级党组织和领导机关帮助解决的，应及时上报。属于其他部门的，由机关党委负责转告，有关部门应当及时办理，并在十五日内将结果报机关党委，不能解决的，应作出解释；属于违犯党纪、政纪、国法的，应按干部管理权限和问题的性质，分别报有关部门处理。

第十二条 民主生活会后十五日内，要向有关部门报送会议情况报告和会议记录。报告的主要内容是开展批评和自我批评的情况、检查出来的主要问题和整改措施。

校委民主生活会会议情况报告和会议记录报送中央纪委、中央组织部和中直工委。校直属单位民主生活会会议情况报告和会议记录报送机关党委。

第十三条 机关党组织协助本单位主要负责人开好民主生活会。组织部协助机关党委对全校执行民主生活会制度的情况进行管理、检查和监督。对于未经上级党组织同意而不按时召开民主生活会的单位主要负责人，对于无故不参加民主生活会的党员领导干部，应给予批评教育。

每年 3 月上旬，机关党委将中央党校局级以上党员领导干部执行民主生活会制度的情况向中直工委作一次综合报告。

第十四条 本规定自发布之日起施行。

附 3：

关于党员组织生活会的若干规定

第一条 为严格党的组织生活，加强对党员的管理，有效地进行党内监督，使党员组织生活会制度化，依据《中国共产党章程》和《中国共产党党内监督条例

（试行）》，结合中央党校实际情况，制定本规定。

第二条 党员组织生活会，通常是指党员参加的所在支部的党员大会和党小组会。健全和坚持党员组织生活会制度，对于加强党员管理，对党员进行批评监督，促使党员增强党性，充分发挥先锋模范作用，具有重要作用。每个党员，不论职务高低，都必须参加党的组织生活，自觉接受党内外群众的监督。

第三条 党员组织生活会的基本内容，主要是就以下问题检查、总结、汇报，认真开展批评和自我批评：

（一）贯彻执行党的基本路线、方针、政策和决议，做好本职工作和完成党组织交给的任务、履行党员义务的情况。

（二）进行理论学习，改造世界观，保持共产主义信念的情况。

（三）维护党的团结和统一，坚持党性原则，开展批评和自我批评，揭露和纠正工作中的缺点错误，支持好人好事，反对坏人坏事，同错误倾向做斗争的情况。

（四）在日常工作、学习和社会生活中，特别是当遇到个人利益同党和人民的利益或集体的利益发生矛盾时，以及遇到各种困难时发挥党员作用的情况。

（五）联系群众，接受党内外群众的监督，做群众工作的情况。

（六）艰苦奋斗，廉洁奉公，遵纪守法的情况。

（七）其他重要问题。

每次生活会的内容，除上级党组织统一安排的外，由党支部根据实际情况决定。

第四条 党员组织生活会一般每半年召开一次。为便于统一管理，各单位均应在每年6、12月份安排。根据实际需要，党员组织生活会也可以增加次数，随时召开。12月份的组织生活会，同每年年底的民主评议党员工作结合起来进行。

第五条 召开党员组织生活会前要做好准备工作：一是党支部要按照上级党组织的要求和本部门的实际情况，对召开组织生活会的有关事项进行认真研究，提前将会议的日期和内容通知全体党员；二是支部书记、副书记或组织委员征求本单位党外群众对党员的意见和建议，并于会前转告本人或在会上通报。

第六条 党员组织生活会由党支部统一组织，根据党员人数多少以支部或小组为单位召开。党支部负责人和处级以上党员干部要模范执行党员组织生活会制度，带头汇报思想，开展批评和自我批评。要做好会议记录。对参加组织生活会的人员要进行统计，并在支部大会上公布和向上级党组织报告。对于不按制度规定定期召开组织生活会的支部和借故长期不参加或无故不参加组织生活会的党员，应予以批评教育，直至进行组织处理。

第七条 对于组织生活会反映出来的问题，应由本支部解决的，要采取措施切实加以解决；需要上级党组织帮助解决的，应及时向上级党组织报告；属于其他部门解决的，由机关党委负责转告，有关部门应在十五日之内向机关党委报告办理情况；涉及党纪国法的，应及时报告上级有关部门。

对于党员在组织生活会上提出的批评意见或揭发的问题，任何人不得打击报复。如有打击报复现象，应严肃处理。

第八条 离退休干部局党委可根据实

际情况，自行安排离退休干部党员组织生活会的时间和次数。生活不能自理的党员，可不参加党员组织生活会，党支部应指定专人同他们联系，及时转告党组织的活动情况，并反映他们的意见和要求。

第九条 单独外出时间在一个月至三个月以内的党员，回来后要及时向党组织汇报思想和工作表现情况。外出时间在三个月以上的党员，除按规定携带党员组织关系介绍信、参加所到单位党的组织生活外，每季度要向原所在党支部汇报一次思想和工作情况。因公或因私出国的党员，每半年要向原所在党支部作一次书面汇报。

第十条 执行党员组织生活会制度，实行一级抓一级的责任制。上一级党组织负责检查、督促下一级党组织安排好党的组织生活会，并给予指导和帮助。党支部要及时向全体党员公布每次党员组织生活会召开的情况，并在党员组织生活会召开后的一周内向上一级党组织报告会议情况。校直属单位党组织应在每次党员组织生活会后的两周内，向机关党委报告会议情况。机关党委将根据实际情况，在一定范围内通报全校执行党员组织生活会制度的情况，总结经验教训，不断提高党员组织生活会的质量。

第十一条 本规定自发布之日起施行。

附 4：

中央党校发展党员工作实施细则

一、总则

第一条 中国共产党是中国工人阶级的先锋队，同时是中国人民和中华民族的先锋队。为了切实保证新发展的党员质量，保持党组织的先进性和纯洁性，提高党的战斗力，依据《中国共产党章程》和《中国共产党发展党员工作细则（试行）》的规定，制定本细则。

第二条 机关党的各级组织要把吸收具有共产主义觉悟的先进分子入党，作为一项经常性的重要工作。

第三条 发展党员工作，要从贯彻党的基本路线的要求出发，坚持标准，保证质量，有领导、有计划地进行。

第四条 发展党员必须坚持入党志愿的原则和个别吸收的原则，成熟一个，发展一个。禁止突击发展，反对关门主义。

二、对要求入党的积极分子的培养教育

第五条 党组织要采取各种形式，宣传党的政治主张，做深入细致的思想政治工作，提高党外群众对党的认识，不断扩大要求入党的积极分子队伍。

第六条 我校在职职工、退休职工，以及直属单位负责管理的在相对固定的工

作单位连续工作两年以上的劳动合同制人员，可以向所在单位党组织申请加入中国共产党。

要求入党必须自愿向党支部提出书面申请，任何人不得动员、勉强他人申请入党。

入党申请书必须写明自己的入党动机，对党的认识，政治、思想和工作等方面的表现情况，个人履历和奖惩情况，家庭主要成员和主要社会关系的情况，以及需要向党说明的问题。党支部接到要求入党同志的申请后，认为其入党动机端正，即对其进行培养。支部负责人或组织委员要及时同本人谈话，向其介绍党员应具备的条件，指明努力方向。

第七条 党支部要指定两名正式党员做要求入党的积极分子的培养联系人。联系人不宜经常变动，如有特殊情况，应重新指派，避免培养工作中断。对要求入党的积极分子要采取吸收他们听党课、参加党内有关活动，组织他们学习优秀党员事迹，给他们分配一定的社会工作，以及定期培训等方法，有计划地对他们进行培养和教育。

第八条 党支部要对要求入党的积极分子进行马克思主义基本理论教育，党的基本知识和党的基本路线教育，以及党的优良传统和作风教育，使他们懂得党的性质、纲领、指导思想、宗旨、任务、组织原则和纪律，懂得党员的义务和权利，帮助他们端正入党动机，确立为共产主义事业奋斗终生的信念。

第九条 党支部每半年要对要求入党的积极分子进行一次考察，并形成简要材料，内容包括：本人汇报、联系人了解的情况和支部意见。校机关党委和各直属党委、党总支、党支部每年要对要求入党的积极分子的状况作一次分析，针对存在的问题，采取改进的措施。

要求入党的积极分子调动工作时，调出单位党组织应将培养、教育的有关材料，经校机关党委转给调入单位党组织。

三、发展对象的确定和培训

第十条 对要求入党的积极分子经过较长时间（至少一年）的培养教育和考察后，在听取培养联系人和党内外群众意见的基础上，经支委会（不设支委会的经支部大会）讨论，认为基本符合党员条件的，报上一级党组织认可，可列为重点培养对象。

28岁以下青年入党，一般应从共青团员中发展；发展共青团员入党一般应经过共青团组织推荐。对经共青团组织推荐为入党积极分子的同志要着力培养。

对重点培养对象经过一段时间（至少半年）培养教育、并经过政治审查和现实表现考察后，经直属单位党组织讨论同意，将其中拟发展对象名单和综合性的政审、考察材料一并报校机关党委，校机关党委经过进一步政审和考察后，认为条件成熟的，即确定为发展对象，发展对象应进行公示。条件不成熟的，仍为重点培养对象或要求入党积极分子。

重点培养对象和发展对象均为党组织内部掌握，不向本人宣布，对外仍称要求入党积极分子。

第十一条 政治审查和现实表现考察的主要内容是：（1）是否有为共产主义事业奋斗终生的志愿和坚定的共产主义信念。

(2) 是否坚决拥护和贯彻执行党的基本路线和方针、政策，在政治上同党中央保持一致。(3) 是否掌握党的基本知识和了解党的优良传统。(4) 是否有正确的世界观、人生观、价值观和道德观，在日常的工作和社会生活中表现出无私奉献精神和集体观念。(5) 能否自觉遵纪守法，并严格执行本部门本单位的各项规章制度。(6) 能否坚持原则，开展批评和自我批评。(7) 本人政治历史、直系亲属和与本人关系密切的社会关系的政治情况是否清楚。

政治审查和现实表现考察的基本方法是：同本人谈话、对本人进行笔试考核、查阅有关档案材料、找有关单位和人员了解，以及必要的函调或外调。

凡没有经过政治审查和现实表现考察的，不能发展入党。

第十二条 校机关党委统一对发展对象进行短期集中培训。主要学习《中国共产党章程》，并将中央组织部组织局编写的《入党教材》以及相关录像资料作为学习的辅导材料。没有经过培训的，除个别特殊情况外，不能发展入党。

经过集中培训后，五年内没有发展为党员的，应仍作为培养对象继续进行培养教育。

四、预备党员的接收

第十三条 接收预备党员必须严格按照党章规定的程序办理。

第十四条 申请入党的人要有两名正式党员作介绍人。入党介绍人一般由培养联系人担任，或由党支部指定。

受留党察看处分尚未恢复党员权利或尚在缓期登记期间的党员，不能做入党介绍人。

第十五条 入党介绍人的主要任务是：

（一）向被介绍人解释党的纲领、章程，说明党员的条件、义务和权利。认真了解被介绍人的入党动机、政治觉悟、思想品质、本职工作表现、经历等情况，如实向党组织汇报。

（二）指导被介绍人填写《入党志愿书》，并认真填写自己的意见。向支部大会负责地介绍被介绍人的情况。

（三）被介绍人批准为预备党员后，继续对他进行教育帮助。

第十六条 发展对象填写《入党志愿书》，须经校机关党委同意。支委会要对发展对象填写的《入党志愿书》和有关情况进行严格审查，经集体讨论认为合格后，再提交支部大会讨论。

劳动合同制人员中的入党积极分子在离校前三个月内，一般不办理接收预备党员手续。

第十七条 接收预备党员的支部大会的程序为：申请人汇报对党的认识、入党动机、本人履历，以及需向党组织说明的问题；入党介绍人和党小组介绍对申请人的考察了解情况；支委会向大会报告对申请人审议的情况；与会党员对申请人能否入党进行充分的讨论，并采取举手或无记名投票的方式进行表决；当赞成人数超过本支部有表决权的正式党员的半数时，讨论和通过支委会起草的支部大会接收预备党员的决议。因特殊情况不能到会的正式党员向支部大会提出书面意见的，应统计在票数内。

支部大会讨论两个以上的人入党时，

必须逐个讨论和表决。

第十八条 支部大会决议要实事求是，既要写明符合党员条件方面的主要表现，也要指出主要缺点，同时还要注明支部大会应到会、实到会、未到会正式党员人数，以及同意人数和不同意的人数。党支部要及时将支部大会决议填写在《入党志愿书》上，连同本人入党申请书、政审材料、培养教育和考察材料，报上级党委审批。

第十九条 预备党员必须由党委审批。办公厅机关党委、后勤机关党委、离退休干部局党委可直接审批所属党支部预备党员，其他直属单位党组织预备党员由校机关党委审批。设党总支的单位，在报校机关党委审批之前，要对支部大会通过的预备党员进行审议，并提出意见。研究生院党委负责审批研究生党支部预备党员。

临时党支部无权接收预备党员。

第二十条 党委审批前，要指派专人（党委委员或研究生院组织员）对《入党志愿书》和有关材料进行审查，并同申请人进行谈话，作进一步的考察。谈话人应将谈话的情况和自己对申请人能否入党的意见，如实填写在《入党志愿书》上，并向党委汇报。

第二十一条 党委审批预备党员，必须集体讨论，表决决定。

党委主要审议申请人是否具备党员条件，入党手续是否完备。申请人符合党员条件、入党手续完备的，可批准其为预备党员。党委审批的意见要填写在《入党志愿书》上，注明预备期的起止时间，并通知报批的党总支和党支部。党支部应及时通知本人并在党员大会上宣布。对未被批准入党的，也要通知党支部和本人，做好思想工作。

党委会审批两个以上的人入党时，应逐个审议和表决。

第二十二条 党委对党支部上报的接收预备党员的决议，必须在三个月内审批。如遇特殊情况可适当延长审批时间，但不得超过六个月。

五、预备党员的教育、考察和转正

第二十三条 党支部应及时将上级党委批准的预备党员编入党小组。通过党的组织生活和实际工作锻炼，对他们继续进行教育和考察。

第二十四条 预备党员必须面对党旗进行宣誓。入党宣誓仪式，一般由党支部（党总支）组织进行。上级党组织应派人参加党支部举行的宣誓仪式。

第二十五条 党组织要通过听取本人汇报、个别谈心（由党支部负责）、集中培训（由机关党委负责）等方式，有计划地对预备党员进行教育和考察。党支部每季度要讨论一次，发现问题要及时同本人谈话。

预备党员调动工作时，调出单位党组织应将教育、考察的情况，认真负责地写出书面材料，经校机关党委转给调入单位党组织。

第二十六条 预备党员的预备期为一年，从支部大会通过他为预备党员之日算起。预备党员预备期满后，党支部应按时讨论其能否转为正式党员。具备党员条件的，按期转正；不完全具备条件、需进一步教育和考察的，可延长一次预备期，延长时间不能少于半年，最长不超过一年；

不具备党员条件的，应取消其预备党员资格。

按期转正，延长预备期，取消预备党员资格，都必须经支部大会讨论通过并报上级党委批准。

第二十七条 预备党员转正的手续是：本人提出书面转正申请；党小组提出意见；党支部征求党内外群众的意见；支委会审查；支部大会讨论、表决通过（设党总支的单位经党总支审议）；按第十九条规定的审批权限，分别报上级党委审批。

第二十八条 党委对党支部上报的预备党员转正的决议，应在三个月内讨论审批。审批结果应及时通知党总支和党支部。党支部书记要同本人谈话，并将审批结果在党员大会上宣布，其党龄从预备期满转为正式党员之日算起。

第二十九条 预备党员转正后，应将其《入党志愿书》、入党和转正申请书、政审材料，交校机关党委存入本人人事档案。

劳动合同制人员中的党员离校或被解聘时，其所在基层党组织要报经校机关党委组织处，将他们的入党材料和党员组织关系及时转给接收单位党组织，或转移到县以上人事（劳动）部门所属的人才（劳动）服务机构党组织。

六、发展党员工作的领导和纪律

第三十条 各级党组织必须把发展党员工作列入重要议事日程，切实加强领导。各支部培养和拟发展对象名单、联系人名单，培养和考察计划，以及发展党员工作的情况要及时向上级党组织汇报。直属单位党组织每年年初要对上年度发展党员工作进行一次分析研究，并提出本年度发展计划，报校机关党委。校机关党委在此基础上制定全校年度发展计划。没有列入全校发展计划和没有经过校机关党委同意发展的，各单位不得自行发展。对发展党员工作的情况，校机关党委每年要检查一次。检查结果要及时上报，并向下通报。

第三十一条 保证新发展的党员质量，要实行责任制，党小组、支部、总支、党委和培养联系人、入党介绍人、党委委托的谈话人都要切实负起责任，做好重点培养对象、发展对象的确定和预备党员接收、转正等各个环节的工作。如果在发展质量上出了问题，要按照发展党员工作的程序和分工，追究党组织和有关人员的责任。

第三十二条 校机关党委组织处每年要向机关党委和中直工委组织部报告发展党员工作情况和发展党员工作计划。要如实反映带有倾向性的问题和对违反党章规定现象的查处情况。

第三十三条 各级党组织对发展党员工作中出现的违纪问题，一定要严肃查处。违反党章规定而被吸收入党的，不予承认，并在支部大会上公布。上级党组织要对有关责任者批评教育，违犯党纪的应给予必要的纪律处分。

七、附则

第三十四条 本细则自发布之日起施行。

第三十五条 本细则由校机关党委组织处负责解释。

附 5：

关于加强机关党员组织关系管理的暂行规定

根据中组部关于党员组织关系管理的有关文件精神，结合我校实际情况，对机关党员组织关系管理作如下规定：

第一条 党员组织关系包括正式组织关系和临时组织关系。转移和接收正式组织关系，应当凭据中国共产党党员组织关系介绍信；转移和接收临时组织关系，应当凭据中国共产党党员证明信或携带中国共产党流动党员活动证。

第二条 调入调出我校的党员，应随行政关系的转移，及时将党员组织关系转至前往单位。

第三条 党员外出，有固定地点，外出时间在 3 至 6 个月的，应携带党员证明信（即临时组织关系），由所去地方或单位党组织安排其参加党的有关活动，党费交至原单位；时间在 6 个月以上的，应携带党员组织关系介绍信（即正式组织关系）转至所去地方或单位党组织。

第四条 党员长期外出（6 个月以上），但无固定地点或无法转移组织关系的，应到机关党委办理流动党员活动证，持证在所去地方或单位党组织参加党的组织生活，交纳党费，但不享有表决权、选举权和被选举权。同时党员应主动与原所在党组织保持联系，定期汇报外出期间情况。外出返回后，及时将流动党员活动证交党组织查验。

第五条 党员短期外出开会、参观、学习、实习、考察等，时间在 3 个月及 3 个月以内的，可不开具党员组织关系凭证。短期外出或外出时间较长但无固定地点无法转移组织关系的，应通过适当方式主动与原所在党组织保持联系，汇报外出期间的有关情况，按照规定交纳党费。

第六条 党员 3 人以上集体外出，时间在 1 至 3 个月，地点相对集中的，原所在党组织应在他们中建立党小组或临时党支部；外出时间在 3 至 6 个月的，应同时开具党员证明信，委托所去地方或单位的党组织管理这些党员，原所在党组织应继续同他们保持联系。

第七条 我校借调和聘用的工作人员中的党员，时间在 3 至 6 个月的，应携带党员证明信；时间在 6 个月以上的，应转移党员组织关系或办理流动党员活动证。

第八条 公派出国人员中的党员组织关系，属于我校派出的，保存在原单位；属于其他部委派出的，由本人到校机关党委开具党员组织关系介绍信，交派出主管部门，回国后凭派出主管部门开具的党员组织关系介绍信及时向原单位党组织报到。自费出国或因私事请假出国的党员组织关系，出境时间在组织人事部门同意期限（含续假）内的，仍保留在原单位；超过假期未归的，保存在校机关党委备查。在国外长期定居的党员，即停止党籍。

第九条 经组织决定办理离、退休手续的党员，除原单位继续返聘的外，应及时将党员组织关系经校机关党委转至离退休干部党委。如被校内外的其他单位聘用，聘用时间3至6个月的，由离退休干部局党委开具党员证明信；聘用时间超过6个月的，通过校机关党委转移党员组织关系。

第十条 离职人员中的党员，因某些原因，一时不能落实工作单位的；易地安置的离退休人员中的党员，可将其党员组织关系转移到本人户口所在地或亲属居住地的街道、乡镇党组织。

第十一条 对没有正当理由，不按要求转移组织关系的党员，党组织应给予批评教育，限期办理组织关系手续。党员应在规定时间内到所去地方或单位党组织报到。因个人原因无故超过规定时间的党员组织关系介绍信，应视为无效。无正当理由超过6个月未转移组织关系的，应视同自行脱党，由其所在单位支部大会讨论通过，并报上级党组织批准，予以除名。

第十二条 凡按照规定转来党员组织关系的，各单位党组织应予接纳，不应拒绝接收。对没有转来党员组织关系或没有出具党员组织关系证明信的，党组织不得承认其党员身份和安排其参加党的活动。对违反有关规定填写或开具的党员组织关系，接收单位党组织可不予接收，并退回开具单位的党组织。

第十三条 开具党员组织关系证明信、转移党员组织关系必须由本人或党组织派人办理。调入、调出党校或校内直属单位之间调动，凭组织部的通知单，到校机关党委办理《党员组织关系介绍信》；因公、因私外出，由所在单位党组织出具证明，到校机关党委办理《党员证明信》。

第十四条 校机关党委组织处负责党员组织关系的管理工作。在接转组织关系的过程中遇到其他特殊情况，由组织处根据上级有关文件和指示精神办理。

附6：

关于评选“最佳党日活动”的实施意见

开展“最佳党日活动”，对活跃党的生活，加强对党员的教育、管理和监督，调动广大党员参与党内事务的积极性，发挥基层党组织的战斗堡垒作用和党员的先锋模范作用起到了推动和促进作用。为进一步完善“最佳党日活动”的评选，经机关党委研究，决定对《关于开展评选“最佳党日活动”的意见》（校机党发〔2006〕15号）进行修改。修改后的评选“最佳党日活动”的实施意见如下：

一、党日活动的内容及形式

党日活动内容要围绕党的建设展开，要服务于党校的中心工作，立足于本单位的实际，注重质量和实效。党日活动既可以是一个活动日，也可以是一个主题的系列活动。由各基层党委、党总支、党支部组织进行的党的活动，均可申报“最佳党日活动”。

党日活动的形式可以是：

——学习教育活动。通过座谈、研讨、竞赛、考核等形式，提高党员的政治理论水平、思想水平和业务水平，践行《中央党校共产党员保持先进性的具体要求》；

——党的基本知识教育活动。通过党的组织生活、发展党员、重温入党誓词等形式，进行理想信念、宗旨意识和组织纪律教育，加强党性锻炼，增强党员义务和权利的保障意识，强化党组织的战斗力；

——反腐倡廉教育活动。通过党课、参观访问、观看影视片等警示教育活动，增强党员的廉洁勤政意识、自律意识和严肃党的纪律意识，强化党组织的监督职能；

——奉献爱心活动。通过扶贫济困、义务劳动等具体行动，奉献社会、造福群众，强化党员全心全意为人民服务的宗旨意识；

——参观实践活动。通过组织参观和社会实践等活动，了解国情，感受社会，进行革命传统教育、社会主义教育、爱国主义教育和形势任务教育，增强党员的使命感和责任感，强化党组织的凝聚力。

在开展“最佳党日活动”中，要坚持继承与创新相结合，可综合采用多种形式，激发党员广泛参与党内事务的内在动力。

二、评选标准

1. 活动主题鲜明，目的明确。能够围绕中心，服务大局，贴近党员思想实际和本单位的工作实际，达到提高认识、增强素质、振奋人心、团结队伍的目的。

2. 活动内容充实，切合主题。有较深刻的思想性和教育意义，得到本单位领导的大力支持和党员的热烈欢迎与积极响应，党员参与率高，达到90%以上。

3. 活动形式精心设计，安排周密。计划有序，准备充分。形式新颖、时代感强，有典型性和代表性。符合基层党组织的工作实际，较好地发挥了党员的主体作用。

4. 活动效果良好，提升了党的生活质量。有效地推动了基层党组织的建设，使党员普遍受到教育和启发，有较好的激励作用和实效性，体现了“最佳党日活动”的较高水平。

三、评选办法

1. 评选“最佳党日活动”每两年进行一次。

2. 在广泛开展创“最佳党日活动”的基础上，党支部数在10个以内的直属单位党组织可申报1～2个“最佳党日活动”，党支部数在10个以上的（含10个）直属单位党组织可申报1～3个“最佳党日活动”。

3. 申报单位按照要求在规定日期内（见具体通知），向机关党委组织处报送“最佳党日活动”申报表、照片、光盘等有关材料。

4. 组成“最佳党日活动”评选工作小组进行评选工作。组长从机关党委副书记中产生，成员由各直属单位党组织负责人和机关党委各处室负责同志组成。

评选工作小组办公室设在机关党委组

织处，负责相关工作。

5. 评选工作小组以各单位上报的材料为基础，进行投票，认真评选出10个“最佳党日活动”，同时根据投票结果，设置若干个“最佳党日活动”入围奖。评选结果在上报机关党委审批前，采取适当方式在全校公示，听取各基层党组织及广大党员的意见。经机关党委讨论批准的“最佳党日活动”和获得“最佳党日活动”入围奖的党组织均给予奖励，奖金作为基层党组织的活动经费。“最佳党日活动”评选结果作为评选先进基层党组织和年度机关党建工作考核的依据之一。

本意见从公布之日起执行。

关于建设学习型党组织的实施意见

校机党发〔2010〕17号

建设马克思主义学习型政党，是党的十七届四中全会从全面推进中国特色社会主义伟大事业和党的建设新的伟大工程全局出发，提出的一项重大战略任务。把各级党组织建设成为学习型党组织，是建设马克思主义学习型政党的基础工程。为认真贯彻落实党的十七届四中全会精神，大力推进学习型党组织建设，结合党校工作实际，现提出以下意见。

一、充分认识建设学习型党组织的重要意义

1. 建设学习型党组织，是我们党走在时代前列、引领中国发展进步的重要基础。当今世界正处在大发展大变革大调整时期，特别是现代科学技术进步日新月异，知识创造、知识更新速度大大加快，创新能力成为综合国力和国际竞争力的核心因素。无论是国家、民族还是一个政党，如果不加强学习，不提高学习能力，势必会落伍。各级党组织和党员干部必须切实增强学习的紧迫性和自觉性，更加重视和善于学习，努力掌握和运用科学的新思想、新知识、新经验，顺应时代发展，实现知识的不断更新。

2. 建设学习型党组织，是提高党的执政能力、保持和发展党的先进性的紧迫任务。党的先进性首先表现在思想理论上的先进性，只有思想理论上先进才能坚持和发展党的先进性。党的执政能力与党的思想理论水平密切相关，只有提高全党的马克思主义水平，才能提高党的领导水平和执政能力。面对执政考验、改革开放考验、市场经济考验、外部环境考验，各级党组织和党员干部必须以对党、对人民、对历史高度负责的态度，更加自觉和认真地学习，切实提高思想理论水平，不断深化对党的执政规律的认识。

3. 建设学习型党组织，是开创党校教育事业新局面的必然要求。新时期新阶段新的形势和任务，对党校工作提出了新的要求，党校工作要更好地服务于党的中心工作和适应干部队伍建设的需要，适应干部教育培训多层次、多元化的新格局，就必须大力提高教学和科研水平。党校各级党组织必须采取各种措施抓紧抓好党员干部的学习，努力做好服务中心、建设队伍的工作。党校广大党员干部必须以更加昂扬向上的精神状态勤奋学习，善于学习，坚持在学习中感悟人生、提升境界，在学习中开阔视野、丰富知识、提高本领，从而不断提升党校教育事业科学发展的水平，为把中央党校建设成为“一流学府”作出应有的贡献。

二、总体要求

建设学习型党组织的总体要求是：高举中国特色社会主义伟大旗帜，坚持以邓小平理论和“三个代表”重要思想为指导，深入贯彻落实科学发展观，全面贯彻党的十七大和十七届三中、四中全会精神，坚持围绕党和国家工作大局，围绕党校中心任务，按照科学理论武装、具有世界眼光、善于把握规律、富有创新精神的要求，以提高党员干部思想政治水平为基本目标，深入学习贯彻党的理论路线方针政策，学习掌握现代科学知识，不断在武装头脑、指导实践、推动工作上取得新成效。

三、学习的主要内容

深入学习马克思列宁主义、毛泽东思想、邓小平理论、“三个代表”重要思想以及科学发展观，全面系统完整准确地掌握中国特色社会主义理论体系，深刻领会其重大意义、时代背景、实践基础、科学内涵和历史地位，领会贯穿其中的马克思主义立场、观点、方法。学习践行社会主义核心价值体系，引导广大党员干部增强政治敏锐性和政治鉴别力。加强思想道德建设和党的优良传统、民族优秀文化传统教育。学习党的路线方针政策和国家法律法规，学习党的历史，学习现代化建设所必需的经济、政治、文化、科技、社会和国际等各方面知识，学习所在岗位所要求的专业知识和相关技能，学习中央领导关于党校工作的指示和《中国共产党党校工作条例》，同时还要向实践学习、向群众学习。

四、立足实际，务求实效

建设学习型党组织要大力弘扬理论联系实际的学风，着力提高党员干部的理论素养和解决实际问题的能力。各单位党组织要突出实践特色，把组织学习同推动工作结合起来，做到学以致用、学用结合、用以促学。围绕影响和制约党校事业和本单位科学发展的问题，围绕党员干部关心的热点问题，紧密结合党员干部的思想实际开展学习活动，引导党员干部坚持高举中国特色社会主义伟大旗帜不动摇，坚持中国特色社会主义道路不动摇，坚持改革开放不动摇，把学习成效转化为坚持共产主义远大理想和中国特色社会主义共同理想的坚定信念，增强走中国特色社会主义道路、为党和人民事业不懈奋斗的自觉性和坚定性，增强党的意识、党校意识、党员意识，增强工作的责任感，增强工作的科学性，切实把学习成效转化为解决实际问题的能力。

五、不断探索学习的途径、方法和建立健全相关制度

建设学习型党组织，要坚持运用好已有的组织学习的各种有效做法，如理论学习中心组学习、专题研讨学习、形势政策教育、干部脱产培训轮训等，同时要结合新的实际积极探索富有时代特点的新方法。要通过开展丰富多彩、富有成效的活动，着力在提高学习质量、增强学习实效上下功夫，不断提高理论素养和工作能力。要创新学习方式和学习载体，组织各种形式的主题学习教育活动，运用专题讲座、报告会、学习讲坛、读书会、专题电视片、

知识竞赛、技能比赛、参观考察等广大党员干部喜闻乐见的学习教育方式方法，特别是结合党和国家重大政策出台、重大活动开展和重大节庆日纪念日等契机，不断丰富完善创建抓手，提高学习型党组织活动的覆盖面和参与度。

建设学习型党组织，还要建立健全学习考勤、学习档案、学习督查、学习通报等各项制度，确定学习内容，列出必读书目，明确具体要求，强化督促检查，建立健全促进学习、保障学习的竞争机制、激励机制、创新机制和考核机制，推进学习的制度化、规范化。

建立健全党组织集体学习制度。认真落实《中央直属机关部委（党组）中心组学习实施办法（试行）》，把直属单位理论学习中心组学习与领导班子务虚研讨结合起来，保证集体学习每个季度不少于1次。基层党组织的集体学习制度由各单位党组织确定。

建立健全党员干部培训制度。认真落实中央直属机关工委和中央党校有关干部培训的要求，科学安排岗前培训、业务培训、晋职培训、理论培训等，处以上领导干部参加学习培训时间每年一般不少于110学时。认真落实《2009—2013年全国党员教育培训工作规划》，组织好党员的集中培训工作，党员每年参加集中学习的时间一般不少于24学时，直属单位领导班子成员一般不少于40学时。

六、切实加强组织领导

各单位党组织要把推进学习型党组织建设列入党组织工作的重要议程，要积极争取行政领导的支持，结合本单位实际制订具体方案，明确学习重点，突出自身特色，确保建设学习型党组织的任务落到实处。理论学习中心组和党员领导干部要自觉学习、带头学习，力争学得更多一些、更深一些，在学习型党组织建设中发挥表率作用。党组织要积极创造条件，为创建学习型党组织提供支持、服务和保障，为广大党员创造良好的学习条件和环境，努力在党组织内形成重视学习、鼓励学习、推动学习的正确导向，营造党员人人学习、发奋学习、持续学习的良好氛围。通过学习型党组织的创建活动，使党组织成为党员增强党性修养、提高思想觉悟的大熔炉，成为党员学习新知识、增长新本领的大学校。通过学习使党员的学习能力不断提升、知识素养不断提高、先锋模范作用充分发挥，使党组织的创造力、凝聚力、战斗力不断增强。机关党委将适时召开学习经验交流会，宣传先进典型，推广成功经验。

中央党校机关党委

2010年5月24日

工作会议

中央党校青年联合会成立

9月25日上午，中央党校青年联合会成立大会在育园楼顺利召开。副校长、机关党委书记孙庆聚，副校长李书磊出席会议并作重要讲话，中直团工委书记、中直青联主席王晓锋到会祝贺并讲话。机关党委常务副书记宋越、副书记李乃杰出席会议，来自全校各直属单位的99名青联委员参加大会。大会审议通过《中央党校青年联合会工作细则》，选举产生中央党校青年联合会第一届委员会，邀请副校长李书磊同志为党校青联名誉主席。

根据《中央党校青年联合会工作细则》和《中央党校青年联合会第一届委员会常务委员、主席、副主席选举办法》，大会选举赵振华为主席，王洋、冯鹏志、史金龙、张忠军、沈黎萍、赵永红、曹普、潘悦为副主席，决定赵永红为秘书长，王天帅、白兴利、吕立峰、刘忠厚、吕晓峰、李纪才、吴泽群、沈凌、郎旭斌、郑丽君、赵玉章、熊瑛为副秘书长。

党校青联第一届委员会共有委员115人，占全校45岁以下青年人数的1/3，有效地扩大团委的服务对象。成立后，党校青联成功举办第一次中央党校青年论坛，探讨党校青年的历史使命，增强广大青年为“一流学府”建设的历史使命感和责任感。

表彰先进

关于授予办公厅机要档案处等4个单位“文明窗口单位标兵”称号、办公厅值班室等10个单位“文明窗口单位”称号的决定

校机党发〔2010〕10号

2008年以来，我校广大干部职工在校委、校精神文明建设委员会的领导下，积极开展“创建文明机关，当好人民公仆”和“文明窗口”创建活动，涌现出了一批服务规范、文明礼貌、场所整洁、优质高效的文明单位。为了表彰先进，进一步推进全校的精神文明建设，校精神文明办公室于2009年11月至2010年1月，对14个参加文明窗口创建活动的单位进行了检查考核。根据考核情况和有关规定，校精神文明建设委员会决定：

授予办公厅机要档案处、财务行政管理局财务部结算中心、离退休干部局服务处、后勤服务部餐饮服务中心清真食堂等4个单位2008—2009年度“文明窗口标兵单位”称号；

授予办公厅综合处值班室、办公厅保卫处收发室、图书馆图书借阅室、图书馆报刊阅览室、财务行政管理局财务部财务二室、财务行政管理局财务部财务三室、后勤服务部综合服务中心育园楼、后勤服务部交通服务中心调度室、后勤服务部社区服务中心、后勤服务部园林修缮环卫中心修缮队等10个单位2008—2009年度“文明窗口单位”称号。

希望受到表彰的单位不断总结经验，戒骄戒躁，再接再厉，求实创新，进一步提高服务质量和工作水平，为不断提高我校广大干部职工的文明素质、推动机关文明建设和“一流学府”建设作出更大贡献。

中央党校精神文明建设委员会

2010年3月18日

关于授予仲平等10名同志第四届“中央党校十杰青年”、于朝霞等23名同志“中央党校青年岗位能手”称号的决定

校机党发〔2011〕1号

为表彰先进、树立典型，激励更多青年爱岗敬业、奋发成才，经机关党委批准，校团委按照“四年一评”的惯例，开展了第四届“中央党校十杰青年”、“中央党校青年岗位能手”评选活动。

全校各直属单位党组织按照要求，坚持参评条件，采取自下而上的办法，认真开展了候选人选推荐工作。按名额分配办法，全校共推荐了33名候选人选。在此基础上，校团委专门召开会议研究并提出候选人建议名单，向评委会汇报。经评委会同意后，作为正式候选人，印发各单位征求意见，并要求各单位对本单位候选人履行岗位职责情况作出鉴定。经过评委审议、单位鉴定及听取各直属单位意见等程序，确定被推荐的33名同志均符合参评条件。2010年12月30日，召开评委会，经候选人自我介绍、评委会当场投票、当场计票、当场宣布，产生出第四届“中央党校十杰青年”、“中央党校青年岗位能手”。仲平、张伟、张学森、李鹏、李纪才、沈黎萍、肖立辉、单玉、赵磊、高承禹（按姓氏笔画为序）10名同志获得第四届“中央党校十杰青年”称号；于朝霞、王强、王琪、王磊、王中汝、王开鹏、王学军、王勇勤、兰文飞、卢毅、田嵩燕、刘静、刘忠厚、刘魁明、吕立峰、罗菁、郑光辉、郑丽芳、郭雪亮、董振华、蒲长春、蔡志强、魏静茹（按姓氏笔画为序）等23名同志获得“中央党校青年岗位能手”称号。

评选表彰的“十杰青年”、“青年岗位能手”来自我校教学科研、行政后勤以及教学辅助各个部门，是青年的优秀代表，是广大青年的表率和榜样。希望广大团员、青年认真学习他们的先进事迹和精神，发扬爱岗敬业的职业精神，树立岗位成才的职业追求，立足本职创造一流工作业绩。希望获得荣誉称号的青年珍惜荣誉、再接再厉，进一步增强责任感、使命感，更加勤奋敬业、尽职尽责，为建设“一流学府”作出更大贡献。

中央党校团委

2011年1月11日

第四届“最佳党日活动”评选结果通报

校机党发〔2010〕28号

2009—2010年度，全校各级党组织积极开展创建“最佳党日活动”。截至2010年11月，有23个直属单位党组织报送了24项党日活动参加评选。经过推荐、在全校范围公示、召开机关党委全体委员会审批等工作环节，最终评选出10个“最佳党日活动”奖；14个入围奖。评选结果通报如下：

“最佳党日活动”10个（按得票数由高到低排序）

序号	党日活动主题	报送单位
1	幸福江阴建设专题调研	研究室党支部
2	纪念“世界读书日”党日活动	科研部党支部
3	重温党的历史，实践科学发展，建设一流学府	教务部党支部
4	弘扬井冈山精神，树组工干部新形象	组织部党支部
5	参观考察殷墟、商都遗址、中国文字博物馆等	文史教研部党总支
6	继承革命传统　弘扬先辈精神　争创一流业绩　谱写和谐篇章	离退休干部局机关党支部
7	体验现代军营生活，感受新时期军人风采	报刊社党总支
8	牢记历史，珍爱和平，构建社会主义和谐社会	哲学教研部党总支
9	迎“七一”党日活动	马克思主义理论教研部党支部
10	为科学发展服务向共和国献礼	进修部党支部

入围奖14个（按得票数由高到低排序）

序号	党日活动主题	报送单位
1	温故知新	科学社会主义教研部党总支
2	继承革命传统　坚定理想信念　感受改革开放成果　努力做好本职工作	中共党史教研部党总支
3	建设学习型党支部	培训部党支部
4	围绕中心抓党建推动工作创一流	办公厅机关党委

续表

序号	党日活动主题	报送单位
5	我为一流图书馆建设作贡献	图书馆党总支
6	建设学习型党组织系列活动	经济学教研部党总支
7	如何“创建一流”	信息中心党支部
8	“援玉树同胞　奠抗战英魂　展党性风采”玉树连着你和我	党的建设教研部党总支
9	开拓战略思路，传承革命精神	国际战略研究所党总支
10	参观学习转变观念创先争优	后勤机关党委综合服务中心党支部
11	创建“一流校园”学习考察活动	后勤机关党委基建党总支
12	服务中心、建设队伍，做好函授教育收尾和转型工作	函授学院党总支
13	理想信念和革命传统教育主题活动	后勤机关党委综合处党支部
14	迎建社30年社庆　学近平校长贺信　促出版社科学发展	出版社党总支

开展创建“最佳党日活动”是使广大党员长期受教育，永葆先进性的好方法。希望各级党组织认真总结经验，在创建“最佳党日活动”中，有新思路、新举措，确保党日活动见实效，努力提高机关党建工作科学化水平。

中央党校机关党委
2010年12月9日

组织捐助

玉树抗震救灾捐助活动

4月14日7时49分，青海玉树藏族自治州玉树县发生7.1级地震，给当地人民生命财产造成严重损失。截至4月23日下午，参加捐款的学工人员共3168人，总计捐款958452.40元。

4月20日下午，各直属单位召开赈灾捐款动员会，传达中直工委会议精神，并就捐款具体工作进行了安排。4月21日上午，在主楼大厅举行“支援灾区、奉献爱心”捐款仪式。常务副校长李景田、在校的校委成员，及学员部学员代表、各单位教职工代表、离退休老同志代表90多人参加捐款仪式，现场捐款297833元。在校学员尽管已参加本单位的捐助活动，在进修部、培训部精心组织下，再次积极参加全校的捐助活动。进修部学员共捐款115300元，培训部学员共捐款237033元。其中，中青二班第四支部学员一次捐款33300元。特别是来自青海玉树的中青一班学员在得知地震灾情后，在第一时间离校赶赴灾区，积极投入抗震救灾活动。其所在支部当晚就发起捐款，并于15日将捐款27000元汇往青海玉树州民政局。其他各班次学员也积极行动起来组织捐款，及时将捐款汇往中华慈善总会，青海玉树州委、州政府。青海学员、西藏学员、新疆学员更是情系灾区同胞，纷纷伸出援助之手。半年制西藏班学员在原单位捐款后，再次向灾区捐款18033元；西藏班二支部学员在原单位捐款后，又一次向灾区捐款13000元。

财务行政管理

概况

编制规划和完善制度。1. 编制《中央党校校园建设规划（2010—2020 年）纲要》和《中央党校校园建设“十二五”规划》，并报习近平校长批复同意。

2. 制定《中央党校会议费管理办法》、《关于行政事业单位资金往来结算票据使用管理办法》，编印《中央党校财务、审计、政府采购管理制度汇编》，同时举办有各直属单位分管财务或经费的行政领导、财务负责人、主要报账人员参加的财务制度培训班，对重点制度、重点条款进行讲解。

旧住宅加装电梯。切实解决高龄人员、生病人员上下楼梯难题。按照校委的要求，组织专人对老旧住宅加装电梯问题进行调研、收集资料和实地考察，根据北京市住建委、规划委、质监局、消防局联合下发的《关于北京市既有多层住宅增设电梯的若干指导意见》精神，结合党校实际情况，提出了党校旧住宅加装电梯的三种改造模式，经过在全校范围内两个轮次征求意见，形成了党校加装电梯改造工程的基本思路，并取得了中直管理局的肯定与支持。

校园基本建设与管理。1. 新开工建设数字图书馆工程、校史馆工程和社区服务楼。完成数字图书馆结构施工；校史馆工程基本完成基础设施改建，进入布展阶段；社区服务楼开工建设。

2. 招投标和外业工作。完成校史馆、数字图书馆两项工程的招标；完成社区服务楼、离退休干部活动中心加层、学工食堂的立项报告起草、规划咨询等工作。

3. 协助天然气公司对全校住宅楼、食堂、锅炉设备、管道进行检查和维修，完成南院 1—6 号院食堂、花房迁建工程供暖锅炉、西侧天燃管道工程，东、西灶调压箱更换和改线及四期住宅调压箱棚设计、办理手续、施工和通气工作。

4. 工程审计工作。完成工程决算审核 25 项，审核金额 4934 万元，审减金额 852.5 万元。

财务管理、审计和国有资产管理。1. 预算管理加强。总结分析 2009 年预算执行情况，了解各部门工作变化，提出 2010 年预算分配方案并提交校委审批；按照财政部等上级部门要求，完成校 2010 年部门预算在网上向社会公开和 2011 年第一次上报部门预算的编报工作；积极争取财政支持，增加预算，确定了 2011 年离退休干部活动中心加层、图书馆三大文库建设、综合教学楼电教设备更换、育园楼配备同声传译设备、数字图书馆办公家具等 12 个项目，特别是增加了科研经费专项，解决学校科研经费多年立不上专项的老大难问题。

2. 日常支出管理加强，经费执行进度较好。通过召开年初预算布置会、为各部门提供经费支出、专项及经常性维修项目经费支出进度表等多种措施，确保全年较好完成各项经费执行进度，财政拨款执行达 99.36%。

3. 推进内部及有关收入的催收等成本

管理工作。全年按规定收回工资、校补、三项费用、水电暖、房租等收入约2457万元；收回函授学院、研究生院、后勤服务部、北医三院应交学校收入约2180万元；计划外班次结余及其他收入上缴学校约107万元。

4. 完成各项决算和报表编报工作。向财政部、税务局、中直管理局和有关部门编报年度决算和各种基本建设、企业、事业决算报表，完成各项税务、统计、经费申报、执行进度报表；配合外事办向中纪委填报因公出国出境情况统计表；按照财政部要求，填报学校《2006—2010年行政经费数据统计表》、《事业单位基本情况调查表》、《财务状况变动表》等。

5. 加强资产管理和政府采购管理。按照财政部要求，完成“行政事业单位资产管理信息系统”的数据转换、修改和上报工作；按季度定期申报政府采购项目和采购计划执行情况；按照财政部和审计署要求，对学校过去发生的国有资产对外投资、出租出借事项进行清理；对学校2010年处置固定资产校内审批文件复印报财政部备案；配合后勤服务部完成育园楼家具招标、选定、监督制作和安装验收工作。

6. 加强内部审计工作。对校内10个单位进行审计，完成25份审计报告，配合校机关党委进行专项审计工作；按照国务院要求，在上一年工作基础上，完成学校“小金库”专项治理回头看工作，配合科研部对党校社会团体进行“小金库”专项治理工作；配合审计署完成对全校2009年的审计工作并进行整改，完成审计署对学校2010年审计前的自查工作；配合校工会接受中直工会对校工会财务的审计；配合会计师事务所对求索音像出版社、后勤服务部2009年经营收支进行审计。

7. 做好财务管理和服务工作。针对有关部门成本、费用核算不规范问题，制定具体核算规定；配合组织部做好年终双薪和事业单位职员调资工作；协助后勤服务部、函授学院做好相关财务管理和服务工作；进行住房公积金封存账户的清理，为全校在职人员办理“太平洋北京住房公积金联名卡”，发放全校人员年度住房公积金对账单和年度个人所得税对账单；完成2011年全校住房公积金调整核定工作；做好学校向青海玉树地震捐款的收取和抵扣个人所得税工作。

房地产管理、人防、资源节约管理。 1. 职工住房相关工作。继续抓好与中直机关管理局合作建设职工住宅项目，开始进行新房配售前期准备工作；完成中直马连道等三处职工住宅指标分配后职工原住房的回购、腾退、退款、催退和新进职工、军队转业干部、博士后进站人员周转住房的安排；完成四期职工住宅大产权证的办理和分户办证的基础数据整理工作、职工住房补贴年度预决算和发放工作。

2. 公房管理工作。调整了部分单位办公用房；加强对大宗房产的利用管理，完成南院1—6号院整修装修工程协调、老校医院楼租赁合同修订等工作；做好零散小户型闲置房屋出租过程中的日常管理，清退一部分租户，扩充学校可周转房源。

3. 资源节约管理工作。开展节能宣传周活动等资源节约宣传工作；制定下发《落实国务院关于节能减排紧急通知的安排》；推进节水节能工程，雨水蓄集与利用工程竣工进入调试阶段，完成中水工程土建和主要设备安装调试和节能监测平台工程表具的安装；继续做好校内设备节能改造工作；按月上报能源和水的消耗数据，并对每月异常消耗进行说明。

爱国卫生、人口与计划生育、交通安全等综合管理。1. 爱国卫生工作。大力宣传健康知识，提高自我保健意识，全面加强流行疾病预防工作；强化人员饮食、饮水安全监管，积极开展除害虫活动。

2. 人口与计划生育工作。大力开展健康知识普及、加强流动人口管理、积极落实生育关怀相关政策；推进各种保险办理，2010 年因乳腺癌索赔 2 例，共计 12 万元，计划生育家庭险索赔 1 万余元。

3. 交通安全工作。与中直机关交通安全委员会和青龙桥地区交通安全委员会签订交通安全责任书，与校内各直属单位签订 2010 年度交通安全责任书；开展宣传教育活动，加强对专职驾驶员教育宣传。对重点单位机动车进行安全检查，确保没有发生道路交通安全责任事故；优化校内道路行驶路线，将原来的校园中路和校园西路单向行驶道路，改为节假日双向行驶。

日常行政管理。1. 配合迎新联合办公工作，为联合办公做好后勤保障协调工作。

2. 宣传工作。在财行局网、校园网、校电视台、《党校信息》和《中直机关事务管理》等媒体上及时反映局重要工作进展，推进行政后勤工作信息化。

3. 安全防火工作和节假日值班工作。签订防火安全和保密责任书，加强日常宣传教育，落实责任，加强监督检查；同时做好节假日值班工作。

制度建设

中央党校会议费管理办法（试行）

中校厅字〔2010〕18 号

第一章　总　　则

第一条　为进一步规范我校的会议费管理，根据《中央国家机关会议费管理办法》（国管财〔2006〕426 号）、《中央国家机关出差和会议定点管理办法》（财行〔2006〕312 号）、《关于调整中央国家机关会议费开支标准的通知》（国管财〔2008〕331 号）等规定，结合我校实际，制定本办法。

第二条　本办法适用于我校各直属单位召开的各类会议。

第三条　我校会议费管理坚持严格控制会议数量、会期、规模，严格会议审批制度、节约经费开支、提高会议质量的原则。

第四条　我校召开的会议实行分类管理、分级审批的办法。

第二章　会议的分类

第五条　我校会议分为一类、二类、三类和其他会议，共四类（见附件 1）。

一类会议。是由党中央、国务院批准，以党中央、国务院名义召开，中央党校承办，要求各省、自治区、直辖市负责同志参加的全国性会议。

二类会议。是由校委批准，以中央党校校委名义召开，要求各省、自治区、直辖市、铁道部、新疆生产建设兵团、各副省级城市党校负责同志以及中直机关、中央国家机关等分校负责同志参加的全国性会议。

按照国管局、财政部规定，二类会议会期一般不得超过 3 天，与会人员一般不得超过 200 人；其中工作人员控制在代表人数的 20% 以内。根据我校相关规定，原则上我校每年只召开一个二类会议，即“全国党校校长会议”。经校委批准，由中央党校召开的重要的高层次研讨会，按二类会议管理。

三类会议。是由分管副校长批准，以中央党校或校直属单位名义召开，要求各省、自治区、直辖市、铁道部、新疆生产建设兵团、各副省级城市党校有关人员参加的全国党校系统学术、专业性会议。三类会议会期一般不得超过 2 天，与会人员不得超过 150 人；其中，工作人员控制在代表人数的 15% 以内。

其他会议。除上述一、二、三类会议以外的非全国性会议，统称为其他会议。其他会议会期一般为 1 天，与会人员不超过 30 人，特殊情况经有关校领导审批，会期不超过 2 天，与会人员不超过 100 人；其中，工作人员控制在代表人数的10%以内。

第三章 会议的申报与审批

第六条 我校各单位召开、承办各类会议，实行申报与审批制度，具体按会议类别实行分级审批。

第七条 会议的申报与审批

（一）一类会议由校委会审议，报党中央、国务院批准。

（二）二类会议由校委会审批，按程序报批。

（三）三类会议由会议主承办单位申报，分管校领导审批。

（四）其他会议的申报与审批。

1. 科研部、教务部、“八部一所”教研部门召开的教学、科研、学术会议，由会议主承办单位申报、经费主管部门领导审批，如会期2天或与会人数超过30人，须报分管校领导审批。

2. 校独立法人单位承办的会议，参照上述申报审批程序。

第八条 各类会议均须按会议所属类别编制会议经费预算，会议经费预算须先报财务部门审签后，作为会议申报的必须材料上报有关领导审批。

（一）一类会议经费预算，由财务部按规定编制，经分管校领导批准后报财政部。

（二）二类会议经费预算，由承办单位按拟定的时间、人数和国家规定的标准编报。

（三）三类会议、其他会议，由承办单位按拟定的时间、人数和国家规定的标准等填写《中央党校会议经费预算审批表》（见附件2）编制经费预算。

（四）各类会议在编制会议经费预算时，均不得虚报会议人数和天数。

第四章 会议经费

第九条 会议费开支渠道

（一）一类会议，由校财务部负责向财政部申请专项经费。

（二）二类会议，学校规定每年召开的全国党校校长会及校委批准的其他二类会议经费，在学校会议费中列支；校委批准的按二类会议举办的高层次研讨会议，在学校科研经费中列支。

（三）三类会议，原则上，根据会议的性质在校直属单位管理的、允许列支会议费的专项经费预算限额范围内列支；特殊情况，经提前申报预算并报校委批准可在学校经费列支。

（四）其他会议，根据会议的性质在校直属单位管理的、允许列支会议费的专项经费预算限额范围内列支，各项支出要严格执行相应经费管理办法的规定。

第十条 会议费开支范围

会议费开支包括会议房租费（含会议室租金和住宿费）、伙食补助费、交通费、办公用品费、文件印刷费、医药费等。

第十一条 会议费开支标准

（一）按照国家有关规定，会议经费实行综合定额控制，各项费用之间可以调剂使用，在综合定额标准内据实报销。综合定额标准为：

单位：元/人·天

会议类别	房租费	伙食补助	其他费用	综合定额	备　注
一类会议	400	120	80	600	含会议室租金
二类会议	300	120	80	500	含会议室租金
三类会议	250	80	70	400	含会议室租金
其他会议	250	80	70	400	含会议室租金

（二）在定点饭店召开会议，房租费、伙食补助费按定点饭店的协议价格标准执行。会议召开地代表原则上不安排住宿；工作人员除必须住会的外，不安排住宿。

第十二条　会议地点

各单位召开会议应尽量使用校内会议室、招待所、食堂和车辆，在会议费综合定额标准内凭据报销；校内会议室、招待所、食堂不具备承接条件时，可以到定点饭店召开，并按照定点饭店协议价格主动交纳会议费。定点饭店名录见财政部编写的《党政机关、事业单位出差和会议定点饭店目录》，或查询党政机关出差会议定点饭店查询网（网址为："www. hotel. gov. cn"），也可以到非定点饭店召开，但会议费最高不得超过会议费综合定额标准。

第十三条　会议费借款及报销

（一）相关人员须持经批准的召开会议报告和经领导签批的《中央党校会议经费预算审批表》办理会议费借款。

（二）会议主办单位应在会议结束后7日内完成报销手续，会议费应据实列支。

（三）报销会议费须持经批准的召开会议报告、经签批的《中央党校会议经费预算审批表》、经审签的会议费正式发票、商家开具的会议消费明细清单。

（四）对未经审批召开会议发生的会议费用，以及超出会议费开支标准和范围的费用，财务部门一律不予报销。

第五章　附　　则

第十四条　会议主办单位不得组织会议代表游览或举办与会议无关的参观活动，也不得宴请与会人员、发放纪念品及与会议无关的物品，不准组织高消费娱乐活动。

第十五条　严禁将会议费转出预存。

第十六条　严禁以会议费名义套取资金设立"小金库"。

第十七条　本办法由财务部负责解释。

第十八条　本办法自发布之日起执行。

附件：1. 中央党校会议分类表（略）

2. 中央党校会议经费预算审批表（略）

财　务　部

2010年6月30日

关于行政事业单位资金往来结算票据使用管理的通知

校财字〔2010〕6号

根据财政部财综〔2010〕1号、财综〔2010〕7号文件有关规定，我校从2010年7月1日起，启用行政事业单位资金往来结算票据（以下简称资金往来结算票据），同时废止并停止使用现行中央单位资金往来收据（以下简称资金往来收据）。现就资金结算票据使用管理有关事项通知如下：

一、资金往来结算票据的使用范围

1. 行政事业单位暂收款项。由行政事业单位暂时收取，在经济活动结束后需要退还原付款单位和个人，不构成成本单位收入的款项，如押金、定金、保证金及其他暂时收取的各种款项等。

2. 行政事业单位代收款项。由行政事业单位代为收取，在经济活动结束后需付给其他收款单位或个人，不构成本单位收入的款项，如代收教材费、体检费、水电费、供暖费、电话费等。

3. 单位内部各部门之间、单位与个人之间发生的其他资金往来且不构成本单位收入的款项。

4. 财政部门认定的不作为行政事业单位收入的其他资金往来行为。

二、下列行为，不得使用

1. 行政事业单位按照自愿有偿的原则提供下列服务，其收费属于经营服务性收费，应当依法使用税务发票，不得使用资金往来结算票据。（1）信息咨询、技术咨询、技术开发、技术成果转让和技术服务收费；（2）法律法规和国务院部门规章规定强制进行的培训业务以外，由有关单位和个人自愿参加培训、会议的收费；（3）组织短期出国培训，为来华工作的外国人员提供境内服务等收取的国际交流服务费；（4）组织展览、展销会收取的展位费等服务费；（5）创办刊物、出版书籍并向订购单位和个人收取的费用；（6）开展演出活动，提供录音录像服务收取的费用；（7）复印费、打字费、资料费；（8）其他经营服务性收费行为。

2. 行政事业性收费、政府性基金、国有资源有偿使用收入、国有资产有偿使用收入、国有资本经营收益、彩票公益金、罚没收入、以政府名义接收的捐赠收入、主管部门集中收入等政府非税收入，应当按照规定使用行政事业性收费票据、政府性基金票据、罚没票据、非税收入一般缴款书等相应的财政票据，不得使用资金往来结算票据。

3. 行政事业单位受政府非税收入执收单位的委托，代行收取政府非税收入，应当按照有关委托手续，使用委托单位领购的有关政府非税收入票据代收相应的政府非税收入，不得使用资金往来结算票据。

4. 社会团体收取会费收入，使用社会团体会费专用收据；公立医疗机构从事医疗服务收取收入，使用医疗票据；公益性单位接收捐赠收入，使用捐赠票据，均不得使用资金往来结算票据。

5. 行政事业单位取得的拨入经费、财政补助收入、上级补助收入等形成本单位收入，不得使用资金往来结算票据。

6. 财政部门认定的其他行为。

三、资金往来结算票据的管理与使用

1. 资金往来结算票据的购买、领用、使用、保管及使用过的票根的保管，依据财政部财综〔2010〕1号、财综〔2010〕7号文件有关规定和我校《收据管理办法》。

2. 我校使用中央单位资金往来结算票据的单位，必须严格按照资金往来结算票据使用范围和经财政部认定的使用项目开具资金往来结算票据，不得超范围使用资金往来结算票据。

3. 对我校单位和个人取得的其他单位不按规定使用资金往来结算票据开具的款项，我校财务有权拒绝付款，不予报销。

4. 我校原领用中央单位资金往来收据的单位，经财务部根据财政部财综〔2010〕1号、财综〔2010〕7号文件有关规定，核实业务情况，符合使用资金往来结算票据范围的，请在2010年7月1日前到财务部二室领取资金往来结算票据。原已领取的资金往来收据2010年7月1日一律停止使用，并交回财务二室。

财 务 部

2010年5月25日

后勤服务

概况

2010年，后勤服务部积极贯彻落实校委建设“一流学府”的精神，围绕“宗旨是服务、职能是管理、任务是保障”的理念，积极推进服务社会化、管理企业化、保障规范化、队伍专业化建设，较好地完成各项工作任务。

加强自身建设。认真组织学习、宣传、贯彻党的十七届五中全会精神，积极推进创先争优活动，围绕创先争优主题，制订创先争优计划，结合后勤工作实际提出创先争优中长期规划，并以此为抓手，不断推动创先争优活动进一步深化和持续开展。

积极参与建设“一流学府”讨论活动，深化对建设“一流学府”总体目标的理解和认同，明确责任、目标和方向，为后勤工作迈上新的台阶、实现新的跨越奠定坚实的思想基础。

组织学习参观考察活动，开展服务技能知识竞赛，提升职工整体素质。上半年，组织两次学习参观考察活动，分赴山东、上海、浙江等地考察。回校以后，召开专题总结交流会议，取得好的学习效果。认真落实副校长陈宝生提出的“树典型、树标兵、人人争当技术能手”的指示精神，组织开展为期两个多月的服务技能知识竞赛。全体职工积极参与，学习业务知识，增长技能才干，职工整体素质有较大提升。副校长陈宝生及有关方面领导亲临现场指导并观摩总决赛。

后勤服务保障。餐饮服务中心，切实加强对各食堂、配送中心和维修班组等单位的管理，遵循“优质服务求生存、开拓创新求发展”的原则，严格落实岗位责任制，加强技能培训，强化卫生监督，圆满完成饮食保障任务。全年共接待全国性重要会议代表4000多人次，安排计划外班次14000多人次用餐。特别是承担中欧美论坛400多人次的就餐任务，以高质量、高水平的服务，赢得中外专家学者好评。注重建章立制，狠抓食品卫生安全，学员食堂被评为“A级”餐饮单位，填补中央党校食堂“A级”资格的空白。积极倡导有机绿色新鲜蔬菜理念，建立蔬菜基地，减少流通环节，降低成本，保证有机新鲜蔬菜的供应。在2010年底的学员食堂伙食工作问卷调查中，获得满意度高达99%的好成绩。

综合服务中心，作为党校后勤服务的品牌，在发扬好的传统和严格管理的基础上，锐意进取，开拓创新，坚持以人为本，注重员工素质培训，加强队伍建设，认真学习科学管理方法，积极实施规范化、标准化、制度化管理，服务水平和质量有新的提升，赢得学员的普遍赞誉。

交通服务中心，积极倡导“抓管理、促服务、谋发展”的管理理念，正确处理管理与服务的关系，切实加强管理，推出一系列管理新举措。为每位司机制作爱心服务卡，为每辆车配备导航仪，安装ETC速通卡，给管理和服务带来方便，提高了工作效率，受到司机和服务对象的欢迎。

园林修缮环卫中心，以加强精细化服务为重点，大处着眼，小处着手，关注细节，注重维修质量，返修率大大下降，学工人员满意度明显提升。比如，零修组变被动维修为主动服务，先后走访培训部、进修部、综合服务中心等部门征求意见，针对座谈中提出的问题，及时处理，文明服务重细节，受到服务单位和服务对象的好评。花房针对大型活动较多，正处于整体搬迁的特殊时期，合理调剂花源，力争搬迁、工作两不误，完成全年各项重要活动的用花需要，被评为中直机关绿化先进单位。

社区服务中心，转变观念，调整思路，强化服务意识，提升服务品质，积极开展“社区是我家、人人都爱她”便民利民活动。以公益性服务为宗旨，积极为社区居民做好事、做实事，为大家排忧解难，搞好服务，推出一系列举措。例如，社区大门南移；实行人车分流，排除交通隐患；开通人行便道和地下车库专用通道等，为大家创造条件，提供方便，受到社区居民的一致称赞。

物业监管中心，切实加强监管，认真组织固定资产普查，摸清家底和资源状况，整章建制，明确职责。定期召开社会化项目负责人座谈会，不断强化综合监管力度，推进党校固定资产管理工作制度化、规范化和科学化。

动力保障中心，针对2010年寒冬来得早、温度低的新情况，及时做好各项检修准备工作，比原计划提前一周供暖，为学工人员提供了温暖舒适的学习工作环境。

北医三院中央党校院区，不断完善服务条件，提高服务水平。校医疗办挖掘潜力、拓展关系、整合资源，为党校职工管好医疗经费，提高使用效率。

经营创收。后勤服务部本着“加强经营服务、强化成本管理、积极组织创收”的原则，认真开展创收工作，取得很好的经济效益。2010年，后勤创收达到毛收入3470多万元，纳税420多万元，盈利600多万元。其中，截止到2010年12月20日，综合服务中心全年创毛收入2300万元。物业监管中心完成租金收缴任务和创收923万元，努力实现国有资产保值增值的工作目标。社区服务中心完成全年租金收缴任务，除去学校划拨的50多万元的物业费以外，收取租金220万元。

安全工作。组织员工学习《消防法》和有关规定，重点提高“四个能力”，即检查消除火灾隐患能力、组织扑救初起火灾能力、组织人员安全疏散逃生能力和消防宣传教育培训能力，有效预防和排除消防安全隐患。下属“八个中心”都明确了分管领导，具体负责消防安全工作。在各中心内部设立安全员，确定防火重点部位。不断修订完善安全管理制度，制订防火应急预案，明确职责和措施，形成一套有章可循、有据可查、责任到人等严格的管理制度和工作规范。

工作会议

后勤服务部工作总结表彰大会

3月5日，后勤服务部召开2009年度工作总结表彰大会。部领导车继先、张素峰、刘志刚等及全体干部职工近500人参加大会，机关党委副书记李乃杰、组织部副部长王洋出席大会，副主任张素峰主持会议。

车继先代表后勤服务部就2009年度政治理论学习、主要工作完成情况、收获体会及存在的问题和不足等四个方面进行了认真、客观、详细的总结，同时提出2010年后勤服务部要以建设“一流学府”为目标，以副校长陈宝生提出的“五有五无”为指导，继续抓好政治理论学习，寻找工作差距，研究改进措施，树立典型加强沟通，加强技能培训，加强校园绿化建设，确保校园和社区安全等主要工作，全面完成后勤保障工作任务。

大会对2009年度工作表现突出、取得优异成绩的柴文平等78名同志进行了表彰，副主任刘志刚宣读后勤服务部的表彰决定，并号召全体干部职工以他们为榜样，爱岗敬业、勤奋工作，勇于创新，在新形势下，为党校教育事业和后勤服务社会化改革作出新的贡献。

对外交流与合作

概 况

2010年，中央党校外事出访、来访、项目合作和涉外培训等各项工作喜结硕果。全年共接待外国政要、知名学者、跨国公司负责人等各类来访代表团110多个，总计1200多人次。举办演讲活动20余场，与外方联合举办研讨会、座谈会等学术交流活动40余场。全年外事出访工作共完成出访团组83个、出访520人次。

协调习近平出席与中央党校相关的外事活动。2010年，习近平先后三次出席与中央党校相关的外事活动：一是2月24日在人民大会堂会见韩国三星电子集团常任顾问尹钟龙、首席执行官崔志成一行；二是7月16日在中央党校会见德国总理默克尔一行；三是在访澳期间于6月22日出席中央党校与澳大利亚国立大学合作谅解备忘录的签字仪式。习近平在中央党校会见德国总理默克尔一行，在国内外产生广泛影响。

开展党的对外信息传播工程情况。1.“走进中共中央党校”开放日活动。3月30日，中央党校与中联部联合举办以“走进中共中央党校”为主题的面向驻华高级外交官的开放日活动。共有来自110多个国家的120余名驻华高级外交官走进中央党校，了解中国共产党高中级领导干部培训和中央党校教学科研工作情况，感受学员学习生活情况。这是中联部与中共中央有关部门合作组织的“走进党的部门”系列主题开放活动的第一站。来校访问的驻华高级外交官亲身感受了中国共产党和中央党校的开放氛围，对中国共产党重视执政能力建设、大力推进学习型政党建设有了更加深入的了解。此项活动得到了中央领导同志的肯定。

2. 中央党校新闻发布会活动。6月29日，常务副校长李景田出席由中央外宣办举办的新闻发布会活动，介绍中央党校开展领导干部培训和党的理论研究工作的有关情况，并坦诚解答了新闻媒体记者提出的一系列问题，消除了外界多年来对党校工作存在的一些误解和偏见，展现了中央党校开放包容、创新进取的良好形象。校委委员、办公厅主任罗宗毅在新闻发布会上首次以中央党校新闻发言人的身份亮相，引起国内外媒体的广泛关注。

3. “走进中共中央党校”中外媒体采访活动。6月30日，中央党校与中央外宣办联合举办以“走进中共中央党校”为主题的中外记者来校采访活动。共有来自38家媒体的68名中外记者参加。通过采访活动，中外记者对中央党校和中国的党校制度有了新的认识，活动结束后在国内外媒体上发表了系列报道，为“七一”营造了良好的舆论氛围。

4. 校领导接受境外媒体采访活动。李景田接受香港凤凰卫视《问答神州》栏目记者吴小莉独家专访，并于6月26日在凤凰卫视播出。

5月25日，校委委员、办公厅主任罗

宗毅接受巴基斯坦巴中学会主席、著名政治家穆沙希德率领的“快速发展中的中国”纪录片摄制组采访，介绍了中央党校干部培训工作及在党和国家事业中发挥的重要作用等情况。

外国政要和重要国际组织负责人来访。 1. 经合组织秘书长安吉尔·古里亚来访。3月23日，经合组织秘书长安吉尔·古里亚来校访问，教育长张伯里会见了古里亚一行。会见结束后，古里亚秘书长以“全球经济复苏：前景和挑战”为题发表演讲，对中国在全球金融危机中从容应对、果断决策表示赞赏，高度评价中国推出的产业振兴计划，以及一系列保增长、保民生、保稳定的重要举措，认为中国的努力是带动全世界走出危机的重要因素。

2. 美国财长盖特纳一行来访。5月25日，来华出席第二轮中美战略与经济对话的美国财长盖特纳一行访问中央党校，副校长李书磊会见了盖特纳一行并主持演讲和座谈活动。盖特纳与中央党校部分学员和专家学者围绕“中美经济关系”、“中美两国在经济再平衡方面如何进一步开展合作”等议题进行了座谈交流，对中国为克服全球金融危机、保持经济稳定快速发展所采取的有效措施予以高度肯定。

3. 波兰前总统克瓦希涅夫斯基一行来访。9月14日，波兰前总统、“欧洲之友”基金会主席亚历山大·克瓦希涅夫斯基率“欧洲之友”基金会代表团一行访问中央党校，副校长陈宝生会见了代表团一行。克瓦希涅夫斯基对中国经济建设取得的成就表示祝贺，认为现在的中国不仅在亚洲，而且在全球的地位正变得越来越重要，希望未来不断推进中波两国关系全面发展，深化在经贸、科技、文化等领域合作，努力将两国友好合作伙伴关系提升到新的更高层次。

4. 德国前联邦总统魏茨泽克一行来访。10月14日，在华访问的德国前联邦总统魏茨泽克一行访问中央党校，常务副校长李景田会见了魏茨泽克一行。会见结束后，魏茨泽克与中央党校师生就“中德、中欧关系及中国经济社会发展趋势”问题进行了座谈。10月17日，魏茨泽克在接受中央电视台国际频道《对话》节目访谈时，特别提到中央党校在中国改革进程中发挥的重要作用，表示正是因为进中央党校学习，中国的高中级领导干部能够更加坚定不移地拥护和执行党中央的路线方针，这是中国取得成功的重要原因之一。

5. 意大利总统纳波利塔诺一行来访。10月26日，在华访问的意大利总统纳波利塔诺一行访问中央党校，并以“欧洲和中国：二十一世纪的发展与稳定”为题发表演讲，副校长陈宝生会见纳波利塔诺一行并主持演讲活动。活动结束后，新华社以《意大利总统中央党校演讲：中国繁荣稳定全世界受益》为题发了通稿，取得了良好的宣传效果。

6. 联合国秘书长潘基文一行来访。11月3日，在华访问的联合国秘书长潘基文一行访问中央党校，常务副校长李景田会见了潘基文一行。

7. 智利总统皮涅拉一行来访。11月17日，在华访问的智利总统皮涅拉一行访问中央党校，常务副校长李景田会见了皮涅拉一行并主持演讲活动。

外事出访工作。 全年共完成外事出访团组83个，出访520人次。办公厅外事办认真贯彻落实中央文件精神，严格遵守关于外事出访工作的各项规定，按要求认真做好出访团组的压缩工作，及时向中央外办、中纪委等部门通报各阶段总结和自查情况。面对外事出访工作中的各种突发情况，有关负责同志和工作人员认真负责，积极与外事主管部门、前方使领馆和项目合作方沟通协调，深入细致地筹划代表团出行的各个环节，认真抓好行前纪律教育，完成全年各项出访任务。

举办“中欧美学术论坛”。12 月 2 日至 3 日，由中央党校与意大利阿斯平研究所和美国阿斯平研究所联合主办的“中欧美学术论坛”在中央党校举行。本届中欧美学术论坛为建校以来规模最大、级别最高的一次国际学术交流活动。校委和校领导对论坛的筹备工作给予高度重视，并多次作出重要指示。与会代表一致表示，本次论坛开得有特色、有水平，为有关各方提供了坦诚交流、畅所欲言的平台，达到了增进互信、扩大共识的目的，将对中欧美三方合作起到推动作用。论坛的成功举办，有利于推动中央党校以更开放的姿态、更广阔的眼界，在把握世界大势的基础上来思考和研究中国发展问题，真正发挥好思想库的作用，进一步提高了中央党校在国内外的声望和影响力。

国际项目合作。2010 年，认真履行与国际合作单位签署的项目协议，积极开展互访和召开研讨会等工作。全年共接待项目来访团组 18 个，选派项目团组出国访问 32 个，与德国、美国、西班牙、丹麦、挪威等国家的项目合作方联合召开国际学术研讨会 30 余场。

进一步巩固和深化现有项目合作的同时，积极开拓新的对外交流渠道。5 月，石泰峰副校长访问巴西期间，中央党校与巴西民主工党布里佐拉基金会建立起正式的合作关系。6 月，校委委员、进修部主任黄宪起率团访澳期间，代表中央党校与澳大利亚国立大学签署了合作谅解备忘录，习近平出席签字仪式。

外宾来访

外宾来访活动情况

2月26日，日本帝京平成大学教授叶芳和来校拜会国际战略研究所教授马小军，就中国经济发展政策展望及抑制污染物排放等相关议题进行交流。

3月2日，新任中国驻意大利大使丁伟来校拜会副校长陈宝生。

3月11日，美国国务院东亚太平洋和蒙古事务局办公室主任康达来校拜会国际战略研究所教授康绍邦，就中美关系等议题交换意见。

3月16日，研究生院邀请美国国际法学会帕特里克·迈克洛里教授来校作题为“影响中国贸易的新兴问题与法律对策”的学术讲座。

3月18日，全球著名未来学家约翰·奈斯比特夫妇来校访问，并以“我的中国观”为题与部分学员和教师座谈。全国政协外事委员会主任赵启正随行。副校长陈宝生会见来宾一行。

3月22日，经济学教研部邀请壳牌全球首席执行官傅赛先生来校，为中央党校第47期省部级干部进修班“转变经济发展方式与经济结构调整”研究专题学员作“可持续发展能源问题”的讲座。

3月23日，由总书记约翰森率领的挪威工党代表团来校访问，教育长张伯里会见代表团一行。代表团还与党的建设教研部、科学社会主义教研部部分学者就中国共产党执政理念、发展道路和基本方针政策等议题进行座谈。

3月23日，经合组织秘书长古里亚先生来校访问，并以“全球经济复苏：前景和挑战”为题发表演讲。教育长张伯里会见来宾一行。

3月23日，美国蒙特雷国际问题研究所加拿大籍华裔学者袁劲东教授来校访问，就相关问题与国际战略研究所学者进行交流。

3月25日，美国芝加哥联邦储备银行行长查尔斯·埃文斯先生来校访问，并以“后金融危机时代全球经济格局的变化”为培训部中青一班学员作演讲。常务副校长李景田会见并宴请代表团一行。

3月30日，中央党校举办以“走进中共中央党校”为主题的面向各国驻华使节开放日活动，来自110多个国家的120余名驻华高级外交官参加此次活动，参观校园、与校领导见面并与学员进行座谈。

3月31日，以法国前外长韦德里纳为团长的法国专家学者团来校访问，与党的建设教研部部分学者座谈交流。

4月8日，日本国际协力机构东中亚部部长北野尚宏来校访问。副校长李书磊会见来宾一行。

4月13日，以负责人埃里克·罗曼·戴维德森为团长的丹麦地方官员访华团来校拜会。办公厅副主任张忠军会见来宾一行。

4月21日，以政治局委员奥吉坦杜为团长的刚果（金）争取重建与民主人民党干部考察团一行来校访问。教务部副主任赵理文会见代表团并介绍中央党校办学情况。

4月27日，应国防大学邀请，以巴基斯坦国防大学主任教官穆罕默德·塔其尔·艾哈迈德准将率该校学员代表团一行22人来校访问。办公厅副主任张忠军会见代表团一行，并向代表团介绍中央党校办学情况。

4月27日，美国华盛顿国防大学国家战略研究所博士后迈克尔·格罗斯尼来校访问，就中美关系和中国外交等议题与国际战略研究所教授马小军、副研究员赵磊进行座谈。

5月7日，函授学院邀请思腾思特管理咨询公司全球运营总裁埃里克斯腾为中国化工集团公司高管班讲课，主题为：经济增长加值（EVA）考核体系。

5月11日，美国国务院政治官员马克·亚伯拉姆森和尼古拉斯·埃里克森先生来校拜会党的建设教研部主任王长江，就相关议题进行讨论。

5月11日，由总书记兼政府司法部长伊塔娜率领的纳米比亚人组党代表团来校访问，科学社会主义教研部主任王怀超会见来宾一行。

5月13日，苏丹全国大会党干部考察团一行12人来校访问。教务部副主任冯鹏志会见代表团并介绍中央党校建设有关情况。

5月13日，以国际事务副书记哈米德·礼萨·塔拉基为团长的伊朗伊斯兰联合党代表团来校访问。校委委员、办公厅主任罗宗毅会见代表团一行。

5月14日，西班牙桑坦德银行拉丁美洲业务执行副总裁卢颂先生来校访问。办公厅副主任张忠军会见来宾。

5月29日，国际法哲学与社会哲学协会执行委员、日本名古屋大学森际康友教授来校访问，以“司法伦理的基本问题与国际法理学研究前沿”为题为政法教研部师生作报告。

6月18日，美国伯克利大学东亚图书馆馆长周欣平先生访问校图书馆，就资料交换、资源共享等合作事项交换意见。

6月21日，比利时瓦隆州州长兼法语区政府主席卢笛·德蒙特先生来校访问。副校长陈宝生会见来宾。

6月30日，中央党校与中央外宣办联合举办“走进中共中央党校”主题活动，接待中外记者团来校采访。活动内容主要有：与校领导见面、观摩教学、采访学员教师、参观校园等。

7月6日，日本驻华大使宫本雄二先生来校拜会常务副校长李景田，进行离任前告别。

7月9日，美国西北大学校长夏皮罗先生一行来校访问。常务副校长李景田会见来宾。

9月1日，美国战略与国际问题研究中心哈姆雷总裁来校访问。常务副校长李景田会见来宾。

9月6日，以日本外务省参与兼大使、日本亚洲经济研究所所长白石隆为团长的第十期日本青年领导访华团一行55人来校访问。副校长孙庆聚会见代表团一行。代表团分行政、经济、环境三组与学员和教师座谈。

9月8日，英国牛津大学校长彭定康一行来校访问，并以“欧洲、美国、亚洲——变动中的世界权力平衡”为题发表演讲。副校长石泰峰会见来宾。

9月10日，挪威国际和平研究所首任所长、和平学创始人约翰·加尔通来校访问国际战略研究所，与相关学者座谈。

9月20日，应中联部邀请，罗马尼亚社民党总书记、泰莱奥尔曼县议会主席德拉格内亚率代表团来校访问。党的建设教研部主任王长江会见来宾并介绍情况，党的建设教研部副教授蔡志强、吴辉等参加会见。

10月14日，德国前联邦总统魏茨泽克一行来校访问。常务副校长李景田会见了魏茨泽克一行。校委委员、培训部主任徐伟新，校委委员、进修部主任黄宪起出席。国际战略研究所所长宫力，办公厅副主任张忠军以及部分进修部、培训部学员和国际战略研究所教师参加会见和座谈活动。

10月14日，应全国人大英中友好小组邀请，以英国议会跨党派中国小组主席、工党议员马克·亨德里克为团长的英国议会跨党派中国小组代表团一行来校访问。副校长李书磊会见马克·亨德里克一行。

10月15日，文史教研部在校内召开学术研讨会，就文艺创作、文化建设等议题进行学术交流。印度加尔各答大学教授、逻辑学家和文化研究专家米希尔库马尔·邱克罗博尔迪和印度孟加拉语诗人、泰戈尔研究专家纳米达·乔杜里应邀出席。

10月18日，美国麻省理工大学彼得·圣吉博士来校访问，并就“学习型组织、学习型政党”等议题发表演讲。校委委员、培训部主任徐伟新会见彼得·圣吉博士。

10月21日，德国培训师路德维格·怀兹先生参加科学社会主义教研部艾滋病政策课题组召开的“党校艾滋病政策倡导”研讨会，并以“参与方法在培训中的运用”为主题作讲座。

10月26日，在华访问的意大利总统纳波利塔诺一行到访中央党校，并以“欧洲与中国：21世纪的增长与稳定”为题发表演讲。副校长陈宝生会见来宾。

11月11日，以罗马尼亚众议院常设局司库、社民党青年组织主席尼古拉·伯尼乔尤为团长的罗社民党青年组织代表团一行来校访问，了解中央党校及中国共产党干部培养机制及做法等情况。办公厅副主任张忠军会见来宾一行。

11月11日，美国财政部负责国际金融事务的助理部长查尔斯·考林斯一行来校访问，教务部主任王东京、经济学教研部教授梁朋、于永臻会见外宾，并就中美经济展望、中国“十二五”规划及对2011年经济趋势等问题交换意见。

11月12日，美国大使馆政治处中国和蒙古国事务负责人劳拉女士和一等秘书张诺亚先生来校拜会校文史教研部主任赵伯英和国际战略研究所原常务副所长康绍邦。双方就国内政治环境及中美关系等问题交换意见。

11月12日，卡耐基——清华全球政策中心主任韩磊访问国际战略研究所，并作题为“美国中期选举及其对中美关系的影响”的讲座。

11月17日，智利共和国总统皮涅拉一行来校访问，并以“21世纪全球背景下的中国和智利”为题发表演讲。常务副校长李景田会见外宾并主持演讲。

11月26日，以俄共中央主席团成员、中央书记、国家杜马议员诺维科夫（NOVIKOV）为团长的俄罗斯联邦共产党青年干部考察团一行来校访问。校委委员、进修部主任黄宪起会见了诺维科夫一行。办公厅副主任张忠军、马克思主义理论教研部副主任秦刚、科学社会主义教研部国际工人运动史教研室主任胡振良等参加会见并与外宾进行了交流。

12月1日，美国ACE集团总裁兼首席执行官埃文·格林伯格先生（Evan Greenberg）来校访问，常务副校长李景田会见埃文·格林伯格先生。

12月2—3日，由中共中央党校、意大利阿斯平研究所、美国阿斯平研究所联合主办的中欧美学术论坛在中央党校举行。本届论坛的主题是“全球治理：挑战与展望”。

12月9日，美国兰德公司经济学家沃尔夫先生（Charles Wolf）来校访问，常务副校长李景田会见并宴请沃尔夫先生一行。国际战略研究所所长宫力、办公厅副主任张忠军等参加活动。

12月14日，以干部培训司司长阮名沐为团长的越共中组部干部考察团来校访问，了解中央党校干部培训工作的相关理论培训体系、培训计划等情况。教务部副主任冯鹏志会见外宾。

12月16日，意大利新任驻华大使严农祺先生来校拜会。常务副校长李景田会见来宾。

12月16日，韩国驻华大使柳佑益来校拜会常务副校长李景田，双方就半岛形势等问题交换意见。

意大利总统纳波利塔诺访问中央党校

10月26日，在华访问的意大利总统纳波利塔诺一行到访中央党校，并以“欧洲与中国：21世纪的增长与稳定”为题发表演讲。副校长陈宝生会见纳波利塔诺一行并主持演讲活动，副校长孙庆聚、李书磊，教育长张伯里，校委委员、培训部主任徐伟新，校委委员、进修部主任黄宪起等出席会见和演讲活动。中央党校进修部、培训部学员和部分专家学者等共500余人参加演讲活动。

陈宝生向纳波利塔诺一行的到来表示欢迎，并简要介绍了中央党校的有关情况。陈宝生积极评价了中央党校与意大利高等经济金融学校、国家行政学院和忠利保险集团的交往与合作，并表示中央党校愿与意方的合作伙伴一道，不断巩固和深化现有的合作项目，并拓展新的合作领域，为推动中意友好交往和互利合作做出贡献。

纳波利塔诺表示很高兴看到目前中意关系发展平稳。他高度肯定中央党校在中国发挥的不可替代的重要作用，高度评价中央党校多年来在培训中国高中级领导干部方面所取得的成绩，对中央党校与意大利合作伙伴的交流项目取得丰硕成果表示赞赏，希望中央党校与更多的意大利机构开展合作，并在未来取得更大的成就。

会见结束后，纳波利塔诺以“欧洲与中国：21世纪的增长与稳定”为题发表演讲。他在演讲中指出，随着1949年新中国的建立，中国历史开始了新的篇章，并逐步形成了和平崛起的发展道路，所取得的成就为世人所瞩目。进入21世纪以来，随着中国国家实力的不断增强，中国在国际上的影响力不断扩大，在世界和平与发展中发挥着至关重要的积极作用，中国的繁荣与稳定使全世界受益。欧盟欢迎中国等新兴大国的崛起，尊重和理解中国对于发展道路的选择，并愿意为中国的发展提供积极的建议。纳波利塔诺表示，面对国际金融危机的挑战，中欧在重大问题上加强沟通和协调显得比以往任何时候都重要，意大利愿意通过发展良好的双边关系推动中国与欧盟关系的发展。

演讲结束后，纳波利塔诺还回答了学员提问。

联合国秘书长潘基文访问中央党校

11 月 3 日，在华访问的联合国秘书长潘基文一行到访中央党校，并以“全球治理与和谐世界”为题进行座谈。常务副校长李景田会见潘基文一行并主持座谈活动，中国常驻联合国代表李保东大使，副校长李书磊，校委委员、哲学教研部主任贾高建等出席会见和座谈活动。进修部部分学员和有关专家学者等共 30 余人参加活动。

李景田对潘基文一行的到来表示欢迎，并简要介绍了中央党校的有关情况。李景田高度评价联合国在维护和平与促进发展方面所发挥的核心作用，对潘基文秘书长上任以来表现出的出色领导才能表示钦佩和赞赏，希望联合国在解决国际争端、维护世界和平、促进繁荣稳定方面发挥越来越大的作用。

会见结束后，潘基文就“全球治理与和谐世界”议题发表演讲，并与党校学员和专家学者进行座谈。他在演讲中指出，通过上海世博会的成功举办，中国人民向全世界展示了自己的能力，展现了中国的巨大变化和正在经历的深刻变革。潘基文说，《联合国宪章》的精神与中国致力于建设和谐世界的理念是一致的，有很多共同的价值和原则，是双方关系的基础和支柱。联合国与中国在加强全球治理方面有广阔的合作空间，双方在很多问题上的想法和目标完全一致，希望中国在苏丹、缅甸及朝核等问题上对联合国给予更大的支持，在经济发展方面更有力地支持联合国千年发展目标的实现。

演讲结束后，潘基文就党校学员和专家学者的提问进行了解答，并用汉语写下“中央党校桃李满天下”的留言，表达对中央党校的高度评价和良好祝愿。

智利总统皮涅拉一行访问中央党校

11 月 17 日，在华访问的智利总统皮涅拉一行到访中央党校，并向党校教师和学员发表演讲。常务副校长李景田会见皮涅拉一行，副校长孙庆聚、李书磊，教育长张伯里，校委委员、哲学部主任贾高建，校委委员、进修部主任黄宪起，校委委员、组织部部长赵长茂等出席会见和演讲活动。进修部、培训部学员及部分专家学者 600

余人参加了演讲活动。

李景田向皮涅拉一行的到来表示欢迎，并简要介绍了中央党校的有关情况。他高度评价中智建交40年来两国关系的平稳、快速发展，对皮涅拉总统在应对智利地震和矿难事件中表现出的领导能力表示赞赏，希望在此访推动下，中央党校与智利有关部门的合作在未来取得实质性进展。

皮涅拉对中国共产党在治国理政方面取得的成就表示钦佩。他高度评价中国共产党建立的党校制度和中央党校在培养党员领导干部、推进思想理论创新方面所取得的成绩，希望智利有关部门尽快与中央党校建立正式的合作机制。

会见结束后，皮涅拉总统以“21世纪全球背景下的中国与智利”为题发表演讲。他指出，近年来，中国在维护世界和平及促进共同发展方面发挥了强有力的主导作用，中国的言论日益受到国际社会更广泛的重视，在国际舞台上展现了负责任大国的良好形象。2010年是中智两国建交40周年，自建交以来，两国关系顺利发展，成果斐然。中国现在已是智利最大最重要的贸易伙伴，2010年两国贸易额将超过2400亿美元。希望继续推动中智两国在贸易、科技、农业和能源等各个领域的投资与合作，深入推动经济一体化，共同面对全球化的挑战，实现共同发展。除经贸领域的合作外，智利希望与中国在政治、文化、社会等领域全面提高合作水平，不断扩大高层往来，创造两国关系更加美好的未来。

演讲结束后，皮涅拉还回答了学员提问。

出访活动

出访活动情况

1—6 月，应西班牙加塞特基金会邀请，哲学教研部梁晓杰赴西班牙奥特加·加塞特学院进行访学，主要学习哲学课程。

1 月 24—27 日，应美国斯坦福大学协商民主中心邀请，政法教研部主任李良栋赴美国斯坦福大学访问，并以“中国六十年来的民主发展”为题在斯坦福大学发表演讲。

1 月 24—31 日，应日本国际交流基金会邀请，国际战略研究所刘建飞、郭建平、陈江生、秦治来、周绍雪赴日本访问，就当前日本政局变化和日本对华政策走向等议题与日本研究机构和学者进行交流。

3 月 14—15 日，应日本尚美学院大学铎木昌之教授邀请，政法教研部教授赵虎吉赴日本参加该大学召开的“东北亚共同体可能性及实现路径”。

3 月 16—29 日，根据中央党校与意大利高等经济金融学校的合作协议，信息管理部主任郭英楼率团赴意大利进行培训学习和交流。

3 月 22—27 日，应中联部邀请，副校长陈宝生参团赴俄罗斯参加中俄执政党对话机制第二次会议。

3 月 29 日—4 月 1 日，应中国人民外交学会邀请，国际战略研究所研究员孙建杭赴韩国参加由外交学会和首尔国际论坛共同举办的第 3 届“首尔—北京论坛”。

4 月 6 日—7 月 15 日，根据中央党校与日本富士通公司合作协议的有关规定，经济学教研部副教授刘艳梅赴美国夏威夷日美工商管理学院，参加 2010 年度 4—7 月的富士通亚太奖学金项目。

4 月 12 日—10 月 12 日，根据中央党校与德国赛德尔基金会协议，哲学教研部副教授成官泯作为访问学者赴德国访问。

4 月 15—18 日，根据中组部有关要求，选派马克思主义理论教研部副主任秦刚参团出访新加坡，参加第二届“中新论坛”。

4 月 23 日—5 月 21 日，选派马克思主义理论部副教授李宏伟、文史教研部副教授秦露赴美国参加该协会举办的“美国艾森豪威尔基金会——中美高级学者交流项目”访学。

5 月 2—10 日，应美国洛杉矶克莱蒙研究生大学中美后现代发展研究院邀请，哲学教研部教授赵建军赴美国参加第四届“生态文明”国际论坛会议，并就“低碳技术范式与生态文明建构”发言。

5 月 4—14 日，根据中央党校与法国国立行政学院合作项目年度工作计划，马克思主义理论部副主任韩庆祥率领中央党校代表团 7 人赴法国访问。

5月9—29日，根据中央党校与西班牙贸易发展局签署的合作协议，函授学院院长欧亚平率中央党校代表团20人赴西班牙考察，就经济、金融等问题进行学习培训。

5月10—24日，根据中央党校与意大利高等经济金融学校的合作协议，经济学教研部副主任韩保江率中央党校代表团一行13人赴意大利进行培训学习和交流。

5月10日—6月16日，按照中组部、外交部和国家外国专家局联合下发的《关于实施领导干部境外培训“182计划”和2010年办班工作的通知》要求，选派副校长陈宝生参加由国务院发展研究中心承办的第8期公共管理高级培训班赴美国哈佛大学学习。

5月15日—6月7日，根据国务院法制办来函要求，政法教研部齐惠赴美国参与执行“美国司法体系计划法律制定考察”任务。

5月20—24日，应中国社会科学院和日本东方学会邀请，文史教研部张军赴日本东京参加由中国社科院历史研究所和日本东方学会联合主办的第二届中日学者中国古代史论坛。

5月22—29日，受新闻出版总署委托，环球新闻出版发展有限公司协助组织2010年国内出版单位组团参加国际书展，出版社赴美国随团参展。

5月23—29日，根据中央党校与西班牙对外贸易发展局合作项目年度计划安排，原教育长李兴山率中央党校代表团一行6人赴西班牙访问，参加主题为“向低碳经济转型：挑战与对策”的第6届中西发展论坛。

5月24日—6月2日，受意大利欧洲人基金会和挪威FAFO研究基金会邀请，教育长张伯里率中央党校代表团一行6人赴意大利、挪威访问。

5月24日—6月2日，应美国兰德公司和意大利亚洲观察家邀请，原副校长、改革开放论坛副理事长李君如率中国改革开放论坛代表团赴美国、意大利访问。

5月24日—6月2日，应巴西民主工党布里佐拉基金会和墨西哥菲利佩·奥乔亚顾问协会邀请，副校长石泰峰率中央党校代表团一行6人赴巴西、墨西哥访问。

6月4—7日，应瑞典安全与发展政策研究所邀请，政法教研部教授赵虎吉赴瑞典斯德哥尔摩出席“东北亚地区安全与发展政策”国际学术研讨会。

6月7—13日，根据中央党校与丹麦哥本哈根商学院合作项目年度计划安排，校委委员、哲学教研部主任贾高建率中央党校代表团一行6人赴丹麦访问，并与丹麦方共同举办中丹社会发展问题研讨会。

6月7—21日，根据中央党校与意大利高等经济金融学校的合作协议，中共党史教研部副主任谢春涛率中央党校代表团一行18人赴意大利进行培训学习和交流。

6月8—11日，应日本富士通（中国）有限公司邀请，教务部副主任冯鹏志和经济学教研部教授田应奎赴日本东京为富士通公司讲学。

6月12—23日，根据中澳治理项目协议，校委委员、进修部主任黄宪起率中央党校代表团一行8人赴澳大利亚访问。

6月12—24日，应国家发改委国际合作中心邀请，经济学教研部教授徐祥临参加由发改委和加拿大城市联合组织的中加项目顾问小组，赴加拿大考察，主题为加拿大政府保障外籍劳工权益的相关政策措施及效果。

6月19—27日，受新闻出版总署委托，环球新闻出版发展有限公司协助组织2010年国内出版单位组团参加国际书展，出版社苏作霖、李灵随团赴英国参展。

6月26日—7月18日，应卫生部国际合作司邀请，组织部任尊严参加中国高级卫生行政人员培训项目。该项目由卫生部、清华大学、哈佛大学共同开展，于6月20日至25日在清华大学培训，6月26日至7月18日赴美国哈佛大学公共卫生学院培训。

6月27日—7月5日，根据中央党校与德国赛德尔基金会合作项目年度工作计划的安排，党的建设教研部主任王长江教授率领中央党校代表团一行8人赴德国访问，主题为：变革中的德国政党。

7月10—31日，按照中组部、外交部、国家外专局下发的《关于实施领导干部境外培训“182计划”和2010年办班工作的通知》（组通字〔2010〕10号），经校领导批准，2010年中央党校承办“低碳经济与城市可持续发展专题研究班”。副校长李书磊率团共25人赴美国乔治城大学学习。

7月10日—8月7日，应澳大利亚公正平等权国际的邀请，政法部教授张晓玲赴澳大利亚参加“让妇女权利国际公约进入公共政策和项目”的培训活动。

7月11—22日，应法国电力集团、比利时欧洲学院和韩国新亚细亚研究所邀请，副校长陈宝生率中国改革开放论坛代表团分别赴法国、比利时、韩国访问。

7月16—21日，应美国基辛格中美研究所邀请，国际战略研究所副所长刘建飞赴美国参加有关“美国与中国：相互公共认知”学术会议。

7月17—27日，受美国英特尔公司邀请，财务行政管理局局长赵晓光率中央党校代表团一行访美。

7月18—23日，应世界艾滋病大会邀请，科学社会主义教研部教授靳薇赴奥地利参加“第十八届世界艾滋病大会”。

7月21—31日，根据“中国共产党对外信息传播工程”第一次部际领导会议确定的2010年工作要点，选派校委委员、办公厅主任罗宗毅参团赴印度、希腊、比利时访问，对三国相关政党和有关机构的对外传播情况进行实地调研。

7月23日—8月3日，应国家开发银行研究院（金融研究发展中心）邀请，党的建设教研部副研究员祝灵君参团出访南非、刚果（金），为南非和刚果（金）进行社会综合规划。

7月23日—8月4日，中国进出口银行邀请校委委员、组织部长赵长茂参加该行组团经中国香港、阿联酋前往南非、安哥拉、津巴布韦和肯尼亚执行业务调研任务。

7月26日—8月1日，培训部组织员韩光宇参加由中国人民对外友好协会组团赴美国出席国际姐妹城协会的年会。

8月1—9日，应中国驻苏里南大使馆邀请，国际战略研究所副所长刘建飞赴苏里南参加“中国与加勒比、中国与苏里南关系”国际学术会议，并在会上作“‘一个中国’原则与中加关系”的主题发言。

8月30日—9月3日，中国人民外交

学会组团赴韩国出席由外交学会与韩中交流协会共同举办的第十届中韩“知名人士论坛”并顺访韩国，国际战略研究所教授孙建杭参团出访。

9月1日—10月15日，应法国人文之家基金会邀请，国际战略研究所教授马小军赴法国和欧洲进行为期六周的学术访问。

9月2—16日，中央对外宣传办公室组织中国藏学家代表团出访美国、加拿大，科学社会主义教研部教授胡岩参团出访。

9月13—27日，根据中央党校与意大利高等经济金融学校的合作协议，财务行政管理局副局长朱鸣率中央党校代表团一行9人赴意大利进行培训学习和交流。

9月27—30日，应（韩）中国政经文化研究院的邀请，国际战略研究所孙建杭赴韩国出席在首尔举办的主题为“韩中两国战略性合作伙伴关系的新高度”的东北亚国际论坛，并在论坛上发表题为“中韩和平与半岛和平”的演讲。

10月5—14日，出版社社长、总编胡建华一行赴德国法兰克福参加第62届国际书展。

10月11—25日，根据中央党校与意大利高等经济金融学校的合作协议，组织部副部长王洋率中央党校代表团一行18人赴意大利进行培训学习和交流。

10月13—21日，应法国驻华大使苏和先生的邀请，国际战略研究所赵黎青赴法国出席第六届“亚洲—中东国际高层学术论坛”。

10月18—19日，政法教研部教授赵虎吉赴韩国参加由加州大学与韩国对外关系与国家安全研究所在首尔合作举办的“东北亚合作对话”第27届年会。

10月20—29日，应中华全国新闻工作者协会邀请，马克思主义研究基金会副秘书长陈景彪随中国新闻代表团访问德国、法国。

10月23日—11月2日，应俄罗斯共产党中央委员会主席久加诺夫和阿斯本印度研究所执行主席兼CEO帕斯理查邀请，常务副校长李景田率改革开放论坛代表团先后访问俄罗斯、印度。

10月25日—12月31日，根据中央党校与挪威FAFO研究基金会合作备忘录安排，政法教研部刘启云、经济学教研部张慧君赴挪威进行为期两个月的学术访问。

10月28日—11月7日，哲学教研部赵建军、科学社会主义教研部郭强、培训部王东方参加中联部中共干部考察团，赴越南、老挝考察。

11月1—10日，副校长孙庆聚率中国青年干部代表团一行91人赴日本访问。

11月1—10日，校委委员、进修部主任黄宪起率中国青年干部代表团一行39人赴新加坡访问。

11月1—10日，教育长张伯里率中青二班学员共63人赴韩国访问，并参加韩国三星电子主办的中国高级干部三星研修班课程。

11月3—7日，受英国威尔顿庄园（Wilton Park）国际会议中心邀请，党的建设教研部主任王长江、副研究员祝灵君赴英国参加学术会议。

11月9—12日，应印度联合研究所邀请，国际战略研究所副研究员赵磊赴印度参加“中国领导世界：现实还是神话”的国际学术研讨会。

11月27日—12月5日，根据中央党

校与日本富士通株式会社合作项目年度工作计划，文史教研部主任赵伯英率中央党校学者代表团一行5人赴日本访问。访问主题为“日本文化产业发展及其相关政策”。

11月29日—12月7日，根据中央党校与日本政策研究大学院大学签署的合作协议，党的建设教研部副主任戴焰军率中央党校代表团一行8人赴日本访问，主题为：日本的政党制度及其在日本政治体制中的作用。

12月1—3日，应越南卫生部邀请，科学社会主义教研部教授靳薇赴越南出席越南20年坚持不懈应对HIV/AIDS庆祝会和越南第四届国家HIV/AIDS科学会议，会议主题是：“普及高等教育，2015年实现千年发展目标”。

项目合作

重要交流合作项目情况

1月18日，哈佛大学公共卫生学院中国项目部主任刘远立来校拜访研究生院院长卓泽渊，讨论中央党校与哈佛大学联合举办的第二届中国社会发展论坛的后续活动事宜。

1月26日，为进一步加强和改进外国政党干部培训师资选派和教学工作，中联部召开外国政党干部培训工作专家座谈会。中共党史教研部教授谢春涛和经济学教研部教授曹立参加会议并作交流。

2月2日，中联部召开部分中央直属单位和工青妇外事工作座谈会，传达中央领导同志讲话和中央外事工作领导小组会议精神，总结2009年工作，研究提出党群对外工作的建议。校委委员、办公厅主任罗宗毅出席会议。

2月24日，中共中央政治局常委、中央书记处书记、国家副主席、中央党校校长习近平在人民大会堂新疆厅会见三星电子集团CEO、社长崔志成一行。

3月20—27日，根据中老两党中央党校（院）合作备忘录，老挝国家政治行政学院副院长通沙立·蒙诺梅率代表团一行5人来华访问。常务副校长李景田会见并宴请了代表团，代表团还赴湖南访问。

3月25日，校委委员、办公厅主任罗宗毅会见法国电力公司执行副总经理兼亚太区总裁马识路先生，与法方商谈续签合作备忘录事宜。

3月29日，美国乔治城大学校董、前世界银行副总裁兼国际货币基金组织总裁理查德·弗兰克先生与经济学教研部主任赵振华教授、副教授陈启清会面，讨论2009年双方联合召开学术研讨会的后续事宜。

4月1日，科学社会主义教研部邀请德国社会民主党的著名理论家、德国社会民主党“基本价值委员会”副主席托马斯·迈耶尔教授，为该部部分教师及研究生作题为“民主社会主义的基本思想”的报告。

4月7日，老挝人革党中央总书记、国家主席朱马里·赛雅颂4月6—9日访华，中共中央总书记、国家主席胡锦涛4月7日晚在人民大会堂举行欢迎宴会，常务副校长李景田参加宴请活动。

4月13日，挪威财政部大臣思格约恩·约翰森先生来校访问，副校长陈宝生会见来宾。约翰森先生就有关国际金融危机与挪威的相关经验发表演讲。

4月15日，丹麦哥本哈根商学院新任院长乔安·鲁斯来校访问。校委委员、哲学教研部主任贾高建会见并宴请来宾。

4月29日，美国乔治城大学常务副校

长、首席财务官克里斯托弗·奥格斯迪尼先生来校拜访副校长李书磊，讨论两校校际交流等事宜。

5月9日，捷克共和国驻华使馆在北京举行捷克文化节活动，庆祝中捷建交60周年，邀请政法教研部教授张晓玲参加。

5月11日，美国对外关系委员会会长哈斯来校拜会原常务副校长郑必坚，就中美关系及其他共同感兴趣的问题交换看法。

5月24—28日，副校长石泰峰率团访问巴西期间，与巴西民主工党莱昂内尔·布里佐拉·阿尔贝托·帕斯夸利尼基金会签署合作备忘录。

6月1日，美国纽约大学理工分校校监张钟浚先生来校拜访研究生院院长卓泽渊和外事办有关同志，商讨双方合作一事。

6月13—20日，美国乔治城大学校长中国事务特别助理孟南水先生一行来校参加双方共同举办的“危机管理”国际学术研讨会。副校长李书磊会见并宴请外宾。

6月21日，应中央外宣办主管的中国人权研究会邀请，越南胡志明国家政治行政学院人权研究院代表团一行8人来华访问。代表团于6月21日来校与人权研究中心的学者座谈、交流，了解中国学术机构的人权研究和教育、人权保障实践和人权维护机制。政法教研部教授张晓玲主持与代表团的座谈。

6月27日—7月3日，根据中越两党中央党校（院）合作备忘录安排，以越南胡志明国家政治行政学院科学管理局局长脉光胜为团长的代表团一行10人来华访问，学习了解“中国可持续发展和建设小康社会的基本内涵和经验”。校委委员、组织部部长赵长茂会见并宴请代表团。科学社会主义教研部专家、学者与代表团座谈、交流。代表团还赴吉林省委党校访问。

6月29日，应中央对外宣传办公室邀请，常务副校长李景田出席在中央外宣办新闻发布厅举行的新闻发布会，介绍党校干部培训和党的理论研究工作进展情况，并回答记者提问。校委委员、办公厅主任罗宗毅陪同参加并回答记者提问。

7月12日，西班牙足球队在第19届南非世界杯中获得冠军。中央党校向西班牙桑坦德银行、西班牙驻华使馆等合作单位发去贺信。

9月12—18日，根据中老两党中央党校（院）合作备忘录，老挝国家政治行政学院科学社会主义教研部主任朴冯·温坎仙率代表团一行8人来华访问。此访旨在了解中国改革开放过程中成功运用马克思主义理论的经验、培养教研骨干及远程教学方面的经验和做法，并与马克思主义理论教研部、组织部、信息中心负责同志座谈。

10月15—17日，中国教育国际交流协会在北京举办主题为“教育引领绿色未来——中国教育国际化进程”的“第十一届中国国际教育年会”。校委委员、办公厅主任罗宗毅出席。

10月21日，为更好准备培训部中青班学员赴韩研修活动，韩国三星电子人力开发院院长裴秉律、大中华区三星集团首席副总裁高洋秦等一行5人来校，就中青班学员访韩具体日程与教育长张伯里交换意见。

10月25日，新加坡高级官员访华团来校访问，并以“经济发展方式转变”为题与校有关学员及学者座谈。校委委员、培训部主任徐伟新会见外宾并主持座谈会。

10月25日，美国乔治城大学常务副校长奥格斯蒂尼来校拜访副校长李书磊，就双方交流合作及课题研讨等相关事宜进行交流。

10月29日，美国强生公司消费品集团全球主席、公司执行委员会委员珂琳·格尼斯女士来校拜访校委委员、组织部部长赵长茂，交流强生公司在华的整体情况以及如何与中央党校在中国控烟工作方面开展合作。

11月3日，西班牙桑坦德银行副行长、董事会成员胡安·罗德里格斯·因西亚特先生来校访问。副校长李书磊会见来宾一行，双方探讨合作事宜。

11月7—12日，挪威FAFO基金会国际问题研究所所长玛莲女士率代表团一行6人来华访问。代表团于11月8日与中央党校联合举行“应对国际金融危机：劳动力市场的成效与展望”学术研讨会，会后赴江苏考察。

11月16日，中央党校与西班牙对外贸易发展局举办第七届中西发展论坛，主题为“中西旅游业发展的现状及前景”。副校长孙庆聚出席开幕式。

11月19日，根据中央党校与美国纽约大学合作备忘录安排，纽约大学理工学院院长杰里·霍尔廷率代表团一行6人来校参加了以“城市治理”为主题的国际学术研讨会。副校长李书磊会见代表团一行。

12月1日，应国际战略研究所邀请，美国前财政部长顾问魏欧林先生来校访问，与国际战略研究所有关学者就中美关系、全球金融、经济增长等问题进行座谈和交流。

12月7日，根据中央党校与法国电力公司合作协议，法国电力公司董事长兼总经理普格里奥先生来校访问，并与中央党校续签双方合作备忘录。

12月14日，三星集团大中华区总裁朴根熙即将离任，拜会常务副校长李景田，当面道别，并介绍他的继任姜皓文。

12月19—29日，根据中央党校与老挝国家政治行政学院、越南胡志明国家政治行政学院合作备忘录安排，校委委员、组织部部长赵长茂率团赴越南、老挝访问，考察越、老两党校干部培训及两国经济发展情况，并与老挝党校续签合作备忘录（2011—2014年度）。

12月26日，日本横滨国立大学教授村田忠禧来校拜访原副校长韩树英教授。

12月27日，日本横滨国立大学教授村田忠禧来校访问，并与中共党史部教研部和国际战略研究所的有关教师和学生就当前的中日关系问题进行座谈。

“中西旅游业发展现状及前景”国际学术研讨会

11 月 16 日，中央党校与西班牙对外贸易发展局共同举办的“中西旅游业发展现状及前景”国际学术研讨会在中央党校举行。副校长孙庆聚、西班牙对外贸易发展局执行副主席司马睿先生出席研讨会开幕式并代表双方致辞。经济学教研部主任赵振华主持开幕式，办公厅副主任张忠军、经济学教研部副主任韩保江及经济学教研部部分教师和研究生参加研讨会。双方专家围绕“旅游资源的开发和保护”、“旅游市场的开拓和运营”、“中西开展旅游合作的现状和前景”议题进行研讨。

与港澳台交流合作

与港澳台交流合作情况

4月2—10日，应台湾弘光科技大学人文社会学院的邀请，马克思主义理论教研部副主任韩庆祥赴台湾访问，并参加“生态伦理与人文精神”国际学术研讨会。

4月14—17日，应香港艾滋病基金会邀请，科学社会主义教研部教授靳薇赴香港参加“艾滋病与社会政策研修班”。

6月3—10日，应台湾中华孔孟学会邀请，哲学教研部教授王杰赴台湾访问，参加由国际儒学联合会和中华孔孟学会联合举办的“第二届海峡两岸儒学交流研讨会”。

6月9—16日，应台湾中兴大学当代中国研究中心邀请，哲学教研部教授庞元正、段培君，博士胡卫赴台湾参加“第四届两岸和平论坛”研讨会。

7月12日，党的建设教研部与香港特区中央政策组在中央党校举办“政党、执政党与执政模式”研讨会。副校长石泰峰出席研讨会开幕式和闭幕式并致辞。党的建设教研部主任王长江主持研讨会开幕式。

7月12—16日，应云南省教育厅邀请，马克思主义理论教研部副主任韩庆祥赴香港出席由中国教育学会、香港教育统筹局和云南省教育厅联合举办的生命、生存、生活教育论坛，并在论坛上做主题发言。

8月3—6日，应澳门港澳战略中心邀请，国际战略研究所宫力、孙建杭、史妍媚、顾丽丽、孙东方赴澳门参加“未来澳门发展战略”学术研讨会。

8月23—27日，应驻澳门特别行政区联络办公室邀请，党的建设教研部教授张晓燕赴澳门为爱国社团负责人作报告。

9月1日，中央党校与中央政府香港联络办公室在中央党校档案馆联合举办饶宗颐学艺展，港籍嘉宾约60人出席此次活动开幕式。

12月10—11日，应香港特别行政区政府中央政策组邀请，政法教研部教授李良栋赴香港参加《中国模式》内部研讨会，并发表“坚持中国特色社会主义民主政治发展道路”的论文。

12月12—15日，应澳门大学的邀请，研究室冯秋婷、曾业松、韩秀丽赴澳门参加“中国政治体制改革研讨会”。

其他交流合作

应邀为外宾授课情况

5月11日，党的建设教研部教授刘炳香就“中共党建工作经验”为题为应中联部邀请来访的叙利亚阿拉伯复兴社会党干部考察团授课，并与代表团团员进行交流。

6月23日，党的建设教研部副教授吴辉为应中联部邀请的中美洲国家政党干部考察团代表团授课，主题为：中国共产党群众路线的基本内涵及实践情况。

9月9日，经济学教研部副教授曹立为柬埔寨奉辛比克党干部考察团授课，主题为：中国共产党加强执政能力建设情况及党在领导国家进行经济建设方面的做法和经验。

10月27日，党的建设教研部副研究员祝灵君为以副主席拉季波夫为团长的塔吉克斯坦人民民主党干部考察团介绍“中国共产党加强执政能力建设”的有关情况，并与代表团团员进行交流。

10月29日，教务部副主任冯鹏志为博茨瓦纳民主党和莱索托民主大会联合干部考察团授课，介绍中国共产党干部培训工作经验，并与代表团团员进行交流。

11月19日，党的建设教研部副教授董亚炜为乌拉圭广泛阵线青年干部考察团授课，介绍中国共产党党建工作情况，并与代表团团员进行交流。

12月6日，党的建设教研部副教授董亚炜在中联部万寿宾馆为法语非洲国家政党干部研修班授课，专题介绍中国共产党关于党的建设的理论与实践。

12月14日，党的建设教研部教授梁妍慧为以万象省委常委、万荣县委书记兼县长温桑·乔达万为团长的老挝干部考察团授课，专题介绍中共加强基层思想政治建设、基层党组织建设和基层领导干部作风建设的做法和经验。

12月27日，党的建设教研部教授李民为以色列利库德集团干部考察团授课，专题介绍中国共产党在干部培养、选拔、任用和监督等领域的做法和经验。

应邀出席国内的外事活动情况

1月20日，韩国新任驻华大使柳佑益邀请中央党校原常务副校长、中国战略学会会长郑必坚同志共进午餐。

8月30日，越南驻华使馆在北京饭店举行招待会，庆祝越南社会主义共和国国庆六十五周年、越中建交六十周年、越中友好年及“越南日”在中国开幕等。中央党校原副校长李君如应邀出席招待会。

9月9日，中国人民争取和平与裁军协会在万寿宾馆举办由加尔通主讲的“和平学”座谈会。国际战略研究所副所长刘建飞、副教授赵磊应邀出席。

9月14—15日，中联部与英国英中协会联合举办第四届中英青年政治家论坛，中央党校原副校长李君如、党的建设教研部主任王长江出席论坛并作主旨发言。

10月14—15日，中联部与德国科尔伯基金会在京共同举办“山村对话——北京论坛”国际研讨会。中央党校原常务副校长郑必坚等应邀出席。

10月26日，中国人民外交学会与韩国国际交流财团在北京国际俱乐部酒店共同举办第十五届中韩“未来论坛”。国际战略研究所教授孙建杭与会，并就“中韩合作与朝鲜半岛和平”的议题发言。

11月7日，外交部和中俄友好、和平与发展委员会在钓鱼台芳菲苑联合举办《永恒的记忆——苏联专家基列夫的中国情节》一书首发式，办公厅副主任张忠军参加首发式。

12月1日，应中国国际问题研究所邀请，国际战略研究所所长宫力等参加在外交部南楼三层蓝厅举办的“蓝厅论坛亚太地区形势和中国的政策研讨会”。

12月9日，意大利驻华大使谢飒先生在北京国际俱乐部饭店举办离任招待会。副校长李书磊应邀出席。

中央党校、国家行政学院和中央社会主义学院建立合作机制

中央党校、国家行政学院两校领导班子成员8月24日到访中央社会主义学院，与中央社会主义学院领导班子成员举行座谈，这是三家院校领导的第三次联席座谈，

三方就进一步加强在教学、科研、管理等方面的合作达成意向。

中央社会主义学院党组书记、第一副院长叶小文在座谈会上指出，党中央最近从统筹党内党外人才培养、实现执政党建设和参政党建设相互促进的战略高度出发，颁发了《2010—2020 年党外代表人士教育培训改革和发展纲要》，明确了社会主义学院是党和国家干部教育培训体系的重要组成部分，提出要切实发挥社会主义学院主阵地作用。中央社会主义学院要积极吸收和借鉴党校和行政学院建设的成功经验，在已有合作的基础上，拓展合作领域、提升合作层次、完善合作机制，形成具体合作框架，努力把三校合作提高到新的水平。

常务副校长李景田在会上表示，《2010—2020 年党外代表人士教育培训改革和发展纲要》的颁发，对于提高党外代表人士素质，更好地贯彻中国共产党领导的多党合作和政治协商制度，发展中国的民主政治，具有至关重要的作用。中央党校、国家行政学院和中央社会主义学院虽然承担的任务、培训的对象各有不同，但可以相互合作、取长补短。国家行政学院党委书记、常务副院长魏礼群表示，国家行政学院愿意与中央党校和中央社会主义学院一起落实中央精神，在师资队伍、课程建设、教材编写、科研协作、理论研讨、学历教育和信息交流等方面开展合作，促进三所院校在党和国家干部教育培训工作中作出更大的贡献。

中国马克思主义研究基金会

中国马克思主义论坛

中国马克思主义论坛2010

12月17日至18日，由中国马克思主义研究基金会主办的“中国马克思主义论坛2010”在中央党校举行。此次论坛以“后国际金融危机时期与中国经济社会发展”为主题。支持单位为国家开发银行和中国出版集团公司。

常务副校长李景田向论坛开幕式提交书面致辞，中国社会科学院常务副院长、中国马克思主义研究基金会理事长王伟光作开题演讲，中央财经领导小组办公室副主任、中央农村工作领导小组办公室主任陈锡文发表演讲，广西壮族自治区政协主席马铁山出席开幕式。

李景田在书面致辞中首先代表中央党校校长习近平，代表中央党校校委，向论坛的召开表示祝贺，向嘉宾表示热忱欢迎。王伟光以《我国对国际金融危机的有效抵御和中国特色社会主义的历史命运》为题作开题演讲。他指出，中国学界应当运用马克思主义的立场、观点、方法，对国际金融危机给予科学的说明，这是中国理论学术工作者不可推卸的历史责任。他认为，第一，以这场世界性金融危机现象为反光镜，跨越150年追溯到19世纪中叶，纵观世界局势变化，可以看到，马克思恩格斯创立科学社会主义一个半世纪以来，社会主义与资本主义两大力量、两种历史走势生死博弈的风风雨雨，充分印证了马克思主义经典作家关于资本主义必然灭亡、社会主义必然胜利的历史发展大趋势的科学论断是颠扑不灭的真理。第二，中国有效抵御国际金融风险并取得重大成就，雄辩地证明中国特色社会主义道路的必然性和正确性，昭示中国人民所选择的社会主义与马克思主义的旺盛生命。第三，国际金融风险促使世界格局发生重大而深刻的变化，中国特色社会主义发展正面临难得的大有可为的战略机遇，正处于全面建设小康社会的关键期，深化改革开放、转变经济发展方式的攻坚期，我们应当主动适应国际经济政治格局变动的新形势，抓住机遇，迎接挑战，把中国特色社会主义伟大事业继续推向前进。

本届论坛上，李兴山、刘伟、贾康、李君如等11位专家，按三个分议题先后发表演讲：第一，应对国际金融危机的经验与启示。通过总结中国应对国际金融危机冲击的历程，阐明政府与市场、经济周期性波动与宏观调控、经济发展与民生改善等重要关系，阐明在应对危机中如何提高党的执政能力。第二，后国际金融危机时期国际经济格局变动与中国对外经济战略。深入分析后国际金融危机时期国际经济政治格局变动的新形势，研究如何增强适应变动的能力，创造参与全球经济合作与竞争新优势；积极参与全球治理，改革不合理的国际金融经济体系，促进全球经济平衡发展。第三，后国际金融危机时期与中国经济发展方式的转变。从统筹国际国内两个大局的高度，阐明后国际金融危机时期复杂的外部环境下转变经济发展方式的紧迫性。从扩大内需特别是消费需求、加快农业发展方式转变、调整国民收入分配结构、通过改革建立有利于转变发展方式的体制机制等方面，结合实践中的难点，就如何扎实推进转变经济发展方式这一深刻变革，提出理论分析和政策建议。

本届论坛从 364 篇应征论文中评选出 115 篇论坛入选论文。

在“中国马克思主义论坛2010”上的致辞

（2010年12月17日）

李景田

各位来宾、各位朋友：

“中国马克思主义论坛2010”，今天开幕。首先，我代表近平同志，代表中央党校校委，对论坛的召开表示热烈祝贺，对各位嘉宾的到来表示热忱欢迎！

“中国马克思主义论坛”以推进马克思主义中国化、时代化、大众化为使命。马克思主义从来不是远离社会生活和脱离社会实践的书斋理论，而是深深地植根于实践、服务于实践又在实践中不断发展的理论。以马克思主义为指导，决不是念念马克思主义的词句，而是要用来真正解决实际问题。不研究解决实际问题的马克思主义没有任何意义。毛泽东同志曾把马克思主义和中国革命实际的联系比作“箭与靶的关系”。他说：“有些同志仅仅把箭拿在手里搓来搓去，连声赞曰：‘好箭！好箭！’却老是不愿意放出去。这样的人就是古董鉴赏家，几乎和革命不发生关系。马克思列宁主义之箭，必须用了去射中国革命之的”。本届论坛以“后国际金融危机时期与中国经济社会发展”为主题，抓住了当前的重大理论和现实问题，正是以马克思主义之箭射当前实际之“的”。

随着金融危机最糟糕的阶段的过去，世界经济进入了一个持续的低迷时期，即所谓后国际金融危机时期。后国际金融危机时期国内外形势更趋复杂，我国经济社会发展正面对新的风险和挑战。从国际看，世界经济复苏基础并不稳固，国际金融危机影响仍然存在，各种形式的贸易保护主义抬头，气候变化、能源资源安全、公共卫生安全等全球性问题更加突出，全球性挑战压力增大，国际和地区热点问题此起彼伏，国际敌对势力对我国实施西化、分化的战略图谋没有改变而且在加紧实施。从国内看，经济回升内在动力仍然不足，结构性矛盾仍很突出，农业基础仍不稳固，就业形势依然严峻，社会矛盾特别是各种“两难”问题日益凸显。

同时，我们也要看到，我国发展仍然面临着难得的历史机遇。尽管国际上有各种矛盾和挑战，但和平、发展、合作仍是时代潮流，世界多极化和经济全球化深入发展，我国同各大国、周边国家、发展中国家等的关系持续平稳发展，各国加强对华经济技术合作的意愿进一步增强，国际环境总体上有利于我国和平发展。从国内看，尽管我国矛盾和问题凸显，但我国国内市场潜力巨大，劳动力资源丰富，国民储蓄率较高，科技创新能力不断增强，转变经济发展方式和调整经济结构步伐加快，各方面体制机制不断完善，社会政治大局稳定，这些都为保持我国经济社会发展良好势头创造了有利条件，提供了广阔空间。

无数事实和经验告诉我们，机遇并不常有，机遇稍纵即逝。能不能抓住机遇、推进发展，是一个国家能不能赢得主动、赢得优势、赢得未来的关键所在。紧紧抓住机遇，并努力化挑战为机遇，坚定不移地朝着既定奋斗目标迈进，是党的十七届五中全会的重要精神。本届论坛的举办正值我国“十二五”规划即将实施，中央经济工作会议刚刚闭幕的重要时刻。推动论坛取得积极成果，对我们应对国际国内新挑战，抓住重要战略机遇期，贯彻落实“十二五”规划和中央经济工作会议精神，推进改革开放和社会主义现代化建设具有重要意义。

搞好本届论坛，深入探讨后国际金融危机条件下的中国经济社会发展问题，我想强调四点。

第一，认真总结中国应对国际金融危机的经验。在应对这次国际金融危机的过程中，中国的表现最为出色，对世界经济复苏和发展做出了重大贡献，同时，也积累了在复杂经济环境中推动经济社会又好又快发展的重要经验。越来越多的国家更加关注中国、重视中国，理论界、舆论界关于“中国模式”、“中国道路”的讨论十分热烈。我们自己更应该珍视这份宝贵财富。后国际金融危机时期，危机仍然存在，挑战依然严峻，考验仍在继续，这些经验弥足珍贵而且将影响深远。

第二，牢牢把握科学发展这个主题。发展是当代中国和世界的潮流，是解决我国所有问题的关键。当前继续抓住和用好重要战略机遇期，实现到2020年全面建成小康社会的宏伟目标，同样需要坚持发展这个硬道理。在当代中国，坚持发展是硬道理的本质要求就是坚持科学发展。以科学发展为主题，是时代要求，是把握后国际金融危机时期我国经济社会发展主动权的必由之路。

第三，加快转变经济发展方式。国际金融危机冲击，凸显了我国经济发展方式的弊端。世界经济结构调整、发展模式转型所形成的“倒逼机制”，化解国内经济社会发展中各种矛盾的现实需要，对推动经济发展方式转变形成外在压力和内在动力。我国已经进入只有加快转变经济发展方式才能实现可持续发展的关键时期。加快转变经济发展方式，是我国经济社会领域的一场深刻变革。其进展如何，决定着中国的前途和命运。

第四，按照互利共赢战略进一步推进对外开放。中国经济社会的发展得益于对外开放。后国际金融危机时期，需要我们实行更加积极主动的开放战略，继续有效发挥我国在国际经济分工中的比较优势，优化对外贸易结构，提高利用外资水平，加快实施走出去战略，积极参与全球经济治理和区域合作，逐步形成新的竞争优势。能不能做到这些，对于后国际金融危机时期我国经济社会发展状况，对于能否实现和完成全面建设小康社会的宏伟目标，至关重要。

希望各位代表围绕论坛的主题特别是上述几个问题，广泛交流、深入研讨，形成更多有益于中国经济社会可持续发展的箴言良策，为推进和发展中国特色社会主义伟大事业贡献智慧和力量。

最后，预祝本次论坛圆满成功！

理论研讨会

首届中国金融业党建论坛

7月7日，以“学习型党组织建设与金融业科学发展”为主题，首届中国金融业党建论坛在中央党校举行。

中国金融业党建论坛是在中央党校的支持下，由中国马克思主义研究基金会和金融时报社共同发起并主办的。论坛以中国特色社会主义理论体系为指导，团结和凝聚中国金融业各级党委领导和党务工作者，成为总结交流金融业党建工作经验，分析研究新形势、新任务和新要求，推进党建工作实践创新、理论创新和制度创新的平台，努力为提高金融业党组织的创造力、凝聚力和战斗力服务，为实现金融业科学发展服务。首届论坛由北京银行协办。

常务副校长李景田在论坛开幕前会见出席论坛的领导同志。国家开发银行党委书记、董事长陈元，副校长陈宝生，中国人民银行副行长马德伦，中国银监会副主席郭利根，中国证监会纪委书记李小雪，中国保监会副主席周延礼，原副校长李君如，中国马克思主义研究基金会副理事长、中央党校原教育长李兴山、郝时晋出席开幕式。郝时晋代表主办单位致辞。陈元、马德伦、郭利根、李小雪、周延礼、李君如、高永中、王一鸣、蔡霞作演讲。金融时报社社长汪洋主持论坛开幕式，中国马克思主义研究基金会副理事长周炳成作论坛总结。

郝时晋在致辞中强调，我国的金融业既要遵循金融发展的普遍规律，遵循现代企业制度的基本要求，又要彰显中国特色。加强党的建设，充分发挥党组织在金融企业中的政治核心作用，就是金融业的中国特色的重要体现。金融业作为现代服务业，具有知识密集型的特点。作为高风险行业，又有不少未知领域需要探索。在一个特别需要学习的行业，提倡建设学习型党组织，自然具有更为重要的意义。

陈元在演讲中指出，加强学习是提高金融创新能力的要求，建设学习型党组织是金融服务经济社会发展的必然选择。要通过学习不断探索和总结符合中国国情的金融发展规律，不断破解经济社会发展的难题，建设强健的金融体系，提升中国金融在世界的竞争力和话语权。要在推动学习型党组织建设过程中，以改革创新精神不断提高金融党建工作科学化的水平，积极探索党的领导与公司治理结构有机结合的模式，坚持党管干部的原则，加强金融人才队伍建设，推动金融业科学发展。

出席论坛的还有中国人民银行、中国银监会、中国证监会和中国保监会党委有关部门领导，全国各主要金融机构党委有关部门领导，中央党校、中国人民银行党校学员代表共200余人。

中国金融业党建论坛将每年举办一次，并紧紧围绕“抓金融党建、促科学发展”的主题组织演讲。

加快转变经济发展方式与深入实施西部大开发战略理论研讨会

7月27日，由中国马克思主义研究基金会主办、新疆维吾尔自治区委党校承办的“加快转变经济发展方式与深入实施西部大开发战略”理论研讨会在新疆维吾尔自治区委党校召开。新疆维吾尔自治区区委副书记、自治区政府常务副主席、自治区区委党校校长杨钢会见出席研讨会的中国马克思主义研究基金会领导和省级党校常务副校长。新疆维吾尔自治区区委常委、组织部部长韩勇，中国马克思主义研究基金会副理事长、中央党校原教育长李兴山、郝时晋，以及近20个省级党校的领导与专家，新疆维吾尔自治区委党校干部和教员，多家新闻媒体的记者，100余人参加研讨会。

开幕式上，郝时晋代表主办方致辞。韩勇代表自治区委致辞并介绍落实中央新疆工作座谈会精神的情况。李兴山就加快转变经济发展方式问题作专题报告。新疆维吾尔自治区委党校副校长卫利·巴拉提和自治区发改委副主任李洪波分别作题为“实现新疆跨越式发展的几个问题”、“改革开放三十年新疆经济社会发展情况及‘十二五’规划的初步设想”的发言。新疆维吾尔自治区委党校常务副校长牟振江和中国马克思主义研究基金会副理事长周炳成分别主持有关会议活动。

与会专家认为，加快转变经济发展方式与深入实施西部大开发，是我国社会主义现代化战略体系的两个重要组成部分。它们相互联系、相互作用。加快转变经济发展方式的战略，对深入实施西部大开发提出新要求，为提高西部开发的质量和水平提供有力指导。深入实施西部大开发，又为加快转变经济发展方式提供支持，特别是西部大市场的开发，对扩大内需，使我国经济从主要依靠投资、出口拉动向消费、投资、出口协调拉动转变有着重大意义。

资助项目

“中央党校教学科研专项基金”
2010 年度科研课题资助奖励项目立项名单*

一、重点项目（2 项）

序号	姓名	单　位	项　目　名　称 （包括项目完成时间和最终成果形式）
1	向春玲	科学社会主义教研部	中国现阶段民生问题：城乡一体化医疗保障制度研究（2010 年底，内参、研究报告）
2	郭焕永	进修部	新疆经济社会发展与稳定问题研究（2011 年 3 月，研究报告）

二、离退休干部项目（3 项）

序号	姓名	单　位	项　目　名　称 （包括项目完成时间和最终成果形式）
1	肖　云	离退休干部局	《资本论》与科学发展观（2012 年，研究报告 2 篇）
2	辛守良	离退休干部局	科学发展观与发展方式转变研究（2011 年，专著）
3	董友忱	离退休干部局	泰戈尔的家族和后代研究（2010 年底，论文）

三、青年项目（8 项）

序号	姓名	单　位	项　目　名　称 （包括项目完成时间和最终成果形式）
1	李海青	马克思主义理论教研部	改革攻坚阶段的利益冲突与整合——一种政治哲学的研究（2011 年 5 月，研究报告、论文）

---

* 按照《中国马克思主义研究基金会“中央党校教学科研专项基金”资助奖励条例（试行）》及其实施细则，对 2010 年度 27 个科研课题资助奖励项目（包括科研部掌握经费资助的 2 个重点项目）及承担者名单进行了公示，均无异议。根据《条例》及其实施细则有关规定，全部通过立项。参见中校厅字〔2010〕13 号。

续 表

序号	姓名	单 位	项 目 名 称 （包括项目完成时间和最终成果形式）
2	刘余莉	哲学教研部	领导干部伦理道德教育研究（2011 年底，专著）
3	李 鹏	经济学教研部	新形势下切实促进发展方式转变问题研究（2011 年底，论文、研究报告）
4	王道勇	科学社会主义教研部	社会建设中的公共治理问题研究——以城市流动人口管理为例（2011 年 6 月，论文、研究报告）
5	封丽霞	政法教研部	中央与地方关系法治化的路径选择（2010 年 12 月，论文 1；2012 年 6 月，论文 2）
6	齐 惠	政法教研部	提高县域领导干部处置突发公共事件能力研究（2010 年底，论文）
7	李庆刚	中共党史教研部	中国革命视野中的开明士绅研究（2011 年 9 月，专著）
8	刘 东	国际战略研究所	中国模式的国际政治经济学研究（2011 年底，两部著作）

四、一般项目（14 项）

序号	姓名	单位	项 目 名 称 （包括项目完成时间和最终成果形式）
1	邱耕田	马克思主义理论教研部	科学发展问题研究（2010 年 10 月，论文；2012 年 8 月，专著）
2	赵建军	哲学教研部	低碳视域下的技术范式与生态文明建设研究（2010 年 10 月，研究报告；2011 年 3 月，学术论文 3 篇）
3	贾华强	科学社会主义教研部	中国经济可持续性的资源利用与整合（2012 年底，专著）
4	青连斌	科学社会主义教研部	当前中国社会稳定问题研究——基于社会矛盾的视角（2011 年 12 月，论文）
5	张晓玲	政法教研部	劳动权利保障与和谐社会研究（2011 年 3 月，论文、研究报告）
6	王 伟	政法教研部	财政运行法治化研究（2011 年 8 月，课题报告、专著）
7	刘晶芳	中共党史教研部	2000—2009 年国内中共党史研究的新进展（2010 年 5 月，论文）

续 表

序号	姓名	单　位	项　目　名　称 （包括项目完成时间和最终成果形式）
8	赵绪生	党的建设教研部	提高反腐倡廉制度执行力问题研究（2011年，研究报告、论文）
9	赵书刚	文史教研部	近代以来中国台海两岸的分裂及解决之道（2010年12月，论文、研究报告）
10	李文堂	文史教研部	新疆的社会整合与文化认同研究（2011年3月，研究报告）
11	吕建华	国际战略研究所	世界低碳经济的发展及我国面临的机遇与挑战（2011年9月，论文）
12	李纪才	研究生院	马克思主义经典作家的社会主义公平思想研究（2010年11月，专著）
13	朱满良	图书馆	领导干部信息素养标准与教育问题研究（2011年5月，论文、研究报告）
14	田国良	出版社	省部级干部腐败案例研究（2011年，研究报告）

“中央党校教学科研专项基金”2010年度研究生课程资助项目立项名单*

序号	单 位	学科专业	课程名称	负责人
1	马克思主义理论教研部	马克思主义中国化	中国特色社会主义理论体系	贾建芳
2	哲学教研部	马克思主义哲学	马克思主义哲学前沿问题研究	林艳梅
3	经济学教研部	政治经济学	《资本论》第二卷	李省龙
4	科学社会主义教研部	科社与共运	当代资本主义研究	胡振良
5	中共党史教研部	中共党史	党的学说与党的建设	李东朗
6	党的建设教研部	中共党史（党建）	危机治理专题研究	蔡志强
7	政法教研部	政治学理论、中外政治制度	比较政治学	刘启云
8	文史教研部	中国近现代史	中国近现代史研究的理论和方法	赵书刚
9	文史教研部	研究生公共外语	英语（博士）	赵伯英
10	国际战略研究所	国际政治	马克思主义国际战略与外交基础理论	门洪华

* 参见中校厅字〔2011〕1号。

“中央党校学科建设专项基金”2010年度资助奖励项目立项名单*

（重点项目）

序号	学科类别	项目名称	推荐单位	项目负责人
1	马克思主义理论	马克思主义经典著作导读	马克思主义理论教研部	周为民
2	哲学	哲学学科发展现状研究	哲学教研部	贾高建
3	中共党史	毛泽东思想经典著作导读教材	中共党史教研部	谢春涛
4	文化学	中西文化经典导读	文史教研部	李文堂

（一般项目）

序号	学科类别	项目名称	推荐单位	项目负责人
1	马克思主义理论	马克思主义中国化研究现状和发展趋势	马克思主义理论教研部	贾建芳
2	哲学	国外马克思主义政治哲学经典：选辑和提要	哲学教研部	侯　才
3	经济学	发展经济学现状研究	科学社会主义教研部	施　红
4	民族研究	中国社会主义民族理论前沿问题研究	科学社会主义教研部	张建新
5	政治学	政治学学科发展现状研究	政法教研部	李良栋
6	公共管理	公共管理学科现状研究报告	政法教研部	黄小勇
7	中共党史	中共党史学科建设现状与评估	中共党史教研部	曹　普
8	领导学	消失的权力与未来社会：社会主义政治的本质属性与我国领导学构建的基本逻辑	党的建设教研部	董亚炜
9	历史	中国近代以来文化问题研究	文史教研部	刘悦斌
10	世界经济	世界经济学科发展综述	国际战略研究所	陈江生

* 按照《中国马克思主义研究基金会“中央党校学科建设专项基金”资助奖励条励（试行）》及其实施细则，对2010年度16个学科建设资助奖励项目及承担者名单进行了公示，没有异议。根据《条例》及其实施细则有关规定，全部通过立项。参见中校厅字〔2010〕51号。

（委托项目）

序号	项目名称	推荐单位	项目负责人
1	中央党校学科现状研究	教务部	王东京
2	学科建设与思想库建设研究	科研部	梁言顺

2009年度教学讲题资助奖励项目教学评估达标情况*

第一组：省部级干部进修班、地厅级干部进修班、市地党政主要领导干部进修班、县委书记进修班

（一般项目）

序号	班　次	课程名称	讲　题	承担者	达标情况
1	省部班（第45期）	科学发展观研究（公共必修课）	生态文明与科学发展	赵建军	达标（9.03）
2	省部班（第45期）“国际金融危机与应对”研究专题	国际金融危机与应对的重大理论和现实问题研究（专题课）	国际金融危机的原因、后果及教训	谢鲁江	达标（9.2）
3	省部班（第45期）“国际战略”研究专题	国际战略中的重大理论和现实问题研究（专题课）	国际金融危机对国际战略格局的影响	孙建杭	达标（9.57）
4	省部班（第45期）“民生与社会建设”研究专题	“民生与社会建设热点难点问题研究”（专题课）	城乡医疗保障问题研究（案例教学）	向春玲	达标（9.45）
5	地厅班（第52期）“农村改革发展”研究专题	农村改革发展的热点难点问题研究（专题课）	加强农村基层党建问题研究（案例教学）	张晓燕	达标（9.45）
6	地厅班（第52期）“文化发展”研究专题	文化发展的热点难点问题研究（专题课）	中国传统文化及其当代价值	王　杰	未达标（8.97）

---

* 2009年度教学讲题资助奖励项目共计40个，经校教学科研专项基金资助奖励评审委员会审议确定，其中36个资助奖励项目教学效果评估达标，予以结项；2个资助奖励项目教学效果评估未达标，不予结项；2个因招生班次调整延后实施。参见中校厅字〔2010〕16号。

续表

序号	班次	课程名称	讲题	承担者	达标情况
7	地厅班（第52期）“文化发展”研究专题	文化发展的重大理论和现实问题研究（专题课）	全球化背景下的文化矛盾与我们的应对	徐平	未达标（8.75）
8	地厅班“城市发展与城市治理”研究专题	“城市发展与城市治理”热点难点问题研究（专题课）	建立覆盖城乡居民的社会保障体系	青连斌	达标（9.51）
9	县委书记班（第4、5期）	中国特色社会主义理论体系（专题课）	中国农村土地流转法律制度（研讨式教学）	李雅云 王伟 庄玉瑞 王静	延后实施
10	县委书记班（第4、5期）	党的建设（专题课）	以改革创新精神全面推进农村基层党的建设	张希贤	延后实施

（青年项目）

序号	班次	课程名称	讲题	承担者	达标情况
1	省部班（第45期）“扩大内需与经济发展”研究专题	扩大内需与经济发展的重大理论和现实问题研究（专题课）	国际金融危机的成因及其对我国的影响	董艳玲	达标（9.32）
2	地厅班（第52期）“农村改革发展”研究专题	农村改革发展的热点难点问题研究（专题课）	破解新农村建设资金短缺问题研究	施红 刘艳梅	达标（9.48）
3	地厅级干部进修班（第52期）“扩大内需与经济发展”研究专题	扩大内需与经济发展的重大理论和现实问题研究（专题课）	国际金融危机的成因及其对我国的影响	陈启清	达标（9.34）
4	地厅班（第52期）“国际金融危机与应对”研究专题	国际金融危机与应对的热点难点问题研究（专题课）	国际金融危机与中国外经贸战略的调整	潘悦	达标（8.84）

续 表

序号	班　次	课程名称	讲　题	承担者	达标情况
5	地厅班（第52期）“党的群众工作”研究专题	党的群众工作热点难点问题研究（专题课）	提高应对群体性事件的能力（案例教学）	蔡志强 王金柱	达标（9.46）

第二组：中青年干部培训一班

（一般项目）

序号	班　次	课程名称	讲　题	承担者	达标情况
1	中青一班（第26期）	中国特色社会主义理论体系与当代实践（专题课）	科学发展观研究	段培君	达标（9.27）
2	中青一班（第26期）	中国特色社会主义理论体系与当代实践（专题课）	加快城乡经济社会一体化发展	石　霞 陈启清	达标（9.32）
3	中青一班（第26期）	党的历史经验研究（专题课）	十一届三中全会以前党对中国社会主义建设道路的探索	曹　普	达标（9.49）
4	中青一班（第26期）	中国特色社会主义理论体系与当代实践（专题课）	当代世界格局与中国和平发展道路	宫　力	达标（9.53）
5	中青一班（第27期）	中国特色社会主义理论体系与当代实践（专题课）	中国特色社会主义道路研究	严书翰	达标（9.60）

（青年项目）

序号	班　次	课程名称	讲　题	承担者	达标情况
1	中青一班（第27期）	中国特色社会主义基本理论问题研究（专题课）	建设社会主义法治国家的前沿问题	封丽霞	达标（9.31）

第三组：中青二班、新疆地厅班、半年制西藏班、台籍班

（一般项目）

序号	班次	课程名称	讲　题	承担者	达标情况
1	中青二班	中国特色社会主义理论体系基本问题研究	中国特色社会主义理论体系的哲学基础	毛卫平	达标（9.21）
2	中青二班	马克思列宁主义基本问题研究	民主社会主义研究	常欣欣	达标（9.41）
3	中青二班	中共党史专题研究	中国共产党农村调查的理论与实践	罗平汉	达标（9.32）
4	中青二班	中共党史专题研究	十一届三中全会与伟大历史转折	陈　述	达标（9.35）
5	中青二班	中国特色社会主义理论体系基本问题研究	执政条件下党群关系研究	张荣臣	达标（9.51）
6	新疆地厅班	马克思列宁主义基本原理	马克思恩格斯的经济学思想	张燕喜	达标（9.60）
7	新疆地厅班	中国特色社会主义理论体系基本问题研究	走中国特色工业化道路问题	曹　立	达标（9.54）
8	半年西藏班	民族宗教问题专题研究	我国现阶段的宗教问题与宗教政策	胡　岩	达标（9.60）
9	半年西藏班	中国特色社会主义理论体系基本问题研究	一国两制与祖国统一大业	刘建飞	达标（9.56）
10	台籍班	毛泽东思想基本问题	毛泽东对中国社会主义建设道路的探索	陈雪薇	达标（9.52）
11	台籍班	毛泽东思想基本问题	毛泽东思想的科学体系与历史地位	祝　彦	达标（9.37）
12	台籍班	台湾问题专题研究	国际战略视野中的台湾问题	马小军	达标（9.59）

（青年项目）

序号	班次	课程名称	讲　题	承担者	达标情况
1	新疆地厅班	中国特色社会主义理论体系问题研究	科学发展观研究	董振华	达标（9.59）
2	新疆地厅班	中国特色社会主义理论体系基本问题研究	党群关系问题研究	祝灵君	达标（9.50）

第四组：新疆县处班、一年制西藏班

（一般项目）

序号	班次	课程名称	讲　题	承担者	达标情况
1	新疆县处班	中国特色社会主义理论体系	现代化进程中的城乡文化建设问题	陈宇飞	达标（9.57）
2	一年制西藏班	领导学知识讲座	领导者的语言艺术	刘玉瑛	达标（9.60）

（青年项目）

序号	班　次	课程名称	讲　题	承担者	达标情况
1	新疆县处班	中国特色社会主义理论体系	完善基层民主制度	肖立辉	达标（9.52）
2	新疆县处班	中国特色社会主义理论体系	和谐世界理念与中国软实力研究	赵　磊	达标（9.57）
3	一年制西藏班	伦理学知识讲座	中国传统伦理思想	刘余莉	达标（9.60）

“中央党校教学科研专项基金”2006—2009年度9项科研课题结项名单*

2006年度中国马克思主义研究基金会课题

序号	姓名	课题名称	成果名称	出版社/刊物
1	张谷泉	新时期党校教育史研究（结项成果为专著，批准更改为论文）	新时期党校教育改革发展的主要经验	《学习时报》2008年11月3日第15版

2007年度中国马克思主义研究基金会课题

序号	姓名	课题名称	成果名称	出版社/刊物
2	王　勇	和谐社会与法治政府（结项成果为研究报告）	试论现代行政观念；论行政信息公开——从行政执政的新方式角度透视	《理论视野》2007年第9期；《甘肃行政学院学报》2008年第5期
3	李海青	权利与社会和谐（结项成果为专著）	专著：《权利与社会和谐：一种政治哲学的研究》	山东人民出版社，2009年10月

2008年度中国马克思主义研究基金会课题

序号	姓名	课题名称	成果名称	出版社/刊物
4	岑大利	清代官箴书与中国传统从政之道（结项成果为论文）	清代官箴书中的为官之德和从政之道	《中共中央党校学报》2009年第5期
5	李纪才	马克思、恩格斯、列宁公平思想研究（结项成果为论文2篇）	提交4篇论文：“马克思恩格斯的平等观与社会主义初级阶段的公平”等	《学术探索》2008年第5期，《社会主义研究》、《中共云南省委党校学报》等

---

* 按照“中央党校教学科研专项基金”使用管理规定，科研部对2006年下半年以来报送的马基会科研课题结项申请进行了集中受理。经科研部主任办公会研究并报“三项基金”工作分管领导批准，同意9项科研课题结项。参见中校厅字〔2010〕30号。

续 表

序号	姓名	课题名称	成果名称	出版社/刊物
6	左凤荣	俄罗斯新总统对外政策新变化（结项成果为论文）	提交论文8篇："金融危机能阻止俄罗斯崛起吗"、"俄美关系走势分析"等	《中共中央党校学报》2009年第3期；《学术探索》2009年第2期；等等
7	周　慧	安全生产应急管理信息系统研究（结项成果为研究报告）	安全生产应急管理信息系统研究	《学理论》2009年第26期
8	张玉杰	内陆欠发达地区城市经济发展问题研究（结项成果为研究报告）	提交研究报告："中西部经济发展的'题材'匹配与'硬件'支持"；论文1篇："中西部地区如何实践跨越式发展"	《改革》2009年第8期；《学习时报》2009年12月14日第4版

2009年度中国马克思主义研究基金会课题

序号	姓名	课题名称	成果名称	出版社/刊物
9	青连斌	分配政策对解决贫富差距扩大问题的作用机制研究（结项成果为研究报告）	提交研究报告："解决贫富差距扩大问题的关键"；论文："国民财富的四次分配"	《湖南社会科学》2009年第6期；《人民论坛》2009年第19期

“中央党校教学科研专项基金”2004—2006年度15项科研课题结项名单*

一、准予正常结项课题名单（12项）

2004年度中国马克思主义研究基金会课题

序号	姓名	课题名称	成果名称	出版社/刊物
1	黄小勇	政府与市场的博弈：走出政府职能转变的沼泽（结项成果为论文）	关注民生，加强公共服务	选编《首都发展与城市管理创新》第四讲，北京体育大学出版社，2008年10月
2	张宏明	多元一体格局下的民族文化发展途径（结项成果为论文）	地域文化与区域发展	《领导干部关注的文化热点问题》，中共中央党校出版社，2004年12月
3	李云龙	台海危机研究（结项成果为专著）	台海危机管理研究	金城出版社，2010年8月

* 按照“中央党校教学科研专项基金”使用管理规定，科研部对2004年至2006年度15项科研课题结项申请进行了集中受理，其中正常结项的12人，因变更成果形式准予结项、经费减半的3人。经科研部主任办公会研究，并报“三项基金”工作分管领导批准，同意15项科研课题结项。参见中校厅字〔2010〕40号。

2005年度中国马克思主义研究基金会课题

序号	姓名	课题名称	成果名称	出版社/刊物
4	刘　忱	中国共产党文艺观对20世纪以来中国文学的影响（结项成果为系列论文）	文艺策略与文化进步——抗战时期中国共产党文艺策略的文化解读；从文化革命到文化建设；形成社会主义文艺的三种动力考察；建国以来中国共产党领导文化建设的历史经验	分别发表于《中共中央党校学报》2005年第4期；《科学社会主义》2006年第6期；《理论学刊》2008年第1期；《科学社会主义》2009年第2期
5	王　瑜	政党转型与执政地位丧失——国民党在台湾执政经验研究（结项成果为系列论文）	中国国民党式微根源探析；台湾地区政党政治；中国国民党的政党改造和形象重塑	分别发表于《当代世界与社会主义》2005年第3期；《中共石家庄市委党校学报》2007年第7期；《思想理论内参》2008年第12期
6	刘俊杰	中国转型期反腐败问题研究（结项成果为系列论文）	从社会转型期的腐败看我国权力制约的缺位现象；建立中国特色权力制衡结构的必要性；当代中国权力制衡结构的完善与变革	分别发表于《科学社会主义》2005年第5期；《科学社会主义》2008年第4期；《当代世界与社会主义》2009年第1期
7	李俊伟	党的先进性建设的制度保证（结项成果为系列论文）	建立健全党员先进性教育的长效机制;论建立健全共产党员长期受教育　永葆先进性的长效机制;用制度和机制保证党的先进性建设的成效；党的先进性建设的理论、实践和制度视野——学习胡锦涛总书记在庆祝中国共产党成立85周年大会上的重要讲话；艰苦奋斗的文化蕴涵时代特征与弘扬传承	分别发表于《求知》2005年第5期；《中共石家庄市委党校学报》2005年第10期；《理论前沿》2006年第3期；《中共石家庄市委党校学报》2006年第8期；《石油政工研究》2008年第4期

续 表

序号	姓名	课题名称	成果名称	出版社/刊物
8	郭　强	本土政治发展理论与中国政治体制改革研究（结项成果为论文）	如何认识和推进中国的民主政治建设	发表于《科学社会主义》2006年第6期

2006年度中国马克思主义研究基金会课题

序号	姓名	课题名称	成果名称	出版社/刊物
9	梁　朋	建设新农村的财政金融政策研究（结项成果为系列论文）	财政“三农”投入新思路；消除体制性梗阻加大新农村建设财政资金投入力度；消除新农村建设资金困境探讨；深化财税体制改革，加大新农村建设财政投入力度	分别发表于《中国经济观察》精华本，中国青年出版社，2008年2月；《天津行政学院学报》2006年第4期；《青海社会科学》2006年第5期；《求实》2006年第11期
10	张晓燕	全面贯彻党章和维护党章权威研究（结项成果为论文、专著）	以改革创新的精神推动党风廉政建设——改革开放与反腐倡廉理论与实践探索；完善党内询问和质询制度；《新编入党培训教材》（2009年版）	发表于《中国监察》2008年12期，中直机关纪委纪念党的纪律检查机关恢复重建30周年理论征文活动一等奖；《学习时报》2007年4月2日第5版；研究出版社，2009年2月
11	王　静	法律制度与经济发展关系（结项成果为论文）	经济发展与法律环境	发表于《理论前沿》，2008年第3期
12	胡　岩	积极引导藏传佛教与构建社会主义和谐社会相适应（结项成果为系列论文）	关于西藏政教分离的几个问题；坚持政教分离　积极引导藏传佛教与社会主义社会相适应；对云南、四川藏区宗教工作的调研报告	发表于《西藏大学学报》2007年第2期；《西藏大学学报》2009年第4期；《思想理论内参》2009年第40期

二、变更成果形式准予结项、经费减半名单（3项）

2004年度中国马克思主义研究基金会课题

序号	姓名	课题名称	成果名称	出版社/刊物
1	郭　莲	教学评价理论与实践（结项成果由专著改为系列论文）	“英语阅读表述课”课程评价；博士生英语教学评价；课件在博士生阅读课中所起作用的实证研究	分别发表于《研究生英语教学与研究》2006、2008、2009年版
2	姜　跃	执政党意识形态“中间化”的悖论（结项成果由专著改为系列论文）	外国政党意识形态的困境与调整；苏联东欧共产党在执政基础问题上的教训；瑞典社会民主党的理论创新与政策调整；国外政党执政面临的几个共同问题及其应对；政党意识形态中间化的成因	分别发表于《学习时报》2006年6月12日第5版；《中国共产党执政基础研究》，中共中央党校出版社，2008年3月；《中共珠海市委党校珠海市行政学院学报》2008年第3期；《中共中央党校学报》2008年第6期；《中国党政干部论坛》2009年第7期

2006年度中国马克思主义研究基金会课题

序号	姓名	课题名称	成果名称	出版社/刊物
3	孙劲松	马克思主义文化观（结项成果由专著改为论文）	马克思恩格斯的社会主义思想与基督教的文化关系	《科学社会主义》2009年第6期

“中央党校教学科研专项基金”2004—2010年度17项科研课题结项名单*

2004年度中国马克思主义研究基金会课题

序号	姓名	课题名称	成果名称	出版社/刊物
1	韩　钢 柳建辉	中国共产党执政的历史经验(结项成果为专著)	中国共产党执政经验	浙江人民出版社，2005年12月

2005年度中国马克思主义研究基金会课题

序号	姓名	课题名称	成果名称	出版社/刊物
2	陈江生	人民币汇率机制形成研究（结项成果为专著）	人民币汇率形成机制研究	中国财政经济出版社，2010年10月

2007年度中国马克思主义研究基金会课题

序号	姓名	课题名称	成果名称	出版社/刊物
3	李媛媛	杜威美学思想研究(结项成果为专著)	杜威美学思想论纲	中国社会科学出版社，2010年9月
4	田应奎	我国公平分配的制度创新（结项成果为研究报告）	大力度推进国家雇员薪酬分配体制改革；深化要素贡献分配思想创新	《学习时报》2010年3月29日第4版；《理论动态》第1844期2010年3月10日
5	秦治来	开放条件下和谐周边构建（结项成果为论文）	在新的历史起点上推动建设和谐周边；立足地缘因素　构建和谐周边关系	《理论视野》2010年第5期；《思想理论内参》2010年第10期
6	王红续	和谐世界理念与中国外交实践（结项成果为论文）	当代中国外交理念中的传统因素	《新远见》2009年第10期

* 按照“中央党校教学科研专项基金”使用管理规定，科研部对2004年至2010年度17项科研课题结项申请进行了集中受理，经科研部主任办公会研究并报“三项基金”工作分管领导批准，同意17项科研课题结项。参见中校厅字〔2010〕47号。

2008年度中国马克思主义研究基金会课题

序号	姓名	课题名称	成果名称	出版社/刊物
7	张汉飞	区域金融成长差异的决定因素与区域金融安全战略研究（结项成果为研究报告）	构建区域金融协调发展机制；金融空间结构和区域金融安全	《发展研究》2010年第9期；《经济研究参考》2010年第57期
8	赵晓红	生态现代化的全球视野与中国实践（结项成果为论文）	生态现代化的全球视野与中国实践	《新远见》2010年第8期
9	张丽娟	地方分权与中央监督——法国的实践及对我国的启示（结项成果为论文2篇）	法国中央与地方事权配置模式及其启示；中央对地方的合法性监督——法国的启示	《中共中央党校学报》2010年第3期；《中国党政干部论坛》2010年第3期
10	祝　彦	陈独秀思想研究（结项成果为专著）	陈独秀思想评传	福建人民出版社，2010年4月
11	王雅琴	转型期公民政治权利的发展与有序政治参与研究（结项成果为论文2篇）	突发事件应对中的公民参与；论公民检举权——政治参与的视角；提高公民政治参与的质量——基层民主政治建设的视角	《中国党政干部论坛》2010年第5期；《中共青岛市委党校青岛行政学院学报》2009年第11期；《新都探索——基层民主政治建设的实践与思考》，中共中央党校出版社，2009年11月

2009年度中国马克思主义研究基金会课题

序号	姓名	课题名称	成果名称	出版社/刊物
12	曹　新	新形势下能源安全问题研究（结项成果为研究报告）	新形势下中国能源安全问题研究	《经济研究参考》2010年第51期
13	丁东红	美国新马克思主义研究（结项成果为论文、研究报告）	奥康纳的“生态学马克思主义”及其启示；美国新马克思主义哲学发展概述	《理论视野》2010年第4期；提交三亚“生态学和马克思主义”学术会议并开课三学期

续 表

序号	姓名	课题名称	成果名称	出版社/刊物
14	孟　鑫	西方新社会运动与我国当代社会转型问题比较研究（结项成果为论文）	当代西方发达国家应对新社会运动策略分析	《中国人民大学学报》2010 年第 5 期
15	钱俊生	生态文明的理论与实践（结项成果为研究报告）	落实科学发展观　促进北京的可持续发展；落实科学发展观　建设生态文明	《中国人口资源与环境》2010 年第 7 期；《中国环境科学学会学术年会论文集》第一卷（2009），北京航空航天大学出版社，2009 年 6 月
16	罗建波	中非关系全面提升背景下中国、欧盟与非洲国家的三边合作研究（结项成果为研究报告、论文）	通向复兴之路——非盟与非洲一体化研究；亚非复兴进程与世界地缘政治演变；Changes of African Geopolitical Pattern and the Trilaeral Co-operation between China, African and the West；中国与西方国家的对非洲外交：在分歧中寻求共识与合作；论非洲共同外交的发展历程及主要问题	中国社会科学出版社，2010 年 5 月；《西亚非洲》2009 年第 5 期；收录于专著《中非合作 50 年：背景、进程与意义——中国学者论中非关系》，云南大学出版社，2009 年 10 月；《世界经济与政治》2009 年第 4 期；《外交评论》2009 年第 3 期

2010 年度中国马克思主义研究基金会课题

序号	姓名	课题名称	成果名称	出版社/刊物
17	王道勇	社会建设中的公共治理问题研究——以城市流动人口管理为例（结项成果为论文、研究报告）	流动人口城市融合的主要障碍及对策；风险分配中的政府责任	《中国社会工作》2010 年第 4 期；《学习时报》2010 年 4 月 12 日第 4 版，《新华文摘》2010 年第 12 期全文转载

“中央党校学科建设专项基金”2009年度资助奖励项目结项名单*

部门	课题名称	课题组负责人
教务部（6个）	中央党校学科建设历史沿革综述	王成志
	重点高校学科建设经验与借鉴（中国人民大学）	张 伟
	党校教学与学科建设关系研究	赵理文
	教材建设与学科建设研究	冯鹏志
	中央党校重要学科成果书目提要（“文化大革命”前）	李书磊
	中国特色社会主义理论体系的学科支撑研究	侯少文
科研部（5个）	科研管理信息化与中央党校的学科建设	张学森
	科研团队建设与中央党校的学科建设	洪向华
	科研项目管理与中央党校的学科建设	高彦斌
	科研管理制度化与中央党校的学科建设	李怀义
	科研协作与中央党校的学科建设	郑 权
马克思主义理论教研部（8个）	新世纪以来国内关于马克思主义基本问题研究的综述	周为民
	新时期人的全面发展研究综述	韩庆祥
	马克思主义中国化研究综述	秦 刚
	中国特色社会主义理论体系研究综述	贾建芳
	以人为本的科学发展观研究综述	韩庆祥
	中国特色社会主义生态文明研究综述	李宏伟
	思想政治教育规律研究综述	李俊伟
	社会主义意识形态研究综述	陈冬生
哲学教研部（8个）	哲学一级学科现状与前沿问题研究报告	侯 才
	马克思主义哲学学科现状与前沿问题研究报告	边立新
	马克思主义哲学史学科现状与前沿问题研究报告	阮 青
	科学技术哲学学科现状与前沿问题研究报告	王克迪
	中国哲学学科现状与前沿问题研究报告	王 杰

---

* 2009年度学科建设专项基金资助奖励项目（66个）已实施完毕，学科建设专项基金评审委员会成员对66个项目进行了审议表决，全票通过结项。经报“三项基金”工作分管领导批准，同意66个资助奖励项目予以结项。参见中校厅字〔2010〕46号。

续 表

部　门	课　题　名　称	课题组负责人
	西方哲学学科现状与前沿问题研究报告	杨玉成
	战略学学科现状与前沿问题研究报告	段培君
	伦理学学科现状与前沿问题研究报告	杨信礼
经济学教研部（6 个）	2009 年政治经济学研究和发展述评	王天义
	财政学学科前沿综述	梁　朋
	区域经济学国内外最新研究现状及前沿问题研究综述	杨秋宝
	发展经济学前沿问题研究综述	谢鲁江
	现代管理学理论现状及前沿问题综述	潘云良
	西方经济学最新研究现状及前沿问题综述	李　鹏
科学社会主义教研部（6 个）	2005—2009 年科学社会主义研究综述	常欣欣
	2005 年以来国际共运学科发展研究报告	胡振良
	2005 年以来学术界国外社会主义研究综述	孙劲松
	2005—2009 年社会学基本理论和前沿问题研究综述	吴忠民
	近五年来中国模式问题研究综述	刘海涛
	近五年来国内民族理论前沿问题研究综述	胡　岩
	近五年来我国宗教理论前沿问题研究综述	
政法教研部（6 个）	政治学研究现状与前沿问题研究综述	赵虎吉
	法学理论研究现状与前沿问题研究综述	姜小川
	行政法学研究现状及前沿问题研究综述	傅思明
	人权法学研究现状和前沿问题综述	张晓玲
	突发事件应急管理机制前沿问题研究	王　军
	经济法学研究现状与前沿问题研究综述	李雅云
党的建设教研部（6 个）	关于党建研究和教学的理论框架	王长江
	十七大以来党内民主研究综述	高新民
	近年来反腐倡廉建设研究综述	任铁缨
	近年来党的群众工作和社会工作研究综述	张荣臣
	近年来国外政党治国理政经验教训研究述评	姜　跃
	基层党组织建设研究综述	张希贤
文史教研部（9 个）	新中国文化建设问题研究综述	秦　露
	社会主义核心价值体系研究综述	赵　峰
	近五年来中国近现代史研究现状	岑大利
	文化学前沿问题研究综述	刘悦斌
	新世纪以来文艺学研究综述	范玉刚
	近年来关于 1949 年以前的革命文艺研究综述	刘　忱
	国内主要高校研究生公共外语教学改革与发展现状综述	潘郁红

续 表

部　门	课　题　名　称	课题组负责人
	中央党校外语学科教学现状与规律研究	张爱平
	中央党校体育学科建设规律的研究报告	胡德明
国际战略研究所（6个）	当前的国际政治研究及其学科发展趋势探讨	张　明
	近五年来我国外交学研究现状综述	王红续
	国际关系学的发展与现状	李云龙
	中国国际政治经济学学科发展报告	门洪华
	国际贸易学科发展综述	刘　东
	国际金融学科发展综述	陈江生

《理论视野》文章被转载情况*

经《中文社会科学引文索引来源期刊》指导委员会审定，《理论视野》入选为CSSCI中文社会科学引文索引来源期刊（2010—2011年）。2010年，《理论视野》共被转载文章48篇，其中《光明日报》1篇，《新华文摘》4篇，《中国社会科学文摘》1篇，《报刊文摘》7篇，《文摘报》3篇，中国人民大学书报资料中心《复印报刊资料》32篇。在全国综合性社会科学类期刊中排第30位（根据中南财经政法大学图书馆期刊信息检索中心《信息检索报告》）。择要列举如下：

序号	期　数	原文题目	转载报刊及文摘题目	作　者
1	2009. 11	文化体制改革的历程和面临的问题	《新华文摘》第3期第164页，文化体制改革的几个问题	谢武军
2	2009. 12	努力掌握马克思主义思想方法	《新华文摘》第5期第156页，如何学习和掌握马克思主义思想方法	杨春贵
3	2009. 12	关于马克思主义大众化问题	《中国社会科学文摘》第4期第35页，同题目	陶德麟
4	2009. 12	科学地对待马克思主义	《报刊文摘》1月13日第2版，理论界也存在“钱学森之问”	石仲泉
5	2009. 12	深入贯彻落实科学发展观，不断完善适合我国国情的发展道路和发展模式	《报刊文摘》1月18日第2版，重要领域改革上要有新突破	李忠杰
6	2009. 12	深化体制改革，解放和发展文化生产力	《报刊文摘》1月25日第2版，要注意防止“文化沙漠化”	李德顺
7	1	全面准确地理解“什么是社会主义，怎样建设社会主义”问题	《光明日报》3月23日第9版，准确理解邓小平的一个论断	赵家祥

* 因转载的延后效应，2009年的部分文章在2010年被转载，故一并收录；转载自2009年的在“期数”上注明。

续 表

序号	期 数	原文题目	转载报刊及文摘题目	作 者
8	1	我国社会管理体制存在的主要问题	《新华文摘》第10期第21页，同题目	龚维斌
9	2	马克思主义经典著作传播史上的新贡献	中国人民大学书报资料中心《复印报刊资料（马克思列宁主义研究）》第8期，同题目	张 琳
10	3	中国应当有成千个艾思奇式的大众哲学家	《报刊文摘》4月23日第2版，同题目	石仲泉
11	4	提高反腐倡廉的科学化水平	《报刊文摘》5月31日第2版，反腐败须突破机构体制“瓶颈”	任建明
12	4	毛泽东终生都在坚持“马克思主义中国化”提法吗？	《文摘报》5月6日第6版，同题目	胡为雄
13	6	澄清马克思主义大众化的一个重大认识误区	《文摘报》7月15日第6版，同题目	方世南
14	7	转方式也要讲成本	《文摘报》8月3日第6版，转变发展方式也要讲成本	韩保江
15	8	关于“经典西方马克思主义”的研究	《新华文摘》第24期第35页，同题目	梁树发 于乐军
16	8	以制度改革为动力　积极推进民主政治建设	《报刊文摘》9月10日第2版，同题目	包心鉴
17	10	中国发展转型问题研究（上）	《报刊文摘》11月15日第2版，同题目	常修泽

分校工作

概况

中央直属机关分校

中央党校中央直属机关分校（简称中直分校）是中直工委直属的参照公务员法管理的事业单位，受中直工委和中央党校双重领导，主要任务是培训轮训中直机关38个部委局、处级党员领导干部。

中直分校前身为1980年8月成立的中央党校中直分部，1991年3月更名为中央党校中央直属机关分校，2009年4月加挂中共中央直属机关党校牌子。内设办公室、教务部、培训部、行政处、财务处5个部门，编制29人。

新校区位于北京昌平区南口军都山下，于2010年12月建成并正式投入使用，占地89亩，建筑面积近4万平方米。拥有现代化的教学设施和舒适的校园环境，可同期培训学员约450人。目前开设局处级干部进修班、青年干部培训班等。

在教学实践中，中直分校坚持以马克思列宁主义、毛泽东思想和中国特色社会主义理论体系为指导，贯彻中央关于干部教育培训工作和党校工作的一系列重要指示精神和要求，按照“以人为本，把学员当学员，把学员当朋友，把学员当亲人”的办学理念和“教学优先、学员为先、服务在先”的工作思路，紧紧围绕党和国家的中心工作，并结合中直机关工作实际和干部的成长需要，深化教学体系改革，打造多领域、多层次、多渠道、多形式、多平台的立体化教学模式，构建了具有中直分校特色的教学和管理体系，强化理论学习，突出党性教育，重视调查研究，注重能力素质，初步形成了具有中直机关特色的办学模式。

2010年，中央直属机关分校共举办4个班次，培训学员582人。其中，春季学期（第56期）局级干部进修班43人、处级干部进修班193人，新华社党校班30人，广电总局党校班50人，合计316人；秋季学期（第57期）局级干部进修班41人、处级干部进修班151人，新华社党校班29人，广电总局党校班45人，合计266人。

中央国家机关分校

中央党校中央国家机关分校的前身是中央党校中央国家机关分部，成立于1980年。适应改革开放、大规模培训中央国家机关党员领导干部的需要，经中央书记处批准，中央国家机关工委设立干部教育办公室，并成立了中央党校中央国家机关分部。1990年，中央党校中央国家机关分部改称为中央党校中央国家机关分校。1993年，根据中央批准的“三定方案”，中央国家机关工委将干部教育办公室改为事业单位，成立了中央国家机关工委培训中心，同时挂“中央国家机关工委干部教育办公室”和“中共中央党校中央国家机关分校”、“中共中央党校函授学院中央国家机关函授分院”等三块牌子。2009年5月，经中央组织部、中央编办、中央国家机关工委等批准，中央党校中央国家机关分校列入参照国家公务员法管理的事业单位。

经过30年的发展，中央国家机关分校培训规模不断扩大，下属部门党校达到40多个，同时开办直属局级干部进修班、直属青年干部培训班和四个直属处级干部进修班，目前年培训规模稳定在4000人次左右。

2010年，中央国家机关分校共举办95个班次，培训学员4017人次。其中春季学期共有38个部门党校开办班次49个，培训学员2106人；秋季学期共有39个部门党校开办班次46个，培训学员1911人。

国务院国资委分校

中央党校国务院国有资产监督管理委员会分校（简称国资委分校）前身是成立于2002年1月的中央企业工委分校。国资委成立后，经中央党校批准，2003年7月更名为国资委分校。

分校成立以后，分校本部开设直属班，以北京石油管理干部学院作为教学基地；有18家中央企业党校纳入国资委分校管理，开设分校班，这18家党校是：国家电网公司党校、中国石油天然气集团公司党校、中国石油化工集团公司党校、中国建筑工程总公司党校、中国航空工业集团公司党校、中国航天科技集团公司党校、中国铁道建筑总公司党校、中国华能集团公司党校、中国电力投资集团公司党校、中国核工业集团公司党校、中国航天科工集团公司党校、中国华电集团公司党校、中国大唐集团公司党校、中国航天科工二院党校、中国船舶工业集团公司党校、中国兵器集团公司党校、东风汽车公司党校、中国中煤能源集团公司党校。

国资委分校在国资委党委领导和中央党校指导下开展工作，按照《中共中央关于面向21世纪加强和改进党校工作的决定》、《中国共产党党校工作条例》的要求，根据新形势下中央企业改革发展的需要，组织中央企业领导人员、后备领导人员、中层管理人员、二级企业领导人员以及国资委机关、直属单位处以上干部参加国资委分校的学习。分校以提高学员的思想政治素质为重点，努力建设一支忠诚于马克思主义、德才兼备的高素质、复合型中央企业经营管理者队伍，为实现国有企业改革发展目标提供可靠的人才保证。

国资委分校始终坚持党校姓党原则，按照“从严治校、从严施教、从严管理”的要求开展工作，坚定不移地贯彻党的路线、方针和政策。严格执行中央党校教学计划和管理规定，把党性锻炼贯穿于教学全过程。除认真完成中央党校主体课教学外，还结合国有企业改革发展的新形势、国资委的重点工作和各中央企业特点，根据国有企业领导人员的岗位职责需求，有针对性地开设特色课，包括开展案例研讨和分析，突出教学的实用性、针对性、时代性和前瞻性。在教学管理模式和教学方法上，不断总结经验、探索规律，开拓创新，推进改革，促进课程设置科学化、教学管理规范化、生活服务人性化。

2010年，国资委分校共举办36个班次，培训学员1638人。其中直属局级干部进修班1期，直属青年干部培训班1期，直属处级干部进修班2期，共385人。春季学期举办20个班次，学员872人；秋季学期举办16个班次，学员766人。

部队分部

中央党校部队分部是中央党校的重要组成部分，是部队充分利用中央党校教学资源培训部队党员领导干部的主渠道。部队分部成立30年来，始终坚持围绕中心、服务大局，坚持用中国特色社会主义理论体系和现代化建设所需要的各方面知识武装教育干部，为提高部队干部素质和能力作出了积极贡献。

1981年2月13日，解放军总政治部发出通知，成立中央党校部队分部，并由总政干部部、宣传部和原解放军政治学院有关领导同志组成领导小组，统一领导和协调部队分部的工作，分部办公室设在原解放军政治学院，负责教学工作。1985年12月国防大学成立时，部队分部办公室随原解放军政治学院并入国防大学。到目前为止，部队分部共举办各种班次56期，为部队培训军师团等各级干部学员6000多名，教学工作受到了解放军总政治部和中央党校的肯定，也获得了参训部队和广大学员的一致好评。

在办学过程中，部队分部坚持以教学为中心，以系统开展党的基本理论教育和党性教育为首要任务，以创新的思路不断推进教学改革，发扬党校教学优良传统，注重突出部队特色，严格学员管理，教学培训质量逐年提高。部队分部还定期组织学员到中央党校听取形势与任务报告和“当代世界”报告，参加中央党校的开学典礼、毕业典礼。目前，部队分部所属党校班有总装备部党校班和海军党校班。

2010年，部队分部共举办3期培训班，培训学员94人。其中，第55、56期总装备部师职干部进修班，培训学员66人；第40期海军干部培训班，培训学员28人。

纪念中央党校分校成立 30 周年

庆祝中央党校分校成立 30 周年暨表彰大会

10 月 9 日，中央党校分校成立 30 周年庆祝暨表彰大会在中央党校举行。中央政治局常委、中央书记处书记、中央党校校长习近平发来贺信。

习近平向中央党校分校的全体同志表示热烈祝贺和诚挚问候。他在信中指出，30 年来，中央党校分校围绕中心、服务大局，坚持用中国特色社会主义理论体系和现代化建设所需要的各方面知识武装教育干部，为提高干部素质和能力、加强党的执政能力建设和先进性建设作出了积极贡献。他强调，党的十七大和十七届四中全会对继续大规模培训干部、大幅度提高干部素质提出一系列新要求，希望分校的同志们要以高度的政治责任感和历史使命感，继续贯彻落实中央精神，积极探索干部成长规律和党校教育规律，针对分校学员特点，进一步创新培训内容，改进培训方法，弘扬优良学风，提高办学质量，为党的干部教育事业作出更大贡献。

中央党校分校是中央党校的重要组成部分，是中央直属机关、中央国家机关、中央企业和部队充分利用中央党校优质教学资源培训党员领导干部的主渠道。目前，中央党校分校由中央直属机关分校、中央国家机关分校、国务院国资委分校、部队分部组成，所属 70 多个办学点，80 多个班次，每学期培训局处级（师团职或相应级别）党员领导干部近 3000 人。截至 2010 年上半年，中央党校各分校共培训学员 11 万余人次。

会上，中央直属机关工委常务副书记兼中央党校中央直属机关分校校长孙淦、中央国家机关工委副书记杜学芳、国务院国有资产监督管理委员会副主任兼中央党校国资委分校校长金阳分别讲话，对中央党校分校成立 30 周年表示祝贺，并从不同角度对分校发展提出要求。

常务副校长李景田讲话。他强调，要突出抓好理论教育和党性教育，着力提高干部思想政治素质和道德品质；要加强领导能力培训，促进干部执政能力提高；要加强需求调研，增强教学针对性和实效性；加强分校的各方面建设，进一步做好分校工作。

中央组织部、解放军总政治部有关部门的负责同志应邀出席会议，中央党校副校长陈宝生、孙庆聚、李书磊，教育长张伯里出席大会。大会由陈宝生主持。

会上，中央党校对国家广播电影电视总局党校等 24 个办学先进单位、靳伟等 57 名优秀工作者、杨春贵等 22 名特殊贡献奖获得者进行表彰，播放庆祝中央党校分校成立 30 周年专题片《与时俱进，再创辉煌》。

中央党校各直属单位负责人、各分校及所属党校班的负责同志和班主任、曾在分校工作的老同志、给分校上课的部分教师，以及分校学员代表500余人参加会议。

在庆祝中央党校分校成立30周年暨表彰大会上的讲话

（2010年10月9日）

李 景 田

同志们：

今天，我们在这里隆重庆祝中央党校分校成立30周年。首先，我代表校委对中央党校分校成立30周年表示热烈祝贺！向受到表彰的分校办学先进单位和优秀工作者、特殊贡献奖获得者表示崇高的敬意！向为分校建设和发展做出贡献的全体办学人员表示亲切问候！刚才，孙淦同志、杜学芳同志、金阳同志分别介绍了各分校近年来的办学情况和下一步的工作考虑，讲得都很好。我们十分感谢中直工委、中央国家机关工委、国资委党委和总政对中央党校分校工作的关心和支持。三位领导同志的讲话，在分校工作中要认真贯彻。

中央对干部教育工作一直非常重视。十七大以来，召开了全国干部教育培训工作会议、全国党校工作会议，颁布了《党校工作条例》以及《2010—2020年干部教育培训改革纲要》，为今后一个时期的干部教育培训工作指明了方向。9月27日，近平同志在浦东干部学院座谈会上发表重要讲话，日前，又亲自发来贺信，祝贺中央党校分校成立30周年。近平同志的讲话和贺信，站在党和国家大局的高度，切实把握干部成长规律和党校教育规律，特别有针对性地对干部教育培训工作和党校工作提出了要求。下面，结合分校工作，就贯彻近平同志的指示精神，我再讲点意见：

一、突出抓好理论教育和党性教育，着力提高干部思想政治素质和道德品质，是党校工作的首要任务

理论教育和党性教育是党校干部教育培训工作的传统和优势，是我们的看家本领，在新形势下，各级党校和分校一定要充分重视和加强，丝毫不能削弱。在理论教育上，重点是要抓好中国特色社会主义理论体系的教育。为了从源头上学懂弄通中国特色社会主义理论体系，就有必要抓好马克思列宁主义、毛泽东思想经典著作的学习教育。各级党校和分校要在教学计划中安排马克思主义经典著作课程，专门讲授一些有代表性的篇目，指导学员把马克思主义经典著作的学习同马克思主义中国化最新理论成果的学习结合起来，更好地掌握马克思主义立场、观点、方法。

在党性教育上，要抓好党的优良传统和中华民族传统美德教育。要把继承和弘扬党的优良传统作为必修课，教育干部牢固树立正确的世界观、权力观、事业观，忠于党、忠于祖国、忠于人民、忠于中国特色社会主义事业，永做人民公仆，始终保持艰苦奋斗精神和锐意进取的激情，始终保持政治上的清醒和坚定，尽职尽责干好工作，经受住各种风浪和诱惑的考验。要把加强道德品行教育的任务突出地提上干部教育培训日程。在教学布局和课程设置上，加大这方面的分量和力度，坚持用共产党人的道德观和社会主义荣辱观教育干部，引导他们培养良好的生活作风和健康的生活情趣，模范遵守社会公德、职业道德、家庭美德和个人品德，始终保持道德品行的纯洁性。

二、加强领导能力培训，促进干部执政能力提高，应当作为党校培训的重要内容

我们强调干部教育培训工作要突出抓好理论教育和党性教育，决不意味着可以忽视领导能力教育。现在，我们的干部知识面宽了、学历高了，有些人经过实践锻炼也掌握了一些处理复杂问题的能力。但在新的形势下，提高各级领导干部能力的任务仍很严峻地摆在各级党校和分校面前。《党校工作条例》规定了“一个中心、四个方面”的教学新布局，其中战略思维和世界眼光实际上就是能力方面的内容。对此，我们不能放松。

在加强能力培训方面，对于基层干部来说，既需要具体工作技巧、具体工作方法的培训，也需要宏观分析能力的培养，让他们通过一个个案例的学习，既增长具体领导经验，又总结和掌握共性的东西；对于中高级领导干部来说，则更需要重视世界观、方法论、战略思维和世界眼光的培养。目前，案例教学受到广泛的重视，也被实践证明是提高领导能力的有效办法，一定要坚持下去。一定要教育我们的领导干部，要从个案的“技”和“巧”中悟出“论”和“道”来。一切以时间地点条件为转移，有的办法在这里成功，在另一个地方可能就不管用。照搬书本，不联系实际，是教条主义；照搬别人经验，不结合实际，是经验主义。教条主义和经验主义都是主观主义，都是我们要防止和反对的。

三、加强需求调研，增强教学针对性和实效性，是推进干部教育培训改革的迫切任务

《改革纲要》强调干部教育培训要形成以培训需求为导向，组织调训为主、自主选学为辅，激励与约束相结合，规范有序、健全高效的运行机制。对这些要求，我们要认真学习领会和贯彻。不讲求需求的培训，无的放矢，是不会有效果的。但对培训需求，则要全面地看。它首先是国家需求、组织需求、岗位需求，是党的事业发展需要什么就培训什么，干部履职尽责需要什么就培训什么，而不能仅仅理解为是干部个人的需求。对个人需求也要做实事求是的分析。干部个人需要加强培训的内容在需求调研中有可能发生主客观不统一的情况。譬如，有些干部缺乏马克思主义理论素养、党性修养，但在问卷中不一定能得到真实反映，没有哪一个干部愿意承认自己在德方面有缺失。正因为如此，

《改革纲要》强调坚持组织调训为主、自主选学为辅。

组织调训是干部参加培训的主要方式，自主选学是对组织调训的必要补充。对干部的政治理论培训、党性教育、党和国家重大部署等重点内容培训，要坚持实行组织调训；对主要领导干部、重点岗位干部等，要实行点名调训，并长期坚持。在坚持和完善组织调训制度的同时，对新知识、新技能、新信息的培训开展自主选学，以满足干部多样化学习需求。

四、加强分校的各方面建设，是做好分校工作的重要基础

经过30年的实践，分校建设取得了长足发展，办学规模不断扩大，办学质量不断提高，在提高干部素质和能力、加强党的执政能力建设和先进性建设方面发挥了重要作用，为党的干部教育事业做出了重要贡献。经过30年的实践，分校也积累了宝贵的经验，比如必须坚持党校姓党，依托中央党校办学；必须结合各部门实际，办出鲜明特色；必须坚持与时俱进，不断深化改革；必须加强制度建设，严格规范办学等等。这些宝贵经验，是中央党校和分校共同创造的精神财富，我们要运用好这些经验，进一步加强分校建设，做好各项工作。尤其要注意进一步加强对分校教学管理规律的研究，加强分校的队伍建设、信息化建设、制度建设、学风校风建设，通过各方面的积极努力，不断提高分校办学质量和水平，不断积累新的经验，不断创造新的业绩，努力为党的干部教育事业作出新的更大的贡献。

关于表彰中央党校分校先进办学单位、优秀工作者和特殊贡献奖获得者的决定

中校字〔2010〕14号

中央直属机关分校、中央国家机关分校、国务院国资委分校、部队分部：

30年来，中央党校分校认真贯彻中央关于新时期干部教育和党校工作的一系列重要指示，努力适应新形势新任务对干部教育工作提出的新要求，坚持以邓小平理论和“三个代表”重要思想为指导，全面贯彻落实科学发展观，坚持和完善党校教育布局，不断深化教学改革，创新教学方法，规范教学管理，提高办学质量，取得了显著成绩，为党的干部教育事业和中国特色社会主义伟大事业作出了重要贡献。为进一步总结和推进分校工作，鼓励多年来坚持办学的先进单位和在分校教学管理

工作中作出突出成绩和特殊贡献的先进个人，经各分校推荐，中央党校校委会研究同意，决定对国家广播电影电视总局党校等24个先进办学单位、靳伟等57名优秀工作者、杨春贵等22名特殊贡献奖获得者进行表彰。具体名单如下：

一、中央党校分校办学先进单位（24个）

国家广播电影电视总局党校
国家烟草专卖局党校
商务部党校
交通运输部党校
水利部党校
国家林业局党校
国家开发银行党校
中国建设银行党校
国家知识产权局党校
国家税务总局党校
国土资源部党校
国务院国资委分校
中国石油天然气集团公司党校
国家电网公司党校
中国石油化工集团公司党校
中国电力投资集团公司党校
中国航天科技集团公司党校
中国华能集团公司党校
总装备部继续教育中心
海军干部培训中心
中央直属机关分校
中国气象局培训中心
住房和城乡建设部机关党校
国家统计局统计教育中心

二、中央党校分校优秀工作者（57人）

中央直属机关分校（6人）

靳　伟　中央直属机关分校副校长
潘凤东　中央直属机关分校教务部主任
丁龙广　中央直属机关分校培训部副调研员
薛向东　中央办公厅党校副校长
张朴宽　国家广播电影电视总局党校副校长
李顺安　新华社党校办公室主任

中央国家机关分校（39人）

李延军　中央国家机关分校副校长
陈哲锋　中央国家机关分校教研处副处长
高　峰　中央国家机关分校教务处副调研员
闫铁军　中央国家机关分校培训处副调研员
熊　文　中央国家机关分校直属局级干部进修班班主任
李庆发　最高人民检察院机关党校副校长
陈惠庆　国务院办公厅机关党校处级干部进修班班主任
郝　磊　最高人民法院机关党校处级干部进修班班主任
吴博韬　公安部党校处级干部进修班班主任
余世民　国家安全部机关党校处级干部进修班班主任
张雅军　原财政部机关党校处级干部进修班班主任

韦亚洲　国土资源部党校处级干部进修班班主任
向寒松　住房和城乡建设部机关党校副校长
农　军　交通运输部党校处级干部进修班班主任
承　涛　水利部党校办公室主任
李　军　农业部党校处级干部进修班班主任
魏再伟　商务部党校处级干部进修班班主任
张红文　卫生部党校处级干部进修班班主任
焦云喜　中国人民银行党校局处级干部进修班班主任
解爱国　国家税务总局党校常务副校长
金永平　国家工商总局机关党校处级干部进修班班主任
魏　俊　国家质检总局党校处级干部进修班班主任
潘银忠　国家安全生产监督管理总局党校副校长
李　朝　统计局党校处级干部进修班班主任
董忆梅　国家林业局党校处级干部进修班班主任
李　琪　国家知识产权局党校处级干部进修班班主任
谭红军　中国科学院党校处级干部进修班班主任
刘　政　中国社会科学院党校副校长
田　燕　中国气象局党校处级干部进修班班主任
乔福生　中国地震局党校副校长
卜凡伟　中国保险监督管理委员会培训中心副主任
何乘材　国家开发银行党委宣传部副部长
丁　伟　中国农业发展银行兰州处级干部进修班班主任
张　伟　中国工商银行党校局处级干部进修班班主任
陈敬良　中国农业银行党校处级干部进修班班主任
庄晓芳　中国建设银行党校常州处级干部进修班班主任
展丽新　中国建设银行党校哈尔滨处级干部进修班班主任
何秀群　国家烟草专卖局党校副校长
李永昌　国家海洋局机关党校副校长

国务院国资委分校（9人）

黄　健　国资委分校副校长
宋京平　中国航空集团公司党校副校长
杜秋霞　中国华能集团公司党校常务副校长
陈学钏　中国航天科技集团公司副校长
刘义林　中国石油天然气集团公司党校办公室主任
郑如喜　中国建筑集团总公司党校教育长
亓玉台　中国石油化工集团公司党校副校长
聂英华　中国铁建股份有限公司党校培训处处长
徐　华　中国航天科工集团公司二院党校办公室主任

部队分部（3人）

宋泽滨　总装备部继续教育中心领导科学教研室主任

武瑞宏　海军干部培训中心主任

刘力维　海军干部培训中心兼部队分部办公室正团职干事

三、中央党校分校特殊贡献奖获得者（22人）

中央党校（8人）

杨春贵　中央党校原副校长、教授

贾高建　中央党校校委委员、哲学教研部主任、教授

宫　力　中央党校国际战略研究所所长、教授

秦　刚　中央党校马克思主义理论教研部副主任、教授

谢春涛　中央党校党史教研部副主任、教授

张绪文　中央党校教授

李建华　中央党校哲学教研部教授

田应奎　中央党校经济学教研部教授

中央直属机关分校（1人）

贾鸿亮　中央直属机关分校办公室主任

中央国家机关分校（9人）

侯建中　中央国家机关分校副校长

孙广灼　中央国家机关分校直属局级班班主任

杨久玖　中央国家机关分校副局级组织员

王宇东　卫生部党校副校长

王智勇　住房和城乡建设部机关党校处级干部进修班班主任

曾晓三　国家烟草专卖局党校副校长

张立欣　国家安全生产监督管理总局处级干部进修班班主任

王　芬　北京体育大学副校长

韩书文　中央国家机关分校直属局级干部进修班班主任

国务院国资委分校（3人）

杨永志　国资委分校副校长

李东明　中国航空集团公司党校处级干部进修班班主任

刘贵欣　国家电网公司党校教务管理处处长

部队分部（1人）

王玉华　部队分部办公室主任

中共中央党校校务委员会
2010年9月21日

中央党校中央国家机关分校成立30周年纪念大会

10月14日，纪念中央党校中央国家机关分校成立30周年暨总结表彰大会在京召开。

中央国家机关工委常务副书记兼中央

党校中央国家机关分校校长杨衍银，中央党校副校长李书磊，中央国家机关工委副书记、纪工委书记杜学芳，中央国家机关工委副书记俞贵麟、邵旭军等中央国家机关各部门机关党委、人事教育部门的负责同志出席会议。

会上，杜学芳同志宣读国务委员兼国务院秘书长、中央国家机关工委书记马凯给大会发来的贺信，表彰最高人民检察院机关党校等39个先进办学单位，杨衍银、李书磊分别在大会上讲话。

马凯在贺信中，充分肯定中央党校中央国家机关分校成立30年来的成绩，并强调要进一步加强和改进新形势下的党校工作，更好地发挥党校在加强理论武装、建设学习型机关中的作用，更好地发挥党校在提高干部素质、建设效能型机关中的作用，更好地发挥党校在改进机关作风、建设服务型机关中的作用，更好地发挥党校在增强党性修养、建设廉洁型机关中的作用。

杨衍银在讲话中要求，要认真学习贯彻习近平、马凯同志的重要指示精神，以改革创新精神全面推进分校建设与发展，不断开创分校工作新局面。

杨衍银指出，要认真总结30年来分校办学的成绩和经验，进一步增强做好新形势下党校教育工作的责任感和使命感。中央国家机关分校作为中央党校最早成立的三家分校之一，随着党和国家事业的发展而发展，走过了一个不断创业、不断创新、不断壮大的历程。一是坚持党校姓党、忠诚于党，党校的阵地熔炉作用得到巩固和增强。二是坚持围绕中心、服务大局，党校的干部培训轮训主渠道作用得到充分发挥。分校每年开设直属班和部门党校班次100多个，培训轮训学员4000多名。30年来，累计培训轮训中央国家机关局处级党员领导干部83400多人次。三是坚持解放思想、开拓创新，党校教学改革得到有力推进。将体验式教学、结构化研讨、行动学习法、团队学习法等先进的培训方法引入党校教学，进一步增强了党校教学的感染力和吸引力。四是坚持从严治校、从严管理，党校教学管理水平得到较大提高。五是坚持统一管理、分散办学，具有分校特色的办学模式进一步完善。

杨衍银指出，经过30年的努力，分校事业不断取得新的发展，但也要看到，面对新的形势任务，与中央的要求和干部的期待相比，还有一定的差距。必须认真研究解决这些问题，进一步增强责任感和使命感，以改革创新精神加强和改进新形势下的党校教育工作。她还就进一步树立科学的党校教育理念、完善党校教育培训格局、深化党校教学改革、健全党校教育工作机制、加强党校队伍建设等提出具体要求。

李书磊代表中央党校校委对大会的召开表示祝贺，在讲话中肯定中央国家机关分校多年来取得的办学成绩。他指出，中央国家机关分校在很多方面都有所创新，办学有思路，工作活跃，管理规范。他强调，面对新的形势和任务，要按照新时期中央对党校教育的指示精神，更深入地研究分校办学规律，研究分校学员特点，不断增强教学的针对性。要加强对学员读书的指导和研讨的组织，提高学员学习的主动性，特别要采取各种形式加强对学员的理论武装和党性教育，引导学员树立马克思主义世界观、权力观和事业观。

会议由中央国家机关工委副书记俞贵麟主持，中央国家机关各部门党校、党校班的负责同志，中央党校中央国家机关分校领导班子，曾在分校工作过的老领导、老同志和分校工作人员等240余人参加会议。

大事记

3月10日 中央党校分校办召开分校负责人会议，主要内容研究开展庆祝分校成立30周年活动的有关工作，各分校通报2010年春季学期招生及教学准备情况。

3月12日 中央国家机关分校召开2010年教学工作会议。

3月24日 中央直属机关分校举行2010年春季学期直属局处级干部进修班开学典礼。

3月29日 中央国家机关分校举行2010年春季学期直属班开学典礼。

4月1日 中央党校校委会讨论并原则同意教务部“关于开展庆祝中央党校分校成立30周年系列活动的请示”。

4月7日 国资委分校举行2010年春季学期直属班开学典礼。

4月15日 部队分部海军党校班举行2010年春季学期开学典礼。中央党校副校长李书磊出席。

4月15日 教务部召开分校负责人会议，主要研究并部署开展中央党校分校成立30周年系列庆祝活动有关工作，同时，就中央党校建设干部教育培训“一流学府”征求意见、建议。

4月23日 中央党校办公厅下发《关于开展中央党校分校成立30周年庆祝活动的通知》（中校厅字〔2010〕8号）。同日，中央党校办公厅下发《关于中央党校分校成立30周年表彰先进单位和个人的通知》。

4月28日 中央电视台科学教育电影制片厂（中央电视台科教节目制作中心）厂长助理、节目总监谢九如，科教节目制作中心编导刘婷来中央党校洽谈分校成立30周年专题片策划有关事宜。

6月25日 国资委分校举行2010年春季学期直属班毕业典礼。

6月25日 中央党校分校办召开分校负责人会议，分析2010年春季学期分校教学情况，研究举办分校成立30周年庆祝活动的有关事宜。

7月5日 中央党校下发《关于中央党校分校2010年秋季学期招生工作安排意见》（中校字〔2010〕44号）。

9月9日 中央党校校委会讨论并原则同意关于中央党校分校成立30周年庆祝暨表彰大会的安排意见。

9月13日 中央党校教务部召开分校负责人会议，讨论各分校上报的办学先进单位、优秀工作者和特殊贡献奖获得者名单，并就活动开展的有关事项进行协商。

9月14日 中央党校办公厅下发《关于召开中共中央党校分校成立30周年庆祝暨表彰大会的通知》（中校厅字〔2010〕33号）。

9月21日 中央党校校委会讨论通过中央党校分校先进办学单位、优秀工作者和特殊贡献奖的获奖名单。同日，中央党校办公厅下发《关于表彰中央党校分校先进办学单位、优秀工作者和特殊贡献奖获得者的决定》（中校字〔2010〕64 号）。

10 月 9 日 中央党校在综合楼报告厅举行中央党校分校成立 30 周年庆祝暨表彰大会。中央政治局常委、中央书记处书记、中央党校校长习近平发来贺信。常务副校长李景田讲话。副校长陈宝生、孙庆聚、李书磊，教育长张伯里出席了大会。大会由陈宝生主持。中央党校各直属单位负责人、各分校及所属党校班的负责同志和班主任、曾在分校工作的老同志、给分校上课的部分教师，以及分校学员代表 500 余人参加会议。

10 月 11 日 中央国家机关分校举行秋季学期开学典礼。

10 月 13 日 中央直属机关分校举行秋季学期开学典礼。中央党校副校长李书磊出席。

10 月 14 日 中央国家机关分校举行纪念成立 30 周年暨总结表彰大会。中央党校副校长李书磊出席会议并讲话。

10 月 19 日 国资委分校举行秋季学期开学典礼。

12 月 9 日 教务部召开分校负责人会议，听取各分校 2010 年秋季学期的教学及教学管理的有关情况，并研究部署 2011 年春季学期教学安排。

地方党校工作

工作概述

【北京市委党校】 创建于1950年11月，与北京行政学院实行“两个牌子、一个班子”的办学模式；领导体制为校务委员会负责制，中共北京市委副书记、政法委书记、教育工委书记王安顺任校长，日常工作由常务副校长王江渝主持；下设哲学教研部、经济学教研部、政治学教研部、党史教研部、公共管理教研部、工商管理学教研部、法学教研部、社会学教研部、外语教研部等25个处级机构；现有教授22人、副教授45人、硕士研究生导师35人和享受国务院特殊津贴专家1人；拥有马克思主义理论一级学科等13个硕士学位授权点，申报的哲学、政治学、社会学一级学科点于2010年10月通过初审。

2010年，举办各类研修班、进修班、培训班和专题班60期，培训干部7139人次。其中，常规主体班次有区县局级领导干部一年制研修班、区县局级干部进修班、正处职干部进修班、中青年干部培训班和公务员培训班等，培训干部1393人。根据市委安排和受有关部门委托，不定期举办的各种短期专题研讨班和培训班，培训干部5746人。硕士研究生12人取得硕士学位，其中3人考上博士研究生。

教学工作。通过举办专题班、报告会和开设专题课程，深入宣传贯彻十七届五中全会精神，围绕首都建设中国特色世界城市战略目标，更新教学内容，课程更新率在30%以上；通过实行每位学员撰写千字政策建议方式进行研究式教学，案例教学、现场教学等新形式运用更加普遍。

科研工作。获得立项国家社科基金重点项目1项、一般项目3项，立项北京市社科规划重点项目3项、一般项目3项，立项中央党校调研课题3项；组织校级调研课题立项17项和学科建设项目立项20项，推进全市党校系统科研协作，18项科研协作项目获得立项；组织北京市第十一届哲学社会科学优秀科研成果奖党（干）校系统的评审工作，获一等奖1项、二等奖7项，获全国党校系统第八届优秀科研工作组织奖和优秀科研成果奖5项，其中一等奖1项；参与组织北京市社科联2010年决策咨询课题招标，组织参加“2010年京津冀区域协作”、“世界城市：北京发展新目标”、“低碳经济与世界城市”等论坛，提交论文22篇，组织校内学术讲坛15期；出版学术著作2部，《新视野》被评为“全国高校百强社科名刊”、“中国人文社科学报核心期刊”。

学员管理。实行严格考勤纪律、课堂纪律和生活纪律，建立和完善学习考核制度，探索百人以上局级进修班管理经验，总结出大班班委会与小班班委会相结合的“二级管理”经验。

队伍建设。新招收专业技术人员9名，接收军队转业干部5人，公开招考国家公务员3人；完成年度处级职位竞争上岗，任命（聘任）主任2人，副主任、副处长5人，调研员3人，副调研员4人；完成高级专业技术职务评审工作。聘任正高级专业技术职务人员3名、副高级专业技术职务人员6名。

信息化建设。对校园网络出口宽带进行扩容，由原来的40兆增容为80兆，建设VPN专线网络系统和电子邮件服务系统；完善多媒体教学功能，对礼堂南侧4个教室和一年制研修班教室进行多媒体技术改造，应急教室进行改造，承建的示范馆建设工程通过验收并获优秀奖；《北京市情数据手册2010》如期编印发行。

后勤保障。完成了“综合教学楼工程”设计方案的论证、规划设计方案的报审批复及初步设计方案和概算的编制报批工作；改造校园监控系统，实行指纹考勤管理；校财务决算通过市财政局审核，并获“北京市部门决算工作市级单位二等奖”。

对外交流。共组织出访团组18批次、182人，接待团组48批次、349人。2010年是利玛窦在京去世400周年，全年共接待参观利玛窦墓地的宾客达176批次、2843人，接待的重要宾客有意大利总统夫妇、奥地利驻华大使及官员、捷克驻华大使、罗马教廷特使等；来访的重要团组有美国佐治亚大学高级代表团、俄罗斯远东所高级代表团、俄罗斯西北公务学院代表团、瑞典乌普萨拉大学代表团等；组织举办第10期中美公共管理专题研修班和各类国际学术讲座及研讨活动。

【天津市委党校】 创建于1949年2月，与天津行政学院实行“一套人马、两块牌子”的办学模式；领导体制为校务委员会负责制，中共中央政治局委员、天津市委书记张高丽兼任校长，日常工作由常务副校长祝宝钟主持；下设哲学教研部、理论经济学教研部、应用经济学教研部、党建教研部、党史教研部、科学社会主义教研部、公共管理教研部、法学教研部、计算机教研部、基础课教研部、党建研究所和经济发展战略研究所等34个处级机构；现有教授24人、副教授63人和享受国务院政府特殊津贴专家3人。

2010年，举办常规班次19期，包括局级领导干部进修班、处级领导干部进修班、优秀中青年干部培训班、处级公务员任职培训班和选调生公务员初任培训班、公务员初任培训班等，培训干部1563人；与市委组织部、市委宣传部、市公务员局合办专题培训班9期，包括全市宣传部长培训班，全市宣传骨干培训班，全市高校哲学社会科学教学科研骨干研修班和全市（局、处级）领导干部应急管理培训班等，培训干部279人；承担国家公务员局全国公务员对口培训4期，包括全国培训管理者培训班，青海应急管理培训班和西藏公务员能力建设培训班等，培训干部176人；接待北京、上海、重庆、大连、广东等省市党校和行政学院各类培训班29批次，培训干部2254人。

教学工作。全年制定、修订《关于加强培训需求调研的规定》、《教学质量奖评选办法》、《外请报告的管理规定》、《教师加强理论学习、社会实践和知识更新的规定》等13项；调整充实教学内容，开设“党的十七届五中全会文件导读”、“中央经济工作会议解读”、“市委九届七次、八次全会精神解读”、“天津经济工作着力点——调结构、促转变、增实力、上水平”、“滨海新区开发开放”等新的教学专题；常务副校长带队赴四川就应急管理培训工作开展调研，创新应急管理培训方式方法，全面推进情景模拟演练、综合桌面推演等教学方式；综合运用研究式、案例式、模拟式、体验式等方法组织教学，完善课题组研究和分小班研修相结合的教学方式；举办全校性高端外请报告会20场。

科研工作。获得立项国家社科项目3项、全国党校系统重点调研课题2项、市社科规划项目11项和重点调研课题10项；16项课题结项，包括市社科规划项目7项，市重点调研项目6项，国家行政学院项目1项；获得各类优秀科研成果奖和组织奖25项，其中全国党校系统优秀科研工作组织奖、优秀科研成果奖、优秀科研管理者奖9项，市优秀调研成果奖7项；出版著作3部，重点报刊发表文章92篇；《中共天津市委党校学报》、《天津市行政学院学报》在全国高校文科学报评优活动中被评为“全国高校优秀社科期刊”，《天津行政学院学报》的“公共行政”被评为“特色栏目”。

学员管理。制定和完善《学员守则》、《进一步加强学员学风建设的意见》、《学员廉洁自律的有关规定》、《关于进修班培训班组织学员市内考察的有关规定》、《关于组织进修班培训班赴外地考察的有关规定》5项制度；推行“七个一”班级管理举措，强化学习管理；严格执行请假1天报常务副校长审批、请假2天以上报市委组织部领导审批制度；开展“爱读书、读好书、善读书”活动，组织党日主题活动，大力提倡艰苦奋斗的优良传统。

队伍建设。引进1名博士，公开招考2名参照公务员法管理工作人员，接受2名军转干部；通过脱产培训、师资进修、境外学习等形式培养现有人才52人次，组织参照公务员法管理工作人员105人参加《公共危机管理知识》培训，组织全校处级以上领导干部和全体组织人事干部参加《党政领导干部选拔任用工作责任追究办法（试行）》等4项监督制度学习培训及测试；发展10名新党员，11名预备党员按期转正。

管理与保障。2010年预算编制工作在全市评比中获三等奖，举办宣传新《中华人民共和国保密法》活动，完善安全保密相关制度措施，强化校园网络安全和对外宣传工作，完善“天津市文化、教育、科研和党校系统资源共享馆际互借”工作。

业务指导。组织召开全市区县局党校常务副校长会议、市委工委党校和部分区县党校校长座谈会；完成区县党校教学质量评估的准备工作，制定了《关于开展区县党校教学质量评估工作的意见》和《区县委党校教学质量评估指标体系》；创办《天津党校》报，发挥交流平台作用；完成天津市党校教育研究会理事会换届工作。

【河北省委党校】 成立于1949年8月1日，由原冀中、冀南和冀东3个区委党校合并而成；领导体制为校务委员会负责制，中共河北省委副书记车俊任校长，日常工作由常务副校长梁志忠主持；下设哲学社会学教研部、经济学教研部、科学社会主义教研部、党史教研部、党的建设教研部、管理学教研部、科技文化教研部、政策法律教研部和河北省发展战略研究所等24个处级机构；现有教授37人、副教授53人，有享受国务院特殊津贴专家1人、省突出贡献中青年专家5人、省优秀专业技术人才1人和省社会科学优秀青年专家2人。

2010年，举办常规主体班次31期，主要包括市厅级领导干部进修班、县处级领导干部进修班、乡镇党委书记进修班、应急能力专题研讨班、全省党校系统师资培训班等，培训干部2752人。

教学工作。优化教学布局，突出科学发展观、党的十七届四中、五中全会和省委七届六次全会精神的学习，突出河北科学发展重大现实问题研究为主要内容的省情教育和干部履职必备知识的教育，开设新视野与新知识、公共管理与领导力建设等选修内容；全年累计组织16个班次750名学员进行现场考察与教学，继续探索了研讨式、案例式、情景模拟式、团队式等教学方式；邀请国内知名专家、学者和领导干部到校作报告31人次，邀请中组部干部培训中心、国家行政学院教授对全体教研人员及教学管理人员进行集体教学法和现代培训管理与设计专题培训。

科研工作。全年获立国家社科基金项目4项、省社科基金项目10项、省社会科学发展研究课题1项和全国党校系统课题3项；获得省社科和全国党校系统等优秀科研成果奖13项，其中一等奖1项、二等奖6项、三等奖5项和优秀奖1项，被省社科规划办评为“2009年度河北省社科基金项目管理工作先进单位”；完成省领导交办的重大调研课题10项，其中1项调研成果得到省委书记张云川的批示；出版专著5部，在省级以上报刊发表论文294篇；1名教研人员参加河北省“十二五”规划编制、论证工作和省政府工作报告专家咨询会。

开展“对标”活动。从4月下旬到6月中旬，由校领导带队，各处室主要负责人和相关人员参加，组成7个考察团53人次赴广东、浙江、江苏、上海等20多所省市党校，进行全方位“对标”，学习先进省市党校的办学经验，对照检查本校工作，广泛开展研讨交流。在此基础上，制定了《关于在创先争优活动中进一步深化改革的意见》，从教学、科研、学员管理、学历教育、信息化建设、人事工作、行政后勤等方面提出了43项改革任务，并实行目标管理责任制，形成了一批制度性成果。

队伍建设。选派7名教师分别到中央党校，浦东、延安、井冈山干部学院参加骨干教师培训，1名青年教师到清华大学作访问学者，2名处级干部参加校内主体班次学习，选派8名教师和干部分别到承德、秦皇岛、沧州的8个县（市）挂职县委常委锻炼1年，选派10名教研人员分别赴美国、加拿大、瑞典和德国进行专题考察学习；聘用正高三级岗1人、四级岗2人，副高五级岗2人、六级岗2人，中级九级岗1人、十级岗2人，初级专业技术岗位十三级岗2人；举办了处、科级干部机关公文专题培训班，组织开展了工人技能岗位练兵活动。

基础建设。完成校园广播系统和报警系统施工等改扩建后续工程。承担中央马列主义学院西柏坡革命旧址恢复建设工作，完成筹备展览布置工作。

业务指导。制定出台《中共河北省委党校对市、县党校业务指导办法》，召开全省党校校长会议、全省党校系统教学改革研讨会；首次组织全省党校系统科研项目申报立项工作，共有10所市级党校、25所县级党校参加项目申报，有80项申报项目获准立项，组织开展全省党校系统第七届科研成果评奖活动，评出科研成果奖57项和科研工作组织奖5项；举办师资培训班6期，培训教师286人，完成对市、县党校1000余位教师的轮训任务。

【山西省委党校】 创建于1949年9月1

日，与山西行政学院实施“一套人马、两块牌子”的办学模式；领导体制为校务委员会负责制，中共山西省委副书记、省政协主席薛延忠任校长，日常工作由常务副校长李高山主持；下设哲学教研部、政经教研部、科社教研部、党史教研部、党建教研部、经管教研部、文化基础教研部、法学教研部、公共管理教研部、现代科技教研部、信息网络教研部、省情与发展研究所、现代领导能力训练中心等35个处级机构和忻州分校；现有教授16人、副教授41人和享受国务院特殊津贴专家3人。

2010年，共举办各种班次57期，培训干部9298人。其中，举办常规班次14期，主要有省管领导干部进修班（6期），中青年领导干部培训班（2期），正处级公务员培训班（3期），第二期优秀乡镇（街道）党委书记培训班，新疆阜康市中青年领导干部延伸培训班，全省党校行政学院系统师资培训班，共培训干部737人；举办干部自主选学培训班（7期），主要有全省干部自主选学培训班（6期），临汾市干部自主选学培训班，共培训干部2550人；与其他部门共同举办各类班次36期，主要有建设工程项目总监理工程师从业资格培训班（4期）、高校新任领导干部培训班、全省新任县（市、区）长培训班、全省安监系统领导干部提高班、太原市国土局党员培训班、汾阳乡镇党委书记培训班、全省大学生村干部创业培训示范班、汾阳市村级两委干部培训班、公务员招考考前辅导班（5期）、全省三级统计局长培训班、全省高校师资培训班（自主选学师资）、全省市县党委组织部长干部人事制度改革专题培训班、赴德国城市规划与管理专题培训班、全省机构编制工作干部培训班、内蒙古全区第五期编办主任培训班、赴新加坡“公共管理”专题培训班、全省乡镇以上团委书记培训班（5期）、山西安监系统领导干部提高培训班，援疆干部班、公路局养护工技术等级岗位考核培训班（4期）和全省文物系统培训班（2期），培训6011人。

教学工作。完善班次设置，常规班次规范为进修班、培训班、乡镇书记班和正处级公务员班，进修班调整为学制1个月的专题研讨班；出台《关于加强常规班次学员管理工作的若干规定》、《关于深化教学改革提高教学质量打造教学品牌的若干意见》，制定了教学项目招投标、常规班次教师优化配置、教师综合考评和优秀奖项评选等配套办法；新聘请50位兼职教授，每月两次以上邀请省领导和省内外专家学者到校作报告；编写出版公务员系列培训教材4本，常规班次三分之一的课程实行菜单式自主选学；组织学员去厅局、市县、企业和省外考察学习，赴中央党校、浦东干部学院、井冈山干部学院等进行延伸培训。

科研工作。制定出台《关于科研工作更好地为山西转型跨越发展服务的若干意见》和《校院科研工作为山西转型跨越发展服务的激励办法》；立项国家社科基金课题2项、全国党校系统重点课题3项、省哲学社会科学规划课题13项、省政府重大决策咨询课题2项、软科学课题10项和省社科联重大课题8项；结项国家社科基金项目1项，成果鉴定为“优秀”；《关于改革干部工作的几点建议》得到省领导批示，

《关于制订“十二五”规划的几点建议》的作者应邀参加省长召集的座谈会；坚持每月在省以上重点报刊发表有分量的文章，全年发表13篇；《理论探索》在连续13年被评为全国中文核心期刊基础上，又被评为CSSCI扩展版来源期刊，《中共山西省委党校学报》和《山西党校报》继续被评为山西省一级期刊和报纸，编辑出版《山西省情资料手册》。

队伍建设。引进2名博士生，支持2名教师分别赴美国和巴西学习进修；提高教学奖励金额，为全体教师配备笔记本电脑；组织教师到市县、企业学习考察，组织教师集体备课、互相听课、跟班学习，参加学员论坛，开展硕博论坛、读经典学历史活动。

行政后勤。开发并投入使用校院在线学习网站和办公内网；完成维修改造面积近2万平方米、屋顶防水保温面积3000多平方米，主要包括四合院、教学楼、崇学楼的维修改造工程等，崇学楼改造后新增96个房间供学员住宿，住宅区和办公区节能改造工程有序推进，酝酿两年多的危房改造工程取得重要进展，更换了部分标识牌，新建垃圾中转站。为玉树地震灾区捐款142024元，为“联企帮困”单位太原油漆厂困难职工捐款6000元，连续四年获得“省直文明和谐单位”称号。

业务指导。成立地方党校工作处；举办全省党校系统师资培训班和教师赛讲活动，参加临汾、太原党校工作会议和同煤集团党校50周年庆典活动；到部分市县党校和企业党校进行调研，对全省市县党校情况进行统计分析，配合省委组织部研究制定市县党校办学体制改革方案，向省发改委上报争取贫困县党校扶持资金的专项报告。

【内蒙古自治区委党校】 成立于1948年，与内蒙古自治区行政学院实行“一套机构、两块牌子”的办学模式；领导体制为校务委员会负责制，中共内蒙古自治区党委副书记、自治区政协主席任亚平任校长，日常工作由常务副校长杨飞云主持；下设哲学教研部、经济学教研部、政治学教研部、党史党建教研部、公共管理教研部、民族理论教研部、法学教研部、社会管理和文化教研部等23个处级机构，挂靠研究机构有马列主义毛泽东思想研究所、民族理论和民族政策研究所、法学研究所、内蒙古社会发展研究所和内蒙古区情研究所；现有教授30人、副教授38人。

2010年，共举办常规主体班次29个，主要包括全区盟市厅局及旗县（市、区）主要领导干部专题研讨班、厅局级干部任职培训班、厅局级干部专题研讨班、中青年干部培训班、政法系统中青年干部班、旗县长任职培训班、旗县长专题研讨班、自治区党代会基层代表培训班、苏木乡镇党委书记培训班、党校系统师资培训班、企业经营管理者培训班、选调生岗前培训班、直属机关和盟市处级公务员培训班、新任处级公务员培训班等，培训干部1488人次；与区内外有关单位合作举办各类培训班26个，培训干部2367人次；举办干部自主选学培训班30个，培训干部12392人次。

教学工作。坚持“一个中心、四个方面”的教学布局，突出抓好理论教育和党性教育，注重抓好自治区基本区情、经济社会发展实际和马克思主义民族理论、党的民族政策相关内容的教学；坚持推进研究式、互动式、案例式教学，把课堂教学、专题研讨与社会实践、考察相结合；聘请中央党校、国家行政学院、各部委和自治区党委、政府领导和专家学者来校授课、作报告，共举办外请报告46次。

科研工作。立项国家社科基金项目4项、自治区社科基金项目1项和全国党校系统重点研究课题3项；完成国家社科基金项目3项、自治区社科基金规划项目5项和国家行政学院系统课题4项；获得自治区社科优秀成果政府奖9项和全国党校系统优秀科研成果奖5项；完成自治区“十二五”规划的前期研究课题4项，组织了全区党校、行政学院系统2009—2010年度课题成果结项评审工作，开展了全区党校、行政学院系统第四届科研评奖活动，召开了全区党校、行政学院系统第四届科研表彰暨科研工作会议；修订完善《关于加强调查研究工作的意见》、《科研津贴办法》、《科研奖励办法》和《研究所管理办法》；成立了内蒙古社会发展研究所、内蒙古区情研究所，分别挂靠哲学、经济学教研部；加强与盟市旗县横向合作，开展区情研究，为党委、政府决策提供服务；承办了全国党校系统“近代以来中国文化转型与发展”理论研讨会。

业务指导。对盟市党校、行政学院贯彻落实《党校工作条例》和《行政学院工作条例》精神的情况进行督促检查；举办2期全区党校系统师资培训班，为基层党校培训骨干教师90人；承办了全国行政学院系统“贯彻落实《行政学院工作条例》座谈会”。

后勤管理。协调完成了通往新校区市政道路、天然气、热力管网、有线电视线路等配套建设，对弱电工程进行了测试、验收和整改，开展文体活动中心立项前期工作，做好旧校区国有资产的清理处置，加强固定资产的集中采购和管理。

【辽宁省委党校】 创建于1946年，前身是中共中央东北局党校、中共中央第一中级党校，中共中央第一中级党校于1959年与辽宁省初级党校合并，统称为中共辽宁省委党校；领导体制为校务委员会负责制，中共辽宁省委副书记张成寅任校长，2010年9月之后由省委副书记陈希任校长，日常工作由常务副校长宋萌荣主持，2010年4月之后由常务副校长于言良主持；下设哲学教研部、经济学教研部、政治学教研部、党史教研部、党建教研部、工商管理教研部、法学教研部、基础教研部、公共管理教研部、省情研究所等27个处级部门；现有教授38人、副教授30人、硕士研究生导师18人和享受国务院特殊津贴专家3人；2004年，被国务院学位委员会批准为硕士学位授予单位，现有二级学科专业授权点4个。

2010年，举办市厅级领导干部进修班、省直处级干部进修班、县区党政主要领导干部进修班、市直综合部门正职领导干部进修班、乡镇党委书记进修班、中青年干部培训班等41个班次，培训干部3225人次。

教学工作。制定《辽宁省委党校教学管理制度》，修订《辽宁省委党校硕士学位研究生工作管理规定》等；开设了“中国特色社会主义道路与中国特色社会主义体系”、“中国特色社会主义是中国当代的马克思主义”、“邓小平理论是中国特色社会主义体系的开创性成果”、“三个代表是中国特色社会主义体系的创新发展”、“继续解放思想、推动科学发展”、“辽宁经济发展战略”、“加快推进沈阳经济区建设”、“提高辽宁自主创新能力”和“加快建立覆盖辽宁城乡的社会保障体系”等专题，党的十七届五中全会闭幕后，及时对学员进行五中全会精神辅导，将领导干部经济责任审计纳入干部教育培训内；邀请44位省委、省政府领导和省直综合部门领导为学员作省情专题辅导报告，新编教材《辽宁省情概论》（中共中央党校出版社）；建立2个模拟实验室，开展了“领导干部与媒体沟通”情景模拟教学；在7个班次进行了学员读书交流，举办了8次学员论坛。

科研工作。中标国家社科基金规划课题青年项目1项、全国党校系统调研课题3项和省社科基金课题19项，承担省委宣传部委托重点课题6项；获得全国党校系统科研成果奖5项和科研工作组织奖，获省哲学社会科学成果优秀奖10项；在国家一级报刊发表文章12篇，其中《创意农业的市场潜力》发表在《人民日报》（2010年6月21日）、《用创新引领人类美好未来》发表在《光明日报》（2010年8月17日），发表咨询文章21篇，提供调研报告16篇，其中4篇获得省领导批示；积极参与省“十二五”规划调研论证工作，参加3个调研报告的起草工作，形成4个调研报告，1名同志被聘为省“十二五”规划起草组成员；与鞍山市签订战略合作框架协议，完成4项课题的前期研究。

学员管理。与省委组织部联合下发《关于在干部教育培训中进一步加强和改进学员管理工作的意见》，重点抓好出勤率；修订了《关于校委联系教研部和学员班的规定》，建立校委联系学员班制度，每个校委联系一两个学员班，校委领导多次参加学员研讨读书会，到教室听课、检查出勤率，第41期市厅级领导干部进修班学员到课率达到了90%以上。

队伍建设。制定《专业技术人员岗位职责暂行规定》、《专业技术人员业绩量化暂行办法》和《进一步加强青年教师队伍建设的若干意见》，建立兼职专家库；举办青年教师教学比赛，选派72名教研人员到北京大学、中央党校、浦东干部学院等培训学习，选派10名教研人员到省直和沈阳市有关部门挂职锻炼，选派11名青年教师担任主体班副班主任；通过培训学习和部门主要负责人会议等形式，开展对处级领导干部的培训。

行政后勤管理。编制了《辽宁省委党校规章制度汇编》，共废止制度9项，修订完善制度48项，新建制度21项，明确了校内48项权力的相关监督制约措施，建立了与此对应的流程图；出台《中共辽宁省委党校督察督办工作暂行规定》，促进校委决策的贯彻落实及学校整体工作的推进，积极推进安保、客房服务和物业管理社会化，在后勤工作中实行模拟企业化管理，建立人员管理、财务管理、绩效考评等新的激励约束机制。

【吉林省委党校】 创建于1948年5月，与吉林省行政学院实行“一套机构、两块牌子”的办学模式；领导体制为校务委员会负责制，中共吉林省委副书记巴音朝鲁任校长，日常工作由常务副校长李小平主持；下设哲学教研部、经济学教研部、政治学教研部、党史党建教研部、法学教研部、社会学教研部、公共管理教研部、工商管理教研部、现代科技和基础教研部、马克思主义理论研究所、经济与社会发展战略研究所和省行政科学研究所等26个处级机构；现有教授46人、副教授51人和省突出贡献中青年专家1人；1990年被国务院学位委员会批准为硕士授予单位，现有二级学科专业授权点3个。

2010年，举办常规主体班次24期，主要有省管干部进修班、县市区党政主要领导进修班、省直部门正处级领导干部进修班、全省哲学社会科学教学科研骨干进修班、省属重要骨干企业高层经营管理者进修班、中青年干部培训班、街道党委书记培训班等，培训干部1390人；举办专题研讨班，培训60人；配合省直有关部门举办高端讲坛5期、公务员大讲堂6期；硕士研究生11人取得硕士学位。

教学工作。全年制定、修订了《教学专题试讲制度》、《教学巡察制度》、《教学质量评估制度》和《学术专著评定办法》等7项制度；开设《建设马克思主义学习型政党》、《吉林省现代农业发展的总体思路及政策取向分析》、《加快推进长吉图开发开放先导区建设、促进吉林全面振兴》等新专题共49个；实行了教学专题试讲制、教学巡察制、教学质量评估制，研发了"教学管理办公系统"软件；组织学员研讨57次、学员论坛38次、撰写论文280篇、编写案例260例；组织16个班607人次到4个教育基地进行警示教育、宗旨教育、革命传统教育、国防和纪律教育；支持下级党校教学，派出4批21名教师到县级党校授课，选派2个自主选学项目组到吉林、延边等地开展示范教学和师资培训，举办全省党校系统青年教师教学观摩大赛。

科研工作。研究出台了《学术专著评定办法》，使专著出版的标准和程序等有了具体的规范；获得立项全国党校系统重点调研课题2项、省社科基金项目9项和省行政管理学会项目13项；组织立项校级课题16项、青年项目10项和全省党校系统调研课题127项，其中研究吉林问题的科研立项152个，占立项总数的83.5%；发表论文347篇，其中获省级奖励61篇，有重大反响16篇，研究吉林问题的论文占37%，90%以上的科研成果走进课堂，首次获得全国党校系统优秀科研工作组织奖；与省委宣传部等单位联合举办大型学术研讨活动7次，组织召开了全省党校系统"加快转变经济发展方式"理论研讨会。

学员管理。先后制定和完善了《学员管理工作条例》、《主体班次学员学分考评细则》、《组织员岗位责任制》、《进修部学员管理工作流程》、《学员党支部管理细则》5项规章制度，会同省纪委、省委组织部、省公务员局制订了《学员学习培训期间加强党风廉政建设暂行规定》；首次建立了学员纪检组织，会同省纪委、组织部不定期对学员遵守纪律情况进行抽查。

队伍建设。完成参照公务员管理人员的登记和工资套改工作，选拔了33名正副处级非领导职务人员，评选了第二批"资深教授"，有16名同志被补聘为教授或研究员，启动并实施"名师培养工程"，完成了人选确定和个人发展计划制定等阶段性工作。

【黑龙江省委党校】 创建于1948年，与黑龙江省行政学院实行"两块牌子、一个办学实体"的办学模式；领导体制为校务委员会负责制，中共黑龙江省委常委、组织部长徐泽洲任校长，日常工作由常务副校长鲁滨主持；下设哲学教研部、经济学教研部、政治学教研部、中共党史党建教研部、领导科学教研部、工商管理教研部、公共管理教研部、法学教研部、文化基础教研部和社会发展战略研究中心等30个处级机构，还被确定为黑龙江省应用经济学研究基地和省委党风廉政教育基地；现有教授51人、副教授38人、硕士研究生导师19人、享受国务院特殊津贴专家2人和黑龙江省中青年专家5人；拥有硕士学位授权点6个，累计培训硕士研究生110余人。

2010年，举办常规主体班次35个，培训干部2188人；计划外班次21个，培训干部2962人。组织举办了一批新班次，包括全省中青年干部培训班、县市党政副职优秀领导干部培训班、全省哲学社会科学骨干研修班、全省项目建设前期工作和融资工作培训班等5期，与省纪检委、省高校工委、省法院、省煤炭营销分公司、省药监局、省安全生产管理局、省银监局、省气象局、大庆市委组织部和肇源县委等部门联合办班11期，共培训干部2327人。硕士研究生3人取得硕士学位。

教学工作。坚持实行干部培训需求调查研究制度，完善《学员考试考核制度》，修改《教学评估评奖制度》；开设党的十七届五中全会和省委十届十四次全会精神专题辅导，增设中国特色社会主义理论体系、转变全省经济发展方式、政府管理、提高党的建设的科学化水平和廉政知识教育等专题，增设学员自主选学课程共106个专题；组织中青班学员赴北京大学、天津大学、吉林大学、山东大学、苏州干部培训基地异地办学，在大庆市委党校建立了“大庆铁人精神现场教学基地”；向国家行政学院推荐了优秀案例，开展案例评审入库工作。

科研工作。全年立项国家社科基金项目5项、中央党校重点课题2项、国家行政学院项目1项和省社科规划项目17项；按时结项国家社科基金项目1项，省社科基金项目17项、中央党校重点课题6项和国家行政学院课题1项，其中4项省级项目鉴定结项为“3+优秀”；获得全国党校系统优秀科研成果一等奖2项、二等奖1项，获得省社科优秀科研成果奖14项，其中一等奖2项、二等奖3项；出版学术著作8部，发表学术论文295篇，其中一类论文5篇，二类论文（含CSSCI期刊）75篇，全国中文核心期刊论文13篇；调研报告《关于加快发展我省水上运输及“江河游”的建议》、《关于促进我省市（地）辖区经济发展的若干建议》、《关于发展循环经济》和《低碳经济的产业集群模式，促进我省东部煤电化基地又好又快发展的建议》得到省领导批示。

学员管理。组织开展重温入党誓词主题活动和参观革命传统教育基地28次，开展反腐倡廉警示教育活动22次，参观大中型企业、科研院所56次；对学员的行为提出了“五不准”，增强学员自律意识，严肃课堂纪律，除了学校进行指纹考勤之外，班主任还严格执行请销假制度；在学员讲坛、学员论坛、从政经验交流和毕业总结等环节上加大工作力度，利用校园网，在学校网站“学员管理”网页上设立的“春华秋实”、“思想遨游”、“课外活动”等

10个栏目上发表文章近200篇。

队伍建设。采取多项措施为教师深入主体班、提高教学能力提供条件，全年共派出下班指导教师29名，下班指导工作扩展到正处级干部进修班；组织全校教师教学大奖赛，安排23名获奖教师到上海参观世博会；积极向中央党校和国家行政学院申报精品课程，聘请中国社会科学院、国家统计局、中央党校等专家学者和齐齐哈尔市委书记等领导91人次到校授课、作报告。

机关党建。全面落实开展学习型党组织建设活动，下发了《学习省委书记吉炳轩同志在校（院）作题为〈静下心来好读书〉专题报告的通知》，购买并下发相关的各种学习资料1468本，组织各党支部党员干部参加省委宣传部组织的网上答题活动，在校园网上开展了学习型党组织建设学习体会网上交流活动；就学习型党组织建设情况在省直机关作了经验交流发言，两个党支部和两名党员受到省直机关工委表彰，获2010年度省级文明单位标兵称号。

信息化建设。完成了校（院）网站在工业和信息化部互联网站备案管理中心的域名注册信息的核对工作，协同人事处为校（院）教职工举办了4期多媒体课件培训班，建设“龙江发展讲坛”视频会议系统，创造条件为情景模拟教学服务，完成校（院）模拟电视数字化改造工作。

【上海市委党校】 创建于1949年6月，与上海行政学院实行“两块牌子、一个办学实体”的办学模式；领导体制为校务委员会负责制，中共上海市委常委、组织部部长沈红光任校长，日常工作由常务副校长吕贵主持；下设哲学教研部、经济学教研部、科学社会主义教研部、党史党建教研部、公共管理学教研部、社会学教研部等25个处级机构；现有教授31人、副教授43人、硕士研究生导师50人、享受国务院特殊津贴专家5人和上海市领军人才2人；拥有2个硕士学位授权一级学科点和2个硕士学位授权二级学科点。

2010年，受上海世博会效应的带动，全校培训总规模超过15000人次。其中，举办计划内班次60种86期，培训干部5582人次；举办对外培训班次172个，培训干部10183人次（包括培训沿海地区干部2670人、中西部地区干部3622人等）；全年新开“领导干部世博涉台工作专题研修班”、“上海市干部选学高级研修班（突发事件应急管理能力建设专题）”、“上海世博管理创新与城市社会建设高级研修班”等班次共16种18期，培训干部1668人次，占全部培训学员的28.3%。

教学工作。在班次建设上，改进和强化马克思主义经典著作导读教学，进一步优化完善了中青年干部培训班的马克思主义经典著作导读课程，举办了马克思主义经典著作导读理论骨干培训班（2期）。在课程建设上，结合培训需求，重点开发了“马克思主义中国化、时代化、大众化研究”、“建设马克思主义学习型政党”、“不断提高党建科学化水平”、“科学发展观方法论研究”、“中国特色社会主义理论体系的若干重大问题”、“国际视野中的中国道路和中国模式评析”、“建设社会主义核心价值体系”、“新时期群众工作的特点与方法”、“党的群众工作的优良传统”等专题；聚集社会热点难点，开设了“应急管理与世博安保”、“网络舆情研判与网络公共事件”、“媒体沟通的方法与技巧”、“依法办事与提高执法公信力”、“‘后世博效应’与上海‘十二五’期间的改革发展”等专题；将“上海转变经济发展方式的瓶颈与对策”、“当前上海社会保障改革的难点与趋势”、“落实国务院意见，推进上海金融和航运中心建设”、“上海基层行政执法存在的问题与对策”、“依法行政能力与执法公信力”、“公共政策的社会风险评估”等重点课程推广到整个教学过程中，把世博题材作为一个教学元素嵌入到包括主体班在内的各个班次中。在培训方式上，2010 年实现所有重要班次均安排案例教学，重点扶持了上海文化产业和“神木模式”案例教学项目组，文化产业案例教学先后在领导干部进修班、中青年干部培训班、正处级干部轮训班开展；与组织部门联合开展全市群众工作案例征集工作，共征集案例 95 篇，其中 59 篇入选案例集《春风化雨——上海群众工作案例集锦》（中共中央党校出版社出版）；稳步推进体验式教学，使用突发事件实训室和媒体沟通实训室为 89 个计划内班次进行了培训，受训学员近 4000 人次。开发了第一个市外的江苏江阴教学基地，对宁波等地的教学基地资源进行考察、接洽。

科研工作。研究编制本校第一份决策咨询研究中长期规划；全年获得国家社科基金项目 4 项、省部级课题 13 项，出版学术著作 16 部，在权威期刊发表论文 24 篇（含研究生 1 篇），核心期刊发表论文 172 篇，论文被《新华文摘》、《中国社会科学文摘》、人大《复印报刊资料》转载 36 篇；组织国际学术研讨会 1 场、双边国际学术研讨会 4 场和全国性研讨会 3 场，继续举办了春、夏、秋、冬学术沙龙 4 场；获全国党校系统优秀科研工作组织奖、上海市社会科学界学术年会组织委员会颁发的优秀组织奖、上海市委宣传部颁发的征文优秀组织奖和上海市依法治市领导小组办公室等颁发的优秀组织奖，被上海社科规划办评为优秀科研管理部门。

队伍建设。引进教学科研骨干 1 名，招聘 5 名博士、1 名博士后；安排 5 位新进校教师到教学管理部门实习并与带教导师签署带教制责任书，6 位近年新进校的教研人员参加党校系统新进教研人员培训班，9 名教研人员和机关干部（第五批）分别到市、区等机关单位进行挂职锻炼 1 年，选派 25 名教研人员分别参加中央党校、国家行政学院和国家 3 所干部学院等组织的师资培训班，组织教职工 59 人次出国（境）考察、培训、做访问学者等；制定了《关于外聘教研人员管理实施细则（试行）》，完成外聘教师的换届聘任工作，聘任新一届客座教授 34 名、名誉教授 7 名、学术顾问 6 名、咨询顾问 6 名、兼职教授 86 名；修订了《职称评审补充解释》，加大了教学优秀奖等在职称评审中的作用，评审教授 4 名、副教授 14 名，有 1 位教授新获国务院特殊津贴。

信息化建设。编制《2011—2015 年校（院）信息化发展规划（修订稿）》，完成“上海干部在线学习城”等干部教育网络课件制作和《中共党的建设研究数据库》内容建设，数字图书馆新增数据 5000 多条、电子图书 13 万册；数字图书馆拓展全市党校系统信息服务，已有 9 所区县党校建立异地分馆，主办“华东地区党校信息化和图书馆工作研讨会”，推进上海党校远程教学系统（网络党校）二期建设，共有13所党校接入系统。

国际交流与合作。全年共组织外事出访22批62人次，接待来访45批302人次；新增意大利国家行政学院和澳大利亚悉尼大学两个合作伙伴，继续举办双边和多边国际研讨会，邀请专家来校讲学和访学；向美国哈佛大学肯尼迪政府学院等派出访问学者5人，派出14人参加国际图书馆协会联合会、国际行政科学学会、国际行政院校联合会年会和地区性研讨会等。

【江苏省委党校】 成立于1953年1月，与江苏省行政学院实行“两块牌子、一套办事机构”的办学模式；2000年9月，省级机关工委党校、省级机关管理干部学院和省青年管理干部学院正式并入党校，2006年10月在原昆山市委党校基础上，挂牌成立中共江苏省委党校昆山分校和省行政学院昆山分院；领导体制为校务委员会负责制，中共江苏省委常委、组织部长王国生任校长，日常工作由常务副校长黄文虎主持；下设哲学教研部、经济学教研部、科学社会主义教研部、党史党建教研部、工商管理教研部、行政学教研部、社会学教研部、法政教研部、世界经济和政治教研部、现代科技教研部、基础学教研部和经济社会发展研究所等23个处级机构；现有教授59人、副教授57人，有享受国务院特殊津贴专家4人、省突出贡献中青年专家7人和省优秀专业技术人才6人；拥有硕士学位授权点14个。

2010年，举办常规主体班次32个，主要包括省管干部进修班、县处级干部培训班等，培训干部2396人；省委在党校举办的班次有省管干部轮训班、法制江苏建设培训班等7个，培训干部1921人；举办“5 + X”培训班6期，培训学员2503人次。与省委多个部门联合举办各类委托培训班77个，培训干部5980人。硕士研究生40人取得硕士学位。

教学工作。实行重大讲题公开招标制度，组织科研成果转化为讲题的评审活动，开设了江苏发展创新型经济、加快转变经济发展方式、实施沿海开发国家战略等教学专题，确保每年教学专题更新率在30%以上；举办了全省党校系统“公共管理案例教学”研讨会和案例教学师资班，组织各教研部申报教学案例，并启动案例教学的有关奖励措施，在每个主体班均开设一至两门案例教学课程；大力推进互动式教学，每位教师严格执行课堂教学中必须留出20分钟与学员互动的规定，让学员上讲台讲座，开展小组讨论和班级研讨，邀请省领导、院领导与学员面对面交流、座谈、研讨；围绕学习贯彻十七届五中全会和省委十一届九次全会精神，在主体班学员中开展“我为江苏‘十二五’规划建言献策”活动，对此《新华日报》两次进行专题报道；邀请省长、常务副省长和中央党校、中国人民银行等专家来校作报告10场；举办“廉政教育研究中心揭牌仪式暨座谈会”，开发具有江苏特色的涵盖苏南、苏中、苏北的现场教学点，组织主体班次学员到苏中、苏北和四川绵竹等地进行现场教学。

学科建设。科学社会主义、政治经济学和行政管理3个省“十一五”重点学科通过检查验收，申报了理论经济学、政治学、社会学3个硕士的学位一级学科，初步形成了囊括省级重点学科、省重点培育学科、校级重点学科等学科架构体系；出台《三级学科管理建设》和《学科建设经费管理》等规章制度，以学科点为依托，由学术带头人牵头，组织科研骨干加强对重大理论和现实问题的研究。

科研工作。制定《学术著作出版资助》、《国家课题申报激励》、《校级课题结项管理》、《科研组织奖评审》等规章制度；全年共获立项国家社科基金项目5项、省社科基金项目3项、省政府留学奖学金项目1项、省教育厅重点学科基地招标课题3项、省政府研究室重大招标课题3项和外来委托课题24项，获得校外科研经费近226万元；获得全国党校系统第八届优秀科研成果奖5项，连续8届获得优秀科研工作组织奖；首次参加省政府工作报告起草，参与全省“十二五”规划的修改工作；举办“首届江苏党的建设高层论坛”、“2010年全省哲学社会科学学术大会马克思主义专场会议”、“深化行政体制改革与建设服务型政府学术研讨会”和“第四届全省党校系统科研协作会暨2009年度调研成果研讨会”，与中国社会科学院联办“执政党与宗教：伊斯兰教与和谐社会”理论研讨会，承办了第三届江浙沪党校科研协作会、第五届环太湖科研协作会暨第二届长三角高层论坛。

机关党建。邀请省纪委副书记、省监察厅厅长两次来校为全校主体班次学员、全体校委和科以上干部、副教授以上教师分别作了《认真学习廉政准则，加强反腐倡廉建设》和《加强党风廉政建设，深入持久地开展反腐败斗争》报告。

信息化建设。召开新校区信息化建设汇报研讨会，图书馆举办“世界读书日”宣传展开幕式暨“幸运读者”抽奖活动，举行第三届“优秀读者”颁奖仪式。

【浙江省委党校】 创建于1949年9月24日，与浙江省行政学院实行“两块牌子、一套班子”的办学模式；领导体制为校务委员会负责制，中共浙江省委常委、组织部长蔡奇任校长，日常工作由常务副校长沈立江主持；下设哲学教研部、经济学教研部、政治学（科学社会主义）教研部、党史党建教研部、公共管理教研部、工商管理教研部、法学教研部、社会学文化学教研部、外语教研部、软科学研究所等27个处级机构和机关党委（纪委、工会、团委）；现有教授27人、副教授52人，有享受国务院特殊津贴专家6人、省特级专家1人、省宣传文化系统“五个一批”人才6人和省有突出贡献中青年专家3人；1993年12月被国务院学位委员会批准为硕士学位授予权单位，有硕士学位点8个。

2010年，举办主体班次55期，包括厅局级领导干部进修班、乡镇党委书记进修班、中青年干部培训班、处级公务员任职班、女领导干部培训班、全省宣传部长培训班、公务员对口培训班、公务员初任培训班、全省党校系统师资专业培训班、全省党校校长培训班等，培训干部6257人；举办了青川县领导干部灾后恢复重建培训班等委托班次140期，培训干部9028人；首次举办市县长专题研讨班，培训干部101人；首次承担“浙江·西藏县域经济发展公务员对口培训班”的培训任务，培训西藏地区县处级领导干部40人；与省委、省政府的有关职能部门举办了省高层次人才政治理论研修班暨“海外高层次人才引进计划”入选者专题培训班、“加快转变发展方式、促进经济转型升级”市县长专题研讨班、全省政法领导干部“突发公共事件与舆情应对”读书班暨专题研讨班、现代城市管理专题研讨班、全省党代表任期制专题研讨班、“法治政府建设”专题研讨班、发展低碳经济专题研讨班和全省文化产业发展专题研讨班等，培训干部630人；有20名硕士研究生取得硕士学位。

教学工作。增设了党员领导干部廉政准则、加快转变经济发展方式、“十二五”规划、建设生态文明和马克思主义经典原著导读等教学内容；举办了2期“市长论坛”和“名师讲坛”；在主体班次进一步深化“领导干部与媒体沟通”情景模拟教学，率先将提升舆论引导能力纳入领导干部培训的必修课（此项教学改革在2010年3月24日的《人民日报》“政治”版以“与媒体‘打交道’成干部必修课——浙江省委党校将‘新闻发布会’开到课堂上”为题进行报道）；定期组织举办学员论坛、调研课题成果答辩会、学员辩论赛等；与北京市委党校互派中青年后备干部开展异地培训（2010年12月20日，《人民日报》“政治”版以“京浙闽三地联手，互派干部培训”为题作了报道）；会同省委组织部在全省党校（行院）系统开展“精品一课”大赛、“党校（行院）名师”和“现场教学示范基地”评选表彰活动，全省党校系统1500余名教师参与了相关评选活动，确定了首届浙江省党校（行院）系统名师23位、精品课程40个；与省委组织部联合发文（浙组通〔2010〕51号）确定了首批浙江干部教育培训现场教学示范基地10个。

学科建设。2010年，共有哲学、理论经济学、政治学（党建）、公共管理、马克思主义理论5个学科通过一级学科硕士学位授予权初审；继续深化与中国社会科学院研究生院的合作交流，成立了中国社会科学院民营经济研究中心浙江创新发展研究基地，聘请中国社会科学院3位专家学者担任学术顾问。

科研工作。全年共获立项国家社科基金重点课题1项、一般课题8项，省级课题29项，获全国党校系统第八届优秀科研成果一等奖1项、二等奖2项、三等奖2项，连续6届获得优秀科研工作组织奖；制定了《建设创新型智库若干意见》和《科研精品优秀咨询成果奖励办法》；组织“推进转型升级、建设生态文明”的专题调研，形成了系列调研报告《“推进转型升级、建设生态文明”调研报告》，得到中共浙江省委书记赵洪祝批示，与中国社会科学院研究生院、省委政策研究室和省社科联共同主办了“推进转型升级、建设生态文明”理论研讨会；全年共有25项成果得到省委、省政府领导的批示，出版了《民主建设的浙江实践与中国经验》，《中共浙江省委党校学报》被评为“全国高校优秀社科期刊”。

队伍建设。选派4名中青年教师到中国社会科学院研究生院做访问学者，8名中青年干部到省直机关、省重点工程等单位挂职锻炼，组织近60名教职工赴国（境）外学习培训；录用了6名博士，选拔调整和充实17名处级干部和管理骨干，新晋升高级专业技术职务1人、副高级专业技术职务8人；举办暑期读书会，组织处以上领导干部和正高人员，赴延安集中学习党的优良传统和延安精神。

机关党建。完善校委理论中心组学习制度；理论中心组进行了15次专题学习，其学习做法被评为“省直机关建设学习型党组织典型案例”之一；开展学习型党组织和创先争优活动，通过模拟电视专题访谈加强党支部书记培训的做法，得到省直机关工委的肯定，《浙江日报》在头版作了专门报道。

信息化建设。推进信息化建设和图书文献工作，制定了《全省党校系统信息化建设“十二五”规划》，浙江党校网络图书馆建成并投入使用。

后勤管理。总投资4666万元、建筑面积7414平方米的新校区文体馆建成并投入使用；健全以财务管理为重点的制度建设，全面实行固定资产信息化管理，完成新校区第二轮物业服务团队的招标工作和文欣校区土地出让工作。

【安徽省委党校】 1951年11月，由原中共皖南区委党校和中共皖北区委党校合并成立；领导体制为校务委员会负责制，中共安徽省委副书记王明方任校长，日常工作由常务副校长刘长功主持；下设哲学教研部、经济学教研部、科学社会主义教研部、管理学教研部、法学教研部、党史党建教研部、科学文化教研部和理论研究所等24个处级机构；现有教授12人、副教授43人。

2010年，举办常规主体班次22期，主要班次有市厅级干部进修班（2期）、市厅级干部“金融理论与实践”专题研讨班、市厅级干部任职培训班、市县干部“党建理论”进修班、县（市、区）长培训班、县处级干部（经济发展）进修班、县处级干部（社会管理）进修班、省直机关正处级干部任职培训班（2期）、中青年干部培训班、县处级宣传理论干部进修班、县处级干部“加快皖北和沿淮部分市县发展”专题培训班（2期）、省属企业党务干部进修班、全省高校负责人研修班、中青年专家班、全省哲学社会科学教学科研骨干培训班（2期）、干部教育师资班（2期）等，培训干部1704人次。

教学工作。制定《教师岗位责任制度》和《教师在职学习培训和挂职锻炼制度》；开设“皖江城市带承接产业转移示范区建设”、“安徽区域协调发展问题研究”、“统筹城乡发展、推进城乡一体化”、“安徽‘十二五’发展分析与展望”等新专题23个；出版教材《推动科学发展、建设和谐安徽》（中共中央党校出版社）、《解析金融》（人民出版社）和《国际金融理论与实践》（中共中央党校出版社），编辑《安徽经济社会发展若干重大问题资料汇编》、《干部选拔任用工作法规汇编》；重点开展省情教学研究，在全省党校系统开展重大应急教研专题招标等活动，突出抓好“皖江城市带承接产业转移示范区建设”、“合芜蚌自主创新综合配套改革试验区建设”和“安徽参与泛长三角分工合作等重大理论和现实问题研究”等专题教学。

科研工作。全年立项各类课题107项，其中国家社科基金项目1项、全国党校系统重点课题3项；共结项各类课题136项，其中国家社科基金项目1项、全国党校系统重点课题6项；获全国党校系统第八届优秀科研成果奖4项、省社会科学文学艺术出版奖（社科类）论文三等奖3项和省社科联年度优秀论文三等奖1项；出版专著2部，在国家级报刊发表文章23篇。

学员管理。制定《学员自学签到制度》、《学员请销假公示制度》、《课堂纪律公示制度》、《约请学员谈话制度》、《学员部廉洁自律规定》、《组织员跟班听课制度》等9项制度；借助现代化信息化手段做好学员入学网上测试工作，健全完善综合考评体系，把学员考试成绩、学员自学情况、研讨情况、撰写研究报告、读书笔记等纳入考核范围；在市厅干部班、中青年干部班开展专项党性教育、党性分析活动，把学员的党性修养与学风建设、与学员在校的表现和遵守纪律情况结合起来，并在学期结束时进行考评。

队伍建设。启动干部在线学习活动，安排51人次参加各类培训和挂职锻炼，组织全省党校系统24名教师赴新加坡进行“教育管理与精品课设计”培训；制定《事业单位岗位设置方案》、《事业单位岗位设置管理实施方案》，全省党校系统共评出教授6人，副教授26人，高级讲师26人。其中，省委党校有3人取得正高职称资格，6人取得副高职称资格。

机关党建。开展创先争优活动，抓好学习实践活动整改落实后续工作，兑现向群众作出的承诺，建立健全深入学习实践科学发展观的长效机制；开展推进学习型党组织建设和“基层党组织建设年”活动，制定《2010年效能建设实施意见》，推进效能建设向处室延伸，开展校园文明创建工作。

业务指导。参加省委组织的督察组，对全省贯彻落实全国、全省党校工作会议精神情况进行督察；推进全省市县党校大中专体制规格建设，池州、亳州两所市委党校被确定为大专体制规格，无为等10所县级党校被确定为中专体制规格。

信息化建设。完成多媒体教学和网络远程教学的保障任务，加强网络应用建设和技术服务工作，完成了校综合信息管理系统的开发建设和调试工作，加大图书馆数字资源建设和文献资料的采购力度，丰富馆藏内容，完善馆藏结构，全年新增数字资源16500条。

基础设施建设。新图书馆建设工程基本完成；设计面积29000平方米的教学综合楼项目经省发改委立项，完成前期各项准备工作；美化校园，获“全国绿化模范单位”称号；承办华东地区党校校长座谈会。

【福建省委党校】 创建于1950年6月，领导体制为校务委员会负责制，中共福建省委副书记、省委组织部部长于广洲任校长，日常工作由常务副校长吴玉辉主持；下设哲学教研部、经济学教研部、科社教研部、法学教研部、党史教研部、党建教研部、管理学教研部、科技文史教研部、马克思主义研究所等22个处级机构；现有教授35人、副教授59人和硕士研究生导师14人，有享受国务院特殊津贴专家3人、“安徽省百千万人才工程”人选4人和省文化宣传“四个一批”人才2人；从2007年起，与福建师范大学联办中共党史与党的建设、马克思主义基本原理两个专业的硕士研究生。

2010年，举办常规主体班次18期，包括厅局级领导干部进修班（2期）、处级领导干部进修班（4期）、中青年干部培训班（2期）、党政干部培训班（2期）、全省党校系统师资班（2期）、组织部长岗位培训班、宣传部长岗位培训班、高校系统处级干部进修班、选调生培训班（3期），培训干部1224人；省委在省委党校举办的专题研讨班：福建省领导干部深入贯彻落实科学发展观加快经济发展方式转变专题研讨班（4期），福建省乡镇党委书记学习贯彻党的十七届四中全会和省委八届六、七次全会精神，加快建设海峡西岸经济区专题研讨班（5期）共9个班次，培训干部590人；与其他部门联合举办的班次：人大系统厅处级领导干部培训班（2期）、党委系统办公（厅）室主任培训班、全省重要舆论阵地领导干部岗位培训班（5期）、全省高校哲学社会科学教学科研骨干研修班（5期）、选聘生培训班（2期）、省直单位离退休厅（局）级干部读书班以及对口支援的西部班次（4期）共20期，培训干部1543人。

教学工作。出台《福建省委党校关于主体班次品牌课建设的实施意见（试行）》；设立9项品牌课教学专题，更新教学专题28个，完善“四大教学模块”理论教育模块、党性教育模块、知识与能力教育模块和省情教育模块，增设马克思主义经典著作导读，细化相关基本理论教学专题；深化“一班一策”，细分研究方向，把政治方向处长班调整为政治与法治专业处长班；增设天津滨海新区教学点，设立“古田会议纪念馆”和“谷文昌纪念馆”2个现场教学基地，举办“三观”教育主题学员论坛；邀请4位省委常委分别到校作学习报告，举办6场“海西大讲堂”和7次全校范围的讲座。

科研工作。全年立项中央党校重点课题3项、省社科项目3项、省中国特色社会主义理论体系研究基地课题5项和省科技厅课题2项；有1项国家课题通过结项；获得省部级奖励5项，其中获得全国党校系统社科优秀成果一等奖1项；有3篇调研成果得到省部级领导的批示，其中《台商总部经济岛——关于平潭综合试验区开放开发战略定位的研究报告》得到黄小晶省长批示；出版著作4部，新创办《公务员文萃》杂志，全年在CSSCI刊物上发表文章36篇；《领导文萃》杂志单期发行量已逾19万册，连续第3年被列入中国邮政畅销报刊名录。

队伍建设。全年选派44名教师和管理人员到中央党校、延安干部学院等院校进修、赴国外培训、当访问学者，选送骨干教师到市县挂职锻炼，开展援疆、扶贫驻村等工作；对于新进党校的年轻教师，由所在教研部安排副高职称以上的老师予以指导；制定实施《省委党校招聘博士面试工作办法（试行）》，建立健全岗位设置与聘用管理、课题申报等人才激励成长机制。

机关党建。以深入开展“创先争优”活动、学习型党组织建设活动、建校60周年庆祝活动为抓手，开展“读书月”活动，开辟校园网专题栏目，举办“品味经典”系列读书会等主题实践活动，被省委授予“党建工作先进单位”荣誉称号。

信息化建设。加强数字资源库建设，完成馆藏纸质福建地方革命史研究资料数字化工作。《一国两制数据库》已进行初验收；网络共享VPN新模式正在全省各区市委党校推广；制定出台《校园车辆停放管理暂行办法》等管理制度。

【江西省委党校】 创建于1950年，与江西行政学院实行“一套人马、两块牌子”的办学模式；领导体制为校务委员会负责制，中共江西省委副书记王宪魁任校长，日常工作由常务副校长龚培兴主持；下设哲学教研部、经济学教研部、科学社会主义教研部、党史党建教研部、法学教研部、公共管理学教研部、工商管理教研部、现代科技教研部、文史教研部和外语教研部等36个处级机构；现有教授29人、副教授82人、享受省政府特殊津贴专家1人和江西省新世纪百千万人才工程1人。

2010年，培训轮训各级领导干部2675人，比上年增长51.3%。举办主体班18期，其中市厅级干部进修班4期、县处级干部进修班4期、中青年干部培训班2期、县处级国家公务员任职培训班4期、乡镇（街道）党委书记进修班4期，培训干部825人；与省委组织部、省委宣传部等部门合作举办专题培训班11期，培训干部1850人。此外，还举办中美研修班1期，培训学员21人。

教学工作。加强需求调研，建立培训需求定期调研制度和动态反馈机制；召开教学研讨会，研究确定教学专题，调整完善教学计划，每学期专题设置更新率均保持在30%以上，并重点打造“6个为什么”、“7个怎么看”、“划清4个重大界限”、“学习贯彻党的十七届五中全会精神”和“鄱阳湖生态经济区建设”等系列教学专题；编写《清廉之光》、《建设鄱阳湖生态经济区学习读本》等教材；围绕“鄱阳湖生态经济区建设”、“县域经济发展”等理论与现实热点问题，分别在共青城市、湖口县、丰城市等设立相关教学基地；探索“项目制专题研究式教学”，综合运用专题研讨、专家讲授、省内调研、异地培训、撰写调研报告等方法提高教学效果；充分利用江西红色资源开展现场体验式教学，初步探索出一套特色鲜明的做法，并多次在全国性、区域性干部教育培训工作会议上作经验介绍。

科研工作。全年有14项省部级以上课题获准立项，其中国家社科基金项目1项、全国党校系统调研课题2项，共获资助金额20余万元；完成国家社科基金项目2项、省部级项目6项和全省党校系统课题21项；在全国党校系统第八届优秀科研成果评奖和江西省第十三次社会科学优秀成果评奖中，各获一等奖1项；出版学术著作1部，发表论文318篇，《求实》被评为“全国高校百强社科期刊”；组织相关教研人员和主体班学员成立课题组，开展专题研讨和交流，形成《抓项目建设促江西崛起》、《加快我省国有企业改革》等调研报告；把相关教学基地建成科研基地，促进教学科研一体化。

人才强校。引进博士3人和硕士1人充实教研队伍，考录9名参公人员充实行政管理队伍；制定《加强青年教师队伍建设方案》，深入实施理论辅导员制度，先后安排8名年轻教师随主体班跟班学习、参与管理；选派30余人次参加中央党校、国家行政学院等各类培训，选派7名骨干教员和行政管理人员赴英、德等国培训考察；首次举办博士论坛及教学观摩交流会，举办中层干部培训班和工会干部、妇女干部培训班等。

机关党建。坚持从严治校，制定下发

《贯彻落实〈廉政准则〉的若干规定》，对全校党员干部提出具体要求；校委班子和各党支部认真召开专题民主生活会，推动《廉政准则》的贯彻落实；开展创先争优活动，推进学习型党校建设，采取“每日一读”、“每月一课”、开展主题读书活动等形式，推动教职工和学员爱读书、读好书、善读书；着力抓好学员党性教育和学习管理、组织管理、生活管理，严格实行查饭堂、查课堂、查自学的“三查”制度，推动形成良好的学风校风。

后勤保障。在完成主体班学员服务工作的同时，还完成了全省干部人事制度改革培训班、60周年校庆等重大活动的保障工作，再获“江西省文明单位”和“江西省直机关文明单位”称号。

业务指导。定期召开常务副校（院）长工作会议，交流贯彻落实《党校工作条例》的经验；举办全省党校系统师资培训暨继续教育培训班，全省党校、行政学院系统和干部院校的137名骨干教师、专业技术人员参加了培训；开展全省党校系统教师高级职称评审工作，共21名教师获得高级专业技术资格；组织骨干教员定期深入基层党校宣讲，解答基层干部关注的重大问题；结合鄱阳湖生态经济区建设等理论与实践热点，组织召开理论研讨会，引导基层党校教职工关注热点、研究热点。

国际交流与合作。举办第7期江西省领导干部公共管理——政府能力建设专题中美研修班，与瑞士西北应用科学大学签订合作备忘录。全年接待国外来访官员、学者和友好人士47人次。

【山东省委党校】 创建于1938年10月，领导体制为校务委员会负责制，中共山东省委书记、省人大常委会主任姜异康任校长，日常工作由常务副校长安世银主持；下设哲学教研部、经济学教研部、科学社会主义教研部、中共党史教研部、党的建设教研部、管理学教研部、文史教研部、政法教研部、马克思主义研究所等28个处级机构；现有教授40人、副教授41人和硕士研究生导师32人，有享受国务院特殊津贴专家7人、省突出贡献中青年专家6人和省优秀专业技术人才1人；拥有硕士学位授权点6个。

2010年，举办进修班14期，包括市厅级领导干部进修班（2期）、人大政协领导干部进修班、县（市、区）委领导干部进修班（2期）、处级领导干部进修班（2期）、全省党校系统教师进修班（2期）、全省乡镇党委书记进修班（3期）、少数民族中青班、党校系统科研管理班，培训干部1000余人；培训班次包括中青班、党政班（2期），培训干部400人；省直相关单位在党校举办的研讨班次15期，包括外向型经济发展班、安全生产专题研讨班、人口与计生工作培训班、全省妇女事业发展培训班、全省社科理论骨干和高校哲学社会科学教研骨干班（6期）、人防建设专题研讨班、文化产业发展专题研讨班、残疾人事业发展及权利保障专题培训班、全省人口理论师资培训班、西藏自治区委党校中青年干部培训班，培训干部1500人；与省科技厅、省财政厅共同举办县（市、区）科技局长班、济南财政系统干部培训班，培训干部300人。

教学工作。制定了《关于进一步深化教学改革的意见》、《案例教学中心经费使用与管理暂行规定》、《案例立项和入库暂行规定》，修订完善了《教材建设与管理的规定》、《关于主体班次教学工作量计算及教学质量评估的补充办法》和《关于进一步规范中青班、党政班单元教学实施计划制定的暂行规定》；成立了案例教学中心，开展了案例立项申请、案例入库申报等工作；建立青岛和乳山2个教学基地和广饶、邹平、金乡3个现场教学基地；新聘兼职教授5位，邀请52名专家学者和领导来校作报告；编印《党的建设总体部署与工作重点》、《弘扬与培育新时期山东精神》等教材4本；组织中青班到上海和新加坡南洋理工大学、乡镇书记班到乳山异地教学。

学科建设。出台了《中共山东省委党校重点学科建设管理暂行办法》，举行了首批重点学科建设目标责任书签字仪式，分管教学副校长与8个重点学科带头人签订了重点学科建设目标责任书。

科研工作。本年度获得立项国家社科基金重点项目1项、一般项目2项，获得立项省部级课题13项；完成国家社科基金项目5项；获全国党校系统第八届优秀科研成果一等奖2项、二等奖1项、三等奖2项和优秀科研组织奖，2人被评为优秀科研工作者，获省第24届社科优秀成果奖12项、首届省社会科学普及优秀作品奖4项；20项科研成果被省级领导签批，其中《关于在山东建立期货交易所》被省委主要领导批示并进入决策，《历下区开展“三级四衔接”人民调解制度》的调研报告被省领导批示后上报中央政法委；举办了第二届山东经济文化强省建设高层论坛，在《人民日报》、《光明日报》发表理论文章10篇，在省级以上刊物发表论文387篇。

队伍建设。选派和资助25名骨干教师参加培训，其中选派9名骨干教师赴新加坡培训，安排21名教师到基层挂职锻炼；新评教授3人、副教授5人、副研究馆员1人和高级工程师1人。

业务指导。召开全省党校校长会议、全省党校业务指导工作会议、全省县（市、区）委党校校长研讨会和全省党校业务指导工作经验交流会，组织开展了贯彻《党校工作条例》、《省委实施意见》和全国全省党校校长会议精神的专项调研督察活动。

【河南省委党校】 创建于1949年，与河南行政学院实行“一套人马、两块牌子”的办学模式；领导体制为党委负责制，中共河南省委副书记叶冬松任校长，日常工作由校（院）党组书记、常务副校长赵鹏主持；下设哲学教研部、经济学教研部、科学社会主义教研部、中共党史教研部、党的建设教研部等23个处级机构；现有教授24人、副教授45人、享受国务院特殊津贴专家12人、省政府特殊津贴专家12人、省优秀青年社科专家和省优秀专家14人、省学术技术带头人8人和省宣传文化系统“四个一批”人才5人。

2010年，举办主体班24个，主要班次有中青年干部培训班、市厅级干部培训班、县处级干部培训班、基层党校骨干教师培训班等，培训干部1169人次；自主选学培训25个班次，培训干部2053人次；社会培训办班34个，培训学员4000人次。

教学工作。推进体验式教学、分段式教学，在搞好“学者大讲堂”、“科学大讲堂”、“省情大讲堂”的基础上，增设“文化大讲堂”和“市长大讲堂”；全年聘请中央党校、清华大学、中科院和省直厅局负责人作专题报告34次，组织教师进行专题调研，促使科研成果进课堂，进省委、省政府决策；为全省农村党员干部远程教育网和全国党校系统远程教育网摄制电视专题片20余部，其中2部在全国党校系统远程教育网资源片评比中获优秀奖。

科研工作。全年获得立项国家社科基金项目5项、省社科规划项目4项、省政府发展研究项目10项、省软科学研究计划项目5项和全国党校系统重点调研课题3项；结项国家社科基金项目4项、省社科规划项目2项、省政府发展研究项目11项、全国党校系统重点调研课题3项和全国行政学院系统课题3项；获全国党校系统第八届科研成果奖5项、科研课题项目中标奖和优秀科研管理工作者2人，获省社会科学优秀成果奖8项、省发展研究奖3项；在《人民日报》、《河南日报》发表理论文章3篇；完成省委办公厅、省政府办公厅安排的调研报告3份，出版著作2部，在国家级报刊发表53篇、核心期刊60篇；《学习论坛》被《新华文摘》摘编论点3篇、辑目6篇，被人大《复印报刊资料》全文转载28篇，再次被河南省新闻出版局评为全省二十佳期刊和一级期刊。

馆藏资源建设。2010年，校图书馆藏书总量371250册，外文图书3200册，年度新购图书4885册、报纸76种和期刊507种，新增数字图书4.6万册。

队伍建设。新增享受国务院政府特殊津贴专家1人、河南省优秀青年社科专家和省优秀专家1人、2009年度河南省学术技术带头人1人；引进博士4人，提拔4名厅级干部，交流1名厅级干部，提拔处级干部57人，交流任职23人；选派教师到中央党校、国家行政学院和浦东、延安、井冈山干部培训学院培训进修15人，前往中国人民大学等做访问学者及短期进修2人；抽调青年教师和干部下基层挂职锻炼，驻村工作队被省委、省政府命名为全省新农村建设帮扶工作先进集体，1名同志被命名为先进个人，所驻的濮阳县被命名为全省新农村建设帮扶工作先进县；第六批援疆干部完成任务后返校，第七批援疆干部到任并开展工作。

机关党建。深入开展创先争优活动，完成了年度先进党支部、优秀党员、优秀党务工作者的评选表彰，完成了总支、支部的换届改选，举办了新任党总支、支部书记培训班，组织新任处级干部任前廉政谈话；组织20多名教授到有关单位作宣讲报告近200场次；召开了校三届六次职代会，办理职工提案25件。

业务指导。组织干部到市县党校和已落实大专体制规格的省辖市党校进行调研，对贯彻落实《党校工作条例》和省委《实施意见》等情况和办学情况进行督促检查，起草《河南省县级党校办学质量评估标准指标体系》和《县级党校办学质量评估工作方案》；召开全省党校系统教学改革经验交流会，立项全省党校系统课题338项、校级重点调研课题12个，完成了2010年度全省党校教师高级职务评审工作；组织省辖市党校、行政学院领导5批10人次出国出境考察学习。

后勤保障。新校区的教学办公区行政办公楼、教学办公楼、教学楼、体育馆、会议中心、后勤管理楼6大单体建筑主体全部完成，学员生活区27栋宿舍楼和3个食堂的土建施工主体结构封顶，全过程参与新校区建设工程的设计审查、施工监督、设备和重要原材料采购招标的监督工作；制定实施《节能减排工作措施》，全年水、电人均能耗与上年同比下降5%，被省政府评为节能减排工作先进单位；慰问困难职工等30余人次，给87名因病致困职工发放救济款3万余元，为玉树地震灾区捐款8万余元；多种举措扩大“防艾”工作的社会影响，获得中央党校社会发展研究所和世界卫生组织颁发的“党校艾滋病政策倡导杰出贡献奖”。

【湖北省委党校】 创建于1950年，与湖北省行政学院实行“一套工作机构、两个学校名称”的办学模式；领导体制为校务委员会负责制，中共湖北省委常委、组织部部长潘立刚任校长，2010年7月后由中共湖北省委常委、组织部部长侯长安任校长，日常工作由常务副校长马哲军主持；下设马克思主义基础理论教研部、中共党史党建教研部、经济学与经济管理教研部、公共管理教研部、政法教研部、综合教研部、战略与省情研究室等23个处级机构；现有教授24人、副教授34人、博士生导师2人和硕士生导师50人，有享受国务院政府特殊津贴2人、享受省政府特殊津贴5人和省有突出贡献中青年专家5人；2003年，被国务院学位委员会批准为硕士学位授予单位，现有专业授权点5个。

2010年，举办常规主体班次4期37个，包括厅级干部进修班、县处级干部进修班、县市区委书记和县市区长培训班、中青年干部培训班、乡镇党委书记培训班、往届选调生培训班、党校系统师资培训班等，培训干部2124人；省委在党校举办了全省转变经济发展方式与调整经济结构专题研讨班，各市（州）、直管市、神农架林区、县（市、区）党委或政府主要负责同志以及省直相关单位负责同志共139人参加培训；与省委宣传部、省人社厅、省外侨办等部门共同举办全省哲学社会科学科研骨干研修班、全省地方政府分管领导人力资源和社会保障专题研修班、全省对外开放专题研讨班、香港传媒中高层研修班、广州地税系统干部培训班等班次26个，培训干部1846人。

教学工作。与省委组织部联合开展干部培训需求调研，共同制定干部培训计划及重点班次教学计划，参与完成的调研课题《干部教育培训需求调研和计划生成机制研究》被中组部评为2009年度组织工作调研成果优秀奖；探索和完善了双讲式、“1.5+1”互动式、省市两级党校联合教学等多种教学方法，外请领导和专家来校作报告达98人次，新建省公安消防总队特勤训练基地、长江航道局等4个教学实践基地，组织10多个班次开展现场教学20余次。

学科建设。编制《2011—2015年学科建设规划》和7个教研部门建设规划，组织政治学一级学科硕士学位授权点申报工作；12名硕士研究生顺利取得硕士学位，其中1人考入武汉大学攻读博士学位，1篇毕业论文被省政府学位委员会、省教育厅评为2010年湖北省优秀硕士学位论文。

科研工作。全年获得立项国家社科基金项目1项、中组部重点调研课题1项、中央党校调研课题4项、省社科基金项目4项和省重大调研课题1项，有6项省部级课题结项，获得省部级科研成果奖9项；5项研究成果受到省领导批示，其中研究报告《关于“设立武汉碳交易所、打造全国碳金融中心”的战略构想与政策建议》受到省委书记罗清泉等省领导的批示，并转化为实际成果；出台《科研名课题工程建设试行办法》，从课题的申报、资助、成果的结项和奖励、成果的推广和宣传各个环节加强管理；出版学术专著和教材6部，在省部级以上报刊发表论文113篇，其中在《中国法学》上发表1篇，在《法学》、《当代世界与社会主义》上各发表1篇，被《新华文摘》（论点摘编）摘转2篇，被人大《复印报刊资料》全文转载3篇；《长江论坛》的综合引证指数及转载率逐年增加，全年发行2万余册，获得第七届湖北省优秀期刊称号。

学员管理。制定《党员干部培训管理量化考核细则》，对学员党风廉政建设等情况进行量化考核评分，将考核结果向省委组织部报告，并将《考核登记表》寄送至派训单位和有关部门，存入干部档案，初步实现训用结合；推动学员将党校学员党风廉政建设成果延伸到工作岗位，构建“三级”党校齐抓共管的局面，省委常委、省纪委书记黄先耀两次作出批示，并到党校主持召开学员党风廉政建设座谈会，《党校学员党风廉政建设成果延伸与转化》被湖北省纪委授予创新奖；2010年4月，在《人民日报》开展的全国读者评报活动中，《湖北禁止党校学员用公款相互宴请》一文排名2009年“读者最喜爱”的新闻第二名，获“第二十届中国新闻奖”三等奖。

组织建设。新增设党校工作指导处，将原函授学院更名为继续教育学院，原研究生处更名为研究生部；98名专业技术人员按现聘专业技术职务竞聘到相应等级的专业技术岗位，完成了5名教授、7名副教授的聘任工作；面向全国招聘4名专业技术人员；配合省委组织部完成3名副巡视员选任工作，选拔5名正处长和1名副处长，选派5名干部到基层挂职锻炼，安置军转干部3人，招录参照管理工作人员6名。

机关党建。对任期届满的22个党支部进行了换届选举，对工作各个环节中的廉政风险点进行排查，初步建立了腐败风险预警防控体系，被省委表彰为“2008—2009年度党建工作先进单位”。

信息化建设。2010年8月，与省委组织部联合建设的湖北省干部在线学习中心正式开通，开设552门三分屏课程，注册学员24841人，访问量达660938人次；2010年9月，与国家行政学院等共同建设完成的中国公务员网湖北分中心对主体班学员和教职工开放，课程总计371门，访问量达133239人次。

业务指导。联合省委办公厅、省委组织部、省委督察室、省编办、省发改委、省人社厅、省财政厅等部门，就各市州党委贯彻落实《党校工作条例》和省委《若干意见》的情况进行专项督察；举办全省党校系统教师学习贯彻党的十七届五中全会精神暨第七届科研能力培训班，举办党校系统师资培训班4期。

对外交流。全年组织4批34人次赴美国、加拿大、奥地利、德国等地开展学术交流活动，组织45名学员和教职工赴新加坡等地学习培训；接待越南、玻利维亚、巴哈马和巴巴多斯等团组来校进行学术交流访问4批39人次。

【湖南省委党校】 创办于1951年8月，与湖南行政学院实行“两块牌子，一套人员”的办学模式；领导体制为校务委员会负责制，中共湖南省委常委、组织部长黄建国任校长，日常工作由常务副校长徐晨光主持；下设哲学教研部、经济学教研部、科学社会主义教研部、中共党史教研部、党的建设教研部等36个处级机构；现有教授67人、副教授56人、博士生导师2人、硕士生导师51人，有享受国务院政府特殊津贴专家5人，入选湖南省新世纪“121人才工程”库7人；2003年被国务院学位委员会批准为硕士学位授予单位，有政治学、公共管理2个一级学科硕士学位授权点和8个二级学科硕士学位授权点。

2010年，举办各类班次152个，培训干部12500人次。其中，举办主体班次35个，包括地厅级干部进修班（4期）、中青年干部培训班（2期）、处级干部进修班（6期）、处级公务员任职培训班（2期）、县（市、区）长进修班、新任副地厅级领导干部廉政教育培训班（2期）、县（市、区）委书记廉政教育培训班、省管企业领导人员培训班、乡镇党委书记培训班（2期）、选调生培训班、教学管理人员培训班、自主选学专题培训班（2期）、新疆吐鲁番地区县处级干部培训班（2期）共27个，培训干部1583人次；与省委、省政府有关部门联合举办的妇女干部能力建设培训班、学习型党组织建设研讨班、高校知识产权研讨班等8个，培训干部875人次。有硕士研究生24人毕业，硕士毕业生就业率达90%。

教学工作。提出“完善班次、扩大选修、增加实践、精选方法、教研互动、打造品牌”的24字教学改革方针，设置十七届五中全会辅导等新教学专题92个；全年安排各主体班外请报告共41次、全校性外请报告25次，其中有3位省部级领导干部来校作报告，开展选修讲座52次、选修专题60个；编写主体班教材《马克思主义经典著作选读》、《中国城镇化进程中的风险与防范》（研究出版社）、《中国特色社会主义理论体系概论》（研究出版社）和《科学跨越·富民强省——湖南发展新战略研究》（研究出版社）共4本，新增加教学基地2个；研发了教学质量评估系统并投入使用。

学科建设。召开了“学科建设”专题务虚会，明确了“加强传统学科建设、特色学科建设、培植新兴学科、学科交融；坚持学科规范与党校特色学科建设相统一，优势学科、特色学科、新兴学科相统一，教师队伍、教材建设、学位平台建设相统一，基础理论、学科理论、应用理论研究相统一，学科品牌、教学品牌、科研品牌相统一；围绕学科凝聚人才、搭建平台、搞好科研、整合资源、完善激励、加大投入”学科建设思路，政治学、公共管理两个专业获得一级学科硕士学位授予权，第一轮4个重点学科和5个重点培养学科全部达标合格，第二轮重点学科建设全面启动。

科研工作。全年获得立项国家社科基金重大招标项目1项、重点项目1项、一般项目6项，承担中央党校重点课题2项和省社科基金课题5项；《争取国家离岸金融试点政策着力发展湖南结算经济》报告获湖南省委书记周强批示，被立项为省社科规划领导小组重大委托课题；获湖南省第十届社会科学成果奖1项和全国党校系统第八届优秀科研工作组织奖；出版学术著作20部，在《求是》、《人民日报》、《光明日报》和《中国社会科学》发表理论文章20篇，人大《复印报刊资料》全文转载5篇。

学员管理。深入开展学员“驻村入户察民情”体验式教育活动，组织举办了学员体验教育成果汇报会；在推广理论教育、知识教育、党性教育“三段式”教育同时，积极推行导师联系制和班主任制等学员管理新办法；组织学员到韶山进行革命传统教育20次，开展警示教育9次、国防教育14次、拓展培训11次。

队伍建设。获评国务院政府特殊津贴专家1人，入选湖南新世纪“121人才工程”7人，获校教学科研特殊津贴19人；引进年轻教员和管理干部12人，外派挂职、培训进修、学习考察、援藏援疆135人次，提拔副巡视员2人、调研员2人和副调研员1人。

校园建设。新建文化休闲广场，达理楼修旧如旧、全面完工，完成了白云路改扩建基础工程，学员培训楼、职工安置房建设有序推进；全年引进优秀剧目、电影来校演出6场次，高雅艺术进校园实现常态化。

【广东省委党校】 创办于1950年3月，与广东行政学院实行“一套人马、两块牌子”的办学模式；领导体制为校务委员会负责制，中共广东省委常委、组织部部长胡泽军任校长，2010年7月由中共广东省委常委、组织部部长李玉妹任校长，日常工作由常务副校长郑盛廷主持；下设哲学教研部、经济学教研部、管理学教研部、行政学教研部、法学教研部、科学社会主义教研部、中共党史和党的建设教研部、外语教研部、公共课教研部、办公自动化管理教研部、邓小平理论与现代化战略研究所等28个处级机构；现有教授57人、副教授84人、博士生导师1人、硕士生导师60人和享受国务院特殊津贴专家16人；1993年，被国务院学位委员会批准为硕士学位授予单位，有二级学科硕士学位授权点6个。

2010年，举办各类常规主体班次48个，主要有市厅级领导干部进修班、县（处）级领导干部进修班、中青年领导干部培训班、政法综治领导干部培训班、中青年女干部培训班、高校哲学社会科学教学科研骨干研修班等，培训干部1457人次；承担省委交办的重要班次有全省领导干部深入贯彻落实科学发展观加快转变经济发展方式专题培训班（6期），省第九期领导干部党纪政纪法纪教育培训班和省纪委书记、组织部长、公安局长、检察院长、法院院长反腐倡廉教育培训班等9个，培训干部2753人；承担省委重要部门的班次有省接待干部培训班、第一期汶川县基层干部培训班、省政协第十二期提高参政议政能力培训班、广东省第六期和第七期领导干部美国高级培训班等13个，培训干部1358人；有学位研究生30人取得硕士学位，其中5人考上博士研究生。

教学工作。在常规班次教学中大力推进研究式教学改革，设计和实施了“深入学习中国特色社会主义理论体系”、“广东改革发展重大问题”、“深入贯彻落实科学发展观，加快经济发展方式转变”等教学模块；扩大中青班自主选学试点，拓宽“菜单式”选学范围，开展中青班优秀论文答辩，完善“三个三”体验式教学，实施模块教学与课题组研究式教学、案例研究式教学联动对接等；编写出版《加快转变经济发展方式概论》与《广东转变经济发展方式十讲》干部培训教材2本，编写自主创新能力、公共服务能力、社会管理能力、经济管理和体制改革能力、应急与处理突发事件的能力等100多个公共管理能力的案例素材，公开招标，形成案例库；加强教学研究和评教评学，组织了2008—2010年教学检查评奖。

科研工作。全年立项国家社科基金项目1项、中央党校课题2项、省社科规划课题2项和省部级横向课题4项；获省部级奖25项、全国性学会奖3项和全国党校系统第八届优秀科研工作组织奖；出版著作16部，发表重要文章163篇；承接横向研究课题20项，有5份决策咨询研究成果呈报省领导；组织全省党校（行政学院）系统2010年度哲学社会科学规划课题的申报工作，共申报77项，立项34项，结项56项，组织召开全省党校（行政学院）系统科研工作会议并颁发科研成果奖，举办全省党校系统“学习胡锦涛深圳重要讲话精神，促进经济发展方式转变”理论研讨会；《岭南学刊》获第四届广东优秀期刊提名奖，《广东行政学院学报》被评为第四届全国高校优秀社科期刊。

队伍建设。配合省委组织部选拔任用教育长，有2位教授被聘为广东省人民政府参事、3位教授被聘为广东省人民政府决策咨询顾问委员会专家委员；制定《学校事业单位岗位设置实施方案》、《关于学校事业编制岗位设置管理的意见》、《学校专业技术岗设置建议标准的补充说明》和《校（院）教研教辅部门核编定岗方案》，新聘教授7人、副教授10人，11人通过了高级职称评审，评选出50名“优秀非在编合同工之星”；开展广东省宣传战线优秀人才“十百千工程”培养对象选拔工作，有32名教师入选；组织干部教师参加“加快转变经济发展方式培训班”、公务员职业道德和信息技术能力提升工程培训，选派3名骨干教师到县挂职锻炼。

机关党建。开展“创先争优”主题实践活动，引导教职工在谋发展、抓落实上创先争优；组织教职工学习中纪委、省纪委有关文件精神，开展“纪律教育月”活动，组织观看电视录像，筑牢思想道德防线；参与省直机关组织的行风政风督察工作，受到省直工委通报表彰；开展“学习型处（室）”活动，与省中山图书馆联合，为教职工免费提供“网上读书直通车”服务；举行建校60周年庆祝活动，举办建校60周年图片展览，编印《中共广东省委党校60年发展历程》、《中共广东省委党校2000—2009年科研成果汇编》，评选表彰10名“感动党校人物”，组织教职工自编自演校庆文艺晚会。

信息化建设。召开全省党校系统图书馆工作暨信息资源建设会议，签署《广东省党校系统特色数字资源共建共享协议》；完成干部网络培训2个大类、7个专题、21个教学模块共310门课程的整合挂网，制定《干部在线学习管理暂行办法》、《网络培训学院学分制管理办法（试行）》等教学管理制度；完成“广东学习论坛”等重要会议和专题培训的技术保障，全年通过“广东省干部教育远程网”与“中央党校远程教学网”录制和播发课件647次，制作视频数据光盘6677张；完成公务员教学综合大楼信息化设施的规划安装，校园网络视频监控系统一、二期工程和车队网络技术升级；校园公共区域安装了视频监控系统，对东、西大门进行更新改造并实行智能化管理。

后勤保障。举行公务员教学综合大楼竣工落成典礼，完成校园中心区的园林绿化维修改造，连续第4年被评为“广州市花园式单位”和“广州市卫生模范先进单位”，财务决算工作连续第三年受到省财政厅表彰；与华南师范大学协商，解决了原广东行政学院离退休人员活动场所问题。

【广西壮族自治区委党校】 创办于1950年5月25日，与广西行政学院实行“一套人马、两块牌子”的办学模式；领导体制为校务委员会负责制，中共广西壮族自治区党委副书记陈际瓦任校长，日常工作由常务副校长黄学权主持；下设党史党建教研部、哲学（社会学）教研部、经济学教研部、政治学（科学社会主义）教研部、公共管理教研部、文史教研部和法学教研部等21个处级机构；现有教授19人、副教授34人。

2010年，举办常规主体班次22期，包括处级领导干部进修班、中青年干部培训班、处级公务员任职培训班、少数民族领导干部培训班、县处级女干部培训班、市县党校师资培训班、乡镇党委书记班等，培训干部1082人；根据自治区党委安排举办全区厅级主要领导干部深入贯彻落实科学发展观加快经济发展方式转变专题研讨班，培训干部112人；与自治区纪委、自治区党委组织部、机要局共同举办自治区直管干部全面贯彻落实《国务院关于进一步促进广西经济社会发展的若干意见》专题研讨班、自治区直管干部国际区域合作与中国—东盟自由贸易区建设专题研讨班、自治区直管干部自主创新与加快经济发展方式转变专题研讨班、自治区直管干部社会建设与应急管理专题研讨班、自治区直管干部加快构建“两区一带”区域协调发展新格局专题研讨班、全区密码工作专题研讨班和第八期新任厅级领导干部廉洁从政学习班，共培训自治区直管干部879人。

教学工作。制定和修订《主体班教学课程设置的若干规定》、《主体班次必修课教学模块招标实施办法（修订）》、《关于推进教学改革项目建设工作的实施办法（试行）》、《主体班教师教学质量评估办法》、《主体班优质课评选暂行办法》、《教师个人听课评课和集体观摩课的有关规定》、《理论辅导员管理办法》、《教学事故责任追究的规定》、《兼职教师聘任管理办法》共9项制度；聘请领导、专家到校作报告116次，其中4位自治区党委常委分别到党校给学员上课；增加文化修养方面的课程，在中青班首次开设“中国传统文化与现代文化修养”教学模块、区外异地教学模块，在自治区直管干部专题研讨班首次开设保健知识、心理健康辅导报告，在自治区直管干部专题研讨班开创性地尝试了互动式教学，改进学员论坛，增加了点评环节；组织主体班到百色进行革命传统教育进行体验式教学，到钦州、北海、防城港市开展现场教学活动，到柳州监狱进行反腐倡廉警示教育；改进排课软件系统，设计并使用“一课一评”教学评估软件。

科研工作。全年获得立项国家社科基

金项目2项、全国党校系统调研课题2项、广西马克思主义理论和建设工程研究基地课题13项，有1项国家社科基金项目结项，获得全国党校系统第八届优秀科研成果奖4项和广西第十一次社会科学优秀成果奖9项；举办了中国瑞典“全球化时代善治的理论与实践”和国际行政学院联合会—国家行政学院“金融危机下的政府管理”国际学术研讨会；出版学术著作8部，发表学术论文300篇；《桂海论丛》被评为广西高校学报十佳期刊。

学员管理。加强班级组织员队伍建设，要求组织员深入班级全程参与教学活动、班级活动、异地培训活动和“晚聚习”活动，在加强动态管理中激发学员学习积极性；积极开展学员团队学习，开辟校园网“学员论坛”，引导学员在“学员论坛”发表文章200余篇，编办《学员简报》65期、学员理论内刊《新境界》13期；创新开展学员“晚聚习”活动24次。

机关党建。颁布实施《关于推进学习型党支部（处室）建设的意见》，开展“读书活动周”和网上专题讨论交流活动；在全校基层党组织和党员中深化“‘科学发展先锋行’，深入开展创先争优，突出进行‘10项素质建设’”活动，开展“结对共建，先锋同行”活动；与贵港市覃塘区五里镇林村党总支“结对共建”，先后资助近12万元支持林村建设。

业务指导。与自治区党委组织部联合对40所县级党校进行办学水平达标评估验收；举办了全省市县级党校管理骨干跟班学习培训班和提高县级党校办学水平研讨班，培训市县级党校校长39人；举行全区党校系统第一届优质课集中评审活动，评出党校优质课62个，召开了全区党校系统科研咨询工作会议加大科研工作指导力度。

【海南省委党校】 1987年12月23日，根据海南建省办经济特区的需要，中共海南行政区委党校与中共海南黎族苗族自治州委党校合并，升格为中共海南省委党校；与海南省行政学院和省社会主义学院实行“三校合一”的办学模式，校领导体制为党委负责制，中共海南省委副书记于迅任校长，日常工作由党委书记、常务副校长彭京宜主持；下设哲学教研部、经济学教研部、工商管理教研部、公共管理（社会学与社会管理）教研部、党史党建教研部、法学教研部、政治学（统战理论）教研部、文史教研部等23个处级机构；现有教授10人、副教授27人、享受国务院特殊津贴专家1人和省优秀专家5人。

2010年，举办主体班次24期，包括春季新任厅局领导干部进修班、新任市县领导干部进修班、2010年公开选拔市县党政副职领导干部任职培训班、哲学社会科学教学科研骨干研修班、中瑞合作管理培训项目海南子项目培训班、乡（镇）长培训班、党政紧缺专业人才新录用人员岗前培训班、党校系统教学骨干培训班等，培训干部1093人次；省委在党校举办的专题培训班有海南省领导干部学习贯彻《国务院关于推进海南国际旅游岛建设发展的若干意见》专题培训班和2010年省干部教育“能力提升与工作创新”专题培训班共9个，培训干部1107人。

教学工作。制定《省领导到校（院）讲课实施办法》，邀请中共海南省委书记、省人大常委会主任卫留成，副书记于迅分别为“领导干部学习贯彻《国务院关于推进海南国际旅游岛建设发展的若干意见》专题培训班（第一、第二期）”作开班动员报告，聘请国内外专家学者11人和省领导为学员授课；开发了《党员领导干部廉洁从政若干准则》与职务犯罪、海南低碳经济发展、提高领导干部依法行政、处理公共事件的能力、马克思主义中国化时代化大众化的历史进程和基本经验及几个关键问题、村民自治工作指导、民主化进程中的理论与实践、世界各国政党制度及其发展趋势、大力建设社会主义核心价值体系、特区30年与海南发展的战略选择、伊斯兰教与中国国家安全问题和2010年中央一号文件解读共13个新专题；把研究式、案例式、体验式和政企对话、学员论坛等教学方法推广到所有主体班。

科研工作。全年获得立项国家行政学院课题1项、省社科联课题8项、省委宣传部课题1项、省委组织部课题6项和校级课题23项；通过结项课题7项，其中省社科联课题4项、校级课题3项；出版学术著作8部，发表学术论文91篇，研究报告22项；获得科研成果奖12项、13人次，其中省部级奖9项，分别为一等奖1项，二等奖2项，三等奖4项，优秀论文（课件）奖1项；组织立项校级课题23项，通过结项校级课题3项；出版学术著作8部，发表学术论文91篇，研究报告22项，其中《建设国际旅游岛的三个“圈层”》、《海南旅游资源开发的系统论视角》等成果受到省领导的重视并被省有关部门采用。

学员管理。制定了《学员管理办法》《学员考核细则》等制度，由省委党校管理团队、班级委员会、跟班管理员组成培训班管理队伍，加强督察考核出勤情况、听课表现、发言情况、测验成绩、学习成果、生活作风等，学员请假累计时间不得超过该班次学习时间的五分之一，超过者作退学处理，未经请假旷课者，给予通报批评并作退学处理；考核结果存入省委党校、省委组织部干部教育培训档案，并将考核结果反馈给学员所在单位，作为单位考察学员的一种参考；党校会同省委组织部在学员结业后定期或不定期开展对参训学员的跟踪考核，了解学员所学理论和知识在实际工作中的运用和创新情况，反馈学员对培训机构在教学、管理等方面的意见和建议。

队伍建设。引进副教授2人、博士6人、硕士6人充实到教研部门，录用硕士4人补充到管理部门；选派了37位教师和行政干部参加了中央党校、国家行政学院、中央社会主义学院、各类干部院校以及境外专项业务的培训，选择了5名干部到实际部门锻炼，9名新进教研人员到校（院）行政部门跟班，组织40位骨干教师和行政后勤管理骨干到清华大学学习培训；开设“工作论坛”作为交流学习心得和工作经验的平台；加强党风廉政建设，坚持校领导每日主要工作报告制，校领导在校内讲课不拿课酬、退出科研奖励机制和遵守工作用车限油制度共4项自律措施。

校园建设与后勤服务。主体建筑综合楼整体装修基本完成，综合报告厅建成并部分投入使用，13号学员楼投入使用，完成学员食堂的改造，校园A、B、C区改造完成，新建了校门、校道、琼崖革命纪念牌、绿地和停车场等；引进职业经理人，采取企业化、标准化管理，食宿服务有了明显改善。

对外交流。选派教研与管理人员赴德国、瑞士、英国、丹麦培训进修、学术考察及课题研究；重点抓中瑞合作海南行动学习子项目第一、二期的干部培训项目，包括邀请瑞士专家为培训班学员授课，进行国外学习考察，召开研讨会、专题讲座和交流等。

【重庆市委党校】 1997 年 9 月，在原中共四川省委第二党校、原重庆市委党校、原重庆行政学院的基础上组建而成；1999 年 10 月市委讲师团并入，实行“一套班子、两块牌子、三种职能”的办学模式；领导体制为校务委员会负责制，中共重庆市委副书记张轩任校长，日常工作由常务副校长吴康明主持；下设哲学教研部、经济学教研部、科学社会主义教研部、中共党史教研部、党的建设教研部、公理管理学教研部、法学教研部、经济社会发展研究所等 30 个处级机构，其中马克思主义研究中心为重庆市重点人文社科基地；现有教授 40 人、副教授 58 人、硕士生导师 32 人、享受国务院特殊津贴专家 9 人和市级学术技术带头人 6 人；拥有马克思主义哲学、政治经济学等 7 个硕士学位二级学科授权点。

2010 年，举办各类班次 53 个，培训干部 3945 人。其中，常规主体班次 39 个，主要有厅局级领导干部进修班、区县党政领导干部进修班、市级机关处长任职培训班、区县部门党政主要领导干部培训班、区县乡镇党政主要领导干部培训班、区县党校骨干师资培训班（哲学社会科学师资班）、国有企业领导干部政治理论培训班、区县人大领导干部进修班、区县组工系统领导干部培训班、人力社保局（处）长培训班、重庆市地税局局（处）领导班子后备干部培训班、中青年干部培训班、纪检监察系统领导干部培训班、宣传系统处级领导干部培训班、公务员能力提高培训班、哲学社会科学教学科研骨干研修班和军队团职转业干部培训一班等，培训干部 2515 人；专题研讨班有全市质监系统领导干部培训班、国土房管系统领导干部培训班、重庆市统筹城乡改革发展培训班、全市应急管理干部培训班、市直机关党务干部研讨班、全市首期市管领导干部网络舆情管理研讨班、全市档案系统领导干部培训班、全市“两新”组织党建工作市级示范党组织负责人培训班、全市应急管理干部培训班、共青团系统处级干部培训班和重庆市市管党政主要领导干部学习贯彻党的十七届五中全会精神专题培训班等 14 个，培训干部 1430 人；首次举办高校“4050”工程培训班；硕士研究生 15 人取得硕士学位。

教学工作。重点构建了“7+2”的教学内容体系，初步形成“理论导入—现场讲解—总结提炼—咨政建议”的现场教学流程；行为训练式教学实现拓展，重点推进了案例式教学、拓展训练、情景模拟和论辩式教学；继续推进开放办学，邀请校外专家和领导 105 人次来校授课，组织 20 个班次到高校和东部发达地区学习培训，组织 12 个班次 616 人到井冈山等革命圣地开展革命传统教育，与加拿大阿尔伯塔大学签署了《交流合作谅解备忘录》；组织编写基层干部培训教材 3 本，被中宣部、教育部、解放军总政治部、国家国防教育办公室表彰为“全国全民国防教育先进单位”。

学科建设。政治学获得硕士学位授权一级学科点。

科研工作。全年获得立项国家社科基金项目4项、中央党校课题2项、重庆市社科项目6项和重庆市软科学项目5项；报出国家课题和省部级课题成果的结项率达95%，获“良好”国家社科课题1项，获“优秀”市社科课题5项，“良好”市社科课题5项；在全国党校系统科研评奖中，获集体奖1项、先进个人奖2项和优秀科研成果奖5项；组织立项校级重大咨政课题4个，课题组研究成果《强化学习意识，提升工作绩效——重庆市垫江县澄溪镇学习型党组织建设的调查》在《人民日报》（2010年12月7日）发表，《生态文明建设的特征及实现途径》（2010年1月28日）、《服务群众、改进作风的新抓手》（2010年4月2日）、《实施好建设学习型党组织的战略任务》（2010年10月21日）、《探索以民生为导向的重庆发展之路》（2010年10月28日）和《重庆民生导向发展之路的三大创新》（2010年11月25日）等研究成果发表于《重庆日报》（发表时间见文后括号内）；出版专著《重庆模式》（中国经济出版社），《探索》获“全市宣传文化工作先进单位”；与重庆市新闻出版局、重庆出版集团联合建立“重庆地方文献研究中心”和“重庆地方出版物收藏中心”。

学员管理。修订完善《主体班学员手册》和《主体班学员党性教育活动实施方案》，制定《学员集体活动安全预案》，坚持考勤量化、上墙公布和晚归通报制度，强力推进实施“三考三评三公示”制度；继续开展“党性实践锻炼”、“我与劳模面对面”等专题活动，组织学员开展小组讨论、每周评教活动和大会交流。

队伍建设。21位教授入选“第一批重庆市社会科学专家库”名单，引进6名来自中央党校和3所“985高校”的优秀毕业生，有效提升队伍素质。

信息化建设。校数字资源建设被中央党校评为“全国党校图书馆数字资源共建共享工作先进单位”，综合评估名列全国省级党校第一位。

【四川省委党校】 成立于1952年10月，与四川行政学院实行“一套机构、两块牌子”的办学模式；领导体制为校务委员会负责制，中共四川省委常委、省委组织部长柯尊平任校长，日常工作由常务副校长刘毅主持；下设哲学教研部、经济学教研部（四川经济社会发展战略研究所）、科学社会主义教研部、中共党史党建教研部、区域经济教研部、会计金融教研部、文史教研部、计算机科学与工程教研部、工商管理教研部、公共管理教研部、法学教研部、外语教研部、综合教研部等37个处级机构；现有教授40人、副教授102人和硕士研究生导师28人，有享受国务院政府津贴专家6人、省有突出贡献优秀专家3人、省学术和技术带头人5人；1990年经国务院学位委员会批准为硕士学位授予单位，有6个专业授权点。

2010年度，举办常规主体班次34个，包括市厅级公务员专题研讨班、市厅级干部进修班、新任市厅级干部培训班、省政府部门处长任职培训班、县（市、区）长专题研讨班、县（市、区）长进修班、县（市、区）委书记进修班、省政府部门科级公务员培训班、民族地区领导干部培训班、中青年干部培训班、党校（行政学院）师资培训班、高层次复合型人才进修班、高校校级领导培训班、高校哲学社会科学教学科研骨干研修班、国有重要骨干企业领导人员进修班等，培训学员2380人；与省委、省政府合作举办专题培训班9期，主要有青海玉树地震灾后恢复重建培训班、四川省2010年主要污染物总量减排专题培训班、推进藏区跨越式发展和长治久安重点专题培训班等，培训干部2746人；开设10门自主选学课程，选学学员226人次；2010年共录取硕士研究生31人，毕业硕士研究生35人。

教学工作。在不同主体班次累计开设专题400余个，开设学员论坛50余次；对28个主体班次进行了教学质量评估，将评估报告及时应用于主体班教学之中；在主体班的教学活动中，不断加大远程教学平台和GDLN、CDDLN等远程教学内容的应用，获得“中国西部开发远程学习网突出贡献奖”；在相应班次开展案例教学活动，引进拓展训练，尝试安排了晚间讲座、讲坛、分班选学、体验式教学、远程教学5种新形式，开展“学员（师生）论坛”等活动；建立了《四川省党校、行政学院系统“教学优秀单位奖”评选暂行办法》、《四川省党校、行政学院系统“教学优秀个人奖”评选暂行办法》和《全省党校、行政学院系统主体班精品课评选工作试行办法》等有关制度，开展评优工作；坚持“请进来”，提高外请报告质量，实施“走出去”，针对藏区义务送教。

学科建设。应用经济学一级学科获国家教委审核通过。

科研工作。全年立项国家社科基金西部项目3项、省社科规划课题3项、中央党校课题3项和成都市规划研究项目3项，其中有1项为省社科规划重大委托项目；结项四川省社科规划重点课题1项，并评为优秀等级，结项四川省2010年第一批应用基础研究项目1项；组织全省党校系统调研课题立项258项，其中校级重大研究课题4项、重大研究课题市州项目13项、重点调研课题3项和青年课题9项，结项课题246项；在德阳、乐山、遂宁、南充等市委党校建立科研基地，并取得一批科研成果；协助省政府举办“5·12”汶川特大地震暨巨灾应对全国研讨会，完成编写《“5·12”汶川特大地震暨巨灾应对案例集》《“5·12”汶川特大地震暨巨灾应对论文集》和《四川灾后恢复重建案例集》等。

机关党建。校（院）委中心学习组召开5次学习会议，组织召开了社会主义核心价值观专题报告会、学习贯彻党的十七届五中全会精神专题辅导报告会、校院领导班子民主生活会等；组织党员干部赴韶山、延安学习培训，召开纪念中国共产党建党89周年暨“创先争优”活动表彰大会，通过“省级文明单位”创建工作检查验收，被省直工委授予“先进机关党委”荣誉称号；开展向青海地震灾区捐助活动，举办定点帮扶旺苍县木门镇培训班等，被省直工会评为“先进职工之家”。

信息化建设。贯彻落实中央、省委藏区工作座谈会精神，支持甘孜、阿坝、凉山三州党校建设发展，与中央党校联合在甘孜州州府康定召开援助藏区党校信息化设备捐赠仪式暨验收会；对《四川省市（州）级以上党校、行政学院年度信息化工作评估体系》进行修订和完善。

后勤服务。完成全年培训17.2万人次的后勤保障服务，对后勤热线服务方式进行了完善和升级，提高了服务热线的接通率和快速响应能力，利用节能专项资金，建成了东区矶湖废水循环利用喷灌系统，每年节约绿地喷灌用水3000余吨，《校院固定资产管理暂行办法》正式颁布实施。

对外交流。拟定《四川省委党校（四川行政学院）出国（境）工作管理规定》、《四川省委党校（四川行政学院）外事接待工作管理规范》、《四川省委党校（四川行政学院）出国（境）访问学者工作管理规范》等规章制度，初步形成了《因公出国（境）团组手续办理流程》、《来访接待流程》、《国际合作交流部人员工作职责》等，接待美国、加拿大、澳大利亚、越南、德国和南非等国家相关机构交流访问7次，应瑞典乌普萨拉大学政府学院和挪威克里斯蒂安那学院邀请，赴瑞典、挪威进行学术交流和考察。

【贵州省委党校】 创建于1950年，与贵州行政学院实行“一套人马、两块牌子”的办学模式；领导体制为校务委员会负责制，中共贵州省委常委、省委组织部部长张少农任校长，日常工作由常务副校长韩卫东主持；下设哲学教研部、经济学教研部（经济学系）、科学社会主义教研部、中共党史教研部、党建教研部、经济管理教研部（经济管理系）、行政管理学系、文史教研部、法学教研部（法学系）、现代科技教研部、理论研究所等32个处级机构；现有教授23人、副教授39人、有享受国务院特殊津贴专家2人、省政府特殊津贴专家6人和省管专家6人。

2010年，举办各类班次42个，培训干部2546人。其中，常规主体班次主要有地厅级干部进修班（2期）、局级干部进修班（2期）、妇女干部培训班，民族干部培训班（2期）、中青一班（2期）、中青二班（2期）、乡镇书记培训班（6期）、县长培训班（2期）、第18—19期处长培训班（2期）、地县党校师资培训班等22期班，培训干部1048人；四项监督制度专题培训班（4期）、全省高校大学生思想政治教育专题培训班、全省党委系统信息化推进培训班、全省发改系统负责同志医改政策培训班和全省县级医改领导小组主要负责同志培训班共8期，培训干部713人；与省国资委共同举办监管国有企业后备领导人员培训班，与省高院共同举办全省法官培训班，与省教育厅共同举办全省哲学社会科学骨干研修班（4期），与省机关工委共同举办全省机关工委系统干部培训班，与省纪委共同举办纪检监察干部培训班，与省交通厅共同举办省交通厅党政领导干部培训班，与六枝特区区委共同举办六枝特区“四帮四促”专题培训班共10期班，培训干部653人；举办校内专职教师培训班2期，培训教师132人。

教学工作。根据需求逐步扩大按类别培训班次的比重。根据形势发展和学员的需要，大幅度更新教学专题，对教学内容、主讲教员进行适当调整；深入改革乡镇书记班培训内容、培训形式，培训更加贴近乡镇实际；全年共邀请领导干部、专家学者和企业管理人员为学员作专题报告63场次；开展学员论坛、演讲比赛、课题调研等形式，促进学员自主学习。

科研工作。本年度获得立项国家社科

基金课题4项、省部级课题6项，组织立项校级重点课题2项、一般课题14项；获得省部级优秀科研成果一等奖1项、二等奖1项和三等奖2项；出版学术专著2部，入选国际性、全国性会议论文9篇，编辑出版《中共贵州省委党校学报》6期、《贵州干部教育》报23期。

队伍建设。在处级干部选拔任用中，把获得荣誉表彰和科研成果奖情况折合为一定的分值，综合民主推荐、笔试与组织考察得分，作为决定干部任免的基本依据，完成了4名处级干部、12名科级干部的提拔任用工作；除继续选派人员参加中央党校、国家行政学院、本校主体班学习外，还组织部分教师和管理人员赴江苏、浙江和上海等地学习考察，组织教师深入企业、社区和农村进行调研。

信息化建设。图书专项经费得到落实136万元，购买了社科类CNKI期刊全文数据库、人大复印报刊资料全文数据库、优秀博硕论文数据库、20万册超星电子图书等；开展全省党校系统远程教学站点的技术指导工作，中国西部开发学习网贵州中心（GZDLC）被人力资源和社会保障部、国家发改委授予“国家西部大开发突出贡献集体荣誉称号”。

业务指导。完成铜仁地委党校、黔西南州委党校大专体制规格评估的初审、评审及材料上报工作和六盘水市委党校大专体制规格的初评工作；与省委组织部、省编办和省委政研室共同完成的全省县级党校调研报告获得省委领导批示，并对中专体制规格评估主要文件进行了修改；完成了全省党校行政学院（校）师资班培训任务，举办了全省党校系统第九届职工运动会，促进全省党校系统的交流与合作。

【云南省委党校】 建于1950年9月1日，与云南行政学院实行“一套人马、两块牌子”的办学模式；领导体制为党委负责制，中共云南省委副书记李纪恒任校长，日常工作由校党委书记、常务副校长黄顺主持；下设哲学教研部、经济学教研部、科学社会主义教研部、党史教研部、党建教研部、经济管理教研部、公共管理教研部、法学教研部、文化与科技教研部、省情与政策研究所等25个处级机构；现有教授29人、副教授39人和享受省政府特殊津贴专家6人。

2010年，完成培训77个班次，培训干部4690人次。其中，常规主体班次25期，包括厅级领导干部进修班、县委书记培训班、县处级领导干部进修班、中青年干部培训班、处级公务员任职培训班、县处级公务员政府管理创新培训班、县处级女干部培训班、县处级少数民族干部培训班、理论骨干培训班、干部自主选学培训班、乡镇党委书记任职培训班及全省党校系统师资培训班等，培训干部3800人；省委在党校举办的专题研讨班为云南省领导干部学习贯彻党的十七届五中全会精神专题培训班（3期），培训干部549人；与省纪委共同举办云南省新提拔省管干部党风廉政建设履职能力培训班，与省委宣传部、省高校工委共同举办云南省高校哲学社会科学教学科研骨干研修班，在省委党校“兴边富民工程”挂钩点金平县举办“边疆发展与干部素养培训班”，培训干部341人；举办省直机关干部自主选学培训班3期，培训处级干部145人。

教学工作。与省委组织部、省人力资

源和社会保障厅、财政厅有关部门联合到广西、四川、江苏、浙江等省区开展调研，组织教学管理人员到迪庆8个州市和省人大等8个部门调研，形成《2011年度干部教育培训班次设置方案》，把目前按学期安排培训计划的做法调整为按年度安排；党的十七届五中全会召开后，按照省委的部署及时举办专题研讨班，将学习贯彻五中全会精神作为主体班次学习的主要内容；加大公共选修课程安排力度，全年共安排了28次、88个专题的选修课；在中青年干部培训班组织异地培训，开展专题调研；大力推进反思式教学、案例教学、现场教学、体验式教学，逐步推行情景模拟训练，广泛开展小组讨论、支部交流、双向交流、“学员论坛”等教学活动；每个班专门安排了“党的建设与党性教育”教学单元，开设了党的建设与党性修养方面的专题，在培训类班次中继续开展“破冰训练”；邀请4位省级领导到党校作报告，邀请国家商务部、国家人力资源和社会保障部、国家环保部、国家发展和改革委员会、国务院发展研究中心等中央部委办领导和中央党校、国家行政学院、中国人民大学专家学者13人来校作专题报告。

学科建设。按马克思主义哲学、科学社会主义与国际共产主义运动、区域经济学、中共党史、公共行政学5大学科、18个重点研究方向进行布局，覆盖了学校13个教学、教辅部门，进入学科建设的专兼职教研人员97人。在建校60周年庆祝大会上，省委对11名学科带头人进行了表彰奖励。

科研工作。全年获国家社科基金项目4项、全国党校系统调研课题3项、省社科项目4项、省委政研室课题1项、省政府系统决策咨询研究项目2项，有3项省部级以上课题结项通过验收，获全国党校系统第八届优秀科研成果二等奖2项、三等奖2项；与俄罗斯国家行政学院弗拉基米尔分院联合召开“中俄绩效评估国际学术研讨会”；出版学术著作3部，发表学术论文168篇。科研处获省委宣传部颁发的“2010年度国家社科基金项目申报、立项和管理先进工作单位”称号。

队伍建设。引进人才3人，提拔正处级干部3人、副处级干部11人，完成专业技术职务人员岗位聘任工作；选派近80人到中央党校、国家行政学院、延安干部学院、上海浦东干部学院等学习培训，组织14名教研人员赴越南、意大利、泰国、印度尼西亚和韩国等地开展校际交流、参加国际学术研讨会和培训；派出新农村工作队总队长2人、新农村指导员6人，派出3名教师到“兴边富民工程”挂钩点挂职锻炼、10名干部教师到西山区挂职锻炼、34人到县市区调研，派出扶贫挂职干部1人。

校园建设。校园改扩建一期工程基本完成，完成教研楼、学海园土建工程和部分内外装工程，书山院部分土建工程，校园主体道路沥青铺设工程，教研楼前广场的建设，学校大门及值班室的修建工程，校园管网铺设，校园污水站、设备房建设和景观绿化工程等。

【西藏自治区委党校】 成立于1961年4月，与西藏行政学院实行“一套机构、两块牌子”的办学模式；领导体制为校务委员会负责制，中共西藏自治区党委副书记张裔炯任校长，日常工作由常务副校长石俊华主持；下设马列教研部、党史党建教研部、综合教研部、行政管理教研部等12个处级机构；现有教授6人、副教授21人和享受国务院特殊津贴专家3人。

2010年，举办各类班次27期，培训干部1334人。其中，常规主体班次18个，包括中青年干部培训班、区直机关处级领导干部进修班、全区维护西藏稳定工作专题研讨班、全区加强基层基础工作专题研讨班、乡（镇、街道办）党委书记进修班、哲学社会科学教学科研骨干研修班、全区团干部培训班、全区妇联干部培训班、全区党校系统教学研讨班、全区公务员任职培训班、全区应对突发事件专题研讨班、全区中高级专业技术人员公需科目培训班等，培训干部896人；承办中组部、中央党校联合举办的第六批援藏县委书记培训班、国家文化部西藏文化管理干部民族团结培训班，培训干部104人；与区党委、政府合作举办专题培训班8期，主要包括与自治区公务员局联合举办的“全区军队转业干部培训班”，与自治区人大联合举办的“全区基层人大干部培训班”，与区党委老干部局共同举办的“全区老干部工作人员培训班”，与工商银行联合举办的“工商银行拓展训练培训班”等，培训干部438人。

教学工作。全校各班次共设置专题181个，其中新设专题80个，新课更新率达到44.2%，在新设80个专题中，西藏社会经济发展的本地特色专题占40个；选聘43名专家学者担任兼职教师，邀请中央党校、国家行政学院、国家人力资源与社会保障部、中国社会科学院和自治区领导、专家作报告80场；在主体班开展以研究式教学为重点的现场教学、情景模拟式教学、集体答疑式教学、案例式教学以及研究式教学，积极探索拓展训练、“2+0.5”授课制、乡间训练等；制定新的教师课堂教学质量评估标准，对10位专职教师进行了教学评估。第一期全区党校系统教学研讨班在自治区党委党校举办。

学科建设。新设的中国特色社会主义理论研究中心、西藏民族宗教研究所、西藏党建研究所、西藏经济社会发展战略研究所、西藏法学研究所、西藏公共管理研究所、西藏党校（行政学院）南亚研究所（简称“六所一中心”）等学术研究机构已正式开展工作。

科研工作。立项国家社科基金西部项目1项，申报国家社科基金特别委托项目（西藏项目）、国家民委民族问题研究项目、中央党校调研课题等17项，结项国家社会科学基金项目1项；颁发《教学科研专项经费管理办法（试行）》，出版《中国共产党在西藏工作的决策与实践研究》、《西藏科技人才奖励政策研究》和《西藏“四观”“两论”藏文读本》，发表各类文章60余篇。

机关党建。提出了“五个一”要求，即上好每一堂课、做好每一个课题、服务好每一个人、办好每一件事、执行好每一项制度，组织党员干部、教师和学员赴拉萨市城关区娘热乡开展党员密切联系群众实践活动，与县以上领导干部签订了《党风廉政责任书》。

队伍建设。引进1名硕士研究生和1名本科毕业生，调入1名副教授，聘任编审1人、教授1人和副教授3人，评聘讲师6人；安排53人次赴国内外培训、学习和挂职锻炼。

基础设施建设。完成新建学员宿舍、综合教学拓展训练中心工程、改扩建食堂、图书馆项目的施工设计、审图、规划许可等事项，完成自治区党员干部廉政教育基地建设项目的设计方案。

【陕西省委党校】 创建于1934年，领导体制为校务委员会负责制，中共陕西省委副书记王侠任校长，日常工作由常务副校长薛引娥主持；下设中共党史教研部、党的建设教研部、哲学教研部、政治经济学教研部、科学社会主义教研部、政治学教研部、经济管理教研部、法学教研部、陕西经济社会发展研究所等37个处级机构；现有教授32人、副教授71人、硕士导师50人，有享受国务院特殊津贴专家5人和省有突出贡献专家6人；拥有硕士学位二级学科授权点9个。

2010年，完成主体班次培训67期，培训干部3345人次。其中，举办市厅级领导干部培训班、正厅级后备领导干部培训班、副厅级后备领导干部培训班、县处级领导干部培训班、优秀选调生班等15期，培训干部481人；举办自主选学班31期，培训干部972人；举办全省深化医药卫生体制改革县级领导培训班、全省突发事件预防及应急管理培训班、全省机关后勤领导干部及业务骨干培训班等21期，培训干部1892人。此外，还举办全市高校哲学社会科学教学科研骨干培训班、延长石油集团党委书记培训班、省交通集团纪检监察业务培训班等行业系统专题和技能培训班共149期，培训干部10178人次；举办延安精神现场教学培训班19期，培训干部769人。

教学工作。出台新一轮《学科建设方案》、《关于深入推进中国特色社会主义理论体系“三进”工作的意见》、《陕西省党校系统教学改革统筹实施意见》、《全省党校系统教学工作考核指标》，完成第五轮教学评估，《正确认识和处理新形势下的人民内部矛盾》、《中国特色社会主义理论教程》等17部教材作为全省党校系统培训的主教材已全部投入使用，与杨凌示范区工委合作建立了“现代农业教学研究示范基地”。

科研工作。获得立项国家社科基金项目4项、省部级课题8项，组织全省党校系统招标课题65项；结项国家社科基金项目2项，完成省级和校级课题20项；组织百余人次深入榆林、杨凌、吴起、洛川、太白等地调研，完成调研成果67项，其中《当前党性修养面临的新考验》发表在《光明日报》(2010年11月13日)、《1942年陕甘宁边区“救国公粮”征缴及引发的社会问题》发表在《中共党史研究》(2010年第8期)、《马克思主义国家学说在中国的巨大创新和发展》发表在《科学社会主义》（2010年第1期和第5期)、《红色土地换绿装》在《求是》（2010年第15期）发表，《提高我省苹果产业市场竞争能力的几点建议》等3项成果得到省委书记赵乐际和代省长赵正永等领导批示，并转有关部门采纳。

信息化建设。完善了“中国知网”、“人大复印报刊资料”、“万方期刊库”等8大数据库，开通了《外文学术期刊检索服务系统》（FAJS)，更新了“学习实践科学发展观”等5个特色专栏，充实了“陕西省情”、“延安精神”特色数据库，自建了“创先争优”、“学习型党组织建设”等3

个特色专柜，建成了全省干部教育音像库，获“全国党校数字资源共建共享工作先进单位”。

队伍建设。修订完善了《事业人员绩效工资发放暂行办法》、《处级领导职务竞争上岗暂行办法》和《事业部门领导职务竞聘任期制暂行办法》，起草出台了《教师系列分级聘岗量化办法》和《学科带头人选拔管理办法》，鼓励25名教师在职攻读博士学位，全年有47名干部得到晋升，晋升中级以上专业技术职称18人，获得全省第一批“党的建设理论与实践”三秦学者岗位。

后勤保障。加大绿化美化校园力度，被省绿化委评为省绿化模范单位，是省级机关中唯一被评为省级卫生先进单位和省级绿色机关的单位；加强节约型机关建设，获“全省公共机构节能工作先进单位”。

业务指导。召开全省党校系统校长会和全省党校系统办公室工作暨业务培训会议，对贯彻《党校工作条例》和《省委贯彻落实〈党校工作条例〉若干意见》落实工作提出了具体要求，总结推广了咸阳市委重视党校工作的经验；举办全省党校系统科研管理干部培训班和全省党校系统师资培训班（2期），培训市县党校骨干教师153人；完成全省党校系统45人的高级职称任职资格评审工作。

【甘肃省委党校】 成立于1952年11月7日，领导体制为校务委员会负责制，中共甘肃省委常委、副书记刘伟平任校长，2010年9月8日起由中共甘肃省委常委、副书记鹿心社任校长，日常工作由常务副校长王渊主持；下设哲学教研部、经济学教研部、党史党建教研部、政治学教研部、工商管理教研部、公共管理教研部、法学教研部、文史教研部、党建研究所和经济社会发展研究所等26个处级机构；现有教授31人、副教授57人，有享受国务院特殊津贴专家和省政府特殊津贴专家各1人。

2010年，培训轮训各级各类干部9147人，比2009年增加3832人。其中，举办常规主体班次31个，包括地厅级领导干部进修班、企业经营管理人员进修班、县处级干部进修班、县（市、区）党政副职进修班、县（市、区）党委常委进修班、乡（镇）党委书记进修班、县（市、区）党政正职培训班、中青年干部培训班、少数民族干部培训班、组织人事干部培训班、女干部培训班、80后优秀年轻干部培训班、高校处级干部培训班、甘肃发展战略专题研讨班、中央在甘单位党务干部研讨班、市县党校科研管理工作专题研讨班、全省哲学社会科学教学科研骨干研修班等，培训干部1387人；计划外培训班培训各级各类干部7760人。

教学工作。突出对中央、省委大政方针的学习，把党的十七届五中全会和省委十一届十次全委会议精神及时纳入教学计划；推广和实施案例式、研讨式、互动式、体验式、辩论式教学，加大菜单式选学的分量，重点抓以项目负责制为依托的模块式教学方法的运用；组织学员论坛，继续在中青年干部培训班开展“四个一周”的拓展培训。

科研工作。全年获全国党校系统第8届科研成果奖4项和科研项目中标奖，获全省第12届社会科学优秀科研成果奖13项、敦煌文艺奖1项；立项国家社科基金项目4项、省社科规划项目5项、全国党校系统重点调研项目2项和省委宣传部调研课题8项；完成国家社科基金项目2项、省社科规划项目4项、省软科学项目1项、全省宣传思想文化调研项目2项、全省党校系统调研项目29项、兰州市社科规划项目2项；组织召开全省党校系统“区域发展战略”理论研讨会等学术研讨会。编辑出版《中共甘肃省委党校年鉴》（2009卷），出版著作15部，在省级以上报刊发表学术论文177篇。

队伍建设。新录用博士1人、硕士6人、选调优秀大学生6人；选送17名教学科研骨干分别到中央党校、延安、井冈山干部学院和省哲学社会科学教学科研骨干研修班学习培训、到中央党校和延安干部学院做访问学者，选派1名优秀年轻干部到乡镇挂职锻炼；推荐入选甘肃省社会组织管理专家人才库专家10人，晋升高级职称4人、副高职称4人，完成处级领导职位竞争上岗工作，提拔处级领导干部2人、副处级领导干部5人。

机关党建。组织全校党员和广大干部深入学习党的十七大、十七届五中全会精神、国务院办公厅《关于进一步支持甘肃经济社会发展的若干意见》和省委十一届十次全委会议精神；组织20余名教授在《甘肃日报》、甘肃电视台对党的十七届五中全会和省委十一届十次全委会议精神进行解读；制定《中共甘肃省委党校关于在党的基层组织和党员中深入开展创先争优活动的实施意见》，对近两年来在“双优一文明”创建活动中涌现出的7个优秀党组织、44名优秀共产党员、8名优秀党务工作者和7个文明处室进行了表彰奖励；向甘南舟曲灾区捐款73450元。

信息化建设。建成全省党校系统虚拟专用网络和多媒体集控中心，购置了多媒体课件录播系统、网络防火墙设备、上网行为管理设备、“校园一卡通”管理系统，安装了“办公自动化”管理系统；精选下载教学专题报告680讲，播出各类教学专题500讲，录制各类教学专题47讲，完成了2010年“中国学术期刊全文数据库”、“中国博硕士论文全文数据库”的续订工作，选购方正电子图书800册，完善“甘肃省情数据库”等5个自建数据库。

基本建设。完成了体育馆、危旧校舍改扩建一期工程（西二楼、西三楼）建设工程和锅炉房直燃机组安装、图书馆内部维修粉刷等工程，危旧校舍改扩建二期工程（东二楼、东三楼）主体封顶；加强固定资产管理和校园安全管理，建设资源节约型、环境友好型校园。

业务指导。组织召开了全省党校系统业务指导工作座谈会，对全省党校系统118名教师进行了表彰，完成了甘肃省党校系统高级职务任职资格评审委员会换届工作。

【青海省委党校】 成立于1951年3月9日，与青海省行政学院和社会主义学院实行“一套人马、三块牌子”的办学模式；领导体制为校务委员会负责制，中共青海省委副书记、省长骆惠宁任校长，日常工作由常务副校长武伟生主持；下设哲学教研部、经济学教研部、政治学（科学社会主义）教研部、党史党建教研部、公共管理教研部、民族宗教学教研部、法学教研部和现代科技教研部等24个处级机构；现有教授32人、副教授31人。

2010年，举办培训轮训班50期，主

要有州厅级领导干部进修班、中青年领导干部培训班、少数民族县处级领导干部培训班和玉树灾后重建骨干培训班等，培训干部2429人次；完成两期省直机关257名科级以下干部的自主选学培训任务，获全省干部自主选学工作先进单位奖。

教学工作。强化专题教学，举办和承办了玉树地震灾后恢复重建系列专题培训班以及学习十七届四中全会精神轮训班、加强与改进党的建设和学习全国人才工作会议精神专题研讨班、全省伊斯兰教协会负责人研讨班、首次全省藏语口语强化培训班和师资培训班、全省新闻发言人培训班等班次。在专题班培训中，采取专题讲座、研究讨论、现场教学、情景模拟、外出考察等多种形式相结合，增强培训实效。被世界卫生组织和中央党校授予“影响中国——党校艾滋病政策倡导杰出贡献奖”，被省委统战部评为“统一战线教育培训专项工作成绩突出奖”。

科研工作。全年获得立项国家社科基金项目课题4项、省级课题19项，结项国家社科基金项目课题6项、省部级课题8项，其中1项国家社科基金项目课题和1项省部级课题被鉴定为优秀等级，获第八届全国党校系统课题项目中标奖和全国社会主义学院系统科研课题成果优秀奖；承担省委、省政府及相关部门委托课题15项，研究报告《关于弘扬玉树抗震救灾精神的几点思考》得到省委书记强卫批示，“玉树地震政府应急响应与处置阶段工作评估”课题研究已经启动，《青海发展研究丛书》出版发行，《进一步提高巡视工作水平》在《人民日报》（2010年11月24日理论版）发表；与中央党校国际战略研究中心和日本大阪产业大学亚洲共同体研究中心联合召开“绿色发展与东亚合作”学术研讨会，与中央党校国际战略研究中心和海航集团联合举办“中国西部学术报告团·海航高原（青海）论坛”；编辑出版汉文版《攀登》6期（文章180篇），藏文版《攀登》4期（文章63篇），《党校教育报》18期，编辑完成《青海省情数据手册》。

抗震救灾。全力服务抗震救灾和灾后恢复重建，举办、承办玉树地震恢复重建赴四川专题培训班、玉树地震恢复重建赴日本专题培训班、玉树灾后重建骨干培训班、玉树灾后重建干部疗养考察培训班等7期；地震发生后第一时间3次派出应急管理教学骨干赴地震灾区开展应急救援调研，2次派出调研组赴四川学习借鉴灾后恢复重建干部教育培训经验，及时编发灾区干部培训班舆情反映；主动承担“玉树地震政府应急响应与处置阶段工作评估”课题研究，大力宣传“大爱同心、坚韧不拔、挑战极限、感恩奋进”的玉树抗震救灾精神，迅速组织教职工向灾区运送食品和物资，组织教职工和离退休老同志捐款和多交党费160547元，及时将浙江、西藏等省区校院的241438元捐款转至省财政专户。

队伍建设。提拔正处级领导干部9名、副处级领导干部10名、副处级非领导干部4名和正科级领导干部13名，调整交流正处级领导干部4名、正科级领导干部1名、职员和工勤人员7名；制定《教职工2010年进修培训计划》，外派教职工参加研讨会议和学习培训160余人次，选送24名教研人员到高校、干部学校进行访学和研修，选派14名教研人员和管理干部赴德国、意大利等国家和地区进行学习考察。

信息化建设。完成了海南和海西州委党校西部开发远程学习网二期项目竣工验收，民和、门源、乌兰县委党校多媒体教室设备安装调试和中央党校C级站及校园网重建项目；启动数字图书馆建设项目，完成教研综合楼、多功能教室和情景模拟教室建设任务，完成青海省公务员在线学习平台的硬件平台搭建、软件平台建设修改等工作，并正式开通运行。

业务指导。组织召开全省党校校长会议，举办全省党校系统办公室主任培训班，举办2期全省党校系统师资培训班，培训基层党校教师105人，组织295名基层党校教师到省委党校听课学习，组织全省党校系统40名副高以上教研人员在广东省委党校举办高级研修班，选送15名州市地党校的骨干教师到国家行政学院进行培训；带动基层党校教员参与校院教学实践基地的调研和现场教学活动，组织基层党校申报省级课题19项，获准立项2项；向舟曲、湟源等灾区捐款35220元，为帮扶村争取新建二级提灌站资金20万元，建设25亩核桃园林。

【宁夏回族自治区委党校】 创建于1958年，与宁夏行政学院实行“一套机构、两块牌子”的办学模式；领导体制为校务委员会负责制，中共宁夏回族自治区党委常委、组织部部长徐松南任校长，日常工作由常务副校长杨国林主持；下设哲学教研部、经济学教研部、政治学教研部、党史党建教研部、经济管理教研部、社会与文化教研部、公共管理教研部、法学教研部和信息技术部等22个处级机构；现有教授13人、副教授32人、享受自治区政府特殊津贴专家2人和自治区突出贡献中青年专家1人。

2010年，举办主体班次11期，包括厅级干部进修班、新任副厅级干部进修班、县处级干部进修班、中青年干部培训班、乡镇党委书记（乡镇长）培训班、市、乡镇优秀公务员培训班、固原市科级干部培训班等，培训干部1055人次；与自治区党委组织部、自治区妇联、自治区总工会、自治区司法厅、自治区国土资源厅、宁夏烟草公司等有关部门单位联合举办的班次有全区组织系统信息宣传员培训班、全区设施农业种植养殖女能手培训班、全区职业化工会主席培训班、全区新申请律师执业人员职前培训班、全区闲置土地处置业务培训班、宁夏烟草公司客户经理、中级营销员培训班等56期，培训干部8108人。此外，宁夏干部教育培训网络学院培训干部3049人。

教学工作。在主体班教学中，增设了《西部大开发的法制保障》、《西部大开发战略与政府行为》、《深入落实西部大开发战略及宁夏的工作重点》以及《深入实施西部大开发战略，加快发展社会事业，着力保障和改善民生》等11个专题讲座，为主体班学员举办专题辅导讲座22场次；在中青年干部培训班安排了进拓展中心进行军事训练、进农村入农户实践锻炼、进工厂学习的“三进”活动；在中青班首次尝试模块化教学，实现了教学内容的系统化和教学形式的多样化；创新课件制作技术，研发制作了西部大开发系列讲座三分屏课程，填补了网络学院区情教育课程的空白。

科研工作。全年获得立项国家社科基

金项目课题2项、省部级课题中标立项15项；有15项科研成果获省部级以上奖励；编著出版《深入实施西部大开发战略学习读本》和《深入实施西部大开发战略专题数据手册》，在《红旗文稿》、《宁夏日报》和《共产党人》等发表理论宣传文章和专家访谈文章70余篇；与《宁夏日报》理论评论部策划了大学习活动“专家访谈”专栏，刊登本校教研人员文章24篇；调研报告《宁夏干部对深入实施西部大开发战略大学习活动认知状况的调查》和《关于中阿经贸论坛期间营造穆斯林文化氛围的几点建议》分别得到自治区党委书记张毅和自治区主席王正伟的批示。

队伍建设。组织实施了《党校教师拔尖人才培养项目》，推荐4名年轻骨干教师参加了中组部“西部之光”访问学者计划、首批4人赴南开大学接受为期半年的访学培训，组织17名行政、教研人员赴国（境）外进修培训，选派10名年轻骨干教师到县（区）和自治区国有大中型企业挂职锻炼，选派2名年轻处级干部到信访办挂职，选派6名厅级干部、15名处级干部和34名专业技术人员参加中央和国家机关各部委等培训，有47名处科级干部参加了网上培训。

基础设施建设。在党校培训基地新建了党史展厅，学员培训楼主体工程已经完成，对校体育中心进行了维修改造，对校园建设和绿化布局进行了局部调整，继续保持了银川市“园林式”单位和“首府绿化先进单位”荣誉称号。

【新疆维吾尔自治区委党校】 创建于1950年3月，与新疆行政学院实行“两块牌子、一套班子”的办学模式；领导体制为校务委员会负责制，中共新疆维吾尔族自治区党委副书记、组织部部长韩勇任校长，日常工作由常务副校长牟振江主持；下设哲学教研部、政治学教研部、经济学教研部、党史党建教研部、民族宗教理论教研部、法学教研部、文化学教研部、行政学教研部和新疆经济社会发展研究中心等31个处级机构；现有专职教师117人，其中教授13人，占教师比例11.1%，副教授49人，占教师比例41.9%，讲师38人，占教师比例32.5%，有享受国务院特殊津贴专家2人、自治区突出贡献中青年专家4人和自治区优秀专业技术人才25人。

2010年，举办常规主体班次38个，包括地厅级领导干部进修班、地厅级国家公务员进修班、中青年领导干部培训班、县处级领导干部进修班、县处级领导干部（自治区部委厅局机关）进修班、县处级国家公务员任职培训班、县处级党外领导干部培训班、乡镇党政正职培训班、人大干部岗位培训班、政协干部岗位培训班、纪检干部岗位培训班、宣传干部岗位培训班、政法干部岗位培训班、妇女干部培训班，基层党校领导干部研修班、党校师资培训班、乡镇党政正职少数民族语言培训班等，培训干部1446人；根据自治区党委的安排，还举办实施知识产权战略专题研修班、自治区国有企业经营管理人员专题研修班、提高自主创新能力专题研修班、加快发展现代农业专题研修班、提高依法执政能力专题研修班、领导干部社区管理专题研修班、建设学习型党组织专题研修班、转变经济发展方式与经济结构调整专题研修班等短期专题研修班，培训干部1482人。

教学工作。增加了马克思主义原著学习及辅导，组织学员进行晨读和导读；开设转变经济发展方式、发展特色产业、加快新型工业化建设、发展现代农业、维护社会稳定和民族团结等教学专题；与自治区纪委联合建设反腐倡廉教育基地开展现场教学，接待2万多名干部；以课题研究带专题教学，将理论学习与研究重大现实问题相结合，积极开展学员自主选学，在各班次开设自选讲座，举办周末讲堂，为学员提供视频点播课程，学员自主选学的比重约占总课程的三分之一；举办中科院院士团报告会，邀请中央党校、国家行政学院教授讲学及自治区有关部委厅局负责同志作报告；制定了《客座教授聘任办法》，新聘客座教授26人。

科研工作。全年立项国家社科基金项目5项、自治区课题6项、全国党校系统和国家行政学院课题5项，研究经费114.5万元；科研成果在全国党校系统第八届优秀科研成果评奖中分获一、二、三等奖，两位同志被评为全国党校系统第八届优秀科研管理工作者，一部专著获自治区第七届图书奖一等奖；《新疆反分裂斗争教育读本》、《新疆干部应急管理实务读本》和《新疆发展现代农业读本》等重点教材的编写工作进展顺利。

学员工作。进一步完善《学员党支部工作考核办法》和《学员党性锻炼考核办法和毕业鉴定制度》，坚持以党性教育为核心，严肃学习纪律，健全组织生活，大力推进作风、学风建设；开展入学军训、作风点评、革命传统教育等活动，加强学员俱乐部工作；进一步规范和加强学员社会考察调研工作，办好学员论坛和学员讲坛活动。

队伍建设。全年引进2名博士和4名硕士，选派教学和管理骨干出国考察学习，到中央党校、国家行政学院和高校培训或做访问学者92人次，占教师总数的82%；组织中青年专业技术人员参加区内外各类师资培训班、研讨班215人次，占全校专业技术人员总数的125%；选派年轻教师、干部到基层挂职、支教39人；拟定《本校（院）事业人员聘用办法》，首次与全校（院）事业编制人员签订聘用合同。

机关党建。认真学习贯彻党的十七届四中、五中全会精神，积极推进学习型党组织建设，坚持并完善了校（院）委中心学习组、处级干部和教职工等学习制度，开展创先争优活动和“热爱伟大祖国、建设美好家园”主题教育活动；进行机关党委、纪委、各党总支和党支部换届工作，召开了机关第四次党员代表大会和一届四次教职工代表大会；进一步加强离退休干部工作、社会治安综合治理和对口扶贫工作，以党总支为单位与前进西路社区的5个党小组结对子、签协议，开展共建活动，获“第二届自治区最佳文明单位”称号。

基础设施建设。总建筑面积22454平方米的综合教学培训楼、近6000平方米自治区党风廉政教育基地和学术交流中心大楼如期建成并投入使用，完成了学员餐厅和教职工高层住宅楼的主体部分建设，进行了校园道路修建、环境整治美化、部分学员楼、教职工住宅楼的改造维修等；积极推进信息化建设，新建了演播厅。

【新疆生产建设兵团党校】 创建于1983年10月23日，与新疆生产建设兵团行政学院实行“一套人马、两块牌子”的办学模式；领导体制为校务委员会负责制，中共新疆生产建设兵团党委常委、组织部部长刘向松任校长，日常工作由常务副校长赵柳成主持；下设哲学教研部、经济学教研部、科学社会主义教研部、中共党史和党的建设教研部、经济管理教研部、文史教研部、法学教研部、兵团史教研部和行政学教研部等25个处级机构；现有教授10人、副教授25人、享受国务院特殊津贴专家1人、自治区有突出贡献中青年专家1人和兵团学术技术带头人1人。

2010年，举办主体班次38期，主要有进修一班、培训一班、培训二班、进修二（甲）班、进修二（乙）班、进修二（丙）班、进修三班、处级公务员任职培训班、科级公务员培训班、政委团长进修班、兵团哲学社会科学教学科研骨干研修班、兵团干部教育师资班、和谐社会建设专题研讨班、推进新型工业化专题研讨班、城镇建设与管理专题研讨班、基层连队指导员培训班、兵团师团级领导干部学习十七届四中全会精神专题研讨班、兵团基层党建工作专题研讨班、加快推进兵团新型工业化专题研讨班、加快发展兵团农业现代化专题研讨班、社区建设与社区管理专题研讨班、民族宗教工作专题研讨班、“热爱伟大祖国，建设美好家园”专题培训班、组工干部专题培训班、对口援疆干部培训班、培训管理者培训班、红旗农场科技之冬基层干部培训班等，培训轮训干部2326人次；承办各类对外培训班44期，培训干部7747人次。

教学工作。围绕推进新疆及兵团跨越式发展和长治久安工作，把党的十七届五中全会精神、中央新疆工作座谈会精神和兵团党委六届四次、五次全委（扩大）会精神作为教学重要内容；为做好中央新疆工作座谈会精神的教育培训工作，成立7个教学科研项目组，为做好党的十七届五中全会精神的教育培训，成立8个教学科研项目组；制定《研讨式教学管理办法（试行）》、《案例式教学管理办法（试行）》、《新开专题和讲座课申报制度》，实行每周一晚选听讲座菜单式教学后3位淘汰制度，尝试专题研讨班教学计划实行项目设置，组织现场教学26次和学员论坛10余次，坚持举办每周三的专题讲座和周五专题报告、每周一晚选听讲座实行菜单式教学和部分主体班赴内地异地培训。

科研工作。全年获得立项国家社科基金项目5项、全国党校系统课题立项2项和兵团社科基金课题立项6项；4人次获全国党校系统第八次优秀科研成果二、三等奖；出版《兵团党校系统优秀论文集》和《丰富屯垦内涵，转变屯垦方式系列丛书》，在省级以上刊物公开发表文章75篇；组织评审兵团党校系统课题125项，举办兵团党校系统第十六届理论研讨会和兵团党校第八次优秀科研成果评奖活动，组织20名教研人员参加自治区社科联青年学者论坛和社科年会，8人参加兵团屯垦戍边理论年会，7名教师赴疆外进行学术交流；《兵团党校学报》出刊6期，刊登论文111篇，近80万字，其中专稿43篇，占全年刊载总数的39%，被评为“全国高校优秀社科期刊”。

学员工作。坚持和完善各项管理制度，组织13个常规主体班学员839人开展党性分析，进行党规党纪、廉洁从政知识考试，组织全体学员观看警示片6次，每周四下午到周边团场参观考察，举办以“品书香、增智慧、涵修养”为主题的读书心得交流会2次和文体活动4次。

队伍建设。招聘教师2人、公务员5人，调整干部15人（其中处级干部5人）；制定和实施《培养选拔优秀专业技术人员和学科领军人才工作制度》，向兵团推荐2名兵团学术技术带头人，其中1人经评选被确定为兵团学术技术带头人；制定和实施《兵团党委党校竞聘专业技术七级岗位办法》，首次以竞聘上岗的方式聘任2名专业技术人员；全年外派教职工培训80人次，选派3名教师到团场挂职锻炼。

机关党建。全年组织校委中心组学习12次、副处以上党员领导干部集中学习培训一周和党员干部调研活动6次；召开纪念建党89周年暨先进党支部、优秀党员和优秀党务工作者表彰大会；召开机关第二次党员代表大会，完成机关党委和机关纪委的换届选举工作，召开兵团党委党校工会第五次代表大会暨教职工代表大会，深入开展“创先争优”、“热爱伟大祖国、建设美好家园”主题教育活动和解放思想大学习大讨论活动，被授予“兵团级文明单位”、“兵团宣传工作先进单位”和“兵团机关文明部局”。

信息化建设。完成中国西部开发远程学习网二期项目“兵团远程学习中心”的验收和实时双向交流培训工作，获中国人力资源和社会保障部、国家发展和改革委员会联合颁发的“国家西部大开发突出贡献集体”奖；录制中央党校远程教学课程110余讲，为主体班和研讨班播放27次；图书馆馆藏图书18万册，编辑发行《教研参考》10期，专题资料汇编8种；兵团出版社出版图书80种，印册总数约30万册，发行图书5种。

【铁道部党校】 创建于1955年，1995年与北京铁道管理干部学院合并；领导体制为校务委员会负责制，校务委员会主任、校长由铁道部党组书记、部长兼任，日常工作由校务委员会副主任、常务副校长赵庆国主持；下设党建和基本理论教研部、经济学法学教研部、工运与基础学科教研部、管理学教研部、铁路企业管理教研部等24个处级机构；现有教授5人、副教授21人和铁道部拔尖人才2人。

2010年，举办常规主体班次共20期，包括铁路建设管理人员高级培训班、全路党支部书记示范班、“十一五”第五期纪检监察领导干部培训班、第四期中青年领导干部培训班、工会主席任职培训班、全路网络舆情工作培训班、客运专线高级技术管理人员培训班、铁路局直属多经企业总经理培训班、全路离退休管理处处长培训班、多经系统领导干部培训班、铁路建设（项目）管理领导干部培训班等，共培训干部1546人次。此外，还承办路内其他培训班143期，培训干部15942人次。

教学工作。重点开发“领导干部的辩证思维”、“提高党建工作的科学化水平”、“新党章学习辅导”、“善用媒体，掌握新闻宣传主动权”、“《侵权责任法》与铁路运输企业侵权责任”、“发达国家高速铁路安全管理模式”、“客运专线运营管理”、“铁路人力资源开发和管理创新”、“学习型党组织建设与铁路学习型领导班子建设”等教学新专题，向全路推介党校精品课程和优质课程；校领导和校学术委员会成员参加集体备课，邀请学员与主讲教师共同备课，邀请铁道部有关司局领导对重点课程进行指导，打破部门界限，对“五部一所”人员实行教研活动大组联合；11 位教师、35 人次到铁路局党校和铁道部干部培训基地授课 152 课时，为第七届世界高铁大会青年志愿者培训班进行培训科目与学员管理设计，参与授课。

科研工作。完成《机关党组织服务中心、建设队伍，发挥协助和监督作用研究》、《铁路系统领导班子理论学习考评体系研究》、《国际金融危机后我国高速铁路科学发展面临的挑战与对策》、《高速铁路建设、运营和管理调查研究》、《铁路运输企业专兼职支部书记能力素质提升》、《网络链路故障测试及修复软件设计》等铁道部软科学、全路党校系统及校级课题，出版著作、编著和译著教材和参考书 12 部，在中文核心期刊等国家公开刊物发表论文 28 篇，全国性学术会议入选文章 2 篇。

队伍建设。举办“中国铁路现代化形势与任务师资培训班”，组织骨干教师到铁道部机关驻勤学习，到北京动车段、北京南站和上海虹桥站参观考察；深入开展创先争优活动，制定具有党校特色的《争创“四强”党支部和争做“四优”共产党员活动实施意见》，开展党支部书记业务培训，加强党支部书记能力建设。

信息化建设。推进信息化二期工程建设，完成数字图书馆、远程教育网、电教系统改造和计算机教室改扩建等工程项目，完成校园安全监控系统安装和 1 号、2 号学员楼消防喷淋改造等基础设施建设工程。

【广州市委党校】 创建于 1953 年 11 月，与广州行政学院实行“一套人马、两块牌子”的办学模式；领导体制为校务委员会负责制，中共广州市委常委、组织部部长方旋任校长，日常工作由常务副校长王永平主持；下设政治学与法学教研部、公共管理教研部、党史党建教研部、马克思主义研究室等 15 个处级机构，有分校 13 所；现有教授 12 人、副教授 28 人和市优秀专家 3 人。

2010 年，举办常规主体班次 8 个，包括局级领导干部进修班、处级领导干部进修班、广州市第 3 期领导干部赴新加坡高级研修班（国内培训）、处级公务员任职培训班和一年制青年干部培训班等，培训干部 329 人；举办“领导干部推进自主创新与保护知识产权”等专题培训班（自主选学短班）共 11 个，培训干部 489 人；受市委组织部委托，举办广州市组工干部业务培训班、分校教务管理培训班和培训者的培训班等，培训干部 287 人。

教学工作。围绕党和国家工作大局、结合广州实际和学员岗位需求丰富和完善教学体系，开设“关于基本公共服务均等化问题”、“认清形势，切实加快经济发展方式转变”、“科学发展的实践探索与理论思考”等系列专题辅导课；依托“小组导师制”进行课题组研究式教学、案例教学，尝试开展市情专项调研活动，开展“模拟新闻发布会”、“读书乐”学习心得体会交流会，采用互动式、模拟式、研讨式、案例式、体验式等多种培训方式开展项目教学；邀请有关领导和专家学者来校作市情报告和专家论坛 17 次。

学科建设。各教研部门都成立了调研基地，挂靠在党校的市党建重点研究基地顺利通过了年检；成立广州市情研究中心，并同科学发展观研究中心共同构筑起“一基地二中心”的科研平台。抓紧课题立项和结项工作，在已结项的市级课题中，有首次获得市社科规划的重大课题，也有连续4年获得市领导点题的招标课题。

科研工作。全年获全国党校系统调研课题1项、广东省社科规划项目3项、广州市社科规划项目2项、广州市社会科学研究招标课题1项、广州市社科联资助社会科学研究项目和出版项目各1项。全年共有17项课题获准结项。获得全国党校系统第八届科研优秀科研成果一、二、三等奖各1项，校集体获得科研工作进步奖，2人获得优秀科研管理工作者奖，获得“2008—2009年度广州市哲学社会科学优秀奖”二等奖2项、三等奖1项，1人被评为“优秀中青年哲学社会科学工作者”。出版著作9部，发表论文227篇（章）。

学员管理。严格学习考勤制度，采用电子考勤和人工记录对学习期间参加校内外的所有教学活动进行考勤，缺勤累计占总课时25%以上不发毕业证书；建立教师评学制度，由任课教师对学员课堂听课情况、遵守纪律情况和参与互动交流、讨论发言等情况进行评价；进行学习任务考核评估，对学员提交的调查报告、各种文章、学习总结等文字材料完成的时间、数量和质量进行考核评等次，把多种方式结合起来综合考核评估，全部合格才能达到毕业（结业）要求，并把综合考核情况作为学员学籍材料提交组织人事部门。

队伍建设。公开招聘录用教研人员2名，其中博士1人、硕士1人；先后选派7名教研人员、3名行政人员参加中央党校、国家行政学院及井冈山干部学院组织的各类进修培训；通过专题培训和教法培训，组织教研人员跟班到组与学员共同研讨学习专题，安排教师分期分批外出调研，组织不同类型、不同层次的教学观摩和教法交流；建立健全《教学工作量核算暂行办法》和《教研人员年度基本工作量试行标准》等制度，提高教学积极性；对教研人员实施绩效管理，直接把“工作量”与教师的利益挂钩；制定、完善《行政管理部门工作人员岗位职责》和工作任务书，做到工作有目标、有检查、有落实。全年有1名教研人员被评为广州市第二届宣传思想战线优秀人才。

信息化建设。建立完善校园网信息一体化管理平台，加强对多媒体课室及教学平台、党政教育资源库等项目的开发和利用；图书馆网站全面改版升级，新增3200多篇文档和751个多媒体节目，数字资源已达8000G；市情报告全文上网，及时编发有关信息。

后勤保障。采取委托管理方式，把单纯服务性事务委托社会物业公司承担，行政部门只负责统筹规划、指导监督、审计核查等管理职能；9月中，举行了“教学楼建设工程奠基仪式”，拟建新教学楼高11层，建筑面积11781平方米，是广州市委党校近年来最大的建设工程项目。

【武汉市委党校】 创建于1951年9月，与行政学院实行“一套人马、两块牌子”的办学模式；领导体制为校务委员会负责制，中共武汉市委副书记胡曙光任校长，日常工作由常务副校长王观松主持；下设马克思主义基础教研部、行政管理教研部、经济管理教研室等23个处级机构；现有教授13人、副教授21人和市突出贡献中青年专家1人。

2010年，共举办各类培训班64个，培训干部8904人次。其中，主体班次为市管干部进修班、中青年干部培训班、市农业局青年干部培训班、郧西县领导干部培训班、处级公务员任职培训班、新录用公务员培训班、科级公务员任职培训班、应急管理干部培训班和全市政法战线处级后备干部培训班等13个，培训干部1142人次；市委在党校举办的“武汉发展战略与规划”专题研讨班，参加人员包括市委、市人大、市政府、市政协的领导，各区党政一把手，市直各部门一把手，大型企事业单位的主要负责人，部分高校和科研院所的主要负责人共350余人；与市委组织部联合举办“依法行政与制度建设”为自主选学模块的课程培训班，培训市管领导干部105名；举办“名家论坛”和市管干部社会化菜单式选学培训13讲，参训3636人次。此外，市直有关部门委托的培训班、外省市党校及培训机构来汉进行异地培训的班次36个，培训干部3774人次。

教学工作。教学布局按照“一个中心、四个方向”，设置中国特色社会主义道路和理论体系、中国特色社会主义总体布局（包括经济建设、政治建设、文化建设、社会建设、生态建设）、科学发展与武汉发展战略、领导者的素质与执政能力和党的建设新的伟大工程共5个教学单元，增设应对金融危机、“两型社会”试验区建设、自主创新示范区建设、低碳经济、领导干部心理压力调适和应对突发事件等新增教学专题19个，专题更新率为30%；政治理论与党性锻炼板块安排学员到湖北红安革命传统教育实地考察和参观党风廉政建设展览，经济、政治、文化、社会建设与市情板块安排学员到东湖开发区、武汉经济技术开发区、百步亭社区等地调研，新农村建设专题安排学员到新农村建设示范点的东西湖区石榴红村、洪山区青菱乡调研；课堂讲授与教学案例分析研究相结合，把基本理论考试与撰写案例结合起来；建立和完善了高校等著名学者资源库、政府官员资源库、企业家资源库等；组织武汉城市圈党校第三届教学精品专题比赛活动，通过评比有29个专题选入精品专题库，召开两次全市党校系统教研工作联席会议和武汉城市圈党校教研部建设经验交流会。

科研工作。全年获得课题立项42项，其中市级以上立项课题13项；结项12项，其中市级以上结项课题6项；获全国党校系统第八届优秀科研成果奖二等奖2项、三等奖2项和科研工作组织奖，获武汉市优秀社科成果一等奖1项、三等奖2项；组织学员开展调研，向市委、市政府提供咨询建议5篇，组织教研人员参加上海“两新组织党建工作科学发展理论研讨会”、国家行政学院“科学发展与中国行政体制改革论坛”、“应急管理国际研讨会”等征文活动7次，入选论文15篇；组织召开了武汉城市圈党校系统第四届“两型社会”建设（黄冈）理论研讨会，与市环境保护局联合召开全市“党政干部生态文明教育与武汉发展”理论研讨会；出版著作2部，在省部级以上和核心刊物发表21篇，《长江论坛》的综合引证指数及转载率逐年增加，获得第七届湖北省优秀期刊称号。

队伍建设。招录参公管理人员1人，社会学、公共经济管理等5个专业引进博士4人，调入博士1人；选派33人次参加境内外学习培训；完成了5名正处级领导干部晋升副局级非领导职务工作、2名试用期满处级干部考核工作、15名干部竞争上岗工作，其中14名全部调整到位，同时完成了3名干部的轮岗工作；上报6名正处级干部为市管局级后备干部，推荐1名干部参加省直机关部门选拔正处级干部，推荐2名处级干部下基层挂职锻炼。

机关党建。校委中心学习小组关于《创建学习型领导班子，努力成为全市党员干部学习的引领者》的汇报材料在2010年市直机关党建工作会议上进行了大会交流，带头参加"两副"以上党员干部的警示教育课，参观"中国共产党反腐倡廉历程展"，坚持定期过好双重组织生活，邀请职工代表列席民主生活会；举办以思想作风建设为主题的中层干部专题培训班，新建"党员职工服务中心"，组织各党支部开展"学习贯彻《纲要》党员要走在前头"的大讨论，组织支部公开承诺和个人公开承诺活动，对全体党员进行《廉政准则》专题辅导、知识测试，以及组织新提拔处级干部进行"集体廉政谈话"等。

后勤服务。完成了主体班、计划外办班和各类考试及会议接待共13895多人次的服务保障任务；调整和增补领导小组，积极争取财政支持，实现了教研人员津贴补贴由财政全额拨款；开展节能降耗活动，办公大楼节能灯更换率达50%，总务处和车队建立了节能降耗台账，每季度向市节能降耗办和市直机关"两型机关"建设办公室上报节能数据。

对外交流。有2位青年教师应邀到印度尼西亚参会讲学，有6位优秀科研人员前往英国伯明翰大学开展学术交流和课题合作。

【哈尔滨市委党校】 创建于1948年9月，与行政学院实行"一套人马、两块牌子"的办学模式；领导体制为校务委员会负责制，中共哈尔滨市委副书记王颖任校长，日常工作由常务副校长姜宏主持；下设哲学教研部、经济学教研部、科学社会主义教研部、行政管理教研部和党史党建教研部等25个处级机构；现有教授14人、副教授23人和市突出贡献中青年专家2人。

2010年，举办常规主体班次36期，主要有市管领导干部"北跃"、"南拓"、"中兴"、"强县"战略专题培训班，市管领导干部任职培训班，优秀中青年干部培训班和公务员处级任职培训班等，培训干部3286人（含龙江发展讲坛）。其他委托办班12期，培训1360人。

教学工作。教学内容上，将市委重大决策纳入主体班必修课程，采取"三级备课、两级试讲"方式，调整新专题57个，更新率66%；在市管领导干部培训班，建立5天必修课、5天选修课的"5+5"培训模式，在优秀中青年干部培训班，建立军事拓展培训1周、重大理论及知识能力培训2周、党性教育1周的"1+2+1"培训模式；邀请37位国内省内知名专家学者、项目建设牵头单位领导和一线"英模"为主体班授课56场次；组织学员到"北跃"、"南拓"、"中兴"、"强县"的项目建设现场开展教学活动8次；制定出台《关于鼓励教师（干部）送理论下基层服务哈尔滨市经济社会发展的暂行规定》，组织教师深入市直部门、区县（市）、社区、农村和非公经济组织等开设讲坛，宣传、解读市委发展战略129场次。

学科建设。制定《哈尔滨市委党校2011—2015年学科建设规划》、《哈尔滨市委党校名师队伍建设实施方案》、《哈尔滨市委党校学科（专业）带头人梯队管理办法》、《哈尔滨市委党校学科带头人、后备带头人管理选拔培养规划》，成立由常务副校长任组长、主管教学校长任副组长、校学术委员会任成员的学科建设领导小组，全面负责校学科建设的组织领导工作。

科研工作。全年获市级以上立项课题22项，其中中央党校重点课题2项、省社科规划项目6项、市级课题1项等，组织立项校级课题24项；获省部级（含省党干校系统）奖励科研成果12项，其中获全国党校系统第八届优秀科研成果一等奖1项和项目中标奖。出版学术著作2部，发表重要理论文章17篇，其中《领导干部学习要实现五个转变》发表于《光明日报》（2010年7月18日）；有21项调研报告被市委书记、市长等领导批示，有1项调研成果促进了哈尔滨市《关于居民庭院环境卫生长效管理指导意见》的出台。

学员管理。制定《关于加强学风建设的有关规定》、《关于进一步加强学员管理的若干规定》等制度，严格实行学分制、督学制和网络化管理，学员请假必须履行正常的请假手续，填写《学员请假审批表》，并按规定逐级报批；在培训过程中倡导读书风、引导学员紧密围绕哈尔滨发展战略、带着哈尔滨建设中的实际问题来读书学习，理论联系实际，为市委、市政府决策提供咨询参考；制定了组织员管理制度，加强组织员的管理，充分发挥组织员的纽带作用。

队伍建设。整合内设机构，将办公室与党校工作处合并，研究生部与函授教务部、学员部合并，教务一处整合职能更名为教务处，学员处更名为学员一处，教务二处、三处合并为学员二处，成立保卫处；选送教师参加中央党校、国家行政学院、省委党校培训和市委中心组学习116人次，组织正高职以上教研人员参加“龙江发展讲坛”、“周末大讲堂”等培训10次，安排10名教师干部到市委政研室、平房区挂职；开展正高职竞聘工作，选聘4名教授；采取退出现职岗位、换岗交流、竞争上岗等方式推进干部人事制度改革，有4位处长和3位调研员、副处长主动退下来，有5位处长进行了交流换岗，有31名干部（教师）打破身份限制，通过竞争走上处级工作岗位。

机关党建。开展“创建学习型党校”、“教师上一线、理论下基层、服务大发展”等系列主题实践活动，举办“超越自我，创新发展”支部书记培训班，汇编处级以上干部学习市委全会精神文集，开展“创先争优”、“创建共产党员先锋岗”活动，表彰先进、优秀青年7人，推选先锋岗部门岗位7个和先锋岗个人岗位21个。

行政后勤。进一步提高学校的安保等级，定期排查隐患，各处室续签安全工作责任状；完成干部教育网二期工程、数字电视转换工程、报告厅会议保密系统工程建设和文景校区（原松花江党校校区）转让；争取财政拨款比上年度增长9.7%，采取支出核算监督、固定资产录入财政专网管理、采购工作实行“采”、“管”、“用”三分离，实施物品、食品定点采购，建立采购供应商数据库等。

【沈阳市委党校】 始建于1949年10月4

日，与沈阳行政学院、沈阳市社会主义学院实行“一个班子、三块牌子”的办学模式；领导体制为校务委员会负责制，中共沈阳市委副书记苏宏章任校长，日常工作由常务副校长韩玉奇主持；下设哲学教研室、经济学教研室、政治学教研室、经济管理教研室、党史党建教研室、法学教研室、行政管理教研室、文史教研室等27个处级机构；现有教授19人、副教授42人。

2010年，举办常规主体班次46期，主要有市管干部进修班、市委中青年干部理论培训班、市直处长基本功培训班、公务员初任培训班、市直团委书记培训班、全市乡镇长培训班、全市村党组织书记培训班、市教科系统处级干部培训班、社区书记主任培训班、统战干部培训班等，培训干部4516人。

教学工作。对主体班次的教学内容进行调整，设置“五大教育”板块、市情研究板块和热点问题研究板块，形成了一个以党性教育为主线、以提高执政能力为重点、以研究当前热点问题为补充的教学体系。在“五大教育”板块中，突出了党性教育这条主线，设置了信仰教育、忠诚教育、敬畏教育、廉耻教育和智慧教育5个教学单元，新开设“强化忠诚意识，提高领导干部的忠诚度”、“关于领导干部敬畏观的几点思考”、“中国共产党的文化使命”、“发扬革命传统，永葆共产党员本色”、“领导干部与政治信仰”、“领导干部工作智慧研究”、“中国传统文化的人生境界”和“领导干部情商培养”教学专题；在市情研究板块中，开设了“沈阳经济区发展战略研究”、“推进沈阳经济社会又好又快发展”、“沈阳农业现代化发展研究”、“沈阳工业发展研究”、“沈阳现代服务业研究”、“沈阳社会事业发展研究”等专题；在热点问题研究板块中，开设了“十七届五中全会精神导读”、“中国：和平发展与伟大复兴”、“中国周边安全热点问题透视”、“公共政策价值与社会冲突”、“关于社会公平的几点思考”及“依法构建和谐劳动关系”等专题。

科研工作。重新修订《党校科研工作管理办法》，完善了科研管理制度和奖励资助制度；申报课题27项，立项课题15项，结项课题23项，获各级奖励30余项；发表论文130余篇，主编、参编著作、教材10余部，完成调研报告20余篇，其中《构建创新文化研究》、《关于沈阳加快建设生态宜居城市的思路研究》、《关于加快沈阳装备制造业产业聚集区发展的对策研究》、《关于沈阳发展服务外包产业对策研究》、《关于我市现代服务业发展的研究》和《大力发展沈阳现代服务业的战略研究》等被市委、市政府有关部门采纳，承办了沈阳市第七届科学学术年会社科分会场报告会；《沈阳干部学刊》出刊6期，增刊2期，刊发各类文章214篇，在“中国知网”的下载总量为24185篇。

学员管理。建立学员管理制度，提倡学员自我管理，积极发挥班干部作用。主体班次开班后均组建党支部或临时党支部，组建班委。完善班主任全程跟班制度，严格学习纪律，保证各班的出勤率。

后勤管理。制定了《综合楼应急突发防火预案》、《应急性突发事件预案》、《财务管理规定》、《财产清查制度》、《支票管理规定》《会计票据传递流程》和《财务人员岗位责任制》等一系列有关财务管理方面的规章制度，强化了对物业公司的管理、学员楼管理及学员用餐和住宿等保障工作。

【成都市委党校】 创建于1952年10月，与成都行政学院和成都市社会主义学院实行“一校两院”的办学模式；领导体制为校务委员会负责制，中共成都市委常委、组织部部长朱志宏兼任校长，常务副校长晏开明主持日常工作，下设哲学教研部、科学社会主义教研部、经济管理教研部、党史党建教研部、公共管理教研部、领导科学教研部、法学教研部、文史教研部、统一战线教研部、现代科技教研部、发展战略研究所等30个处级机构；现有教授14人、副教授50人，有享受国务院特殊津贴专家2人、四川省政府特殊津贴专家3人、四川省学术和技术带头人1人和四川省有突出贡献专家1人。

2010年，举办各类班次244期，培训干部13652人。其中，举办计划内班次151期，培训干部5400人；举办“成都市社会建设研究”、“成都市城市治理创新研究”等专题培训班45期，培训处级以上领导干部1500人；受市委组织部委托，举办村（社区）书记培训班4期，培训干部2352人；完成大连、西安、上海浦东新区等来校举办的异地培训班44期，培训干部4400人。

教学工作。构建“两类、三化、四结合”的党校培训新模式，使党校教学与市委、市政府的决策和部署同步，强化领导干部对市委、市政府总体战略的理解和把握。设置了“理论学习与党性教育”培训班次和以问题研究为主的专题培训共17个系列专题班次，比较完整地构建了校院的班次体系；规范各个班次的课程设置，加强专题班的动态管理和学制四周主体班的系统管理，教务处、学员工作部和教研部都派专人参与培训过程，注重教学计划实施的督导检查；聘请校院外专家学者和市级部门领导252人来校院讲学和专题辅导；开展现场教学206场次。

科研工作。全年获得立项国家级课题1项、省部级课题8项、成都市级规划课题3项，组织立项全省党校系统课题、全市党校系统课题88项和校院级课题26项；结项国家、省部级课题6项，校级课题6项，校院委托研究课题5项，教学案例研究课题4项和教学研究课题2项；获全国党校系统第八届优秀科研成果奖3项、省社科成果奖2项，有两篇调研报告被评选为市推进惩治和预防腐败体系建设优秀调研报告一等奖；将教学专题作为2010年度校级课题纳入科研课题研究范畴，设立教学专题培训班研究课题、教学委托研究课题等26项，研究成果直接转化为教学专题或教学内容全部进入主体班。协助市委组织部、统战部完成《建设高素质党外代表人士队伍对策研究》和《干部教育培训宏观管理问题研究》市委领导调研课题，与市委宣传部、市委组织部、市纪委、市发改委、市科技局等市级部门和武侯、温江、双流、新津等区（市）县加强科研合作，积极为市委、市政府提供智力支持和决策咨询。编发《科研动态》10期，《理论参考》3期，编印《成都市党校系统2009年度优秀课题成果文集》、《成都建设世界现代田园城市知识读本》等资料。

推进网络培训。编发《成都干教资讯》电子期刊14期，及时将市委精神解读、工作部署、统筹城乡经验及案例等内容，通过网络送达全市市管干部“桌面”供其学习；抓好拟任县处级职务领导干部政治理论任职资格网上培训和政治理论考试等。

【南京市委党校】 创建于1949年7月，与南京市行政学院实行“两块牌子、一套班子”的办学模式；领导体制为校务委员会负责制，中共南京市委副书记陈绍泽任校长，日常工作由常务副校长张丽主持；下设哲学教研部、科学社会主义教研部、经济学教研部、工商管理教研部、党史党建教研部、公共管理教研部和科学文化教研部等19个处级机构；现有教授10人、副教授16人和享受国务院特殊津贴专家2人。

2010年，举办各类培训班66期。其中，常规主体班次34期，包括市管领导干部培训班、区县管正职领导干部培训班、处级公务员任职培训班、中青年干部培训班、中青年女干部培训班等，培训干部2675人；计划外委托和联合办班32期，培训各类人员10540人次。

教学工作。加强和深化主体班教学改革，注重对南京市经济社会发展问题研究，及时把十七届五中全会精神引进课堂；继续实施“三化一自主”培训模式，在市管领导干部、区县正职领导干部培训中有针对性地开设专题班，着力推出精品课；将“桌面推演式”案例教学推向主体班课堂，专题班按计划全部到教学基地开展现场教学；成立教学指导委员会，进一步完善相关制度，促进教学组织管理工作科学化、规范化、制度化。

科研工作。全年申报市级以上各类课题45项，获立项课题16项，包括省部级课题3项、市软科学课题1项、市重点调研课题3项和第二次全国经济普查市级课题4项；有14项课题通过结项，其中国家社科基金项目1项；获省部级以上一等奖3项、二等奖2项、三等奖2项，获得“全国党校系统第八届优秀科研工作组织奖”；出版著作4部，发表科研成果204项，被人大《复印报刊资料》转载2篇，入选“首届中国行政改革论坛”论文9篇、“文化创意产业与城市发展高层论坛”2篇、《2010年应急管理国际研讨会论文汇编》3篇和《全国行政学院系统社会管理教学教研工作》3篇等；参与举办“中国共产党的历史发展与马克思主义学习型政党建设”学术研讨会、“学习贯彻十七届四中全会和中央经济工作会议精神”理论研讨会、市社科界贯彻落实十七届五中全会精神及“十二五”发展专家座谈会和市“文化创意产业与城市发展”高层论坛等。

队伍建设。引进重点学科教师1名，选送25名教师参加进修培训，其中参加市级以上组织的培训12人次，9名教师参加市人社局第二批继续教育培训，3名教师参加国外培训，1名青年教师挂职锻炼；完成51名专业技术人员和6名事业管理岗位人员的首次岗位设置与聘任工作，2名教师获得教授资格，3名教师获得讲师资格，按要求制定了全市文化系统第二批“五个一批”人才培养计划，完成了全市第五批中青年拔尖人才期满考核工作等。

机关党建。深入开展创建学习型党校和“创先争优”活动，党组织和党员队伍建设进一步加强，推进“融入基层、永葆先进”和“牵手行动”主题活动，同有关区、街建立常态化党建合作关系，积极参与全市农村党组织领导班子公推直选工作，联手创办首家社区“先锋学堂”。

业务指导。组织开展对区县党校师资的专题培训、赴外地党校学习考察、青年教师专题课观摩比赛和“迎青奥”联谊活动等。

【西安市委党校】 创建于1949年7月，与西安市行政学院和西安社会主义学院实行“一校两院”的办学模式；领导体制为校务委员会负责制，中共西安市委副书记王成文任校长，日常工作由常务副校长张长乐主持；下设哲学教研部、经济学教研部、党史党建教研部、管理学教研部、法学教研部、文化教研部、科社教研部、市情研究中心等24个处室；现有教授10人、副教授18人。

2010年，举办主体班次20期，包括部局（区县）级领导干部进修班、处级公务员培训班、青年干部培训班、乡镇（街道）党政领导干部培训班、党外领导干部培训班、无党派人士培训班等，培训干部1028人。此外，还举办了陕西省2010年新进军转干部岗前培训班、西安市参照公务员法管理单位工作人员培训班等85个次，培训学员8000余人次。

教学工作。坚持把中国特色社会主义理论体系作为教学的中心内容，紧密联系西安发展实际，开发了“国家关中——天水经济区战略与西安发展走向”、“西安建设国际化大都市研究”等教学专题；推广应用微格教学，实行新专题试讲末位淘汰制度，制定教学督导制度，召开教学科研务虚会和教学备课交流会；探索和改进党外干部培训模式，突出党外干部培训特色，初步建立起一整套的工作流程和机制。

科研工作。全年获得立项国家社会科学基金项目1项、省部级课题9项，组织立项校级课题21项，有40项科研成果获奖；出版专著1部，发表文章60余篇，编辑出版了《长安学刊》和《市情研究报告》；与西安市有关部门举办了“西安建设国际化大都市系列专题研讨会”和“学习型党组织建设理论研讨会”。

学员管理。做好学员入学教育，严格纪律营造良好学风，培训结束后，进行学员跟踪回访，征求意见和建议；坚持理论学习与党性锻炼并重，实施学员党性锻炼“六个一”活动：制定一份党性锻炼计划、学一次《党章》、重温一次入党誓词、接受一次廉政警示教育、召开一次民主生活会、撰写一份党性分析材料；在不同班次开展了读书演讲活动、妇女沙龙、“激扬青春、历练成长”主题活动和多项文体活动。

队伍建设。从39名参加竞争上岗的教职工中选拔出7名同志充实到中层干部队伍当中，其中35岁以下4人；完善教职工教育培训制度，对行政干部的教育培训实行学分制考核，强化自主培训、选派教师挂职锻炼、组织外出培训、开展教学竞赛、实施骨干教师对年轻教师的“传、帮、带”等，提高教职工的业务水平。

机关党建。全年共组织校委中心组（扩大）学习会10次，举办“提升管理者素质和综合能力”、“学习党的十七届五中全会精神”等专题报告，继续开展全员读书活动；召开第七届党员代表大会，完成换届改选工作；组织党员干部认真学习《廉洁准则》，继续丰富廉政教育的内容和形式，定期开展党风廉政建设检查；开展学习型党组织建设和创先争优活动，评出“市直文明处室”1个、市级劳模1人和2010年全市学术带头人1人。

【长春市委党校】 创建于1952年8月，与长春市行政学院实行“一套机构、两块牌子”的办学模式；领导体制为校务委员会负责制，中共长春市委常委、组织部部长杨子明任校长，日常工作由常务副校长林姗主持；下设哲学教研部、经济学教研部、党史党建教研部、公共管理教研部、政治学教研部、法律教研部等25个处级机构；现有教授13人、副教授22人。

2010年，举办各级各类领导干部和公务员培训班55期，培训干部3249人。其中，县局级领导干部班（4期），培训干部138人；长春市公选县局级领导干部岗前培训班，培训干部40人；市直机关处长班（2期），培训干部101人；乡镇党委书记班，培训干部32人；街道党工委书记班，培训干部27人；选调生专题培训班（2期），培训干部139人；选调生岗前培训班，培训干部110人；公务员任职班，培训干部55人；初任公务员岗前培训班（2期），培训干部247人，在职公务员知识更新班（40期），培训干部2360人。此外，与43家省市党政机关、企业事业单位、办学机构联合举办各类培训班次116期，培训15000人次，与河北、山西、内蒙古、辽宁、黑龙江和江西等省市合办、互办班次7个，在吉林大学和吉林师范大学等高校举办大学生创业培训班10期。

教学工作。在县局级领导干部培训班中推行自主选学培训模式，在公务员在职培训中实行了分类小班授课，分别配置不同的专题课程；在课程内容设计上，完善了政治理论、管理科学、依法行政、公共管理、人文修养等单元模块，构建了80余个专题组成的全新课程框架，新课更新率达75%；外请报告的次数由原来的每年10次增加到22次，讲授内容包括廉政教育、国防军事、经济形势、民生工作等方面；建立“长春市干部教育现场教学基地”10个，“长春市应急培训基地”和“长春市党员干部廉政教育基地”也在市委党校落户；成立合作交流中心，把优秀师资和精品课推向社会。

科研工作。全年申报各级各类课题75项，立项课题50项，其中省部级课题6项、省党校系统课题14项、市级和校级课题共30项；获全国党校和吉林省党校（行政学院）系统及市政府评选的优秀科研成果奖8项，获全市优秀调研成果奖2项；出版论文集1部，发表论文70篇，参加全国和省级党校（国家行政学院）系统理论研讨会入选论文6篇，参加国际研讨会入选论文2篇，举办学术专题报告会22场；编辑出版《长春市委党校学报》，新开《学员论坛》、《地方问题研究》等栏目，全年共刊发文章133篇，被人大《复印报刊资料》全文转载5篇。

图书馆新增设了对学员开放、对社区开放的功能。

队伍建设。实施“名师工程”，评选出“第一届长春市委党校教学名师”5名；组织全市党校系统50名教师参加国家行政学院师资培训班学习，选派2名青年教师到市委组织部挂职锻炼；完成了高、中级专业技术职务聘任工作，有8名同志聘任到正高级专业技术岗位、9名同志聘任到副高级专业技术岗位。

机关党建。开展“创先争优”活动以来，又开展“三走进”活动，组织全校教职员工扶贫帮困，各类捐款累计达11.4万元；积极参加省、市开展的各项文体活动，获“用爱心点燃希望”讲演比赛优秀组织奖、市直机关乒乓球团体赛第六名等，被授予全市“2008—2009年度工会工作先进单位”称号。

【济南市委党校】 创建于1949年7月，与济南市行政学院和济南市社会主义学院实行“一校两院”的办学模式；领导体制为党委负责制，中共山东省委常委、济南市委书记焉荣竹任校长，日常工作由党委书记、常务副校长宋玉国主持；下设哲学教研部、科学社会主义教研部、经济学教研部、党史党建教研部、经济管理教研部、行政管理教研部和政法教研部等副局级部门21个、处级部门2个和分校1所；现有教授13人、副教授21人。

2010年，举办常规主体班次26期，包括市管领导干部进修班、中青年干部培训班、处级干部培训班、街道办事处书记（主任）进修班、乡镇党政领导干部进修班、处级公务员任职培训班、女中青年干部培训班、企业中青年干部培训班、社区党组织负责人培训班和经济强村（居）负责人进修班等，培训干部1092人；与市维稳办共同举办济南市维护社会政治稳定干部培训班，与济南警备区共同举办济南警备区团职干部读书班，与商河县共同举办商河县副局级干部培训班，与市教育局共同举办学习贯彻教育工作会议精神培训班等7期，培训干部370人；受山东省委组织部和济南市委组织部委托，完成5期1000名新疆喀什干部培训考察活动的后勤保障任务。

教学工作。坚持办好3个讲坛，聘请中央部委、著名高校和科研院所专家学者、知名企业家等特聘教授和客座教授举办专题讲座，邀请市领导和市直部门负责人为学员介绍济南经济社会发展情况，由学员之间相互交流情况，提出贯彻中央和省、市委政策精神、推动工作的办法和措施；首次以优化济南软环境为主题，在市管领导干部进修班、中青年干部培训班、乡镇干部培训班等班次采用项目参与式教学，推出由案例教学与情景模拟相结合的角色模拟案例教学。

科研工作。全年取得科研成果222项，其中在《人民日报》、《光明日报》、《学习时报》发表理论文章7篇，出版学术著作及论文集13部；获立项课题26项，其中全国党校系统调研课题2项、山东省社科课题1项、中央社会主义学院的“转型期我国阶级阶层关系问题研究”子课题5项、中央社会主义学院招标课题1项和济南市社科课题12项；20余项课题通过结项，其中全国社院系统课题1项、济南市社科课题4项被鉴定为优秀等级；获全国党校系统第八届优秀科研成果奖3项、省社科优秀成果奖2项、省软科学优秀成果奖3项和山东新闻奖一等奖1项，《加快转变发展观念问题研究》、《济南市建设发展现代都市农业课题研究报告》、《关于进一步优化济南市发展软环境的几点意见》等研究成果得到市领导的重视和批示。

队伍建设。组织实施专业技术人员首次竞聘工作，健全完善教师专业技术职务评聘办法、专业技术人员年度考核办法和科研工作量考核办法等，实行重品德、重业绩、重贡献、量化赋分的竞聘办法，对所有专业技术人员进行了首次设岗竞聘，聘用高级岗位29个。

机关党建。组织开展“执政为民、廉洁高效”集中教育活动和创先争优活动，制订《关于开展创一流干部教育学府，建设风清气正党校，创先争优做泉城先锋活动的实施方案》、《关于建设学习型党组织和学习型党校的实施方案》，着力提高党校建设和管理的科学化、规范化水平。

【杭州市委党校】 始建于1952年1月，与杭州市社会主义学院、杭州行政学院和市委讲师团实行“四块牌子、一套班子”的办学模式；2008年10月，6个城区党校并入市委党校，萧山、余杭党校改为市委党校分校，在市区形成“一主两翼”办学新格局；领导体制为校务委员会负责制，中共杭州市委副书记王金财任校长，日常工作由常务副校长詹敏主持；下设政治学教研部、党史党建教研部、经济学教研部、工商管理教研部、行政管理教研部、法学教研部、社会学教研部、文化学教研部、市情研究所等21个处级机构；现有教授9人，副教授23人。

2010年，举办常规主体班次84期，包括市管领导干部进修班（2期），市中青年干部培训班（2期），春季区县（市）机关部门和乡镇（街道）党政正职班，加快经济结构调整、产业转型与自主创新专题研讨班，加快经济社会协调发展与生态文明建设专题研讨班等，培训干部8065人；与市委组织部联合举办了“深入贯彻落实科学发展观、加快经济发展方式转变”系列专题研讨班（4期），培训干部134人；受有关部门委托，举办包括市关心下一代工作委员会第3期理论培训班、浦东干部学院国防大学第36期指挥员培训班、上城区社区党支部书记培训班、余杭区城建管理干部培训班等56期，培训干部3984人。

教学工作。探索并推广学员自主点题选学方式，推出教学新专题47讲；开展调研报告答辩活动，建立专题教师团队跟班研讨制度；利用外省市领导干部来校异地培训的机会，和相应的班次开展跨省市学员的座谈交流活动，并作为长效的研讨活动加以确立；确定现场教学基地24家，共安排主体班次现场教学课17课次；继续面向全国高校实行教学单元公开招标，围绕当前全国经济社会热点问题共开设11堂专题课，除组织全校在训学员听课外，课堂继续向县市党校、部委办局、社会企业开放，并首次实现校内视频直播；开展全市党校系统的精品课评选活动，“突发事件与公共危机管理”获精品课一等奖，3人获全省党校系统名师称号；组织讲师团赴基层理论宣讲248场次，受众达59700人次。先后拍摄制作完成了2部远程教育中心课堂专题片和2部远程教育中心课堂教学课件片。

科研工作。全年获得立项国家社科基金项目4项、浙江省规划课题8项；完成国家社科基金项目2项，省规划课题4项，完成各类委托课题30项；在全国党校系统第八届优秀科研成果奖的评奖活动中获得优秀科研成果一、二、三等奖，有23篇论文在省市社科联理论研讨中获奖；出版著作4部，在核心期刊发表论文17篇，组织召开生态文明建设研讨会。

学员管理。新出台《学员量化考核实

施办法》、《优秀学员评比办法》，对学员实行量化考核，强化学员自我管理、自我服务能力；继续在主体班次中开设党性教育课程，安排学员赴杭州市党员干部法纪教育基地接受教育，组织秋季中青年干部培训班赴广西马山县民族村弄着屯进行为期1周的与当地村民“同吃同住同劳动”为主要内容的党性锻炼活动。

校园建设。完善服务功能，校园网站改版试运行，对专家大讲堂等重要课程和活动进行直播；对学员进行资源使用技巧的培训，图书馆开设夜间阅览服务，在校园内开设便利店和书店；本校物业被评为市级“优秀物业大厦”称号。

对外交流，承接国家行政学院的国际研讨班3期和中国浦东干部学院国防领导干部进修班到校学习考察，承办了国家行政学院社会管理学专题研讨会和全国行政学院系统后勤管理协会会议等，接待了塔吉克斯坦人民民主党副主席拉季波夫率领的该国干部考察团来校考察。

【大连市委党校】 始建于1947年5月，与大连行政学院和大连社会主义学院实行“一校两院”的办学模式；领导体制为校务委员会负责制，中共大连市委副书记里景瑞任第一校长，日常工作由王元新校长主持；下设哲学教研部、科社教研部、经济学教研部、经济管理教研部、党史党建教研部、法学教研部、公共管理教研部、统战教研部、市情研究中心等22个处级机构；现有教授12人、副教授12人和辽宁省第5批省级优秀专家1人。

2010年，举办常规主体班次15个，主要有市管干部进修班、市管干部专题研讨班、正处级干部进修班、正处级干部专题研讨班、处级女干部培训班、区市县直主要领导干部进修班和青年干部培训班等，培训干部735人；受市有关部门委托，举办的班次有学习贯彻十七届五中全会精神专题研讨班，乡镇、涉农街道党组织书记培训班，乡镇、涉农街道后备干部培训班，村委会主任培训班，农村“两委”换届选举培训班，乡镇长、涉农街道主任培训班，乡镇、涉农街道副书记培训班和大学生村官骨干培训班等33个，培训干部1726人。此外，组织对党的十七届四中全会精神，中共大连市委十届九次、十次全会精神进行宣传与讲解，开展社会宣讲近100场，受众3万余人次。

谋划党校发展。由校领导带队分6个批次赴上级及全国25个校院调研学习，形成《赴部分兄弟校院调研情况报告》、《区市县党校工作调研情况报告》、《“一校两院”与兄弟校院发展水平对比分析报告》，编制《“一校两院”“十二五”时期发展规划》，确立到2015年把党校建成与大连经济社会发展相适应的综合性干部教育培训、理论研究和决策咨询强校，成为全国副省级城市中具有较大影响力的一流党校的总体目标；加强制度建设，修订规章制度68项，相继出台《部门目标管理考核办法》、《个人目标管理考核办法》和《年度工作任务责任分解办法》等。

教学工作。编写《乡村干部培训讲义》、《乡村干部实用法规汇编》培训教材2部，全年教学专题更新率38.5%，新教法运用率达52.6%，学员对教学计划及教学效果满意率分别达到98%和96%；全年组织现场教学87次，举办专题讲座15期，受众9000余人；开设“一校两院”大讲堂，利用“一校两院”教学设施和资源，邀请党政领导和国内外知名专家学者为全市领导干部和在校学员举办专题讲座，同时推出讲座三分屏课件、《大连干部学刊》高端访谈专栏、大讲堂报告选等学习材料。

科研工作。全年获得立项课题36项，比上年增长38.5%；完成结项课题51项，比上年增长59%；获全国党校系统第八届科研成果奖和科研工作进步奖；组织设立的校级课题50余项全部按期结项，其中《小窑湾国际商务中心区更名为卧龙湾国际商务中心区及文化品牌建设研究》和《大连与沈阳蔬菜价格的比较研究》得到市领导批示并予以采用；出版专著3部，发表论文213篇；联合辽宁沿海6城市党校举办首届实施辽宁沿海经济带发展战略研讨会，共同签订《辽宁沿海经济带六城市党校合作框架协议》，汇编出版《辽宁沿海经济带发展战略研讨会论文集》。

实施人才强校战略。全年引进博士4人，1人被评为辽宁省第5批省级优秀专家，外出培训进修70余人次，是上年的1.5倍；建立由党政领导、学者专家、企事业单位管理人员等组成的兼职教师队伍90余人，全年兼职教师授课274人次，主体班次兼职教师授课比例近40%，乡村干部班达到70%，委托培训班次达到30%，专兼职教师相结合的师资队伍建设模式初步确立；举办全市党校系统教学比赛，10人获市委党校组和区市县党校组教学一、二等奖，17人获教学优秀奖。

对外交流。全年组织出访团组11个59人次。其中，自组团1个，与市应急管理办公室、市外国专家局联合组团2个，共47人次赴美国加利福尼亚州富乐敦州立大学接受应急管理培训；法学教研部王祯军博士出席在墨西哥举行的第八届世界宪法大会，并以《对〈宪法〉和〈基本法〉在特别行政区地位的思考——由香港“吴嘉玲案”判决而感》为题作专题发言。接待国外来访团组6个56人次，安排全球文化理解课程国际远程教学活动12次。

【青岛市委党校】 始建于1950年9月，与青岛行政学院实行“一套班子、两块牌子”的办学模式；领导体制为党委负责制，中共山东省委常委、青岛市委书记阎启俊任校长，日常工作由校党委书记、常务副校长李玉珍主持；下设马克思主义教研部、经济学教研部、中共党史党建教研部、管理教研部、法学教研部、文史教研部、政治学教研部、科研部、现代科技教研部等18个副局级机构；现有教授15人、副教授21人，有享受国务院特殊津贴专家1人和青岛市拔尖人才2人。

2010年，举办各类班次124期，培训学员7525人，比上年分别增长8.8%和3.3%。其中，举办常规主体班次22期，包括局级领导干部进修班、处级干部进修班、青年干部培训班、政法系统处级班、区（市）部门正职专题研讨班、市人大常委会机关处级及以下干部培训班、镇（街）纪委书记培训班、计生管理干部培训班等，培训干部1158人；市委在党校举办的专题研讨班有市管领导干部党风廉政建设培训班（2期）、村党组织书记培训班（5期）和党风廉政建设培训班，培训干部647人；根据市委、市政府安排和受有关部门委托，不定期举办的各种短期专题研讨班、培训班，培训干部1805人；与市委组织部、市人事局等共同举办公务员任职培训班、公务员初任培训班、处级干部核心能力培训班（5期），培训学员401人。

教学工作。倡导“精彩每一课”教学理念，通过招标精选专题，教学专题开发由数量型向质量型转变；调整充实教学内容，突出中央和省、市委重大决策部署教育，突出能力素质培训，开设新专题36个；研讨式教学、体验式教学、案例教学、现场教学、“应急管理”、“科学创新”、“依法行政”和“执行力”项目组教学等现代教学方法普及每个班次；打造“三个论坛”，举办“专家论坛”17场、“领导论坛”58场、“学员论坛”48场；选派教师外出宣讲200余场次。

科研工作。全年获得立项各类课题33项，其中国家社科基金课题、中央编制办公室课题各1项，全国党校系统调研课题、国家行政学院子课题各2项；获得全国党校系统第八届科研成果奖4项和科研工作组织奖1项；发行《青岛发展参考》12期，其中1期被市领导批示进入决策，参与市、区“十二五规划”决策咨询54项；出版著作16部，在三类以上报纸及核心期刊发表论文70篇。

学员管理。全面推行“主体班次学员管理百分制考核规定”，学员到课率、出勤率达到95%以上；制定了《2010年主体班次党性教育实施意见》，把党性教育贯穿于党校教育全过程，每周固定党性教育时间，一个月及以上班次，结合理论学习、革命传统教育和个人思想实际撰写党性分析材料；组织革命传统教育8次，警示教育10次，请市纪委领导作廉政教育专题报告3次。

队伍建设。教研人员实施“一人一策”，为60名教师建立个人发展档案；选派15名教师到中央党校、国家行政学院和高校培训，有6名教师带项目带课题到有关市直部门和街道挂职，有5名干部教师到美国、法国、意大利等国家和地区进行境外培训，组织两批次60名教职工赴延安、井冈山革命传统和爱国主义教育基地参观学习；举办副局级以下行政管理干部核心能力培训班，举办全市党校系统师资培训班，首次选派优秀中青年教师进市管班、中青班和处级班跟班学习，有12名青年教师与指导教师签订工作目标责任书；通过竞争上岗19名处级和7名科级干部走上新的工作岗位，从区市选拔9名年轻干部充实到党校工作。

后勤保障。新建学员综合楼（学苑楼）工程主体封顶并通过质检验收，完成校大门电动门、车辆管理系统安装；信息应用系统升级，完成核心交换机和服务器改造工程；图书馆推行学科馆员制，接待来宾和读者2705人次，数字图书馆访问量达433818人次，馆藏古籍保护工作获“山东省古籍保护先进单位”称号。

业务指导。召开区市党校校长座谈会，组织部分区市党校校领导到兄弟党校参观学习，安排7名区市党校教师参加山东省委党校教师进修班学习培训，举办全市党校系统师资培训班，组织开展全市党校系统优秀教学奖评选工作，推广区市党校的经验和做法，编印《党校工作动态》6期。

【深圳市委党校】 创建于1979年，与深圳行政学院、深圳社会主义学院、深圳经济管理学院和深圳中华文化学院实行“五块牌子、一套人马”的办学模式。领导体制为校务委员会负责制，中共深圳市委常委、市委组织部部长王穗明任校长，日常工作由常务副校长汪开国主持；2010年6月以后，中共深圳市委常委、组织部部长戴北方任校长，日常工作由常务副校长陈图深主持。下设党史党建教研部、科学社会主义教研部、公共管理教研部（政府管理研究中心）、经济管理教研部、文史教研部、法学教研部、中国特色社会主义理论研究中心、社会发展所、政治经济学教研部、统一战线理论教研部等20个处级机构，有分校6所。现有教授15人、副教授15人，有博士生导师1人、享受深圳市政府特殊津贴专家1人和中央组织部联系专家1人。

2010年，举办各类培训班次129个，培训学员1.25万人次。其中，常规主体班次有局级干部班、党群处级干部班、行政处级干部班、科级干部班、初任干部班等33个，培训干部3606人次；自主选学班41个，培训干部3622人次；“深圳干部在线学习平台”举办在线班级2个，培训干部3288人次；承办北京、上海、天津、湖北、贵州、广东、广西、浙江等有关单位的重点班次27个，培训干部1118名。

“深圳创新思想库”建设。在市委、市政府的支持下，建立“深圳创新思想库”，并探索建立教学、科研、决策咨询“三位一体”发展新机制。该平台的工作机构不占用编制，不设行政级别，在市委领导下，校长总负责，常务副校长负责日常协调工作；研究队伍由专职研究员和兼职研究员组成，专职研究员由市委党校教学科研人员担任，兼职研究员按照一定的专业资格标准从全市各职能部门、研究团体、国有企业高层管理者中选拔聘任，研究人员实行动态评估聘任，聘期两年，可以连聘，聘任的第一批兼职研究员64人，首批立项课题34项，研究成果报市委、市政府参考。

科研工作。获准立项国家社科基金项目重大招标课题子课题3项、全国党校系统年度课题2项、深圳市“十二五”规划前期课题2项和深圳市决策咨询委员会课题1项，其中包括“十二五”规划前期课题“新时期深圳经济社会发展战略定位实施策略研究”、“深圳市社会和谐发展策略研究”和“坪山新区发展战略研究”等课题，承担市有关部门及市辖各区以及街道委托的各类现实问题课题31项，获各类奖项25项；出版著作9部，发表学术论文72篇，其中在国家级刊物发表文章2篇；举办了“基层行政管理创新暨‘桃源模式’解析学术研讨会”，承办了深圳市第95期学术沙龙，与深圳市科学技术协会、芬兰诺鼎联盟合办了“走进芬兰——对话北欧企业家”主题沙龙活动。

理论宣传。组织教研人员对胡锦涛总书记在深圳经济特区建立30周年庆祝大会上的重要讲话进行深入解读、宣讲，出版《学习〈胡锦涛总书记在深圳经济特区建立30周年庆祝大会上的讲话〉辅导读本》；《特区实践与理论》出刊6期，发表各类文章共150篇，获广东省优秀期刊提名奖；图书馆编辑出版《社科文萃》12期，校园网刊发各类信息3127条，访问量达到92668人次。

队伍建设。教职工参加主体班和自选培训54人次、师资培训25人次，出国培训2人，赴港培训8人，2名干部教师挂职街道办副主任。

机关党建。开展“创先争优”、“创建学习型党组织”、“纪律教育月”、“保密教育”、“纪念建党89周年”、“我与特区共成长”和“回眸与展望——纪念深圳经济特区建立30周年”读书演讲比赛等系列活动，还开展了与湛江地区吴川市吴阳镇水洒村对口扶贫开发“双到”工作和为甘肃舟曲泥石流灾区捐款，校工会被市科教文卫体委评为“先进工会组织”。

信息化建设。在完善信息化二期项目建设的基础上，做好深圳市干部在线学习平台、情景模拟实训室建设、校园网络宣传、信息化维护保障和多媒体服务工作，情景模拟实训室建设基本完工；党员电教中心全年拍摄6部专题片和学习教材，其中《家园》获中国电视艺术家协会颁发的“第十四届中国行业电视节目展评”专题类二等奖。

校园建设和后勤保障。完成校园西面的高压线下埋工程，校内全部楼宇维修工程27项、设备改造工程34项，党校物业管理被国家住房和城乡建设部授予“全国物业管理示范大厦”；全年共接待内外宾客78批，累计930人次，完成各类班次、重要会议及亚运会火炬传递等重大活动的后勤保障工作；协调解决教职工住房困难，党校旧址的27户搬迁安置到雅福居，关心教职工的身体健康，筹建校医务室。

【厦门市委党校】 创建于1956年4月，与厦门市行政学院和厦门市社会主义学院实行“一套班子、三块牌子”的办学模式；领导体制为校务委员会负责制，中共厦门市委副书记黄杰成任校长，日常工作由常务副校长陈二加主持；下设哲学教研部、政治学教研部、党史党建教研部、经济学教研部、公共管理教研部、统战理论教研部和法学教研部等16个处级机构；现有教授11人、副教授23人，有享受国务院特殊津贴专家1人和市拔尖人才3人。

2010年，举办常规主体班次23期，主要有厅局级干部进修班、中青年干部培训班、处级干部进修班、军队师团职转业干部培训班、市属国有企业经营管理人员培训班、宣传干部培训班、省委组织部选调生培训班、处级干部任职班、公务员初任班、民主党派骨干培训班、新社会阶层人士培训班等，培训干部1299人；根据市委安排和受有关部门委托，不定期举办的各种短期专题研讨班、培训班和读书班14期，培训干部694人。

教学工作。抓好理论教育、党性教育、市情教育和能力培训，突出中国特色社会主义理论体系教学，围绕中国特色社会主义理论体系等重大问题开展教学，课程更新35个，公共课程更新率达到37%以上，专题课程更新率达到90%以上；建立教学新单元和新专题招标机制，实行“模块招标、团队竞争”，运用“问题导向式”讨论法和行动教学法，加强研究式、互动式、案例式教学；加强教材体系建设，汇编教学提纲、法规文件等23本；打造“三坛”精品，共举办“领导讲坛”5场、“专家讲坛”12场、“学员论坛”3场，举办外请专题讲座25场，“专家讲坛”首次邀请台湾学者来校进行学术交流；汇编教学提纲、法规文件等23本。

科研工作。全年获准立项中央党校重点课题2项、省社科规划课题1项、市社科调研课题4项和全省党校系统中国特色社会主义理论体系研究基地课题3项，组织立项校级课题8项；获全国党校系统第八届优秀科研成果二等奖2项、三等奖1项和优秀科研管理工作者奖，获全省党校系统第八届社会科学优秀成果一等奖1项、二等奖4项，获厦门市第八次社科优秀科研成果一等奖1项、二等奖2项、三等奖2项和著作二等奖1项；在省、市以上报刊发表论文83篇，其中《列宁时期党内民主是如何认识和发展的》被《新华文摘》（2010年第14期）全文转载；召开全市党校系统决策咨询研讨会，提交决策咨询论文40篇，形成《厦门发展决策参考》上报市委、市政府。

学员管理。坚持从严治学、从抓到课率入手，严格上课纪律、严把研讨考勤管理，妥善解决工学矛盾，主体班学员到课率达90%以上；完善学员自学制度，确保学员在校时间更多用到自学上来；加强学员的思想政治建设，组织相关班次学员到井冈山、古田会议会址接受革命传统教育，到陈嘉庚纪念馆接受爱国主义教育，到发达地区接受解放思想、开拓创新教育，到改革发展第一线深入开展体验式省情市情学习教育。

队伍建设。增补3位校委委员，选拔任用5名处级干部；实施专业技术岗位设置，设三级岗5位、四级岗4位、五级岗6位、七级岗8位、中级岗17位和初级岗3位；完成机关党委、基层党支部和工会委员换届，组织党务和工会干部培训；加强老干部工作，规范非在编工作人员用工管理，精简非技术类非在编人员，加强用工管理和考核。

加强业务。在教学、科研、师资、信息化等方面加大对全市6所区级党校提供教学计划和选派教师授课，教学科研活动吸收区级党校教师参加，把区级党校常务副校长和专职教师纳入市委党校教师培训计划，统一组织培训，举办两次区级党校校长培训班；会同市委组织部开展区级党校办学质量评估，以评促建、以评促改，取得实效。

信息化建设。加强“厦门干部在线学习”平台建设，投入专项经费50万元，增加网上报告厅和视频点播等网络信息资源，注册参加网络学习的党政干部人数达1万余人，上网点击学习人数累计达70余万人次；加强数字图书馆建设，新增图书1000多册，订购报刊260多种，图书馆电子数据存储量达到5500GB。

校园建设。新校工程于2007年7月27日奠基，同年10月动工兴建，2009年底基本建成，2010年3月9日正式在新校办学。新校位于厦门市海沧区，占地面积135297.7平方米（约合203亩），总建筑面积75306平方米，其中教学楼13087平方米，图书馆5600平方米，有多媒体教学系统、远程教育系统、学员在线学习系统、电子阅览系统和网络办公系统等。“新校建行项目”获厦门市重点建设优胜项目。

【宁波市委党校】 始建于1949年12月，与宁波市社会主义学院和行政学院实行“一校两院”的办学模式；领导体制为校务委员会负责制，中共宁波市委常委、组织部部长朱伟任校长，日常工作由常务副校长励慧芳主持；下设哲学教研室、经济管理教研室、科学社会主义教研室、党史党建教研室、行政管理教研室等18个处级机构；现有教授10人，副教授18人和享受国务院特殊津贴专家1人。

2010年，举办各类班次41期，培训4654人次。其中，举办常规主体班次10期，包括县局级干部执政能力专题研讨班、乡镇（街道）书记培训班、中青年干部培训班等，培训干部810人；市委在党校举办的专题研讨班22期，有学习十七届四中全会精神培训班、发展低碳经济专题班、新任市管领导干部党性党风集中教育培训班、卫星城市中心镇建设专题研讨班、县局级领导干部素质专题培训班等，培训干部3064人次；与市信访局、外经贸局等各部门联合办班9期，培训干部780人次。

教学工作。注重内容建设，构建具有“党校特色、时代特征、宁波特色”的教学内容体系，开设马克思主义经典著作导读、十七届四中全会精神辅导、港城互动与宁波经济发展、后危机时代宁波民营经济转型升级、网络舆情分析与网络事件处置等新专题30个；开展“三同”（同吃、同住、同劳动）教育，组织学员围绕村级党组织建设、村级集体经济发展和农村社会矛盾化解等问题深入宁波农村开展调研；实施项目管理制度，由相关教研室参与教学单元的设计、授课，并全程参与各项教学活动；在主体班次中举行“读一本好书、介绍一本好书”活动，向学员推荐好书、举办读书笔记展览和交流读书心得等；开展精品课评选和名师评选活动，制定《市党校系统精品课评选制度》、《宁波市党校系统名师评选制度》，评选了精品课程，评选出省级党校名师2人和市级党校名师6人。

科研工作。全年获准立项国家课题1项、省部级课题9项、省委党校课题11项和市规划课题3项；获省部级优秀课题3项、全省党校系统优秀课题5项、宁波市党政系统优秀调研课题2项，省部级获奖论文3篇，全省党校系统获奖论文3篇，全省马克思主义理论研讨会获奖论文3篇，还获得全国党校系统科研工作中标奖和组织奖；出版专著、编著10部，在中文核心期刊上发表论文24篇，《宁波市委党校学报》再次被全国高等学校文科党报研究会评为“全国高校优秀社科期刊”。

队伍建设。鼓励青年教师继续学习进修，4名青年教师在读博士学位，支持中青年骨干教师参加中央党校、国家行政学院和省委党校师资班培训，组织安排教职工到有关单位挂职，有2人评为正高职称，6人评为副高职称。

机关党建。深入开展廉政文化进机关活动，新建廉政文化宣传专栏和宁波党校廉政文化建设网，被命名为“浙江省廉政文化进机关示范点”；开展创先争优活动，围绕党校中心工作设计了特色鲜明的“四比四争做”活动载体，即比教学水平争做教书育人的模范，比科研成果争做理论创新的模范，比学习实践争做党性修养的模范，比奉献牺牲争做服务学员的模范，引导教职工围绕中心任务、立足本职岗位创先争优。

信息化建设。向中央党校和省委党校报送优秀视频课件18个共计36小时，完成信息化二期工程中的网络和安全设备的改造升级，提升全校的网络安全防护能力，做好中央党校远程教学A级站的课件录制转播工作，全年累计录制和转播中央党校远程卫星站课件95个共计245小时。

大事记

1月22日 北京市第1期区县局级领导干部一年制研修班结业式在北京市委党校举行。中共中央政治局委员、北京市委书记刘淇出席并讲话，北京市委副书记、市委党校校长王安顺主持结业式。

1月26日 河南省党校校长会议在郑州召开。会议传达全国党校校长会议和全国行政学院院长会议精神，总结交流各地党校一年来贯彻落实《党校工作条例》和全国、全省党校工作会议精神及省委《实施意见》的经验、做法，研究部署全年的工作。各省辖市市委党校和省直党校常务副校长参加会议。

1月26日 广东省委理论学习中心组第70期“广东学习论坛”报告会在省委党校举行，国家统计局总经济师姚景源作《中国宏观经济形势分析》专题报告。中共中央政治局委员、广东省委书记汪洋，省长黄华华出席报告会。

2月22日 中共河南省委书记、省人大常委会主任卢展工到河南省委党校（行政学院）与专家教授座谈，听取专家教授的意见建议。省委常委、秘书长曹维新参加座谈。

2月24日 辽宁省党校校长会议在辽宁省委党校召开。中共辽宁省委副书记、省委党校校长张成寅出席会议并讲话。

2月24—27日 内蒙古自治区盟市厅局及旗县（市、区）主要领导干部专题研讨班在自治区委党校举办。中共内蒙古自治区党委书记、人大常委会主任胡春华，自治区党委副书记、自治区主席巴特尔和自治区四大班子领导出席开班式并听取专题讲座。自治区党委副书记、政府副主席任亚平作开班讲话。开班式由自治区党委常委、组织部长李佳主持。来自全区各盟市、旗县的222名学员参加培训。

3月1日 中共浙江省委书记、省人大常委会主任赵洪祝出席省委党校中层以上干部会议并宣布关于省委党校校长调整的决定：经省委研究决定，省委常委、组织部长蔡奇同志兼任省委党校校长，斯鑫良同志不再兼任省委党校校长职务。

3月1日 大连市委党校颁布《中共大连市委关于贯彻〈中国共产党党校工作条例〉的实施意见》。

3月1日 大连市委党校举行2010年度春季学期开学典礼。中共辽宁省委常委、大连市委书记夏德仁作动员讲话暨学习辅导报告。

3月7日 沈阳市委党校举行春季开学典礼。中共沈阳市委副书记、市委党校校长苏宏章出席并讲话。

3月9日 青岛市委党校举行2010年春季学期开学典礼。中共山东省委常委、青岛市委书记、市委党校校长阎启俊等领导出席开学典礼。

3月10日 济南市委党校（市行政学院）举行2010年春季开学典礼。中共山东省委常委、济南市委书记、市委党校校长焉荣竹出席并讲话。

3月10—11日 安徽省党校校长会议暨学员管理工作座谈会在合肥召开。中共安徽省委副书记、省委党校校长王明方出席并讲话。

3月16日 根据沪委〔2010〕178号文件，中共上海市委决定：崔玉宝同志任中共上海市委党校副校长。23日，根据沪府任〔2010〕30号文件，上海市人民政府决定：任命崔玉宝为上海行政学院副院长。

3月16日 吉林省委党校（院）举行2010年第一期主体班次开学典礼，省委常委、省委组织部部长黄燕明出席典礼并讲话。

3月19日 四川省委党校四川行政学院南充科研基地揭牌仪式在南充市委党校举行。

3月23日 武汉市党校工作指导委员会第一次会议在武汉市委党校召开。这次会议是根据《市委关于进一步加强和改进新形势下党校工作的意见》中关于成立武汉市党校工作指导委员会的要求召开的，中共武汉市委副书记胡曙光出席并讲话。这次会议主要讨论了委员会组成人员名单以及《委员会工作暂行办法》和《全市区级党校教学质量评估试行办法》。两个办法分别于11月和12月正式施行。

3月25—26日 山东省党校业务指导工作会议在山东省委党校召开。

3月29日 哈尔滨市委党校举行2010年春季学期开学典礼。中共哈尔滨市委副书记、市委党校校长王颖作辅导报告。市委常委、组织部长杜松岩主持开学典礼。市管领导干部“北跃”战略专题培训班、市管领导干部任职培训班、公务员初级任职培训班等班次的学员，以及市委党校部分教职工近300人参加了开学典礼。

3月30日 江苏省委党校（省行政学院）举行廉政教育研究中心揭牌仪式暨座谈会。

3月31日 四川省委党校德阳科研基地揭牌仪式在德阳市委党校举行。

4月1日 黑龙江省项目建设前期工作和融资工作培训班开班式在黑龙江省委党校举行。中共黑龙江省委副书记、省长栗战书出席并讲话。黑龙江省委常委、常务副省长杜家毫主持开班式。省直有关部门负责同志，各市（地）市长、专员，各县（市）县长、市长，各市（地）、县发改委、经委、金融办以及项目相关单位负责人等参加培训。

4月2日 上海市政协、市委党校（上海行政学院）合作协议签约仪式举行，上海市政协主席冯国勤，市委常委、市委组织部部长、市委党校校长沈红光，副市长、上海行政学院院长胡延照出席签约仪式并讲话。

4月6日 重庆市委党校“大渡口区现场教学基地”在重庆市大渡口区党员活动中心举行揭牌仪式。

4月11日 铁道部党组成员、铁道部纪委书记安立敏到铁道部党校为铁路建设管理人员高级培训班作廉政教育专题报告。

4月12日 山东省委党校青岛教学基地揭牌仪式在青岛市委党校举行。

4月12日 湖北省转变经济发展方式与调整经济结构专题研讨班开班式在湖北省委党校举行。中共湖北省委书记、省人大常委会主任罗清泉出席并讲话。

4月12日 广东省领导干部深入贯彻落实科学发展观加快转变经济发展方式专题研讨班开班式在省委党校举行。中共中央政治局委员、广东省委书记汪洋出席并作报告。

4月12—14日 福建省领导干部深入贯彻落实科学发展观加快转变经济发展方式专题研讨班在福建省委党校举办。中共福建省委书记、省人大常委会主任孙春兰出席并讲话，省长黄小晶为研讨班作专题报告，省委副书记、组织部长、党校校长于广洲作总结讲话。省级领导、各设区市党政主要领导和省直有关部门的主要负责人241人参加为期3天的集中学习研讨。

4月13日 四川省委党校、行政学院乐山科研基地揭牌仪式在乐山市委党校举行。

4月18日 中共中央委员、中央党校常务副校长李景田到广东省委党校检查指导工作。

4月21日 辽宁省委党校召开干部大会，省委组织部宣布省委关于省委党校主要领导调整的决定：宋萌荣同志不再担任省委党校常务副校长职务，于言良任省委党校常务副校长。

4月19—23日 江西省学习贯彻中央《规划纲要》、深化干部人事制度改革培训班在江西省委党校举办。培训期间，中共江西省委书记、省人大常委会主任苏荣出席学习贯彻中央《规划纲要》深化干部人事制度改革座谈会，与学员座谈并讲话。省委副书记、省委党校校长王宪魁在开班式上作动员讲话，省委常委、省纪委书记尚勇在培训班上通报了党风廉政建设情况，省委常委、省委组织部长莫建成为培训班作总结讲话。全省各设区市市委副书记、组织部长、县（市、区）委书记，以及省委各部门、省直各单位分管组织人事工作的负责同志、组织人事处长共200余人参加培训。

4月21—25日 山西省委党校与省委组织部、省高校工委等共同举办的“山西省高校新任领导干部培训班”在省委党校举行。中共山西省委副书记、省政协主席、省委党校校长薛延忠，副省长张平出席开班仪式并分别作专题报告。省委常委、组织部长汤涛主持开班式。24日，中共山西省委书记、省人大常委会主任张宝顺与部分高校负责同志座谈并讲话。

4月22日 “天津市委党校·市规划展览馆实践教学基地”揭牌仪式在市规划展览馆举行。

4月22日 深圳干部在线学习平台正式开通运行。中共广东省委常委、深圳市委书记王荣等市领导出席了开通仪式。该平台由市委组织部、市委党校、市人力资源和社会保障局、市科技工贸和信息化委员会共同筹建，依托网络平台和载体，创新干部学习培训的形式、内容及考核方式。该平台已上挂课件300余门，累计105164人次访问，在线学习时间145526小时，并提供在线交流、在线书吧、电子图书等多种学习方式。

4月28日 贵州省委党校建校60周年庆祝大会暨春季毕业典礼在省委党校举行。中共贵州省委书记、省人大常委会主任石宗源出席大会并讲话。中央党校副校长李书磊应邀出席大会并致辞。省委常委、省政协主席、省纪委书记、贵州行政学院原院长王正福，省委副书记王富玉，省政协原主席、省委党校原校长龙志毅，省委常委、省委秘书长张群山，省委常委、副省长、贵州行政学院院长黄康生，省委常委、省委宣传部部长谌贻琴，省人大常委会党组书记、副主任肖永安出席大会。大会由省委常委、省委组织部部长张少农主持。编撰出版纪念画册《强基固本，扬帆远航》。

5 月 4—10 日 海南省领导干部学习贯彻《国务院关于推进海南国际旅游岛建设发展的若干意见》专题培训班第一期和第二期在海南省委党校举办。中共海南省委书记、省人大常委会主任卫留成，省委副书记、省委党校校长于迅分别出席第一、二期的开班仪式并讲话。

5 月 10 日 广东省委理论学习中心组第 74 期“广东学习论坛”报告会在省委党校举行，全国政协经济委员会副主任、国务院发展研究中心原党组书记、副主任陈清泰作《产业结构升级的思路和政策》专题报告。中共中央政治局委员、广东省委书记汪洋出席报告会。

5 月 11 日 中共江苏省委常委、南京市委书记朱善璐到南京市委党校调研，视察校园，旁听专题班授课，听取党校工作情况汇报，与教师代表进行座谈交流，实地考察新校区地址并进行现场办公。

5 月 11 日 湖南省委组织部和湖南省委党校在省委党校召开“全省党校学员管理暨县级党校办学水平评估工作会议”。

5 月 11 日 铁道部党校接铁道部党任〔2010〕149 号文件，郭家宏任铁道部党校校委委员、副校长。

5 月 12 日 南京市党校工作会议在市委党校召开。中共江苏省委常委、市委书记朱善璐出席并讲话。市委副书记、市委党校校长陈绍泽作工作报告。南京市委常委、组织部长王奇主持会议。各区县委分管领导、组织部长、党校常务副校长，市干部教育培训领导小组成员单位分管领导、职能处室负责人，市委各工委党校常务副校长及市委党校处级以上干部参加会议。

5 月 15—16 日 越南胡志明国家政治学院第一区域政治学院代表团到浙江省委党校考察访问。

5 月 17 日 江苏省委党校邀请省委常委、无锡市委书记杨卫泽同志作题为《紧紧抓住历史机遇，勇于承担历史使命，全面加快无锡以转型为特征的科学发展步伐》的报告，6 个主体班次和云南省委党校中青年干部培训班的学员近 300 人参加了报告会。

5 月 18 日 浙江省委、省政府举办的“加快转变发展方式、促进经济转型升级市县长专题研讨班”在省委党校开班。中共浙江省委副书记、省长吕祖善在开班式上作经济形势报告，省委常委、副省长葛慧君主持报告会。

5 月 25 日 广州市委党校“广州市情研究中心”举行揭牌仪式。市委组织部等有关部门负责人出席揭牌仪式。

5 月 31 日 大连市乡村干部培训工作启动仪式在市委党校举行。中共辽宁省委常委、大连市委书记夏德仁出席启动仪式作动员讲话。按照中共大连市委决定，启动乡村干部全员培训工作。对全市乡村和涉农街道干部进行全面培训，培训对象包括 119 个乡镇和涉农街道班子成员、工作人员，980 个村委会书记、主任，1100 名大学生村官，涵盖全市乡、村两级干部 8457 人。

6 月 7—10 日 上海市委党校和杭州市委党校联合举办的“华东地区党校首届机关党建工作研讨会”在杭州市委党校举行。来自上海、浙江、江苏、安徽、山东、江西、福建以及济南、南京、青岛、宁波等省、市党校分管领导和机关党委负责人参加会议。

6月9—11日 江苏省委党校与中国社会科学院世界宗教研究所共同举办“宗教与执政党”学术研讨会，省政协主席张连珍出席开幕式并讲话，中国社会科学院世界宗教研究所、江苏省宗教局的领导、专家和来自全国各地的专家学者百余人参加会议。

6月18日 “天津市委党校·华明示范镇实践教学基地”在东丽区华明镇建立。

6月18日 杭州市委党校现场教学工作座谈会暨现场教学基地授牌仪式在杭州市委党校举行。市委党校首批24家现场教学基地单位的负责同志到场领取牌匾和证书。

6月21日 中央党校“重庆教学基地”揭牌仪式在重庆市委党校举行。中央党校副校长李书磊，中共重庆市委副书记、党校校长张轩共同为教学基地揭牌。参加“统筹城乡与党性实践教育”研讨会的15个省区市会议代表及市委党校相关人员共200人参加揭牌仪式。

6月22—23日 西安市级部门和区县党委主要领导干部学习贯彻十七届四中全会精神专题研讨班在西安市委党校举行。中共陕西省委常委、西安市委书记孙清云出席并讲话。市委副书记王成文主持开班典礼。

6月22—24日 大力改进文风办好党校报刊研讨会暨全国党校系统报刊研究会第五次会员代表大会在上海市委党校举办。中央党校副校长石泰峰作书面讲话。中央党校报刊社和部分省、自治区、直辖市党校领导，全国党校系统报刊研究会常务理事、理事及会员近200人参加会议。

6月28日 第六批援藏县委书记培训班座谈会在西藏自治区委党校举行。中共西藏自治区党委书记张庆黎出席并讲话。

6月29日 越南胡志明国家政治行政学院代表团到吉林省委党校访问。

6月30日—7月4日 华东地区党校（行政学院）后勤工作座谈会在上海市委党校举办。

7月1日 新疆自治区反腐倡廉教育基地落成揭幕仪式在新疆自治区党委党校举行。中共新疆维吾尔自治区党委书记张春贤和自治区党委副书记、自治区主席努尔·白克力来校为自治区反腐倡廉教育基地揭幕，并与自治区党委、人大、政府、政协、武警部队领导及相关部门负责同志一道参观自治区反腐倡廉工作展览。

7月13—15日 山西省党校常务副校长座谈会暨教师赛讲活动在省委党校（院）举行。

7月28日 全国党校图书馆工作暨信息资源建设会议在陕西省委党校召开。中央党校常务副校长李景田出席开幕式并讲话。陕西省委副书记、省委党校校长王侠致辞。中央党校教育长张伯里作工作报告。

7月28日—8月20日 深圳市局处级领导干部“深入学习第五次党代会精神、加快转变经济发展方式”专题培训班在深圳市委党校举办。7月28日，中共广东省委常委、深圳市委书记王荣同志以“立足新起点，肩负新使命，努力当好科学发展排头兵”为题讲授第一课。

8月2日 广东党纪政纪法纪培训班在省委党校举行。中共中央政治局委员、广东省委书记汪洋作专题辅导报告。

8月7日 龙江发展讲坛第四场专题

报告会在黑龙江省委党校举行。中共黑龙江省委书记、省人大常委会主任吉炳轩为全省后备干部作题为《牢记共产党人历史责任，推动龙江更好更快发展》的专题辅导报告。省委副书记杜宇新主持报告会。

8月20日 第六批援藏县委书记班在西藏自治区委党校举行结业式。中共西藏自治区党委书记张庆黎出席并讲话，自治区党委副书记、党校校长张裔炯，自治区党委常委、组织部部长等自治区领导出席结业式。

8月24日 广东省委理论学习中心组第76期“广东学习论坛”报告会在省委党校举行，邀请文化部党组书记、部长蔡武作《抓住机遇，明确思路，推动社会主义文化大发展大繁荣》专题报告。中共中央政治局委员、省委书记汪洋，省长黄华华出席报告会。

8月29日 中共福建省委书记、省人大常委会主任孙春兰到省委党校调研，先后察看校图书馆、学术报告厅，参观省委党校60周年校史展，详细了解党校办学情况。省委副书记、组织部长、党校校长于广洲，省委常委、秘书长杨岳，省委常委、副省长陈桦参加调研。

9月1日 甘肃省委党校举行2010年秋季开学典礼。中共甘肃省委副书记、代省长、省委党校校长刘伟平出席并讲话。主体班次学员和全校教学科研干部600多人参加。

9月1日 宁波市委党校2010年秋季班举行开学典礼。中共宁波市委常委、组织部部长、市委党校校长朱伟同志出席并讲话。第十八期县局级领导干部执政能力建设暨和谐发展专题研讨班、宁波干部网上学院第八期执政能力建设专题进修班、宁波市第十六期中青年干部培训班共197名学员参加开学典礼。

9月4日 中共中央政治局常委、书记处书记、中央党校校长习近平到福建省委党校视察，观看省委党校建校60周年展览，到教室看望正在上课的中青班学员并发表讲话。中央组织部常务副部长沈跃跃、中央政策研究室常务副主任何毅亭、国务院台办主任王毅、中央党校常务副校长李景田、国家发展改革委副主任穆虹，福建省委书记孙春兰，省长黄小晶，省委副书记、组织部部长、省委党校校长于广洲，省委常委、秘书长杨岳等领导陪同视察。

9月10日 广东省委理论学习中心组第77期“广东学习论坛”报告会在省委党校举行，邀请全国政协副主席、科技部部长万钢作自主创新专题辅导报告。中共中央政治局委员、广东省委书记汪洋，省长黄华华出席报告会。

9月13日 中央党校常务副校长李景田一行到天津市委党校指导工作。

9月15日 湖南省委党校的政治学、公共管理两个一级学科硕士学位授权点通过湖南省学位委员会评审。

9月15日 青岛市委党校举行建校60周年大会。中央党校向青岛市委党校建校60周年发来贺信。中共山东省委常委、青岛市委书记、市委党校校长阎启俊出席会议并讲话。省委党校常务副校长安世银出席并致辞。青岛市委副书记、市长夏耕，市人大常委会主任张若飞，市政协主席孙德汉，市委副书记王文华，市委常委、组织部部长牛俊宪，市委常委、纪委书记何建平，市委常委、秘书长王鲁明等领导同志出席会议。市干部教育领导小组成员单位、有关部委和市直单位主要负责同志，十二区（市）党校常务副校长，军民共建单位和驻地单位领导，党校教学基地主要负责人参加会议。

9月16日 广州市委党校举行教学楼建设工程奠基仪式。中共广州市委常委、组织部部长、市委党校校长方旋出席并致辞。

9月17日 甘肃省委常委、兰州市委书记陆武成到省委党校，为学员作《实施“再造兰州”战略，发挥中心带动作用》专题报告。

9月18日 广东省人民政府聘任省委党校陈鸿宇和黄铁苗教授为省政府参事。

9月21日 杭州市委党校2010年秋季主体班次举行开学典礼。中共浙江省委常委、杭州市委书记黄坤明出席并作开班动员。

9月21—28日 “新加坡第五期官员赴中国研修班”一行到天津市委党校进行研修访问。

9月25日 广西壮族自治区委党校建校60周年庆祝大会在南宁召开。自治区党委书记郭声琨出席并讲话。自治区领导马飚、马铁山、陈际瓦、沈北海、王玉仁、吴恒、刘新文、莫永清、李康、蒋培兰、张少康、邱能扬等出席。中央党校副校长陈宝生宣读中央党校贺信。自治区党委副书记、党校校长陈际瓦主持庆祝大会。区委党校还举办建校60周年校史展览。

9月25日 青海省委党校接中共青海省委通知（〔2010〕211号），中共青海省委副书记王建军同志兼任青海省委党校校长。

9月26日 福建省委党校举行“建校60周年庆祝大会”。中共中央政治局常委、全国政协主席贾庆林发来贺信。中共福建省委书记、省人大常委会主任孙春兰出席并讲话。中央党校副校长陈宝生出席并致辞。省长黄小晶和省委常委及省人大、省政协主要负责同志出席。省委副书记、组织部部长、省委党校校长于广洲主持会议。大会向建校初期老同志代表和从事党校工作25年以上的教师、干部代表颁发荣誉证书，组织编辑印制校庆纪念画册、邮册，拍摄专题资料片，举办校庆专题学术报告会、老同志座谈会和建校60周年展览。

9月30日 中共新疆维吾尔自治区党委在自治区委党校举行建校60周年暨新疆行政学院成立10周年庆祝大会。中共新疆维吾尔自治区党委书记张春贤出席并讲话。自治区党委副书记、自治区常务副主席、自治区党校校长杨刚，中央党校副校长孙庆聚和国家行政学院副院长洪毅致辞。自治区党委副书记、自治区主席努尔·白克力主持庆祝大会。自治区及兵团领导车俊、杨刚、符强、韩勇、李屹、白志杰出席大会；中央党校、国家行政学院领导及有关部门和陕西、甘肃、青海、宁夏、新疆兵团七所党校、行政学院负责同志应邀参加大会。

10月8日 上海市委党校“幸福江阴研究型教学基地”挂牌仪式在江苏省江阴市委党校举行。

10月11日 广东省委党校举行“建校60周年庆祝大会”。中央党校和中共中央政治局委员、广东省委书记汪洋，省长黄华华发来贺信，省委副书记、省纪委书记朱明国，全国人大华侨委原副主任、委员、省人大常委会原主任张帼英，省委常委、秘书长徐少华，省人大常委会副主任钟阳胜，省政协副主席周天鸿等领导出席。中央党校教育长张伯里、中共广东省委常委、省委组织部长、省委党校校长李玉妹讲话。省直有关部门领导、省委党校领导、学员、教职工和离退休老同志，全省地级以上市委党校常务副校长等共1100人参加。

10月13—15日 上海市委党校与浙江省委党校共同主办的“华东地区党校信息化和图书馆工作研讨会”在浙江省湖州市委党校召开。

10月14日 北京市委党校开展建校以来首次“媒体开放日”活动。新华社、《北京日报》、《北京晨报》、北京电视台等10家媒体的记者走进校园，了解正在研修学习的第67期区县局级进修一班学员的学习生活情况。

10月17—22日 华东地区党校校长座谈会在安徽省委党校召开。

10月20日 江西省委党校举行“建校60周年纪念大会”。中共江西省委书记、省人大常委会主任苏荣，省长吴新雄致信祝贺。中共中央党校、国家行政学院致信祝贺。省委常委、省委秘书长赵智勇出席会议并讲话。省直有关部门负责同志，各设区市市委党校常务副校长，部分学员、教职工和离退休老同志代表260余人参加纪念大会。

11月2日 越南胡志明国家政治学院三区政治学院阮洪山院长一行13人到青岛市委党校访问。

11月3日 杭州“十二五”规划建议征求意见座谈会在杭州市委党校召开。中共浙江省委常委、市委书记黄坤明出席并讲话。市委副书记、市委党校校长王金财主持会议。8名教研人员代表和9名学员代表紧紧围绕杭州“十二五”规划建议主题提出意见和建议。

11月5日 广东省委理论学习中心组第78期“广东学习论坛”报告会在省委党校举行，邀请国家发改委秘书长杨伟民作“十二五”规划专题辅导报告。中共中央政治局委员、广东省委书记汪洋出席报告会。

11月8日 2010年辽宁省选聘到村任职优秀高校毕业生培训班在辽宁省委党校举行。中共辽宁省委书记、省人大常委会主任王珉到省委党校与2010年辽宁省选聘到村任职的22名大学生村官代表座谈。

11月16日 北京市委党校召开建校60周年纪念大会。中央政治局委员、北京市委书记刘淇出席并讲话。中央党校常务副校长李景田致辞。北京市委副书记、市委党校校长王安顺作题为《回顾60年光辉历程，推进党校事业新发展》的报告。北京市委常委、组织部部长吕锡文主持纪念大会。

11月19日 新疆生产建设兵团党校（行政学院）举行第二批教学调研基地签约授牌仪式。签约授牌的单位有农六师芳草湖农场、农六师工业园区管委会、农六师共青团农场、农六师公安局、农六师105团、农六师鸿基焦化有限责任公司、农八师121团、农八师148团、兵直222团。

11月24日 中央军委委员、国务委员兼国防部长梁光烈率一行到天津市委党校视察指导工作。

11月25日 中共黑龙江省委书记、省人大常委会主任吉炳轩在黑龙江省委党校作题为《静下心来好读书》的党课报告。省委副书记、省长王宪魁主持报告会。省直机关工委、省委高校工委、省国资委党委所属的中省直单位、在哈高等院校、在哈国有企业党组（党委）书记、机关党委副书记（组织部长或人事处长），省委党校、哈尔滨市委党校部分教师、学员代表，省直有关单位处级干部代表740多人参加报告会。

11月26日 江苏省委党校组织召开全省省辖市市委党校常务副校长座谈会，全省省辖市市委党校常务副校长、办公室主任和省委党校办公室、党校工作指导处、教务处、科研处等部门主要负责人出席。

12月3日 位于济南市历城区的济南市委党校、市行政学院、市社会主义学院新校区建设举行奠基仪式。中央党校副校长孙庆聚，国家行政学院副院长洪毅，山东省委常委、济南市委书记、市委党校校长焉荣竹，市委副书记、市长张建国，市人大常委会主任徐华东，市政协主席徐长玉等出席奠基仪式并为新校区建设培土奠基。

12月5日 中央党校常务副校长李景田到安徽省委党校考察指导工作。

12月8日 中央党校常务副校长李景田一行到江苏省委党校检查指导工作。李景田听取新校区项目建设、工期进度等相关情况的介绍，对在建的文体会议中心、学员宿舍楼、教学楼等进行了现场勘察，与省委党校全体校委进行座谈，听取了工作汇报。

12月8日 海南省委党校三亚分校挂牌仪式在三亚市委党校举行。省委党校和三亚市委市政府领导，海口、儋州、琼海党校负责人出席挂牌仪式。

12月10日 中共甘肃省委副书记、省委党校校长鹿心社到省委党校调研并与主体班次学员代表座谈。

12月17日 云南省委党校建校60周年庆祝大会在省委党校举行。中共云南省委书记、省人大常委会主任白恩培出席并讲话。中央党校副校长陈宝生到会致贺。中共云南省委副书记、省长秦光荣主持大会并讲话。中共云南省委副书记、省委党校校长李纪恒宣读省委党校表彰奖励决定，对70名在省委党校工作30年以上的教职工和11名学科带头人进行表彰奖励。省政协主席王学仁，省委常委、省纪委书记李汉柏，省委常委、副省长李江，省委常委、省委秘书长杨应楠，省委常委、昆明市委书记仇和，省委常委、省委宣传部部长张田欣，省委常委、省委统战部部长黄毅，省人大常委会常务副主任晏友琼，省军区司令员邱型柏，省政府秘书长丁绍祥等领导出席。

教职工简况

序号	党校名称	在职人员总数（人）	教研人员（人）	教辅人员（人）	行政管理人员（人）	工勤技能人员（人）
1	北京市委党校	347	111	51	122	63
2	天津市委党校	421	168	49	127	77
3	河北省委党校	347	104	47	107	89
4	山西省委党校	414	123	43	168	80
5	内蒙古自治区委党校	284	90	40	84	70
6	辽宁省委党校	303	94	32	97	80
7	吉林省委党校	559	155	67	215	122
8	黑龙江省委党校	456	130	66	168	92
9	上海市委党校	366	90	41	137	98
10	江苏省委党校	538	193	125	146	74
11	浙江省委党校	353	100	45	155	53
12	安徽省委党校	288	84	34	97	73
13	福建省委党校	270	96	47	80	47
14	江西省委党校	431	112	95	144	80
15	山东省委党校	403	134	46	154	69
16	河南省委党校	422	118	27	166	111
17	湖北省委党校	271	73	25	145	28
18	湖南省委党校	515	114	50	207	144
19	广东省委党校	424	143	42	163	76
20	广西壮族自治区委党校	257	62	64	83	48
21	海南省委党校	208	62	22	80	44
22	重庆市委党校	357	111	83	85	78
23	四川省委党校	557	181	54	238	84
24	贵州省委党校	274	80	37	93	64
25	云南省委党校	384	104	57	111	112
26	西藏自治区委党校	155	47	22	49	37
27	陕西省委党校	480	128	107	176	69
28	甘肃省委党校	390	119	43	132	96
29	青海省委党校	316	68	48	148	52
30	宁夏回族自治区委党校	229	73	28	87	41
31	新疆维吾尔自治区委党校	453	117	51	170	115

续 表

序号	党校名称	在职人员总数（人）	教研人员（人）	教辅人员（人）	行政管理人员（人）	工勤技能人员（人）
32	新疆生产建设兵团党校	205	74	27	72	32
33	铁道部党校	309	45	64	90	110
34	广州市委党校	142	42	23	59	18
35	武汉市委党校	190	50	23	87	30
36	哈尔滨市委党校	198	65	13	90	30
37	沈阳市委党校	230	63	21	69	77
38	成都市委党校	236	54	30	106	46
39	南京市委党校	162	44	12	65	41
40	西安市委党校	160	57	19	64	20
41	长春市委党校	143	43	15	65	20
42	济南市委党校	165	63	7	82	13
43	杭州市委党校	158	48	28	67	15
44	大连市委党校	159	43	16	71	29
45	青岛市委党校	196	62	22	80	32
46	深圳市委党校	128	45	5	57	21
47	厦门市委党校	94	29	18	32	15
48	宁波市委党校	116	33	16	48	19

在职教授名单

北京市委党校（23人）

教　授：

袁吉富　梁　骏　侯且岸　张　军
张耀南　王志捷（回族）　赵　莉（女）
朱晓青　刘长龙　林　泉（女）
袁达毅　韩玉芳（女）　孟凡驰
李明伟　靳连芳（女）　董　武
鄯爱红（女）　吴　刚　鄂振辉（女）
金国坤　嘎日达（蒙古族）侯亚非（女）

研究员：

高寿仙

天津市委党校（27人）

教　授：

刘润忠　杨延浦　李亚东　王重高
杨升祥　何敬文　段志超（白族）
漆　玲（女）　王晓霞（女）
张维真　徐秀红（女）　王　尉（女）
蔡承荣（女）　张新华（女）
赵晓呼　贾锡萍（女）　刘书祥
郑海峰　齐冬梅（女）　康之国
杨　彧　徐　中　藏学英（女）
张玉庆

研究员：

祝宝钟　李淑华（女）　张殿兴

河北省委党校（44人）

教　授：

陈春生　薛建中　郝建国　庞立平
穆瑞丽（女）　杨亚佳
陈秀梅（女）　王金池　王建政
李胜茹（女）　徐慈贤　王　卿
贾志刚　景　枫　李彦青
康桂芬（女）　孙翠萍（女）
种坤霞（女）　程瑞山
刘晓辉（女）　赵文丁
王秀华（女）　李凤瑞
冷宣荣（女）　郭君铭
王宇飞（女，满族）　花永兰
付文明　宋迎军　李辉敏（女）
杜成功　李兰色　张　敏
张聚芹（女）　裴志宏　王锦栋
金志奇

研究员：

王晓海　唐凤朝　李聚山

编　审：

孙英臣　胡鸣铎　于亚博
朱艳秋（女）

山西省委党校（19人）

教　授：

李廷荣　安　洪　赵公社　赵　诚
范俊彦　孙锋刚　高　飞　宋　军
郑延涛　郭玉兰（女）
贺建萍（女）　郭华红（女）
李　青（女）　郭　湧（女）
孙兴玲（女）　牛　芳（女）

研究员：

冯耀明　刘　宁（女）
王瑞娟（女）

内蒙古自治区委党校（33人）

教　授：

郭文祥　徐永平　马桂英（女，蒙古族）
贺　静（女）　徐贵恒（女）
安静赜　巴根那（蒙古族）
张德民（蒙古族）梁鲜桃（女）
李香兰（女）　李塔娜（女，蒙古族）
丁玉才　李玉贵　杨束芳（女）
李　红（女）　杨　耀　孙　杰
兰　芳（女）　陶永慧（蒙古族）
于连锐　李树林　马俊林　王有星
乌力更（蒙古族）吉日嘎拉（蒙古族）
乌力吉（蒙古族）　贾　清
毛　原（女）　薛建华　王志刚

研究员：

赵常欣（女，蒙古族）

编　审：

王晓娟（女）　齐秀华（女）

辽宁省委党校（38人）

教　授：

刘　朝（女）　康瑞华（女）
胡延风　唐晓清　魏子扬
常　丽（女）　沈　伟
佟玉华（女，满族）　王桂泉
陈丽华（女）　姚黎君
储　霞（女）　李秀华（女）
周唯强　林海斌　李角奇（女）
郭化光　李　英（女）　荣宏庆
杨立新（女）　宋丽娟（女）
宫秀芬（女）　王　虹（女）
张　唯（女）　薛　巍（女）
李　玮（女）　黄　莉（女）
王晓非（女）　孙学敏
崔亚平（女）　宋延旭
王僮曈（女）　高中理
侯　琦（女）　王纯敏（女）
王恩宝　冉鸿燕（女）
薛艳荣（女）

吉林省委党校（46 人）

教　授：

高国田　闫　越　周知民　刘长兴
宋延君　傅建世　宋文新　张秀岩
王雪雁　孙艳霜（女）
金盛红（女）　徐恩仲　贾云泉
赵连中　李振宇　邱信利
来丽梅（女）　丁卫平（女）
吕雅范（女）　张延生
贺雅书（女）　陶玉霞（女）
郑吉萍（女）　高利群（女）
苏向坤　李　红（女）　蔡　跃
杜凤英（女）　徐秀霞（女）
李晓春　闫　英（女）　蒙一丁
张柏英　马丽华（女）　顾明新
毛昨非（女）　吴祖鲲
钟淑洁（女）　张　力
赵雅杰（女）　高　静（女）
王英林　赵广社　焦述英（女）
孟凡仲　乔桂华（女）

黑龙江省委党校（58 人）

教　授：

项武生　高原丽（女）
闫喜凤（女）
张聚昌　赫修贵　梁　謇（女）
王宪章　郭　毳（女）　韩健鹏
亓　利（女）　王　曼（女）
陈绍义　华　雷　王树春
孙艳春（女）　朴　林　王诚宏
秦慧杰（女）　麻秀荣（女，回族）
刘兰芬（女）　李　军
李素艳（女）　崔玉斌
刘瑞华（女）　韩丽杰（女）
于升云　陆静超（女）
丁志杰（女）　张书海
王　丽（女）　杨德军　杨志晨
梁　亮（女）　张　超　陈国君
侯慧娟（女）　许丽英（女）
杨　君　王冬梅（女）
杨玉荣（女）　李　辉（女）
马边防　于健慧（女）
逯洪秀（女）　董少辉
张宏光（女）　文治逯
杜爱萍（女，鄂温克族）
王奇英（女）　郭　明
温美荣（女）

研究员：

姜国忠　邵立民　张青松

编　审：

刘建明　刘晓英（女）　陈景云
朱永良

上海市委党校（34 人）

教　授：

张春美（女）　陈胜云　黄力之
刘卫平　王建国　王志平　鞠立新
唐珏岚（女）　林世昌
周炼石（女）　徐根兴　庄荣盛
陈勇鸣　程竹汝　王公龙　袁秉达
刘宗洪　周敬青（女）
张忆军（女）　陈丽凤（女）
刘红凛　陈奇星　陈保中　罗　峰
陈尤文（女）　梁晓俭（女）
沈士光　郭庆松　毛军权　曾　峻
梅丽红（女）

研究员：

季学明　周耀虹（女）　李海生

江苏省委党校（59 人）

教　授：

王庆五　桑学成　杨　明　胡志军
谈　镇　梁作民　李立峰
隋月娟（女）　孙月平
周俭初（女）　黄　红（女）
徐民华（女）　陶卫平

董连翔（女） 孙 铭 李继锋
汪汉忠 方建中 赵常林
王 平（女） 王 建（女）
徐泰玲（女） 荚莺敏（女）
邹 红（女） 刘 阳（女）
黄 菡（女） 凌 宁
李 阳（女） 胡宗仁 杜万松
冯必扬 王培智 扈海鹂（女）
倪洪兰（女） 尤 佳 布成良
孙 霞（女） 刘大生
黄瑞玲（女） 王新军（女）
刘万文 黄希惠（女） 杨夏鸣
王 英（女） 袁志田 吴 宏
刘 俊（女） 张舒屏
廖礼平（女） 周善乔 冯 治
钱一舟（女） 范 金 朱坚强
彭安玉 沈利华 王世谊
张桂珍（女） 米寿江（回族）

浙江省委党校（33 人）

教 授：

陆立军 吴锦良 郭祥才（回族）
董根洪 任玉秋（女）
何建华（女） 汪岩桥 李 一
李 炯（回族） 陈时兴 陈自芳
石婷婷（女） 方柏华
董 明（女） 董建萍（女）
郭亚丁 张静蓉（女） 何圣东
向新民 徐邦友 张志勇 孙 雄
曾小华 曹文彪 王祖强 王立军
李 涛

研究员：

徐明华 胡 建 胡承槐 何显明
陈立旭 周 全（女）

安徽省委党校（14 人）

教 授：

李 浩 张克敏 祝国华 解道华
李昌龙（女） 高淮成（女）
李本和 郝欣富 张复俊 胡忠明
安 群（女） 周 焱（女）

编 审：

宋周尧

研究馆员：

杨肥生

福建省委党校（38 人）

教 授：

游龙波 刘大可 王宜新 陈世奎
林建华 林默彪 林 红（女）
何福平（女） 陈 新 杨小冬
曾行伟 田恒国（土家族）
高伯文 曹敏华 陈 耀
郭若平（回族） 郭为桂 李新生
李烈满 顾越利（女）
王海英（女） 史 策 蔡加福
郑冬梅（女） 周 青（女）
查英青（女） 郑少春（女）
王 岑（女） 林 怡（女）
叶志坚 张君良 周 玉（女）
程丽香（女） 吴志澄 高飞乐

研究员：

陈明森

研究馆员：

阮孟禹 柳丹枫（女）

江西省委党校（33 人）

教 授：

龚培兴 许晓明 曾志刚 杨 超
罗志坚 庄小琴（女） 廖清成
陈小林 赵兴良 王仕国
吴海燕（女） 谭旭孙
郭爱萍（女） 黄毓哲（女）
毛日清 吴晓敏 罗惠兰（女）
魏春明 陈洪生 李才平
魏星河（女） 程家健

程爱娣（女）　周晓红（女）
胡长生　刘本锋　张剑萍（女）
郑红腾　周　明

研究员：
黄世贤　江泰然

编　审：
胡启南　郑百灵（女）

山东省委党校（47 人）

教　授：
牛竹梅（女）　王　敏（女）
王巧玲（女）　王申贺　王立新
王培芝（女）　丛颖超（女）
刘淑珍（女）　刘跃奎　孙占元
孙建昌　成素英（女）
宋协娜（女）　张　杰　张友谊
张文彦（女）　张文珍（女）
张传鹤（女）　张春光（女）
张洪修　张勤书　李　剑　杨亚利
杨明清　杨　珍（女，回族）
迟树功　赵丽娜（女）　赵英奎
赵　泉（女）　袁永新　贾英健
郭振宗　崔永刚　戚汝庆　章猷才
韩　强　翟　霞（女）　裴传永
魏恩政　魏　磊

高级编辑：
董凤枝（女）

研究馆员：
王爱云（女）　王爱平
卢丽娜（女）　吴怡青（女）
张　旭　郝佳芬（女）

河南省委党校（24 人）

教　授：
杨　建　丁　素　于咏华（女）
廖富洲　田宪臣　张廷寅　赵新浩
樊怀洪　梁　丹（女）
涂永珍（女）　胡隆辉
汪俊英（女）　王爱英（女）
杜　爽　朱耀先（女）　刘玉忠
秦　健（女）　牛福增　赵冰波
赵士红　李国友　郭献功　柳昌清
徐学庆

湖北省委党校（24 人）

教　授：
方世荣　陶良虎　邹德文　于文俊
陶笑眉（女）　刘　丹（女）
任大立　陈家超　舒艾香（女）
徐仲韬　张继久　刘启明
叶翔凤（女）　李津燕（女）
罗　莉（女）　蔡　玲（女）
欧阳佳妮（女）　孙大敏　李又才
吴礼林　黄金桥　张秋实（女）
何正欣（女）　汪志强

湖南省委党校（76 人）

教　授：
徐晨光　袁　准　雷国珍　周正刚
邓　微　黄高荣　彭富国　周敏之
许顺富　吴传毅　王志东　卢　红
覃正爱　唐月娥（女）　林国标
谢维楚　易可君　黄湘燕（女）
戴　军　刘华清　杨正辉　戴安林
霍修勇　龚永爱　陈平其
肖　湘（女）　何隆德　谭运宏
龙志贵（苗）　张建民　王学杰
彭益民（女）　唐琦玉　赵达军
吴厚庆　丁丽琼（女）　谢自强
傅端林（女）　吕灵华（女）
文秋林（女）　谢芬芳（女）
刘　丹（女）　胡　海　陈建新
周湘伟　段红柳（女）
陈建越（女）　张业菊（女）
何美荣（女）　袁望冬
匡跃辉（女）　曹山河

吴洁平（女） 艾理生
张飞燕（女） 唐娅辉（女）
肖万春 刘布光 王克修
洪　艳（女） 黄有泰 黄象品
胡新良 刘爱平（女） 艾医卫
陈曙光 陈远章

研究员：
张友良 刘强伦 吴焕新 刘剑康
谭桔华（女） 王习贤
詹花秀（女） 周育平
彭劲杰（研究员级高级工程师）

广东省委党校（67人）

教　授：
郑楚宣 苟志效 谢林平 韩　锐
陈鸿宇 杨建伟 方　真 杨　劲
李绥州 周　峰 陈创生 吴灿新
佘正荣 詹颂生 杨　波（女）
余甫功 黄铁苗 王　冰（女）
傅尔林 岳芳敏（女） 张　卿
杨　平 谢仁寿 姚作为 赵　祥
唐晓阳 林子英（女） 王玉明
宋儒亮 廖成忠 吴军辉
杨丹娜（女） 陈江玲（女）
毕　德 林盛根 周建华（女）
邱世绪 汪晓红（女） 吴克辉
谢庆芳 王小萍（女） 张求会
管　华（女） 吕晓阳 黎旺星
蔡　兵 张　谨 张海梅（女）
郑志国 张　艺 成　龙 袁友军
梁　荣 缪国亮 钟立功 卢嘉旗
白国强

研究员：
段华明 许桂灵（女）

编　审：
李　云（女） 武　晟
曾　慧（女） 刘锡桓
孙永怡（女）

研究馆员：
李　青 张丽红（女） 何炳祥

广西壮族自治区委党校（23人）

教　授：
张　敦 陈林杰 卞　谦 宁　健
潘志清（女） 唐秀玲（女）
刘小兵 许进品（壮族） 黄　飚
贺先平 陶建平 甘安顺 张家寿
谭鉴融 王宁湘（女）
陈　华（女） 董友涛 赵禹骅
莫　龙

研究员：
何成学（侗族） 陈新建

编　审：
黄学权 任浩明

海南省委党校（12人）

教　授：
王和平 包亚宁 葛韶峰 傅治平
唐镇乐 王建国 林晓妹（女）
程良波 赵　丽（女）
王白娇（女）

研究员：
彭京宜 廖　逊

重庆市委党校（42人）

教　授：
罗晓梅（女） 赖邦凡 刘昌雄
刘　康 戚　攻 李国军 文国伟
何关银 王顺达 甘　强
李继樊（女） 卞　彬 钟　宜
胡大牛 黄远固 张世和 陈文权
陈建先 罗德刚 傅　琼（女）
陈建林 颜如春（女） 谭兴中
谢　菊（女） 谭光定 杨　杰
宋爱苏 崔如波 吴小渝（女）
李沛君（女） 周定溶（女）

秦文志　周学馨（女）　何　伟
王正宁（女）　杨顺湘　苏　伟
王　骏　张新华　谭国太

研究员：

邓新民

编　审：

向　波

四川省委党校（41人）

教　授：

郭　伟　周治滨　杨　颖　杨华书
周和风　杨静光　黄　辉　曾繁亮
付泽平　文大会　师　丽（女）
陈　钊　龙德灿　张星炜　杨继荣
吴嘉蓉（女）　王　科　付建民
伍颐园　彭穗宁　王光华　裴泽庆
王友平　侯德邻　孙超英（女）
谢显弟　江世银　徐　平
陈　煦（回族）　孙和平　罗振宇
朱恪钧　王　蓉（女）　肖仲辉
李延铸　赵　明　孙　彪　王建华
王　卉（女）　周　立

研究员：

李翔宇

贵州省委党校（25人）

教　授：

韩卫东　陈　扬　汤正仁　吴巨平
邓献辉（苗族）　周感华
孔　玲（女，朝鲜族）
唐　皓（女，纳西族）
李向红（女）　陈建刚　陈　石
唐正繁　简智初（土家族）
胡晋源　张顺昌　赵晓芬（女）
漆明春　高林英（女）　刘旭友
张　犁（女）　伍小涛
邱中慧（女）　任继琼（女）

研究员：

唐宗举

研究馆员：

贺洪明

云南省委党校（34人）

教　授：

李卫宁　欧黎明　缪家福
马金书（回族）　李　锐　李晓南
洪昆辉　周龙弟　李　敏
溥德书（彝族）　綦长青
钱素华（女）　盛世兰（女）
张雷军　赵晓彪（锡伯族）
王　靖（回族）　李曼琳（女）
王丽华（女）　高　旗（女）
吴家骥　朱　红（女）　许青萍
杨庆东　李鹏飞（女）　吉龙华
樊泳湄（女）
赵　玲（女，哈尼族）
朱　秦（女）　祁苑玲（女）

研究员：

刘小龙

编　审：

高　云（回族）　杨宇白
刘兰凯（女）　杨文杰

西藏自治区委党校（7人）

教　授：

牛治富　普布次仁（藏族）
杜　莉（女）　续文辉
潘建生（藏族）　赵　萍（女，藏族）

编　审：

李　宏

陕西省委党校（34人）

教　授：

薛引娥（女）　郑志飚　魏文章
李军民　辛　荣　曹　飞

魏长学（女） 查培轩 张 辉
钟卫国 康芳民（女） 刘旨贤
陈少康 李晓燕（女） 白 琳
罗凤琳（女） 毕远佞
闫 朦（女） 岳东峰 王彦军
柯淑娥（女） 马红光 冯 光
刘世明 李延长 卢飞鹰
傅小青（女） 吴晓民 范增录
康喜平（女） 侯建会 韩西平

编 审：

常黎峰 陈合营

甘肃省委党校（33 人）

教 授：

李润强 李景铭 李君才
张秀英（女） 宋圭武 王克钧
张建君 王 渊 王晓平（女）
陈永胜 康 民 陈永恭
马雅伦（女，回族） 张嘉选
鲜静林 王继荣 武 劼（女）
张平军 曹建民 肖安鹿 吴晓军
杨光祖 刘永哲 李含琳 郭继强
魏奋子 朱 宁 曹 殊
徐秀玲（女） 王晋林
牛亚莉（女）

编 审：

张林祥

研究馆员：

鲜 鹏（回族）

青海省委党校（36 人）

教 授：

陈永进 李广斌 薛红焰 朱宏才
梁代生 何启琳 石德生
苏多杰（女） 何 颖（女）
王 霞（女） 吴玉敏（女）
来 君（女） 李清源（女）
孙洲霞（女） 曹淑英（女）
费雅君（女） 鲁临琴（女）
王兰英（女） 袁志平（女）
杜敏学（女） 杨春英（女）
王亚玲（女） 关桂霞（女，满族）
马桂芳（女，回族）
马晓红（女，回族） 伍海峰
高明森 马占彪（回族） 南补习
桑才让（藏族） 马学勤（回族）
韩官却加（蒙族）

编 审：

祁正贤（土族） 刘玉英（女）
王乃明 罗菊芳（女）

宁夏回族自治区委党校（16 人）

教 授：

张 廉 宋建钢 李培文（女）
何银玲（女，回族） 杨旭东
王大力 巴 莎（女，满族）
翟桂荣（女） 潘 华（女）
柏建华（女） 周 玲（女）
周伟权（女） 杨启胜

研究员：

杨国林（回族）

编 审：

陆 平（女）

研究馆员：

梁春阳

新疆维吾尔自治区委党校（17 人）

教 授：

丁守庆 高建龙
卫利·巴拉提（维吾尔族）
哈尔克木（回族） 曾庆忠
贺 萍（女） 段 良（女）
陈奇彪
阿不都沙拉木·吐尔逊（维吾尔族）
王玉岱 沈君立 程建江
热合木江·沙吾提（哈萨克族）

编　审：

姬肃林　黄　璜

阿不都克里木·马木提（维吾尔族）

艾海提·吐尼牙孜（译审，维吾尔族）

新疆生产建设兵团党校（10人）

教　授：

赵柳成　强始学　李海江　王治强

王晓娟（女）　王小平

王新华（女）　卢玉文（女）

吴　珍（女）　田燕秋（女）

铁道部党校（5人）

教　授：

巩联军（女）　徐信华　刘　刚

戴文宪　张维克

广州市委党校（12人）

教　授：

李仁武　霍秀媚（女）　史浩林

朱殊洋　尹德慈　李三虎　敖带芽

马蓉蓉（女）　温朝霞（女）

研究员：

王永平　丁旭光

研究馆员：

冯仿娅（女）

武汉市委党校（13人）

教　授：

王观松　汪德明　叶卫东　张绍春

涂克明　刘建平　龙小康　毛　敏

柯燕凌　王丽华　徐学福　刘朝军

左吉祥

哈尔滨市委党校（14人）

教　授：

陶利波（女）　赵卓莉（女）

王双立（女）　胡永琴（女）

王秀琴（女）　卢琰华（女）

汪　波（女）　李天明（女）

崔　丹（女）　徐　荔（女）

刘松枝（女）　李桂芹（女）

赫鸿雁（女）　赵延民

沈阳市委党校（19人）

教　授：

陈　静（女）　侯述佳　才秉性

盛　涛（女）　刘工力　王　雷

赵东阜　孙　政（女）

李　力（女）　刘继昌

王立军（女）　杨秀英（女）

朱卫东　肖桂斌　邵桂花（女）

闫质杰（女）　赵颖萍（女）

郎秀英（女）　徐　静（女）

成都市委党校（17人）

教　授：

刘益飞　黄国华　李仁彬　谢育新

刘　莎　孙恪廉　孟大川　陈朝昇

王　凡　李友民　宁金和　梁光晨

张宏彬　孙　鸣（女）

研究员：

路小昆　孙　英

编　审：

刘文杰

南京市委党校（10人）

教　授：

张义生　刘喜发　王玉珍（女）

吴　抒　曾向阳　孙景坛　方辉振

赵小谛　邵建光　管怀伦

西安市委党校（10人）

教　授：

刘　琦　张德丽（女）　张王定

苏凤昌　张钧巨　周　丰

裴　蓓（女）　李清芳（女）
李俊岭　王琪玖

长春市委党校（13人）

教　授：
李守衡　徐亚军（女）
蒋菊琴（女）　祁铁华　王　健
攸　笛　赵义河　于　平（女）
赵小娜（女）　刘淑英（女）
武绍春　于恒魁　陈若莉（女）

济南市委党校（13人）

教　授：
刘晓钟　解　慧（女）
王旭玲（女）　迟兴臣
翟芳玲（女）　王济萍（女）
张吉清　冯　雷　孔祥敏　李金泉
王克群　张爱军（女）
研究员：
丛文娟（女）

杭州市委党校（9人）

教　授：
胡序杭　吴思红　邵德兴　高国舫
孙铁民　朱明芬（女）　李宗开
陈　宁　张晓理

大连市委党校（12人）

教　授：
杨青山　于晓静（女）　刘振江
解秀玲（女）　杨　虹（女）
郑雪梅（女）　孙畅雪（女）
姚克利　张爱军（女）　张道航
张炳照　于文发

青岛市委党校（15人）

教　授：
尹焕三　杜成君　李少莉（女）
陈洪泉　陈玉光　黄建明　张传翔
赵立波　刘文俭　敬志伟　刘增禄
于忠珍（女）　程国有
刘小利（女）　王　义

深圳市委党校（21人）

教　授：
罗归国　袁晓江　林　祥
张岩鸿（女）　申　勇
孟　伟（女）　王连喜　王　鑫
刘　琳（女）　宋腊梅（女）
傅小随　李永清　卞苏徽（女）
朱兴有　范宏云
研究员：
谭　刚　熊哲文（白族）　李荣华
余文烈　曾宇青（女）
编　审：
祝林浩

厦门市委党校（11人）

教　授：
尤京文　石仑山　彭心安
尹　彦（回族）　方和荣（女）
林玉梅（女）　冯招容（女）
周明伟　邓　仕　谢启标　李树毅

宁波市委党校（13人）

教　授：
郑湘娟（女）　陈鹏键　吴翔阳
乐承耀　任春晓（女）
张雅静（女）　刘彦昌　胡国民
张荣昌　钱亚仙（女）
研究员：
励慧芳（女）　梁一群　杨黎源

硕士学位学科、专业授权点

序号	党校名称	学科门类	一级学科	二级学科、专业
1	北京市委党校	哲　学		马克思主义哲学
2	北京市委党校	哲　学		外国哲学
3	北京市委党校	经济学		国民经济学
4	北京市委党校	法　学		政治学理论
5	北京市委党校	法　学		中共党史（含党的学说和党的建设）
6	北京市委党校	法　学	马克思主义理论	马克思主义基本原理
7	北京市委党校	法　学	马克思主义理论	马克思主义发展史
8	北京市委党校	法　学	马克思主义理论	马克思主义中国化研究
9	北京市委党校	法　学	马克思主义理论	国外马克思主义研究
10	北京市委党校	法　学	马克思主义理论	思想政治教育
11	北京市委党校	法　学	马克思主义理论	中国近现代史基本问题研究
12	北京市委党校	法　学		社会学
13	北京市委党校	管理学		行政管理
14	辽宁省委党校	法　学		科学社会主义与国际共产主义运动
15	辽宁省委党校	法　学		中共党史（含党的学说和党的建设）
16	辽宁省委党校	法　学		马克思主义基本原理
17	辽宁省委党校	法　学		马克思主义中国化研究
18	吉林省委党校	哲　学		马克思主义哲学
19	吉林省委党校	经济学		政治经济学
20	吉林省委党校	法　学		中共党史
21	黑龙江省委党校	经济学		政治经济学
22	黑龙江省委党校	经济学		区域经济学
23	黑龙江省委党校	法　学		科学社会主义与国际共产主义运动
24	黑龙江省委党校	法　学		中共党史（含党的学说与党的建设）
25	黑龙江省委党校	法　学		马克思主义中国化研究
26	黑龙江省委党校	管理学		行政管理
27	上海市委党校	哲　学		马克思主义哲学
28	上海市委党校	经济学		国民经济学

续表

序号	党校名称	学科门类	一级学科	二级学科、专业
29	上海市委党校	法　学		政治学理论（行政管理方向）
30	上海市委党校	法　学		科学社会主义与国际共产主义运动
31	上海市委党校	法　学		中共党史
32	上海市委党校	法　学		马克思主义基本原理
33	上海市委党校	法　学		马克思主义中国化研究
34	江苏省委党校	哲　学		马克思主义哲学
35	江苏省委党校	经济学		政治经济学
36	江苏省委党校	经济学		世界经济
37	江苏省委党校	经济学		国民经济学
38	江苏省委党校	经济学		区域经济学
39	江苏省委党校	经济学		劳动经济学
40	江苏省委党校	法　学		科学社会主义与国际共产主义运动
41	江苏省委党校	法　学		中共党史（含党的学说与党的建设）
42	江苏省委党校	法　学		政治学理论
43	江苏省委党校	法　学		国际政治
44	江苏省委党校	法　学		社会学
45	江苏省委党校	管理学		宪法学与行政法学
46	江苏省委党校	管理学		行政管理
47	江苏省委党校	管理学		企业管理
48	浙江省委党校	哲　学		马克思主义哲学
49	浙江省委党校	哲　学		伦理学
50	浙江省委党校	经济学		政治经济学
51	浙江省委党校	经济学		区域经济学
52	浙江省委党校	法　学		政治学理论
53	浙江省委党校	法　学		马克思主义基本原理
54	浙江省委党校	法　学		马克思主义中国化研究
55	浙江省委党校	管理学		行政管理
56	山东省委党校	哲　学		马克思主义哲学
57	山东省委党校	经济学		政治经济学
58	山东省委党校	法　学		科学社会主义与国际共产主义运动
59	山东省委党校	法　学		中共党史（含党的学说与党的建设）

续表

序号	党校名称	学科门类	一级学科	二级学科、专业
60	山东省委党校	法　学		马克思主义基本原理
61	山东省委党校	法　学		思想政治教育
62	湖北省委党校	经济学		政治经济学
63	湖北省委党校	法　学		宪法学与行政法学
64	湖北省委党校	法　学		科学社会主义与国际共产主义运动
65	湖北省委党校	法　学		中共党史（含党的学说和党的建设）
66	湖北省委党校	法　学		马克思主义基本原理
67	湖南省委党校	哲　学		马克思主义哲学
68	湖南省委党校	哲　学		科学技术哲学
69	湖南省委党校	经济学		政治经济学
70	湖南省委党校	法　学		科学社会主义与国际共产主义运动
71	湖南省委党校	法　学		思想政治教育
72	湖南省委党校	法　学		中共党史（含党的学说和党的建设）
73	湖南省委党校	法　学		马克思主义基本原理
74	湖南省委党校	管理学		行政管理
75	广东省委党校	哲　学		马克思主义哲学
76	广东省委党校	哲　学		伦理学
77	广东省委党校	经济学		政治经济学
78	广东省委党校	法　学		科学社会主义与国际共产主义运动
79	广东省委党校	法　学		中共党史（含党的学说与党的建设）
80	广东省委党校	法　学		马克思主义中国化研究
81	重庆市委党校	哲　学		马克思主义哲学
82	重庆市委党校	经济学		政治经济学
83	重庆市委党校	法　学		宪法学与行政法学
84	重庆市委党校	法　学		科学社会主义与国际共产主义运动
85	重庆市委党校	法　学		中共党史（含党的学说与党的建设）
86	重庆市委党校	法　学		马克思主义中国化研究

续 表

序号	党校名称	学科门类	一级学科	二级学科、专业
87	重庆市委党校	管理学		行政管理
88	四川省委党校	哲　学		马克思主义哲学
89	四川省委党校	经济学		政治经济学
90	四川省委党校	经济学		区域经济学
91	四川省委党校	法　学		科学社会主义与国际共产主义运动
92	四川省委党校	法　学		中共党史
93	四川省委党校	法　学		马克思主义中国化
94	陕西省委党校	哲　学		马克思主义哲学
95	陕西省委党校	经济学		政治经济学
96	陕西省委党校	经济学		国民经济学
97	陕西省委党校	法　学		科学社会主义与国际共产主义运动
98	陕西省委党校	法　学		中共党史
99	陕西省委党校	法　学		政治学理论
100	陕西省委党校	法　学		马克思主义基本原理
101	陕西省委党校	法　学		马克思主义中国化研究
102	陕西省委党校	法　学		思想政治教育

国家社会科学基金项目立项情况

序号	批准号	类　别	名　称	负责人	工作单位
1	10ADJ001	重点项目	新时期国有企业反腐倡廉工作的历史考察与经验研究	罗忠敏	北京市委党校
2	10BZZ020	一般项目	我国特大城市行政执法类公务员管理机制研究	周美雷	北京市委党校
3	10BJL031	一般项目	新生代农民工就业的理论与实证研究	赵　莉	北京市委党校
4	10BZX007	一般项目	马克思主义价值哲学的存在论基础研究	张　军	北京市委党校
5	10CJL019	青年项目	残疾人均等享有公共服务问题研究	刘琼莲	天津市委党校
6	10CDJ009	青年项目	中国共产党新闻发言人制度建设研究	张亚勇	天津市委党校
7	10CJL049	青年项目	京津冀区域治理协调机制研究	马海龙	天津市委党校

续 表

序号	批准号	类　别	名　称	负责人	工作单位
8	10BKS009	一般项目	科学发展观实践形态研究	李志勇	河北省委党校
9	10BDJ019	一般项目	信息网络条件下的执政党加强自身建设研究	孙英臣	河北省委党校
10	10BJL021	一般项目	中国民营经济转型升级路径研究	刘晓辉	河北省委党校
11	10CJY045	青年项目	农村合作式反贫困治理结构及机制研究	刘　娟	河北省委党校
12	10CFX002	青年项目	人权与和平权基本理论研究	杜学文	山西省委党校
13	10CZX012	青年项目	“科学、技术、社会”视域下民生科技发展的路径研究	苏玉娟	山西省委党校
14	10BZX034	一般项目	13—14世纪蒙古族法律制度及思想研究	齐秀华	内蒙古自治区委党校
15	10XMZ048	西部项目	生态博物馆与民族文化生态区研究	乌力更	内蒙古自治区委党校
16	10XXW002	西部项目	中国公共政策传导专题史研究(1911—2010)	王志刚	内蒙古自治区委党校
17	10XZX004	西部项目	蒙古草原文化中的生态哲学思想及其启示	马桂英	内蒙古自治区委党校
18	10CZS029	青年项目	日本侵华期间对东北地区农村劳动力的掠夺研究	高嵩峰	辽宁省委党校
19	10BKS021	一般项目	世界大变革背景下中国特色社会主义发展道路研究	亓　利	黑龙江省委党校
20	10BKS014	一般项目	现阶段马克思主义中国化进程中存在的问题及对策研究	华　雷	黑龙江省委党校
21	10BDJ018	一般项目	地方党委常委分工负责制及运行机制研究	王树春	黑龙江省委党校
22	10BJY035	一般项目	新生代农民工融入城市的体制与机制研究	许丽英	黑龙江省委党校
23	10BZZ022	一般项目	税费改革与乡村治理对策研究	王　丽	黑龙江省委党校
24	10CGL066	青年项目	我国社会稳定风险评估机制研究	严　荣	上海市委党校
25	10CDJ010	青年项目	选人用人中的“带病提拔”现象透析及解决机制研究	吴海红	上海市委党校
26	10CZZ008	青年项目	中国人民政治协商会议的政治学分析	袁　峰	上海市委党校
27	10CSH013	青年项目	网络群体事件的社会学研究	李婷玉	上海市委党校
28	10BZZ030	一般项目	网民政治心理与网络治理研究	胡志军	江苏省委党校

续 表

序号	批准号	类　别	名　称	负责人	工作单位
29	10BZZ006	一般项目	民主执政的实现路径与运行机制	李　阳	江苏省委党校
30	10BGL094	一般项目	发达地区农户参与基本公共服务的激励机制研究	方建中	江苏省委党校
31	10CGL068	青年项目	网络危机事件治理机制研究	刘　伟	江苏省委党校
32	10BKS073	一般项目	和谐社会背景下城乡居民的发展观与幸福观研究	沈利华	江苏省委党校
33	10AZD018	重点项目	民间投资发展机制、路径与政策研究	陈时兴	浙江省委党校
34	10BJL060	一般项目	长三角城市群与都市圈发展的机制与路径研究	王祖强	浙江省委党校
35	10BZZ032	一般项目	中国特色的政府与市场关系研究	马力宏	浙江省委党校
36	10BZZ007	一般项目	农村产权制度改革与中国特色社会主义民主政治研究	叶国文	浙江省委党校
37	10BDJ031	一般项目	沿海发达地区构建城乡基层党建一体化现状与趋势研究	郭亚丁	浙江省委党校
38	10BZX066	一般项目	发展正义研究	何建华	浙江省委党校
39	10BKS030	一般项目	创新公共文化发展模式的理论与实践研究	陈立旭	浙江省委党校
40	10BKS035	一般项目	共建共享和谐社会制度供给研究	严国萍	浙江省委党校
41	10CFX048	一般项目	电子时代公权力对隐私侵权的研究	岑剑梅	浙江省委党校
42	10BGL037	一般项目	中部地区劳务产业发展的政策支持体系和社会服务体系研究	刘庆宝	安徽省委党校
43	10CSH041	青年项目	社会群体性事件中非直接利益主体的行动逻辑及调控机制研究	黄毅峰	江西省委党校
44	10ADJ004	重点项目	党密切联系群众制度创新研究	衣　芳	山东省委党校
45	10BZX009	一般项目	人的风险生存与防控的哲学研究	贾英健	山东省委党校
46	10BSH010	一般项目	我国社会资源配给定量评价与社会分层次关系研究	王申贺	山东省委党校
47	10BJY098	一般项目	地方政府不良债务风险化解与良性债务适度规模监控问题研究	杜　爽	河南省委党校
48	10BZX008	一般项目	中国特色社会主义道路研究	柳昌清	河南省委党校
49	10BKS045	一般项目	平安建设中的社会矛盾调处机制研究	于咏华	河南省委党校

续 表

序号	批准号	类　别	名　称	负责人	工作单位
50	10BZZ001	一般项目	非制度化生存的负面效应及其治理模式研究	孟宪平	河南省委党校
51	10BDJ024	一般项目	改革和完善党内选举制度研究	牛安生	河南省委党校
52	10BDJ006	一般项目	《中国青年》周刊研究（1923—1927）	王鹏程	湖北省委党校
53	10ZD&004	重大招标项目	马克思主义中国化时代化大众化的实践路径及制度创新研究	徐晨光	湖南省委党校
54	10ADJ003	重点项目	马克思主义学习型政党建设的理论与实践研究	陈远章	湖南省委党校
55	10BZZ041	一般项目	“非直接利益冲突”的群体性事件研究	徐晨光	湖南省委党校
56	10BKS033	一般项目	新时期文化建设的新情况新问题与社会和谐研究	周正刚	湖南省委党校
57	10BSH026	一般项目	和谐社会视野下的性别和谐机制研究	唐娅辉	湖南省委党校
58	10BKS061	一般项目	马克思主义大众化的制度建设研究	林国标	湖南省委党校
59	10BKS071	一般项目	马克思主义妇女解放理论研究	潘　萍	湖南省委党校
60	10FZX001	后期资助项目	直面生活本身——马克思人学存在论革命研究	陈曙光	湖南省委党校
61	10CZZ007	一般项目	现代中国民主政治制度构建与运行的历史考察	陈家刚	广东省委党校
62	10XMZ030	西部项目	少数民族传统生产生活方式变迁与心理承受能力研究——以广西少数民族为例	潘志清	广西壮族自治区委党校
63	10XGL012	西部项目	应对突发事件决策模型仿真优化研究	杨继君	广西壮族自治区委党校
64	10XMZ009	西部项目	预防与处置民族地区突发性群体事件研究——以四川藏区为例	田　华	四川省委党校
65	10XMZ004	西部项目	发展模式转变与四川省甘孜藏族自治州发展、稳定、团结的实证研究	王卫平	四川省委党校
66	10XJY019	西部项目	西部民族地区集体林权制度改革研究：制度困境与政策选择	胡　雯	四川省委党校

续 表

序号	批准号	类　别	名　称	负责人	工作单位
67	10BDJ028	一般项目	信息网络技术与基层党组织建设科学化研究	何　伟	重庆市委党校
68	10XJY016	西部项目	土地资本化在中国经济发展中的作用与转型研究	陈　霄	重庆市委党校
69	10XJL018	西部项目	西部绿色经济发展的制度创新与对策研究	崔如波	重庆市委党校
70	10XJY040	西部项目	构建防范中国股市暴涨暴跌的体制与机制研究——基于完善中国金融市场制度的分析	谢世飞	重庆市委党校
71	10BZS002	一般项目	近500年清水江流域文明发展史研究	王代莉	贵州省委党校
72	10XJL001	西部项目	经济演化分析史研究	汤正仁	贵州省委党校
73	10XZZ011	西部项目	国家金融安全的政治学研究	胡　玲	贵州省委党校
74	10XSH001	西部项目	社会群体性事件中的民众心理分析和调节机制研究	周感华	贵州省委党校
75	10BJL047	一般项目	深入推进西部大开发战略研究	马金书	云南省委党校
76	10BZZ027	一般项目	责任政府与行政问责制实践路径研究	杨庆东	云南省委党校
77	10XDJ006	西部项目	边疆民族地区基层党组织建设科学化研究——以“云南经验”为例	熊　敏	云南省委党校
78	10XGJ009	西部项目	中国进口油气运输安全研究	舒　源	云南省委党校
79	10XZJ005	西部项目	依法管理西藏宗教活动场所及其相关政策研究	潘建生	西藏自治区委党校
80	10BKS047	一般项目	印共（马）地方执政研究	苗光新	陕西省委党校
81	10BJY065	一般项目	退耕还林(草)背景下黄土高原农村经济发展态势评价及路径选择	姚　蓉	陕西省委党校
82	10XKS011	一般项目	坚持马克思主义在意识形态领域的指导地位及其实现路径研究	李向国	陕西省委党校
83	10CDJ008	青年项目	民族地区党建工作的现实困境与路径选择研究	敏生兰	甘肃省委党校
84	10XDJ002	西部项目	陕甘宁边区私营工商业研究	王晋林	甘肃省委党校
85	10XMZ002	西部项目	我国民族关系现状、趋势及其影响因素研究	李景铭	甘肃省委党校
86	10XFX018	西部项目	促进中小企业发展法律制度研究	陶青德	甘肃省委党校

续表

序号	批准号	类　别	名　称	负责人	工作单位
87	10BJL057	一般项目	实现青海藏区跨越式发展研究	鲁临琴	青海省委党校
88	10XJY007	西部项目	三江源生态保护的长效机制研究	马洪波	青海省委党校
89	10XZZ008	西部项目	青藏地区乡镇政府公共服务能力与构建和谐社会研究	李广斌	青海省委党校
90	10XZZ009	西部项目	青海省地方政府治理创新路径研究	伍海峰	青海省委党校
91	10XJY037	西部项目	近两年实施扩大消费政策跟踪研究	柏建华	宁夏回族自治区委党校
92	10XMZ005	西部项目	民族地区突发性群体事件预防和处置机制研究	李长德	宁夏回族自治区委党校
93	10BZX011	一般项目	正确处理人民内部矛盾与构建和谐新疆的理论与实践研究	彭　清	新疆维吾尔自治区委党校
94	10BSH021	一般项目	西北边疆少数民族地区社区建设与社会稳定问题研究	申德英	新疆维吾尔自治区委党校
95	10BFX006	一般项目	新疆民族地区城镇社区维护稳定法治研究	陈奇彪	新疆维吾尔自治区委党校
96	10XMZ024	西部项目	塔吉克族散杂居生存状况调查研究	姚卫坤	新疆维吾尔自治区委党校
97	10XMZ052	西部项目	新疆南疆三地州改善民生对策研究	哈尔克木	新疆维吾尔自治区委党校
98	10CDJ012	青年项目	新疆稳定和发展视角下的基层党组织建设研究	张旭团	兵团党委党校
99	10CGL067	青年项目	新疆城乡结合部社会治安综合管理问题研究	查秀明	兵团党委党校
100	10XGL011	西部项目	新疆非传统安全与公共危机治理研究	陈全年	兵团党委党校
101	10XRK002	西部项目	新疆汉族人口变动状况分析研究	王巧玲	兵团党委党校
102	10XMZ037	西部项目	新疆民族交往心理与民族关系研究	魏铭静	兵团党委党校
103	10CZJ016	青年项目	我国少数民族流动人口中的宗教发展状态研究	吴碧君	成都市委党校
104	10XZX015	西部项目	西安地域文化研究	张德丽	西安市委党校
105	10BDJ025	一般项目	完善基层党代表候选人提名办法研究	钱家栋	杭州市委党校

续 表

序号	批准号	类　别	名　称	负责人	工作单位
106	10BSH032	一般项目	我国历史镇村文化遗产保护利用的实证研究	周乾松	杭州市委党校
107	10CGL062	青年项目	地方政府绩效评估方法和管理研究	陈小华	杭州市委党校
108	10CZZ033	青年项目	澳门社团的治理功能及其对大陆的启示	潘冠瑾	杭州市委党校
109	10BTQ042	一般项目	公文文本要素及其格式理论研究	吴新元	青岛市委党校
110	10BDJ030	一般项目	提高非公有制经济组织党组织建设科学化水平研究	张永明	宁波市委党校

国家社会科学基金项目结项情况

序号	项目批准号	项目名称	成果名称	鉴定等级	负责人	工作单位
1	05BDJ002	中国共产党在抗日根据地的执政实践与执政经验研究	中国共产党在抗日根据地的执政实践与执政经验研究	优秀	郝彭证	山西省委党校
2	04BDJ021	党管人才问题和干部人事制度改革和创新的成功探索研究	党管人才问题和干部人事制度改革创新的探索研究	优秀	李春林	内蒙古自治区委党校
3	06XMZ016	产业集群与我国西部地区经济发展	产业集群与我国西部地区经济发展	良好	张学刚	内蒙古自治区委党校
4	06XMZ040	西部少数民族地区人文贫困问题研究	西部少数民族地区人文贫困问题研究	合格	徐贵恒	内蒙古自治区委党校
5	05BKS027	约翰·贝拉米·福斯特生态学马克思主义思想研究	批判、构建、启思——约翰·贝拉米·福斯特生态学马克思主义思想研究	优秀	康瑞华	辽宁省委党校
6	05BJL005	马克思《资本论》及其手稿在当代的实践与发展	马克思《资本论》及其手稿在当代的实践与发展	合格	董瑞华	上海市委党校

续 表

序号	项 目批准号	项目名称	成果名称	鉴定等级	负责人	工作单位
7	06BZX015	马克思主义经典作家的文化理论及其当代阐释	从马克思到毛泽东：经典作家文化理论的当代阐释	良好	黄力之	上海市委党校
8	02BJY062	中国家族企业发展研究	中国家族企业发展研究	合格	徐泰玲	江苏省委党校
9	08BZZ036	我国政府与市场博弈互补关系的历史演示——以浙江为蓝本的跟踪研究	我国政府与市场博弈互补关系的历史演示——以浙江为蓝本的跟踪研究	良好	马力宏	浙江省委党校
10	07CDJ007	社会主义新农村建设中农村基层党组织的功能定位与实现途径	社会主义新农村建设中农村基层党组织的功能定位与实现途径	合格	吴梅芳	安徽省委党校
11	04CZJ004	福建民间信仰的历史、现状、特点、作用与对策研究	传统与变迁：福建民间信仰研究	良好	刘大可	福建省委党校
12	08BDJ023	尊重党员主体地位和保障党员民主权利问题研究	尊重党员主体地位和保障党员民主权利问题研究	良好	曾志刚	江西省委党校
13	07CRK002	关爱女孩行动的社会性别分析及建议：以江西为例	关爱女孩行动的社会性别分析及建议：以江西为例	免予评审	高莉娟	江西省委党校
14	07&ZD055	以改革创新精神加强党的建设几个重大问题研究报告	以改革创新精神加强党的建设几个重大问题研究报告	免予鉴定	李新泰	山东省委党校
15	08BDJ014	用中国特色社会主义理论体系武装全党的有效性研究	用中国特色社会主义理论体系武装全党的有效性研究	良好	张洪修	山东省委党校
16	08BKS022	基于社会主义和谐社会建设的信访和谐与信访预警研究	基于社会主义和谐社会建设的信访和谐与信访预警研究	优秀	宋协娜	山东省委党校
17	07BZZ030	中国民主建设中的政治权力配置方式研究	中国民主建设中的政治权力配置方式研究	良好	张　杰	山东省委党校

续 表

序号	项目批准号	项目名称	成果名称	鉴定等级	负责人	工作单位
18	09CFX011	清朝前期涉外法律研究——以广东地区来华外国人管理为中心	清朝前期涉外法律研究——以广东地区来华外国人管理为中心	优秀	王巨新	山东省委党校
19	06BKS013	社会主义和谐社会构建与人民内部矛盾问题研究	社会主义和谐社会构建与人民内部矛盾问题研究	良好	梁周敏	河南省委党校
20	07BDJ015	建设学习型政党研究	建设学习型政党研究	合格	蒋仁勇	河南省委党校
21	07BKS021	社会主义新农村文化建设研究	社会主义新农村文化建设研究	合格	徐学庆	河南省委党校
22	08BKS055	转型期社会主义和谐文化建设机制研究	转型期社会主义和谐文化建设机制研究	良好	孟宪平	河南省委党校
23	06XKS007	当代中国地方政府的政策规避与创新研究	地方政府的政策规避与政策创新	合格	王国红	广西壮族自治区委党校
24	06CDJ005	农村基层党内民主发展与社会主义新农村建设	农村基层党内民主发展与社会主义新农村建设研究	良好	裴泽庆	四川省委党校
25	05XSH008	西部区域科技创新体系建设中的政府科技行为理论与管理创新研究	西部区域科技创新体系建设中的政府科技行为理论研究——基于科技社会学视角和政府科技行为的 GST 分析	合格	杨庆义	重庆市委党校
26	06XXW001	抗战时期党在大后方的新闻理论与实践	抗战时期党在大后方的新闻理论与实践	合格	秦文志	重庆市委党校
27	08XZX003	科学发展观的范式创新与实践张力研究	科学发展观的范式创新与实践张力研究	良好	罗晓梅	重庆市委党校
28	06XZZ012	西部农村人力资本的积聚机制研究	西部农村人力资本的积聚机制研究	合格	万绍军	重庆市委党校

续表

序号	项目批准号	项目名称	成果名称	鉴定等级	负责人	工作单位
29	08XJL006	欠发达地区统筹城乡综合配套改革研究——以成渝全国统筹城乡综合配套改革试验为例	欠发达地区统筹城乡综合配套改革研究——以成渝全国统筹城乡综合配套改革试验为例	合格	杨顺湘	重庆市委党校
30	02BZZ004	民族杂居地区实施村民自治过程中的民族、宗教问题研究	民族杂居地区实施村民自治过程中的民族、宗教问题研究——以云南民族杂居地区村民自治为背景的个案研究	良好	钱素华	云南省委党校
31	07XZZ003	构建和谐西藏与政府社会管理职能创新研究	构建和谐西藏与政府社会管理职能创新研究	合格	陈　丽	西藏自治区委党校
32	07BJY103	新型女农民的培养与新农村建设	新型女农民的培养与新农村建设	良好	康芳民	陕西省委党校
33	05XMZ006	适用技术与西部民族地区经济社会发展的互动机制研究	西部民族地区发展适用技术研究	合格	苏振锋	陕西省委党校
34	08XJL001	中国经济转型的实践模式与内在逻辑	中国经济转型的实践模式与内在逻辑	良好	张建君	甘肃省委党校
35	06XMZ013	民族发展进步与构建和谐社会研究	民族发展进步与构建和谐社会研究——以青海为个案	优秀	关桂霞	青海省委党校
36	07BMZ038	中国藏区生态移民问题研究	中国藏区生态移民问题研究	良好	桑才让	青海省委党校
37	07BMZ032	东西部区域协调发展与构建和谐社会研究	东西部区域协调发展与构建和谐社会研究	良好	苏多杰	青海省委党校
38	08XDJ002	建立健全党内激励、关怀、帮扶机制研究	建立健全党内激励、关怀、帮扶机制研究	合格	费雅君	青海省委党校

续表

序号	项目批准号	项目名称	成果名称	鉴定等级	负责人	工作单位
39	06XDJ004	民族地区党的先进性建设基础问题研究	民族地区党的先进性建设基础问题研究——以青海农牧区基层组织建设为切入点	合格	马学勤	青海省委党校
40	07XJY010	柴达木地区资源综合利用和发展循环经济研究	柴达木地区资源综合利用和发展循环经济研究	合格	张卫东	青海省委党校
41	06XTQ010	西部少数民族地区信息化绩效评估	西部少数民族地区信息化绩效评估	优秀	梁春阳	宁夏回族自治区委党校
42	05BZX001	“中国马克思主义哲学”的本质规定、理论体系和学术进展的研究	掌握命运创造历史的哲学——对“马克思主义哲学”的一种解读	优秀	陆剑杰	南京市委党校
43	06BDJ035	党政干部问责制研究	党政干部问责制研究	合格	高国舫	杭州市委党校
44	07CJL008	信息化条件下的就业问题研究	信息化条件下的就业问题研究	合格	孙立波	杭州市委党校
45	08BJY054	民生地产与城市低收入人群住房保障问题研究	民生地产与城市低收入人群住房保障问题研究	合格	张道航	大连市委党校
46	08BZZ024	公共职位数量规模比较分析与合理配置研究	公共职位数量规模比较分析与合理配置研究	优秀	王振海	青岛市委党校
47	07BSH061	事业单位社会化与民间组织发展研究	事业单位社会化与民间组织发展研究	优秀	赵立波	青岛市委党校
48	08BDJ020	推进党内基层民主建设的动力研究	推进党内基层民主建设的动力研究	良好	刘彦昌	宁波市委党校

主办报刊简况

序号	报刊名称	国际标准刊号	国内统一刊号	主办单位	备　注*
1	新视野	ISSN1006-0138	CN11-3257/D	北京市委党校	中文核心期刊 CSSCI 来源期刊
2	北京行政学院学报	ISSN1008-7621	CN11-4054/D	北京市行政学院	中文核心期刊 CSSCI 来源期刊
3	求知	ISSN1001-8239	CN12-1162/D	天津市委党校	
4	中共天津市委党校学报	ISSN1008-410X	CN12-1285/D	天津市委党校	
5	天津行政学院学报	ISSN1008-7168	CN12-1284/D	天津行政学院	
6	领导之友	ISSN1671-198X	CN13-1311/D	河北省委党校	
7	河北党校报		CN13-0831/(G)	河北省委党校	
8	山西党校报		CN14-0822/(G)	山西省委党校	
9	中共山西省委党校学报	ISSN1009-1203	CN14-1237/D	山西省委党校	山西行政学院
10	理论探索	ISSN1004-4175	CN14-1079/C	山西省委党校	CSSCI 来源期刊
11	理论研究	ISSN1672-5573	CN15-1122/C	内蒙古自治区委党校	
12	党政干部学刊	ISSN1672-2426	CN21-1254/D	辽宁省委党校	
13	辽宁党校报		CN21-0843/(G)	辽宁省委党校	
14	长白学刊	ISSN1003-5478	CN22-1009/D	吉林省委党校	中文核心期刊
15	吉林党校报		CN22-0836/G	吉林省委党校	
16	理论探讨	ISSN1000-8594	CN23-1013/D	黑龙江省委党校	中文核心期刊 CSSCI 来源期刊
17	党政论坛	ISSN1006-1754	CN31-1203/D	上海市委党校	
18	上海行政学院学报	ISSN1009-3176	CN31-1815/C	上海行政学院	中文核心期刊 CSSCI 来源期刊
19	上海党校通讯		CN31-0832/(G)	上海市委党校	
20	唯实	ISSN1004-1605	CN32-1083/D	江苏省委党校	

* 备注中选取的“中文核心期刊”来源于《中文核心期刊要目总览》2008 年版；“CSSCI 来源期刊”来源于《CSSCI 来源期刊（2009—2010）》。

续表

序号	报刊名称	国际标准刊号	国内统一刊号	主办单位	备　注
21	江苏党校报		CN32-0867/G	江苏省委党校	
22	江苏行政学院学报	ISSN1009-8860	CN32-1562/C	江苏行政学院	中文核心期刊 CSSCI 来源期刊
23	中共浙江省委党校学报	ISSN1007-9092	CN33-1010/D	浙江省委党校	
24	理论建设	ISSN1007-4767	CN34-1136/D	安徽省委党校	
25	安徽党校报		CN34-0834/G	安徽省委党校	
26	中共福建省委党校学报	ISSN1008-4088	CN35-1198/C	福建省委党校	中文核心期刊
27	党史研究与教学	ISSN1003-708X	CN35-1059/A	福建省委党校	CSSCI 来源期刊
28	领导文萃	ISSN1005-720X	CN35-1168/D	福建省委党校	
29	求实	ISSN1007-8487	CN36-1003/D	江西省委党校	中文核心期刊 CSSCI 来源期刊
30	理论学刊	ISSN1002-3909	CN37-1059/D	山东省委党校	中文核心期刊
31	学习论坛	ISSN1003-7608	CN41-1023/D	河南省委党校 河南行政学院	
32	党政干部论坛	ISSN1003-837X	CN42-1099/D	湖北省委党校 湖北行政学院	
33	湖北行政学院学报	ISSN1671-7155	CN42-1653/C	湖北行政学院	中文核心期刊
34	干部教育报		CN42-0814/(G)	湖北省委党校 湖北行政学院	
35	湖湘论坛	ISSN1004-3160	CN43-1160/D	湖南省委党校	
36	岭南学刊	ISSN1003-7462	CN44-1005/C	广东省委党校	
37	广东行政学院学报	ISSN1008-4533	CN44-1447/D	广东行政学院	
38	桂海论丛	ISSN1004-1494	CN45-1180/D	广西壮族自治区委党校	
39	新东方	ISSN1004-700X	CN46-1023/D	海南省委党校	
40	探索	ISSN1007-5194	CN50-1019/D	重庆市委党校	中文核心期刊 CSSCI 来源期刊
41	重庆行政	ISSN1008-4029	CN50-1031/C	重庆行政学院	
42	重庆党校报		CN50-0824/G	重庆市委党校	
43	理论与改革	ISSN1006-7426	CN51-1036/D	四川省委党校	CSSCI 来源期刊

续 表

序号	报刊名称	国际标准刊号	国内统一刊号	主办单位	备 注
44	中共四川省委党校学报	ISSN1008-5955	CN51-1540/D	四川省委党校	
45	四川党校报		CN51-0834/(G)	四川省委党校	
46	四川行政学院学报	ISSN1008-6323	CN51-1537/D	四川省委党校	
47	贵州省党校学报	ISSN1009-5381	CN52-5023/D	贵州省委党校	
48	贵州干部教育		CN52-0808/(G)	贵州省委党校	
49	创造	ISSN1004-9797	CN53-1097/D	云南省委党校	
50	中共云南省委党校学报	ISSN1671-2994	CN53-1159/C	云南省委党校	
51	云南行政学院学报	ISSN1671-0681	CN53-1134/D	云南行政学院	中文核心期刊
52	西藏发展论坛	ISSN1673-2669	CN54-1047/C	西藏自治区委党校	
53	理论导刊	ISSN1002-7408	CN61-1003/C	陕西省委党校	中文核心期刊
54	陕西党校报		CN61—0841(G)	陕西省委党校	
55	甘肃理论学刊	ISSN1003-4307	CN62-1002/D	甘肃省委党校	
56	攀登（汉文版为哲学社会科学理论）	ISSN1001-5647	CN63-1015/C	青海省委党校	
57	攀登（藏文版为民族政治理论类综合）	ISSN1005-2089	CN63-1015/C-G	青海省委党校	
58	党校教育		CN63-0801/(G)	青海省委党校	
59	宁夏党校学报	ISSN1008-2921	CN64-1034/D	宁夏回族自治区委党校	
60	宁夏党校报		CN64-0804/(G)	宁夏回族自治区委党校	

续.表

序号	报刊名称	国际标准刊号	国内统一刊号	主办单位	备　注
61	实事求是	ISSN1003-4641	CN65-1005/D	新疆维吾尔自治区委党校	
62	兵团党校学报	ISSN1009-0274	CN65-1199/D	新疆生产建设兵团党校	
63	理论学习与探索	ISSN1006-8279	CN11-3138/D	铁道部党校	
64	探求	ISSN1003-8744	CN44-1309/D	广州市委党校	
65	长江论坛	ISSN1005-3980	CN42-1344/D	武汉市委党校 武汉行政学院	
66	哈尔滨市委党校学报	ISSN1008-8520	CN23-1463/D	哈尔滨市委党校	
67	沈阳干部学刊	ISSN1672-5840	CN21-1499/D	沈阳市委党校	
68	中共成都市委党校学报	ISSN1008-679X	CN51-1541/D	成都市委党校	
69	中共南京市委党校学报	ISSN1672-1071	CN32-1783/D	南京市委党校 南京行政学院	
70	长春市委党校学报	ISSN1008-8466	CN22-1299/D	长春市委党校	
71	中共济南市委党校学报	ISSN1672-6359	CN37-1396/C	济南市委党校 济南行政学院	
72	中共杭州市委党校学报		CN33-1243/D	杭州市委党校 杭州行政学院	
73	大连干部学刊	ISSN1671-6183	CN21-1409/D	大连市委党校	
74	中共青岛市委党校 青岛行政学院学报	ISSN1008-3642	CN37-1293/D	青岛市委党校 青岛行政学院	
75	特区实践与理论	ISSN1673-5706	CN44-1629/D	深圳市委党校	
76	厦门特区党校学报	ISSN1673-5684	CN35-1207/C	厦门市委党校 厦门行政学院	
77	中共宁波市委党校学报	ISSNI008-4479	CN33-1228/D	宁波市委党校	

党校名录

序号	所在省区所属单位	所在地市	党校名称	邮编	网　址
1	北京市	北京市	北京市委党校	100044	www.bac.gov.cn
2			东城区委党校	100010	
3			西城区委党校	100054	qwdx.bjxw.gov.cn
4			朝阳区委党校	100028	
5			海淀区委党校	100193	
6			丰台区委党校	100071	
7			石景山区委党校	100043	
8			门头沟区委党校	102300	
9			房山区委党校	102445	
10			通州区委党校	101100	
11			顺义区委党校	101300	
12			大兴区委党校	102600	
13			昌平区委党校	102200	
14			平谷区委党校	101200	
15			怀柔区委党校	101400	
16			密云县委党校	101500	
17			延庆县委党校	102100	
18	天津市	天津市	天津市委党校	300191	www.tjdx.gov.cn
19			和平区委党校	300020	
20			河西区委党校	300222	
21			河东区委党校	300161	
22			河北区委党校	300251	
23			南开区委党校	300113	
24			红桥区委党校	300131	
25			东丽区委党校	300300	www.tjdldx.com
26			津南区委党校	300350	
27			西青区委党校	300380	
28			北辰区委党校	300400	
29			武清区委党校	301700	
30			宝坻区委党校	301800	
31			滨海新区区委党校	300451	
32			蓟县县委党校	301900	

续表

序号	所在省区所属单位	所在地市	党校名称	邮编	网址
33	天津市	天津市	静海县委党校	301600	
34			宁河县委党校	301500	
35	河北省	石家庄市	河北省委党校	050061	www.hebdx.com
36			石家庄市委党校	050051	www.sjzdx.gov.cn
37			长安区委党校	050011	
38			桥东区委党校	050011	
39			桥西区委党校	050051	
40			新华区委党校	050051	
41			裕华区委党校	050081	
42			井陉矿区党校	050100	
43			辛集市委党校	052360	
44			藁城市委党校	052160	
45			晋州市委党校	052260	
46			新乐市委党校	050700	
47			鹿泉市委党校	050200	
48			井陉县委党校	050300	
49			正定县委党校	050800	
50			栾城县委党校	051430	
51			行唐县委党校	050600	
52			灵寿县委党校	050500	
53			高邑县委党校	051330	
54			深泽县委党校	052560	
55			赞皇县委党校	051230	
56			无极县委党校	052460	
57			平山县委党校	050400	
58			元氏县委党校	051130	
59			赵县县委党校	051530	
60		承德市	承德市委党校	067000	
61			双桥区委党校	067000	
62			双滦区委党校	067001	
63			营子矿区委党校	067200	
64			承德县委党校	067400	
65			兴隆县委党校	067300	
66			滦平县委党校	068250	

续 表

序号	所在省区所属单位	所在地市	党校名称	邮编	网　址
67	河北省	承德市	隆化县委党校	068150	
68			围场满族蒙古族自治县委党校	068450	
69			丰宁满族自治县委党校	068350	
70			平泉县委党校	067500	
71			宽城满族自治县委党校	067600	
72		张家口市	张家口市委党校	075000	www. zjkdx. cn
73			桥东区委党校	075000	
74			桥西区委党校	075000	
75			宣化区委党校	075100	
76			下花园区委党校	075300	
77			赤城县委党校	075500	
78			崇礼县委党校	076350	
79			沽源县委党校	076550	
80			怀来县委党校	075400	
81			康保县委党校	076650	
82			蔚县县委党校	075700	
83			涿鹿县委党校	075600	
84			阳原县委党校	075800	
85			怀安县委党校	076150	
86			张北县委党校	076450	
87			万全县委党校	076250	
88			宣化县委党校	075146	
89			尚义县委党校	076750	
90		秦皇岛市	秦皇岛市委党校	066001	www. qhddx. gov. cn
91			海港区委党校	066000	
92			北戴河区委党校	066100	www. bdhdx. com
93			山海关区委党校	066200	
94			昌黎县委党校	066600	
95			抚宁县委党校	066300	
96			卢龙县委党校	066400	
97			青龙满族自治县委党校	066500	
98		唐山市	唐山市委党校	063000	
99			路南区委党校	063107	

续 表

序号	所在省区所属单位	所在地市	党校名称	邮编	网 址
100	河北省	唐山市	路北区委党校	063105	
101			丰润区委党校	064000	
102			丰南区委党校	063300	
103			开平区委党校	063021	
104			古冶区委党校	063103	
105			迁安市委党校	064400	
106			遵化市委党校	064200	
107			迁西县委党校	064300	
108			玉田县委党校	064100	
109			滦县县委党校	063700	
110			滦南县委党校	063500	
111			乐亭县委党校	063600	
112			唐海县委党校	063200	
113		廊坊市	廊坊市委党校	065000	
114			安次区委党校	065000	
115			霸州市委党校	065700	
116			三河市委党校	065200	
117			香河县委党校	065400	
118			固安县委党校	065500	
119			永清县委党校	065600	
120			文安县委党校	065800	
121			大城县委党校	065900	
122			大厂回族自治县委党校	065300	
123		保定市	保定市委党校	071000	www. bdps. cn
124			北市区委党校	071000	
125			南市区委党校	071000	
126			新市区委党校	071000	
127			定州市委党校	073000	
128			涿州市委党校	072750	
129			高碑店市委党校	074000	
130			易县县委党校	074200	
131			蠡县县委党校	071400	
132			徐水县委党校	072550	
133			高阳县委党校	071500	

续表

序号	所在省区 所属单位	所在 地市	党校名称	邮编	网址
134	河北省	保定市	涞水县委党校	074100	
135			满城县委党校	072150	
136			清苑县委党校	071100	
137			安新县委党校	071600	
138			望都县委党校	072450	
139			顺平县委党校	072250	
140			阜平县委党校	073200	
141			唐县县委党校	072350	
142			定兴县委党校	072650	
143			博野县委党校	071300	
144			曲阳县委党校	073100	
145			涞源县委党校	074300	
146			容城县委党校	071700	
147			雄县县委党校	071800	
148			安国县委党校	071200	
149		沧州市	沧州市委党校	061000	
150			新华区委党校	061000	
151			运河区委党校	061000	
152			任丘市委党校	062550	
153			黄骅市委党校	061100	
154			河间市委党校	062450	
155			泊头市委党校	062150	
156			沧县县委党校	061000	
157			青县县委党校	062500	
158			南皮县委党校	061500	
159			盐山县委党校	061300	
160			肃宁县委党校	062350	
161			东光县委党校	061600	
162			吴桥县委党校	061800	
163			献县县委党校	061250	
164			孟村回族自治县委党校	061400	
165			海兴县委党校	061200	
166		衡水市	衡水市委党校	053000	www. zghsdx. com
167			桃城区委党校	053000	

续 表

序号	所在省区 所属单位	所在 地市	党校名称	邮编	网　址
168	河北省	衡水市	冀州市委党校	053200	
169			深州市委党校	053800	
170			武邑县委党校	053400	
171			安平县委党校	053600	
172			武强县委党校	053300	
173			阜城县委党校	053700	
174			饶阳县委党校	053900	
175			枣强县委党校	053100	
176			故城县委党校	253800	
177			景县县委党校	053500	
178		邢台市	邢台市委党校	054000	www. xtswdx. org. cn
179			市委党校桥东区分校	054001	
180			市委党校桥西区分校	054000	
181			沙河市委党校	054100	
182			南宫市委党校	055750	
183			邢台县委党校	054001	
184			清河县委党校	054800	
185			威县县委党校	054700	
186			任县县委党校	055150	
187			巨鹿县委党校	055250	
188			临城县委党校	054300	
189			新河县委党校	055650	
190			广宗县委党校	054600	
191			内丘县委党校	054200	
192			柏乡县委党校	055450	
193			隆尧县委党校	055350	
194			临西县委党校	054900	
195			平乡县委党校	054500	
196			南和县委党校	054400	
197			宁晋县委党校	055550	
198		邯郸市	邯郸市委党校	056004	www. hdswdx. cn
199			复兴区委党校	056003	
200			丛台区委党校	056002	
201			邯山区委党校	056001	

续 表

序号	所在省区所属单位	所在地市	党校名称	邮编	网　址
202	河北省	邯郸市	峰峰矿区委党校	056200	
203			武安市委党校	056300	
204			邯郸县委党校	056001	
205			成安县委党校	056700	
206			曲周县委党校	057250	
207			涉县县委党校	056400	
208			鸡泽县委党校	057350	
209			临漳县委党校	056600	
210			大名县委党校	056900	
211			广平县委党校	057650	
212			邱县县委党校	057450	
213			永年县委党校	057150	
214			魏县县委党校	056800	
215			磁县县委党校	056500	
216			肥乡县委党校	057550	
217			馆陶县委党校	057750	
218	山西省	太原市	山西省委党校	030006	www. sxswdx. gov. cn
219			太原市委党校	030012	
220			迎泽区委党校	030002	
221			杏花岭区委党校	030009	
222			万柏林区委党校	030024	
223			小店区委党校	030032	
224			尖草坪区委党校	030023	
225			晋源区委党校	030025	
226			古交市委党校	030200	
227			清徐县委党校	030400	
228			阳曲县委党校	030100	
229			娄烦县委党校	030300	
230		大同市	大同市委党校	037000	
231			城区区委党校	037004	
232			矿区区委党校	037003	
233			南郊区委党校	037001	
234			新荣区委党校	037002	
235			天镇县委党校	038200	

续 表

序号	所在省区 所属单位	所在 地市	党校名称	邮编	网　址
236	山西省	大同市	广灵县委党校	037500	
237			阳高县委党校	038100	
238			左云县委党校	037100	
239			浑源县委党校	037400	
240			大同县委党校	037300	
241			灵丘县委党校	034400	
242		朔州市	朔州市委党校	036000	
243			朔城区委党校	036002	
244			平鲁区委党校	036800	
245			右玉县委党校	037200	
246			山阴县委党校	036900	
247			怀仁县委党校	038300	
248			应县县委党校	037600	
249		忻州市	忻州市委党校	034000	
250			忻府区委党校	034000	
251			原平市委党校	034100	
252			五台县委党校	035500	
253			定襄县委党校	035400	
254			繁峙县委党校	034300	
255			代县县委党校	034200	
256			静乐县委党校	035100	
257			宁武县委党校	036700	
258			神池县委党校	036100	
259			五寨县委党校	036200	
260			岢岚县委党校	036300	
261			偏关县委党校	036400	
262			保德县委党校	036600	
263			河曲县委党校	036500	
264		晋中市	晋中市委党校	030600	
265			榆次区委党校	030600	
266			介休市委党校	031200	
267			昔阳县委党校	045300	
268			寿阳县委党校	045400	
269			平遥县委党校	031100	

续表

序号	所在省区 所属单位	所在 地市	党校名称	邮编	网　址
270	山西省	晋中市	左权县委党校	032600	
271			和顺县委党校	032700	
272			灵石县委党校	031300	
273			祁县县委党校	030900	
274			榆社县委党校	031800	
275			太谷县委党校	030800	
276		吕梁市	吕梁市委党校	033000	www. llswdx. com
277			离石区委党校	033000	
278			孝义市委党校	032300	
279			汾阳市委党校	032200	
280			中阳县委党校	033400	
281			交城县委党校	030500	
282			柳林县委党校	033300	
283			临县县委党校	033200	
284			兴县县委党校	033600	
285			方山县委党校	033100	
286			文水县委党校	032100	
287			石楼县委党校	032500	
288			交口县委党校	032400	
289			岚县县委党校	033500	
290		阳泉市	阳泉市委党校	045000	
291			郊区区委党校	045011	
292			矿区区委党校	045000	
293			城区区委党校	045000	
294			平定县委党校	045200	
295			盂县县委党校	045100	
296		长治市	长治市委党校	046000	www. czdx. org. cn
297			城区区委党校	046011	
298			郊区区委党校	046000	
299			潞城市委党校	047500	
300			武乡县委党校	046300	
301			黎城县委党校	047600	
302			长子县委党校	046600	
303			襄垣县委党校	046200	

续表

序号	所在省区所属单位	所在地市	党校名称	邮编	网址
304	山西省	长治市	沁源县委党校	046500	
305			壶关县委党校	047300	
306			平顺县委党校	047400	
307			屯留县委党校	046100	
308			沁县县委党校	046400	
309			长治县委党校	047100	
310		晋城市	晋城市委党校	048000	
311			城区区委党校	048000	
312			高平市委党校	048400	
313			泽州县委党校	048000	
314			沁水县委党校	048200	
315			阳城县委党校	048100	
316			陵川县委党校	048300	
317		临汾市	临汾市委党校	041000	
318			尧都区委党校	041000	
319			侯马市委党校	043008	
320			霍州市委党校	041400	
321			安泽县委党校	042500	
322			曲沃县委党校	043400	
323			浮山县委党校	042600	
324			古县县委党校	042400	
325			翼城县委党校	043500	
326			襄汾县委党校	041500	
327			永和县委党校	041400	
328			大宁县委党校	042300	
329			隰县县委党校	041300	
330			乡宁县委党校	042100	
331			洪洞县委党校	041600	
332			吉县县委党校	042200	
333			汾西县委党校	041500	
334			蒲县县委党校	041200	
335		运城市	运城市委党校	044000	
336			盐湖区委党校	044400	
337			永济市委党校	044500	

续 表

序号	所在省区所属单位	所在地市	党校名称	邮编	网址
338	山西省	运城市	河津市委党校	043300	
339			临猗县委党校	044100	
340			万荣县委党校	044200	
341			稷山县委党校	043200	
342			新绛县委党校	043100	
343			绛县县委党校	043600	
344			垣曲县委党校	043700	
345			闻喜县委党校	043800	
346			夏县县委党校	044400	
347			平陆县委党校	044300	
348			芮城县委党校	044600	
349	内蒙古自治区	呼和浩特市	内蒙古自治区委党校	010070	www. nmgdx. cn
350			呼和浩特市委党校	010010	www. hhhtdx. gov. cn
351			和林格尔县委党校	011500	
352			清水河县委党校	011600	
353			土默特左旗委党校	010100	
354			托克托县委党校	010200	
355			武川县委党校	011700	
356		包头市	包头市委党校	014030	www. btdx. gov. cn
357			昆都仑区委党校	014010	
358			青山区委党校	014030	
359			东河区委党校	014040	
360			九原区委党校	014060	
361			石拐区委党校	014070	
362			白云鄂博矿区委党校	014080	
363			固阳县委党校	014200	
364		呼伦贝尔市	呼伦贝尔市委党校	021008	www. hlbrdx. com
365			满洲里市委党校	021400	
366			牙克石市委党校	022150	
367			扎兰屯市委党校	162650	
368			根河市委党校	022350	
369			额尔古纳市委党校	022250	
370			新巴尔虎左旗委党校	021200	
371			新巴尔虎右旗委党校	021300	

续 表

序号	所在省区所属单位	所在地市	党校名称	邮编	网　址
372	内蒙古自治区	呼伦贝尔市	鄂伦春自治旗委党校	165450	
373			鄂温克自治旗委党校	021100	
374			莫力达瓦达翰尔自治旗委党校	162850	
375			阿荣旗委党校	162750	
376			陈巴尔虎旗委党校	021500	
377		兴安盟	兴安盟委党校	137400	dx. xam. gov. cn
378			乌兰浩特市委党校	137400	
379			阿尔山市委党校	137800	
380			突泉县委党校	137500	
381			科尔沁右翼前旗委党校	137400	
382			扎赉特旗委党校	137600	
383			科尔沁右翼中旗委党校	029400	
384		通辽市	通辽市委党校	028000	dx. tlsdx. com
385			科尔沁区委党校	028000	
386			霍林郭勒市委党校	029200	
387			开鲁县委党校	028400	
388			科尔沁左翼后旗委党校	028100	
389			科尔沁左翼中旗委党校	029300	
390			奈曼旗委党校	028300	
391			库伦旗委党校	028200	
392			扎鲁特旗委党校	029100	
393		赤峰市	赤峰市委党校	024000	www. cfdx. org
394			宁城县委党校	024200	
395			林西县委党校	025250	
396			喀喇沁旗委党校	024400	
397			巴林右旗委党校	025150	
398			克什克腾旗委党校	025350	
399			阿鲁科尔沁旗委党校	025550	
400			翁牛特旗委党校	024500	
401			敖汉旗委党校	024300	
402			巴林左旗委党校	025450	
403		锡林郭勒盟	锡林浩特盟委党校	026000	
404			二连浩特市委党校	011100	

续 表

序号	所在省区 所属单位	所在 地市	党校名称	邮编	网址
405	内蒙古自治区	锡林郭勒盟	多伦县委党校	027300	
406			太仆寺旗委党校	027000	
407			镶黄旗委党校	013250	
408			苏尼特左旗委党校	011300	
409			苏尼特右旗委党校	011200	
410			西乌珠穆沁旗委党校	026200	
411			东乌珠穆沁旗委党校	026300	
412			阿巴嘎旗委党校	011400	
413			正镶白旗委党校	013800	
414			正蓝旗委党校	027200	
415		乌兰察布市	乌兰察布市委党校	012000	
416			集宁区委党校	012000	
417			丰镇市委党校	012100	
418			察哈尔右翼前旗委党校	012200	
419			察哈尔右翼后旗委党校	012400	
420			兴和县委党校	013650	
421			化德县委党校	013350	
422			凉城县委党校	013750	
423			商都县委党校	013450	
424			察哈尔右翼中旗委党校	013550	
425			卓资县委党校	012300	
426			四子王旗委党校	011800	
427		鄂尔多斯市	鄂尔多斯市委党校	017000	www. ordosdx. cn
428			东胜区委党校	017000	
429			杭锦旗委党校	017400	
430			达拉特旗委党校	014300	
431			准格尔旗委党校	017100	
432			鄂托克前旗委党校	016200	
433			乌审旗委党校	017300	
434			鄂托克旗委党校	016100	
435			伊金霍洛旗委党校	017200	
436		巴彦淖尔市	巴彦淖尔市委党校	015000	www. bynrsdx. com
437			临河区委党校	015000	
438			磴口县委党校	015200	

续 表

序号	所在省区所属单位	所在地市	党校名称	邮编	网 址
439	内蒙古自治区	巴彦淖尔市	五原县委党校	015100	
440			杭锦后旗委党校	015400	
441			乌拉特前旗委党校	014400	
442			乌拉特中旗委党校	015300	
443			乌拉特后旗委党校	015500	
444		乌海市	乌海市委党校	016000	www. nmwhdx. cn
445			乌达区委党校	016040	
446		阿拉善盟	阿拉善盟委党校	750306	
447			阿拉善右旗委党校	737300	
448			额济纳旗委党校	735400	
449	辽宁省	沈阳市	辽宁省委党校	110004	www. lndx. gov. cn
450			沈阳市委党校	110036	
451			辽宁省直工委党校	110032	
452			和平区委党校	110002	
453			沈河区委党校	110011	
454			铁西区委党校	110025	
455			皇姑区委党校	110036	
455			大东区委党校	110042	
457			东陵区委党校	110015	
458			于洪区委党校	110141	
459			沈北新区委党校	110121	
460			苏家屯区委党校	110101	
461			新民市委党校	110300	
462			辽中县委党校	110200	
463			法库县委党校	110400	
464			康平县委党校	110500	
465		大连市	大连市委党校	116013	www. swdx. dl. gov. cn
466			中山区委党校	116013	
467			西岗区委党校	116013	
468			沙河口区委党校	116021	
469			甘井子区委党校	116033	
470			旅顺口区委党校	116041	
471			金州区委党校	116100	
472			开放先导区委党校	116600	

续表

序号	所在省区所属单位	所在地市	党校名称	邮编	网址
473	辽宁省	大连市	庄河市委党校	116400	
474			瓦房店市委党校	116300	
475			普兰店市委党校	116200	
476			长海县委党校	116500	
477		鞍山市	鞍山市委党校	114003	www. asswdx. gov. cn
478			铁东区委党校	114001	
479			铁西区委党校	114015	
480			立山区委党校	114038	
481			千山区委党校	114041	
482			海城市委党校	114200	
483			台安县委党校	114100	
484			岫岩满族自治县委党校	114300	
485		抚顺市	抚顺市委党校	113006	www. lnfsdx. com
486			新抚区委党校	113008	
487			望花区委党校	113001	
488			东洲区委党校	113004	
489			顺城区委党校	113006	
490			抚顺县委党校	113006	
491			清原满族自治县委党校	113300	
492			新宾满族自治县委党校	113200	
493		本溪市	本溪市委党校	117008	www. benxiswdx. com
494			平山区委党校	117000	
495			溪湖区委党校	117002	
496			明山区委党校	117022	
497			南芬区委党校	117014	
498			本溪满族自治县委党校	117100	
499			桓仁满族自治县委党校	117200	
500		丹东市	丹东市委党校	118000	
501			振兴区委党校	118000	
502			振安区委党校	118001	
503			元宝区委党校	118000	
504			东港市委党校	118300	
505			凤城市委党校	118100	
506			宽甸满族自治县委党校	118200	

续 表

序号	所在省区 所属单位	所在 地市	党校名称	邮编	网　址
507	辽宁省	锦州市	锦州市委党校	121007	www. jzdx. org. cn
508			凌河区委党校	121000	
509			古塔区委党校	121000	
510			太和区委党校	121001	
511			凌海市委党校	121200	
512			北镇市委党校	121300	
513			义县县委党校	121100	
514			黑山县委党校	121400	
515		营口市	营口市委党校	115003	www. ykswdx. net
516			站前区委党校	115002	
517			西市区委党校	115003	
518			老边区委党校	115005	
519			开发区委党校	115007	
520			大石桥市委党校	115100	
521			盖州市委党校	115200	
522		阜新市	阜新市委党校	123000	
523			海州区委党校	123000	
524			细河区委党校	123000	
525			太平区委党校	123003	
526			新邱区委党校	123005	
527			清河门区委党校	123006	
528			阜新蒙古族自治县委党校	123100	
529			彰武县委党校	123200	
530		辽阳市	辽阳市委党校	111000	www. lnlydx. cn
531			辽阳县委党校	111200	
532			灯塔市委党校	111300	
533		铁岭市	铁岭市委党校	112000	www. tlswdx. gov. cn
534			银州区委党校	112000	
535			清河区委党校	112003	
536			开原市委党校	112300	
537			调兵山市委党校	112700	
538			西丰县委党校	112400	
539			铁岭县委党校	112000	
540			昌图县委党校	112500	

续 表

序号	所在省区所属单位	所在地市	党校名称	邮编	网 址
541	辽宁省	朝阳市	朝阳市委党校	122000	www. cydx. gov. cn
542			双塔区委党校	122000	
543			龙城区委党校	122000	
544			北票市委党校	122100	
545			凌源市委党校	122500	
546			朝阳县委党校	122000	
547			建平县委党校	122400	
548			喀喇沁左翼蒙古族自治县委党校	122300	
549		盘锦市	盘锦市委党校	124010	www. pjswdx. com
550			双台子区委党校	124000	
551			兴隆台区委党校	124010	
552			盘山县委党校	124000	
553			大洼县委党校	124200	
554		葫芦岛市	葫芦岛市委党校	125000	hlddxjy. com
555			连山区委党校	125001	
556			龙港区委党校	125003	
557			南票区委党校	125027	
558			兴城市委党校	125100	
559			绥中县委党校	125200	
560			建昌县委党校	125300	
561		鞍山市	鞍山钢铁公司党校	114004	
562		本溪市	本溪钢铁公司党校	117000	
563		辽河市	辽河油田党校	124010	
564		辽阳市	辽阳化纤公司党校	111003	
565		阜新市	阜新矿务局党校	123003	
566	吉林省	长春市	吉林省委党校	130012	www. jldx. gov. cn
567			长春市委党校	130022	www. ccdx. org. cn
568			朝阳区委党校	130012	
569			南关区委党校	130022	
570			宽城区委党校	130051	
571			二道区委党校	130031	
572			绿园区委党校	130062	
573			双阳区委党校	130600	

续 表

序号	所在省区 所属单位	所在 地市	党校名称	邮编	网 址
574	吉林省	长春市	德惠市委党校	130300	
575			九台市委党校	130500	
576			榆树市委党校	130400	
577			农安县委党校	130200	
578		吉林市	吉林市委党校	132011	www. jlswdx. com
579			船营区委党校	132012	
580			龙潭区委党校	132000	
581			昌邑区委党校	132000	
582			丰满区委党校	132013	
583			蛟河市委党校	132500	
584			桦甸市委党校	132400	
585			舒兰市委党校	132600	
586			磐石市委党校	132300	
587			永吉县委党校	132200	
588		延边 朝鲜族 自治州	延边朝鲜族自治州委党校	133000	ybzdx. xicp. net
589			延吉市委党校	133000	yjswdx. sutoo. com
590			图们市委党校	133100	
591			敦化市委党校	133700	
592			珲春市委党校	133300	
593			龙井市委党校	133400	
594			和龙市委党校	133500	
595			汪清县委党校	133200	
596			安图县委党校	133600	
597		四平市	四平市委党校	136000	
598			公主岭市委党校	136100	
599			双辽市委党校	136400	
600			伊通县委党校	130700	
601			梨树县委党校	136500	
602		通化市	通化市委党校	134000	www. thps. gov. cn
603			东昌区委党校	134000	
604			二道江区委党校	134003	
605			梅河口市委党校	135000	
606			集安市委党校	134200	
607			通化县委党校	134100	

续 表

序号	所在省区所属单位	所在地市	党校名称	邮编	网 址
608	吉林省	通化市	辉南县委党校	135100	
609			柳河县委党校	135300	
610		辽源市	辽源市委党校	136200	www. lydx. gov. cn
611			东丰县委党校	136300	
612			东辽县委党校	136600	
613		白山市	白山市委党校	134300	
614			八道江区委党校	134300	
615			江源区委党校	134700	
616			临江市委党校	134600	
617			抚松县委党校	134500	
618			靖宇县委党校	135200	
619			长白朝鲜族自治县委党校	134400	
620		松原市	松原市委党校	138000	
621			宁江区委党校	138000	
622			长岭县委党校	131500	
623			乾安县委党校	131400	
624			扶余县委党校	131200	
625			前郭尔罗斯蒙古族自治县委党校	131100	
626		白城市	白城市委党校	137000	
627			洮北区委党校	137000	
628			洮南市委党校	137100	
629			大安市委党校	131300	
630			通榆县委党校	137200	
631			镇赉县委党校	137300	
632	黑龙江省	哈尔滨市	黑龙江省委党校	150080	www. hljswdx. org. cn
633			哈尔滨市委党校	150080	www. hrbps. gov. cn
634			黑龙江省直属机关党校	150001	www. hljszdx. com
635			呼兰区委党校	150500	
636			阿城区委党校	150300	
637			五常市委党校	150200	
638			双城市委党校	150109	
639			尚志市委党校	150601	
640			巴彦县委党校	151800	

续表

序号	所在省区所属单位	所在地市	党校名称	邮编	网址
641	黑龙江省	哈尔滨市	宾县县委党校	150400	
642			依兰县委党校	154800	
643			延寿县委党校	150700	
644			木兰县委党校	151900	
645			通河县委党校	150900	
646			方正县委党校	150800	
647		齐齐哈尔市	齐齐哈尔市委党校	161006	www. qqhedx. gov. cn
648			讷河市委党校	161300	
649			富裕县委党校	161200	
650			拜泉县委党校	161700	
651			甘南县委党校	162100	
652			克山县委党校	161600	
653			龙江县委党校	161100	
654			依安县委党校	161500	
655			克东县委党校	164800	
656			泰来县委党校	162400	
657		牡丹江市	牡丹江市委党校	157099	www. mdjswdx. gov. cn
658			海林市委党校	157100	
659			穆棱市委党校	157500	
660			宁安市委党校	157400	
661			绥芬河市委党校	157300	
662			林口县委党校	157600	
663			东宁县委党校	157200	
664		佳木斯市	佳木斯市委党校	154002	
665			同江市委党校	156400	
666			富锦市委党校	156100	
667			抚远县委党校	156500	
668			桦南县委党校	154400	
669			汤原县委党校	154700	
670			桦川县委党校	154300	
671		大庆市	大庆市委党校	163311	www. dqswdx. cn
672			杜尔伯特蒙古自治县委党校	166200	
673			林甸县委党校	163300	
674			肇州县委党校	166400	

续 表

序号	所在省区所属单位	所在地市	党校名称	邮编	网 址
675	黑龙江省	大庆市	肇源县委党校	166500	
676		鸡西市	鸡西市委党校	158100	
677			密山市委党校	158300	
678			虎林市委党校	158400	
679			鸡东县委党校	158200	
680		双鸭山市	双鸭山市委党校	155100	
681			集贤县委党校	155900	
682			饶河县委党校	155700	
683			友谊县委党校	155800	
684			宝清县委党校	155600	
685		伊春市	伊春市委党校	153000	
686			铁力市委党校	152500	
687			嘉荫县委党校	153200	
688		七台河市	七台河市委党校	154600	
689			勃利县委党校	154500	
690		鹤岗市	鹤岗市委党校	154103	
691			绥滨县委党校	156200	
692			萝北县委党校	154200	
693		黑河市	黑河市委党校	164300	
694			五大连池市委党校	164100	
695			北安市委党校	164000	
696			逊克县委党校	164400	
697			孙吴县委党校	164200	
698			嫩江县委党校	161400	
699		绥化市	绥化市委党校	152054	
700			肇东市委党校	151100	
701			安达市委党校	151400	
702			海伦市委党校	152300	
703			绥棱县委党校	152200	
704			兰西县委党校	151500	
705			明水县委党校	151700	
706			青冈县委党校	151600	
707			庆安县委党校	152400	

续 表

序号	所在省区所属单位	所在地市	党校名称	邮编	网 址
708	黑龙江省	绥化市	望奎县委党校	152100	
709		大兴安岭地区	大兴安岭地委党校	165000	www. dxaldwdx. com
710			呼玛县委党校	165100	
711			漠河县委党校	165300	
712			塔河县委党校	165200	
713		哈尔滨市	黑龙江省农垦总局党校	150090	
714			黑龙江省森工总局党校	150025	
715	上海市	上海市	上海市委党校	200233	www. sdx. sh. cn
716			浦东新区区委党校	201203	
717			徐汇区委党校	200235	
718			长宁区委党校	200052	
719			普陀区委党校	200065	
720			闸北区委党校	200435	
721			虹口区委党校	200081	
722			杨浦区委党校	200090	
723			卢湾区委党校	200023	
724			黄浦区委党校	200011	
725			静安区委党校	200042	
726			闵行区委党校	201100	
727			宝山区委党校	201901	
728			嘉定区委党校	201800	
729			金山区委党校	201500	
730			松江区委党校	201620	
731			青浦区委党校	201700	
732			奉贤区委党校	201400	
733			崇明县委党校	202150	
734			上海市宣传党校	201713	
735			上海市政法党校	201701	
736			上海市建设和交通党校	200438	
737			上海市国资委党校	200237	
738			上海市经济党校	200235	
739			上海市科教党校	200042	
740	江苏省	南京市	江苏省委党校	210004	www. sdx. js. cn
741			南京市委党校	210001	www. njdx. gov. cn

续表

序号	所在省区所属单位	所在地市	党校名称	邮编	网　址
742	江苏省	南京市	玄武区委党校	210008	
743			白下区委党校	210002	
744			秦淮区委党校	210006	
745			建邺区委党校	210004	
746			鼓楼区委党校	210003	
747			下关区委党校	210011	
748			雨花台区委党校	210012	
749			栖霞区委党校	210046	
750			江宁区委党校	211100	
751			浦口区委党校	211800	
752			六合区委党校	211500	
753			溧水县委党校	211200	
754			高淳县委党校	211300	
755		无锡市	无锡市委党校	214086	dx. wuxi. gov. cn
756			锡山区委党校	214101	
757			惠山区委党校	214177	
758			崇安区委党校	214014	
759			北塘区委党校	214045	
760			南长区委党校	214021	
761			滨湖区委党校	214062	
762			新区区委党校	214028	
763			江阴市委党校	214431	
764			宜兴市委党校	214206	
765		徐州市	徐州市委党校	221009	xzdx. gov. cn
766			铜山区委党校	221116	
767			贾汪区委党校	221011	
768			睢宁县委党校	221200	
769			邳州市委党校	221300	
770			新沂市委党校	221400	
771			丰县县委党校	221700	
772			沛县县委党校	221600	
773		常州市	常州市委党校	213016	www. czdx. com. cn
774			武进区委党校	213164	
775			天宁区委党校	213000	

续 表

序号	所在省区所属单位	所在地市	党校名称	邮编	网　址
776	江苏省	常州市	钟楼区委党校	213002	
777			戚墅堰区委党校	213025	
778			新北区委党校	213022	
779			溧阳市委党校	213300	
780			金坛市委党校	213200	
781		苏州市	苏州市委党校	215011	dx. suzhou. gov. cn
782			吴中区委党校	215128	
783			常熟市委党校	215500	
784			张家港市委党校	215600	
785			昆山市委党校	215300	
786			太仓市委党校	215400	
787			吴江市委党校	215200	
788		南通市	南通市委党校	226007	dx. nantong. gov. cn
789			通州区委党校	226300	
790			崇川区委党校	226006	
791			港闸区委党校	226005	
792			启东市委党校	226200	
793			海门市委党校	226100	
794			如皋市委党校	226500	
795			如东县委党校	226400	
796			海安县委党校	226600	
797		连云港市	连云港市委党校	222000	www. lygdx. com
798			赣榆县委党校	222100	
799			东海县委党校	222300	
800			灌云县委党校	222200	
801			灌南县委党校	222500	
802		淮安市	淮安市委党校	223005	dx. huaian. gov. cn
803			楚州区委党校	223200	
804			清河区委党校	223001	
805			清浦区委党校	223002	
806			淮阴区委党校	223300	
807			金湖县委党校	211600	
808			盱眙县委党校	211700	
809			洪泽县委党校	223100	

续表

序号	所在省区所属单位	所在地市	党校名称	邮编	网址
810	江苏省	淮安市	涟水县委党校	223400	
811		盐城市	盐城市委党校	224002	www.ycswdx.gov.cn
812			盐都区委党校	224005	
813			亭湖区委党校	224002	
814			东台市委党校	224200	
815			大丰市委党校	224100	
816			滨海县委党校	224500	
817			阜宁县委党校	224400	
818			响水县委党校	224600	
819			建湖县委党校	224700	
820			射阳县委党校	224300	
821		扬州市	扬州市委党校	225009	dx.yangzhou.gov.cn
822			邗江区委党校	225009	
823			广陵区委党校	225001	
824			仪征市委党校	211400	
825			高邮市委党校	225600	
826			江都市委党校	225200	
827			宝应县委党校	225801	
828		镇江市	镇江市委党校	212003	swdx.zhenjiang.gov.cn
829			丹徒区委党校	212028	
830			京口区委党校	212002	
831			润州区委党校	212004	
832			丹阳市委党校	212300	
833			句容市委党校	212400	
834			扬中市委党校	212200	
835		泰州市	泰州市委党校	225300	www.jstzdx.cn
836			兴化市委党校	225700	
837			靖江市委党校	214500	
838			泰兴市委党校	225400	
839			姜堰市委党校	225500	
840		宿迁市	宿迁市委党校	223800	swdx.suqian.gov.cn
841			宿豫区委党校	223800	
842			宿城区委党校	223800	
843			沭阳县委党校	223600	

续 表

序号	所在省区所属单位	所在地市	党校名称	邮编	网 址
844	江苏省	宿迁市	泗阳县委党校	223700	
845			泗洪县委党校	223900	
846	浙江省	杭州市	浙江省委党校	311121	www. zjdx. gov. cn
847			杭州市委党校	310024	www. zhdx. gov. cn
848			萧山区委党校	311201	www. dx. xs. zj. cn
849			余杭区委党校	311100	
850			富阳市委党校	311400	
851			临安市委党校	311300	
852			建德市委党校	311600	
853			桐庐县委党校	311500	
854			淳安县委党校	311700	
855		宁波市	宁波市委党校	315012	www. nbdx. cn
856			鄞州区委党校	315100	dangxiao. nbyz. gov. cn
857			镇海区委党校	315200	www. dx. zh. gov. cn
858			北仑区委党校	315830	www. blqwdx. gov. cn
859			奉化市委党校	315503	
860			余姚市委党校	315400	www. yydx. cn
861			慈溪市委党校	315300	dx. cixi. gov. cn
862			象山县委党校	315700	www. nbxsdx. cn
863			宁海县委党校	315600	www. nbnhdx. net
864		温州市	温州市委党校	325027	www. wzdx. gov. cn
865			鹿城区委党校	325000	
866			瑞安市委党校	325200	www. dx. ruian. gov. cn
867			乐清市委党校	325600	www. yqdx. gov. cn
868			永嘉县委党校	325100	www. yjdx. cn
869			洞头县委党校	325700	www. wzdtdx. cn
870			平阳县委党校	325400	www. zjpydx. cn
871			苍南县委党校	325800	www. cndx. gov. cn
872			文成县委党校	325300	wcdx. 66wc. com
873			泰顺县委党校	325500	www. ts. gov. cn/b/tsdx
874		湖州市	湖州市委党校	313004	www. hzdx. com
875			德清县委党校	313216	www. dqdx. gov. cn
876			长兴县委党校	313100	www. cxdx. org
877			安吉县委党校	313300	www. anjidx. com

续表

序号	所在省区所属单位	所在地市	党校名称	邮编	网址
878	浙江省	嘉兴市	嘉兴市委党校	314000	www. jxswdx. com
879			秀洲区委党校	314000	
880			平湖市委党校	314200	dangxiao. pinghu. gov. cn
881			海宁市委党校	314400	www. hnswdx. com
882			桐乡市委党校	314500	www. txdx. gov. cn
883			嘉善县委党校	314100	www. zjjsdx. cn
884			海盐县委党校	314300	www. hydx. haiyan. gov. cn
885		绍兴市	绍兴市委党校	312000	www. sxdx. gov. cn
886			诸暨市委党校	311800	www. zjswdx. org. cn
887			上虞市委党校	312300	www. sydx. gov. cn
888			嵊州市委党校	312400	
889			绍兴县委党校	312030	www. sxxdx. com. cn
890			新昌县委党校	312500	www. xc. net. cn
891		金华市	金华市委党校	321000	www. jhdx. cn
892			兰溪市委党校	321100	
893			义乌市委党校	322000	dx. yiwu. gov. cn
894			东阳市委党校	322100	www. zjdydx. com
895			永康市委党校	321300	www. ykswdx. com
896			浦江县委党校	322200	www. pjdx. org. cn
897			武义县委党校	321200	
898			磐安县委党校	322300	
899		衢州市	衢州市委党校	324000	www. qzswdx. gov. cn
900			衢江区委党校	324022	
901			柯城区委党校	324000	
902			江山市委党校	324100	
903			常山县委党校	324200	
904			开化县委党校	324300	
905			龙游县委党校	324400	
906		舟山市	舟山市委党校	316000	www. zsdx. gov. cn
907			普陀区委党校	316100	www. putuodx. cn
908			嵊泗县委党校	202450	www. ssdx. zsdx. gov. cn
909			岱山县委党校	316200	www. zsdx. gov. cn/daishandx
910		台州市	台州市委党校	318000	www. tzswdx. com
911			椒江区委党校	318000	www. jjqwdx. com

续 表

序号	所在省区所属单位	所在地市	党校名称	邮编	网　址
912	浙江省	台州市	黄岩区委党校	318020	qwdx. zjhy. gov. cn
913			路桥区委党校	318050	lqdx. luqiao. gov. cn
914			临海市委党校	317000	
915			温岭市委党校	317500	www. wldx. gov. cn
916			玉环县委党校	317600	
917			天台县委党校	317200	www. ttxwdx. com
918			仙居县委党校	317300	www. xjxwdx. com
919			三门县委党校	317100	
920		丽水市	丽水市委党校	323000	www. dx. lishui. gov. cn
921			莲都区委党校	323000	dx. liandu. gov. cn
922			龙泉市委党校	323700	www. longquan. gov. cn/lqdx
923			缙云县委党校	321400	jydx. jinyun. gov. cn
924			青田县委党校	323900	www. qtdx. cn
925			景宁畲族自治县委党校	323500	www. jvxwdx. com
926			云和县委党校	323600	www. yhdx. cn
927			庆元县委党校	323800	
928			遂昌县委党校	323300	scdx. suichang. gov. cn
929			松阳县委党校	323400	www. zjsydx. net
930	安徽省	合肥市	安徽省委党校	230022	www. ahdx. gov. cn
931			合肥市委党校	230031	www. hfdx. gov. cn
932			安徽省直工委党校	230001	
933			庐阳区委党校	230001	
934			瑶海区委党校	230011	
935			蜀山区委党校	230031	
936			包河区委党校	230051	
937			长丰县委党校	231100	
938			肥东县委党校	231600	www. fddx. org
939			肥西县委党校	231200	www. fxxwdx. gov. cn
940		巢湖市	巢湖市委党校	238000	
941			居巢区委党校	238000	
942			庐江县委党校	231500	xwdx. lj. gov. cn
943			无为县委党校	238300	dx. ww. gov. cn
944			含山县委党校	238100	
945			和县县委党校	238200	

续表

序号	所在省区所属单位	所在地市	党校名称	邮编	网址
946	安徽省	亳州市	亳州市委党校	236800	www. bzswdx. com
947			谯城区委党校	236800	
948			蒙城县委党校	233500	
949			涡阳县委党校	233600	
950			利辛县委党校	236700	
951		宿州市	宿州市委党校	234000	www. shszdx. gov. cn
952			埇桥区委党校	234000	
953			砀山县委党校	235300	
954			萧县县委党校	235200	
955			灵璧县委党校	234200	
956			泗县县委党校	234300	
957		蚌埠市	蚌埠市委党校	233040	www. bbswdx. cn
958			五河县委党校	233300	
959			固镇县委党校	233700	
960			怀远县委党校	233400	
961		阜阳市	阜阳市委党校	236008	www. fydx. gov. cn
962			颍州区委党校	236005	
963			颍东区委党校	236058	
964			颍泉区委党校	236000	
965			界首市委党校	236500	
966			颍上县委党校	236200	
967			临泉县委党校	236400	
968			阜南县委党校	236300	
969			太和县委党校	236600	
970		淮南市	淮南市委党校	232001	www. hndx. gov. cn
971			田家庵区委党校	232007	
972			八公山区委党校	232072	
973			大通区委党校	232033	
974			谢家集区委党校	232052	
975			凤台县委党校	232100	
976		滁州市	滁州市委党校	239000	www. czdx. gov. cn
977			琅琊区委党校	239000	
978			南谯区委党校	239000	
979			天长市委党校	239300	

续 表

序号	所在省区所属单位	所在地市	党校名称	邮编	网 址
980	安徽省	滁州市	明光市委党校	239400	
981			全椒县委党校	239500	
982			来安县委党校	239200	
983			凤阳县委党校	233100	
984			定远县委党校	233200	
985		六安市	六安市委党校	237009	www. luandx. com
986			金安区委党校	237000	
987			裕安区委党校	237012	
988			寿县县委党校	232200	
989			霍山县委党校	237200	
990			霍邱县委党校	237400	
991			金寨县委党校	237300	
992			舒城县委党校	231300	
993		马鞍山市	马鞍山市委党校	243011	www. masdx. cn
994			当涂县委党校	243100	
995		芜湖市	芜湖市委党校	241000	www. wuhudx. gov. cn
996			芜湖县委党校	241100	
997			繁昌县委党校	241200	
998			南陵县委党校	242400	
999		宣城市	宣城市委党校	242000	www. anxcdx. cn
1000			宣州区委党校	242000	
1001			宁国市委党校	242300	
1002			郎溪县委党校	242100	
1003			广德县委党校	242200	
1004			泾县县委党校	242500	
1005			绩溪县委党校	245300	
1006			旌德县委党校	242600	
1007		池州市	池州市委党校	247000	www. czsdx. cn
1008			青阳县委党校	242800	
1009			石台县委党校	245100	
1010			东至县委党校	247200	
1011		安庆市	安庆市委党校	246133	
1012			宜秀区委党校	246005	
1013			桐城市委党校	231400	

续表

序号	所在省区 所属单位	所在 地市	党校名称	邮编	网址
1014	安徽省	安庆市	怀宁县委党校	246100	
1015			枞阳县委党校	246702	
1016			潜山县委党校	246300	
1017			太湖县委党校	246402	
1018			宿松县委党校	246500	
1019			望江县委党校	246200	
1020			岳西县委党校	246600	
1021		黄山市	黄山市委党校	245041	www. xinhs. cn
1022			黄山区委党校	242700	
1023			歙县县委党校	245200	
1024			休宁县委党校	245400	
1025			黟县县委党校	245500	
1026			祁门县委党校	245600	
1027		淮北市	淮北市委党校	235000	ahhbdx. com
1028			濉溪县委党校	235100	
1029		铜陵市	铜陵市委党校	244000	www. tldx. gov. cn
1030	福建省	福州市	福建省委党校	350001	www. fjdx. gov. cn
1031			福州市委党校	350014	www. fzswdx. gov. cn
1032			福建省委省直机关工委党校	350003	
1033			鼓楼区委党校	350001	
1034			台江区委党校	350004	
1035			仓山区委党校	350007	
1036			晋安区委党校	350014	
1037			马尾区委党校	350015	
1038			福清市委党校	350300	
1039			长乐市委党校	350200	
1040			闽侯县委党校	350100	
1041			连江县委党校	350500	
1042			闽清县委党校	350800	
1043			罗源县委党校	350600	
1044			永泰县委党校	350700	
1045			平潭县委党校	350400	
1046		厦门市	厦门市委党校	361027	www. xmdx. gov. cn

续 表

序号	所在省区所属单位	所在地市	党校名称	邮编	网　址
1047	福建省	厦门市	思明区委党校	361008	
1048			湖里区委党校	361006	
1049			集美区委党校	361021	
1050			海沧区委党校	361026	
1051			同安区委党校	361100	
1052			翔安区委党校	361102	
1053		漳州市	漳州市委党校	363000	www. zzswdx. cn
1054			芗城区委党校	363000	
1055			市委党校龙文分校	363000	
1056			龙海市委党校	363102	
1057			漳浦县委党校	363200	
1058			云霄县委党校	363300	
1059			诏安县委党校	363500	
1060			东山县委党校	363400	
1061			平和县委党校	363700	
1062			南靖县委党校	363600	
1063			长泰县委党校	363900	
1064			华安县委党校	363800	
1065		泉州市	泉州市委党校	362000	www. qzdxlib. cn
1066			鲤城区委党校	362000	
1067			丰泽区委党校	362000	
1068			洛江区委党校	362011	
1069			泉港区委党校	362801	
1070			晋江市委党校	362200	
1071			南安市委党校	362300	
1072			石狮市委党校	362700	
1073			惠安县委党校	362100	
1074			安溪县委党校	362400	
1075			德化县委党校	362500	
1076			永春县委党校	362601	
1077		三明市	三明市委党校	365000	
1078			三元区委党校	365001	
1079			梅列区委党校	365000	
1080			永安市委党校	366000	

续 表

序号	所在省区所属单位	所在地市	党校名称	邮编	网 址
1081	福建省	三明市	清流县委党校	365300	
1082			宁化县委党校	365400	
1083			建宁县委党校	354500	
1084			泰宁县委党校	354400	
1085			明溪县委党校	365200	
1086			将乐县委党校	353300	
1087			沙县县委党校	365500	
1088			尤溪县委党校	365100	
1089			大田县委党校	366100	
1090		莆田市	莆田市委党校	351100	
1091			荔城区委党校	351100	
1092			城厢区委党校	351100	
1093			涵江区委党校	351111	
1094			秀屿区委党校	351152	
1095			仙游县委党校	351200	
1096		南平市	南平市委党校	353000	www. npswdx. cn
1097			延平区委党校	353000	
1098			邵武市委党校	354000	
1099			武夷山市委党校	354300	
1100			建瓯市委党校	353100	
1101			建阳市委党校	354200	
1102			顺昌县委党校	353200	
1103			浦城县委党校	353400	
1104			光泽县委党校	354100	
1105			松溪县委党校	353500	
1106			政和县委党校	353600	
1107		龙岩市	龙岩市委党校	364000	.www. fjlydx. cn
1108			新罗区委党校	364000	
1109			漳平市委党校	364400	
1110			永定县委党校	364100	
1111			上杭县委党校	364200	
1112			武平县委党校	364300	
1113			长汀县委党校	366300	
1114			连城县委党校	366200	

续 表

序号	所在省区 所属单位	所在 地市	党校名称	邮编	网 址
1115	福建省	宁德市	宁德市委党校	355000	www. ndswdx. fj. cn
1116			蕉城区委党校	352100	
1117			福鼎市委党校	355200	
1118			霞浦县委党校	355100	
1119			寿宁县委党校	355500	
1120			周宁县委党校	355400	
1121			柘荣县委党校	355300	
1122			古田县委党校	352200	
1123			屏南县委党校	352300	
1124	江西省	南昌市	江西省委党校	330003	www. jxdx. gov. cn
1125			南昌市委党校	330003	www. swdx. nc. gov. cn
1126			江西省直机关工委党校	330077	
1127			江西省委教育工委党校	330038	
1128			东湖区委党校	330006	
1129			西湖区委党校	330009	
1130			青山湖区委党校	330029	
1131			青云谱区委党校	330001	
1132			湾里区委党校	330004	
1133			南昌县委党校	330200	
1134			新建县委党校	330100	
1135			进贤县委党校	331700	
1136			安义县委党校	330500	
1137		九江市	九江市委党校	332000	www. jjdx. cn
1138			浔阳区委党校	332000	
1139			庐山区委党校	332000	
1140			共青城市委党校	332020	
1141			瑞昌市委党校	332200	
1142			星子县委党校	332800	
1143			九江县委党校	332100	
1144			德安县委党校	330400	
1145			永修县委党校	330300	
1146			武宁县委党校	332300	
1147			修水县委党校	332400	
1148			湖口县委党校	332500	

续 表

序号	所在省区所属单位	所在地市	党校名称	邮编	网 址
1149	江西省	九江市	彭泽县委党校	332700	
1150			都昌县委党校	332600	
1151		上饶市	上饶市委党校	334000	www. srsdx. com
1152			信州区委党校	334000	
1153			德兴市委党校	334200	
1154			上饶县委党校	334100	
1155			广丰县委党校	334600	
1156			铅山县委党校	334500	
1157			横峰县委党校	334300	
1158			弋阳县委党校	334400	
1159			玉山县委党校	334700	
1160			万年县委党校	335500	
1161			婺源县委党校	333200	
1162			余干县委党校	335100	
1163			鄱阳县委党校	333100	
1164		抚州市	抚州市委党校	344000	
1165			临川区委党校	344100	
1166			东乡县委党校	331800	
1167			南城县委党校	344700	
1168			广昌县委党校	344900	
1169			崇仁县委党校	344200	
1170			宜黄县委党校	344400	
1171			金溪县委党校	344800	
1172			资溪县委党校	335300	
1173			南丰县委党校	344500	
1174			黎川县委党校	344600	
1175			乐安县委党校	344300	
1176		宜春市	宜春市委党校	336000	
1177			袁州区委党校	336000	
1178			丰城市委党校	331100	
1179			樟树市委党校	331200	
1180			高安市委党校	330800	
1181			靖安县委党校	330600	
1182			奉新县委党校	330700	

续 表

序号	所在省区所属单位	所在地市	党校名称	邮编	网 址
1183	江西省	宜春市	上高县委党校	336400	
1184			宜丰县委党校	336300	
1185			铜鼓县委党校	336200	
1186			万载县委党校	336100	
1187		吉安市	吉安市委党校	343000	www. jaswdx. cn
1188			吉州区委党校	343000	
1189			青原区委党校	343009	
1190			井冈山市委党校	343600	
1191			吉安县委党校	343100	
1192			吉水县委党校	331600	
1193			永丰县委党校	331500	
1194			新干县委党校	331300	
1195			峡江县委党校	331400	
1196			泰和县委党校	343700	
1197			万安县委党校	343800	
1198			遂川县委党校	343900	
1199			安福县委党校	343200	
1200			永新县委党校	343400	
1201		赣州市	赣州市委党校	341000	www. gzdw. gov. cn
1202			章贡区委党校	341000	
1203			瑞金市委党校	342500	
1204			南康市委党校	341400	
1205			信丰县委党校	341600	
1206			定南县委党校	341900	
1207			寻乌县委党校	342200	
1208			全南县委党校	341800	
1209			石城县委党校	342700	
1210			赣县县委党校	341100	
1211			于都县委党校	342300	
1212			安远县委党校	342100	
1213			兴国县委党校	342400	
1214			大余县委党校	341500	
1215			宁都县委党校	342800	
1216			上犹县委党校	341200	

续表

序号	所在省区所属单位	所在地市	党校名称	邮编	网址
1217	江西省	赣州市	会昌县委党校	342600	
1218			崇义县委党校	341300	
1219			龙南县委党校	341700	
1220		景德镇市	景德镇市委党校	333000	www.jdzswdx.cn
1221			珠山区委党校	333000	
1222			昌江区委党校	333000	
1223			乐平市委党校	333300	
1224			浮梁县委党校	333400	
1225		萍乡市	萍乡市委党校	337055	www.pxdx.org.cn
1226			湘东区委党校	337016	
1227			安源区委党校	337000	
1228			莲花县委党校	337100	
1229			上栗县委党校	337006	
1230			芦溪县委党校	337200	
1231		新余市	新余市委党校	338000	
1232			渝水区委党校	338000	
1233			分宜县委党校	336600	
1234		鹰潭市	鹰潭市委党校	335001	www.ytswdx.gov.cn
1235			月湖区委党校	335000	
1236			贵溪市委党校	335400	
1237			余江县委党校	335211	
1238		南昌市	洪都航空工业集团党校	330024	
1239			江西省电力公司局党校	330032	
1240		贵溪市	江西铜业集团公司党校	335421	
1241		新余市	新余钢铁有限公司党校	338028	
1242		萍乡市	萍乡矿务局党校	337042	
1243		丰城市	丰城矿务局党校	331141	
1244		九江市	九江石化总厂党校	332004	
1245	山东省	济南市	山东省委党校	250103	www.sddx.gov.cn
1246			济南市委党校	250014	www.jndx.gov.cn
1247			山东省委党校省直分校	250014	
1248			市中区委党校	250002	
1249			历下区委党校	250013	
1250			槐荫区委党校	250022	

续 表

序号	所在省区所属单位	所在地市	党校名称	邮编	网 址
1251	山东省	济南市	天桥区委党校	250031	
1252			历城区委党校	250100	
1253			长清区委党校	250300	
1254			章丘市委党校	250200	
1255			平阴县委党校	250400	
1256			济阳县委党校	251400	
1257			商河县委党校	251600	
1258			市委党校高新区分校	250101	
1259		青岛市	青岛市委党校	266071	www. qddx. gov. cn
1260			市南区委党校	266071	
1261			市北区委党校	266034	
1262			四方区委党校	266042	
1263			李沧区委党校	266100	
1264			崂山区委党校	266101	
1265			黄岛区委党校	266555	
1266			城阳区委党校	266109	
1267			即墨市委党校	266200	
1268			胶州市委党校	266300	
1269			胶南市委党校	266400	
1270			平度市委党校	266700	
1271			莱西市委党校	266600	
1272		淄博市	淄博市委党校	255033	www. zbdx. net
1273			张店区委党校	255032	
1274			博山区委党校	255200	
1275			淄川区委党校	255100	
1276			周村区委党校	255300	
1277			临淄区委党校	255400	
1278			桓台县委党校	256400	
1279			高青县委党校	256300	
1280			沂源县委党校	256100	
1281		枣庄市	枣庄市委党校	277800	www. sdzzdx. net. cn
1282			薛城区委党校	277000	
1283			山亭区委党校	277200	
1284			市中区委党校	277102	

续表

序号	所在省区 所属单位	所在 地市	党校名称	邮编	网　址
1285	山东省	枣庄市	峄城区委党校	277300	
1286			台儿庄区委党校	277400	
1287			滕州市委党校	277500	
1288		东营市	东营市委党校	257091	www. dydx. gov. cn
1289			东营区委党校	257000	
1290			河口区委党校	257200	
1291			广饶县委党校	257300	
1292			垦利县委党校	257500	
1293			利津县委党校	257400	
1294		烟台市	烟台市委党校	264000	www. ytdx. com. cn
1295			芝罘区委党校	264000	
1296			福山区委党校	265500	
1297			牟平区委党校	264100	
1298			莱山区委党校	264003	
1299			开发区工委党校	264006	
1300			海阳市委党校	265100	
1301			莱阳市委党校	265200	
1302			栖霞市委党校	265300	
1303			招远市委党校	265400	
1304			蓬莱市委党校	265600	
1305			龙口市委党校	265701	
1306			莱州市委党校	261400	
1307			长岛县委党校	265800	
1308		潍坊市	潍坊市委党校	262406	www. wf-swdx. gov. cn
1309			奎文区委党校	261041	
1310			潍城区委党校	261021	
1311			坊子区委党校	261200	
1312			寒亭区委党校	261100	
1313			青州市委党校	262500	
1314			诸城市委党校	262234	
1315			寿光市委党校	262700	
1316			安丘市委党校	262100	
1317			高密市委党校	261500	
1318			昌邑市委党校	261300	

续表

序号	所在省区所属单位	所在地市	党校名称	邮编	网址
1319	山东省	潍坊市	临朐县委党校	262600	
1320			昌乐县委党校	262400	
1321		济宁市	济宁市委党校	272003	
1322			任城区委党校	272000	
1323			市中区委党校	272023	
1324			曲阜市委党校	273100	
1325			邹城市委党校	273500	
1326			兖州市委党校	272100	
1327			泗水县委党校	273200	
1328			微山县委党校	277600	
1329			鱼台县委党校	272300	
1330			嘉祥县委党校	272400	
1331			汶上县委党校	272500	
1332			金乡县委党校	272200	
1333			梁山县委党校	272600	
1334		泰安市	泰安市委党校	271000	www. tadx. com. cn
1335			泰山区委党校	271000	
1336			岱岳区委党校	271000	
1337			新泰市委党校	271200	
1338			肥城市委党校	271600	
1339			宁阳县委党校	271400	
1340			东平县委党校	271500	
1341		威海市	威海市委党校	264200	www. wh-dx. cn
1342			环翠区委党校	264200	
1343			荣成市委党校	264300	
1344			文登市委党校	264400	
1345			乳山市委党校	264500	
1346		日照市	日照市委党校	276826	www. rzdx. net
1347			东港区委党校	276800	
1348			岚山区委党校	276807	
1349			经济开发区工委党校	276826	
1350			莒县县委党校	276500	
1351			五莲县委党校	262300	
1352		临沂市	临沂市委党校	276005	www. lyps. gov. cn

续 表

序号	所在省区所属单位	所在地市	党校名称	邮编	网 址
1353	山东省	临沂市	兰山区委党校	276005	
1354			罗庄区委党校	276017	
1355			河东区委党校	276034	
1356			郯城县委党校	276100	
1357			苍山县委党校	277700	
1358			沂水县委党校	276400	
1359			沂南县委党校	276300	
1360			平邑县委党校	273300	
1361			费县县委党校	273400	
1362			蒙阴县委党校	276200	
1363			莒南县委党校	276600	
1364			临沭县委党校	276700	
1365		德州市	德州市委党校	253015	www. dzswdx. cn
1366			德城区委党校	253009	
1367			禹城市委党校	251200	
1368			乐陵市委党校	253600	
1369			宁津县委党校	253400	
1370			齐河县委党校	251100	
1371			陵县县委党校	253500	
1372			临邑县委党校	251500	
1373			平原县委党校	253100	
1374			武城县委党校	253300	
1375			夏津县委党校	253200	
1376			庆云县委党校	253700	
1377		聊城市	聊城市委党校	252000	www. lcswdx. sd. cn
1378			东昌府区委党校	252000	
1379			临清市委党校	252600	
1380			冠县县委党校	252500	
1381			莘县县委党校	252400	
1382			阳谷县委党校	252300	
1383			东阿县委党校	252200	
1384			茌平县委党校	252100	
1385			高唐县委党校	252800	
1386		滨州市	滨州市委党校	256600	www. bzdx. gov. cn

续 表

序号	所在省区所属单位	所在地市	党校名称	邮编	网　址
1387	山东省	滨州市	滨城区委党校	256600	
1388			惠民县委党校	251700	
1389			阳信县委党校	251800	
1390			无棣县委党校	251900	
1391			沾化县委党校	256800	
1392			博兴县委党校	256500	
1393			邹平县委党校	256200	
1394		菏泽市	菏泽市委党校	274030	
1395			牡丹区委党校	274000	
1396			曹县县委党校	274400	
1397			定陶县委党校	274100	
1398			成武县委党校	274200	
1399			单县县委党校	274300	
1400			巨野县委党校	274900	
1401			郓城县委党校	274700	
1402			鄄城县委党校	274600	
1403			东明县委党校	274500	
1404		莱芜市	莱芜市委党校	271100	www. lwdx. cn
1405			莱芜钢铁党校	271104	
1406		东营市	胜利石油管理局委员会党校	257045	
1407		淄博市	齐鲁石化公司党校	255400	
1408		泰安市	新矿集团党校	271219	
1409			肥矿集团公司党校	271608	
1410	河南省	郑州市	河南省委党校	450002	www. dangxiao. ha. cn
1411			郑州市委党校	450042	www. zgzzswdx. com
1412			河南省直机关党校	450002	
1413			金水区委党校	450003	
1414			中原区委党校	450007	
1415			二七区委党校	450052	
1416			上街区委党校	450041	
1417			管城回族区委党校	450000	
1418			惠济区委党校	450053	

续表

序号	所在省区所属单位	所在地市	党校名称	邮编	网址
1419	河南省	郑州市	巩义市委党校	451200	
1420			登封市委党校	452470	
1421			新密市委党校	452300	
1422			新郑市委党校	451100	
1423			荥阳市委党校	450100	
1424			中牟县委党校	451450	
1425		开封市	开封市委党校	475001	
1426			鼓楼区委党校	475000	
1427			龙亭区委党校	475100	
1428			禹王台区委党校	475003	
1429			顺河回族区委党校	475000	
1430			金明区委党校	475002	
1431			开封县委党校	475100	
1432			杞县县委党校	475200	
1433			尉氏县委党校	475500	
1434			兰考县委党校	475300	
1435			通许县委党校	475400	
1436		洛阳市	洛阳市委党校	471003	www. lyswdx. com. cn
1437			涧西区委党校	471003	
1438			西工区委党校	471000	
1439			老城区委党校	471002	
1440			瀍河回族区委党校	471002	
1441			洛龙区委党校	471000	
1442			吉利区委党校	471012	
1443			偃师市委党校	471900	
1444			孟津县委党校	471100	
1445			新安县委党校	471800	
1446			伊川县委党校	471300	
1447			宜阳县委党校	471600	
1448			汝阳县委党校	471200	
1449			洛宁县委党校	471700	
1450			栾川县委党校	471500	
1451			嵩县县委党校	471400	
1452		平顶山市	平顶山市委党校	467000	

续表

序号	所在省区所属单位	所在地市	党校名称	邮编	网址
1453	河南省	平顶山市	石龙区委党校	467045	
1454			新华区委党校	467002	
1455			卫东区委党校	467021	
1456			湛河区委党校	467000	
1457			舞钢市委党校	462500	
1458			汝州市委党校	467500	
1459			宝丰县委党校	467400	
1460			鲁山县委党校	467300	
1461			叶县县委党校	467200	
1462			郏县县委党校	467100	
1463		安阳市	安阳市委党校	455000	ayswdx. cn
1464			林州市委党校	456550	
1465			安阳县委党校	455000	
1466			汤阴县委党校	456150	
1467			滑县县委党校	456400	
1468			内黄县委党校	456350	
1469		鹤壁市	鹤壁市委党校	458030	
1470			淇县县委党校	456750	
1471			浚县县委党校	456250	
1472		新乡市	新乡市委党校	453000	
1473			卫辉市委党校	453100	
1474			辉县市委党校	453600	
1475			新乡县委党校	453700	
1476			获嘉县委党校	453800	
1477			原阳县委党校	453500	
1478			延津县委党校	453200	
1479			封丘县委党校	453300	
1480			长垣县委党校	453400	
1481		焦作市	焦作市委党校	454152	www. jzswdx. gov. cn
1482			沁阳市委党校	454550	
1483			孟州市委党校	454750	
1484			修武县委党校	454350	
1485			武陟县委党校	454950	
1486			博爱县委党校	454450	

续表

序号	所在省区所属单位	所在地市	党校名称	邮编	网址
1487	河南省	焦作市	温县县委党校	454850	
1488		濮阳市	濮阳市委党校	457000	
1489			华龙区委党校	457001	
1490			濮阳县委党校	457100	
1491			清丰县委党校	457300	
1492			南乐县委党校	457400	
1493			范县县委党校	457500	
1494			台前县委党校	457600	
1495		许昌市	许昌市委党校	461000	
1496			禹州市委党校	461670	
1497			长葛市委党校	461500	
1498			许昌县委党校	461100	
1499			襄城县委党校	461700	
1500			鄢陵县委党校	461200	
1501		漯河市	漯河市委党校	462000	
1502			郾城区委党校	462300	
1503			源汇区委党校	462000	
1504			临颍县委党校	462600	
1505			舞阳县委党校	462400	
1506		三门峡市	三门峡市委党校	472000	www. smxdx. com
1507			湖滨区委党校	472000	
1508			义马市委党校	472300	
1509			灵宝市委党校	472500	
1510			陕县县委党校	472100	
1511			卢氏县委党校	472200	
1512			渑池县委党校	472400	
1513		南阳市	南阳市委党校	473056	
1514			宛城区委党校	473001	
1515			卧龙区委党校	473003	
1516			邓州市委党校	474150	
1517			方城县委党校	473200	
1518			内乡县委党校	474350	
1519			南召县委党校	474650	
1520			社旗县委党校	473300	

续 表

序号	所在省区所属单位	所在地市	党校名称	邮编	网　址
1521	河南省	南阳市	唐河县委党校	473400	
1522			桐柏县委党校	474750	
1523			西峡县委党校	474550	
1524			淅川县委党校	474450	
1525			新野县委党校	473500	
1526			镇平县委党校	474250	
1527		商丘市	商丘市委党校	476000	
1528			梁园区委党校	476000	
1529			睢阳区委党校	476100	
1530			永城市委党校	476600	
1531			夏邑县委党校	476400	
1532			虞城县委党校	476300	
1533			宁陵县委党校	476700	
1534			柘城县委党校	476200	
1535			睢县县委党校	476900	
1536			民权县委党校	476800	
1537		信阳市	信阳市委党校	464031	
1538			浉河区委党校	464000	
1539			平桥区委党校	464100	
1540			罗山县委党校	464200	
1541			潢川县委党校	465150	
1542			固始县委党校	465250	
1543			息县县委党校	464300	
1544			淮滨县委党校	464400	
1545			光山县委党校	465450	
1546			商城县委党校	465350	
1547			新县县委党校	465550	
1548		周口市	周口市委党校	466000	
1549			川汇区委党校	466000	
1550			项城市委党校	466200	
1551			沈丘县委党校	466300	
1552			西华县委党校	466600	
1553			淮阳县委党校	466700	
1554			扶沟县委党校	461300	

续 表

序号	所在省区所属单位	所在地市	党校名称	邮编	网　址
1555	河南省	周口市	商水县委党校	466100	
1556			郸城县委党校	477150	
1557			太康县委党校	461400	
1558			鹿邑县委党校	477200	
1559		驻马店市	驻马店市委党校	463000	www. zmdswdx. com
1560			驿城区委党校	463000	
1561			遂平县委党校	463100	
1562			西平县委党校	463900	
1563			确山县委党校	463200	
1564			汝南县委党校	463300	
1565			平舆县委党校	463400	
1566			新蔡县委党校	463500	
1567			上蔡县委党校	463800	
1568			正阳县委党校	463600	
1569			泌阳县委党校	463700	
1570		济源市	济源市委党校	459000	www. jydx. ha. cn
1571	湖北省	武汉市	湖北省委党校	430022	www. hbdx. gov. cn
1572			武汉市委党校	430023	www. whdx. gov. cn
1573			江岸区委党校	430010	
1574			江汉区委党校	430023	www. jianghan. gov. cn
1575			硚口区委党校	430030	
1576			黄陂区委党校	420300	
1577			新洲区委党校	430400	
1578			汉南区委党校	430090	
1579			东西湖区委党校	430040	
1580			江夏区委党校	430200	
1581			武昌区委党校	430064	www. wcdx. net
1582			青山区委党校	430080	
1583			汉阳区委党校	430050	
1584			洪山区委党校	430070	dx. hongshan. gov. cn
1585			蔡甸区委党校	430100	
1586		仙桃市	仙桃市委党校	433000	
1587		潜江市	潜江市委党校	433100	www. qjdx. cn
1588		天门市	天门市委党校	431700	

续 表

序号	所在省区 所属单位	所在 地市	党校名称	邮编	网　址
1589	湖北省	神农架林区	神农架林区委党校	442400	
1590		黄石市	黄石市委党校	435000	www. hsswdx. com
1591			大冶市委党校	435100	
1592			阳新县委党校	435200	
1593		十堰市	十堰市委党校	442000	
1594			张湾区委党校	442011	
1595			茅箭区委党校	442013	
1596			丹江口市委党校	442700	
1597			竹溪县委党校	442300	
1598			郧西县委党校	442600	
1599			郧县县委党校	442500	www. hbyxdx. com
1600			竹山县委党校	442200	
1601			房县县委党校	442100	
1602		荆州市	荆州市委党校	434100	www. zgjzswdx. com
1603			荆州区委党校	434100	
1604			沙市区委党校	434000	ssdx. shashi. gov. cn
1605			松滋市委党校	434200	www. hbsz. gov. cn/dx
1606			石首市委党校	434400	
1607			洪湖市委党校	433200	
1608			江陵县委党校	434100	
1609			公安县委党校	434300	
1610			监利县委党校	433300	
1611		宜昌市	宜昌市委党校	443000	www. ycdx. gov. cn
1612			夷陵区委党校	443100	
1613			西陵区委党校	443000	
1614			伍家岗区委党校	443001	
1615			猇亭区委党校	443007	
1616			点军区委党校	443004	
1617			宜都市委党校	443300	www. dx. yidu. gov. cn
1618			枝江市委党校	443200	zjsdx. zhijiang. gov. cn
1619			当阳市委党校	444100	
1620			远安县委党校	444200	www. dx. yuanan. gov. cn
1621			兴山县委党校	443700	
1622			秭归县委党校	443600	www. sxzigui. cn

续 表

序号	所在省区所属单位	所在地市	党校名称	邮编	网 址
1623	湖北省	宜昌市	长阳土家族自治县委党校	443500	
1624			五峰土家族自治县委党校	443400	
1625		襄阳市	襄阳市委党校	441021	
1626			樊城区委党校	441000	
1627			襄城区委党校	441021	
1628			襄州区委党校	441104	
1629			宜城市委党校	441400	
1630			枣阳市委党校	441200	
1631			老河口市委党校	441800	
1632			保康县委党校	441600	
1633			南漳县委党校	441500	
1634			谷城县委党校	441700	
1635		荆门市	荆门市委党校	448000	jmdx. jingmen. gov. cn
1636			掇刀区委党校	448124	
1637			东宝区委党校	448000	dx. jmdbq. gov. cn
1638			钟祥市委党校	431900	www. zxdx. gov. cn
1639			沙洋县委党校	448200	
1640			京山县委党校	431800	
1641		黄冈市	黄冈市委党校	438000	www. hgdx. gov. cn
1642			黄州区委党校	438000	
1643			麻城市委党校	438300	www. mcswdx. com
1644			武穴市委党校	435400	www. wxswdx. com
1645			英山县委党校	436700	
1646			黄梅县委党校	435500	
1647			蕲春县委党校	435300	
1648			红安县委党校	438400	
1649			团风县委党校	438800	
1650			罗田县委党校	438600	www. ltxwdx. com
1651			浠水县委党校	438200	
1652		孝感市	孝感市委党校	432100	www. xgdx. gov. cn
1653			孝南区委党校	432000	
1654			汉川市委党校	432300	
1655			应城市委党校	432400	www. ycdxnet. cn
1656			安陆市委党校	432600	

续 表

序号	所在省区所属单位	所在地市	党校名称	邮编	网　址
1657	湖北省	孝感市	大悟县委党校	432800	
1658			云梦县委党校	432500	
1659			孝昌县委党校	432900	
1660		咸宁市	咸宁市委党校	437100	
1661			咸安区委党校	437000	
1662			赤壁市委党校	437300	
1663			嘉鱼县委党校	437200	
1664			通城县委党校	437400	
1665			通山县委党校	437600	www. hbtsdx. org
1666			崇阳县委党校	437500	
1667		随州市	随州市委党校	441300	www. szswdx. com
1668			曾都区委党校	441300	www. szzddx. cn
1669			广水市委党校	432700	
1670		恩施土家族苗族自治州	恩施市委党校	445000	www. essdx. com. cn
1671			利川市委党校	445400	
1672			建始县委党校	445300	
1673			巴东县委党校	444300	
1674			宣恩县委党校	445500	
1675			咸丰县委党校	445600	
1676			来凤县委党校	445700	
1677			鹤峰县委党校	445800	
1678		鄂州市	鄂州市委党校	436000	
1679	湖南省	长沙市	湖南省委党校	410006	www. hnswdx. gov. cn
1680			长沙市委党校	410004	www. zgcsswdx. cn
1681			湖南省委直属机关党校	410001	
1682			湖南省委教育工委党校	410007	
1683			芙蓉区委党校	410016	
1684			天心区委党校	410004	
1685			岳麓区委党校	410006	
1686			开福区委党校	410008	
1687			雨花区委党校	410014	
1688			浏阳市委党校	410300	
1689			望城县委党校	410200	qdx. wangcheng. gov. cn
1690			长沙县委党校	410129	

续表

序号	所在省区 所属单位	所在 地市	党校名称	邮编	网 址
1691	湖南省	长沙市	宁乡县委党校	410600	
1692		衡阳市	衡阳市委党校	421008	
1693			南岳区委党校	421900	
1694			常宁市委党校	421500	
1695			耒阳市委党校	421800	
1696			衡阳县委党校	421200	
1697			衡南县委党校	421100	
1698			衡山县委党校	421300	
1699			衡东县委党校	421400	
1700			祁东县委党校	421600	
1701		株洲市	株洲市委党校	412008	
1702			醴陵市委党校	412200	www. llsdx. cn
1703			攸县县委党校	412300	
1704			株洲县委党校	412100	
1705			茶陵县委党校	412400	
1706			炎陵县委党校	412500	
1707		湘潭市	湘潭市委党校	411100	www. xtswdx. net
1708			雨湖区委党校	411100	
1709			岳塘区委党校	411102	
1710			湘乡市委党校	411400	www. xxswdx. com
1711			韶山市委党校	411300	
1712			湘潭县委党校	411100	
1713		邵阳市	邵阳市委党校	422000	
1714			大祥区委党校	422000	
1715			双清区委党校	422001	
1716			北塔区委党校	422007	
1717			武冈市委党校	422400	
1718			邵东县委党校	422800	
1719			邵阳县委党校	422100	
1720			新邵县委党校	422900	
1721			隆回县委党校	422200	
1722			洞口县委党校	422300	
1723			城步苗族自治县委党校	422500	
1724			新宁县委党校	422700	

续表

序号	所在省区所属单位	所在地市	党校名称	邮编	网址
1725	湖南省	邵阳市	绥宁县委党校	422600	
1726		岳阳市	岳阳市委党校	414000	www. yyswdx. com
1727			云溪区委党校	414009	
1728			岳阳楼区委党校	414000	
1729			君山区委党校	414005	
1730			汨罗市委党校	414400	
1731			临湘市委党校	414300	
1732			岳阳县委党校	414100	
1733			湘阴县委党校	414600	
1734			平江县委党校	414500	
1735			华容县委党校	414200	
1736		常德市	常德市委党校	415000	www. cdswdx. cn
1737			鼎城区委党校	415101	
1738			武陵区委党校	415000	
1739			津市市委党校	415400	
1740			临澧县委党校	415200	
1741			安乡县委党校	415600	
1742			澧县县委党校	415500	
1743			汉寿县委党校	415900	
1744			桃源县委党校	415700	
1745			石门县委党校	415300	
1746		张家界市	张家界市委党校	427000	swdx. zjj. gov. cn
1747			武陵源区委党校	427400	
1748			永定区委党校	427000	
1749			慈利县委党校	427200	
1750			桑植县委党校	427100	
1751		益阳市	益阳市委党校	413000	www. yyswdx. cn
1752			沅江市委党校	413100	
1753			南县县委党校	413200	
1754			桃江县委党校	413400	
1755			安化县委党校	413500	
1756		郴州市	郴州市委党校	423000	www. czswdx. net
1757			北湖区委党校	423000	
1758			苏仙区委党校	423000	

续 表

序号	所在省区所属单位	所在地市	党校名称	邮编	网　址
1759	湖南省	郴州市	资兴市委党校	423400	
1760			嘉禾县委党校	424500	
1761			桂阳县委党校	424400	
1762			永兴县委党校	423300	
1763			临武县委党校	424300	
1764			桂东县委党校	423500	
1765			安仁县委党校	423600	
1766			汝城县委党校	424100	
1767			宜章县委党校	424200	
1768		永州市	永州市委党校	425000	www. yzswdx. gov. cn
1769			零陵区委党校	425006	
1770			冷水滩区委党校	425000	
1771			东安县委党校	425900	
1772			道县县委党校	425300	
1773			江永县委党校	425400	
1774			江华瑶族自治县委党校	425500	
1775			蓝山县委党校	425800	
1776			新田县委党校	425700	
1777			双牌县委党校	425200	
1778			宁远县委党校	425600	
1779			祁阳县委党校	426100	
1780		怀化市	怀化市委党校	418000	
1781			鹤城区委党校	418000	
1782			洪江市委党校	418100	
1783			洪江区工委党校	418200	
1784			沅陵县委党校	419600	
1785			辰溪县委党校	419500	
1786			溆浦县委党校	419300	
1787			麻阳苗族自治县委党校	419400	
1788			芷江侗族自治县委党校	419100	
1789			新晃侗族自治县委党校	419200	
1790			会同县委党校	418300	
1791			靖州苗族侗族自治县委党校	418400	

续表

序号	所在省区所属单位	所在地市	党校名称	邮编	网址
1792	湖南省	怀化市	通道侗族自治县委党校	418500	
1793			中方县委党校	418003	
1794		娄底市	娄底市委党校	417000	
1795			娄星区委党校	417000	
1796			冷水江市委党校	417500	
1797			涟源市委党校	417100	
1798			双峰县委党校	417700	
1799			新化县委党校	417600	
1800		湘西土家族苗族自治州	湘西土家族苗族自治州委党校	416000	jszwdx. hn. 1065m. com
1801			吉首市委党校	416000	
1802			永顺县委党校	416700	
1803			龙山县委党校	416800	
1804			保靖县委党校	416500	
1805			花垣县委党校	416400	
1806			古丈县委党校	416300	
1807			凤凰县委党校	416200	
1808			泸溪县委党校	416100	
1809	广东省	广州市	广东省委党校	510053	www. gddx. gov. cn
1810			广州市委党校	510070	www. gzswdx. gov. cn
1811			越秀区委党校	510115	
1812			海珠区委党校	510235	
1813			荔湾区委党校	510360	
1814			天河区委党校	510635	
1815			白云区委党校	510075	
1816			黄埔区委党校	510700	
1817			花都区委党校	510800	
1818			番禺区委党校	511400	
1819			南沙区委党校	511458	
1820			从化市委党校	510900	
1821			增城市委党校	511300	
1822		深圳市	深圳市委党校	518040	www. szps. gov. cn
1823			福田区委党校	518049	
1824			罗湖区委党校	518003	

续 表

序号	所在省区所属单位	所在地市	党校名称	邮编	网　址
1825	广东省	深圳市	盐田区委党校	518081	
1826			南山区委党校	518052	
1827			宝安区委党校	518101	
1828			龙岗区委党校	518172	
1829		韶关市	韶关市委党校	512026	
1830			曲江区委党校	512100	
1831			乐昌市委党校	512200	
1832			南雄市委党校	512400	
1833			仁化县委党校	512300	
1834			始兴县委党校	512500	
1835			翁源县委党校	512600	
1836			乳源瑶族自治县委党校	512700	
1837			新丰县委党校	511100	
1838		江门市	江门市委党校	529000	www. jmdx. gov. cn
1839			江海区委党校	529000	
1840			蓬江区委党校	529000	
1841			新会区委党校	529100	
1842			恩平市委党校	529400	
1843			鹤山市委党校	529700	
1844			开平市委党校	529300	
1845			台山市委党校	529200	
1846		惠州市	惠州市委党校	516008	www. hzdx. gov. cn
1847			惠城区委党校	516001	
1848			惠阳区委党校	516211	
1849			惠东县委党校	516300	
1850			博罗县委党校	516100	
1851			龙门县委党校	516800	
1852		清远市	清远市委党校	511520	
1853			清城区委党校	511500	
1854			连州市委党校	513400	
1855			英德市委党校	513000	
1856			阳山县委党校	513100	
1857			佛冈县委党校	511600	
1858			清新县委党校	511800	

续 表

序号	所在省区所属单位	所在地市	党校名称	邮编	网　址
1859	广东省	清远市	连山壮族瑶族自治县委党校	513200	
1860			连南瑶族自治县委党校	513300	
1861		潮州市	潮州市委党校	521000	
1862			湘桥区委党校	521000	
1863			潮安县委党校	515600	
1864			饶平县委党校	515700	
1865		河源市	河源市委党校	517000	
1866			源城区委党校	517000	
1867			东源县委党校	517500	
1868			连平县委党校	517100	
1869			和平县委党校	517200	
1870			龙川县委党校	517300	
1871			紫金县委党校	517400	
1872		揭阳市	揭阳市委党校	522031	www. jydx. gov. cn
1873			榕城区委党校	522031	
1874			普宁市委党校	515325	
1875			揭东县委党校	515500	
1876			揭西县委党校	515400	
1877			惠来县委党校	515200	
1878		茂名市	茂名市委党校	525000	sdx. maoming. gov. cn
1879			茂南区委党校	525000	
1880			茂港区委党校	525027	
1881			信宜市委党校	525300	
1882			高州市委党校	525200	
1883			化州市委党校	525100	
1884			电白县委党校	525400	
1885		梅州市	梅州市委党校	514017	
1886			梅江区委党校	514000	
1887			兴宁市委党校	514500	
1888			梅县县委党校	514700	
1889			平远县委党校	514600	
1890			大埔县委党校	514200	
1891			丰顺县委党校	514300	

续 表

序号	所在省区所属单位	所在地市	党校名称	邮编	网　址
1892	广东省	梅州市	蕉岭县委党校	514100	
1893			五华县委党校	514400	
1894		汕头市	汕头市委党校	515071	
1895			澄海区委党校	515800	
1896			潮阳区委党校	515100	
1897			潮南区委党校	515144	
1898			南澳县委党校	515900	
1899		汕尾市	汕尾市委党校	516600	
1900			城区区委党校	516600	
1901			陆丰市委党校	516500	
1902			海丰县委党校	516400	
1903			陆河县委党校	516700	
1904		阳江市	阳江市委党校	529500	www. yjswdx. cn
1905			江城区委党校	529500	
1906			阳春市委党校	529619	
1907			阳东县委党校	529500	
1908			阳西县委党校	529800	
1909			海陵县委党校	529536	
1910		云浮市	云浮市委党校	527300	dx. yunfu. gov. cn
1911			罗定市委党校	527200	
1912			新兴县委党校	527400	
1913			郁南县委党校	527100	
1914			云安县委党校	527500	
1915		湛江市	湛江市委党校	524032	www. zjswdx. cn
1916			赤坎区委党校	524033	
1917			霞山区委党校	524013	
1918			坡头区委党校	524057	
1919			麻章区委党校	524094	
1920			雷州市委党校	524200	
1921			廉江市委党校	524400	
1922			吴川市委党校	524500	
1923			遂溪县委党校	524300	
1924			徐闻县委党校	524100	
1925		肇庆市	肇庆市委党校	526020	www. zqdx. com

续表

序号	所在省区所属单位	所在地市	党校名称	邮编	网址
1926	广东省	肇庆市	端州区委党校	526040	
1927			鼎湖区委党校	526070	
1928			高要市委党校	526100	
1929			四会市委党校	526200	
1930			德庆县委党校	526600	
1931			广宁县委党校	526300	
1932			封开县委党校	526500	
1933			怀集县委党校	526400	
1934		珠海市	珠海市委党校	519000	www. zhswdx. cn
1935		东莞市	东莞市委党校	523083	www. dx. dg. gov. cn
1936		佛山市	佛山市委党校	528300	www. fsswdx. gov. cn
1937		中山市	中山市委党校	528403	www. zsswdx. gov. cn
1938	广西壮族自治区	南宁市	广西壮族自治区委党校	530021	www. gxdx. gov. cn
1939			南宁市委党校	530007	www. nnswdx. com
1940			广西区直机关工委党校	530022	www. gxqzdx. cn
1941			兴宁区委党校	530023	
1942			江南区委党校	530031	
1943			青秀区委党校	530222	
1944			西乡塘区委党校	530001	
1945			邕宁区委党校	530200	
1946			良庆区委党校	530219	
1947			武鸣县委党校	530100	
1948			横县县委党校	530300	
1949			宾阳县委党校	530400	
1950			上林县委党校	530500	
1951			马山县委党校	530600	
1952			隆安县委党校	532700	
1953		柳州市	柳州市委党校	545616	www. lzdx. gov. cn
1954			柳江县委党校	545100	
1955			柳城县委党校	545200	
1956			鹿寨县委党校	545600	
1957			融水苗族自治县委党校	545300	
1958			融安县委党校	545400	
1959			三江侗族自治县委党校	545500	

续 表

序号	所在省区所属单位	所在地市	党校名称	邮编	网 址
1960	广东壮族自治区	桂林市	桂林市委党校	541003	www. gldx. com
1961			临桂县委党校	541100	
1962			灵川县委党校	541200	www. lcxwdx. com
1963			全州县委党校	541500	
1964			兴安县委党校	541300	
1965			永福县委党校	541800	www. gxyfdx. com
1966			阳朔县委党校	541900	
1967			灌阳县委党校	541600	
1968			龙胜各族自治县委党校	541700	
1969			资源县委党校	541400	
1970			平乐县委党校	542400	
1971			荔浦县委党校	546600	www. lpxwdx. com
1972			恭城瑶族自治县委党校	542500	
1973		梧州市	梧州市委党校	543002	www. wzgj. gov. cn
1974			岑溪市委党校	543200	
1975			苍梧县委党校	543100	
1976			藤县县委党校	543300	
1977			蒙山县委党校	546700	
1978		北海市	北海市委党校	536000	www. bhzx. gov. cn
1979			合浦县委党校	536100	
1980		防城港市	防城港市委党校	538001	www. fcgswdx. com
1981			东兴市委党校	538100	
1982			上思县委党校	535500	
1983		钦州市	钦州市委党校	535000	
1984			钦南区委党校	535000	
1985			钦北区委党校	535000	
1986			灵山县委党校	535400	
1987			浦北县委党校	535300	
1988		贵港市	贵港市委党校	537100	
1989			桂平市委党校	537200	
1990			平南县委党校	537300	
1991		玉林市	玉林市委党校	537000	
1992			玉州区委党校	537000	
1993			北流市委党校	537400	www. zgbldx. com

续 表

序号	所在省区所属单位	所在地市	党校名称	邮编	网 址
1994	广西壮族自治区	玉林市	容县县委党校	537500	
1995			陆川县委党校	537700	
1996			博白县委党校	537600	
1997			兴业县委党校	537800	
1998		百色市	百色市委党校	533000	
1999			右江区委党校	533000	
2000			田阳县委党校	533600	
2001			田东县委党校	531500	
2002			平果县委党校	531400	
2003			德保县委党校	533700	
2004			靖西县委党校	533800	
2005			那坡县委党校	533900	
2006			凌云县委党校	533100	
2007			乐业县委党校	533200	
2008			田林县委党校	533300	
2009			隆林各族自治县委党校	533400	
2010			西林县委党校	533500	
2011		贺州市	贺州市委党校	542800	
2012			八步区委党校	542800	
2013			钟山县委党校	542600	
2014			富川瑶族自治县委党校	542700	
2015			昭平县委党校	546800	
2016		河池市	河池市委党校	547000	www. gxhcxf. gov. cn/dangjiao
2017			金城江区委党校	547000	
2018			宜州市委党校	546300	
2019			罗城仫佬自治县委党校	546400	
2020			环江毛南族自治县委党校	547100	
2021			南丹县委党校	547200	
2022			天峨县委党校	547300	
2023			东兰县委党校	547400	
2024			巴马瑶族自治县委党校	547500	
2025			凤山县委党校	547600	
2026			都安瑶族自治县委党校	530700	

续表

序号	所在省区所属单位	所在地市	党校名称	邮编	网址
2027	广西壮族自治区	河池市	大化瑶族自治县委党校	530800	
2028		来宾市	来宾市委党校	546100	
2029			合山市委党校	546500	
2030			象州县委党校	545800	www. xzxwdx. com
2031			武宣县委党校	545900	
2032			忻城县委党校	546200	
2033			金秀瑶族自治县委党校	545700	
2034		崇左市	崇左市委党校	530001	www. czswdx. com
2035			江州区委党校	532200	
2036			凭祥市委党校	532600	
2037			扶绥县委党校	532100	
2038			大新县委党校	532300	
2039			天等县委党校	532800	
2040			宁明县委党校	532500	
2041			龙州县委党校	532400	
2042		柳州市	柳州钢铁集团党委党校	545002	
2043	海南省	海口市	海南省委党校	571100	dx. hainan. gov. cn
2044			海口市委党校	570208	www. hkdx. gov. cn
2045		三亚市	三亚市委党校	572000	www. sanyadangxiao. net
2046		琼海市	琼海市委党校	571400	
2047		文昌市	文昌市委党校	571321	
2048		万宁市	万宁市委党校	571500	
2049		儋州市	儋州市委党校	571700	
2050		东方市	东方市委党校	572600	
2051		五指山市	五指山市委党校	572200	
2052		澄迈县	澄迈县委党校	571900	
2053		定安县	定安县委党校	571200	
2054		临高县	临高县委党校	571800	
2055		昌江县	昌江黎族自治县委党校	572700	
2056		琼中县	琼中黎族苗族自治县委党校	572900	
2057		屯昌县	屯昌县委党校	571600	
2058		白沙县	白沙黎族自治县委党校	572800	

续 表

序号	所在省区所属单位	所在地市	党校名称	邮编	网 址
2059	海南省	保亭县	保亭黎族苗族自治县委党校	572300	
2060		陵水县	陵水黎族自治县委党校	572400	
2061		乐东县	乐东黎族自治县委党校	572500	
2062	重庆市	重庆市	重庆市委党校	400041	www. cqdx. gov. cn
2063			万州区委党校	404000	www. wzqwdx. com
2064			黔江区委党校	409000	
2065			涪陵区委党校	408000	www. fldx. com. cn
2066			渝中区委党校	400015	www. cqyz. gov. cn
2067			江北区委党校	400020	www. cqjbdx. com
2068			大渡口区委党校	400084	
2069			沙坪坝区委党校	400038	www. cqsqdx. com
2070			九龙坡区委党校	400051	www. jlpdx. com
2071			南岸区委党校	401336	www. cqnadx. com
2072			北碚区委党校	400711	
2073			渝北区委党校	401120	
2074			巴南区委党校	400054	
2075			万盛区委党校	400800	
2076			双桥区委党校	400900	
2077			江津区委党校	402260	www. jjps. net
2078			合川区委党校	401520	
2079			永川区委党校	402160	
2080			南川区委党校	408400	
2081			长寿区委党校	401220	www. csdx. cn
2082			綦江县委党校	401420	www. cqqjdx. cn
2083			潼南县委党校	402660	cqtndx. cqshjx. com
2084			铜梁县委党校	402560	www. cqtldx. com
2085			大足县委党校	402360	
2086			荣昌县委党校	402460	
2087			璧山县委党校	402760	
2088			梁平县委党校	405200	
2089			城口县委党校	405900	
2090			丰都县委党校	408200	
2091			垫江县委党校	408300	

续 表

序号	所在省区 所属单位	所在 地市	党校名称	邮编	网 址
2092	重庆市	重庆市	武隆县委党校	408500	wldx. cqwldj. gov. cn
2093			忠县县委党校	404300	zx. cq. gov. cn/dx
2094			开县县委党校	405400	www. kxdx. com
2095			云阳县委党校	404500	
2096			奉节县委党校	404600	
2097			巫山县委党校	404700	
2098			巫溪县委党校	405800	
2099			石柱土家族自治县委党校	409100	
2100			秀山土家族苗族自治县委党校	409900	
2101			酉阳土家族苗族自治县委党校	409800	
2102			彭水苗族土家族自治县委党校	409600	
2103	四川省	成都市	四川省委党校	610071	www. scge. gov. cn
2104			成都市委党校	610110	www. cddx. gov. cn
2105			四川省委省直机关党校	610017	
2106			锦江区委党校	610066	
2107			金牛区委党校	610036	
2108			成华区委党校	610051	
2109			青羊区委党校	610081	
2110			武侯区委党校	610041	
2111			龙泉驿区委党校	610100	
2112			青白江区委党校	610300	
2113			新都区委党校	610500	
2114			温江区委党校	611130	
2115			邛崃市委党校	611530	
2116			崇州市委党校	611230	
2117			都江堰市委党校	611830	
2118			彭州市委党校	611930	
2119			金堂县委党校	610400	
2120			双流县委党校	610200	
2121			新津县委党校	611430	

续表

序号	所在省区所属单位	所在地市	党校名称	邮编	网址
2122	四川省	成都市	蒲江县委党校	611630	
2123			大邑县委党校	611330	
2124			郫县县委党校	611730	
2125		自贡市	自贡市委党校	643000	www. sczgdx. com
2126			自流井区委党校	643000	
2127			大安区委党校	643010	
2128			沿滩区委党校	543030	
2129			贡井区委党校	643020	
2130			富顺县委党校	643200	
2131			荣县县委党校	643100	
2132		攀枝花市	攀枝花市委党校	617000	
2133			仁和区委党校	617061	
2134			盐边县委党校	617100	
2135			米易县委党校	617200	
2136		泸州市	泸州市委党校	646000	
2137			龙马潭区委党校	646000	
2138			纳溪区委党校	646300	
2139			泸县县委党校	646106	
2140			合江县委党校	646200	
2141			叙永县委党校	646400	
2142			古蔺县委党校	646500	
2143		德阳市	德阳市委党校	618000	
2144			广汉市委党校	618300	
2145			什邡市委党校	618400	
2146			绵竹市委党校	618200	
2147			中江县委党校	618100	
2148			罗江县委党校	618500	
2149		绵阳市	绵阳市委党校	621000	dx. my. gov. cn
2150			涪城区委党校	621000	
2151			游仙区委党校	621000	
2152			江油市委党校	621700	
2153			三台县委党校	621100	
2154			盐亭县委党校	621600	
2155			梓潼县委党校	622150	

续表

序号	所在省区所属单位	所在地市	党校名称	邮编	网址
2156	四川省	绵阳市	安县县委党校	622651	
2157			平武县委党校	622550	
2158			北川羌族自治县委党校	622750	
2159		广元市	广元市委党校	628000	www. gyswdx. cn
2160			元坝区委党校	628021	
2161			利州区委党校	628017	
2162			朝天区委党校	628012	
2163			剑阁县委党校	628317	
2164			苍溪县委党校	628400	
2165			青川县委党校	628100	
2166			旺苍县委党校	628200	
2167		遂宁市	遂宁市委党校	629000	
2168			船山区委党校	629000	
2169			安居区委党校	629006	
2170			射洪县委党校	629200	
2171			蓬溪县委党校	629100	
2172			大英县委党校	629300	
2173		内江市	内江市委党校	641000	
2174			东兴区委党校	641100	
2175			市中区委党校	641000	
2176			威远县委党校	642450	
2177			资中县委党校	641200	
2178			隆昌县委党校	642150	
2179		乐山市	乐山市委党校	614000	
2180			市中区委党校	614000	
2181			五通桥区委党校	614800	
2182			沙湾区委党校	614900	
2183			金口河区委党校	614700	
2184			峨眉山市委党校	614200	
2185			犍为县委党校	614400	
2186			井研县委党校	613100	
2187			夹江县委党校	614100	
2188			沐川县委党校	614500	
2189			峨边彝族自治县委党校	614300	

续 表

序号	所在省区所属单位	所在地市	党校名称	邮编	网　址
2190	四川省	乐山市	马边彝族自治县委党校	614600	
2191		南充市	南充市委党校	637000	
2192			顺庆区委党校	637000	
2193			高坪区委党校	637100	
2194			嘉陵区委党校	637900	
2195			阆中市委党校	637400	
2196			西充县委党校	637200	
2197			南部县委党校	637300	
2198			仪陇县委党校	637641	
2199			蓬安县委党校	637800	
2200			营山县委党校	637700	
2201		宜宾市	宜宾市委党校	644002	
2202			翠屏区委党校	644000	
2203			宜宾县委党校	644600	
2204			南溪县委党校	644100	
2205			江安县委党校	644200	
2206			长宁县委党校	644300	
2207			兴文县委党校	644400	
2208			珙县县委党校	644500	
2209			高县县委党校	645150	
2210			筠连县委党校	645250	
2211			屏山县委党校	645350	
2212		广安市	广安市委党校	638000	
2213			广安区委党校	638001	
2214			华蓥市委党校	638600	
2215			邻水县委党校	638500	
2216			岳池县委党校	638300	
2217			武胜县委党校	638400	
2218		达州市	达州市委党校	635000	www. scdzdx. org. cn
2219			通川区委党校	635000	
2220			万源市委党校	636350	
2221			达县县委党校	635000	
2222			宣汉县委党校	636150	
2223			大竹县委党校	635100	

续 表

序号	所在省区所属单位	所在地市	党校名称	邮编	网 址
2224	四川省	达州市	渠县县委党校	635200	
2225			开江县委党校	636250	
2226		巴中市	巴中市委党校	636000	www.bzswdx.com.cn
2227			南江县委党校	636600	
2228			通江县委党校	636700	
2229			平昌县委党校	636400	
2230		雅安市	雅安市委党校	625000	
2231			雨城区委党校	625000	
2232			名山县委党校	625100	
2233			天全县委党校	625500	
2234			芦山县委党校	625600	
2235			宝兴县委党校	625700	
2236			荥经县委党校	625200	
2237			汉源县委党校	625300	
2238			石棉县委党校	625400	
2239		眉山市	眉山市委党校	620020	
2240			东坡区委党校	620010	
2241			仁寿县委党校	620500	
2242			彭山县委党校	620860	
2243			洪雅县委党校	620360	
2244			丹棱县委党校	620200	
2245			青神县委党校	620460	
2246		资阳市	资阳市委党校	641300	
2247			雁江区委党校	641300	
2248			简阳市委党校	641400	
2249			安岳县委党校	642350	
2250			乐至县委党校	641500	
2251		甘孜藏族自治州	甘孜藏族自治州委党校	626000	
2252			康定县委党校	626000	
2253			泸定县委党校	626100	
2254			炉霍县委党校	626500	
2255			甘孜县委党校	626700	
2256			新龙县委党校	626800	
2257			德格县委党校	627250	

续 表

序号	所在省区所属单位	所在地市	党校名称	邮编	网 址
2258	四川省	甘孜藏族自治州	巴塘县委党校	627650	
2259			雅江县委党校	627450	
2260			白玉县委党校	627150	
2261			丹巴县委党校	626300	
2262			理塘县委党校	627550	
2263			道孚县委党校	626400	
2264			色达县委党校	626600	
2265			稻城县委党校	627750	
2266			得荣县委党校	627950	
2267			乡城县委党校	627850	
2268			九龙县委党校	626200	
2269			石渠县委党校	627350	
2270		凉山彝族自治州	凉山彝族自治州委党校	615000	www. lszwdx. cn
2271			西昌市委党校	615000	
2272			会理县委党校	615100	
2273			会东县委党校	615200	
2274			普格县委党校	615300	
2275			宁南县委党校	615400	
2276			德昌县委党校	615500	
2277			冕宁县委党校	615600	
2278			盐源县委党校	615700	
2279			木里藏族自治县委党校	615800	
2280			昭觉县委党校	616150	
2281			金阳县委党校	616250	
2282			布拖县委党校	616350	
2283			美姑县委党校	616450	
2284			雷波县委党校	616550	
2285			越西县委党校	616650	
2286			喜德县委党校	616750	
2287			甘洛县委党校	616850	
2288		阿坝藏族羌族自治州	阿坝藏族羌族自治州委党校	624000	www. abzdx. com
2289			马尔康县委党校	624000	
2290			九寨沟县委党校	623400	

续 表

序号	所在省区所属单位	所在地市	党校名称	邮编	网　址
2291	四川省	阿坝藏族羌族自治州	若尔盖县委党校	624500	
2292			黑水县委党校	623500	
2293			茂县县委党校	623200	
2294			理县县委党校	623100	
2295			汶川县委党校	623000	
2296			红原县委党校	624400	
2297			壤塘县委党校	624300	
2298			松潘县委党校	623300	
2299			阿坝县委党校	624600	
2300			金川县委党校	624100	
2301			小金县委党校	624200	
2302	贵州省	贵阳市	贵州省委党校	550028	www. gzdx. gov. cn
2303			贵阳市委党校	550005	www. gydx. gov. cn
2304			云岩区委党校	550001	
2305			南明区委党校	550007	
2306			花溪区委党校	550025	
2307			白云区委党校	550014	
2308			乌当区委党校	550018	
2309			清镇市委党校	551400	
2310			息烽县委党校	551100	
2311			修文县委党校	550200	
2312			开阳县委党校	550300	
2313		遵义市	遵义市委党校	563000	www. zyswdx. gov. cn
2314			红花岗区委党校	563000	
2315			仁怀市委党校	564500	
2316			赤水市委党校	564700	
2317			绥阳县委党校	563300	
2318			正安县委党校	563400	
2319			习水县委党校	564600	
2320			务川仡佬族苗族自治县委党校	564300	
2321			余庆县委党校	564400	
2322			道真仡佬族苗族自治县委党校	563500	

续 表

序号	所在省区所属单位	所在地市	党校名称	邮编	网　址
2323	贵州省	遵义市	湄潭县委党校	564100	
2324			遵义县委党校	563100	
2325			桐梓县委党校	563200	
2326			凤冈县委党校	564200	
2327		六盘水市	六盘水市委党校	553000	
2328			钟山区委党校	553000	
2329			六枝特区区委党校	553400	
2330			盘县县委党校	561600	
2331			水城县委党校	553000	
2332		安顺市	安顺市委党校	561000	
2333			西秀区委党校	561000	
2334			镇宁布依族苗族自治县委党校	561200	
2335			普定县委党校	562100	
2336			紫云苗族布依族自治县委党校	550800	
2337			关岭布依族苗族自治县委党校	561300	
2338			平坝县委党校	561100	
2339		毕节地区	毕节市委党校	551700	www. bcps. gov. cn
2340			大方县委党校	551600	
2341			黔西县委党校	551500	
2342			金沙县委党校	551800	
2343			织金县委党校	552100	
2344			纳雍县委党校	553300	
2345			赫章县委党校	553200	
2346			威宁彝族回族苗族自治县委党校	553100	
2347		铜仁地区	铜仁市委党校	554300	
2348			沿河土家族自治县委党校	565300	
2349			思南县委党校	565100	
2350			印江土家族苗族自治县委党校	555200	
2351			江口县委党校	554400	

续 表

序号	所在省区所属单位	所在地市	党校名称	邮编	网 址
2352	贵州省	铜仁地区	石阡县委党校	555100	
2353			万山特区区委党校	554200	
2354			玉屏侗族自治县委党校	554000	
2355			松桃苗族自治县委党校	554100	
2356			德江县委党校	565200	
2357		黔西南布依族苗族自治州	黔西南布依族苗族自治州委党校	562400	www. qxnzwdx. cn
2358			兴义市委党校	562400	
2359			晴隆县委党校	561400	
2360			贞丰县委党校	562200	
2361			安龙县委党校	552400	
2362			册亨县委党校	552200	
2363			望谟县委党校	552300	
2364			兴仁县委党校	562300	
2365			普安县委党校	561500	
2366		黔东南苗族侗族自治州	黔东南苗族侗族自治州委党校	556000	www. qdnzwdx. com
2367			凯里市委党校	556000	
2368			麻江县委党校	557600	
2369			丹寨县委党校	557500	
2370			黄平县委党校	556100	
2371			施秉县委党校	556200	
2372			镇远县委党校	557700	
2373			岑巩县委党校	557800	
2374			三穗县委党校	556500	
2375			天柱县委党校	556600	
2376			锦屏县委党校	556700	
2377			从江县委党校	557400	
2378			黎平县委党校	557300	
2379			榕江县委党校	557200	
2380			剑河县委党校	556400	
2381			雷山县委党校	557100	
2382			台江县委党校	556300	

续 表

序号	所在省区所属单位	所在地市	党校名称	邮编	网 址
2383	贵州省	黔南布依族苗族自治州	黔南布依族苗族自治州委党校	558000	www. gzqndx. com
2384			都匀市委党校	558000	
2385			福泉市委党校	550500	
2386			独山县委党校	558200	
2387			荔波县委党校	558400	
2388			三都水族自治县委党校	558100	
2389			惠水县委党校	550600	
2390			罗甸县委党校	550100	
2391			平塘县委党校	558300	
2392			长顺县委党校	550700	
2393			龙里县委党校	551200	
2394			贵定县委党校	551300	
2395			瓮安县委党校	550400	
2396	云南省	昆明市	云南省委党校	650111	www. ynce. gov. cn
2397			昆明市委党校	650215	www. swdx. km. gov. cn
2398			西山区委党校	650100	
2399			盘龙区委党校	650011	
2400			五华区委党校	650034	
2401			官渡区委党校	650200	
2402			东川区委党校	654100	
2403			安宁市委党校	650305	
2404			呈贡县委党校	650500	
2405			富民县委党校	650400	
2406			宜良县委党校	652100	
2407			石林彝族自治县委党校	652200	
2408			禄劝彝族苗族自治县委党校	651500	
2409			晋宁县委党校	650600	
2410			寻甸回族彝族自治县委党校	655200	
2411			嵩明县委党校	651700	
2412		昭通市	昭通市委党校	657000	
2413			昭阳区委党校	657000	
2414			鲁甸县委党校	657100	

续表

序号	所在省区所属单位	所在地市	党校名称	邮编	网址
2415	云南省	昭通市	巧家县委党校	654600	
2416			镇雄县委党校	657200	
2417			彝良县委党校	657600	
2418			永善县委党校	657300	
2419			绥江县委党校	657700	
2420			水富县委党校	657800	
2421			威信县委党校	657900	
2422			盐津县委党校	657500	
2423			大关县委党校	657400	
2424		曲靖市	曲靖市委党校	655000	
2425			麒麟区委党校	655000	
2426			宣威市委党校	655400	
2427			富源县委党校	655500	
2428			陆良县委党校	655600	
2429			罗平县委党校	655800	
2430			师宗县委党校	655700	
2431			马龙县委党校	655100	
2432			沾益县委党校	655031	
2433			会泽县委党校	654200	
2434		玉溪市	玉溪市委党校	653102	www. yxswdx. cn
2435			红塔区委党校	653100	
2436			通海县委党校	652700	
2437			新平彝族傣族自治县委党校	653400	
2438			易门县委党校	651100	
2439			澄江县委党校	652500	
2440			江川县委党校	652600	
2441			元江哈尼族彝族傣族自治县委党校	653300	
2442			峨山彝族自治县委党校	653200	
2443			华宁县委党校	652800	
2444		保山市	保山市委党校	678000	www. bsdx. gov. cn
2445			隆阳区委党校	678000	
2446			腾冲县委党校	679100	

续表

序号	所在省区所属单位	所在地市	党校名称	邮编	网址
2447	云南省	保山市	昌宁县委党校	678100	
2448			龙陵县委党校	678300	
2449			施甸县委党校	678200	
2450		楚雄彝族自治州	楚雄彝族自治州委党校	675000	www. cxzwdx. cn
2451			楚雄市委党校	675000	
2452			元谋县委党校	651300	
2453			大姚县委党校	675400	
2454			姚安县委党校	675300	
2455			双柏县委党校	675100	
2456			永仁县委党校	651400	
2457			南华县委党校	675200	
2458			牟定县委党校	675500	
2459			武定县委党校	651600	
2460			禄丰县委党校	651200	
2461		红河哈尼族彝族自治州	红河哈尼族彝族自治州委党校	661100	www. hhdx. hh. cn
2462			个旧市委党校	661000	
2463			开远市委党校	661600	
2464			蒙自市委党校	661100	
2465			红河县委党校	654400	
2466			绿春县委党校	662500	
2467			元阳县委党校	662400	
2468			弥勒县委党校	652300	
2469			金平苗族瑶族傣族自治县委党校	661500	
2470			屏边苗族自治县委党校	661200	
2471			建水县委党校	654300	
2472			河口瑶族自治县委党校	661302	
2473			泸西县委党校	652400	
2474			石屏县委党校	662200	
2475		文山壮族苗族自治州	文山壮族苗族自治州委党校	663000	www. wsdxgj. cn
2476			砚山县委党校	663100	
2477			丘北县委党校	663200	

续表

序号	所在省区所属单位	所在地市	党校名称	邮编	网址
2478	云南省	文山壮族苗族自治州	广南县委党校	663300	
2479			富宁县委党校	663400	
2480			西畴县委党校	663500	
2481			麻栗坡县委党校	663600	
2482			马关县委党校	663700	
2483		普洱市	普洱市委党校	665000	www. peswdx. com
2484			思茅区委党校	665000	
2485			西盟佤族自治县委党校	665700	
2486			宁洱哈尼族彝族自治县委党校	665100	
2487			墨江哈尼族自治县委党校	664800	
2488			镇沅彝族哈尼族拉祜族自治县委党校	666500	
2489			景谷傣族彝族自治县委党校	666400	
2490			江城哈尼族彝族自治县委党校	665900	
2491			澜沧拉祜族自治县委党校	665600	
2492			景东彝族自治县委党校	676200	
2493			孟连傣族拉祜族佤族自治县委党校	665800	
2494		西双版纳傣族自治州	西双版纳傣族自治州委党校	666101	www. xsbnzwdx. cn
2495			景洪市委党校	666101	
2496			勐腊县委党校	666300	
2497			勐海县委党校	666200	
2498		大理白族自治州	大理白族自治州委党校	671000	www. dx. dali. gov. cn
2499			大理市委党校	671006	
2500			祥云县委党校	672100	
2501			宾川县委党校	671600	
2502			弥渡县委党校	675600	
2503			洱源县委党校	671200	

续 表

序号	所在省区所属单位	所在地市	党校名称	邮编	网　址
2504	云南省	大理白族自治州	云龙县委党校	672700	
2505			鹤庆县委党校	671500	
2506			剑川县委党校	671300	
2507			巍山彝族回族自治县委党校	672400	
2508			南涧彝族自治县委党校	675700	
2509			永平县委党校	672600	
2510			漾濞彝族自治县委党校	672500	
2511		德宏傣族景颇族自治州	德宏傣族景颇族自治州委党校	678400	www. dhpartyschool. com
2512			芒市市委党校	678400	
2513			瑞丽市委党校	678600	
2514			陇川县委党校	678700	
2515			盈江县委党校	679300	
2516			梁河县委党校	679200	
2517		丽江市	丽江市委党校	674100	
2518			古城区委党校	674100	
2519			玉龙纳西族自治县委党校	674100	
2520			华坪县委党校	674802	
2521			永胜县委党校	674200	
2522			宁蒗彝族自治县委党校	674300	
2523		怒江傈僳族自治州	怒江傈僳族自治州委党校	673100	
2524			泸水县委党校	673200	
2525			兰坪白族普米族自治县委党校	671400	
2526			福贡县委党校	673400	
2527			贡山独龙族怒族自治县委党校	673500	
2528		迪庆藏族自治州	迪庆藏族自治州委党校	674400	
2529			香格里拉县委党校	674400	
2530			维西傈僳族自治县委党校	674600	

续表

序号	所在省区所属单位	所在地市	党校名称	邮编	网址
2531	云南省	迪庆藏族自治州	德钦县委党校	674500	
2532		临沧市	临沧市委党校	677000	
2533			临翔区委党校	677000	
2534			云县县委党校	675800	
2535			凤庆县委党校	675900	
2536			镇康县委党校	677700	
2537			双江拉祜族佤族布朗族傣族自治县委党校	677300	
2538			沧源佤族县委党校	677400	
2539			永德县委党校	677600	
2540			耿马傣族佤族自治县委党校	677500	
2541	西藏自治区	拉萨市	西藏自治区委党校	850000	www. xzqwdx. gov. cn
2542			拉萨市委党校	850000	
2543			堆龙德庆县委党校	851400	
2544		林芝地区	林芝地委党校	860000	
2545		那曲地区	那曲地委党校	852000	
2546		昌都地区	昌都地委党校	854000	
2547			芒康县委党校	854500	
2548			左贡县委党校	854400	
2549			八宿县委党校	854600	
2550			洛隆县委党校	855400	
2551			边坝县委党校	855500	
2552			贡觉县委党校	854200	
2553			丁青县委党校	855700	
2554			类乌齐县委党校	855600	
2555			察雅县委党校	854300	
2556			江达县委党校	854100	
2557		山南地区	山南地委党校	856000	
2558		日喀则地区	日喀则地委党校	857000	
2559			江孜县委党校	857400	
2560			白朗县委党校	857300	
2561			拉孜县委党校	858100	

续 表

序号	所在省区所属单位	所在地市	党校名称	邮编	网 址
2562	西藏自治区	日喀则地区	萨迦县委党校	857800	
2563			岗巴县委党校	857700	
2564			定结县委党校	857900	
2565			定日县委党校	858200	
2566			聂拉木县委党校	858300	
2567			康马县委党校	857500	
2568			亚东县委党校	857600	
2569			仁布县委党校	857200	
2570			南木林县委党校	857100	
2571			谢通门县委党校	858900	
2572			吉隆县委党校	858700	
2573			昂仁县委党校	858500	
2574			萨嘎县委党校	858600	
2575			仲巴县委党校	858800	
2576		阿里地区	阿里地委党校	859000	
2577			日土县委党校	859700	
2578			札达县委党校	859600	
2579			普兰县委党校	859500	
2580			革吉县委党校	859100	
2581			措勤县委党校	859300	
2582			改则县委党校	859200	
2583			噶尔县委党校	859400	
2584	陕西省	西安市	陕西省委党校	710061	www. shxdx. com
2585			西安市委党校	710054	www. xianswdx. xn
2586			碑林区委党校	710048	
2587			临潼区委党校	710600	
2588			新城区委党校	710003	
2589			莲湖区委党校	710068	
2590			雁塔区委党校	710061	
2591			未央区委党校	710016	
2592			灞桥区委党校	710038	
2593			阎良区委党校	710089	
2594			长安区委党校	710100	
2595			周至县委党校	710400	

续 表

序号	所在省区所属单位	所在地市	党校名称	邮编	网 址
2596	陕西省	西安市	户县县委党校	710300	
2597			蓝田县委党校	710500	
2598			高陵县委党校	710200	
2599		咸阳市	咸阳市委党校	712000	www. zgxyswdx. com
2600			杨陵区委党校	712100	
2601			秦都区委党校	712000	
2602			渭城区委党校	712000	
2603			兴平市委党校	713100	
2604			泾阳县委党校	713700	
2605			乾县县委党校	713300	
2606			淳化县委党校	711200	
2607			三原县委党校	713800	
2608			武功县委党校	712200	
2609			礼泉县委党校	713200	
2610			旬邑县委党校	711300	www. snxunyi. gov. cn/DangXiao
2611			长武县委党校	713600	
2612			永寿县委党校	713400	
2613			彬县县委党校	713500	
2614		汉中市	汉中市委党校	723000	
2615			汉台区委党校	723000	
2616			勉县县委党校	724200	
2617			南郑县委党校	723100	
2618			城固县委党校	723200	
2619			洋县县委党校	723300	
2620			宁强县委党校	724400	
2621			略阳县委党校	724300	
2622			西乡县委党校	723500	
2623			镇巴县委党校	723600	
2624			留坝县委党校	724100	
2625			佛坪县委党校	723400	
2626		安康市	安康市委党校	725000	www. akdx. gov. cn
2627			汉滨区委党校	725000	
2628			汉阴县委党校	725100	

续 表

序号	所在省区所属单位	所在地市	党校名称	邮编	网 址
2629	陕西省	安康市	石泉县委党校	725200	
2630			旬阳县委党校	725700	
2631			白河县委党校	725800	
2632			镇坪县委党校	725600	
2633			平利县委党校	725500	
2634			岚皋县委党校	725400	
2635			紫阳县委党校	725300	
2636			宁陕县委党校	711600	
2637		榆林市	榆林市委党校	719000	www. yldxw. gov. cn
2638			榆阳区委党校	719000	
2639			神木县委党校	719300	
2640			府谷县委党校	719400	
2641			横山县委党校	719100	
2642			靖边县委党校	718500	
2643			定边县委党校	718600	
2644			绥德县委党校	718000	
2645			米脂县委党校	718100	
2646			佳县县委党校	719200	
2647			吴堡县委党校	718200	
2648			清涧县委党校	718300	
2649			子洲县委党校	718400	
2650		宝鸡市	宝鸡市委党校	721001	www. bjsdx. gov. cn
2651			陈仓区委党校	721300	www. bjsdx. gov. cn/ccdx
2652			金台区委党校	721004	www. bjsdx. gov. cn/jtdx
2653			渭滨区委党校	721006	www. bjsdx. gov. cn/wbdx
2654			扶风县委党校	722201	www. bjsdx. gov. cn/ffdx
2655			凤翔县委党校	721400	www. bjsdx. gov. cn/fxdx
2656			眉县县委党校	722300	www. bjsdx. gov. cn/mxdx
2657			千阳县委党校	721100	www. bjsdx. gov. cn/qydx
2658			岐山县委党校	722400	www. bjsdx. gov. cn/qsdx
2659			凤县县委党校	721700	www. bjsdx. gov. cn/fexdx
2660			太白县委党校	721600	www. bjsdx. gov. cn/tbdx
2661			陇县县委党校	721200	www. bjsdx. gov. cn/lxdx
2662			麟游县委党校	721500	www. bjsdx. gov. cn/lydx

续 表

序号	所在省区所属单位	所在地市	党校名称	邮编	网 址
2663	陕西省	渭南市	渭南市委党校	714000	www. wnsdx. com
2664			临渭区委党校	714000	
2665			韩城市委党校	715400	
2666			华阴市委党校	714200	
2667			富平县委党校	711700	
2668			蒲城县委党校	715500	www. pcwldx. com
2669			白水县委党校	715600	
2670			澄城县委党校	715200	
2671			合阳县委党校	715300	
2672			大荔县委党校	715100	www. dlxwdx. com
2673			华县县委党校	714100	
2674			潼关县委党校	714300	
2675		延安市	延安市委党校	716000	www. yadx. com. cn
2676			宝塔区委党校	716000	
2677			安塞县委党校	717400	
2678			志丹县委党校	717500	
2679			黄龙县委党校	715700	
2680			富县县委党校	727500	
2681			延长县委党校	717100	
2682			宜川县委党校	716200	
2683			子长县委党校	717300	
2684			洛川县委党校	727400	
2685			延川县委党校	717200	
2686			甘泉县委党校	716100	
2687			吴起县委党校	717600	
2688			黄陵县委党校	727300	
2689		铜川市	铜川市委党校	727031	dx. tongchuan. gov. cn
2690			王益区委党校	727000	
2691			耀州区委党校	727100	
2692			印台区委党校	727007	
2693			宜君县委党校	727200	dangxiao. yijun. gov. cn
2694		商洛市	商洛市委党校	726000	www. zgslswdx. com
2695			商州区委党校	726000	
2696			丹凤县委党校	726200	

续 表

序号	所在省区所属单位	所在地市	党校名称	邮编	网　址
2697	陕西省	商洛市	商南县委党校	726300	
2698			山阳县委党校	726400	
2699			镇安县委党校	711500	
2700			柞水县委党校	711400	
2701			洛南县委党校	726100	
2702	甘肃省	兰州市	甘肃省委党校	730071	www. gsdx. gov. cn
2703			兰州市委党校	730030	www. lzswdx. com
2704			城关区委党校	730000	
2705			七里河区委党校	730050	
2706			西固区委党校	730060	
2707			安宁区委党校	730070	
2708			红古区委党校	730084	
2709			永登县委党校	730300	
2710			榆中县委党校	730100	
2711			皋兰县委党校	730200	
2712		嘉峪关市	嘉峪关市委党校	735100	
2713		金昌市	金昌市委党校	737100	
2714			永昌县委党校	737200	
2715		酒泉市	酒泉市委党校	735000	
2716			肃州区委党校	735000	
2717			敦煌市委党校	736200	
2718			玉门市委党校	735211	
2719			金塔县委党校	735300	
2720			瓜州县委党校	736100	
2721			阿克塞哈萨克族自治县委党校	736400	
2722			肃北蒙古族自治县委党校	736300	
2723		张掖市	张掖市委党校	734000	
2724			甘州区委党校	734000	
2725			临泽县委党校	734200	
2726			高台县委党校	734300	
2727			民乐县委党校	734500	
2728			山丹县委党校	734100	

续 表

序号	所在省区所属单位	所在地市	党校名称	邮编	网 址
2729	甘肃省	张掖市	肃南裕固族自治县委党校	734400	
2730		武威市	武威市委党校	733000	
2731			古浪县委党校	733100	
2732			民勤县委党校	733300	
2733			天祝藏族自治县委党校	733200	
2734		白银市	白银市委党校	730900	
2735			白银区委党校	730900	
2736			平川区委党校	730913	
2737			会宁县委党校	730700	
2738			景泰县委党校	730400	
2739			靖远县委党校	730600	
2740		天水市	天水市委党校	741018	www. tsswdx. com
2741			秦州区委党校	741000	
2742			麦积区委党校	741020	
2743			武山县委党校	741300	
2744			张家川回族自治县委党校	741500	
2745			清水县委党校	741400	
2746			甘谷县委党校	741200	
2747			秦安县委党校	741600	
2748		平凉市	平凉市委党校	744000	
2749			崆峒区委党校	744000	
2750			庄浪县委党校	744600	
2751			灵台县委党校	744400	
2752			崇信县委党校	744200	
2753			华亭县委党校	744100	
2754			泾川县委党校	744300	
2755			静宁县委党校	743400	
2756		庆阳市	庆阳市委党校	745000	www. qyswdx. gs. cn
2757			西峰区委党校	745000	
2758			合水县委党校	745400	
2759			环县县委党校	745700	
2760			宁县县委党校	745200	
2761			正宁县委党校	745300	
2762			庆城县委党校	745100	

续 表

序号	所在省区所属单位	所在地市	党校名称	邮编	网　址
2763	甘肃省	庆阳市	华池县委党校	745600	
2764			镇原县委党校	744500	
2765		定西市	定西市委党校	730000	www. dx. gansu. gov. cn/dx
2766			安定区委党校	743000	
2767			临洮县委党校	730500	
2768			通渭县委党校	743300	
2769			陇西县委党校	748100	
2770			岷县县委党校	748400	
2771			渭源县委党校	748200	
2772			漳县县委党校	748300	
2773		陇南市	陇南市委党校	746005	
2774			武都区委党校	746000	
2775			成县县委党校	742500	
2776			宕昌县委党校	748500	
2777			徽县县委党校	742300	
2778			康县县委党校	746500	
2779			礼县县委党校	742200	
2780			两当县委党校	742400	
2781			文县县委党校	746400	
2782			西和县委党校	742100	
2783		甘南藏族自治州	甘南藏族自治州委党校	747000	
2784			合作市委党校	747000	
2785			临潭县委党校	747500	
2786			迭部县委党校	747400	
2787			碌曲县委党校	747200	
2788			玛曲县委党校	747300	
2789			夏河县委党校	747100	
2790			舟曲县委党校	746300	
2791			卓尼县委党校	747600	
2792		临夏回族自治州	临夏回族自治州委党校	731100	
2793			临夏市委党校	731100	
2794			临夏县委党校	731800	
2795			和政县委党校	731200	
2796			康乐县委党校	731500	

续 表

序号	所在省区 所属单位	所在 地市	党校名称	邮编	网 址
2797	甘肃省	临夏回族自治州	东乡族自治县委党校	731400	
2798			永靖县委党校	731600	
2799			广河县委党校	731300	
2800			积石山保安族东乡族撒拉族自治县委党校	731700	
2801	青海省	西宁市	青海省委党校	810001	www. qhswdx. com
2802			西宁市委党校	810001	
2803			城东区委党校	810000	
2804			城中区委党校	810021	
2805			城西区委党校	810001	
2806			城北区委党校	810000	
2807			大通回族土族自治县委党校	810100	
2808			湟源县委党校	812100	
2809			湟中县委党校	811600	
2810		海东地区	海东地委党校	810600	
2811			平安县委党校	810600	
2812			乐都县委党校	810700	
2813			互助土族自治县委党校	810500	
2814			民和回族土族自治县委党校	810800	
2815			化隆回族自治县委党校	810900	
2816			循化撒拉族自治县委党校	811100	
2817		海西蒙古族藏族自治州	海西蒙古族藏族自治州委党校	817000	
2818			格尔木市委党校	816000	
2819			德令哈市委党校	817000	
2820			乌兰县委党校	817100	
2821			都兰县委党校	816100	
2822			天峻县委党校	817200	
2823		海北藏族自治州	海北藏族自治州委党校	810200	
2824			祁连县委党校	810400	
2825			刚察县委党校	812300	

续 表

序号	所在省区所属单位	所在地市	党校名称	邮编	网　址
2826	青海省	海北藏族自治州	海晏县委党校	812200	
2827			门源回族自治县委党校	810300	
2828		海南藏族自治州	海南藏族自治州委党校	813000	
2829			共和县委党校	813000	
2830			贵德县委党校	811700	
2831			同德县委党校	813200	
2832			贵南县委党校	813100	
2833			兴海县委党校	813300	
2834		黄南藏族自治州	黄南藏族自治州委党校	811300	
2835			同仁县委党校	811300	
2836			尖扎县委党校	811200	
2837			泽库县委党校	811400	
2838			河南蒙古族自治县委党校	811500	
2839		果洛藏族自治州	果洛藏族自治州委党校	814000	
2840			玛沁县委党校	814000	
2841			甘德县委党校	814100	
2842			久治县委党校	624700	
2843			达日县委党校	814200	
2844			班玛县委党校	814300	
2845			玛多县委党校	813500	
2846		玉树藏族自治州	玉树藏族自治州委党校	815000	
2847			玉树县委党校	815000	
2848			囊谦县委党校	815200	
2849			称多县委党校	815100	
2850			治多县委党校	815400	
2851			杂多县委党校	815300	
2852			曲麻莱县委党校	815500	
2853	宁夏回族自治区	银川市	宁夏回族自治区委党校	750021	www. nxdx. org. cn
2854			银川市委党校	750001	www. ycdx. org. cn
2855			灵武市委党校	751400	
2856			永宁县委党校	750100	
2857			贺兰县委党校	750200	
2858		石嘴山市	石嘴山市委党校	753000	www. szstv. com/dangxiao

续表

序号	所在省区所属单位	所在地市	党校名称	邮编	网址
2859	宁夏回族自治区	石嘴山市	平罗县委党校	753400	
2860		吴忠市	吴忠市委党校	751100	
2861			青铜峡市委党校	751600	
2862			盐池县委党校	751500	
2863			同心县委党校	751300	
2864		固原市	固原市委党校	756000	www. gysdx. cn
2865			隆德县委党校	756300	
2866			西吉县委党校	756200	
2867			彭阳县委党校	756500	
2868			泾源县委党校	756400	
2869		中卫市	中卫市委党校	755000	
2870			中宁县委党校	755100	
2871			海原县委党校	755200	
2872	新疆维吾尔自治区	乌鲁木齐市	新疆维吾尔自治区委党校	830002	www. xjdx. gov. cn
2873			乌鲁木齐市委党校	830026	
2874		昌吉回族自治州	昌吉回族自治州委党校	831100	
2875			昌吉市委党校	831100	
2876			阜康市委党校	831500	
2877			木垒哈萨克自治县委党校	831900	
2878			奇台县委党校	831800	
2879			吉木萨尔县委党校	831700	
2880			呼图壁县委党校	831200	
2881			玛纳斯县委党校	832200	
2882		博尔塔拉蒙古自治州	博尔塔拉蒙古自治州委党校	833400	
2883			博乐市委党校	833400	
2884			精河县委党校	833300	
2885			温泉县委党校	833500	
2886		塔城地区	塔城地委党校	834700	
2887			塔城市委党校	834700	
2888			乌苏市委党校	833000	
2889			额敏县委党校	834600	
2890			裕民县委党校	834800	
2891			托里县委党校	834500	

续 表

序号	所在省区所属单位	所在地市	党校名称	邮编	网　址
2892	新疆维吾尔自治区	塔城地区	和布克赛尔蒙古自治县委党校	834400	
2893			沙湾县委党校	832100	
2894		伊犁哈萨克自治州	伊犁哈萨克自治州委党校	835000	
2895			奎屯市委党校	833200	
2896			伊宁市委党校	835000	
2897			伊宁县委党校	835100	
2898			霍城县委党校	835200	
2899			察布查尔锡伯自治县委党校	835300	
2900			巩留县委党校	835400	
2901			特克斯县委党校	835500	
2902			昭苏县委党校	835600	
2903			尼勒克县委党校	835700	
2904			新源县委党校	835800	
2905		阿勒泰地区	阿勒泰地委党校	836500	
2906			阿勒泰市委党校	836500	
2907			布尔津县委党校	836600	
2908			哈巴河县委党校	836700	
2909			吉木乃县委党校	836800	
2910			福海县委党校	836400	
2911			富蕴县委党校	836100	
2912			青河县委党校	836200	
2913		吐鲁番地区	吐鲁番地委党校	838000	
2914			鄯善县委党校	838200	
2915			托克逊县委党校	838100	
2916		哈密地区	哈密地委党校	839000	
2917			巴里坤哈萨克自治县委党校	839200	
2918			伊吾县委党校	839300	
2919		巴音郭楞蒙古自治州	巴音郭楞蒙古自治州委党校	841000	
2920			库尔勒市委党校	841000	

续表

序号	所在省区所属单位	所在地市	党校名称	邮编	网址
2921	新疆维吾尔自治区	巴音郭楞蒙古自治州	博湖县委党校	841400	
2922			轮台县委党校	841600	
2923			若羌县委党校	841800	
2924			焉耆回族自治县委党校	841100	
2925			和硕县委党校	841200	
2926			且末县委党校	841900	
2927			尉犁县委党校	841500	
2928			和静县委党校	841300	
2929		阿克苏地区	阿克苏地委党校	843000	
2930			阿克苏市委党校	843000	
2931			库车县委党校	842000	
2932			沙雅县委党校	842200	
2933			新和县委党校	842100	
2934			拜城县委党校	842300	
2935			温宿县委党校	843100	
2936			阿瓦提县委党校	843200	
2937			乌什县委党校	843400	
2938			柯坪县委党校	843600	
2939		克孜勒苏柯尔克孜自治州	克孜勒苏柯尔克孜自治州委党校	845350	
2940			阿图什市委党校	845350	
2941			阿克陶县委党校	845550	
2942			乌恰县委党校	845450	
2943			阿合奇县委党校	843500	
2944		喀什地区	喀什地委党校	844000	dwdx. kashi. gov. cn
2945			喀什市委党校	844000	
2946			疏附县委党校	844100	
2947			疏勒县委党校	844200	
2948			伽师县委党校	844300	
2949			英吉沙县委党校	844500	
2950			岳普湖县委党校	844400	
2951			莎车县委党校	844700	
2952			泽普县委党校	844800	
2953			叶城县委党校	844900	

续 表

序号	所在省区所属单位	所在地市	党校名称	邮编	网 址
2954	新疆维吾尔自治区	喀什地区	麦盖提县委党校	844600	
2955			巴楚县委党校	843800	
2956			塔什库尔干塔吉克自治县委党校	845250	
2957		和田地区	和田地委党校	848000	
2958			和田市委党校	848000	
2959			和田县委党校	848000	
2960			皮山县委党校	845150	
2961			墨玉县委党校	848100	
2962			洛浦县委党校	848200	
2963			策勒县委党校	848300	
2964			于田县委党校	848400	
2965			民丰县委党校	848500	
2966		克拉玛依市	克拉玛依市委党校	834000	
2967	新疆生产建设兵团	五家渠市	新疆生产建设兵团党校	831300	www. btdx. xj. cn
2968		阿克苏市	农一师党委党校	843000	www. nysycjy. org. cn
2969		库尔勒市	农二师党委党校	841000	
2970		图木舒克市	农三师图木舒克市党委党校	844000	
2971		伊宁市	农四师党委党校	835000	www. n4sdxdd. cn
2972		博乐市	农五师党委党校	833400	
2973		五家渠市	农六师五家渠市党委党校	831300	www. wjqden. com. cn
2974		奎屯市	农七师党委党校	833200	
2975		石河子市	农八师石河子市党委党校	832000	
2976		塔城地区额敏县	农九师党委党校	834601	
2977		阿勒泰地区北屯市	农十师党委党校	836000	
2978		乌鲁木齐市	建工师党委党校	830001	
2979			农十二师党委党校	830013	
2980		哈密市	农十三师党委党校	839000	
2981		和田市	农十四师党委党校	848000	

续表

序号	所在省区所属单位	所在地市	党校名称	邮编	网址
2982	铁道部	北京市	铁道部党校	100088	www. tabdx. gov. cn
2983		哈尔滨市	哈尔滨铁路局党校	150030	
2984		沈阳市	沈阳铁路局党校	110165	
2985		北京市	北京铁路局党校	100071	www. bjtljdx. com
2986		太原市	太原铁路局党校	030013	
2987		呼和浩特市	呼和浩特铁路局党校	010051	
2988		郑州市	郑州铁路局党校	450052	
2989		武汉市	武汉铁路局党校	430062	
2990		西安市	西安铁路局党校	710003	
2991		济南市	济南铁路局党校	250014	
2992		上海市	上海铁路局党校	200070	
2993		南昌市	南昌铁路局党校	330002	
2994		广州市	广州铁路（集团）公司党校	510600	
2995		柳州市	南宁铁路局党校	545007	
2996		成都市	成都铁路局党校	611731	
2997		昆明市	昆明铁路局党校	650208	
2998		兰州市	兰州铁路局党校	730030	
2999		乌鲁木齐市	乌鲁木齐铁路局党校	830011	
3000		西宁市	青藏铁路公司党校	810006	

中央党校大事记

1月18日 中央党校召开2010年第一次教学工作会议。常务副校长李景田、副校长李书磊出席会议并讲话，教育长张伯里主持会议。

1月19—20日 全国党校校长会议在北京召开。副校长孙庆聚传达习近平同志1月5日在听取中央党校2009年工作汇报时的重要讲话精神，常务副校长李景田作主报告，副校长石泰峰作会议总结。副校长陈宝生、李书磊分别主持会议。教育长张伯里，校委委员徐伟新、贾高建、罗宗毅、黄宪起、赵长茂出席会议。

1月21日 中央党校举行迎新春茶话会。常务副校长李景田出席并讲话。

2月3—7日 省部级主要领导干部深入贯彻落实科学发展观加快经济发展方式转变专题研讨班在中央党校举办。胡锦涛、温家宝、习近平、李克强发表重要讲话。重庆、辽宁、上海、广西、江苏、河南、陕西、商务部等8个省区市以及中央和国家机关的代表作大会交流发言。

3月1日 中央党校举行2010年春季学期开学典礼。中共中央政治局常委、中央书记处书记、中央党校校长习近平出席并作重要讲话。中共中央政治局委员、中央书记处书记、中央组织部部长李源潮，中共中央书记处书记、中央纪委副书记何勇，中共中央书记处书记、中央办公厅主任令计划出席开学典礼。常务副校长李景田主持开学典礼。

3月1日 县委书记任职培训班（第1期）在中央党校开班。

3月2日 中共中央政治局委员、中央书记处书记、中央组织部部长李源潮为县委书记任职培训班（第1期）作专题报告。390名2008年11月后任职的县委书记参加这期培训。

3月12日 中央党校举行县委书记任职培训班（第1期）结业式。常务副校长李景田讲话并为学员颁发毕业证书。中央组织部副部长王尔乘出席并讲话。副校长陈宝生主持结业式。副校长孙庆聚、李书磊，教育长张伯里，校委委员罗宗毅、黄宪起出席结业式。

3月23日 中央党校召开开展建设“一流学府”讨论活动动员会，常务副校长李景田出席并讲话。副校长孙庆聚，校委委员徐伟新、贾高建、罗宗毅、黄宪起、赵长茂出席会议。各直属单位领导班子成员和党组织负责人参加会议。会议由校委委员、办公厅主任罗宗毅主持。

3月25日 中央党校与中央宣传部、中共云南省委联合在京召开“纪念艾思奇同志诞辰100周年暨推进当代中国马克思主义大众化座谈会”，中共中央政治局委员、中央书记处书记、中央宣传部部长刘云山出席并讲话。常务副校长李景田在会上发言。

3月30日 中央党校首次举办以“走进中共中央党校”为主题的面向驻华高级外交官的开放日活动。

4月21日 习近平与10名省部级干部进修班学员就加强和改进党建工作、党校工作进行座谈，并作重要讲话。

4月27日 “为党的干部教育培训和思想理论建设服务暨庆祝中共中央党校出版社建社30周年座谈会”在中央党校举行，中共中央政治局常委、中央书记处书记、中央党校校长习近平发来贺信。常务副校长李景田、国家新闻出版总署署长柳斌杰等出席座谈会。

4月29日 中央党校举行2010年春季学期第一批进修班毕业典礼。常务副校长李景田讲话并为学员颁发毕业证书。

5月12日 中央党校举行2010年春季学期第二批入学学员开学典礼。中共中央政治局常委、中央书记处书记、中央党校校长习近平出席典礼并作重要讲话。

5月13日 中央党校、求是杂志社联合召开改进文风座谈会，常务副校长李景田、求是杂志社社长李宝善出席并讲话，副校长石泰峰主持会议。

6月11日 中央党校召开建设“一流学府”讨论活动校委扩大会议。常务副校长李景田出席并讲话。副校长石泰峰、孙庆聚、李书磊，教育长张伯里，校委委员徐伟新、罗宗毅、黄宪起、赵长茂出席会议。

6月18日 全国市级纪委书记培训班在中央党校开班。中共中央书记处书记、中央纪委副书记何勇出席开班式并讲话。中央纪委副书记李玉赋主持开班式，常务副校长李景田致辞。

6月29日 中共中央对外宣传办公室举行新闻发布会，常务副校长李景田向中外媒体介绍中央党校党的干部培训和党的理论研究工作的进展等方面情况，并回答记者的提问。校委委员、办公厅主任、新闻发言人罗宗毅出席发布会。

6月30日 中共中央对外宣传办公室邀请来自38家媒体的68名中外媒体记者参加“走进中共中央党校”采访活动，来访媒体包括新华社等中央媒体，大公报等港澳台媒体，以及美联社、路透社、法新社、俄新社等外国媒体。

6月30日 中央党校2010年学位授予仪式在综合楼报告厅举行，254位研究生获硕士、博士学位。

7月6日 中央党校召开2010年第二次教学工作会议。副校长李书磊出席并讲话。教育长张伯里主持会议。

7月12日 中共中央政治局常委、中央书记处书记、中央党校校长习近平与中青年干部培训一班学员代表就加强和改进党校教学科研工作、加强和改进党建工作、促进领导干部健康成长等问题进行座谈，并作重要讲话。

7月14日 进修部举办学员课题研究成果交流会。常务副校长李景田、副校长孙庆聚出席。

7月16日 中共中央政治局常委、中央书记处书记、中央党校校长习近平出席2010年春季学期毕业典礼并为学员颁发毕业证书。

7月16日 中共中央政治局常委、中央书记处书记、中央党校校长习近平在中央党校会见德国总理默克尔。下午，默克尔与中央党校60多位学员和教授进行座谈。

8月24日 中央党校、国家行政学院领导班子成员到访中央社会主义学院，与中央社会主义学院领导班子成员举行座谈，这是三家院校领导的第三次联席座谈，三方就进一步加强在教学、科研、管理等方面合作达成意向。

8月25日 全国市、地、州、盟党委组织部长培训班在中央党校开班。中共中央政治局委员、中央书记处书记、中央组织部部长李源潮出席开班式并讲话。中央组织部常务副部长沈跃跃主持开班式。常务副校长李景田等出席。来自全国市、地、州、盟的430多位组织部长参加培训。

9月1日 中央党校举行2010年秋季学期开学典礼。中共中央政治局常委、中央书记处书记、中央党校校长习近平出席并作重要讲话。

9月7日 中央党校通过远程教学网召开2010年全国党校系统远程教学电视会议。教育长张伯里出席并讲话。

9月8日 情景模拟教学实验室工程竣工启用仪式在中央党校1—4教室举行。副校长李书磊、教育长张伯里出席并开通启用情景模拟教学实验室。

9月9日 中央党校召开2010年教师节庆祝表彰大会。常务副校长李景田出席并讲话。全校教职工、离退休老同志、学员代表和研究生，共2000多人参加会议。

9月13日 省部级领导干部民族工作专题研讨班在中央党校开班，中共中央政治局委员、国务院副总理回良玉出席开班式并讲话。

9月21日 中共中央政治局常委、全国政协主席贾庆林出席中央组织部、中央党校、国家民族事务委员会共同举办的省部级领导干部民族工作专题研讨班结业式，并发表讲话，会见研讨班学员。

9月25日 中央党校青年联合会成立大会召开。副校长、机关党委书记孙庆聚，副校长李书磊出席并作重要讲话。

9月26日 中央机构编制委员会办公室批准设立中央党校信息中心，作为所属事业单位。10月13日，中央党校校委下发通知，设立中央党校信息中心并调整校内机构排序。按照中编办的批复意见和校委会议决定，学校自设机构信息管理部更名为中央党校信息中心。

9月30日 常务副校长李景田主持召开校委会议，学习讨论近平同志9月27日在中国浦东干部学院座谈会上的重要讲话。

10月9日 中央党校分校成立30周年庆祝暨表彰大会在中央党校举行。中共中央政治局常委、中央书记处书记、中央党校校长习近平发来贺信。

10月14日 纪念中央党校中央国家机关分校成立30周年暨总结表彰大会在京召开。副校长李书磊出席并讲话。

10月19日 中央党校召开学习传达党的十七届五中全会精神会议。常务副校长李景田、副校长陈宝生传达党的十七届五中全会精神。

10月21日 中央党校召开纪念西藏民族干部培训班创办30周年座谈会，中共中央政治局常委、中央书记处书记、中央党校校长习近平出席并作重要讲话。

10月26日 在华访问的意大利总统

纳波利塔诺一行到访中央党校，并以“欧洲与中国：21世纪的增长与稳定”为题发表演讲。

10月30日 “全国党校系统学习贯彻党的十七届五中全会精神暨第八届科研评奖颁奖会”在京召开。副校长陈宝生、孙庆聚、李书磊，教育长张伯里，校委委员贾高建、黄宪起出席会议，来自中央党校和全国省级党校、副省级党校的专家学者共200多人参加研讨会。

11月3日 在华访问的联合国秘书长潘基文一行到访中央党校，并与党校部分学员和专家学者就“全球治理与和谐世界”议题进行座谈。常务副校长李景田会见潘基文一行并主持座谈会，中国常驻联合国代表李保东大使，副校长李书磊，校委委员、哲学部主任贾高建等出席会见和座谈。进修部部分学员和有关专家学者等共约30余人参加座谈。

11月5日 中央党校举行2010年秋季学期第一批进修班暨专题研讨班毕业典礼。中共中央政治局常委、中央书记处书记、中央党校校长习近平出席，并为学员颁发毕业证书。

11月16日 中央党校与西班牙对外贸易发展局共同举办的“中西旅游业发展的现状及前景”国际学术研讨会在中央党校举行。

11月17日 在华访问的智利总统皮涅拉一行访问中央党校，并发表演讲。常务副校长李景田会见皮涅拉一行。

11月19日 中共中央政治局委员、中央书记处书记、中央组织部部长李源潮在中央党校作人才发展报告。

11月22日 全国新任县委组织部长培训班（第1期）在中央党校举行开班式。中共中央政治局委员、中央书记处书记、中央组织部部长李源潮出席并讲话。2009年12月以来新任职的356名县委组织部长参加这期培训班。

11月23日 中共中央政治局委员、中央书记处书记、中央组织部部长李源潮与中央党校中青年干部培训班（第29期）学员座谈。

12月2—3日 中欧美学术论坛在中央党校举行。常务副校长李景田在开幕式上致辞。论坛的主题是“全球治理：挑战与展望”。来自8个国家的150多位专家学者出席论坛。

12月17—18日 “中国马克思主义论坛2010”在中央党校举行。论坛主题是“后国际金融危机时期与中国经济社会发展”。

12月21—22日 中央组织部在中央党校举办加强和改进干部教育培训工作研讨班。

12月27日 培训部召开中青年干部培训一班、新疆民族干部培训班、西藏民族干部培训班教学总结座谈会，了解学员的学习情况，征求学员对党校教学和管理工作的意见和建议。副校长孙庆聚出席并讲话。

12月29日 中共中央政治局常委、中央书记处书记、中央党校校长习近平在中南海听取中央党校校委关于2010年工作情况和2011年工作打算的汇报，并作重要讲话。

2011年1月5日 中共中央政治局常委、中央书记处书记、中央党校校长习近平同中央党校省部级干部进修班（第48

期）学员座谈并作重要讲话。

2011 年 1 月 14 日 中央党校举行 2010 年秋季学期毕业典礼。中共中央政治局常委、中央书记处书记、中央党校校长习近平出席毕业典礼，并为学员颁发毕业证书。